Corse

Cofondateurs : Philippe GLOAGUEN et Michel DUVAL

Directeur de collection et auteur
Philippe GLOAGUEN

Rédacteurs en chef adjoints
Amanda KERAVEL
et Benoît LUCCHINI

Directrice de la coordination
Florence CHARMETANT

Directrice administrative
Bénédicte GLOAGUEN

Directeur du développement
Gavin's CLEMENTE-RUIZ

Direction éditoriale
Catherine JULHE

Rédaction
Isabelle AL SUBAIHI
Mathilde de BOISGROLLIER
Thierry BROUARD
Marie BURIN des ROZIERS
Véronique de CHARDON
Fiona DEBRABANDER
Anne-Caroline DUMAS
Géraldine LEMAUF-BEAUVOIS
Olivier PAGE
Alain PALLIER
Anne POINSOT
André PONCELET

Conseiller à la rédaction
Pierre JOSSE

Administration
Carole BORDES
Éléonore FRIESS

2017

hachette

TABLE DES MATIÈRES

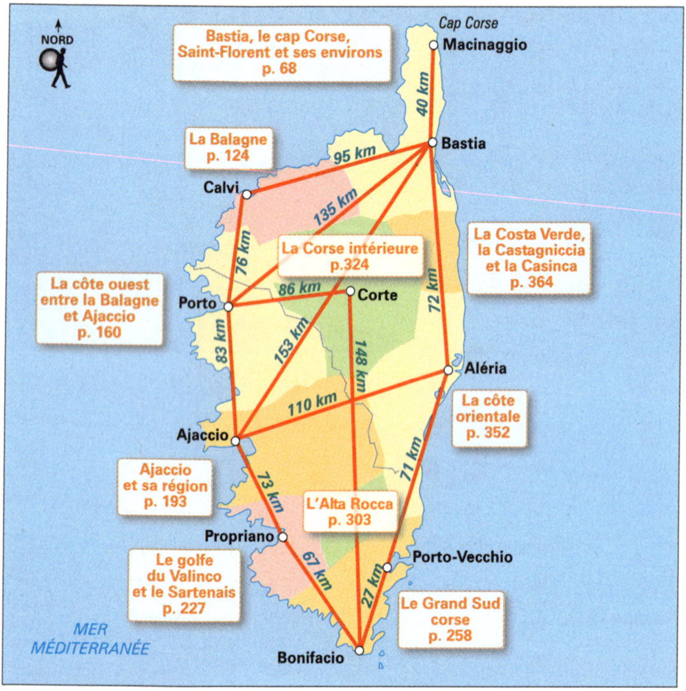

PRÉAMBULE

BON À SAVOIR AVANT LE DÉPART 33

COMMENT Y ALLER ? 59

☎ **112 :** c'est le numéro d'urgence commun à la France et à tous les pays de l'UE, à composer en cas d'accident, agression ou détresse. Il permet de se faire localiser et aider en français, tout en améliorant les délais d'intervention des services de secours.

Recommandation à ceux qui souhaient profiter des réductions et avantages proposés dans le *Routard* par les hôteliers et les restaurateurs.

À l'hôtel, pensez à les demander au moment de la réservation ou, si vous n'avez pas réservé, **à l'arrivée.** Ils ne sont valables que pour les réservations en direct et ne sont pas cumulables avec d'autres offres promotionnelles (notamment sur Internet). Au restaurant, parlez-en **au moment** de la commande et surtout **avant** que l'addition soit établie. Poser votre *Routard* sur la table ne suffit pas : le personnel de salle n'est pas toujours au courant et une fois le ticket de caisse imprimé, il est souvent difficile de modifier le total. En cas de doute, montrez la notice relative à l'établissement dans le *Routard* de l'année et, bien sûr, ne manquez pas de nous faire part de toute difficulté rencontrée.

Coppa, figatellu, lonzu et saucisson

LA RÉDACTION DU ROUTARD

(sans oublier nos 50 enquêteurs, aussi sur le terrain)

Thierry, Anne-Caroline, Éléonore, Olivier, Pierre, Benoît, Alain, Fiona, Gavin's, André, Véronique, Bénédicte, Jean-Sébastien, Mathilde, Amanda, Isabelle, Géraldine, Marie, Carole, Philippe, Florence, Anne.

La saga du *Routard* : en 1971, deux étudiants, Philippe et Michel, avaient une furieuse envie de découvrir le monde. De retour du Népal germe l'idée d'un guide différent qui regrouperait tuyaux malins et itinéraires sympas, destiné aux jeunes fauchés en quête de liberté. 1973. Après 19 refus d'éditeurs et la faillite de leur première maison d'édition, l'aventure commence vraiment avec Hachette. Aujourd'hui, le *Routard*, c'est plus d'une cinquantaine d'enquêteurs impliqués et sincères. Ils parcourent le monde toute l'année dans l'anonymat et s'acharnent à restituer leurs coups de cœur avec passion.

Merci à tous les Routards qui partagent nos convictions : liberté et indépendance d'esprit ; découverte et partage ; sincérité, tolérance et respect des autres.

NOS SPÉCIALISTES CORSE

Alain Pallier : il a longtemps été lecteur du *Routard,* qui l'accompagnait toujours pendant ses vacances d'enseignant. Après un premier contact, à la suite d'un courrier de lecteur, la direction l'a sollicité pour quitter le chemin de l'enseignement. Il a alors trouvé son bonheur sur les routes buissonnières en devenant rédacteur, responsable de titres. Avec, comme terres de prédilection, le pourtour méditerranéen et l'Afrique.

Fabrice Doumergue : tous ses chemins mènent… au bout du monde. Passionné d'histoire(s), d'architecture, d'art et de gastronomie, il ouvre à qui veut ses coins secrets, côté nature et côté culture. Et chaque bout du monde en appelant un autre, il a parcouru en 30 ans 70 contrées sur les 5 continents. Son pays préféré ? Heu… tous !

Amanda, Mathilde et Marie : quand l'une arpente les routes bretonnes en quête de la meilleure pâte à crêpes, l'autre explore le bocage normand à coups de gorgées de cidre, pendant que la troisième chausse ses skis pour dégoter le meilleur refuge alpin. La curiosité, l'enthousiasme et la gourmandise sont leur meilleur sonar, que complètent deux décennies d'expérience à user leurs semelles sur les routes de l'Hexagone. Un trio complice et indépendant qui essaie, entre deux voyages, de garder la ligne.

UN GRAND MERCI À NOS AMI(E)S SUR PLACE

Pour cette nouvelle édition, nous remercions particulièrement :

- La Maison du parc naturel régional, à Ajaccio.
- À Ajaccio, notre amie **Laetitia,** spécialiste de la randonnée et du canyoning.
- À Bastia, l'office de tourisme, et en particulier le bon (au sens performant) **Josian Calloni.**
- La souriante et dynamique équipe de l'office de tourisme de Porto-Vecchio.
- Les offices de tourisme d'Ajaccio, de Calvi, Sartène, Propriano, Corte, celui de la Costa Serena et tous les autres.
- Et tant d'autres insulaires rencontrés au cours de nos routardesques enquêtes sur l'île de Beauté.
- Enfin vous, chers lecteurs, pour votre abondant courrier, dans lequel nous trouvons une foule d'infos, les bons plans, les moins bons, et des critiques qui nous permettent d'avancer. Allez roule, petit *Routard,* toujours plus loin, toujours plus haut, jusqu'au monte Cinto !

Pictogrammes du Routard

Établissements

- Hôtel, auberge, chambre d'hôtes
- Camping
- Restaurant
- Boulangerie, sandwicherie
- Glacier
- Café, salon de thé
- Café, bar
- Bar musical
- Club, boîte de nuit
- Salle de spectacle
- Office de tourisme
- Poste
- Boutique, magasin, marché
- Accès Internet
- Hôpital, urgences

Sites

- Plage
- Site de plongée
- Piste cyclable, parcours à vélo

Transports

- Aéroport
- Gare ferroviaire
- Gare routière, arrêt de bus
- Station de métro
- Station de tramway
- Parking
- Taxi
- Taxi collectif
- Bateau
- Bateau fluvial

Attraits et équipements

- Présente un intérêt touristique
- Recommandé pour les enfants
- Adapté aux personnes handicapées
- Ordinateur à disposition
- Connexion wifi
- Inscrit au Patrimoine mondial de l'Unesco

Tout au long de ce guide, découvrez toutes les photos de la destination sur • *routard.com* • Attention au coût de connexion à l'étranger, assurez-vous d'être en wifi !

Le *Routard* est imprimé sur un papier issu de forêts gérées.

I.S.B.N. 978-2-01-279903-5

Limite du parc naturel régional
GR 20
Refuge
Mare a Mare Nord
Mare e Monti Nord
Voie ferrée
Site inscrit au Patrimoine mondial de l'Unesco
MER
MÉDITERRANÉE
NICE, MARSEILLE
Lozari
T 30
L'Île-Rousse
Le Bombardier B-17
La Bibliothèque
La pointe de la Revellata
Algajola
Pigna
Sant'-Antonino
D 151
RT 301
Belgodère
Lumio
Cateri
D 71
Calvi
BALAGNE
Pioggiola
D 963
Feliceto
Montegrosso
Mausoléo
CALVI-
STE-CATHERINE
GIUSSANI
Calenzana
Olmi-
Cappella
Forêt de
Tartagine Melaja
D 81b
D 251
Orto
di Piobbu
Argentella
Baie de Cravoni
D 81
Cirque
de Bonifato
Asco
Carozzu
Golfe de Galéria
HAUTE-CORSE
2B
Asco Stagnu
Galéria
Manso
PARC
Vallée du
Fango
D 351
Monte Cinto
2 706
Tighjetu
Scandola
Réserve naturelle
Girolata
FILOSORMA
Paglia Orba
2 525
Calacuccia
Ciottulu di Mori
Albertacce
Golfe
de
Girolata
Punta Mucchilina
Curzu
D 84
NATUREL
NIOLO
Serriera
Golfe
de Porto
Castel di Verghio
Porto
D 124
Ota
Lac de Nino
Les
Calanche
Vardiola
Forêt
d'Aïtone
Évisa
Lac de Capitello
RÉGIONAL
Capo Rosso
D 824
Piana
Manganu
Lac de Creno
CORSE-DU-SUD
2A
Lac de Melo
Plage d'Arone
Revinda
Guagno-
les-Bains
Soccia
Guagno
Vico
D 23
Murzo
CARGÈSE
AJACCIO

LA CORSE DU NORD

NORD
MARSEILLE, NICE, TOULON
MARSEILLE
ÉVISA
Vico
Murzo
D 23
Guagno-les-Bains
Guagno
PARC
Grotte de la Femme nue
Cargèse
D 70
D 81
Sagone
Pierre Marine
CINARCA
D 81
La pointe de Locca
Tiuccia
Golfe de Sagone
Vero
T 20
Tavera
D 227
GRAVONA
Calcatoggio
D 29
Golfe de Lava
Pietra Piombata
Cuttoli-Corticchiato
T 20
Banc Provençal
D 81
D 1
D 3
Tolla
Ocana
Capo di Feno
PRUNELLI
D 27
D 3
AJACCIO
Bastelicaccia
D 111b
D 111
CAMPO DELL'ORO
D 55
Cauro
Quasquara
T 40
Sta-Maria-Sicchè
Îles Sanguinaires
Î. Porre
Porticcio
D 555
D 302
Plage d'Agosta
Grosseto
HAUT TARAVO
La Tête de Mort, Mario
D 55
D 55
Les Trois Frères et La Campanina
Isolella
T 40
Pila-Canale
Moca
Golfe d'Ajaccio
Verghia
D 302
D 55
Petreto-Bicchisano
D 757
Coti-Chiavari
D 155
Filitosa
D 57
Loreto-di-Tallano
Capo di Muru
Cala d'Orzu
Baie de Cupabia
Sollacaro
T 40
Porto-Pollo
Olmeto
Olmeto-Plage
Les Cathédrales
Viggianello
Propriano
Golfe de Valinco
D 19
Fozzano
Monica
Le Sec de la Tour
D 121
Le Tonneau
Campomoro
Belvédère-Campomoro
Sartène
D 21
Vallée de l'Ortolo
Alignements de Pagliaghju
D 48
T 40
D 48a
Orasi
Capo de Senetosa
Tizzano
Mégalithes de Cauria
Rocher du Lion
Cap de Roccapina
Plage de Canijonu
MER MÉDITERRANÉE
Limite du parc naturel régional
GR 20
Refuge
Mare a Mare Nord
Mare a Mare Centre
Mare a Mare Sud
Mare e Monti Nord
Mare e Monti Sud
Voie ferrée
0
5
10 km

LA CORSE DU SUD

Pont génois de Pianella, près du village d'Ota

« Le soleil a tant fait l'amour à la mer qu'ils ont fini par enfanter la Corse. »
A. de Saint-Exupéry, Essais.

Petit coup en plein plexus solaire, un souffle de *libecciu* dans les cheveux, un soleil omniprésent, une lumière qui fait vibrer la mer, on se croirait dans un autre monde. Ça tombe bien, nous y sommes ! Un monde rempli de lieux pas communs du tout, un petit rocher tout vert balancé là au milieu du grand bleu. En haut, le passé, ses tensions (vendetta et luttes fratricides) et le vert touffu d'un impénétrable maquis ; en bas, toutes les nuances de bleu de la mer.

Comme toutes les îles, immenses ou perdues, la Corse se mérite. Et il vous faudra du temps et une vraie curiosité pour la percer à jour.

Fille de la « mère » Méditerranée, la Corse a su tirer bénéfice de toutes les influences du Bassin. Elle ne renie aucunement les emprunts qu'elle a faits. Dure et tragique, secrète et sauvage, la Corse ne sera jamais seulement une région de plus sur la carte de la France. Rien qui soit rationnel ici : ni le relief, ni le climat, ni les passions, ni, bien entendu, les Corses eux-mêmes. Cela dit, toute tentative de description du paysage corse crée elle-même ses propres limites. Les plages y sont bien sûr paradisiaques, les criques ultra-secrètes et les montagnes « forcément » abruptes, accidentées, rudes et l'on en passe.

Cette île est grisante : un mélange de rocaille et de volupté, d'austérité et de parfums d'île lointaine. Éloignez-vous des côtes pour rejoindre les villages de l'intérieur. Respirez l'odeur du maquis : c'est la Corse profonde ! Celle des cochons sauvages et des vaches en liberté, des longs hivers où l'on fabrique coppa, *figatellu* et farine de châtaigne… Regardez bien : même les tombeaux isolés ont l'air gai. Éparpillés, plantés dans le maquis sous un bouquet de cyprès ou d'oliviers, ou regroupés dans des cimetières marins du bout du monde, ils semblent vouloir faire descendre le ciel sur la terre. C'est peut-être bien cela, la Corse…

Cystes du maquis corse

NOS COUPS DE CŒUR

Faire le tour du cap Corse en 2 jours en égrenant les marines, et tout particulièrement le croquignolet port de Centuri. Un autre visage de la Corse.

« L'île dans l'île », a-t-on l'habitude de dire pour désigner le cap Corse, si singulier avec ses « maisons d'Américains » et ses marines. La côte ouest, une fois passé Nonza, compte quelques marines superbes comme Centuri ou Barcaggio. Plus apaisée, la côte est abrite elle aussi son lot de marines remarquables. *p. 87*

***Bon à savoir :** sans les détours, compter, de Saint-Florent à Bastia, environ 110 km. La côte ouest du Cap est particulièrement escarpée mais de toute beauté.*

Découvrir les Agriate et l'extrême nord du cap Corse en suivant les sentiers des Douaniers.

S'ils ne rivalisent pas en longueur avec leur homologue breton, ces deux sentiers longs respectivement de 40 et 26 km offrent des vues sublimes sur le littoral corse, dont la mythique plage de Saleccia dans les Agriate, où des scènes du film *Le Jour le plus long* ont été tournées. *p. 98, 99, 121*

***Bon à savoir :** les sentiers des Douaniers demandent un minimum d'organisation, puisque, par définition, ils ne sont pas en boucle. Couchage possible dans des paillers (plage de Ghignu, Agriate) ou quelques chambres vers Barcaggio ou Tollare (cap Corse).*

(3) Parcourir à pied ou à dos d'âne les ruelles de Sant'Antonino, petit village perché de Balagne.
Comme son voisin Pigna, Sant'Antonino est un village où la voiture n'a pas droit de cité. On se promène à pied dans les ruelles (ou, pour les plus jeunes, à dos d'âne) en admirant l'architecture traditionnelle d'un village balanin. *p. 135*
Bon à savoir : *Sant'Antonino est un village cul-de-sac et on n'échappe pas au parking payant obligatoire.*

(4) Pratiquer la plongée au départ de Calvi, à la pointe de la Revellata.
Parmi les merveilleuses plongées à faire dans l'île, celles au large de Calvi comptent parmi les musts. La pointe de la Revellata (entre 12 et 40 m) satisfera tous les niveaux, avec son enchaînement séduisant de failles, tombants, voûtes, éboulis et canyons où se donnent rendez-vous castagnoles, mostelles, dentis et mérous, dans un décor de gorgones et branches de corail rouge. *p. 155*
Bon à savoir : *on est dans un écosystème hyper fragile où il est interdit de toucher à quoi que ce soit ! Attention, parfois du courant.*

5 **Effectuer depuis Porto une excursion en bateau vers la merveilleuse réserve naturelle de Scandola, inscrite au Patrimoine mondial de l'Unesco.**

Scandola est une réserve superbe, à la fois terrestre et maritime, gérée par le parc naturel régional de Corse. On l'aborde uniquement par la mer. Entre mer et falaises, on verra voler aigles royaux, balbuzards pêcheurs, cormorans huppés, nichant dans les anfractuosités des majestueuses parois. *p. 173*

Bon à savoir : *à Porto et dans les environs, les compagnies maritimes proposent différents types de bateaux pour les sorties en mer. Choisir de préférence un petit bateau, plus sympa. Si vous avez votre propre embarcation, attention à respecter les règles de navigation en vigueur, très strictes.*

6 **Admirer par la route ou, encore mieux, lors d'une sortie en mer, les paysages somptueux des *calanche* rouge orangé de Piana.**

En venant du sud, on découvre les *calanche* en les traversant. Et c'est une débauche de formes et de couleurs, qui font tourner la tête de plaisir. Par la mer, le bonheur redouble. *p. 180*

Bon à savoir : *pour prendre des photos, bien se garer sur les aires prévues à cet effet (il y en a plusieurs). Question de sécurité pour vous… et pour les autres.*

7 **Ne pas manquer la balade aux îles Sanguinaires, surtout au coucher du soleil.**

L'archipel des Sanguinaires doit sans doute son nom à la couleur de ses roches : du porphyre rouge sombre. C'est un site Natura 2000 que l'on voit de plus ou moins près depuis la promenade de la presqu'île de la Parata ou depuis un bateau effectuant une sortie vers les îlots, en début de soirée. p. 210

Bon à savoir : le site de la Parata a été aménagé, et on se gare sur un parking pour terminer par une petite marche jusqu'à la pointe. On peut aussi y accéder en petit train touristique depuis le centre d'Ajaccio.

© Antoni Georges/hemis.fr

8 Éprouver le mystère insondable des statues-menhirs de Filitosa.
Les recherches archéologiques n'ont pas permis de lever tous les mystères de ces statues-menhirs, et notamment la question centrale : quelle est leur signification exacte ? Cela n'empêche en rien d'être fasciné par ces mégalithes évoquant, dans un cadre naturel superbe, des formes humaines. *p. 233*
Bon à savoir : *venir tôt le matin ou en fin de soirée (le site est ouvert jusqu'au coucher du soleil). Puisqu'il n'y a rien à comprendre, autant vivre l'instant baigné d'un halo de silence.*

9 De Campomoro, au sud du golfe du Valinco, suivre le sentier qui mène au phare de Senetosa en quelques heures de marche.
Magnifique rando à travers ce sentier littoral qui part de Campomoro et suit la côte au plus près. Vues dégagées extraordinaires sur la Grande Bleue. À la cala d'Accuda, possibilité de revenir par un sentier en boucle (plus court) ou de poursuivre plus au sud vers le phare de Senetosa. Compter 5h en tout. Les commerces de Campomoro proposent une brochure qui décrit bien le parcours. *p. 247*
Bon à savoir : *on conseille de partir tôt le matin pour effectuer cette rando facile (c'est quasiment plat tout le long), mais où le soleil peut cogner.*

10 Visiter « la plus corse des villes corses », Sartène.

Les ruelles de cette cité se parcourent avec plaisir : on songe en les arpentant à toutes les histoires, petites et grandes, qui s'y sont déroulées. À compléter par la visite du musée départemental de Préhistoire corse et d'Archéologie, logiquement implanté dans cette ville proche des sites préhistoriques corses majeurs. p. 248

Bon à savoir : *Sartène est la deuxième plus grande commune de France par sa superficie ; vous pourrez vous baigner sur une de ses plages, comme Roccapina, à… 22 km !*

11 Explorer la Ville Haute de Bonifacio tôt le matin, avant tout le monde, et se balader le long de la falaise jusqu'au phare de Pertusato.

La citadelle de Bonifacio est unique : bâtie sur des falaises crayeuses, entourée de 2,5 km de remparts, elle domine une calanque profondément creusée qui est devenue l'un des ports les plus spectaculaires de Méditerranée. Du haut de ces falaises situées à l'extrémité sud de l'île, la vue est splendide sur la côte, mais aussi sur la haute ville, dont une partie est littéralement suspendue dans le vide. p. 279

Bon à savoir : *en été, l'accès à Bonifacio est difficile dès 10h du matin. Pour éviter les bouchons, une seule solution : venir tôt, et vous aurez la ville pour vous tout seul !*

12 **Passer une journée en mer au large de Bonifacio, dans les Lavezzi, îles paradisiaques du parc marin international.**

Les îles Lavezzi, c'est un amas d'énormes blocs de granit gris, superbes et étranges, polis par l'érosion marine, qui leur donne un aspect énigmatique. Des langues de sable blanc s'étirent presque en cachette, formant de merveilleuses zones de repos et de sérénité au milieu de ce cahot minéral. Un vrai paysage des Seychelles (sans les cocotiers !), à deux tours d'hélice de Bonifacio. *p. 282*

Bon à savoir : *en été, en prenant les premiers bateaux (entre 9h et 9h30), on évite la foule et on profite d'une mer calme.*

13 **Se balader sur le site de Cucuruzzu, si romantique et plein de douceur.** Voici un site préhistorique passionnant, doublé d'une balade romantique dans les sous-bois. On découvre les vestiges de cette forteresse de l'âge du bronze, gros blocs de rochers assemblés à des muretins *(castellu)*, qui dégagent quelque chose d'énigmatique, plantés au milieu de cette immense mer de maquis qui moutonne à l'infini. Cucuruzzu permet de mieux comprendre le mode de vie particulièrement rustique des temps passés. *p. 320*

Bon à savoir : *il est conseillé de prendre l'audioguide (en supplément) pour profiter des passionnants commentaires qui font parler les pierres, au son d'une douce musique corse.*

14 **Admirer les aiguilles de Bavella qui se découpent, le matin, sur un ciel sans nuage.**

Au-dessus du col du même nom, les sept aiguilles culminent entre 1 588 et 1 855 m. Avec leurs pics déchiquetés et leurs pins tordus, elles semblent poser pour une séance photo. En parcourant l'Alta Rocca, on découvre plusieurs facettes de ces pics étranges. *p. 321*

Bon à savoir : *c'est le haut lieu de marche en montagne pour tous ceux qui résident dans le sud de l'île. Grande variété de randos faciles en forêt, possibles au départ du col (1 218 m).*

15 **À Corte, marcher dans la Ville Haute sur les traces de Pasquale Paoli, qui y avait établi son gouvernement.**

Corte, la ville étudiante de Corse (juste retour des choses puisque Paoli y fonda la première université en 1765), est un lieu de passage pour de nombreux randonneurs. Elle offre un décor particulier, qui ne cherche pas à faire « beau » mais a su garder une authenticité qu'on croirait sortie des siècles passés, et son musée est incontournable pour approcher au plus près l'âme corse. *p. 336*

Bon à savoir : des panneaux d'information permettent de suivre un « parcours patrimonial » en passant d'un édifice historique à un autre. Le centre-ville est petit mais les dénivelées importantes.

16 **Randonner dans le Niolo, fier et sauvage, jusqu'au lac de Nino.**

Terre de bergers, longtemps enclavé, le Niolo offre d'innombrables possibilités de randonnées, que ce soit dans la forêt de pins de Valdo-Niello ou en direction du lac de Nino, ou encore, pour les plus audacieux, à l'assaut du monte Cinto, le plus haut sommet de Corse. *p. 328*

Bon à savoir : ce territoire se mérite. Par l'est, il faut traverser la Scala de la Santa Regina, un impressionnant défilé ; par l'ouest, il faut franchir le col de Verghio (1 478 m), qui n'est pas avare de panoramas spectaculaires.

17 **De village en village, d'une église baroque à une autre, parcourir les routes étroites et les sentiers ombragés de la Castagniccia.**

Cette microrégion a su garder son identité tout en s'ouvrant au tourisme avec modération. On l'explore en allant de village en village à la découverte de ses richesses. La Castagniccia vous ouvre une porte secrète sur une Corse différente. *p. 371*

Bon à savoir : *sur les étroites routes de Castagniccia, souvent ombragées, il est sage de prendre tout son temps.*

(18) Pour les randonneurs confirmés (uniquement !), traverser la Corse par le mythique GR 20.

Long d'environ 180 km, ce sentier de grande randonnée qu'on ne présente plus s'effectue classiquement en 16 jours, à une moyenne de 7h de marche quotidiennes. C'est un must, connu des marcheurs du monde entier. Chaque année, près de 30 000 personnes s'attaquent au GR 20, mais toutes ne le terminent pas. p. 48

Bon à savoir : *c'est l'un des parcours les plus durs d'Europe. Outre une bonne condition physique, il faut être accoutumé à la pratique de la marche en milieu accidenté. Bivouacs autorisés uniquement à proximité des refuges. Dans tous les cas, bien réserver ses nuitées à l'avance.*

© Guiziou Franck/hemis.fr

Lu sur routard.com

Le cap Corse : l'île de Beauté autrement
(tiré du carnet de voyage de Jean-Philippe Damiani)

Moins fréquenté que le reste de l'île de Beauté, le Cap est pourtant l'un des coins les plus séduisants de la Corse. Une région préservée, qui a su conserver son authenticité et sa singularité.

Cap sur le Cap !

Sur la carte, le cap Corse, c'est le « doigt » qui pointe vers le continent, une montagne surgissant des flots et recouverte de maquis, se déployant sur une quarantaine de kilomètres au nord de Bastia. Une région authentique, où l'on ne vient pas uniquement pour la plage, mais pour savourer un pays à part, quelque peu sauvage, que les Corses qualifient d'« île dans l'île » *(l'isula ind'è l'isula).*

Une route (la D 80), à parcourir en faisant l'éloge de la lenteur, fait le tour du cap Corse, découvrant en chemin des criques, des plages de galets (parfois de sable) et des marines, ces petits ports de pêche les pieds dans l'eau. Partant des marines, quelques routes étroites grimpent dans la montagne, vers des hameaux perchés dans le maquis, à l'abri d'une mer qui s'est faite menaçante plus d'une fois dans l'histoire. Un passé riche et tourmenté, dont témoignent encore les tours génoises du littoral, les églises des villages ou les étonnantes « maisons d'Américains », ces luxueux *palazzi* construits au XIXe s par les émigrés revenus au pays.

Les paysages sont très contrastés. Le versant est, entre Bastia et Macinaggio, se compose de vallées descendant vers la mer. Changement de décor sur le versant ouest : ici, la montagne surgit de la Méditerranée, formant de spectaculaires à-pics et des nids d'aigle où nichent des villages isolés.

Tout au bout du cap, les ports de Tollare et Barcaggio, accessibles par une route étroite et sinueuse de 8 km, font face à l'îlot de la Giraglia. Quelques maisons, des bateaux, une plage, le sentier des Douaniers, le maquis et rien d'autre, sinon une impression de bout du monde. Un Finistère corse, en quelque sorte.

Intact et sauvage, le cap Corse offre aux randonneurs pas mal d'échappées belles au cœur de paysages méditerranéens préservés. Il existe des randos de tous niveaux et de durée variable. La Communauté de communes du cap Corse a mis sur pied 18 balades thématiques d'environ 2h et facilement praticables, comme « Le sentier de l'eau vive » à Pietracorbara, « Les bergeries face à la mer » à Centuri ou « Les terrasses de la marine » à Nonza. Au centre du cap, autour de Sisco, 14 chemins permettent d'explorer les vallées de la partie sud du cap jusqu'à Nonza. Entre Pietracorbara et Barrettali, le chemin de Lumière suit la course du soleil, traversant le cap Corse d'est en ouest. Les randonneurs confirmés et endurants pourront s'attaquer au sentier des Crêtes, entre Port Toga et Centuri. Enfin, le parcours vedette du cap Corse, le sentier des Douaniers, relie Macinaggio à Centuri, en parcourant la pointe du cap Corse.

NORD
Cap Corse
Une semaine dans le Nord
Nonza
Erbalunga
MER
MÉDITERRANÉE
Les Agriate
Bastia
St-Florent
L'Île-Rousse
NEBBIO
Pigna
Sant'Antonino
Murato
San Michele
Calvi
Cirque de Bonifato
Ponte-Leccia
CASTAGNICCIA
Piedicroce
Cervione
Calacuccia
Corte
Girolata
Scandola
Réserve naturelle
Golfe de Porto
Les Calanche
Porto
Évisa
Piana
Une semaine en Corse de l'intérieur
Vizzavona
Aléria
Cargèse
Défilé de l'Inzecca
Ghisonaccia
Bastelica
Vallée du Prunelli
Ajaccio
Îles Sanguinaires
Aiguilles de Bavella
Castellu de Cucuruzzu
Filitosa
Zonza
Levie
Porto-Pollo
Golfe du Valinco
Campomoro
Sartène
Porto-Vecchio
Montagne de Cagna
0 10 20 km
Casa di Roccapina
Plage de Roccapina
Bonifacio
Bouches de Bonifacio
Îles Lavezzi
étape
itinéraire de 1 semaine
site inscrit au Patrimoine mondial de l'Unesco

ITINÉRAIRES CONSEILLÉS

À guère plus de 1h d'avion de Paris mais à quelques heures de ferry des ports méditerranéens, la Corse mérite au minimum 1 semaine de séjour : on s'y déplace plutôt lentement, il faut prendre le temps de s'y acclimater pour en découvrir les secrets.

Une semaine dans le Nord

Jour 1 : Bastia. On y flâne avec plaisir, entre place Saint-Nicolas et Vieux-Port ; puis montée vers la citadelle pour la visite du ***musée d'Histoire*** et, une fois en haut, en profiter pour dîner dans l'un des bons restaurants de la ville.

Jour 2 : au départ de Bastia, le tour du ***cap Corse*** se fait dans la journée. Arrêt à ***Erbalunga,*** pittoresque à souhait, puis repas poisson ou langouste à ***Centuri*** avant de repartir pour le spectaculaire village de ***Nonza.*** Arrivée sur ***Saint-Florent.***

Jour 3 : Saint-Florent et le Nebbio. Direction les plages du ***désert des Agriate,*** Loto ou Saleccia (accès en bateau depuis Saint-Florent), à moins que vous ne filiez vers le Nebbio et ses petits villages, dont ***Murato*** et sa magnifique ***église San Michele.***

Jour 4 : L'Île-Rousse. La ville et ses proches environs offrent de superbes plages. L'après-midi, petite échappée vers la Balagne et ses adorables villages perchés, comme ***Sant'Antonino*** et ***Pigna.***

Jour 5 : Calvi. Visite de la vieille ville, de la citadelle, farniente sur la plage et sa magnifique pinède. Puis, via ***Calenzana,*** petite virée pour un aperçu des beautés de la montagne corse vers les aiguilles du ***cirque de Bonifato.***

Jour 6 : Porto et les calanche de Piana. Incontournables, ces merveilles de la nature méritent au moins une sortie en mer sur une demi-journée (pour une sortie en mer à la journée, optez pour ***Girolata*** et la ***réserve naturelle de Scandola,*** et gardez les *calanche* pour une découverte par la route).

Jour 7 : direction le centre de la Corse par ***Évisa*** et ***Calacuccia.*** Le défilé de la Scala di Santa Regina vous ramène vers ***Corte,*** où la visite de la vieille ville (voire du ***musée de la Corse*** si vous avez le temps) complétera une journée bien remplie.

Une semaine en Corse de l'intérieur

Cet itinéraire reprend quelques journées de « Une semaine dans le Nord » et « Une semaine dans le Sud », que nous ne répétons donc pas.

Jour 1 : Bastia.

Jour 2 : direction la ***Castagniccia,*** aux villages cachés dans cette immense châtaigneraie, à découvrir en prenant son temps.

Jour 3 : via ***Cervione*** (visite de son musée), route vers la ***côte orientale*** jusqu'à ***Aléria*** et son site antique.

Jour 4 : de Ghisonaccia, via le ***défilé de l'Inzecca,*** retour vers le centre montagneux, à ***Vizzavona,*** où des activités sont possibles (rando, parc aventure…).

Jour 5 : descente sur ***Ajaccio*** et visite de la ville.

Jour 6 : route vers le nord direction ***Cargèse*** et ***Porto.*** Visite des ***calanche de Piana*** ou sortie en mer en soirée dans le ***golfe de Porto.***

Jour 7 : route vers ***Bastia*** via Évisa, Calacuccia et ***Ponte-Leccia.***

NORD
Cap Corse
Nonza
Erbalunga
MER
MÉDITERRANÉE
Les Agriate
Bastia
St-Florent
L'Île-Rousse
NEBBIO
Murato
San Michele
Pigna
Sant'Antonino
Calvi
Cirque de Bonifato
Ponte-Leccia
CASTAGNICCIA
Cervione
Girolata
Calacuccia
Scandola
Réserve naturelle
Corte
Golfe de Porto
Les Calanche
Porto
Évisa
Piana
Vizzavona
Cargèse
Aléria
Défilé de l'Inzecca
Ghisonaccia
Bastelica
2
Vallée du Prunelli
Ajaccio
1
Îles Sanguinaires
7
Aiguilles de Bavella
Castellu de Cucuruzzu
Filitosa
Zonza
Levie
Golfe du Valinco
Campomoro
3
Sartène
4
Porto-Vecchio
6
Montagne de Cagna
0
10
20 km
Une semaine dans le Sud
Casa di Roccapina
Plage de Roccapina
Bonifacio
5
Bouches de Bonifacio
Îles Lavezzi
1 étape
itinéraire de 1 semaine
site inscrit au Patrimoine mondial de l'Unesco

Une semaine dans le Sud

Jour 1 : Ajaccio. Le matin, un petit tour au marché, puis visite du ***palais Fesch*** (musée des Beaux-Arts) et de la ***maison Bonaparte.*** Le soir, en bateau (excursion) ou par la route, cap sur les Sanguinaires pour le coucher du soleil.

Jour 2 : si l'on part tôt, incursion possible dans la ***vallée de la Gravona,*** avec baignade en rivière et arrêt à la ***Cité des Tortues A Cupulatta.*** On poursuit vers la ***vallée du Prunelli*** pour se reposer en montagne à ***Bastelica.***

Jour 3 : sur la route du ***golfe du Valinco,*** visiter l'intriguant ***site de Filitosa,*** puis descendre sur les plages à ***Porto-Pollo*** ou à ***Campomoro*** au sud de la baie. Nombreuses possibilités de plongée dans le golfe.

Jour 4 : visite de « la plus corse des villes corses », ***Sartène.*** Prendre le temps de flâner dans les ruelles méconnues et compléter le circuit par une visite au ***musée de la Préhistoire corse.***

Jour 5 : route vers le Grand Sud avec arrêt à la ***Casa di Roccapina,*** et petite halte sur la ***plage de Roccapina.*** Puis ***Bonifacio*** ! Visite de la ***Ville Haute*** et balade le long des falaises. Sublime ! ***Excursion en bateau*** vers les grottes et les ***îles Lavezzi.***

Jour 6 : route vers ***Porto-Vecchio*** en prenant le chemin des écoliers. Golfe de Santa Manza, baie de Rondinara, anse de Santa Giulia, plage de Palombaggia… on ne sait plus où donner du maillot de bain. Sieste, baignade, sieste… puis un tour dans la haute ville de Porto-Vecchio à l'heure de l'apéro pour son animation branchée.

Jour 7 : on prend de la hauteur en grimpant vers ***l'Alta Rocca et les aiguilles de Bavella*** en passant par ***Levie*** et son musée de l'Alta Rocca. À ***Zonza,*** plein de petites randos en boucle vous attendent.

Deux semaines en Corse

Les itinéraires Nord et Sud peuvent être combinés pour permettre de faire un grand tour de l'île, en rejoignant Ajaccio depuis Corte. De même avec l'itinéraire « Corse de l'intérieur », qui peut se raccorder partiellement aux deux précédents pour des itinéraires un peu plus courts (10 ou 12 j.).

SI VOUS AIMEZ…

Les villes chargées d'histoire : chaque ville corse ou presque a conservé sa citadelle ou un centre historique à découvrir.

Les plages : vous aurez l'embarras du choix tant la Corse est riche en plages de rêve. Palombaggia, Arone, Saleccia, Ostriconi, Campomoro, Rondinara… impossible de les citer toutes.

La montagne et la nature : la Corse est « une montagne dans la mer » ; dès que l'on quitte la côte, la route monte ! Sans avoir à se lancer à l'assaut des hauts sommets, il y a toujours un sentier à parcourir en pleine nature ou un panorama à observer.

Les îles Sanguinaires

BON À SAVOIR AVANT LE DÉPART

ABC de la Corse

- ***Divisions administratives :*** depuis 1976, une collectivité territoriale et deux départements, la Corse-du-Sud (préfecture Ajaccio) et la Haute-Corse (Bastia).
- ***Superficie :*** 8 680 km2. 183 km du nord au sud et 83 km de largeur maximale. C'est la quatrième île de la Méditerranée après la Sicile, la Sardaigne et Chypre.
- ***Point culminant :*** le monte Cinto (2 706 m).
- ***Population :*** env 322 000 habitants. Densité : env 35 hab./km2.
- ***Diaspora :*** 2 millions de Corses vivent hors de l'île (ce qui comprend les Corses nés en Corse et leurs enfants ayant gardé un lien avec l'île). Marseille serait la première ville corse au monde, avec environ 300 000 Corses.
- ***Tourisme :*** il contribue à hauteur de 12-15 % au PIB régional.
- ***Littoral :*** 1 034 km de côtes, dont 202 km protégés par le Conservatoire du littoral.
- ***Forêts :*** elles couvrent 46 % de la superficie de la Corse.
- ***Plaine orientale :*** 10 % du territoire, 80 % de la richesse agricole de la Corse.
- ***Produits exportés :*** à 80 % ce sont des produits viticoles et des fruits, dont des agrumes (citrons, oranges, clémentines).

AVANT LE DÉPART

Adresses utiles

- ***Agence de tourisme de la Corse :*** *17, bd du Roi-Jérôme, BP 19, 20181* **Ajaccio** *Cedex 01. ☎ 04-95-51-00-00.* • *visit-corsica.com* • Pour toutes les infos générales sur la Corse. Pas de documentation papier, réponses par mail.
- ***Relais régional des Gîtes de France :*** *77, cours Napoléon, BP 10, 20181* **Ajaccio.** *☎ 04-95-10-54-33 (infos générales) ou 04-95-10-54-30 (résas).* • *gites-corsica.com* • *chambres-d-hotes-en-corse.com* • Propose le catalogue complet des gîtes ruraux, des chambres d'hôtes et des campings à la ferme dans toute l'île.
- ***Parc naturel régional de la Corse :*** *19, av. Georges-Pompidou, immeuble Faggianelli, CS 30417, 20700* **Ajaccio** *Cedex 09. ☎ 04-95-51-79-10.* • *parc-corse.org* • Toutes infos sur le parc, le GR 20 et les prestataires de services.

Carte internationale d'étudiant (carte ISIC)

Elle prouve le statut d'étudiant dans le monde entier et permet de bénéficier de tous les avantages, services et réductions dans les domaines du transport, de l'hébergement, de la culture, des loisirs, du shopping...

La carte ISIC permet aussi d'accéder à des avantages exclusifs (billets d'avion spécial étudiants, hôtels et auberges de jeunesse, assurances, cartes SIM internationales, location de voitures...).

Renseignements et inscriptions

- ***En France :*** *• isic.fr • 13 € pour 1 année scolaire.*
- ***En Belgique :*** *• isic.be •*
- ***En Suisse :*** *• isic.ch •*
- ***Au Canada :*** *• isiccanada.com •*

Formalités, douanes

Formalités administratives

Aucun visa n'est demandé aux ressortissants de l'Union européenne qui se rendent en Corse pour une durée maximale de 90 jours. Une pièce d'identité suffit (carte d'identité ou passeport). Au-delà de 90 jours, faire une demande de carte de séjour auprès de la **préfecture d'Ajaccio** *(par courrier : préfecture de Corse-du-Sud, BP 401, 20188 Ajaccio ; ☎ 04-95-11-12-13).* Nos amis suisses sont soumis aux mêmes conditions.
Les personnes étrangères à l'UE sont soumises aux conditions établies entre leur pays d'origine et la France.
Nos amis canadiens n'ont donc pas besoin de visa mais devront se munir de leur passeport. Par ailleurs, la durée du séjour est limitée à deux fois 90 jours par an (avec demande de carte de séjour auprès de la préfecture d'Ajaccio pour la prolongation). Pour rester plus longtemps, la demande se fait au Canada (y penser avant de venir en Corse) auprès d'un consulat de France.

Douanes

La Corse est soumise aux mêmes limitations d'importation et d'exportation que la France continentale. Pour plus d'informations : *• douane.gouv.fr •*

ARGENT, BANQUES

– Attention : les distributeurs de billets n'étant pas légion et les cartes de paiement pas toujours acceptées (loin de là), pensez à vous munir de votre chéquier et prévoyez suffisamment de liquide.

Cartes de paiement

Quelle que soit la carte que vous possédez, chaque banque gère elle-même le processus d'opposition et le numéro de téléphone correspondant ! Avant de partir, notez donc bien le numéro d'opposition propre à votre banque (il figure souvent sur votre contrat, au dos des tickets de retrait ou à côté des distributeurs de billets), ainsi que le numéro à 16 chiffres de votre carte. Bien entendu, conservez ces informations en lieu sûr, et séparément de votre carte. Par ailleurs, l'assistance médicale se limite aux 90 premiers jours du voyage.
Et pensez bien, avant le départ, à VÉRIFIER LA DATE D'EXPIRATION DE VOTRE CARTE DE PAIEMENT !

- ***Carte Bleue Visa :*** *numéro d'urgence* (Europ Assistance), *☎ 01-41-85-85-85. • visa.fr •*
- ***Carte MasterCard :*** *numéro d'urgence, ☎ 01-45-16-65-65 (0,34 €/mn). • mastercardfrance.com •*

– ***Carte American Express :*** *numéro d'urgence, ☎ 01-47-77-72-00. ● americanexpress.com ●*

Petite mesure de précaution : si vous retirez de l'argent dans un distributeur, utilisez de préférence les distributeurs attenants à une agence bancaire. En cas de pépin avec votre carte (carte avalée, erreur de code secret...), vous aurez un interlocuteur dans l'agence, pendant les heures ouvrables du moins.

BUDGET

Recommandation à ceux qui souhaitent profiter des réductions et avantages proposés dans le *Routard* par les hôteliers et les restaurateurs.

À l'hôtel, pensez à les demander **au moment de la réservation** ou, si vous n'avez pas réservé, **à l'arrivée.** Ils ne sont valables que pour les réservations en direct et ne sont pas cumulables avec d'autres offres promotionnelles (notamment sur Internet). Au restaurant, parlez-en **au moment** de la commande et surtout **avant** que l'addition ne soit établie. Poser votre *Routard* sur la table ne suffit pas : le personnel de salle n'est pas toujours au courant et une fois le ticket de caisse imprimé, il est souvent difficile de modifier le total. En cas de doute, montrez la notice relative à l'établissement dans le *Routard* de l'année, bien sûr, et ne manquez pas de nous faire part de toute difficulté rencontrée.

La Corse n'est pas vraiment une destination bon marché.
– ***Le transport :*** il est difficile de donner des chiffres précis concernant les moyens de transport pour se rendre en Corse tant les prix varient selon la période choisie, les promotions et les compagnies de transport (aérien ou maritime). Si l'on choisit l'avion, le budget en prend déjà un bon coup : selon la saison, de 170 à 350 € l'aller-retour Paris-Ajaccio sur une compagnie régulière. En jonglant avec les offres, et grâce à l'arrivée de compagnies *low-cost,* de plus en plus nombreuses, on peut réduire ce poste de dépenses : environ 100 € l'aller-retour. En s'y prenant au dernier moment, ce sera bien plus cher... En ferry, compter de 60 à 90 € l'aller-retour selon confort et saison. Certes, il existe aussi des offres à partir de prix très bas mais, soumises à conditions, elles ne sont pas proposées à tous. Il est également toujours très avantageux de prendre son billet longtemps à l'avance. De même, les indications de prix données plus haut s'entendent par personne et ne tiennent pas compte des réductions accordées aux familles, par exemple.
– ***La voiture :*** une fois sur place, la plupart du temps, on loue une voiture, à partir de 350 € par semaine (pour une voiture convenant à un couple). À moins qu'on n'ait passé la sienne avec le ferry : de 100 à 250 € environ selon la saison.
– ***Le coût de la vie en Corse :*** élevé ! Au moins deux raisons à cela : en premier lieu, comme dans toute île, il faut faire venir la plupart des produits et matières premières du continent. Ensuite, le caractère saisonnier de certaines activités et, bien évidemment, le tourisme amènent à pratiquer des prix plus élevés. Ensuite, la Corse est, à bien des égards, une île d'exception : par exemple, l'essence ne s'y vend pas en hypermarché. Certes, le réseau des stations-service est dense sur l'île, mais l'essence se paie le plus souvent à des tarifs approchant ceux pratiqués dans les stations d'autoroute sur le continent... et ce malgré une TVA réduite !
Entre avril et juillet-août, les prix d'un hébergement peuvent passer du simple au triple, voire davantage... Quant aux produits de consommation courante,

alimentaires notamment, c'est pareil, avec des variations considérables d'un lieu à l'autre : vers certaines plages, la bouteille d'eau réfrigérée est à 3 €, et les fruits et légumes atteignent des records ; mais allez quelques kilomètres plus loin, et c'est deux fois moins cher – tout en restant bien cher, c'est dire ! Une étude de l'Insee a estimé à 10 % le « surcoût » de la vie en Corse, par comparaison avec le Languedoc-Roussillon, par exemple.
Cependant, on peut quand même découvrir l'île en routard, à des prix (presque) routards : en choisissant la formule du camping, en couchant dans les gîtes en montagne, enfin en se rabattant sur les pizzerias, les paninis et les sandwichs. La solution des gîtes ruraux à la semaine est également abordable et intéressante dès qu'on voyage en famille. L'île de Beauté, heureusement, n'est pas réservée qu'aux riches !
En résumé, le séjour en Corse peut, si l'on sait se montrer raisonnable, s'avérer pas trop ruineux : en gîte rural, par exemple, et en ayant passé sa voiture avec le ferry, cela revient, selon la saison et avec un resto de temps en temps, de 1 500 à 2 500 € la quinzaine pour deux personnes.

Hébergement

D'une manière générale, nous indiquons des fourchettes de prix allant de la chambre double la moins chère en basse saison à celle la plus chère en haute saison. Ce qui implique parfois d'importantes fourchettes de prix, pas toujours en adéquation avec la rubrique dans laquelle l'établissement est cité. Le classement retenu est donc celui du prix de la majorité des chambres et de leur rapport qualité-prix.
– Les prix que nous indiquons sont, sauf erreur, ceux que nous ont communiqués les hôteliers et restaurateurs. Il arrive toutefois que certains nous indiquent leurs tarifs de l'année en cours (et non ceux de l'année suivante) et que, pendant l'hiver, ils augmentent leurs prix. Bien sûr, en France, les prix sont libres, mais nous ne sommes pas là pour recommander les services d'hôteliers ou de restaurateurs qui nous racontent des histoires, nous annonçant des chambres à 70 € pour les louer 20 € de plus. D'autant que c'est nous qui en faisons les frais, les lecteurs nous reprochant ensuite de ne pas bien réactualiser les guides. Aussi, merci de nous signaler, quand elles sont excessives, ces différences entre les prix annoncés et ceux pratiqués. Idem pour les offres et réductions consenties à nos lecteurs quand les engagements ne sont pas respectés.
– Les tarifs des ***campings*** sont calculés sur la base d'un emplacement pour deux avec voiture et tente en haute saison. Ils sont classés en tête de rubrique « Où dormir ? ».
– Les ***gîtes d'étape*** pratiquent en règle générale des tarifs « Bon marché » pour une nuitée en dortoir (avec ou sans les draps). Le tarif indiqué est celui du lit en dortoir et/ou parfois de la chambre double, quand il y en a.
– En ***chambres d'hôtes,*** les prix sont donnés sur la base d'une chambre double. Ils incluent le petit déjeuner (c'est normalement la loi...). Les cartes de paiement sont rarement acceptées.
– Concernant les ***hôtels,*** la base reste celle d'une nuit en chambre double (sans petit déjeuner), sauf exception, notamment pour les chambres familiales.
À savoir : la plupart des municipalités ont voté la taxe de séjour. Celle-ci se paie directement à l'hébergeur (hôtel, chambre d'hôtes, gîte...), elle ne peut être incluse dans votre forfait vacances remis par votre agence. Compter entre 0,50 et 1,50 € par jour et par personne.
– ***Bon marché :*** jusqu'à 60 €.
– ***Prix moyens :*** de 60 à 80 €.
– ***Chic :*** de 80 à 120 €.
– ***Plus chic :*** de 120 à 160 €.
– ***Beaucoup plus chic :*** au-delà de 160 €.

Restos

Au restaurant, notre critère de classement est le prix du premier menu servi le soir (hors boissons). Les notions de « Prix moyens » ou « Plus chic » n'engagent donc que les prix. Autrement dit, certains restos chic proposant parfois d'intéressantes formules, notamment au déjeuner, pourront malgré tout être classés dans la rubrique « Plus chic ».
– ***Très bon marché :*** moins de 12 €.
– ***Bon marché :*** de 12 à 20 €.
– ***Prix moyens :*** de 20 à 30 €.
– ***Chic :*** de 30 à 40 €.
– ***Plus chic :*** plus de 40 €.

Quelques conseils

Les distributeurs de billets n'étant pas légion en dehors des villes, pensez à vous munir de votre chéquier et prévoyez suffisamment de liquide.

CLIMAT

Les continentaux (surtout ceux de la partie nord) sont jaloux de la Corse : quand Madame Météo vous montre une carte de France pleine de gros nuages et qu'un petit soleil résiste dans un coin, il est collé à tous les coups sur l'île !
Le climat en Corse est facile à décrire : de juin à mi-septembre, grand beau temps assuré. Mais il existe des nuances. Il fait généralement plus chaud au cap Corse qu'à Bonifacio. Bien sûr, l'air est toujours plus frais en montagne (au-dessus de 500 m) qu'en bord de mer. N'oubliez pas de prévoir une petite laine dans l'intérieur du pays. Attention aussi aux orages, brefs mais violents, qui éclatent dans l'intérieur souvent en période estivale, entraînant des inondations parfois ravageuses. Malgré tout, les pluies sont vraiment rares : pas plus de 50 jours par an ! Certains jours, le vent souffle très fort. Le vent dominant ici est le *libecciu,* venu du sud-ouest, sec et chaud. Le mistral est plus violent. Les Corses ne l'aiment pas (il favorise les incendies).
Et puis il y a de la neige (eh oui, la Corse est une île montagneuse, on a tendance à l'oublier !) : en altitude, elle peut persister jusqu'à mi-juin, voire début juillet... Si vous visitez la Corse à Pâques, ne soyez pas étonné de trouver des routes fermées (généralement parmi les plus belles, comme celle du col de Bavella) ou des sentiers de randonnée impraticables. En gros, les meilleures périodes pour aller en Corse et éviter canicule et flots de touristes sont avril, mai (mais curieusement, ce mois de mai est parfois pluvieux en Corse), juin, septembre et octobre. Et, au printemps, le maquis est en fleurs !
Enfin, détail important : la température de la mer (sur les côtes) est en moyenne de 15 °C en hiver et de 25 °C en été.

FEUX DE FORÊT

De curieux nuages gris s'étendent et s'amoncellent au-dessus de la route qui rejoint Corte. Pourtant, le ciel est bleu. Les touristes s'étonnent et poursuivent leur chemin. Mais voilà un barrage de police : « Demi-tour messieurs dames, le feu est à quelques kilomètres. » Campings et maisons évacués, camions rouges des pompiers qui occupent le terrain, Canadair jaunes qui passent à basse altitude...
Les touristes qui ont choisi la Corse pour leurs vacances connaissent la musique. Toujours la même tragédie du feu, suivie le lendemain par autant de déclarations tonitruantes et vengeresses de la part des élus locaux dans les journaux. On parle de pyromanes, d'accidents dus à la négligence et d'éleveurs indélicats. Car la première cause des feux de forêt est celle appelée pudiquement « cause pastorale » :

certains éleveurs (une toute petite minorité), pour démaquiser et donner ainsi de l'espace et du (maigre) pâturage aux (maigres) bestiaux, déclenchent des feux ravageurs. Cette technique de fertilisation des terres par brûlis, l'écobuage, est très ancienne ; mais elle était autrefois pratiquée en hiver, les jours sans vent et sur une terre largement cultivée, moins inflammable donc que cette friche qui l'a, peu à peu, remplacée.

Des résultats encourageants

Alors tout le monde râle, les Corses en premier. Toutefois, des mesures répressives – bien difficiles à appliquer (il est presque impossible de prendre ces incendiaires sur le fait) – et des programmes de prévention (démaquisage, surveillance accrue des départs de feu) ont permis de réduire sensiblement les feux de forêt, même s'il y a des années à « rechute ». 2014,2015 et 2016 ont été des années plutôt bonnes.

Consignes

En forêt

– Ne pas allumer de feux entre le 1er juillet et le 30 septembre.
– Éviter la fréquentation des forêts lorsque les bulletins météo indiquent des risques évidents de propagation rapide d'incendie (vents forts et forte chaleur).
– En cas d'incendie, regagner des zones signalées comme sécurisées si elles existent (routes ou sentiers). Dans le cas contraire, se réfugier dans le lit d'une rivière ou sur un point haut dégagé le plus proche, afin d'être repéré par les secours.
– Ce choix doit être effectué en fonction des capacités physiques de chacun et en tenant compte qu'en relief accidenté le feu peut aller plus vite que l'homme.

L'alerte

– Vous êtes témoin d'un départ de feu : composez le ☎ 18 ou le ☎ 112, en essayant de préciser l'ampleur et le lieu d'éclosion, s'il y a des habitations ou des points sensibles (campings, etc.) menacés directement. Laissez vos coordonnées.

En règle générale

– Sur la route, évitez de rester sur place en cas d'incendie (sauf contrordre de la part des secours).
– Si vous louez une maison, vérifiez que le débroussaillement légal est bien réalisé (50 m autour de l'habitation). En cas de sinistre, si cette condition est respectée, préférez le confinement en fermant les volets et les portes et en les aspergeant d'eau si possible.
– Dans tous les cas, il faut savoir que le feu passe très vite et que le confinement – en ayant fermé et protégé tous les accès – constitue la solution préconisée.
– N'oubliez pas de signaler au préalable votre présence aux secours.

HÉBERGEMENT

Gîtes d'étape

Très bien pour les randonneurs, car on y trouve le plus souvent un dortoir ou des chambres de quatre lits, un coin cuisine, de quoi se réchauffer le soir. Ils proposent pratiquement toujours aussi la demi-pension. Situés près des sentiers du parc régional (Mare a Mare, Mare e Monti), en montagne ou sur le littoral. Liste complète disponible auprès du bureau du parc régional à Ajaccio (ou consulter ● *gites-refuges.com* ●). ATTENTION : pas de gîte d'étape sur le GR 20, uniquement des refuges.

Auberges de jeunesse

Il n'y en a plus...

Hébergement en couvent

Une façon de voir la Corse sous un angle plus spirituel que d'ordinaire. Cela dit, on n'est pas obligé de suivre toutes les règles monastiques en vigueur ; il suffit d'observer un minimum de silence pour ne pas troubler la vie des moines. Hébergement simple et à prix raisonnables. Téléphoner avant, demander le frère hôtelier.
– *Couvent de Corbara :* ☎ 04-95-60-06-73.
– *Couvent de Vico :* ☎ 04-95-26-83-83.
– *Maison Saint-Hyacinthe :* ☎ 04-95-33-28-29.

Campings

L'île est plutôt bien pourvue : 200 campings, qui ouvrent en général de mai à octobre, parfois un peu plus longtemps, et parfois même – mais c'est rare – qui restent ouverts à l'année. Choisir en priorité les campings ombragés (pins, eucalyptus – ça sent bon ! –, oliviers...). La nuit pour deux avec tente et voiture coûte en moyenne de 15 à 26 € (davantage dans les campings très étoilés) en pleine saison. C'est évidemment l'hébergement le moins coûteux, et souvent le seul à la portée de bien des gens – les jeunes surtout. Attention, de nombreux campings ne prennent pas de réservations.
À l'intérieur de la Corse, on trouve des campings situés dans des endroits de rêve, sous les châtaigniers ou au bord de torrents de montagne. Il y a aussi les campings à la ferme, où l'on est assuré de camper en pleine campagne et de bénéficier des produits de la ferme. Sur la côte, les campings sont souvent plus grands, mais ça ne veut pas dire qu'ils ne sont pas bien : il y en a d'excellents, où l'ambiance est bonne. Et avec la plage en direct. Il n'est pas rare qu'en très haute saison on se retrouve à trois ou quatre tentes sur le même emplacement...
Enfin, deux conseils : le sol est souvent très sec et dur en été, prévoyez de quoi bien planter les piquets (perceuse, marteau-piqueur...). Et si vous êtes en camping-car, assurez-vous que le camping dans lequel vous comptez faire halte (il n'est pas conseillé de faire du « camping-car sauvage » en Corse) est bien adapté à ce genre de véhicule.
Rappelons, enfin, que LE CAMPING SAUVAGE EST STRICTEMENT INTERDIT.

Chambres d'hôtes

La formule se développe de plus en plus. Celles que nous citons sont très chouettes. Comme sur le continent, la formule est intéressante pour un couple qui ne souhaite pas rester trop longtemps dans le même endroit (sinon, louer un gîte rural). On y dort et l'on peut y prendre le petit déj, en général à des prix raisonnables (de 60 à 80 € en moyenne, parfois bien plus), puis on continue son chemin (on peut assez souvent prendre le repas du soir à la table d'hôtes, sur réservation)...
Beaucoup sont affiliées aux Gîtes de France (voir ci-après), qui ont créé un site spécialement dédié aux chambres d'hôtes : • *chambres-d-hotes-en-corse.com* •

Gîtes de France

À l'évidence la meilleure solution pour séjourner en Corse. Surtout en famille. Car, même en haute saison, on trouve des gîtes tout équipés pour quatre à six personnes à partir de 400 € environ la semaine, et presque deux fois moins chers hors saison : un tarif imbattable. Mais il y en a environ 1 200 dans l'île, comment choisir ?
Pour vous aider à répondre à cette importante question (vos vacances en dépendent, et les vacances, en Corse, c'est le bonheur !), nous avons sélectionné environ

60 adresses. Nous avons privilégié la qualité des prestations (literie, équipement cuisine correct, bon entretien des lieux) et le calme (ou alors on signale quand il y a, par exemple, une route proche). De plus, l'accueil des propriétaires, quand ils habitent sur place, est un élément important. L'autre avantage de ces gîtes est leur situation, bien souvent retirée dans l'arrière-pays, la Corse profonde. Ajoutons, enfin, que les animaux sont souvent acceptés dans les gîtes ruraux (on le précise quand c'est le cas). Rappelons que, comme partout ailleurs en France, les locations de gîtes se font à la semaine et non à la journée, et du samedi au samedi.

■ ***Relais régional des Gîtes de France :*** *77, cours Napoléon, 20000* ***Ajaccio.*** *Service de résas (envoi de courriers) : BP 10, 20181 Ajaccio Cedex 01.* ☎ *04-95-10-54-30. Fax : 04-95-10-54-38.* • *infos@gites.corsica.com* • *gites-corsica.com* •

Hôtels

L'avantage des hôtels est la grande liberté qui est laissée : deux nuits ici, deux là, trois ailleurs... Parfait pour un tour de Corse. Mais attention, mieux vaut préparer son circuit et réserver, surtout de juin à mi-septembre. En y allant au petit bonheur en haute saison, vous risquez fort de passer la nuit dehors ou, au mieux, de ne plus trouver de chambres que dans les hôtels les moins demandés, c'est-à-dire les moins bons.

Il y a près de 400 hôtels en Corse. Beaucoup sont des petites affaires familiales, de 10 à 20 chambres toutes simples, façon corse, c'est-à-dire assez dépouillées et pas toujours entretenues comme il le faudrait, et ils paraissent parfois un peu chers pour les prestations proposées. On relève aussi quelques hôtels de charme, trop peu nombreux et installés dans d'anciens *palazzi*. Très peu d'hôtels de chaîne. Avec ça, quelques établissements de prestige. Notons que beaucoup de ces hôtels ont une activité uniquement saisonnière.

Un conseil pratique : demandez si la demi-pension est obligatoire ou pas en saison ; si oui, ça peut être intéressant... à condition de bien manger, et ça, ça dépend beaucoup des établissements.

LANGUE CORSE

Pour un *pinzutu* (terme désignant un continental), l'approche de la langue corse se fait par ces panneaux routiers parfaitement imprononçables pour certains, portant le nom des villages : la dernière lettre du nom du lieu – un *o* le plus souvent – a été barrée d'un coup de pinceau et remplacée par le *u* final (voir plus loin « Toponymes »). Les intégristes de la pureté linguistique sont passés par là.

Et puis un jour, à l'heure du pastis, on surprend une conversation entre un jeune et un ancien. Mais d'où vient-elle, cette langue, « patois de l'île des Seigneurs », que l'on dit sans cesse menacée ?

Selon un fils du pays, Pascal Marchetti, linguiste érudit et auteur de *La Corsophonie, un idiome à la mer* (Albatros, 1990), ainsi que de la méthode Assimil *Le Corse sans peine* (et *Le Corse de poche,* également chez Assimil), il y a d'abord eu un parler prélatin dans l'île. Puis un néolatin populaire, base du parler corse actuel. Pendant la période de domination pisane, puis génoise, la langue corse a été en contact et en symbiose avec la langue toscane. Résultat des influences syntaxiques : le corse serait « un faisceau de parlers du groupe italien ».

Si Dante revenait ici-bas, il pourrait s'entendre avec le plus rustre des bergers du Niolo. Aujourd'hui, les flots de touristes italiens écoutent avec ravissement les gens de l'île.

Combattue par la IIIe République, presque anéantie par la télévision et le monde moderne, la langue corse n'est régulièrement parlée que par les vieux et une poignée de jeunes. Pourtant, on estime à 70 % le nombre d'habitants sachant la parler ! Depuis que le gouvernement lui a accordé en 1974 le statut de langue

régionale, elle est enseignée. Mais les puristes préfèrent fabriquer des néologismes néo-corsiens à base de français, en oubliant les affinités anciennes avec l'Italie.
Il faut aussi signaler la difficulté à « fixer » cette langue à l'écrit. Longtemps, elle n'a dépendu que de la tradition orale, et le problème pour l'enseigner est de se mettre d'accord sur un corse « généraliste » qui soit accepté par tous. Car chaque microrégion a « son » parler corse. De fait, le vocabulaire varie souvent. Si on fait le tour de l'île, on trouve une bonne dizaine de manières de nommer une chaise.

UNE LANGUE BIEN VIVANTE

La quasi-totalité des petits Corses reçoivent un enseignement de la langue corse en primaire. Une sacrée performance quand on connaît le peu d'enthousiasme de l'État pour les langues régionales : il n'y a pas d'exemple similaire ailleurs en France.

Quelques mots corses

Castagnu	châtaignier
Liccetu	forêt de chênes verts
Pinetu	forêt de pins
Bocca	col de montagne ou détroit
Capu	cap
Monte	mont
Serra	chaîne de montagnes
Lavu (lagu)	lac
Piscia	cascade
Pace è salute !	paix et santé ! (formule de salutation très usitée)

Toponymes

La plupart des noms de lieux corses utilisés en français datent en fait de la période (honnie) de l'occupation génoise, les maîtres de la Corse parlant le toscan. Résultat : ce qui ressemble, pour les continentaux, à du corse n'en est pas et se retrouve combattu par les corsophones. Quelques exemples : *Sartè* (Sartène), *Bucugnà* (Bocognano), *Pruprià* (Propriano), *Auddè* (Aullène).
Dans la plupart des cas, la différence porte sur les voyelles finales en particulier (le plus souvent *o* en toscan et *u* en corse) et ne pose pas de problème de compréhension (*Córti* et *Cervioni* pour Corte et Cervione). La double consonne *lle* se transforme en *dd* dans le Sud. Parfois, le toponyme utilisé couramment provient carrément d'une erreur (*Isula Rossa* signifie littéralement « île rouge » et non « rousse »). Quoi qu'il en soit, les cartes routières (Michelin, IGN) reprennent les noms en usage, même si, sur les panneaux indicateurs, on « corrige » souvent les noms de villages. Parfois, on les fusille. Mais là il s'agit moins de désaccord linguistique que de piètres chasseurs rentrés bredouilles et qui trouvent dans ces panneaux des cibles plus faciles (mais c'est moins bon que le sanglier !).

Prononciation

Les Corses « avalent » généralement les terminaisons des noms. Ainsi, Bonifacio se prononce « Bounifatch' » ; Porto-Vecchio, « Porto-Vèk ». De même, le *i* qui termine généralement les noms propres est presque effacé, comme prononcé dans un souffle. Pour certains, cette manière de prononcer est excessive. Quoi qu'il en soit, l'accent tonique, en corse, tombe le plus souvent sur l'avant-dernière syllabe, la voyelle finale restant en bouche, ce qui n'est pas un problème pour les noms de lieux, invariables.
Quelques règles courantes : le *e* n'est jamais muet, le *ci* se prononce « tchi », le *che* donne « ké », les *r* sont roulés (légèrement, pas comme en espagnol), et les voyelles qui se suivent sont prononcées séparément (forêt d'« A-ï-tone »). Allez, bon corse !

LIVRES DE ROUTE

Il n'y a pas en, à proprement parler, de littérature corse avant une époque récente. Car dans cette île, ce qui, ailleurs, a été transmis par l'écrit a été véhiculé au fil des siècles par la tradition orale. Ce fut longtemps le pays des hommes-livres : bergers qui récitaient la *Divina Commedia* ou l'*Orlando Furioso* par cœur, paysans illettrés qui, dans une syntaxe rigoureuse, suivant une rime précise et avec un pouvoir d'évocation surprenant, improvisaient des poèmes superbes... Seuls demeurent aujourd'hui quelques survivants d'une civilisation de la mémoire supplantée par celle de l'écrit.

Prenant naissance au début des années 1970, le renouveau culturel suscite un désir de création littéraire qui entraînera de nombreuses publications, où s'exprimeront des écrivains corses de langue française – mais aussi quelques-uns utilisant la langue corse.

Mais le terme d'« écrivain corse » peut être considéré sous divers angles. En effet, si les romans d'***Angelo Rinaldi,*** par exemple, ont pour cadre la Corse, les caractères et les situations qu'il représente participent d'une société pas forcément insulaire. L'œuvre de cet écrivain – considéré parfois comme le meilleur écrivain corse (son roman *La Maison des Atlantes* a obtenu le populaire prix Femina en 1972) –, de par son style et ses thèmes, s'adresse plutôt à une certaine élite intellectuelle. Idem pour ***Marie Susini,*** qui touche un même type de lectorat. Les sentiments contradictoires d'amour et de rejet qu'elle éprouve pour l'île imprègnent ses romans, ainsi que la sensation d'enfermement que reconnaissent certainement certains Corses (les femmes surtout). À lire, *La Fiera* et *La Renfermée, la Corse.* D'une femme également, ***Marie Ferranti,*** *La Fuite aux Agriates* (Gallimard, coll. « Folio », n° 3713), un roman qui n'est pas sans évoquer une certaine histoire, puisque l'un des personnages est un berger en fuite après un assassinat. Mais le roman est centré avant tout sur une histoire d'amour vouée au drame. Autre écrivain corse contemporain de premier plan, ***Jean-Claude Rogliano,*** plus engagé sans doute par son insularité, sa « corsitude ». Son *Mal'Concilio* (France-Empire, 2001) est l'une des œuvres marquantes du renouveau culturel corse. Les *Contes et Légendes de Corse* (France-Empire, 1999), qu'il a écrits avec sa fille Agnès, se lisent aussi avec plaisir. Dans une autre veine, *Justice en Corse* (Stock, 2002) raconte ses démêlés avec l'institution judiciaire à propos d'une maison.

Les amateurs de polars seront ravis d'apprendre qu'un éditeur corse, les éditions Albiana, a lancé en 2004, sous le label Nera, une collection de polars 100 % corses. Rappelons, enfin, que les premiers « romans corses » ont été écrits au XIXe s... par des Parisiens ! ***Prosper Mérimée*** en est le plus bel exemple : *Colomba* est un modèle du genre et une grande réussite littéraire et commerciale (c'est certainement l'histoire corse la plus diffusée et la plus lue au monde). Même si cette nouvelle a largement contribué à favoriser la récurrence de clichés d'une Corse figée au XIXe s, Mérimée y a tout de même finement saisi les traits du caractère insulaire, tant des hommes que du paysage. Dans le même genre et à la même époque, ***Alexandre Dumas*** a écrit *Les Frères corses* (1844 ; Gallimard, coll. « Folio », 2007), roman ayant également pour cadre l'île alors exotique et très à la mode, avec aussi un fond de vendetta, une dose de fantastique en plus. ***Maupassant*** enfin, qui avait lui aussi fait le voyage dans l'île de Beauté, avait été vivement impressionné par la nature, il est vrai spectaculaire et splendide, des *calanche* de Piana – entre autres sites corses qu'il évoque avec force dans son roman *Une Vie.* On a republié certains de ces romans classiques en un seul volume, sous le titre *Le Roman de la Corse* (Omnibus, 2013, 960 p.).

Parmi les ouvrages historiques contemporains, on peut citer *L'Histoire de la Corse* (France-Empire, 2001) de ***Robert Colonna d'Istria*** et *L'Histoire de la Corse et des Corses* de Jean-Marie Arrighi et Olivier Jehasse (Perrin, collection Tempus, 2013). ***La Corse pour les nuls*** (First Editions, 2010), de Thierry Ottaviani, embrasse tous les domaines et se révèle une formidable mine d'informations sur l'île.

Coup de cœur pour une autre historienne, ***Dorothy Carrington,*** dont *La Corse* (Arthaud, 2003) est un chef-d'œuvre de recherche sans doute, historique, bibliographique et archéologique, mais aussi de sensibilité. Quels magnifiques portraits dans cet ouvrage qui relate la découverte de la Corse des années 1950 par cette Anglaise venue visiter les sites archéologiques – et tombée amoureuse de l'île, qu'elle ne quittera quasiment plus jusqu'à sa mort à Ajaccio, en janvier 2002 !
Coup de cœur également pour les « beaux livres » du journaliste Pierre-Jean Luccioni, consacrés au patrimoine rural et aux savoirs anciens qui disparaissent : ***Tempi fa*** (Albiana, 2007 et 2009). Un troisième volume, consacré aux fêtes religieuses, rites et croyances populaires, est sorti aux mêmes éditions en 2010.
Pour un regard d'ensemble, brassant histoire, économie et politique, lire *Comprendre la Corse* (Gallimard, coll. « Folio Actuel », n° 70, 1999 ; réédition 2004) de ***Jean-Louis Andreani.***
Ceux qui voudraient se plonger dans la nébuleuse nationaliste peuvent lire les entretiens, sans complaisance, réalisés par Guy Benhamou, dans lesquels Jean-Michel Rossi et François Santoni, tous deux assassinés depuis, font le bilan de 25 ans de nationalisme (*Pour solde de tout compte,* Flammarion, coll. « J'ai Lu », n° 5898, 2001).
Deux mots sur les bouquins de gastronomie. Citons *Carnet de Cucina corsa,* écrit par l'équipe de Cucina Corsa, présidée par ***Vincent Tabarani*** ; et, de ***François Poli,*** *Tutta a Cucina corsa* – ouvrage honteusement plagié ; gare aux contrefaçons !
Terminons ce petit tour de la littérature corse par les traits de crayon et d'esprit de ***Batti,*** dont les dessins de presse et les savoureux albums bilingues de B.D., en particulier *E in più di què so Corsu* (« Et en plus de ça je suis corse »), reflètent l'humour, la tendresse, l'autodérision et le génie (au sens large) de tout un peuple.
Une mention spéciale pour une B.D. à succès, *L'Enquête corse,* de **Pétillon** (Albin Michel, 2000), ou l'histoire d'un détective continental qui débarque sur l'île à la recherche d'un certain Ange Léoni pour lui remettre un titre de propriété d'une défunte parente. Description ironique et mordante des rapports du continental avec les locaux, des rivalités et des dérives, des nombreux clans nationalistes et des différentes polices, des rapports des clans entre eux et avec les polices. Dans chaque dessin, un détail explosif, une phrase qui vise juste. Un vrai régal. La B.D. a même été traduite en corse ! Et adaptée au cinéma, bien sûr...

PERSONNES HANDICAPÉES

Le label Tourisme et Handicap

Ce label national, créé par le secrétariat d'État à la Consommation et au Tourisme en partenariat avec les professionnels du tourisme et les associations représentant les personnes handicapées, permet d'identifier les lieux de vacances (hôtels, campings, sites naturels, etc.), de loisirs (parcs d'attractions, etc.) ou de culture (musées, monuments, etc.) accessibles aux personnes handicapées. Il apporte aux touristes en situation de handicap une information fiable sur l'accessibilité des lieux. Cette accessibilité, visualisée par un pictogramme correspondant aux quatre types de handicaps (moteur, visuel, auditif et mental), garantit un accueil et une utilisation des services proposés avec un maximum d'autonomie dans un environnement sécurisant. Pour connaître la liste des sites labellisés : • ***rendezvousenfrance.com*** • (rubrique « Tourisme et Handicap »).

TOURISME & HANDICAP

Par ailleurs, dans notre guide, nous indiquons par le logo ♿ les établissements qui possèdent un accès ou des chambres pouvant accueillir des personnes handicapées. Certaines adresses sont parfaitement équipées selon les critères les plus modernes. D'autres, plus simples, plus anciennes aussi, sans répondre aux normes les plus récentes, favorisent l'accueil des personnes handicapées en facilitant l'accès à leur établissement, tant sur le plan matériel que sur le plan humain. Évidemment, les handicaps étant très divers, des lieux accessibles à certaines personnes ne le seront pas pour d'autres. Appelez donc auparavant pour savoir si l'équipement de l'hôtel ou du resto est compatible avec votre niveau de mobilité.
Malgré les combats menés par les nombreuses associations, l'intégration des personnes handicapées à la vie de tous les jours est encore balbutiante en France. Il tient à chacun de nous de faire changer les choses. Une prise de conscience est nécessaire, nous sommes tous concernés.
Une association corse peut également permettre d'en savoir plus sur la situation sur place : ***Handicap Tourisme et Loisirs.*** *Contact : Fabrice Albertini, • handi20.com •*

PLONGÉE SOUS-MARINE

Jetez-vous à l'eau !

Pourquoi ne pas profiter de votre escapade dans ces régions maritimes pour vous initier à la plongée sous-marine ? Quel bonheur de virevolter librement en compagnie des poissons, animaux les plus chatoyants de notre planète, de s'extasier devant les couleurs vives de cette vie insoupçonnée...
Pour faire vos premières bulles, pas besoin d'être sportif ni bon nageur. Il suffit d'avoir plus de 8 ans et d'être en bonne santé. Sachez que l'usage des médicaments est incompatible avec la plongée. De même, les femmes enceintes s'abstiendront formellement de toute incursion sous-marine. Enfin, vérifiez l'état de vos dents : il est toujours désagréable de se retrouver avec un plombage qui saute pendant les vacances. Sauf pour le baptême, un certificat médical vous est demandé, et c'est dans votre intérêt. L'initiation des enfants requiert un encadrement qualifié dans un environnement adapté (eaux tempérées, sans courant, matériel adéquat).
Non, la plongée ne fait pas mal aux oreilles ! Il suffit de souffler gentiment en se bouchant le nez. Il ne faut pas forcer dans cet étrange « détendeur » que l'on met dans votre bouche, au contraire. Et le fait d'avoir une expiration active est décontractant, puisque c'est la base de toute relaxation. Sachez aussi qu'être dans l'eau modifie l'état de conscience, car les paramètres du temps et de l'espace sont changés : on se sent (à juste titre) ailleurs. En contrepartie de cet émerveillement, respectez impérativement les règles de sécurité, expliquées au fur et à mesure par votre moniteur. En vacances, c'est le moment ou jamais de vous jeter à l'eau... de jour comme de nuit !
ATTENTION : pensez à respecter un intervalle de 12 à 24h avant de prendre l'avion ou d'entreprendre une excursion en montagne, afin de ne pas modifier le déroulement de la désaturation.

Les centres de plongée

En France, la majorité des clubs de plongée sont affiliés à la *Fédération française d'études et de sports sous-marins (FFESSM).* Les autres sont rattachés à l'*Association nationale des moniteurs de plongée (ANMP),* ou encore au *Syndicat national des moniteurs de plongée (SNMP).* L'encadrement – équivalent quelle que soit la structure – est assuré par des moniteurs – véritables professionnels de la mer – qui maîtrisent le cadre des plongées et connaissent tous les spots « sur le bout des palmes ».

Un bon centre de plongée respecte toutes les règles de sécurité, sans négliger le plaisir. Méfiez-vous d'un club qui vous embarque sans aucune question préalable sur votre niveau ; il n'est pas « sympa », il est dangereux. Regardez si le centre est bien entretenu (rouille, propreté...), si le matériel de sécurité – obligatoire – (oxygène, trousse de secours, téléphone portable ou radio...) est à bord. Les diplômes des moniteurs doivent être affichés. N'hésitez pas à vous renseigner, car vous payez pour plonger. En échange, vous devez obtenir les meilleures prestations... Enfin, à vous de voir si vous préférez un club genre « usine bien huilée » ou une petite structure souple pratiquant la plongée à la carte ou en petit comité.
Un site répertorie les centres de plongée en Corse membres de la FFESSM : ● *gjl.pagesperso-orange.fr/crc/* ●

C'est la première fois ?

Alors, l'histoire commence par un baptême : une petite demi-heure pendant laquelle le moniteur s'occupe de tout et vous tient par la main. Laissez-vous aller au plaisir ! Même si vous vous sentez harnaché comme un sapin de Noël déraciné hors saison, tout cet équipement s'oublie complètement une fois dans l'eau. Vous ne descendrez pas au-delà de 5 m de profondeur. Attention : lors d'un baptême, demandez toujours – comme l'exigent les règlements – un moniteur particulier pour vous seul. En Corse, de trop nombreux centres de plongée bafouent, chaque année, cette règle de sécurité élémentaire.
Puis l'histoire se poursuit par un apprentissage progressif...

Formation et niveaux

Les clubs délivrent des formations graduées par niveaux.
Avec le ***niveau I,*** vous descendez à 20 m accompagné d'un moniteur.
Avec le ***niveau II,*** vous êtes autonome dans la zone des 20 m mais encadré jusqu'à la profondeur maximale de 40 m.
Ensuite, en passant le ***niveau III,*** vous serez totalement autonome dans la limite des tables de plongée (60 m).
Enfin, le ***niveau IV*** prépare les futurs moniteurs à l'encadrement...
Le passage de tous ces brevets doit être étalé dans le temps, afin de pouvoir acquérir l'expérience indispensable. Demandez conseil à votre moniteur (il y est passé avant vous !). Enfin, tous les clubs délivrent un « carnet de plongée » indiquant l'expérience du plongeur, ainsi qu'un « passeport » mentionnant ses brevets.

Reconnaissance internationale

Indispensable si vous envisagez ensuite de plonger à l'étranger. Chaque brevet passé en France est délivré avec une équivalence internationale ***CMAS*** *(Confédération mondiale des activités subaquatiques),* en accord avec la FFESSM ou ***CEDIP*** *(European Committee of Professional Diving Instructions),* partenaire de l'ANMP. Le meilleur plan consiste à choisir un club où les moniteurs sont aussi instructeurs ***PADI*** (*Professional Association of Diving Instructors,* d'origine américaine) pour obtenir les brevets les mieux reconnus au monde. En France, de plus en plus de centres ont cette double casquette, profitez-en.
À l'inverse, si vous avez fait vos premières bulles à l'étranger, vos aptitudes à la plongée seront jaugées – en France – par un moniteur qui – souvent après quelques exercices supplémentaires – vous délivrera un niveau correspondant...

En Corse

Bercée par son climat velouté, la Corse est une destination incontournable dans la vie d'un plongeur... ou futur plongeur. Ses eaux chaudes et cristallines livrent un univers étonnant, où les roches aux formes exubérantes abritent une vie sous-marine riche et colorée. L'absence de grosses industries y est pour beaucoup, et puis l'eau de l'île de Beauté est sans cesse brassée, renouvelée et rechargée en plancton... Combien de routards plongeurs ayant trimbalé leurs palmes autour du globe ont connu en Corse quelques-unes de leurs plus belles aventures sous-marines ? Vous le constaterez à votre tour : cette île est un pur joyau surgi de la Grande Bleue... À découvrir ou à redécouvrir sans modération !

CORAILLEUR : UN MÉTIER À RISQUES

En Corse, le corail rouge est synonyme de protection : en pendentif, il protège du mauvais œil les nourrissons. Mais le métier de ces plongeurs particuliers que sont les corailleurs est difficile : l'or rouge de Méditerranée se raréfie, et il faut descendre toujours plus bas pour en trouver, avec le risque d'accident de plongée. Les corailleurs ne sont d'ailleurs plus qu'une dizaine...

– ***Avertissement :*** les côtes françaises de la Méditerranée sont aujourd'hui colonisées par la *Caulerpa taxifolia* – algue mutante d'origine tropicale – introduite accidentellement voilà plus de 15 ans. Si la Corse est encore épargnée, il faut savoir que l'algue peut être transportée involontairement vers des zones encore saines, simplement par les ancres des bateaux, et même par les sacs et équipements de plongée, qu'il convient de vérifier avant toute nouvelle immersion. Si vous la rencontrez en Corse, contactez le *Laboratoire Environnement marin littoral* de l'université de Nice-Sophia-Antipolis *(☎ 04-92-07-68-46).*

– ***La météo :*** le beau temps améliore la qualité de la plongée. Période idéale : entre juin et septembre, avec des températures très confortables de 18 à 25 °C en surface (au fond, l'eau est plus froide). Attention, le vent peut compromettre la plongée sur les côtes nord et sud – très exposées – de l'île. Quand le *libecciu* (vent du sud-ouest) souffle sur le littoral ouest, pas mal de belles plongées abritées restent quand même accessibles.

– ***Répondeur Météo France :*** *☎ 0899-71-02-20 (1,35 € l'appel, puis 0,34 €/mn).*

– ***La profondeur :*** un handicap, car très rapidement importante. Malgré tout, la grande majorité des épaves – assez près de la côte – restent facilement accessibles. Et l'exploration des roches permet très souvent de se maintenir à de petites profondeurs (ce n'est pas une raison pour faire n'importe quoi !).

– ***La visibilité :*** excellente et légendaire ! 25 m en moyenne. À certaines périodes, elle peut atteindre 30 à 40 m ! Sachez que cette eau cristalline peut se troubler sur les épaves.

– ***Les courants :*** ils sont bien localisés (caps, pointes), mais peuvent être violents et conduire à l'annulation de la plongée. Danger !

– ***La vie sous-marine :*** particulièrement riche et largement préservée de la pollution. On peut même, avec un peu de chance, apercevoir dauphins et baleines en se rendant sur les spots. Certaines espèces affichent une présence systématique : posidonies, gorgones, anémones, éponges, mérous, girelles, murènes, sars, castagnoles, saupes, loups, rascasses, corbs, dentis...

– ***Règle d'or :*** respectez cet environnement fragile. Ne cueillez surtout pas le très précieux corail rouge pour l'offrir à Madame ! Ne nourrissez pas les poissons, même si vous trouvez cela spectaculaire. Outre les raisons écologiques évidentes, certains « bestiaux » – trop habitués – risqueraient de se retourner contre vous (imaginez donc un bisou de murène !). Enfin, ne prélevez rien, et attention où vous mettez vos palmes !

– ***Derniers conseils :*** en plongée, restez absolument en contact visuel avec vos équipiers (ici, c'est plutôt facile !). Attention aux filets abandonnés sur les roches ou les épaves. Sachez enfin qu'en cas de pépin (il faut bien en parler !), votre bateau de plongée dispose d'oxygène (c'est obligatoire !) et qu'il existe un caisson de décompression au *centre hospitalier d'Ajaccio (27, av. de l'Impératrice-Eugénie ; ☎ 04-95-29-90-90).* Enfin, on le répète, n'enchaînez jamais dans la même journée plongée et escapade en altitude (qu'il s'agisse du simple passage d'un col en montagne ou, bien évidemment, d'un voyage en avion) ; laissez s'écouler au moins 12h entre les deux.

Quelques lectures

- ***La Corse sous-marine,*** par Georges Antoni (D.C.L.).
- ***50 épaves en Corse,*** par Anne et Jean-Pierre Joncheray (Gap).
- ***Découvrir la Méditerranée,*** par Steven Weinberg (Nathan).
- ***Code Vagnon, Plongée niveau 1, 2, 3,*** par Denis Jeant (éditions du Plaisancier).
- ***Plongée Plaisir, niveau 2,*** par Alain Foret (Gap).
- En kiosque, le magazine ***Plongeurs International.*** • *divosea.com* •

Voyagiste spécialiste de la plongée en Corse

■ ***Voyageurs du Monde – Plongée :*** *55, rue Sainte-Anne, 75002 Paris. ☎ 0892-23-56-56 (0,34 €/mn).*

RANDONNÉES ET ACTIVITÉS DE PLEIN AIR

Avertissement

Randonneurs, attention ! Nous vous mettons en garde contre les dangers de la randonnée en Corse. Outre le fait que le GR 20 est l'un des sentiers de grande randonnée les plus éprouvants qui soient (les sentiers de pays seront davantage à la portée des marcheurs non confirmés) et que les rigueurs du climat (canicule ou violents orages subits) peuvent causer des problèmes, évitez absolument de quitter les sentiers balisés. Le tragique accident de juin 2015 (7 morts) montre que même sur le parcours du GR 20, dans des circonstances exceptionnelles, le pire peut arriver. Cela vaut également pour les Mare a Mare et les Mare e Monti. L'entorse tourne vite au drame lorsqu'on se trouve isolé dans le maquis... Pensez-y !

Le parc naturel régional

Le *parc naturel régional de Corse* a été créé en 1972, et trois missions principales lui sont assignées : la préservation du patrimoine naturel, la revitalisation de la Corse intérieure grâce au tourisme de pleine nature (1 500 km d'itinéraires pédestres, avec gîtes d'étape ou refuges), l'information et la sensibilisation du public au milieu naturel et culturel insulaire.
Il recouvre aujourd'hui plus du tiers de l'île, avec une superficie de 350 500 ha, et regroupe 145 communes sur les départements de Haute-Corse et de Corse-du-Sud. Il englobe notamment le golfe de Porto et la réserve naturelle de Scandola, façade maritime classée au Patrimoine mondial de l'humanité par l'Unesco, ainsi que les hauts massifs : la « Grande Barrière » s'étire du monte Cinto, au nord-ouest, aux aiguilles de Bavella, au sud-est. Une merveille pour les visiteurs et une chance pour de nombreuses espèces menacées (mouflons, cerfs corses, aigles royaux, gypaètes...).
Le très fameux GR 20 le traverse de part en part. Attention aux changements brutaux de conditions climatiques. **Il y a danger de mort.** ***Répondeur Météo France :*** *☎ 0899-71-02-20 (1,35 € l'appel, puis 0,34 €/mn).* ***Autre numéro utile :*** *☎ 112 (secours depuis un portable).* L'équipe du parc a mis en place de nombreux itinéraires de marche locaux, traversées de mer à mer (Mare a Mare), sentiers (Mare e Monti), ainsi que des sentiers à thème. Chacun d'eux est traité en lieu et

place. Les gîtes qui s'inscrivent dans le cadre de ces randonnées sont aujourd'hui plus confortables.

■ Pour plus de détails concernant le parc, les sentiers et les gîtes, contactez le ***service infos du parc*** *(☎ 04-95-51-79-10)*, à Ajaccio. Et pour préparer votre séjour, consultez le « randoblog » du parc ● *randoblogpnrc.blogspot.fr* ● Des topoguides de ces randonnées sont en vente. Il en existe une dizaine, sans parler des livres consacrés à la flore, à la faune ou à l'architecture...

Le GR 20

C'est un mythe et un sacré morceau, réservé aux randonneurs confirmés ; 200 km entre *Calenzana* (à 12 km de Calvi) et *Conca* (à 22 km de Porto-Vecchio). À voir en cours de route, outre les paysages de rêve : alpages, bergeries, mouflons, chèvres, cabris... et plusieurs espèces de chauves-souris ! Les bons marcheurs peuvent le faire en 12 à 13 jours, mais prévoir 16 jours est plus raisonnable. Les mauvais marcheurs feraient mieux de rester sur la plage. C'est une randonnée dangereuse ! Le slogan de la FFRP (Fédération française de randonnée pédestre), « 1 jour de sentier = 8 jours de santé », c'est bien beau, encore faut-il arriver entier !
Équipements « pros » indispensables (de bonnes chaussures, des vêtements chauds et légers, des protections contre le soleil et la pluie, de l'eau, des aliments pour 2 à 3 jours – à renouveler à chaque possibilité, les refuges ont un peu de ravitaillement). Être en bonne forme physique, ne pas se lancer seul dans l'aventure, ne pas quitter le sentier (balisé en rouge et blanc, les balises orange sont celles des sentiers intervillages dont on croise les chemins à diverses reprises). Bien entendu, ne pas jeter de détritus. Seulement 50 % des randonneurs qui l'empruntent font le GR 20 en entier ! La partie nord est la plus dure, avec des passages à plus de 2 000 m d'altitude. Préférez le sens sud-nord si vous partez relativement tôt en saison, cela laissera un peu plus de temps aux neiges des sommets de Haute-Corse pour fondre.
À noter qu'un nouveau refuge a été construit à Matalza, entre ceux d'Asinao et d'Usciolu, afin de scinder une étape jugée trop longue. En conséquence, le tracé du GR 20 a été légèrement modifié, ce qui n'a pas été sans susciter des réactions... parfois même violentes ! Quant au tragique accident de juin 2015 qui s'est produit dans le cirque de la Solitude, il est la cause d'une modification du tracé, le secteur de l'accident restant instable (détails sur ● *parc-corse.org* ●).
En dehors de l'été, le GR devrait être réservé aux spécialistes de la montagne. Danger ! Notons aussi qu'il peut se faire à skis sur l'Alta Strada, sa version hivernale.
Début juillet, la neige peut encore être présente dans les montées, sur les névés orientés nord. C'est une difficulté et un danger supplémentaires. Du 15 juillet au 1er septembre, le GR est très fréquenté, et les refuges sont souvent complets (le parc a mis en place un système de réservation, avec vente en ligne sur le site ● *parc-corse.org* ●). Signalons aussi que les refuges, ouverts toute l'année, ne sont gardés que de juin à octobre : il vous faut donc emporter du matériel de camping. Le camping sauvage est interdit (mais le bivouac est autorisé autour des refuges). Les chiens ne sont pas admis dans les refuges ni sur le parcours (problème de cohabitation avec les animaux en liberté). Ceux qui n'ont pas assez de temps (ou de courage) peuvent diminuer les trajets en attaquant le GR 20 par tronçons, avec une partie en car (correspondances dans certains des villages traversés). Ne vous prenez pas pour Jean-François Luciani ou Pierrot Santucci qui, à l'issue d'une préparation intense, sont capables de parcourir le GR 20 en 37h environ (le record masculin est actuellement détenu par François d'Haene – de Cervione – en 31h et 6 mn).
Pensez à vous équiper en cartes (IGN, série Top 25, ou Globe Rando, moins précise mais centrée sur le GR 20). Le parc a aussi publié, aux éditions Albiana,

plusieurs ouvrages, dont *Le Grand Chemin* (dernière éd. 2013) et, aux éditions FFRP/PNRC, *À travers la montagne corse* (dernière éd. 2016).
Enfin, dernier conseil : si vous voulez éviter la foule (le GR 20 est très fréquenté, surtout en été), essayez de partir en milieu de semaine. En effet, la majorité des randonneurs commencent le parcours le samedi, le dimanche ou le lundi ; en partant 2 ou 3 jours plus tôt (ou plus tard), on est plus tranquille.

➢ Pour atteindre **Calenzana,** 2 bus/j. de Calvi début juil-début sept, à 14h30 et 19h30 *(transports **Corsicar – Les Beaux Voyages,** ☎ 04-95-65-11-35).* Le reste de l'année, lun-ven en période scolaire.
➢ Pour **Conca,** rejoindre Santa-Lucia-di-Porto-Vecchio en bus en venant de Bastia ou de Porto-Vecchio. Là, navette pour Conca *(☎ 04-95-71-46-55),* mais on peut aussi y aller à pied (6 km).

■ Rappelons les ***Services infos du parc.*** *Tte l'année, à **Ajaccio** : ☎ 04-95-51-79-10. À **Moltifao** : ☎ 04-95-47-85-03. À **Calenzana** (à côté du gîte d'étape, mai-sept) : ☎ 04-95-62-87-78. Également à **Conca,** tte l'année : ☎ 04-95-27-03-36. Enfin, à **Rezza** et à **Cozzano** : ☎ 04-95-24-49-16. • parc-corse.org •*

Sentiers Mare a Mare

Balisés en orange, ces itinéraires permettent de traverser la Corse d'ouest en est, de « mer à mer ». Ce sont des itinéraires de moyenne montagne, évidemment moins difficiles que le GR 20. Les parcours sont tous très beaux, traversant des régions variées comme tout. En revanche, question hébergement, le confort pèche parfois, surtout pour le Mare a Mare Nord.
➢ ***Le Mare a Mare Nord*** relie *Moriani* à *Cargèse,* via Corte, en 7 ou 10 jours. On en parle de façon détaillée dans les parties consacrées à Moriani et à Corte, mais c'est certainement le parcours où le paysage change le plus souvent : le randonneur y passe de la Castagniccia schisteuse au Niolo, un pays de montagnes où la Corse a réuni ses plus célèbres sommets (monte Cinto, Paglia Orba, capu Tafunatu...), sans oublier enfin les gorges du Tavignano, les hauteurs de Porto et le panorama final sur la presqu'île d'Omigna, paysages emblématiques de la Corse granitique et colorée.
➢ ***Le Mare a Mare Centre*** chemine, lui, de *Ghisonaccia* à *Porticcio,* tout près d'Ajaccio, en 7 jours. On vous suggère des lieux d'étape à Ghisonaccia, mais retenez qu'il s'agit là du parcours traversant des régions parmi les moins visitées de Corse. Pourtant, le Fium'Orbu et le Taravo plairont sûrement aux amateurs de nature sauvage : châtaigneraies, yeuseraies, pinèdes d'altitude ou maquis arborescent, le couvert végétal est, dans ces régions, un privilège généreux et général. Les villages sont aussi sympathiques, nichant leurs maisons et leurs murs de granit dans les rares éclaircies que libère cette jungle de verdure.
➢ ***Le Mare a Mare Sud*** relie, quant à lui, *Porto-Vecchio* à *Propriano* en 5 ou 6 jours. Un itinéraire qui traverse l'une de nos régions préférées, l'Alta Rocca. Un petit regret, ce chemin effleure le massif de Bavella et la montagne de Cagna, authentiques merveilles des montagnes de Corse, sans leur rendre la visite qu'ils mériteraient. Alors, s'il vous reste 1 ou 2 journées à employer, vous savez où aller...

Sentiers Mare e Monti

Balisés en orange, eux aussi.
➢ Le plus long, le plus ancien et le plus célèbre ***Mare e Monti*** part de *Calenzana* et se termine à *Cargèse.* Les étapes sont superbes : pour le plus beau site visité, on hésite entre la baie de Girolata, le sommet du San Petru (étape Serriera-Ota) et son belvédère fantastique sur tout le golfe de Porto, ou le défilé de la Spelunca avec son mignon pont génois de Zaglia.

➢ L'autre, ***Mare e Monti Sud,*** va de *Porticcio* à *Propriano* en une petite semaine (étapes à Bisinao, Coti-Chiavari, Porto-Pollo, Olmeto et Burgo). On y constatera avec stupéfaction combien la solitude sait, en Corse, être proche des stations balnéaires les plus tapageuses, et qu'il subsiste, dans ces parages, quelques immensités de sable blanc encore peu fréquentées (par exemple, la baie de Cupabia, non loin de Porto-Pollo). Attention, ce sentier est situé hors parc, et l'hébergement s'y fait principalement en hôtel.

Quelques infos et conseils pour les sentiers Mare a Mare et Mare e Monti

– Budget : compter environ de 40 à 50 €, pour une nuitée dans un gîte en demi-pension (dîner, nuit et petit déj), 15 à 25 € pour la nuit en dortoir, et 5 à 8 € pour le petit déj. Demi-pension la plupart du temps imposée, cela dit, car il n'y a pas de cuisine dans les gîtes. Certains gîtes préparent sur demande des paniers pour votre étape du lendemain (compter 8 à 12 € ; formule d'autant plus intéressante que certaines étapes ne vous font traverser aucun village).
– Tous ces sentiers de randonnée ne sont pas praticables toute l'année, essentiellement à cause de la neige. Renseignez-vous auprès du parc régional de Corse (voir coordonnées plus haut).
– Idéalement, réservez vos places dans tous les gîtes du circuit avant votre départ ; inutile de prendre le risque de ne pas avoir de lit. D'autant que si certains gîtes sont ouverts toute l'année, ce n'est pas le cas pour tous (la plupart ouvrent d'avril à fin octobre).
– Levez-vous tôt pour éviter d'être incommodé par la chaleur quand vous marchez. Soyez tout aussi prudent hors saison, mais pour une autre raison : c'est que la nuit tombe plus tôt. Ça semble évident, mais on a vu des randonneurs se faire rattraper par la nuit.
– On a préféré n'emporter qu'un sac à viande plutôt que de trimbaler notre bon vieux sac de couchage (là, on ne s'adresse pas à ceux qui vont passer quelques nuits sous la tente). En plein été, ça tombe sous le sens, mais aucun problème hors saison non plus. Il y a des couvertures partout. Bien vérifier que les gîtes sont ouverts, sinon...
– Pour ce qui est de l'eau, ne négligez pas d'emporter plusieurs litres par personne, surtout pour les étapes pour lesquelles vous ne traversez aucun village. Idéalement, on trouve aujourd'hui des poches à eau isothermes que l'on glisse dans son sac à dos. Elles sont munies d'un tuyau avec tétine, que l'on accroche à portée de main. (Astuce : emportez un citron avec vous, que vous presserez dans la poche chaque matin avant de partir. On n'a rien trouvé de mieux pour éliminer le petit arrière-goût de plastique persistant.)
– Côté vestimentaire, vous pouvez prévoir un pantalon qui se transforme en short en deux coups de fermeture Éclair. On n'a pas trouvé plus pratique, d'autant que, rarement en coton pur, il sèche vite si vous êtes trempé ou si vous le lavez (à ce propos, il existe de petits tubes de lessive). Avoir une cape de pluie (certaines sous forme de poncho) qui protège aussi votre sac à dos.
– Aux pieds, mettez de vraies chaussures de randonnée, ce qui vous évitera bien des désagréments. Mais ça ne vous dispense pas d'être prudent : mieux vaut emporter des pansements « double peau », du fil et une aiguille, et éventuellement une crème pour masser les muscles après l'effort.
– Ne vous laissez pas suivre par des chiens d'une étape à l'autre, ils seraient mal accueillis dans les gîtes, et c'est souvent un vrai casse-tête de retrouver le propriétaire.

Le sentier de la Transhumance

Un sentier sportif, qui se parcourt en 6 jours. Le sentier emprunte le Mare e Monti, de Calenzana au gîte de Tuarelli. Là, il continue en suivant le Fango, vers Manso. Montée assez rude vers le col de Capronale (1 329 m). C'est l'ancienne voie de passage pour aller de Galéria au Niolo, appelée le « chemin des Élections » car, raconte-t-on, autrefois, le jour d'une consultation électorale, on votait deux fois, le matin à Manso et l'après-midi dans le Niolo ! Ensuite, descente au refuge de Puscaghja, réhabilité, puis passage du col de Guagnerola, descente du vallon de Tulla, et on rejoint la vallée du Niolo et le sentier de la Scala Regina. Ce sentier a été réhabilité à l'identique par le parc-sentier thématique sur le thème de la transhumance.

Sentiers de pays

Ce sont des balades de moyenne montagne, allant de village en village et balisées le plus souvent en orange. Des itinéraires sans obstacle technique particulier, à la journée (de 2 à 5h) et accessibles en famille.
Depuis quelques années, ces réseaux ont poussé comme des champignons. Le parc régional avait commencé avec sept réalisations différentes : *Alta Rocca* (à proximité de Zonza et de Levie dans le Sud, au cœur de l'amphithéâtre boisé où coulent le Rizzanese et ses nombreux affluents), *Bozio* (microrégion quasi désertifiée, coincée entre Castagniccia et Corte), *Fium'Orbu* (une région de villages – nids d'aigle dominant Ghisonaccia), *Niolo* (la région la plus montagneuse de Corse, entre le monte Cinto et le lac de Nino), *Taravo* (vallée qui descend du col de Verde à Porto-Pollo), *Venacais* (région de Venaco, située au centre de la Corse entre Corte et le col de Vizzavona) et, enfin, *Giussani* (en haute Balagne, un îlot de verdure bordant trois villages du bout du monde plus leur chef-lieu, Olmi-Cappella).
Depuis, d'autres initiatives ont suivi : *Castagniccia* (pays du châtaignier et des toits en lauzes), *vallée du Liamone* (entre Vico et le lac de Creno), *cap Corse, haute vallée de la Gravona.* Bref, il y en a maintenant presque partout ! N'hésitez donc pas à vous promener sur ces sentiers ancestraux, agréables même en été (à condition de choisir son heure) et... peu fréquentés (décevant lorsque l'on connaît le coût de leur réhabilitation).

Via ferrata

Qu'est-ce donc ? L'histoire commence dans les Dolomites italiennes en 1914, des parois rocheuses ayant été aménagées pour faciliter l'avancée des militaires. Il s'agit donc d'itinéraires rocheux sécurisés par un câble et, dans les passages raides, de marches métalliques. Ainsi, des parois réservées aux alpinistes chevronnés deviennent accessibles, peut-être pas à tous mais à un plus large public. En Corse, la première, *Dia Manicella,* a été aménagée dans la vallée d'Asco, à Moltifao. Longue de 350 m, de niveau difficile, on peut la faire libre ou accompagné. Une deuxième via ferrata a été aménagée dans le Fium'Orbu à Chisa (*U Calanconi*, arrière-pays de Solenzara), une troisième dans les environs de Bavella *(Tafunatu di Paliri)* et une quatrième *(Buccarona)* entre Solenzara et Bavella. La cinquième a vu le jour en 2004 à côté de Tolla (vallée du Prunelli). Enfin, celle de *Peri* demande à passer par le sommet du *monte Falcunaccia.* Une bonne formule pour s'initier aux frissons de l'escalade.

Randonnées pédestres accompagnées

Plusieurs associations ou sociétés proposent ce type de découvertes. Prix variables selon la saison. Les mêmes organisent généralement d'autres activités (canyoning, par exemple).

■ ***Couleur Corse :*** *6, bd Fred-Scamaroni, 20000* ***Ajaccio.*** ☎ *04-95-10-52-83.* ● *couleur-corse.com* ● Laetitia et son équipe dynamique proposent des séjours « nature » fort bien organisés. Rando (par exemple, le GR 20 complet ou allégé), trekking, canyoning (canyon de Zoicu, près de Soccia), escalade (à la journée). De bonnes prestations, vraiment.

■ ***Association sportive du Niolu :*** *route de Cuccia, 20224* ***Calacuccia.***

☎ 04-95-48-05-22. • haute-montagne-corse.com • Propose randonnées pédestres, escalade, canyoning, VTT, etc. Nombreuses prestations, de la rando à la journée au « raid » GR 20.

■ ***A Montagnola :*** *20122* ***Quenza.*** ☎ *04-95-78-65-19.* • *a-montagnola.com* • Membre du réseau Vagabondages. Le GR 20, le sentier Mare e Monti, l'Alta Rocca... Différentes formules (randos liberté ou randos accompagnées).

■ ***Alti Piani :*** *2, pl. Paoli, 20250* ***Corte.*** ☎ *09-60-37-08-42.* 📱 *06-86-16-67-91.* • *altipiani-corse.com* • Randos accompagnées (individuels et groupes), canyoning et escalade.

■ ***Corse Odyssée :*** *20122* ***Quenza.*** ☎ *04-95-78-64-05.* • *gite-corse-odyssee.com* • Canyoning, randonnées pédestres ou aquatiques dans l'Alta Rocca.

■ ***Christophe Pigeault :*** *quartier Insorito, 20170* ***Levie.*** ☎ *04-95-78-58-25.* 📱 *06-20-61-76-81.* • *aqa-canyon.com* • Accompagnateur en moyenne montagne, spécialisé dans le canyoning.

■ ***In Terra Corsa :*** *route de Calvi, BP 39, 20218* ***Ponte-Leccia.*** ☎ *04-95-47-69-48.* • *interracorsa.fr* • Propose rando, canyoning, via ferrata, *tyrotrekking* et escalade dans la vallée de l'Asco surtout, mais pas seulement.

■ ***Objectif Nature :*** *3, rue Notre-Dame-de-Lourdes, 20200* ***Bastia.*** ☎ *04-95-32-54-34.* • *objectif-nature-corse.com* • Randos accompagnées sur le GR 20, dans les Agriate. Propose aussi l'ascension (avec guide accompagnateur) du monte Cinto, point culminant de l'île. Compter 2 jours et 1 nuit sans sac.

■ ***Vallecime :*** *121, Fontanaccia, 20224* ***Casamaccioli.*** ☎ *04-95-48-69-33.* • *vallecime.com* • Cette société propose randonnées sportives ou plus relax, avec haltes gastronomiques. Séjour à la carte ou package. Hébergement possible dans 2 maisons d'hôtes gérées par *Vallecime* (dans le Bozio et le Niolo). Prise en charge dès votre arrivée en Corse.

■ ***Corsica Natura :*** *quartier Moraschi, 20136* ***Bocognano.*** ☎ *04-95-10-83-16.* • *corsicanatura.fr* • *corsicanatura-activites.fr* • Canyoning, randos (de la rando sur 2 ou 3 jours au GR 20), parc aventure (au col de Vizzavona) et un parcours de *via cordata* (le seul en Corse) sur le site du Voile de la Mariée, à côté de Bocognano. Propose également de la spéléologie.

■ ***Cors' Aventure :*** *Corri Bianchi (route de Sartène), 20117* ***Eccica-Suarella.*** ☎ *04-95-25-91-19.* • *corse-aventure.com* • *Cors' Aventure* propose des activités pleine nature : kayak de mer, canyoning, rafting ou VTT. Du sérieux.

Courses et trails

Même si cela n'a rien à voir avec la rando, signalons tout de même, pour les mordus d'efforts physiques à grande vitesse, que la Corse est devenue l'un des endroits en France où sont organisées le plus de courses pédestres de montagne. Près d'une quarantaine chaque année, dont l'*Oriente* (• *santamariaccia.com* •), le *Trail Napoléon* (• *corsica-run.com* •), entre Ajaccio et le bout de la route des Sanguinaires (43 km), le *Restonica Trail* *(33 et 68 km, sans parler de l'Ultra Trail de 105 km ;* • *restonicatrail.fr* •) ou le *Trail Via Romana* (• *trail-viaromana.com* •) dans le Bozio ou en Castagniccia (quatre courses de 12, 23, 40 et 62 km) ou encore, en hiver, le *Trail Blanc* (en janvier dans la vallée de la Restonica). Calendrier des épreuves sur le site • *altestrade.org* •

Il ne faudrait pas oublier le *Corsica Raid* qui voit s'enchaîner, sur 5 jours, des épreuves épuisantes comme le VTT, la course en montagne (diurne ou nocturne), la course d'orientation, le canyoning, le parcours de cordes, le *coastering* (comprendre la course à pied sur la plage), et l'on en oublie... Cette compétition s'adresse à des équipes et se déroule, en 2017, du 2 au 7 juin. *Pour tt rens* • *corsicaraid.com* •

SANTÉ

Aucun vaccin particulier n'est nécessaire. Pas de vipères. Enfin, comme ailleurs, les MST sévissent : faut-il rappeler que le préservatif est le seul moyen d'éviter le virus HIV (sida) ?
En 2014, des cas de bilharziose ont été recensés suite à des baignades dans le Cavu (en Corse-du-Sud, sur les communes de Zonza et Conca). Tout est rentré dans l'ordre depuis.

SITES INTERNET

Quelques sites à consulter chez soi avant son départ.
• ***routard.com*** • Le site de voyage n° 1 avec 750 000 membres et des millions d'internautes chaque mois. Partagez vos expériences avec la communauté de voyageurs : forums de discussions, avis, bons plans et photos. Pour s'inspirer et s'organiser, plus de 250 fiches pays actualisées avec les infos pratiques, les incontournables et les dernières actualités, ainsi que des reportages terrains et des carnets de voyage. Enfin, vous trouverez tout pour vos vols, hébergements, activités et voitures pour réserver votre voyage au meilleur prix. Routard.com, votre voyage de A à Z !
• ***visit-corsica.com*** • Le site de l'agence de tourisme de la Corse.
• ***adecec.net*** • Site de l'association culturelle basée à Cervione (voir, pour l'explication du sigle, le texte consacré au musée dans ce village). Pour entrer de plain-pied dans une culture corse bien vivante.
• ***parc-corse.org*** • Site institutionnel très riche (et encore enrichi, depuis peu, par un « randoblog »). Pour le GR 20 en particulier, nous recommandons • ***le-gr20.fr*** •
• ***pointeducapcorse.org*** • Site consacré au nord de « l'île dans l'île », par des amoureux de la nature. Journal du cap Corse à télécharger.
• ***corsemusique.com*** • Le portail pour la musique en Corse, les manifestations et les personnalités (avec un annuaire des groupes corses). Également intéressants, les sites • ***racines-corses.fr*** • et • ***nostrecanzone.free.fr*** •
• ***corsematin.com*** • Le site du journal régional pour suivre l'actu en ligne. Autre source d'infos : • ***corsenetinfos.fr*** •
• ***gustidicorsica.com*** • Pour tout savoir sur les producteurs et artisans membres du riche réseau « La Route des sens authentiques » (8 territoires), mis en place par l'Office du développement agricole de Corse. Un label « Gusti di Corsica » est annoncé.
• ***casgiucasanu.fr*** • Un site qui fait la promo du *casgiu* (fromage) corse sous toutes ses formes, à condition qu'il soit fermier. Il ne manque que l'odeur.
• ***vinsdecorse.com*** • Un site créé par Christian Imbert, à l'origine du domaine de Torracia, au nord de Porto-Vecchio. Bonne présentation du patrimoine viticole corse.
• ***liguecorsedevoile.org*** • Le site très complet de la ligue régionale. La Corse, en effet, ce n'est pas que la rando et la plongée, c'est aussi de nombreux clubs de voile pour s'éclater sur la Grande Bleue.
Et d'autres sites « généralistes » comme • ***corsica-guide.com*** •, le portail • ***corsicamania.com*** • ou les annuaires • ***allerencorse.com*** • ***best-of-corse.com*** • ou encore • ***villagecorse.com*** •

TOUR DE CORSE DU *ROUTARD*

À pied ou à cheval, à bicyclette ou à moto, en automobile ou à dos d'âne, la Corse se déguste lentement, au rythme voluptueux du maquis et de ses senteurs enivrantes. Bref, ce n'est pas une île pour touristes pressés ni pour voyageurs du

style « y'a-pas-de-steak-frites-chez-vous ? ». Bon, notre tour de Corse à nous se fait, à partir de Bastia, dans le sens inverse des aiguilles d'une montre, avec des incursions dans l'intérieur. Car il ne faut surtout pas se cantonner au littoral, même en été : l'intérieur est d'une beauté époustouflante, et l'on y trouve plus d'espace que sur les plages. C'est là, dans ce « noyau dur » de la Corse, que l'on a fait nos plus étonnantes découvertes, rencontré des gens hospitaliers et attachants, admiré une kyrielle de villages perchés. Autre avantage très agréable de l'altitude : la température y est moins élevée qu'en bord de mer. En plein mois d'août, les montagnes corses sont des refuges de douceur. Et les prix y sont plus abordables !
Quinze jours, c'est un minimum pour faire le tour de l'île. En un mois, on a le temps de traîner dans des coins perdus de l'intérieur...

TRANSPORTS INTÉRIEURS

Il est assez difficile de se déplacer sur l'île sans moyen de transport personnel. Le train ne couvre pas l'île entière (ligne Bastia-Corte-Ajaccio et une variante pour Calvi), les bus ont le mérite d'exister, mais ils sont de moins en moins nombreux et ne sont pas très pratiques si l'on a à se déplacer beaucoup. Si vous ne passez pas votre voiture sur le ferry, il est très conseillé d'en louer une dès votre arrivée pour profiter de l'île en toute liberté.

Moto

De nombreux routards découvrent la Corse à moto. La prudence est de rigueur (voir plus loin nos conseils « Voiture », ils valent aussi pour la moto).

Bus et autocar

Le littoral est desservi, certes, mais les fréquences sont faibles, et ce n'est vraiment pas pratique, notamment pour la liaison Calvi-Ajaccio. Quant à l'intérieur des terres, les communications ne sont pas formidables. Pas facile, donc, pour les campeurs, les campings étant souvent éloignés du littoral et des arrêts de bus. Il faut cependant noter que le car reste (après le stop) le moyen de transport le plus économique (bien que les billets soient relativement chers), et que le confort des cars s'améliore chaque année. Pour s'informer, un excellent site : *• corsicabus.org •*
Quelques exemples de prix (2016) :
– Ajaccio-Bonifacio/Porto-Vecchio : 22 € ;
– Ajaccio-Zonza : env 16 € ;
– Ajaccio-Porto : 12 € ;
– Bastia/Porto-Vecchio : 22 € ;
– Bastia-Calvi : 16 € ;
– Bastia-Macinaggio : 8 € ;
– Porto-Calvi : 17 € ;
– Corte-col de Vergio : 20 € ;
– Bonifacio/Porto-Vecchio : 8 €.
Pas de réductions (sauf pour les jeunes enfants), et prévoir un supplément pour les bagages (en général, 1 € par bagage et souvent 8 € pour un vélo).
Voici les principales compagnies :

■ ***Eurocorse Voyages :*** *BP 47, 20146* ***Sotta.*** *☎ 04-95-71-24-64. • eurocorse.com •*
■ ***S.A.S.A.I.B./Ceccaldi Voyages :*** *20000* ***Ajaccio.*** *☎ 04-95-22-41-99.*
■ ***Corsicar-Les Beaux Voyages :*** *20260* ***Calvi.*** *☎ 04-95-65-11-35. • corsicar.com •*
■ ***Les Rapides Bleus :*** *1, av. du Maréchal-Sebastiani, 20200* ***Bastia.*** *☎ 04-95-20-20-20. • rapides-bleus.com •*

Un conseil : le klaxon dans les virages. Ça paraît ringard, mais cette pratique peut éviter des rencontres du troisième type entre votre petite deux-portes-toit-ouvrant et des cars trop larges et pleins à craquer... Prudence accrue aussi à cause des animaux (vaches, cochons, chèvres) qui investissent souvent la chaussée.
Un petit conseil encore : laissez-vous doubler par les insulaires qui, eux, ne sont pas en vacances, mais se rendent au travail ou chez eux, et s'énervent derrière les touristes peu pressés. Il suffit de ralentir un peu et de mettre son clignotant sur la droite pour se laisser dépasser. Enfin, sachez qu'en général le jeune Corse fougueux au volant tout l'hiver parce qu'il se croit seul sur la route (et qu'il l'est presque) ne modifie pas, malheureusement, sa conduite durant l'été. Ici, c'est un berger qui montait ses bêtes à la montagne qui a été tristement fauché, là, un couple de touristes... la liste est longue. La région est l'une de celles où la route tue le plus en France, et les dernières statistiques ne font que confirmer cette tendance (attention en particulier à la longue ligne droite qu'est la route entre Bastia et Bonifacio, sur la côte est, où se produit un tiers des accidents mortels sur l'île). Prudence, prudence.
Ceux qui, au volant, sont mal à l'aise sur les routes de corniche penseront à faire leur tour de Corse dans le sens des aiguilles d'une montre.
– N'oubliez pas de vous munir d'une bonne ***carte routière.*** C'est toujours utile, en Corse comme ailleurs, mais ici, compte tenu des panneaux souvent bombés ou qui ne précisent pas les kilométrages, ça l'est encore plus. La Michelin n° 528 est parfaite (au 1/200 000), tout comme la R19 (IGN, au 1/250 000).
– Notez enfin que les *routes nationales* sur le territoire corse ont récemment été renommées *routes territoriales*. Les habitudes ayant la vie dure, on peut penser que, longtemps encore, quand vous demanderez votre route, on vous répondra en vous indiquant la nationale ! Voici les correspondances :
N 198 (Bastia-Bonifacio) = ***T 10***
N 200 (Corte-Aleria) = ***T 50***
N 196 (Ajaccio-Bonifacio) = ***T 40***
N 193 = ***T 11*** (Bastia-Borgo) et ***T 20*** (Borgo-Ajaccio)
N 197 (Ponte-Leccia-Calvi) = ***T 30***
Certaines sections sont très courtes : ***T 12*** (ex-***N 195***, ouest Bastia), ***T 21*** (ex ***N 193***, sud Ajaccio), ***T 22*** (ex-***N 194***, nord Ajaccio). Enfin, la ***T 301*** correspond à l'ancienne ***N 2197*** (Lozari-Castifao).

■ ***BSP Auto :*** *☎ 01-43-46-20-74 (tlj). • bsp-auto.com • Réduc spéciale aux lecteurs de ce guide avec le code « routard ».* Les prix proposés sont attractifs et comprennent le kilométrage illimité et les assurances. *BSP Auto* vous propose exclusivement les grandes compagnies de location sur place, vous assurant un très bon niveau de services. Le plus : vous ne payez votre location que 5 jours avant le départ.
■ ***Hertz :*** *• hertzcorse.com •* Une petite dizaine d'agences dans l'île.
■ ***Budget :*** *• budget.fr •* 4 agences dans l'île.

Camping-car

Aucune recommandation particulière pour la conduite, mais sachez, amis camping-caristes, que vous ne serez pas toujours très bien accueillis en Corse. Certaines communes interdisent le stationnement des camping-cars, l'eau est parfois difficile à trouver (même dans les stations-service) et, de temps en temps, une certaine animosité peut se manifester : invectives, caillassage du véhicule, etc. Oh, bien sûr, ce n'est pas la règle, et c'est même exceptionnel, mais les Corses ont tendance à ne pas trop apprécier ces touristes qui ne s'intègrent pas vraiment au tissu économique et s'installent où ils veulent, sans rien payer. Et qui, de plus, roulent à 20 km/h...

URGENCES

Santé

- **Urgences :** ☎ *112.*

Téléphones

Avant de partir, notez (ailleurs que dans votre téléphone portable !) votre numéro IMEI, utile pour bloquer à distance l'accès à votre téléphone en cas de perte ou de vol. Comment avoir ce numéro ? Tapez *#06# sur votre clavier, puis reportez-vous au site • *mobilevole-mobilebloque.fr* • Vous pouvez aussi suspendre aussitôt votre ligne pour éviter de douloureuses surprises au retour du voyage ! Voici les numéros des quatre opérateurs français, accessibles depuis la France et l'étranger.

- **Orange :** *06-07-62-64-64.*
- **Free :** ☎ *3244.*
- **SFR :** ☎ *1023.*
- **Bouygues Télécom :** ☎ *0800-29-1000.*

COMMENT Y ALLER ?

EN BATEAU

Il y a 2 façons de gagner la Corse en ferry : par la France, au départ de Marseille, avec la *Corsica Linea* et *La Méridionale,* ou par l'Italie. Si la compagnie *Corsica Ferries* assure des liaisons entre le continent (Nice, Toulon) et la Corse, elle propose également des départs depuis l'Italie (Gênes, Livourne), comme le fait la compagnie allemande *Moby Lines.*
Trajet de nuit bien souvent (dans ce cas, 10 à 12h) depuis les ports français ; traversées plus courtes en journée (environ 6h), et encore plus (2 à 4h) si l'on part d'Italie (Gênes, Livourne), mais il faut alors ajouter le temps de route depuis la France pour arriver aux ports... Dans tous les cas, réserver longtemps à l'avance, si possible.

Conseil pratique

- N'oubliez pas de noter l'emplacement de votre véhicule (numéro de pont et secteur : bâbord arrière, par exemple), pour ne pas errer dans la pénombre d'un étage à l'autre et parmi d'interminables files de voitures, au moment du débarquement, à la recherche de votre carrosse.

Les compagnies maritimes

▲ **CORSICA FERRIES**
Central téléphonique (rens et résas) : ☎ 0825-095-095 (0,15 €/mn). • corsica-ferries.fr •
- Marseille : 7, rue Beauvau, 13001.
- Nice : comptoir de vente et embarquement au port de commerce, quai Amiral-Infernet, 06300.
- Toulon : 2, av. de l'Infanterie-Marine, 83000.
- Ajaccio : gare maritime, 20000.
- Bastia : palais de la Mer, 5 bis, rue Chanoine-Leschi, 20296.
- L'Île-Rousse : port de commerce, 20220.
- Porto-Vecchio : port de commerce, 20137.
- Livourne (Italie) : embarquement, calata Carrara, stazione Maritima, 57123 Livorno.
- Savone (Italie) : Porto Vado, 17047. Embarquement, calata Nord.
➢ Présente tte l'année, Corsica Ferries propose des départs tlj vers la Corse en hte saison (jusqu'à 20 départs/j. ; 5 *méga express* et même un sixième à partir de juin 2017) et des ferries classiques (3 *cruise ferries,* dont le navire amiral *Mega Smeralda,* son *sister ship,* le Mega Andrea et 3 *day ferries*) au départ de France et d'Italie. Ses navires desservent les ports de L'Île-Rousse, Ajaccio et Bastia au départ de Nice, Toulon, Savone et Livourne.
La compagnie dessert la Sardaigne toute l'année au départ de l'Italie et a inauguré en 2016 des lignes au départ de Toulon et Nice, soit directes, soit en combiné avec la Corse. *Corsica Ferries* dessert également l'île d'Elbe d'avril à fin septembre au départ de Piombino-Portoferraio (Italie) et depuis la Corse (de juillet à mi-septembre).

▲ **CORSICA LINEA**
Rens et résas : ☎ 0825-88-80-88 (0,15 €/mn). • corsicalinea.com •
➢ *Corsica Linea* propose des traversées régulières, toute l'année, au départ de Marseille vers Bastia, Ajaccio, L'Île-Rousse et Porto-Vecchio.

▲ **LA MÉRIDIONALE**
Rens et résas : ☎ 0970-83-20-20 (prix d'un appel local). • lameridionale.fr • temoignages.lameridionale.fr •
- Ajaccio : port de commerce, bd Sampiero, 20000.
- Bastia : port de commerce, BP 283, 20296 Cedex.
- Marseille : 4, quai d'Arenc, CS 62345, 13213 Cedex 02.

– Propriano : agence maritime Sorba, quai du Commandant-L'Herminier, 20110. ☎ 04-95-76-04-36.
La Méridionale est la compagnie maritime historique qui assure 20 liaisons hebdomadaires entre la Corse et le continent. Elle dessert Ajaccio, Bastia, Propriano depuis Marseille. À bord de l'un de ses 3 navires mixtes à taille humaine (*Girolata, Kalliste* et *Piana*), on y voyage sous le signe de la convivialité (traversées de nuit).

▲ **MOBY**
• mobylines.fr •
– Paris : Viamare, 4, rue de Clichy, 75009. ☎ 01-42-80-94-87. • viamare.fr • Représente *Moby Lines* en France.
– Bastia : agence Colonna d'Istria, 4, rue du Commandant-Luce-de-Casabianca, 20200. ☎ 04-95-34-84-94. • mobycorse.com •
➢ Assure des liaisons maritimes, avr-sept, au départ de Nice et des ports italiens de Gênes et de Livourne à destination de Bastia. Également des liaisons Bonifacio-Santa Teresa di Gallura, en Sardaigne.

▲ **EURO-MER & CIEL**
Résas : ☎ 04-67-65-95-12 ou • euromer.com • (devis gratuit). Groupes : • groupes@euromer.com •
Spécialiste des traversées maritimes (ferries rapides ou classiques), *Euro-Mer* représente toutes les compagnies desservant la Corse : *Moby, Corsica Linea, Corsica Ferries, CMN,* ce qui fait la différence, car *Euro-Mer* vous conseille pour trouver le meilleur des tarifs ! Pour la période estivale, s'y prendre dès janvier ou février pour obtenir des tarifs attractifs. Les plus d'*Euro-Mer* : des tarifs compétitifs, des promotions ponctuelles à l'année pour certains départs en semaine et des réductions jeunes, familles, seniors, étudiants, camping-cars.

EN AVION

Attention, les dessertes aériennes changent souvent d'une année sur l'autre, notamment en ce qui concerne les lignes saisonnières. Les indications ci-dessous sont basées sur les liaisons existant en 2016.
– Pour tout renseignement auprès des aéroports corses :
✈ ***Ajaccio :*** *aéroport de Campo-del-Oro. ☎ 04-95-23-56-56. • 2a.cci.fr/aeroport-napoleon-bonaparte-ajaccio.html •*
✈ ***Bastia :*** *aéroport de Bastia-Poretta. ☎ 04-95-54-54-54. • bastia.aeroport.fr •*
✈ ***Calvi :*** *aéroport Sainte-Catherine. ☎ 04-95-65-88-88. • calvi.aeroport.fr •*
✈ ***Figari :*** *aéroport Figari-Corse-Sud. ☎ 04-95-71-10-10. • 2a.cci.fr/aeroport-figari-sud-corte.html •*

▲ **AIR FRANCE**
Rens et résas au ☎ 36-54 (0,34 €/mn – tlj 6h30-22h), sur • airfrance.fr •, dans les agences Air France et dans ttes les agences de voyages. Fermées dim.
➢ Air France assure des liaisons Orly-Bastia, Orly-Ajaccio, Orly-Figari et Orly-Calvi. Certains vols sont assurés par Air Corsica (ex-*CCM*). Également des liaisons directes de Nice, Marseille et Lyon tte l'année ; et liaisons directes, en été slt, depuis de nombreux aéroports de province.
Air France propose des tarifs attractifs toute l'année. Pour consulter les meilleurs tarifs du moment, allez directement sur la page « Nos meilleurs tarifs » sur *• airfrance.fr •*
Flying Blue, le programme de fidélité gratuit d'Air France, permet de gagner des *Miles* en voyageant sur les vols Air France, KLM, Hop ! et les compagnies membres de *Skyteam,* mais aussi auprès des nombreux partenaires non aériens *Flying Blue.* Les *Miles* peuvent ensuite être échangés contre des billets d'avion ou des services (surclassement, bagage supplémentaire, accès salon...) ainsi qu'auprès des partenaires. Pour en savoir plus, rendez-vous sur *• flyingblue.com •*

▲ **HOP !**
Rens et résas sur • hop.com • ou sur • airfrance.fr •, dans ttes les agences

de voyages ainsi qu'aux centres d'appel : ☎ 36-54 (0,35 €/mn ; tlj) ou 0892-70-22-22 (0,35 €/mn).

➢ Vers Ajaccio, vols saisonniers directs d'Aurillac, Bordeaux, Brive, Castres, Clermont-Ferrand, La Rochelle, Lille, Lyon, Metz-Nancy, Nantes, Paris-Orly, Pau, Poitiers, Rennes, Strasbourg, Toulon et Toulouse.

➢ Vers Bastia, vols saisonniers directs de Biarritz, Bordeaux, Clermont-Ferrand, Lille, Lyon, Montpellier, Nantes, Paris-Orly, Rennes et Pau.

➢ Vers Calvi, vols de Lille, Lyon, Metz-Nancy, Nantes, Paris-Orly, Strasbourg, Toulouse et Genève.

➢ Vers Figari, vols de Bordeaux, Caen, Clermont-Ferrand, Lille, Lyon, Nantes, Quimper, Rennes, Strasbourg et Toulouse.

Les compagnies *low-cost*

Plus vous réserverez vos billets à l'avance, plus vous aurez de chances d'avoir des tarifs avantageux, mais il ne faut pas trop espérer trouver facilement des billets à prix plancher lors des périodes les plus fréquentées (vacances scolaires, week-ends...). Des frais de dossier ainsi que des frais pour le paiement par carte bancaire peuvent vous être facturés. En outre, les pénalités en cas de changement d'horaires sont assez importantes. Il faut aussi rappeler que plusieurs compagnies facturent maintenant les bagages en soute ou limitent leur poids. En cabine également, le nombre de bagages est strictement limité (attention, même le plus petit sac à main est compté comme un bagage à part entière). À bord, c'est service minimal, et tous les services sont payants (boissons, journaux...). Attention également, au moment de la résa par Internet, à décocher certaines options qui sont automatiquement cochées (assurances, etc.). Au final, même si les prix de base restent très attractifs, il convient de prendre en compte tous ces frais annexes pour calculer le plus justement son budget.

▲ EASYJET

• easyjet.com/fr •

➢ Dessert Bastia, Ajaccio et Figari au départ de Paris-CDG. Également des vols Bâle-Mulhouse/Ajaccio, Bâle-Mulhouse/Bastia, Lyon-Bastia, Lyon-Figari, Toulouse-Bastia, Toulouse-Figari, Lyon-Ajaccio, Genève-Ajaccio, Genève-Bastia et Genève-Figari (en saison).

▲ RYANAIR

Infos et résas : • ryanair.com • Les meilleurs tarifs sont accessibles slt sur Internet (promotions ponctuelles).

➢ Dessert Figari au départ de Paris-Beauvais et de Bruxelles-Charleroi.

▲ VOLOTEA

Rens : ☎ 0821-610-752 (0,15 €/mn). • volotea.com •

➢ La compagnie assure des liaisons entre les aéroports d'Ajaccio et Bastia et les aéroports de Bordeaux, Brest, Caen, Lille, Montpellier, Nantes, Strasbourg et Toulouse. Également des vols Bordeaux-Figari ainsi que Lille-Figari, Nantes-Figari, Strasbourg-Figari, Toulouse-Figari ainsi que Beauvais-Ajaccio.

▲ XL AIRWAYS

Rens : ☎ 0892-69-21-23 (0,35 €/mn). • xl.com •

➢ En saison, vols Paris-CDG/Ajaccio.

EN TRAIN

Au départ de Paris

🚂 ***Gare de Lyon :*** pour les trains de jour.

➢ ***Paris-Marseille :*** compter un peu plus de 3h de trajet.

➢ ***Paris-Toulon :*** près de 4h de trajet.

➢ ***Paris-Nice :*** env 5h30 de trajet.

Au départ de la province

➢ ***Bordeaux-Marseille :*** prévoir près de 6h de voyage en Intercités.

➢ ***Lyon-Marseille :*** 1h30 de trajet.

➢ Depuis ***Lille,*** TGV directs à destination de Marseille (en 5h env), Toulon (en 6h), Nice (en 8h).

Pour préparer votre voyage

– ***e-billet :*** réservez, achetez et imprimez votre e-billet sur Internet.
– ***m-billet :*** plus besoin de support papier, vous pouvez télécharger le code-barres de votre voyage correspondant à votre réservation directement dans votre smartphone, à l'aide de l'application *SNCF Direct.*
– ***Billet à domicile :*** commandez votre billet par Internet ou par téléphone au ☎ 36-35 *(0,40 €/mn, hors surcoût éventuel de votre opérateur)* ; la SNCF vous l'envoie gratuitement à domicile sous 48h, en France.

Pour voyager au meilleur prix

La SNCF propose des tarifs adaptés à chacun de vos voyages.
➢ ***Prem's :*** des petits prix disponibles toute l'année, jusqu'à 90 jours avant le départ. Billets non échangeables et non remboursables (offres soumises à conditions). Impossible de poser des options de réservation sur ces billets : il faut les payer immédiatement.
➢ ***Les IDTGV :*** des prix mini, à saisir sur Internet uniquement.
➢ ***Les tarifs Loisirs***
Une offre pour programmer votre voyage tout en gardant des billets modifiables : ils sont échangeables et remboursables. Pour bénéficier des meilleures réductions, pensez à réserver vos billets à l'avance (les réservations sont ouvertes jusqu'à 90 jours avant le départ) ou à voyager en période de faible affluence.
➢ ***Les cartes de réduction***
Pour ceux qui voyagent régulièrement, profitez de réductions garanties tout le temps avec les cartes Enfant +, Jeune 12-17, Jeune 18-27, Week-end ou Senior + (valables 1 an).

Renseignements et réservations

– ***Internet :*** • *voyages-sncf.com* •
– ***Téléphone :*** ☎ *36-35 (0,40 € TTC/mn).*
– Également dans les gares, les boutiques SNCF et les agences de voyages agréées.

LES ORGANISMES DE VOYAGES

▲ LA CORSE.TRAVEL

Rens au ☎ 04-95-23-92-34. • lacorse.travel • Lun-ven 8h30-12h30, 14h-18h.
La corse.travel propose des vacances pour tous les goûts et tous les budgets : week-ends et séjours en hôtel classique, de luxe ou de charme, en location ; séjours actifs dans un cadre naturel remarquable, ou thématiques pour une approche culturelle ou gastronomique de l'île de Beauté et, bien sûr, des séjours totalement dédiés à la famille. Tous les transports sont possibles (vols spéciaux ou réguliers, traversées maritimes).

▲ TERRES D'AVENTURE

N° Indigo : ☎ 0825-700-825 (0,15 €/mn + prix d'appel). • terdav.com •
– Paris : 30, rue Saint-Augustin, 75002. ☎ 01-70-82-90-00. Ⓜ Opéra ou Quatre-Septembre. Lun-sam 9h30-19h.
– Agences également à Bordeaux, Grenoble, Lille, Lyon, Marseille, Nantes, Rennes, Rouen, Strasbourg et Toulouse.
Depuis 1976, Terres d'Aventure, spécialiste du voyage à pied, propose aux voyageurs passionnés de marche et de rencontres des randonnées hors des sentiers battus à la découverte des grands espaces de notre planète. Voyages à pied, à cheval, en bateau, à raquettes... Sur tous les continents, des aventures en petits groupes ou en individuel encadrés par des professionnels expérimentés sont proposées. Les hébergements dépendent des sites explorés : camps d'altitude, bivouacs, refuges ou petits hôtels. Les voyages sont conçus par niveaux de difficulté : de la simple balade en plaine à l'expédition sportive en passant par la course en haute montagne.

En province, certaines de leurs agences sont de véritables *Cités des Voyageurs* dédiées au voyage. Consultez le programme des manifestations sur leur site internet.

▲ TUI-FRANCE

Rens et résas au ☎ 0825-000-825 (0,20 €/mn + prix appel). • tui.fr • et dans les agences de voyages TUI présentes dans toute la France.

TUI, numéro 1 mondial du voyage, propose tous les circuits Nouvelles Frontières, ainsi que les clubs Marmara et un choix infini de vacances pour une expérience unique. TUI propose des offres et services personnalisés tout au long de vos vacances, avant, pendant et après le voyage.

Un circuit accompagné dans une destination de rêve, un séjour détente au soleil sur l'une des plus belles plages du monde, un voyage sur mesure façonné pour vous, ou encore des vacances dans un hôtel ou dans un club, les conseillers TUI peuvent créer avec vous le voyage idéal adapté à vos envies. Ambiance découverte, familiale, romantique, dynamique, zen, chic... TUI propose des voyages à deux, en famille, seul ou entre amis, parmi plus de 180 destinations à quelques heures de chez vous ou à l'autre bout du monde.

▲ VOYAGES-SNCF.COM

– Infos et résas depuis la France : • voyages-sncf.com • et sur tablette et mobile avec les applis V. (trains) et V.Hôtels (hôtels).

– Réserver un vol, un hôtel, une voiture : ☎ 0899-500-500 (1,35 € l'appel, puis 0,34 €/mn).

– Une question ? Rubrique « Contact » ou au ☎ 0970-60-99-60 (n° non surtaxé).

Voyages-sncf.com, distributeur de voyages en ligne de la SNCF, propose ses meilleurs prix de train et d'avion, d'hôtel et de location de voitures en France et en Europe. Accédez aussi à des services exclusifs : l'envoi gratuit des billets à domicile (en France), Alerte Résa, calendrier des prix, offres de dernière minute...

Comment aller à Roissy et à Orly ?

Toutes les infos sur notre site *• routard.com •* à l'adresse suivante : *• bit.ly/aeroports-routard •*

Voir aussi au sein de chaque ville les agences locales que nous avons sélectionnées.

BASTIA, LE CAP CORSE, SAINT-FLORENT ET SES ENVIRONS

• Le cap Corse *p. 75*

Un beau morceau de Corse authentique, avec Bastia, ses hautes façades austères, son atmosphère si méditerranéenne, et le Cap, son relief abrupt, ses villages accrochés face aux flots bleu azur – encore que, là-haut, au Cap, quand ça se déchaîne, il y a aussi de l'écume et du gris, de méchants paquets de mer qui déferlent – et, discrètes et pittoresques, ses marines pleines de charme. Et le vin, ah ! les bons vins du Cap et de Patrimonio... Il est curieux que les visiteurs ne passent pas plus de temps dans cette merveilleuse région, si différente du reste de l'île. Dommage pour les uns... tant mieux pour les autres !

BASTIA (20200) 43 000 hab.

• Plan *p. 77*

Un site superbe tout d'abord : l'histoire a amarré Bastia au flanc d'une montagne haute de 900 m – l'épine dorsale du cap Corse – qui dévale dans la mer. Le choc frontal avec la Grande Bleue, les longues affinités génoise et romaine, l'énergie des gens du maquis devenus citadins l'ont rendue plus méditerranéenne que nature. C'est une ville à la fois pétulante et grave. Grave comme ces maisons altières, gaie comme ces églises baroques. Ce n'est pas pour rien que Bastia est Ville d'art et d'histoire : partez à la découverte de ses quartiers aux noms d'épopées lointaines, Terra Vecchia, Terra Nova, vous ne serez pas déçu...

le
Port de Nice
LE PLUS COURT CHEMIN
VERS LA CORSE
ET LA SARDAIGNE
LA CORSE ET LA SARDAIGNE
AU DÉPART DU PORT DE NICE C'EST :
7 DESTINATIONS
2 COMPAGNIES
DES TRAVERSÉES
DE JOUR ET DE NUIT
À PARTIR DE 21€ TTC
PAR PERSONNE*
CCI NICE CÔTE D'AZUR
Port de Nice
WWW.RIVIERA-PORTS.COM

Notre conseil est de s'y attarder, et non d'y passer brièvement comme le font trop de visiteurs. Rater le Vieux-Port et la Citadelle serait une grossière erreur de boussole... d'autant que Bastia a vraiment un côté « outre-mer » plus forte qu'Ajaccio, même si son premier abord est plus rugueux. Et puis Bastia est la porte du cap Corse. Une autre aventure.

UN PEU D'HISTOIRE

Bastia, à l'origine, n'est que la marine du village perché de Cardo (aujourd'hui rattaché à Bastia) où étaient installés les pêcheurs. Au XIVe s, un gouverneur génois, Lomellini, jusqu'alors établi à Biguglia, a l'idée de faire construire une place forte sur le gros rocher qui domine Porto Cardo. Cette *bastiglia* (bastion ou bastille !) va donner son nom actuel à la ville.
Les Bastiais appelleront *Terra Nova* la citadelle (terminée à la fin du XVe s, quand un certain Bonaparte, dont le nom aura de l'avenir, fait achever la construction des remparts et en est nommé comme régisseur).

Arriver – Quitter

En bateau

Gare maritime *(hors plan par B1)* **:** *sur le Nouveau-Port. Capitainerie : ☎ 04-95-55-25-00. • bastia.port.fr •* Toutes les compagnies ci-dessous y ont un bureau.

■ ***Corsica Linea*** *(plan B1)* **:** *au Nouveau-Port. ☎ 0825-88-80-88 (0,15 €/mn). • corsicalinea.com • Lun-ven 9h-12h, 14h-18h.* En dehors des horaires d'ouverture, vente des billets à la gare maritime.

■ ***Corsica Ferries :*** *5 bis, rue Chanoine-Leschi, palais de la Mer, BP 275 (face au port). Comptoirs de vente au palais de la Mer ou à la gare maritime : ☎ 04-95-32-95-95. Rens et résas : ☎ 0825-095-095 (0,15 €/mn). • corsica-ferries.fr •*

■ ***Moby Lines*** *(hors plan par B1)* **:** *4, rue du Commandant-Luce-de-Casabianca. ☎ 04-95-34-84-94. • mobylines.fr • Derrière le Nouveau-Port. Lun-ven 8h-12h, 14h-18h (plus sam mat).*

■ ***La Méridionale :*** *port de commerce. ☎ 04-95-55-25-55 ou 0810-201-320 (n° Azur). • lameridionale.fr • Agence ouv lun-ven 8h15-18h, sam 8h15-12h.*

➢ ***Par Corsica Linea :*** liaisons régulières entre Bastia et Marseille (12-13h de traversée de nuit, 9h de jour).

➢ ***Par Corsica Ferries :*** liaisons Bastia-Nice (env 6h) et Bastia-Toulon (9-12h) ; Bastia-Savone (6h) ; Bastia-Livourne (4h) ainsi que, en juil-août slt, Bastia-Piombino (2h15).

➢ ***Par La Méridionale :*** liaison Bastia-Marseille (traversée de nuit).

➢ ***Par Moby Lines :*** liaisons entre Bastia, Livourne, Nice et Gênes.

En train

Gare ferroviaire *(plan A1)* **:** *à 500 m de la gare maritime en remontant l'av. du Maréchal-Sébastiani. ☎ 04-95-32-80-61. Tlj en saison, 6h-20h30.*

➢ ***De/vers Ajaccio*** *(par Ponte-Leccia et Corte)* **:** 4-6 trains/j. selon les jours. Un voyage à travers les plus beaux paysages de Corse. Trajet : 4h.

➢ ***De/vers Calvi*** *(par Ponte-Leccia)* **:** 2 trains/j. (dont 1 avec changement à Ponte-Leccia). Trajet : env 3h.

En bus ou en autocar

Destinations et horaires s'obtiennent à l'office de tourisme, à proximité duquel la plupart des départs se font depuis la gare routière *(plan B1)*.

➢ ***De/vers Erbalunga :*** ligne n° 4 des bus urbains. *☎ 04-95-31-06-65. • bastiabus.com •* En sem 6h30-19h, env ttes les 30 mn ; ttes les heures le w-e. Départ de la pl. Saint-Nicolas.

➢ ***De/vers le lido de la Marana :*** de mi-oct à mi-mai, 1 bus/j. lun-sam (aucun dim) ; de mi-mai à mi-oct, lun-sam 2 bus/j. (1 bus dim). Avec les *Transports A Marana*

NOUVEAUTÉ

NOS 52 WEEK-ENDS COUPS DE CŒUR DANS LES VILLES D'EUROPE (paru)

Partir à la découverte des grands canaux à Amsterdam. Se rendre dans le plus vieux pub de Dublin. Sonder l'âme andalouse de Séville. Suivre la trace des écrivains russes à Saint-Pétersbourg. Pénétrer dans le bouillonnant marché du Capo à Palerme. Découvrir le design finlandais à Helsinki. Tester la scène électro à Vienne ou s'offrir une folle nuit dans les boîtes branchées de Barcelone… Que vous partiez en amoureux, entre amis ou bien en famille, vos pieds vont battre le macadam ! Entre culture, itinéraires secrets, gastronomie, *street food* et lieux tendance, voici un nouveau livre de photos. Notre best of des 52 plus belles villes d'Europe. On vous propose aussi bien les grands classiques que les suggestions les plus branchées, voire les plus inattendues. Bref, tous les éléments pour choisir votre prochain week-end *low cost*. Vous saurez tout sur ces villes mythiques, le temps d'une escapade.

(☎ 04-95-36-08-21). Dessert le *Camping San Damiano.*

➢ **De/vers Macinaggio** *(cap Corse)* **:** sept-juin, lun-ven 2 bus/j. ; en été, lun-ven 3 bus/j. (1 bus sam). Départ de la gare routière avec les *Transports Micheli* (☎ 04-95-35-14-64).

➢ ***De/vers Moriani, Bravone, Aléria, Ghisonaccia, Solenzara, Porto-Vecchio* :** tte l'année, 2 bus/j. (sf dim et j. fériés de mi-sept à mi-juin). Départ devant l'office de tourisme avec *Les Rapides Bleus* *(achat possible des billets à l'agence* Corsicatours*, 1, av. du Maréchal-Sébastiani, face à la poste ;* ☎ *04-95-31-03-79) ;* lun-sam 8h-12h, 14h-18h. Également 1 bus/j. lun-sam de/vers **Solenzara** avec les *Transports Tiberi* (☎ 04-95-57-81-73). Départ de la gare routière.

➢ ***De/vers Saint-Florent, via Patrimonio et le col de Teghime* :** en été, 4 bus/j. tlj. De mi-sept à fin mai 3 bus tlj sf dim. Départ de la gare routière avec les *Transports Santini* (☎ 04-95-37-02-98).

➢ ***De/vers L'Île-Rousse et Calvi* :** juil-août, tlj 2 bus/j. Sept-juin, lun-sam 1 bus/j. Trajet : 2h. Départ face à la gare SNCF avec les *Autocars Les Beaux Voyages* (• corsicar.com • ☎ 04-95-65-11-35).

➢ ***De/vers la Casinca (Vescovato et Venzolasca)* :** 1 bus/j. (aucun w-e et j. fériés) avec les *Autobus Casinca* (☎ 04-95-36-74-13).

➢ Il n'y a pas de bus pour ***Ajaccio.*** Prendre le train !

En avion

✈ ***Aéroport de Bastia-Poretta*** *(hors plan par B3)* **:** *à 20 km au sud de Bastia. Infos :* ☎ *04-95-54-54-54. • bastia.aeroport.fr •* Navettes de/vers l'aéroport à la gare SNCF. Une dizaine d'A/R par jour (5h-23h env), entre Bastia et l'aéroport. À Bastia, départ devant la préfecture. ☎ *04-95-31-06-65.* Compter 9 €.

■ ***Air France* :** ☎ *36-54 (0,35 €/mn). À l'aéroport, tlj 6h-20h.*

■ ***Air Corsica* :** ☎ *36-54 (0,35 €/mn).*

■ ***HOP !* :** ☎ *0892-70-22-22 (0,35 €/mn).*

➢ ***De/vers Nice ou Marseille* :** 4-6 vols/j.

➢ ***De/vers Paris* :** jusqu'à 8 vols/j.

➢ Vols également pour Bordeaux, Brest, Clermont-Ferrand, Dole, Lyon, Lille, Metz, Montpellier, Nantes, Toulon, Toulouse, Strasbourg, Bruxelles, Luxembourg et d'autres villes.

➢ Avec *Easy Jet,* vols pour Paris (Orly et Roissy-CDG), Lyon et Genève, mars-oct.

En voiture

Pour se garer, des parkings souterrains payants (ceux de la gare, de la place Saint-Nicolas, du Marché ou de la Citadelle, sous la place d'Armes) ou, bien pratique, les parkings gratuits de Toga (300 places), à hauteur du port du même nom mais côté terre, et de Saint-François (100 places).

Adresses utiles

Infos touristiques, poste, santé

ℹ ***Office de tourisme de l'agglomération de Bastia*** *(plan B1)* **:** *pl. Saint-Nicolas.* ☎ *04-95-54-20-40. • bastia-tourisme.com • En hte saison, tlj 8h-20h ; en moyenne saison, lun-sam 8h-18h et dim 8h-12h. En basse saison, lun-sam 8h-12h, 14h-18h, fermé dim.* Bon accueil et services gratuits. On peut y réserver sa chambre d'hôtel ou trouver une liste de chambres d'hôtes, à Bastia, le cap Corse et dans tout le nord de la Corse. Organise aussi des visites thématiques en saison (lire plus loin la rubrique « À voir »).

✉ ***Poste*** *(plan A1)* **:** *av. du Maréchal-Sébastiani. Lun-ven 8h-19h, sam 8h-12h.*

✚ ***Hôpital* :** *à 6 km du centre, quartier de* ***Paese Novo,*** *par la T 11 puis la D 264.* ☎ *04-95-59-11-11.*

Transports

🚗 ***Taxis* :** *Taxis Bastiais,* ☎ *04-95-32-70-70. Compter env 40 € entre l'aéroport et le centre-ville.*

■ ***Bus urbains* : *Société des autobus***

bastiais (SAB), ☎ *04-95-31-06-65.* Une douzaine de lignes, dont la n° 6 (Gare-Citadelle, navette gratuite) et la n° 3 (Palais-de-Justice/Cardo), peuvent se révéler utiles. Attention, peu de bus le dimanche et pas de navettes gratuites pour la Citadelle.

■ **Location de voitures :** ***Hertz,*** *sq. Saint-Victor,* ☎ *04-95-31-14-24 ; à l'aéroport,* ☎ *04-95-30-05-00.* ***Europcar,*** *3, rue Chanoine-Leschi,* ☎ *04-95-31-59-29 ; à l'aéroport,* ☎ *04-95-30-09-50.* ***Ada,*** *35, rue César-Campinchi,* ☎ *04-95-31-48-95 ; à l'aéroport,* ☎ *04-95-54-55-44.* ***Avis*** *(Ollandini), rue J.-Luciani,* ☎ *04-95-31-95-64 ; à l'aéroport,* ☎ *04-95-54-55-46.*

■ **Location de motos, scooters et bateaux :** ***Toga Location Nautique,*** *port de plaisance de Toga.* ☎ *04-95-34-14-14. • togalocation.com •* Deux-roues de 100 à 650 CC, bombards, hors-bord, voiliers et 4x4.

Agence de voyages, loisirs, divers

■ ***Objectif Nature :*** *3, rue Notre-Dame-de-Lourdes.* ☎ *et fax : 04-95-32-54-34.* 📱 *06-12-02-32-02. • objectif-nature-corse.com • Tte l'année.* Propose des randonnées pédestres accompagnées, à la journée ou plus. Activités en eaux vives, équitation, parapente (dans le cap Corse), location de VTT. Consigne à bagages.

■ ***Le Lavoir du Port*** *(hors plan par B1) : rue Luce-de-Casabianca. En retrait du terminal nord, derrière la station-service. Tlj 7h-21h.* Laverie automatique.

Où dormir ?

Pour les hébergements chez l'habitant ou meublés de tourisme, s'adresser à l'office de tourisme.

Bon marché

🏠 ***Ha Noi Social Club*** *(plan A2,* ***13****) : 4 bis, rue du Castagno (ruelle à 2 mn du Vieux-Port).* 📱 *: 06-47-41-72-37 (Hugo) ou 06-77-28-12-75 (Sébastien). • hanoisocialclub.org@gmail.com • hanoisocialclub.org • Avr-oct. Nuit en dortoir 22 € avec apéro à l'arrivée et petit déj. Chambre privée env 50 €.* Une sympathique association a repris cette ancienne école pour en faire un lieu coopératif et tout simple (vraiment tout simple !), qui propose 2 grands dortoirs (4 grands lits chacun) et une chambre privée. Sanitaires communs, basiques. Prévoir d'apporter son sac de couchage (on en loue aussi sur place), et draps à dispo. Frigo et micro-ondes. Quelques transats sur un bout de jardin à l'arrière. Enfin une adresse vraiment pas chère pour les routards à Bastia !

Prix moyens

🏠 ***Hôtel Le Forum*** *(plan A2,* ***11****) : 20, bd Paoli.* ☎ *04-95-31-02-53. • contact@hotel-leforum.com • hotel-leforum.com • Tte l'année. Doubles 60-90 € selon saison. Café offert sur présentation de ce guide.* Passé le hall d'entrée, on grimpe à l'étage où se trouvent la réception et les chambres (avec TV) de ce petit hôtel très central. On prend le petit déj sur une terrasse d'étage, au calme. Pas d'ascenseur. Ici les prix gardent la tête froide et l'accueil est fort aimable.

🏠 ***Hôtel Napoléon*** *(plan A1,* ***14****) : 43, bd Paoli.* ☎ *04-95-31-60-30. • hotel.napoleon@hotmail.fr • hotel-napoleon-bastia.fr • Réception au 1er étage. Doubles 58-99 € selon saison, ttes avec AC. TV. Un petit déj/chambre et par nuit offert sur présentation de ce guide.* Hôtel 2 étoiles d'une douzaine de chambres, de bon confort, sobre et classique. Chambres fonctionnelles (salle de bains, minibar, coffre, sèche-cheveux) et très correctes. Elles donnent sur rue, mais le double vitrage est efficace.

De prix moyens à chic

🏠 ***Hôtel Posta Vecchia*** *(plan B2,* ***15****) : 8, rue Posta-Vecchia.* ☎ *04-95-32-32-38. • info@hotel-postavecchia.com • hotelpostavecchia.com • Congés : une sem avt Noël et 2 sem en janv. Doubles*

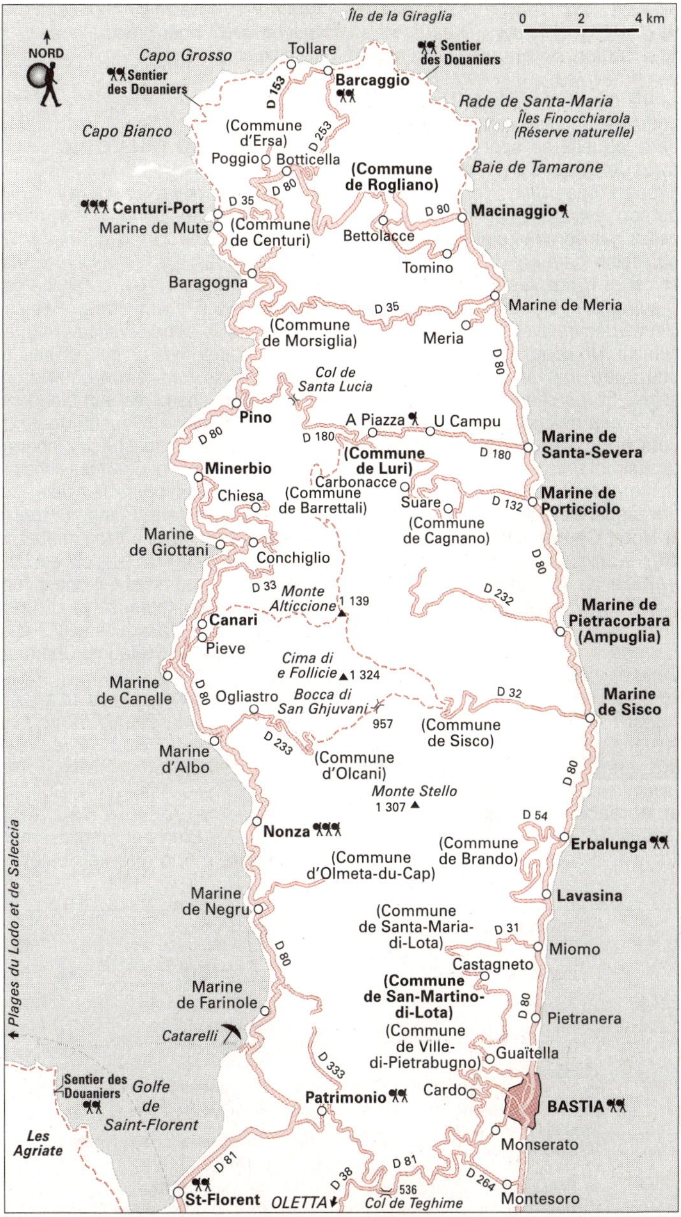
Île de la Giraglia
0
2
4 km
NORD
Capo Grosso
Tollare
Sentier des Douaniers
Sentier des Douaniers
Barcaggio
D 153
Rade de Santa-Maria
Îles Finocchiarola (Réserve naturelle)
Capo Bianco
(Commune d'Ersa)
D 253
Poggio
Botticella
(Commune de Rogliano)
Baie de Tamarone
D 80
D 35
Centuri-Port
D 80
Macinaggio
Marine de Mute
(Commune de Centuri)
Bettolacce
Tomino
Baragogna
Marine de Meria
D 35
(Commune de Morsiglia)
Meria
D 80
Col de Santa Lucia
Pino
A Piazza
U Campu
D 80
D 180
Marine de Santa-Severa
(Commune de Luri)
D 180
Minerbio
Carbonacce
Marine de Porticciolo
Chiesa
(Commune de Barrettali)
Suare
D 132
(Commune de Cagnano)
Marine de Giottani
Conchiglio
D 80
D 33
Monte Alticcione
1 139
D 232
Marine de Pietracorbara (Ampuglia)
Canari
Pieve
Cima di e Follicie
1 324
Marine de Canelle
D 80
Ogliastro
Bocca di San Ghjuvani
D 32
Marine de Sisco
957
(Commune de Sisco)
D 233
Marine d'Albo
(Commune d'Olcani)
Monte Stello
1 307
D 80
D 54
Nonza
(Commune de Brando)
Erbalunga
(Commune d'Olmeta-du-Cap)
Lavasina
Marine de Negru
(Commune de Santa-Maria-di-Lota)
D 31
Miomo
D 80
Castagneto
(Commune de San-Martino-di-Lota)
D 80
Pietranera
Marine de Farinole
Plages du Lodo et de Saleccia
Catarelli
(Commune de Ville-di-Pietrabugno)
Guaïtella
D 333
Sentier des Douaniers
Golfe de Saint-Florent
Patrimonio
Cardo
BASTIA
Les Agriate
Monserato
D 81
D 81
D 38
D 264
536
St-Florent
OLETTA
Col de Teghime
Montesoro

LE CAP CORSE

67-97 € selon saison et situation, et 82-112 € pour 3 pers (3 catégories : éco, confort ou vue mer). Un petit déj offert (pour 2 achetés) sur présentation de ce guide. Une façade coquette, saumon et volets verts, derrière laquelle se cache un bâtiment plein de couloirs et d'escaliers. Il n'y a pas 2 chambres identiques. Leur confort est également très variable, celles mansardées étant petites mais agréables (sauf par grosses chaleurs), et celles ayant vue sur le port aussi. D'autres sont bien plus sombres. Difficile de décrire avec précision l'établissement. Un coup, c'est bonne pioche, une autre fois un peu moins, c'est selon. Et les clients sont contents... ou un peu moins. L'annexe de l'autre côté de la rue occupe un immeuble tout simple, aux chambres standard. Reste une référence en ville pour ces prix tenus, surtout hors saison.

Hôtel Cyrnéa *(hors plan par A-B1,* ***16****) : 18, route du cap Corse, à* ***Pietranera.*** *☎ 04-95-31-41-71. • hotelcyrnea@wanadoo.fr • hotelcyrnea.monsite.orange.fr • À 2 km de Bastia. À droite en entrant dans Pietranera. Congés : de mi-nov à mi-fév. Doubles 50-86 € selon saison et vue (rue ou mer). Garage clos offert sur présentation de ce guide.* Longue bâtisse des années 1970, impeccablement tenue, avec des chambres climatisées et agréables. Quelques familiales. Grand jardin à l'arrière descendant jusqu'à une petite plage de galets. Les chambres côté mer disposent d'un balcon, idéal pour prendre le petit déj face au soleil levant.

De chic à beaucoup plus chic

Hôtel Central *(plan A1,* ***10****) : 3, rue Miot. ☎ 04-95-31-71-12. • infos@centralhotel.fr • centralhotel.fr • Tte l'année sf 22 déc-14 janv. Doubles avec douche ou bains et balcon env 80-130 € selon confort et saison. Un petit déj/chambre offert sur présentation de ce guide.* Dans un immeuble de famille, un hôtel d'une vingtaine de chambres, fort bien tenu. En fait, il s'agit sans aucun doute du meilleur rapport qualité-prix-charme du centre de Bastia. Chambres chaleureuses, à l'atmosphère familiale, aux couleurs méditerranéennes, toutes différentes (parquet ou tommettes au sol). Les têtes de lit en bois ont été dessinées par le patron et il règne ici une atmosphère chaleureuse et discrète qu'on apprécie. Quelques suites également, aux 4e et 5e étages. Charmant accueil.

Hôtel Les Voyageurs *(plan A1,* ***19****) : 9, av. Maréchal-Sébastiani. ☎ 04-95-34-90-80. • lesvoyageurshotel@gmail.com • hotel-lesvoyageurs-bastia.com • Doubles 83-134 € selon saison et confort. Tte l'année.* . Bien bel établissement qui allie la modernité, le design et

Adresses utiles

Office de tourisme de l'agglomération de Bastia

Où dormir ?

10 Hôtel Central
11 Hôtel Le Forum
12 Hôtel Pietracap
13 Ha Noi Social Club
14 Hôtel Napoléon
15 Hôtel Posta Vecchia
16 Hôtel Cyrnéa
17 L'Alivi
18 Best Western Corsica Hôtels
19 Hôtel Les Voyageurs

Où manger ?

21 A Tana
23 Le Palais des Glaces
24 L'Agua
25 A Scudella
28 La Table du Marché
31 Grazie Mille
33 Chez Vincent
34 Côté Marine

Où déguster une glace ?

27 Gelateria du Vieux Port
29 Chez Serge Raugi

Où acheter des produits corses ?

40 Chez Mireille
41 Cap Corse Mattei
43 A Volta
44 U Paese
45 U Montagnolu
46 Corsica Colis

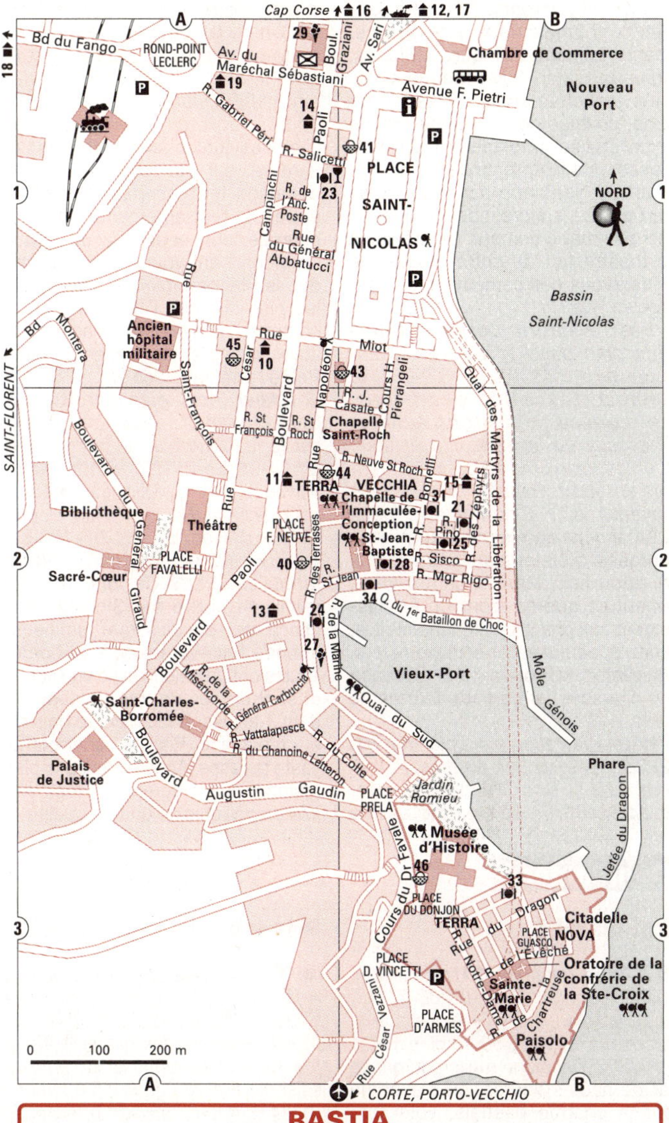

Cap Corse 16 12, 17
A
B
1
2
3
18
Bd du Fango
ROND-POINT LECLERC
Av. du Maréchal Sébastiani
19
R. Gabriel Péri
29
Boul. Graziani
Av. Sari
Chambre de Commerce
Nouveau Port
Avenue F. Pietri
14
Paoli
R. Saliceti
41
PLACE SAINT-NICOLAS
23
R. de l'Anc. Poste
Campinchi
Rue du Général Abbatucci
NORD
Bassin Saint-Nicolas
Rue
Ancien hôpital militaire
Bd Montera
45
Rue César
10
Miot
43
Napoléon
R. J. Casale
Cours H. Pierangeli
Quai des Martyrs de la Libération
SAINT-FLORENT
Saint-François
R. St François
R. St Roch
Boulevard
Chapelle Saint-Roch
R. Neuve St Roch
Boulevard du Général Giraud
11
TERRA VECCHIA
15
31
Bonelli
Chapelle de l'Immaculée-Conception
21
R. Pino
R. des Zéphyrs
Bibliothèque
Théâtre
PLACE F. NEUVE
R. des Terrasses
St-Jean-Baptiste
25
PLACE FAVALELLI
Sacré-Cœur
40
R. St Jean
28
R. Sisco
R. Mgr Rigo
34
Q. du 1er Bataillon de Choc
13
24
R. de la Marine
27
Paoli
Boulevard
Vieux-Port
Môle Génois
R. de la Miséricorde
R. Général Carbuccia
Saint-Charles-Borromée
R. Vattalapesce
R. du Colle
R. du Chanoine Letteron
Quai du Sud
Palais de Justice
Boulevard
Augustin Gaudin
PLACE PRELA
Jardin Romieu
Phare
Jetée du Dragon
Musée d'Histoire
46
Cours du Dr Favale
33
PLACE DU DONJON
TERRA
Rue du Dragon
Citadelle
PLACE GUASCO
NOVA
R. de l'Évêché
Oratoire de la confrérie de la Ste-Croix
PLACE D. VINCETTI
R. Notre-Dame
Sainte-Marie
R. de la Chartreuse
PLACE D'ARMES
Vezzani
Rue César
Paisolo
0
100
200 m
CORTE, PORTO-VECCHIO

BASTIA

une déco personnalisée, sur différents thèmes (musique, Venise, cinéma, Londres, l'Afrique...). Photos, tableaux, salon bibliothèque cosy. Dans les chambres, une superbe literie, du linge de maison de grande tenue et des ambiances bien maîtrisées. L'omniprésence anachronique de Napoléon sur les œuvres d'art prête à sourire, comme quoi on a ici pas mal d'humour. La proximité du théâtre fait de cette adresse le rendez-vous des comédiens de passage en ville.

🏠 ***Best Western Corsica Hôtels*** *(hors plan par A1,* ***18****)* ***:*** *av. Jean-Zuccarelli.* ☎ *04-95-55-05-10.* • *contactbastia@corsica-hotels.fr* • *corsica-hotels.fr* • *À 500 m au-dessus de la gare. Tte l'année. Doubles env 66-170 € selon standing et saison. Garage fermé sur résa (payant.)* 💻 📶 Évidemment, ceux qui n'aiment que les vieilles pierres chargées d'histoire(s) feront mieux de retourner dans le centre-ville ; les autres apprécieront un établissement aux chambres fonctionnelles, assez spacieuses et au bon niveau de confort. Choisir de préférence une chambre sur l'arrière. Excellente literie.

🏠 ***Hôtel Pietracap*** *(hors plan par B1,* ***12****)* ***:*** *20, route de San-Martino, Pietranera, 20200* ***San-Martino-di-Lota.*** ☎ *04-95-31-64-63.* • *hotel-pietracap@wanadoo.fr* • *pietracap.com* • *À 3 km de la sortie de Bastia. Sur la route du cap Corse, prendre sur la gauche la D 131 (fléché). Congés : déc-mars. Doubles 97-233 € selon confort et saison.* 💻 📶 Un beau 3-étoiles tout blanc, niché dans la verdure, sur plusieurs niveaux, en décalage les uns par rapport aux autres, le tout agrémenté par beaucoup de fleurs et pas mal de verdure. La plupart ont vue sur mer (demandez-les de préférence, mais ce sont les plus chères). Dans les espaces communs, lumineuses toiles marines. Jolie piscine en contrebas du jardin. Petite restauration en été.

🏠 ***L'Alivi*** *(hors plan par B1,* ***17****)* ***:*** *route du Cap, à 1 km du port de plaisance (sur la droite de la chaussée).* ☎ *04-95-55-00-00.* • *hotel-alivi@wanadoo.fr* • *hotel-alivi.com* • *De mi-mars à fin oct. Resto tlj sf lun. Doubles standard avec douche 95-150 € ou bains 135-220 € selon saison. Parking fermé gratuit.* 📶 Ce long bâtiment rectiligne abrite sur 3 niveaux des chambres spacieuses et lumineuses (grande baie vitrée) de bon confort. Toutes ont un balcon avec vue sur mer et sont dotées de tout l'équipement d'un 3-étoiles. Beaucoup de bois clair et crépi blanc. Piscine super sur une vaste terrasse. Accès direct à la plage (galets), plutôt agréable. Restaurant *(L'Archipel)* chic de grande qualité.

Où manger ?

Bon marché

🍽 ***A Tana*** *(plan B2,* ***21****)* ***:*** *2 bis, rue Posta-Vecchia.* ☎ *04-95-38-71-18.* • *a-tana@orange.fr* • *Tlj midi et soir, sf mar et dim. Pizzas 8,50-13,50 €, pâtes 9-19,50 €.* Dans une ruelle couronnée par de hautes voûtes, où s'exprime tout le charme bastiais, voici une salle façon caveau voûté de brique, et notre meilleure option pour se régaler de bonnes pizzas. Également de copieuses assiettes de pâtes. Le chef est italien, et ça se sent. Petits prix et excellent service, et ce depuis bien des années.

Prix moyens

🍽 🍸 ***Le Palais des Glaces*** *(plan A-B1,* ***23****)* ***:*** *13, bd du Général-de-Gaulle (pl. Saint-Nicolas).* ☎ *04-95-31-05-01.* • *palais-des-glaces@orange.fr* • *Tte l'année (fermé le soir en basse saison). Plat du jour 15 € ; menus 21-24 €. Apéritif maison offert le soir pour un menu pris, sur présentation de ce guide. Le Palais,* une brasserie avec grande terrasse sur la place Saint-Nicolas, est une cantine pour nombre de Bastiais. Confortables fauteuils en osier avec coussinet. On se prend avec plaisir le plat du jour, un poisson frais, un tartare ou une des salades proposées.

A Scudella (plan B2, **25**) **:** *10, rue Pino. 06-25-27-26-25. Tlj sf dim et lun, slt le soir. Tte l'année. Menu 25 €.* La *scudella*, c'est le nom d'une sorte de poêle corse. Parmi les nombreux restos corses de Bastia, il y en a finalement assez peu à proposer une cuisine traditionnelle pur jus. Celui-ci en est un, et c'est pour ça qu'on s'y donne rendez-vous. Pas de terrasse ni de vue renversante, mais une cuisine au plus près de la vérité du pays, avec de bonnes recettes des familles où s'invitent sanglier, lapin, *figatellu* et charcuterie.

Côté Marine (plan B2, **34**) **:** *Vieux-Port. ☎ 04-95-33-66-65. • paul.pierinelli@wanadoo.fr • 1er avr-10 oct, tlj midi et soir. Formule déj 18,50 € ; menus 19,50-26,50 € ; carte 30 €. Digestif maison offert sur présentation de ce guide.* L'une des plus sympathiques adresses du Vieux-Port. Pas de la « grande » cuisine, mais des menus pas chers et réguliers, qui offrent toute satisfaction. Également des pizzas. Service aimable et efficace.

Chic

Grazie Mille (plan B2, **31**) **:** *pl. du Marché (appelée aussi place de l'Hôtel-de-Ville). ☎ 04-95-32-38-22. • graziemillebastia@libero.it • Tlj, tte l'année sf mar, plus mer midi. Formule déj en sem 15 € (plat du jour + dessert) ; pâtes et viandes 14-31 €.* Un italien qui fait l'unanimité sur la place du Marché, et plus largement à Bastia. On y vient pour les pâtes maison et pour les spécialités de l'Ombrie, ou encore pour les desserts. La patronne sait incontestablement y faire et excelle dans la présentation des plats de sa carte. Belles viandes également.

La Table du Marché (plan B2, **28**) **:** *pl. du Marché. ☎ 04-95-31-64-25. Tlj sf dim. Congés : déc. Menu 30 € (sf j. fériés) ; carte env 50 €. Café offert sur présentation de ce guide.* Si le Vieux-Port est bondé, à deux pas de là, l'adorable place du Marché, avec ses hautes maisons et sa fontaine moderne à la jeune fille gironde, est bien plus tranquille. Le resto y a déployé sa terrasse. Le menu est déjà très satisfaisant, mais rien n'empêche, si vous êtes en fonds, d'aller piocher dans la carte et les plats corses, ou le superbe poisson (d'une exemplaire fraîcheur). Élégant décor et service de qualité.

Chez Vincent (plan B3, **33**) **:** *12, rue Saint-Michel. ☎ 04-95-31-62-50. • chezvincentbastia@orange.fr • Tlj midi et soir, sf sam midi et dim. Formule 20 € (« l'assiette du bandit corse », copieuse) ; carte env 30 €.* L'une des bonnes adresses de la Citadelle, offrant une belle vue depuis la terrasse tout en longueur. Piocher à la carte parmi les spécialités, mais l' »assiette bandit corse » répond à toutes les attentes. Pizzas au feu de bois également.

L'Agua (plan A2, **24**) **:** *sur le Vieux-Port. ☎ 04-95-38-43-71. Tlj sf dim midi et lun midi (ouv tlj en juil-août). Formule midi 17,50 € ; menu 25 €. Carte env 40 €.* Une table de qualité, idéalement située sur le port qui, comme souvent sur les ports, ne compte pas tant de bonnes adresses. En voici une régulière, qui travaille le poisson frais et le place en bonne position à son menu. Succulente soupe de poisson et copieuses pâtes aux fruits de mer.

Où dormir ? Où manger dans les environs ?

Camping

Camping San Damiano : *lido de la Marana, 20620* ***Biguglia.*** *☎ 04-95-33-68-02. • info@campingsandamiano.com • campingsandamiano.com • À 5 km au sud de Bastia, en bord de plage. Ouv 28 mars-2 nov. Compter env 20-27 € pour 2 selon saison ; bungalows tt confort 2-6 pers 343-1 316 €/sem selon saison.* À proximité de Bastia (et à 10 km de l'aéroport) ; 250 emplacements bien ombragés dans l'ensemble, sous de grands pins, avec accès direct à la plage, épicerie, tennis. Piscine de belle taille, superbe, avec grande terrasse de bois. Éviter les emplacements trop proches de la route. Laverie, terrain de pétanque et plein de jeux pour les enfants.

Bon marché

Chambres d'hôtes Casa Paterna : *chemin Les Oliviers, 20200* ***Ville-di-Pietrabugno.*** *☎ 04-95-31-53-70. 06-15-90-24-38. Depuis le rond-point à la sortie du port des ferries, prendre la route de Ville-di-Pietrabugno sur 1,5 km jusqu'au fléchage à droite. Tte l'année. Double avec sdb partagée 52 € (prix identiques tte l'année). Garage fermé pour les motos.* C'est dans un univers d'objets kitschissimes que l'avenante Mme Sylvia Pasqualini accueille ses hôtes, comme elle recevrait ses petits-enfants. 4 chambres bien tenues, dont 3 avec balcon, profitent de la vue sur la ville et le port.

Chic

Chez Walter : *à Casamozza, sur la commune de Lucciana, 20290* ***Borgo.*** *☎ 04-95-36-00-09. • chez.walter@wanadoo.fr • hotel-chez-walter.com • À une vingtaine de km au sud de Bastia, sur la gauche de la N 193 (à 4 km après le carrefour pour l'aéroport). Resto fermé dim (sf août) et 2 sem en fin d'année. Doubles avec sdb 100-105 € selon saison (doubles « privilège » 130 €). Menus à partir de 23 €.* Une adresse confortable et fiable, dirigée avec professionnalisme. Chambres d'excellent standing (AC, TV satellite), aménagées avec goût. Piscine (superbe), tennis et beau grand jardin dans cet hôtel apprécié du personnel navigant en escale et des équipes de foot venues défier Bastia. *Fitness center* à la disposition des clients. Très bonne table, orientée mer (loup, langoustines, fruits de mer), où la pêche locale est en bonne place. Bien belle terrasse.

La Litorne : *à Casavecchie, 20220* ***Ville-di-Pietrabugno.*** *☎ 04-95-31-41-89. • contact@restaurantlalitorne.com • Prendre la route de Ville-di-Pietrabugno sur 3 km jusqu'à Casavecchie. Ouv le soir tlj sf lun, plus le midi dim. Congés : 3 sem en oct. Carte slt, env 40 €.* Si proche de Bastia et déjà la tête dans une ambiance de montagne, le cœur agrippé à un hameau pur terroir corse, pour une cuisine d'ici au gré de plats novateurs. Le veau se vante de sortir du cheptel du plus grand éleveur de Corse, les desserts allient fraîcheur et belles saveurs. Cette *Litorne* est une excellente option.

Où boire un verre ? Où écouter de la musique ?

La place Saint-Nicolas (*plan A-B1* ; voir plus haut **Le Palais des Glaces**) et le quai des Martyrs-de-la-Libération *(plan B2)* alignent nombre d'établissements, respectivement face à l'animation ou au grand large. Mais notre lieu de prédilection pour se poser est la place du Donjon, dans la Citadelle. On fera ainsi halte au ***Bar de la Citadelle,*** situé sur l'une des plus jolies places de la ville. Un peu au-dessus du port, place Fontaine-Neuve, le ***Robaïna*** offre une grande terrasse nichée sur une placette adorable, doublée d'un bar qui rend hommage aux rhums cubains, tandis que les murs honorent les révolutionnaires de l'île.

Où déguster une glace ?

Chez Serge Raugi *(plan A1,* ***29****) : 2 bis, rue du Chanoine-Colombani. ☎ 04-95-31-22-31. Fermé lun tte l'année, plus le dim ap-m oct-mai. Congés : 5 sem en hiver, 1 sem en sept. Possibilité d'y manger sur résa.* On trempe ici dans la glace, et la bonne, de père en fils depuis des lustres.

Gelateria du Vieux Port *(plan A2,* ***27****) : rue de la Marine. Tlj en été, 11h30-jusqu'à très tard.* Excellentes glaces que l'on déguste sans modération.

Où acheter des produits corses ?

Marché traditionnel (plan B2) **:** *pl. de l'Hôtel-de-Ville ; sam-dim.*

Chez Mireille (plan A2, **40**) **:** *5, rue des Terrasses. ☎ 04-95-32-41-05. Tlj sf lun et dim ap-m, 8h-12h30, 15h-18h30.* Pour se ravitailler en *canistrelli* au citron, en *fiadone* ou en beignets à la farine de châtaigne, entre autres... Une adresse des familles, tenue par Mireille et sa maman, bien présente depuis bien longtemps dans le cœur des Bastiais.

Cap Corse Mattei (plan B1, **41**) **:** *15, bd du Général-de-Gaulle. ☎ 04-95-32-44-38. Tlj sf dim 9h-12h, 14h-19h (20h en été et ouv le dim mat).* L'un des plus anciens magasins de Bastia, le plus vénérable. On y vend toutes sortes d'apéritifs et de digestifs fabriqués, depuis le siècle dernier, par la célèbre maison *Mattei,* dont le fameux *Cap Corse,* à base de quinquina, boisson emblématique de l'île. Fromages et charcuterie également.

A Volta (plan A-B1, **43**) **:** *24, rue Napoléon. ☎ 04-95-31-45-24. • corseterroir.com • En été, tlj 9h-20h ; hors saison, fermé dim et horaires restreints.* Vins et charcuteries en provenance directe du producteur. Vente en ligne également.

U Paese (plan A2, **44**) **:** *4, rue Napoléon. ☎ 04-95-32-33-18.* Le patron est de bon conseil. Excellent accueil.

U Montagnolu (plan A1, **45**) **:** *15, rue Campichi. ☎ 04-95-32-78-04. À 2 rues de la pl. Saint-Nicolas. Juil-août, tlj 9h-20h ; sept-juin, fermé dim.* D'excellents vins du pays, jambons, fromages, douceurs : la Corse concentrée sous les voûtes de cette jolie boutique.

Corsica Colis (plan B3, **46**) **:** *8, cours Favale, porte de la Citadelle. ☎ 04-95-32-62-69. • corsica-colis.com •* Propose de bons produits. Possibilité de faire envoyer ses achats directement chez soi. Bons conseils.

À voir

L'office de tourisme propose des visites guidées originales de la ville et de ses environs *(15 €/pers ; réduc).* Les *Légendines (avr-sept, mar à 16h30, sur résa ; vente de billets sur le site de l'office de tourisme)* font découvrir Bastia par le petit bout de la lorgnette, sous l'angle d'anecdotes, de légendes ou de faits insolites. La visite se termine dans la Citadelle, avec concert polyphonique dans l'oratoire de la confrérie Sainte-Croix et dégustation de produits corses. Également des visites plus classiques : Bastia baroque, Patrimoine sacré...

➢ **Le petit train :** *☎ 04-95-31-61-16. Avr-oct, tlj ttes les heures (sf 12h-14h). Compter 7,50 € ; réduc.* Départ devant l'office de tourisme. Tour de la ville en 50 mn. Arrêt et visite commentée de la Citadelle.

➢ **Bastia Vision :** *06-52-65-20-91. Mai-oct, tlj 9h-19h, ttes les heures. Compter 7 € ; réduc.* Départ de la gare routière, tour de la ville via l'oratoire de Monserato (voir plus loin « Dans les environs de Bastia »). Durée : 1h.

La place Saint-Nicolas (plan B1) **:** vaste, ombragée par des platanes et des palmiers, bordée de vénérables immeubles. Il faut y passer entre 17h et 19h, quand les terrasses des cafés sont noires de monde, et y prendre un verre en écoutant les potins de la ville. À ne pas rater non plus, le *marché aux puces* qui s'y tient le dimanche matin.

Remarquer, au centre de la place, le vieux kiosque à musique et la statue de Napoléon en empereur romain. Côté port, un autre kiosque, celui du sous-marin *Casabianca* (en fait, une réplique de l'original). Les Forces françaises libres acheminèrent de nombreuses armes à la Résistance corse à bord de ce sous-marin.

La chapelle de l'Immaculée-Conception (plan A-B2) **:** *à 50 m de l'oratoire Saint-Roch. Ouv en principe tlj 8h-19h.* Plus grande et plus belle que l'oratoire, elle fut édifiée en 1589. Le Parlement anglo-corse s'est réuni ici pendant 3 ans (1794-1796). Le roi d'Angleterre y avait un représentant (mais le trône du roi restait vide, en haut des marches du maître-autel), et l'on y jouait alors le *God Save the King* sur le petit orgue italien toujours en état. Avant d'entrer, remarquer le pavage de galets à la génoise figurant un grand soleil et la lune. Intérieur somptueux : damas cramoisis, pilastres, lustres, dorures.

La rue Napoléon *(plan A-B1-2)* **:** piétonne depuis quelque temps (quelle bonne idée !), elle relie la place Saint-Nicolas au Vieux-Port via la rue des Terrasses qui la prolonge. À gauche, l'*oratoire de la confrérie de Saint-Roch* (le saint pourfendeur de la peste) date de 1604 et renferme de belles orgues de 1750. Voir aussi le groupe processionnel en bois polychrome, qui est de sortie le 16 août, tous les 2 ans.

La Vieille Ville (Terra Vecchia) et le Vieux-Port

L'église Saint-Jean-Baptiste *(plan B2)* **:** *tlj sf dim ap-m 8h-12h, 15h-19h. Entrée sur le flanc droit de l'église.* Domine le Vieux-Port de ses deux tours-campaniles. Au cœur du quartier de Terra Vecchia, elle date du XVIIe s. Bel exemple d'intérieur baroque. C'est la plus grande église de Corse. On notera le plafond de la vaste nef qui abrite une fresque du baptême du Christ, une intéressante chaire de marbre, un superbe Christ en croix et le buffet d'orgue.

La place du Marché *(plan B2)* **:** *marché sam et dim mat.* À côté de l'église Saint-Jean-Baptiste, une grande place calme et ceinte d'anciennes bâtisses typiques.

Les quais du Vieux-Port *(plan B2)* **:** en forme de fer à cheval. Bien abrités et très animés à partir de 17h. Ici, les lève-tôt ne manqueront pas l'arrivée des chalutiers au point du jour. Tout l'été, la zone est rendue aux piétons le soir.

La rue du Général-Carbuccia *(plan A2)* **:** jadis, la rue des familles nobles, avec de hautes maisons blasonnées. Pasquale Paoli séjournait au n° 7 quand il venait à Bastia.

L'église Saint-Charles-Borromée *(plan A2)* **:** cette ancienne chapelle des jésuites, du XVIIe s, est l'une des seules églises chrétiennes à ne pas offrir le droit d'asile, en vertu d'un décret génois. Siège de la confrérie de Saint-Charles. C'est là que les états généraux se sont tenus en mai 1789. En juillet-août, l'église accueille, une fois par semaine *(ven à 18h30)* les *Canti i Detti,* un concert de chants polyphoniques (infos à l'office de tourisme). *Tarif : 10 € ; gratuit moins de 12 ans.* À côté, petite place bordée de la fontaine Saint-Charles (en mauvais état) et rue Chanoine-Letteron (appelée rue Droite par les Bastiais) avec la *maison Bronzini de Caraffa,* au vieux balcon. En continuant la montée (raide) jusqu'au boulevard Gaudin, on rejoint la Citadelle (mais c'est plus sympa depuis le Vieux-Port par le jardin Romieu ; voir ci-après).

La Citadelle et le quartier de Terra Nova (plan B3)

La Citadelle génoise, superbe, est organisée selon un plan en damier. Elle mérite vraiment une visite. Accès en navette gratuite (bus n° 6) depuis le centre *(départ de la gare ferroviaire, lun-sam 8h-19h45 et même 21h en août),* en bus (lignes n°s 1 ou 5) ou, mieux, à pied, évidemment. Des quais du Vieux-Port, gravir l'escalier monumental, passer par le *jardin Romieu,* bon endroit pour faire une halte face à la mer. Monter le *cours Favale* jusqu'à la porte principale bâtie sous Louis XVI, qui mène à la *place du Donjon.*

Une partie du quartier a été rénovée avec intelligence et les façades altières ont retrouvé un certain lustre, tout en conservant leur austérité légendaire. Il y règne une remarquable sérénité, bien loin du brouhaha du bas de la ville. Se balader dans les étroites ruelles piétonnes est un ravissement.

Le musée d'Histoire de Bastia *(plan B3)* **:** *dans le palais des Gouverneurs génois, tt de suite à gauche en entrant dans la Citadelle (passer le pont-levis reconstitué). ☎ 04-95-31-09-12. • musee-bastia.com • Mai-oct, mar-dim 10h-18h30 (tlj en juil-août). Le reste de l'année, mar-sam 9h-12h, 14h-17h. Entrée : 5 € mai-oct ; réduc. Jardin seul : 1 €. GRATUIT oct-avr.*
Cette grande bâtisse, siège des gouverneurs génois entre les XVe et XVIIIe s, a été totalement rénovée (pour ses parties anciennes) ou reconstruite (pour les ailes nord et ouest détruites pendant la Seconde Guerre mondiale). Le musée présente relativement peu d'objets, mais tous sont de qualité. Il fait la part belle à des diaporamas ou films illustrant Bastia autour de trois thèmes : au sous-sol, quelques salles de l'***ancienne prison,*** puis au rez-de-chaussée, ***l'urbanisme,*** et à l'étage, l'importance économique et politique de la ville, ainsi que ***la vie culturelle*** bastiaise depuis l'époque génoise jusqu'au XXe s. La formation de la cité est évoquée par des documents et autres éléments architecturaux (plaques de fontaines, frontons). Beau plan-relief de la ville, montrant le Bastia d'hier et d'aujourd'hui. ***Le rôle de l'Église*** comme commanditaire de la construction d'ouvrages baroques est souligné (linteaux, pierres tombales, tableaux...), mais l'architecture civile à l'époque génoise n'est pas en reste. Quelques éléments de mobilier. Centre de pouvoir et de la vie culturelle, Bastia rassemblait l'élite administrative et commerçante, notamment lorsque les pouvoirs ont été transférés de Gênes à la France. ***La vie industrielle*** de la cité est également évoquée (fonderies de Toga, entrepôts Mattei, manufacture de tabacs Job-Bastos...). Enfin, Bastia comme pôle culturel de l'île : des œuvres phares (comme le *Mariage mystique de sainte Catherine*), évocation d'intellectuels et d'artistes qui ont marqué la ville de leur empreinte. Également, ***la collection Carlini,*** avec quelques souvenirs de la Révolution française et de l'Empire (masque mortuaire de Napoléon), et une petite partie de la collection Fesch (dont l'essentiel est au musée des Beaux-Arts d'Ajaccio).
Enfin, au 5e étage, sur la terrasse, un ***jardin « suspendu »*** (accès possible par des escaliers sans passer par les salles du musée, ou par l'ascenseur depuis le rez-de-chaussée). Remarquable vue sur la ville. Voir la poudrière restaurée qui abrite une petite expo temporaire.

La cathédrale Sainte-Marie-de-l'Assomption *(plan B3)* **:** *tlj sf dim ap-m 8h-12h, 14h-17h30 (18h30 en été).* Elle date du XVIIe s (restauration récente). On y voit une impressionnante Vierge en argent massif pesant près de 650 kg d'argent fin, résultat de la prodigalité des Bastiais au XIXe s. L'ensemble est baroque, avec piliers et colonnes en faux marbre. Juste en face, la maison où Victor Hugo a vécu enfant.

L'oratoire de la confrérie de la Sainte-Croix *(plan B3)* **:** *prendre la rue de l'Hospice à droite de Sainte-Marie ; l'oratoire se situe 50 m plus loin. Tlj sf dim et j. fériés 9h-12h, 14h-18h.* Le seul oratoire de style rococo de France, clou de la visite de Bastia. Voir, sur la droite quand on est face à l'autel, le fameux *Christ noir des Miracles,* trouvé en 1428 et vénéré par les pêcheurs. C'est lui que les marins promènent en procession le 3 mai. Concert de chants corses le mardi à 18h30 dans le cadre des *Légendines* (voir plus haut).

Paisolo, Corse Miniatures Animées *(plan B3)* **:** *La Poudrière. 06-10-26-82-08. À droite de l'église Sainte-Marie, descendre les escaliers jusqu'en bas ; c'est dans l'ancienne poudrière. Pâques-fin oct, tlj 9h-12h, 14h30-17h30. Entrée : 4 € ; réduc.* Un personnage (René Mattei) et une œuvre (son village miniature) comme on ne peut en voir qu'en Corse. Ne pas écouter ceux qui vous disent que c'est fermé. Jusqu'à s'en user la vue, s'arracher les ongles, M. Mattei a travaillé et travaillé à construire son village miniature, puis il a fallu le démonter pour le transporter, et le remonter, une première fois, puis recommencer encore... 60 000 heures de travail, d'acharnement. Pourquoi ? Pour obtenir une petite féerie de village de montagne d'antan, construit à une échelle de 1/30 environ. Il y a l'église, le puits, les moulins (à blé et à châtaigne, évidemment), le berger, des femmes en longues robes noires, les maisons, la tour génoise, des animations. Et c'est magique. Laisser M. Mattei en parler, lui demander ce qu'est ceci, d'où vient cela. Et repartir le cœur léger, comme après avoir vu quelque chose de beau, tout simplement. On peut filmer librement, pour garder une trace de l'enchantement.

À faire

– ***Activités nautiques :*** *avec le* ***Club nautique bastiais*** *(CNB). Bureaux sur le quai sud du Vieux-Port. ☎ 04-95-32-67-33. 📱 06-11-83-09-14. Tlj 9h-18h. • club-nautique-bastia.fr* • École française de voile, catamaran, Optimist, kayak de mer, etc. Activités, pour la plupart, sur le lido de la Marana, où le *CNB* se délocalise en été.

Plongée sous-marine

Les fonds bastiais livrent une bonne cinquantaine de spots aux yeux éblouis des plongeurs de tous niveaux. Puis les nombreuses épaves d'avions et de bateaux vous inviteront à des voyages fantômes...

Club de plongée

■ ***Club de Plongée Bastiais :*** *Port Toga, à 5 mn au nord du port de commerce. 📱 06-18-39-96-37. • plongee-bastia.com • En saison, tlj sf dim ; hors saison, w-e et vac scol. Résa obligatoire. Baptême env 45 € ; plongées 38-43 € selon équipement ; forfaits dégressifs 5-10 plongées.* Dans ce club (FFESSM et ANMP), Thierry Coulon et ses moniteurs proposent baptêmes, formations jusqu'au niveau IV, plongée enfants, stages d'initiation à la biologie marine.

Nos meilleurs spots

La Roche à Mérous *(niveau I) :* au large du port de Bastia. Sur cet ensemble de plateaux rocheux, les mérous règnent en maîtres (de 20 à 36 m). Très familiers, ils vous abordent sans hésitation (restez calme !) ; évitez quand même de les toucher. Ce « caillou » pourrait aussi s'appeler la *Roche à Sars,* tant ils sont nombreux. Murènes et langoustes dans les failles.

À VOS MASQUES ET TUBAS !

Sentant venir la défaite, le maréchal allemand Rommel fit embarquer six caisses d'or qu'il largua dans une caverne sous-marine, près de Bastia. Du moins, c'est ce que raconta un ancien soldat SS, qui dit avoir participé à l'opération. Même le gouvernement français effectua des recherches. Sans succès.

Le Chasseur P-47 *(niveau I) :* au large de Miomo, une plongée bien appréciée par les néophytes en mal d'épaves ! Cet avion américain de la Seconde Guerre mondiale repose – entier – par 19 m de fond. Un mérou passif monte la garde autour du cockpit, tandis qu'une murène s'est lovée à la place du pilote. Grand champ de posidonies.

Le Petit Pain de Sucre *(niveau I) :* belle succession de rochers (16 à 24 m de fond) très colorés, où murènes et congres ont élu domicile, parmi les arthias et castagnoles. Également quelques mérous pépères.

Fêtes et manifestations

La liste complète des fêtes et manifestations est disponible à l'office de tourisme. En voici une sélection.

- ***Processions du Jeudi saint :*** le soir, de 18h à 22h, de petits groupes vont par toute la ville de chapelle en chapelle. Il y a toujours un nombre impair de participants : ainsi le veut la tradition. Ce sont des Corses en pèlerinage qui vont se recueillir devant les scènes bibliques installées ce jour-là dans chaque chapelle.
- ***Festival Creazione :*** *fin mai ou début juin, durant 3 j., au musée de Bastia. • creazionebastia.com • Entrée : 5 € (10 € le soir).* Expo de créateurs corses, de mode et de design, organisée par l'office de tourisme. Défilés, conférences et concerts dans les jardins. Un festival qui prend du poids d'année en année.
- ***Estivales :*** *juil-août.* La place Saint-Nicolas et la rue Napoléon voient se dérouler de nombreuses animations et concerts : musiciens, saltimbanques, théâtre de rue, chants corses...
- ***Relève des gouverneurs*** *(a notte di a memoria)* **:** *2e ou 3e sam de juil.* 200 figurants, en costumes d'époque du XVIIe s, retracent un événement historique bastiais majeur, la relève des gouverneurs, justement ! Tir à l'arbalète et à l'arc, lanceurs de drapeaux font le spectacle, tandis que le nouveau gouverneur est accueilli au Vieux-Port au son du tambour. Grand feu d'artifice pour terminer.
- ***Musicales de Bastia :*** *en nov. Rens au théâtre municipal de Bastia : • musicales-de-bastia.com •* Comme son nom l'indique, en avant la musique ! Classique, jazz, chanson, mais aussi danse et théâtre.

DANS LES ENVIRONS DE BASTIA

L'oratoire de Monserato : *à 2 km de Bastia, route de Saint-Florent, un peu au-dessus du couvent de Saint-Antoine, par un chemin à gauche, c'est à env 500 m. De la Citadelle, contourner le palais de justice par la droite et monter l'escalier qui serpente. Compter 30 mn à pied. Pèlerinage le 12 mai.*

Ce lieu modeste cache un monument rare : un escalier saint, ou *Scala Santa,* réplique de l'escalier saint de la basilique Saint-Jean-de-Latran à Rome.

L'histoire de cet escalier remonte au Premier Empire : une partie du clergé avait refusé de se soumettre au Concordat, imposé par Napoléon. Colère, celui-ci fit enfermer les récalcitrants dans les geôles ignobles de la Citadelle, où ils croupissaient, quand la population, émue, demanda que cela cessât et obtint satisfaction. Mais à condition d'héberger ces prélats, ces évêques... Ce fut alors à qui aurait son plus beau curé ! Une fois Napoléon tombé, ces ecclésiastiques demandèrent au pape Pie VII d'accorder à Bastia une faveur exceptionnelle, en reconnaissance de la bonté de ses habitants. Et c'est ainsi que Bastia obtint une *Scala Santa,* dont la particularité est de permettre à celui qui la gravit à genoux (avec contrition, ça va de soi) d'être lavé de ses péchés. Ce qui est exceptionnel, car c'est le seul moyen reconnu par l'Église d'arriver à ce résultat sans l'entremise d'un prêtre catholique. C'est un privilège rare, qu'on ne retrouve d'ailleurs qu'à Rome, à Lourdes et à Fatima. Diable, ils sont malins, ces Corses : obtenir cette distinction suprême à coups de *brocciu,* de *patrimonio* et de *figatelli* !

➢ ***La Corniche supérieure :*** à faire en voiture au départ de Bastia. Prendre la route de Saint-Florent puis la D 64, peu après le couvent Saint-Antoine. Les beaux quartiers de Bastia sont par là : nombreuses propriétés avec de grands jardins et une végétation luxuriante. On passe par ***Cardo,*** village qui ne manque pas de charme et possède une fontaine. Cardo est l'ancêtre de Bastia, celle-ci n'étant à l'origine que sa marine. Jolie balade à faire sur le chemin des Glacières, jusqu'au sommet du mont Murzajo (871 m). Les glacières (*nivere* en corse) étaient des puits de 20 m dans lesquels la neige recueillie était entassée puis découpée à la belle saison pour être revendue aux Bastiais. À l'époque des Génois, ces derniers demandaient la livraison de 50 kg de pains de glace par jour du printemps à l'automne. Le secteur était aussi connu pour d'autres raisons : on y extrayait lauzes et pierres à moulin. On continue par *Ville-di-Pietrabugno* et *San-Martino-di-Lota.* Vue époustouflante sur Bastia, la mer et, au loin, les îles italiennes, notamment l'île d'Elbe (la plus grande). On descend ensuite à *Miomo* pour rejoindre Bastia par *Pietranera* et la route surplombant le littoral.

➢ ***Excursion vers Oletta :*** autre très belle promenade à faire en boucle au départ de Bastia. Prendre la route de Saint-Florent jusqu'au *col de Teghime* (536 m), en plein sur la ligne de crête du cap Corse. Vue sublime d'un côté sur le golfe de Saint-Florent et le Nebbio, de l'autre sur la lagune de Biguglia. C'est là que des combattants marocains, les goumiers, se sont battus en octobre 1943 contre les forces allemandes pour obtenir la libération de Bastia (monument commémorant leur sacrifice, texte en français et en berbère). En se retournant, on peut admirer la côte orientale au sud de Bastia. Du col, aller jusqu'à Oletta, puis prendre la direction *Murato* (voir « Dans les environs de Saint-Florent »). Au *col de San Stefano,* où les goumiers ont également bataillé dur, encore une autre vue sublime à la fois sur l'épine dorsale du cap Corse, le golfe de Saint-Florent et un morceau de la plaine orientale. Enfin, on rejoint Bastia par *le défilé de Lancone.*

L'ancienne cathédrale de la Canonica : *à 25 km au sud de Bastia, sur la D 507 qui va de l'aéroport de Bastia-Poretta en direction du cordon lagunaire, sur la commune de* ***Luciana.*** L'église la plus belle de Corse, pour certains. En tout cas, l'une des plus vieilles et l'une des plus simples architecturalement parlant. C'était le siège de l'évêché au Moyen Âge. Construite sous le règne de Pise, consacrée en 1119 sous le nom de *Santa Maria Assunta,* elle offre une vraie curiosité : son étrange assemblage de pierres de différentes tailles (dont du calcaire du cap Corse et du marbre de Brando) et de divers coloris. Voir aussi la frise d'animaux en arc au-dessus de la porte. Juste à côté, un complexe paléochrétien (fin IVe s) : les *fouilles de Mariana.* Il s'agit d'une ancienne colonie romaine, développée autour d'un poste fondé par Marius en 93 av. J.-C. Une première église (paléochrétienne) y avait été construite. Reste d'un très ancien baptistère aux mosaïques polychromes.

L'église San Parteo : *à 500 m de la Canonica, au bout d'un chemin.* Sorte de jumelle de la cathédrale voisine, un peu plus petite. Elle date du XIIe s, avec quelques éléments plus anciens. Voir le linteau aux deux lions assis de part et d'autre d'un arbre, scène d'inspiration orientale.

La réserve naturelle de l'étang de Biguglia : *☎ 04-95-33-55-73. Sur la T 11, au rond-point pour le lido de la Marana, tourner juste après la ligne de chemin de fer, passer devant le stade et continuer sur plus de 1 km. Parking au parc Fornacina. Écomusée sur une petite île à 400 m (dans le fortin d'Ischia Nova). Tte l'année, mar-sam 8h-12h, 13h-17h (16h en juil-août). Visite guidée juil-sept, mar et jeu, slt le matin (9h30-12h). Visite libre 2 € (gratuit moins de 18 ans) ; visite commentée sur résa (4 pers min) 4 €. Durée : env 1h.* La plus grande zone humide de Corse (1 450 ha), entre mer et terre, inscrite sur la liste Ramsar pour la conservation des zones humides. Quelque 30 000 oiseaux (foulques, fuligules morillons, milouins) viennent hiverner aux côtés d'espèces indigènes et près de 250 espèces y ont été observées. Sur les berges des canaux, on peut aussi voir des tortues cistudes. Le fortin au nord de l'étang accueille un ***écomusée*** (histoire de la réserve, géologie, faune et flore, pêche, migration...). Dans un aquarium, on verra les 3 espèces résidant dans les eaux saumâtres de l'étang (mulet, loup et sar commun). Terrasse panoramique pour observer l'ensemble.

La brasserie Pietra : *route de la Marana,* ***Furiani.*** *☎ 04-95-30-14-70. • brasseriepietra.com • Au rond-point du stade, prendre la route de la lagune, puis à droite. Visite et dégustation gratuites (compter 45 mn) : juil-août, lun-ven 9h30-12h,*

14h-17h30 ; le reste de l'année, sur résa slt, pour groupes de 10 pers min. L'entreprise *Pietra* est l'une de celles dont la *success story* fait le plus parler en Corse, et à juste titre. En quelques années, elle a su s'imposer et continue à se développer (voir la rubrique « Vins et alcools » dans « Hommes, culture, environnement »). La visite passe en revue les différentes étapes de l'élaboration de l'excellent breuvage.

LE CAP CORSE / CAPICORSU

C'est comme le doigt de la Corse, un index pointé dans le bleu de la mer, en direction du nord. Voici donc, comme disent les Corses, *l'isula di l'isula,* « l'île de l'île » : une chaîne de montagnes couvertes de maquis, une échine rocheuse longue de 40 km et large de 12 à 15 km. Les sommets culminent entre 1 000 et 1 324 m, puis les versants dévalent dans la Grande Bleue avec des accents de tragédie grecque. Déjà les Romains l'avaient baptisé « le promontoire sacré ». Les paysages ? Une alternance de plages de galets (et de sable dans l'extrême pointe du Cap) et de criques secrètes, le tout entrecoupé de montagnes. Les deux versants du Cap ne se ressemblent pas. Dans la partie orientale (jusqu'à Macinaggio), des vallées débouchent en douceur dans la mer, tandis qu'à l'ouest la montagne tombe violemment dans la Méditerranée, décrivant une série d'à-pics vertigineux et de nids d'aigle, où s'accrochent courageusement des grappes de maisons. Magique.
Une route en fait le tour, de Bastia à Saint-Florent, ponctuée par une ribambelle de minuscules ports de poche, les marines. Bâties les pieds dans l'eau, groupant quelques vieilles maisons aux murs de schiste, ce sont les annexes maritimes d'une kyrielle de villages retirés fièrement sur les hauteurs et constitués d'une poignée de hameaux. Un monde à part, qui n'a vraiment été relié au reste de l'île qu'au milieu du XIXe s, la route de corniche n'ayant été ouverte que sous Napoléon III. Un monde riche en histoire, comme en témoigne le nombre impressionnant d'églises abondamment décorées, de chapelles, de couvents (il y en eut 18), de majestueux tombeaux familiaux perdus dans la nature, de ruines de châteaux, de vestiges de moulins et, enfin, ces 32 tours de guet dites « génoises ».
Le cap Corse, c'est aussi un pays de vignerons. On y produit des vins très divers, des blancs surtout, et également un muscat qui serait à l'origine d'un dicton toscan : « Un verre de vin corse et j'escalade le Stromboli ! »
N'oublions pas enfin que, même s'il est produit à Bastia par la société *Mattei,* le célèbre apéritif *Cap Corse* lui doit son nom...

LES SURPRENANTES « MAISONS D'AMÉRICAINS »

Les Cap-Corsins ont toujours émigré. Voici la seule région de Corse où la mer ne soit pas synonyme de danger. Pêcheurs depuis l'Antiquité, capitaines au long cours, aventuriers du bout du monde, tous ont été attirés par le grand large, souvent poussés par la nécessité, allant jusqu'à émigrer à Saint-Domingue, à Porto-Rico ou au Venezuela. Ils y firent souche au XIXe s, devenant planteurs de café ou de canne à sucre, s'enrichissant dans le commerce. La plupart de ces aventuriers d'outre-mer revinrent en Corse, fortune faite, pour s'y faire construire de somptueuses demeures. On peut les voir à Rogliano, Morsiglia, ou encore à Pino. Dans le Cap, on les appelle les « maisons d'Américains » ou les *palazzi* (palais). Un descendant de ces émigrants est venu en Corse pour les compter : il y en aurait ainsi 173 ! Leur architecture s'inspire à la fois de l'Italie (style toscan) et de l'Espagne coloniale (arcades, colonnes). On jaugeait la richesse de ces enfants du pays au nombre de fenêtres de leur *palazzu*. Chaque été, ces *palazzi* revivent avec l'arrivée au pays des cousins de Porto-Rico. Elles sont privées et ne se visitent malheureusement pas. Mais on les voit bien depuis la route, au détour d'un virage, la plupart du temps surplombant merveilleusement le paysage.

« LA ROUTE DES CORSES »

Les Corses, en particulier les Cap-Corsins, ont été si nombreux à émigrer au Venezuela qu'il existe dans ce pays un circuit touristique nommé La Ruta de los Corsos *! Cette « route des Corses » fait le tour des plantations fondées par les émigrants (et bien souvent toujours exploitées par leurs descendants, qui ne parlent plus qu'espagnol !).*

SPÉCIAL RANDONNÉES

Le cap Corse offre de nombreuses possibilités de randonnées, pour tous niveaux, praticables toute l'année pour la plupart. Par ordre croissant de difficulté :
– 18 chemins à thème (un par village, dans l'ensemble du Cap), balisés en jaune. Ce sont de courtes boucles (maximum 2h), appelées « Itinéraires de l'identité ». Fiches techniques téléchargeables sur le site ● *destination-cap-corse.com* ● On peut également trouver dans les offices de tourisme de petites fiches techniques au format carte postale.
– 14 itinéraires mis en place par le syndicat Bocca du San Ghjuvani (balisage orange). Au centre du Cap (communes de Sisco à Olcani ainsi que Pietracorbara), 108 km de randos au total.
– Le « chemin de Lumière », ainsi nommé parce qu'il suit, d'est en ouest, la course du soleil que l'on voit, le même jour, se lever et se coucher sur la mer. Visite de chapelles à Pietracorbara (départ) et Barrettali (arrivée). Balisage jaune avec une croix stylisée. 12 km avec une dénivelée positive de 620 m et autant de dénivelée négative : on traverse le Cap de part en part. Compter environ 6h. L'association Chemin de lumière propose des randos accompagnées sur ce parcours. *Rens :* ● *chemindelumiere-capcorse.net* ● *ou* 📱 *06-14-30-30-66.* Il existe également le « chemin des Deux-Rives », avec 950 m de dénivelée, passant par l'Alticcione (1 139 m).
– Le sentier des Crêtes : départ de Bastia (Port Toga) et arrivée 48 km plus au nord, à Centuri. Peut être découpé en six étapes. Balisage : un rectangle rouge. Pour marcheurs confirmés (passe par les sommets du Cap, le monte Stello et la cima di e Follicie).
– Et, bien entendu, ne pas oublier le parcours le plus populaire, à savoir le sentier des Douaniers, au départ de Macinaggio.

SAN-MARTINO-DI-LOTA *(20200 ; 2 600 hab.)*

Un village en nid d'aigle dominant la côte orientale du cap Corse. De Miomo, la marine de San-Martino, une route étroite et sinueuse monte, sur 7 km, à flanc de montagne jusqu'à Castagneto, le hameau principal de San-Martino (on peut aussi y arriver depuis Pietranera ou Bastia). Sur la gauche, environ 1 km avant d'arriver, on distingue la silhouette du château du comte Cagninacci. Ce dernier fit fortune dans les mines d'or au Venezuela, puis il revint couler ses vieux jours dans cet ancien couvent de capucins.
Au village de San-Martino-di-Lota, l'église renferme des autels en palme. Chaque Vendredi saint, les habitants portent en procession ces autels qu'ils confectionnent avec soin sous l'égide d'une confrérie.

Où dormir ? Où manger ?

De prix moyens à plus chic

🏠 |●| ***Hôtel de la Corniche :*** *à San-Martino-di-Lota (Castagneto). ☎ 04-95-31-40-98. • info@hotel-lacorniche.com • hotel-lacorniche.com • Resto fermé dim soir-mar midi hors saison, lun midi et mar midi en saison. Congés : janv. Résa conseillée, surtout en hte saison, pour l'hôtel comme pour le resto. Doubles « standard », « supérieure » ou « confort » 59-92 € (basse et moyenne saisons) et 78-130 € (hte saison). ½ pens possible. Menu 31,50 €. Réduc de 10 % sur le prix de la chambre 15 oct-15 avr sur présentation de ce guide.* Avant même d'y arriver, on devine une sorte de nid d'aigle. De la terrasse ombragée par de généreux platanes, on jouit d'une vue sublime sur un amphithéâtre de montagnes dévalant vers la mer. La maison est dans la même famille depuis 5 générations et offre des chambres tout confort et agréables. La piscine, plantée sur une terrasse, est un ravissement. Quant à la table, elle est tout bonnement excellente et les Bastiais n'hésitent pas à grimper jusqu'ici pour savourer les vieilles recettes corses de Mme Anziani mère, que le chef met toujours à l'honneur sur la carte, non sans y ajouter sa touche personnelle. Du travail de qualité.

|●| ***Restaurant La Place :*** *près de l'église. ☎ 04-95-31-82-61. • info@hotel-lacorniche.com • Mai-juin et sept, ouv le soir ; juil-août, ouv midi et soir. Menu 22 €. Digestif maison offert sur présentation de ce guide.* Ce sont les mêmes patrons qu'à l'*Hôtel de la Corniche* qui opèrent ici. Belles pizzas et carte méditerranéenne à prix modérés. Également un menu traditionnel corse.

Où dormir ? Où manger dans les environs ?

🏠 |●| ***Maison Saint-Hyacinthe :*** *lieu-dit* ***Miomo,*** *Santa-Maria-di-Lota, sur la D 31. ☎ 04-95-33-28-29. • mshcorse@yahoo.fr • maison-saint-hyacinthe.com • À Miomo, prendre direction Figarella et continuer sur env 2,5 km. Tte l'année. Résa conseillée. En dortoir, 16 €/pers ; doubles 49-62 € selon confort et saison ; petit déj inclus. Petit supplément pour 1 seule nuit. Possibilité de ½ pens et tarifs enfants. Menu complet 15 € (choix unique).* Dans un joli parc de 3 ha, un ancien couvent de Dominicains. Aujourd'hui géré par une mission catholique polonaise, ce centre d'accueil s'adresse aux groupes comme aux individuels et aux familles. Si le site est beau, les locaux sont avant tout fonctionnels. Environ 30 lits organisés en compartiments ouverts, de 2 lits superposés, séparés du couloir commun par un simple rideau (pas le moment de faire des galipettes !). Quelques chambres doubles et familiales. Même si on y est parfaitement libre, on se trouve évidemment dans un lieu religieux ; ne pas s'y croire tout de même comme dans une auberge. Un endroit serein (beaux oliviers), propice à la méditation. Restauration sur place.

LAVASINA (20222 ; commune de Brando)

Modeste village au bord de l'eau, à 2,5 km au sud d'Erbalunga. C'est « le petit Lourdes du cap Corse ». Un pèlerinage se déroule à l'église Notre-Dame *(en principe, ouv 7h-19h)* durant la 1re semaine de septembre et se termine le 8 par une procession. Une fois passé la porte vitrée automatique (!), dans une niche, on peut voir un incroyable gisant du Christ (hyperréaliste !) ainsi qu'un tableau « miraculeux » représentant la Madone.

ERBALUNGA *(20222 ; commune de Brando)*

La première vraie et authentique marine du cap Corse, avec quelques maisons blotties sur une petite avancée rocheuse couronnée par les vestiges d'une tour génoise. C'est mignon, c'est sympa et c'est un endroit à la mode, donc très fréquenté en saison, depuis que des artistes s'y réfugient. On les comprend, c'est si agréable de flâner dans les ruelles piétonnes et de se laisser guider vers le port, la plage de galets ou les ruines de l'église qui surplombent la jetée... C'est le berceau de la famille de l'écrivain Paul Valéry.

Adresse utile

✉ ***Poste :*** *dans le centre.* On y trouve le dernier distributeur avant Macinaggio.

Où dormir ?

Hôtel Demeure Castel Brando : *dans le village, sur la gauche. ☎ 04-95-30-10-30. • info@castelbrando.com • castelbrando.com • Congés : nov-avr. Doubles 100-270 € selon saison et standing (3 types de chambres, de « charme » à « privilège ») ; petit déj 15 €/pers. Petite restauration 15-20 €. Parking privé gratuit. Apéritif maison offert sur présentation de ce guide.* Un véritable hôtel de charme et de caractère, dans un authentique *palazzu* du XIXe s, entièrement restauré et décoré dans le meilleur goût, avec des meubles anciens et d'intéressants tableaux. Chambres tout confort (AC). Les palmiers autour, les couleurs chaudes, et l'architecture lui confèrent un on-ne-sait-quoi de latino-américain. Piscine chauffée, jacuzzi et spa avec hammam. Salle de gym. Sur l'arrière de la maison principale, d'autres édifices plus modernes, abritent des chambres à la déco tout aussi raffinée, mais qui n'ont pas le charme de l'ancien. Petite table d'hôtes entre 12h et 17h, en continu. Accueil excellent.

Où manger ?

Ind'è Noi : *sur la place du village. 06-24-30-52-99. Tlj en juil-août ; fermé mer soir et jeu hors saison. Congés : déc-janv. Carte 35 €. CB refusées.* On se sent bien, « chez nous » (*Ind'è Noi* en corse). Et dans l'assiette, la même recherche, pour le plus grand plaisir des papilles : flan au *brocciu,* cannellonis au *brocciu,* calamars à la bastiaise... Et l'on se régale encore avec les desserts, notamment le parfait aux amandes ! Bons petits vins au pichet (à prix doux).

A Piazzetta : *sur la place du village. ☎ 04-95-33-28-69. • calendinimc77@gmail.com • Tlj en juil-août ; le reste de l'année, fermé mar. Congés : janv-fév. Carte 25-30 €. CB refusées. Café offert sur présentation de ce guide.* Ce resto-pizzeria propose, dans sa salle voûtée ou en terrasse, une jolie carte variée : pizzas, pâtes, salades, mais aussi poissons (filet d'espadon à l'huile d'olive, brochette de gambas), etc. Un bon rapport qualité-prix-fraîcheur.

Manifestations

– Importantes ***manifestations pour les fêtes de Pâques*** : elles commencent le soir du Jeudi saint, par une procession. Le lendemain, entre 7h et 11h, se déroule la *Cerca,* procession de près de 12 km à travers les églises de la commune de Brando avec port d'une croix de 60 kg. Vers 19h30, on poursuit par la *Granitula,*

curieuse et très ancienne procession de pénitents blancs, formant une spirale humaine qui se resserre et s'écarte alternativement (la *granitula* étant un petit coquillage en forme de spirale). C'est un peu mystérieux, car les pénitents réalisent parfaitement cette figure, sans répétition aucune, comme si le groupe se trouvait possédé par l'esprit de la *Granitula.*
– ***Festival de musique :*** *3 j. pdt la 1re quinzaine d'août.* Rencontres musicales qui se tiennent à l'amphithéâtre de plein air et où se retrouvent un peu tous les genres, classique, jazz et, bien sûr, chants corses traditionnels.

LA MARINE DE SISCO / SISCU *(20233)*

À 15 km de Bastia, un tout petit village de bord de mer qui n'a pas été défiguré. Ne pas se contenter de musarder au bord de l'eau, mais grimper dans la montagne pour découvrir ces belles maisons typiques qui ont encore leurs toitures de pierres plates schisteuses, les *teghje,* si particulières à la région. Sisco est l'une de ces communes composées d'un grand nombre de hameaux (17 au total !) disséminés dans la vallée, et qui remonte jusqu'au pied de la *cima di e Follicie,* le plus haut sommet du cap Corse.

Où dormir ? Où manger ?

Camping

⛺ ***Camping A Casaïola :*** *marine de Sisco.* ☎ *04-95-35-20-10.* • *a-casaiola@bbox.com* • *camping-acasaiola.com* • ♿ *Mai-oct. Compter 17-22 € pour 2 avec tente et voiture.* 📶 Beau cadre, organisé en terrasses, assez bien ombragé par d'épais chênes-lièges, oliviers et arbousiers. Calme (à 250 m de la route et 300 m de la plage), simple, propre et bon marché, ce petit camping donne toute satisfaction. Bon accueil.

Chambres d'hôtes

🏠 🍽 ***La Ferme U San Martinu :*** *lieu-dit* ***Canavaggia.*** *À 3 km de la marine de Sisco ; quand on suit la D 32 prendre le chemin à gauche (panneaux).* 📱 *06-16-59-13-95.* • *usanmartinu@wanadoo.fr* • *ferme-usanmartinu.com* • *Tte l'année. Double 80 €. Table d'hôtes 30 € (½ pens demandée en juil-août). CB refusées.* 📶 La propriété est à flanc de colline, dans un environnement très calme. 4 chambres doubles, dans la maison des propriétaires ou juste à côté, chacune avec bon confort (AC) et terrasse. Bonne table d'hôtes, dont on profite sous la tonnelle. Piscine très agréable. Excellent accueil de Jeanine et Alain Moneglia.

🏠 🍽 ***Mille et Une Nuits :*** ***Crosciano,*** *à 1 km de la marine, sur la D 32 (tout petit panneau).* ☎ *04-95-48-27-03.* 📱 *06-13-07-41-70.* • *jeantrausch@orange.fr* • *locationcapcorse.jimdo.com* • *Tte l'année. Double 65 € ; Maison de pêcheur et Casa Luna 100-120 €. Table d'hôtes 25 € (apéritif et vin compris).* Une adresse sympathique conçue par Nathalie et Jean : en plus de 2 chambres classiques et d'un grand chalet, leur atout maître est la *Casa Luna,* cette maison dans les arbres disposant de sa terrasse privée. Beaucoup d'espace (3 ha de forêt) en bord de rivière, et l'impression de disposer de tout le domaine.

De prix moyens à chic

🏠 🍽 ***Osteria A Stalla Sischese :*** *à 300 m du littoral, à gauche de la route qui monte à Sisco-village pour l'hôtel, et à droite pour le resto.* ☎ *04-95-35-26-34.* • *astallasischese@wanadoo.fr* • *astallasischese.com* • ♿ *Resto fermé dim soir. Congés : oct-mars. Chambres 65-100 € selon confort et saison. Chambres pour 3 ou 4 pers. Possibilité de ½ pens (28 €/pers). Formule et menus 16,50-28 €.* 📶 *Réduc de 10 % mars-juin sur présentation de ce* *guide.* Un établissement aux chambres dotées de tout le confort moderne. Piscine agréable et ensemble au calme. Excellent petit déjeuner. Quant au resto (juste en face), c'est l'une des valeurs sûres du Cap. Authentique cuisine corse avec les plats classiques : soupe, tarte aux herbes, raviolis au *bruccio,* agneau ou cabri, *fiadone.* Pas très léger, mais sincère et délicieux. Terrasse agréable.

A Casaïola : *en bord de mer. ☎ 04-95-35-21-50. De juin à mi-sept, tlj midi et soir. Plats 15-20 €.* Un petit bout de resto, dont la sympathique terrasse ombragée domine les flots. Des pâtes, des pizzas, mais aussi de bonnes viandes et du poisson frais.

À voir. À faire

Sur la route vers le village de Sisco, de nombreux ***tombeaux*** dispersés dans la nature. Sisco était réputé au Moyen Âge pour le travail de ses forgerons armuriers.

Le hameau principal de Sisco : *à 9 km de la côte.* À U Poghju, depuis la place de l'église San Martinu (avec campanile) plantée d'oliviers, superbe vue. L'église renferme parmi ses trésors un reliquaire célèbre : celui de saint Jean Chrysostome. Œuvre en cuivre doré du XIIe s représentant le visage stylisé du saint exécuté par un orfèvre de Sisco. À gauche après l'église, prendre la route de Barricione (Barrigioni). Sur la droite, à 200 m, l'une des fameuses « maisons d'Américains », la *villa Saint-Pierre.* Grande demeure à colonnades, cachée derrière ses grilles et enfouie dans la verdure, construite par un Corse enrichi en Amérique. Un vrai petit château mêlant les styles toscan et latino-américain.

Dollfin : *marine de Sisco. ☎ 04-95-58-26-16. • dollfin-plongee.com • Baptême env 78 € ; plongées 53 € avec équipement ; forfaits dégressifs 5-10 plongées.* Explorations et formations (PADI, FSGT, FFESSM...) sur la côte orientale du cap Corse. Du *chasseur P-47* au cap Sagro, mérous, congres et murènes sont au programme sur fond de rochers ou de posidonies.

➢ ***Randonnées :*** les hameaux de Sisco sont reliés entre eux par des sentiers balisés, idéals pour de petites balades familiales. On embrasse parfois une vue merveilleuse sur tout le cap Corse, les îles d'Elbe et de Capraia.

LA MARINE DE PIETRACORBARA / PETRACURBARA *(20233)*

À 20 km de Bastia, en cet endroit de la côte orientale du cap Corse, une sorte de vallée glisse vers la mer, avec sa rivière, ses joncs et quelques maisons autour, dispersées au pied de la tour en ruine dite ***Ampuglia.*** La belle grande plage est l'une des rares du cap Corse appréciée des véliplanchistes. Si l'on remonte dans les terres par la D 232, jolis hameaux de *Ponticello* (église Saint-Clément et sa confrérie, chapelles à coupole), d'*Ornetu* (magnifique tour carrée) puis d'*Oreta.* Pour les bons marcheurs, de ces hameaux, Canari (sur la côte ouest) n'est qu'à... 7h30, via la *bocca San Ghjuvani.*

Où dormir ? Où manger ?

Camping

Camping La Pietra : *à 300 m de la plage, à l'intérieur des terres. ☎ 04-95-35-27-49. • la-pietra.com • Fin mars-fin nov. Compter 23,30-28,50 € pour 2 avec tente et voiture selon saison. Quelques chalets 2-4 pers, 600-1 600 € selon saison. (au bar).* Pas de résa pour les campeurs : arrivez tôt pour avoir les places à l'ombre. Emplacements plats bien délimités par de hautes haies. Eucalyptus, pins, fleurs, c'est plutôt joli et bien soigné. Machines à laver. Parking surveillé. Location de quelques chalets. Grande piscine et resto-snack.

Prix moyens

🏠 |●| ***Le Rendez-vous de l'Été :*** *entre la minuscule marine et l'immense plage, complètement sur la droite de la plage. ☎ 04-95-35-23-32. • jc.galletti@orange.fr • hotel-restaurant-cap-corse.fr • D'avr à mi-oct. Doubles 77-85 € (juin-août), petit déj compris.* Une adresse populaire et familiale, sans charme particulier, mais qu'on aime bien pour son côté relax. Agréables chambres, sobres et propres, à deux pas de l'eau. Les 4 à l'étage possèdent une petite terrasse et ont vue sur la mer. Les préférer. 2 autres donnent sur l'arrière. Au restaurant, sur la terrasse toute simple et ombragée par des mûriers-platanes, bonnes moules de l'étang de Diane.

À voir

Distillerie de Pietracorbara : *à env 2,5 km de la marine. ☎ 04-95-55-66-98. • distillerie-de-pietracorbara.com • En saison, tlj 9h-12h, 14h-17h.* On distille ici des liqueurs de myrte, alcool de châtaigne, mais aussi des eaux-de-vie et de bons apéritifs. Belle boutique avec une intéressante sélection de produits.

LA MARINE DE PORTICCIOLO / PORTICCIOLU
(20228 ; commune de Cagnano)

Petite marine coincée dans un pli escarpé de la côte, le long duquel les maisons s'étagent. Un coin intact, où il fait bon suivre les quelques petites ruelles qui dévalent jusqu'à la mer. Petit port et jolie plage (de sable).

Où dormir ? Où manger ?

🏠 |●| ***Maison Bella Vista*** *(chambres d'hôtes)* ***:*** *dans le virage à la sortie de la marine, en allant vers le nord, sur la droite. ☎ 04-95-35-38-46 ou 06-24-54-61-87. • contact@maisonbellavista.fr • maisonbellavista.fr • Avr-oct. Selon saison, doubles 58-60 € (vue montagne) ou 65-80 € (vue mer), petit déj compris. Table d'hôtes 27 €, pichet de vin compris. CB refusées. Apéritif offert sur présentation de ce guide.* Dans une belle maison dominant la mer, 3 chambres bien décorées, dont 2 avec vue sur la mer. Superbe terrasse ombragée avec vue imprenable. Extra à l'heure du petit déj. Également un grand appartement de 70 m² pour 6 personnes, avec terrasse, ainsi qu'un studio. Excellent accueil de Cathy Catoni.

🏠 ***Hôtel U Patriarcu :*** *dans le village, sur la gauche. ☎ 04-95-35-00-01. • upatriarcu@orange.fr • u-patriarcu.com • Doubles 55-90 € selon confort et saison.* Une vieille maison du cap Corse rénovée, avec des murs très épais et un intérieur propre. Les chambres donnent sur la mer (et la route) ou sur l'arrière et sont fonctionnelles avant tout. Garage fermé pour les motos. Fait aussi resto. Pratique si vous ne voulez pas bouger.

Où dormir dans les environs ?

🏠 ***Chambres d'hôtes Maison Simonpietri :*** *hameau de Suare, 20228* ***Cagnano.*** *📱 06-75-34-94-94. • info@lucianamasinari.it • lucianamasinari.it • De Porticciolo, prendre la route de Cagnano (6 km par la D 132) puis à gauche la D 432. C'est au centre de l'adorable hameau. De mi-mai à fin sept. Compter 59-85 € pour 2 selon saison. CB refusées.* Une ancienne « maison de corsaire », qui a vécu depuis sa construction au XVIIIe s et qui connaît aujourd'hui le bonheur d'être joliment restaurée tout en gardant la patine de l'ancien. Tout en coins et recoins, elle offre 5 chambres toutes différentes, décorées à l'ancienne et meublées avec goût. Dans la salle à manger, nombreuses toiles et photos, et depuis la terrasse, vue extra sur la vallée et la mer en toile de fond. On est à 4 km de la Grande Bleue, mais on se sent vraiment isolé, et c'est cela que l'on vient chercher. Bon petit déjeuner.

Casale Lucrezia *(Gîtes de France)* **:** *hameau de Carbonacce, 20228* ***Cagnano.*** *06-13-77-28-85. • lucrezia.agostini@orange.fr • De Porticciolo, prendre la D 132 jusqu'à Urtale et continuer direction Luri. Avr-oct. Doubles 80-90 €. Table d'hôtes sur résa slt 25 €.* Au cœur du minuscule hameau de Carbonacce, dans une belle maison de maître joliment rénovée, 5 chambres lumineuses (3 doubles, 2 triples), disposant d'une belle vue. Calme garanti. Lucrezia, la jeune propriétaire, prépare pour ses hôtes d'excellents repas (pas de restaurant à proximité immédiate, autant le savoir), mettant en scène des produits de qualité. Petit déjeuner extra avec confitures maison, servi en terrasse.

LA MARINE DE SANTA-SEVERA

(20228 ; commune de Luri)

Un autre petit port de la côte, situé au débouché d'une vallée très verte. Grande plage de galets.

Première étape de la route des Vins à la **Cave Pieretti** *(☎ 04-95-35-01-03 ou 06-80-88-78-76 ; • vinpieretti.com • ; à 100 m après le croisement du centre, sur la droite).* Dégustation, visite des caves, vente. L'un des quatre viticulteurs du cap Corse. Viticultrice, d'ailleurs, puisque c'est la fille de la maison qui a repris l'affaire. Bon accueil et travail vraiment intéressant réalisé notamment sur les rouges (vieilles vignes), mais aussi sur les muscats.

Où dormir ?

Camping Santa Marina : *à 100 m de la mer. ☎ 04-95-35-02-86. • info@camping-santamarina.com • camping-santamarina.com • Mai-fin sept. Compter 18-19 € pour 2 avec tente et voiture. Resto juil-août slt 15-20 €/pers.* Un petit camping (50 emplacements) discret, sur un terrain plat, en retrait de la route, bien ombragé, à l'ambiance sympa. Bar pour le petit déj.

Chambres d'hôtes chez M. et Mme Micheli : *au lieu-dit Chiosu-Gavinu. ☎ 04-95-35-01-27. Petit chemin cimenté abrupt sur la gauche, juste avt le dernier virage qui descend vers le village. Mai-fin sept. Doubles 55-65 € selon saison.* Dans une maison toute simple, 4 chambres propres et claires, sans chichis, 2 avec vue sur mer et 2 donnant sur l'arrière, toutes avec salle de bains. Petit jardin ombragé. Une adresse pratique, à petits prix. Accueil gentil.

Résidence hôtelière La Marine : *sur le port, tt au bout. ☎ 04-95-35-01-06. 06-03-31-79-01. • hotellamarine.com • Mai-sept. Doubles 60-75 € selon saison. Loc à la sem, appart 2 pers 340-510 € ; 4 pers 420-610 € selon saison.* Petite résidence hôtelière proposant des appartements (frigo et coin cuisine). On oubliera l'architecture un peu datée pour profiter de cette structure au calme, très propre, et dont la plupart des chambres, avec balcon, offre une vue sur le port. Déco simple et bon accueil. Très calme. Prêt de VTT, et de masques et tubas.

Où manger ? Où boire un verre ?

Restaurant-pizzeria A Cantina : *à Santa-Severa. ☎ 04-95-35-05-67. • mastella2b@msn.com • Sur la marine, au bout du quai à gauche. Tlj midi et soir. Hors saison, fermé le soir. Congés : janv-mars. Plat du jour*

13,80 € ; pizzas 7-10 € ; carte env 25 €. CB refusées. Une sorte de cabanon amélioré qui, derrière une banale appellation de pizzeria, propose une vraie cuisine corse. Omelette corse, *storzapretti, conchiglioni* au *brocciu,* pâtes farcies... Mention spéciale pour les desserts, en particulier le délice de châtaigne, ou *pastizzu.* Terrasse sur la marine.

🍷 ***Chez Jean :*** *sur le port.* C'est le petit bar au bord de l'eau, bien ombragé par des mûriers-platanes.

LURI *(20228 ; 700 hab.)*

Une commune constituée de pas moins de 17 hameaux perdus dans une luxuriante nature, à mi-chemin entre les deux côtes du cap Corse. On y accède depuis Santa-Severa par la route D 180, la seule à traverser toute la largeur du Cap. Église paroissiale du XVIIe s, qui abrite derrière l'autel une peinture sur bois du XVIe s représentant la vie de saint Pierre.

Du village principal, à 5 km de la marine, ***A Piazza*** (ravitaillement possible sur la place, toute la semaine et le dimanche matin), la route monte au *col de Sainte-Lucie* et redescend sur le versant ouest vers Pino. Superbe excursion à faire en fin d'après-midi, avec quelques perspectives époustouflantes de beauté sur la mer et les monts.

Un petit chemin conduit à la *tour de Sénèque* (30 mn de sentier à pied), d'où la vue est extraordinaire par temps clair. La légende dit que Sénèque y vécut en exil au Ier s de notre ère. Sauf que la tour date du XIIIe s...

Où dormir dans les environs ?

Chambres, gîtes I Fundali *(chez Alain, Marie-Thé, Lisa et Maria Gabelle) :* ***Spergane,*** *20228 Luri.* ☎ *04-95-35-06-15.* • *alaingabelle@wanadoo.fr* • *locationcorse-ifundali.com* • *À 2 km du hameau de Piazza. Depuis la poste de Piazza, suivre la route en direction de Spergane (à droite) sur env 3 km. Congés : nov-mars. Résa conseillée. Doubles 55-60 € (réduc de 5 € à partir de 2 nuits). Table d'hôtes 17,50 €, apéritif maison, vin et café compris. CB refusées.* Parmi les plus chouettes chambres d'hôtes de toute la Haute-Corse, très appréciées par nos lecteurs depuis des lustres. Au milieu d'un paisible vallon verdoyant sur lequel semblent veiller les ruines d'une tour médiévale (mangée par la végétation) trône la maison de Marie-Thé et Alain, un couple adorable, soutenu par leurs 2 charmantes filles. Ils réservent à leurs hôtes un accueil fort sympathique toujours chaleureux, qui fait qu'on se sent vite chez soi. 5 chambres mignonnes comme tout, simples, confortables et très propres, avec salle de bains et AC. Le soir, bonne cuisine familiale qu'on déguste sur la terrasse. Puis, installé dans les fauteuils du jardin, on regarde les étoiles. Également 2 gîtes pour 2-4 personnes *(300-450 €/sem),* situés soit sur place, soit dans les hameaux à proximité.

Fête

– **Fête du Vin de Luri** *(fiera di u vinu) : 1er ou 2e w-e de juil, au village d'**A Piazza.** Entrée : 2 €.* Rencontre des vignerons et producteurs de vin de l'île ; on y voit aussi des artisans et des fabricants de produits corses : charcuterie, fromages, miels, huile d'olive, etc. Un large coup d'œil sur une grande partie de la production corse. Repas corse traditionnel, animations musicales...

MACINAGGIO / MACINAGHJU
(20248 ; commune de Rogliano)

Le port de plaisance est l'un des plus courus du cap Corse : il peut recevoir jusqu'à 200 bateaux. Beaucoup de passage et d'activité. Paoli, en 1761, souhaitait en faire une base navale pour sa future flotte. Et c'est aussi à Macinaggio qu'il débarqua le 13 juillet 1790 après son exil en Angleterre, suite à l'amnistie pour tous les proscrits obtenue par Mirabeau. Puis ce fut au tour de Bonaparte, 3 ans plus tard, de passer par là, et en 1869, l'impératrice Eugénie y débarqua. Quel défilé !
La route quitte la côte dans cette dernière marine de l'est pour s'enfoncer dans les terres vers l'ouest. Le seul moyen pour faire le tour du Cap en suivant le littoral est d'emprunter, à pied, le sentier des Douaniers jusqu'à Centuri. Sublime.

Arriver – Quitter

En bus

➢ ***De/vers Bastia :*** avec les *Transports Micheli (☎ 04-95-35-64-02).* En été, lun-ven, 2-3 bus/j., sam 1 le mat ; en période scol, lun-ven, 2 départs/j.

➢ ***De/vers Barcaggio :*** *en saison, navette routière avec les Transports Scaniglia. ☎ 04-95-35-43-88. • transport-capcorse.fr •* En principe, départ le matin à 8h45, devant l'office de tourisme.

Adresses utiles

ℹ ***Office de tourisme :*** *dans une maison sur une petite jetée entre les 2 ports. ☎ 04-95-35-40-34. • macinaggiorogliano-capcorse.fr • En saison, lun-sam 9h-12h, 14h-19h (15h-18h sam) ; dim et j. fériés 9h-12h. Le reste de l'année, lun-ven 9h-12h, 14h-17h ; sam 9h-12h (mai-juin) ; fermé dim.* Bons renseignements sur les possibilités de balades dans cette région du Cap.
✉ ***Poste :*** *route de Centuri, sur la gauche.* Distributeur de billets.
■ ***Capitainerie du port :*** *en arrivant (de Bastia), sur le port à droite. ☎ 04-95-35-42-57.* Douches et toilettes publiques *(7h-21h en saison).*
■ ***Cap Évasion :*** *sur le 2e port. 📱 06-81-70-38-48. • cap-evasion.biz •* Loue des bateaux rigides et semi-rigides pour découvrir les criques secrètes de la région.
■ ***Pharmacie :*** *sur le port, face à la capitainerie. ☎ 04-95-35-42-33. Lun-ven 9h-12h, 15h-18h, et sam mat.*
■ ***Laverie Clean Up :*** *à côté de la poste. 📱 06-34-43-61-86. En saison, tlj 10h-12h, 15h-18h ; nov-avr, fermé mer et dim.*
■ ***Navettes routières :*** *📱 06-11-53-68-64.* Liaisons *Macinaggio-Barcaggio* et *Macinaggio-Centuri*, sur résa. Tarif : 10 €/pers.

Où dormir ? Où manger ?

Camping

⛺ ***Camping de la plage U Stazzu :*** *route de la plage de Tamarone. ☎ 04-95-35-43-76. • campingustazzu@live.fr • camping-u-stazzu.jimdo.com • Fléché à droite, à 200 m du port, sur la D 80 en direction de Centuri. De mi-mai à sept. Compter 20 € pour 2 avec tente et voiture ; bungalows 4 pers 450-560 €/sem selon saison.* Camping modeste au confort minimal, aux emplacements en légère pente et non délimités, mais plutôt bon marché et bien ombragé, planté à 200 m de la plage. Sanitaires corrects. Terrain assez dur. Petit déj possible au bar. Balades superbes à proximité (plage de Tamarone et sentier des Douaniers), randos équestres avec le club attenant, *Cavallu di Ruglianu.*

De prix moyens à plus chic

Restaurant La Vela d'Oro : *dans une minuscule ruelle piétonne, parallèle à la route qui longe le port ; emprunter le passage au niveau de la petite place devant le port, c'est fléché. ☎ 04-95-35-42-46. • laveladoro@orange.fr • Tlj midi et soir sf jeu en basse saison. Congés : janv-mars. Menus 18-20 €. Carte env 35 €. Apéritif maison offert sur présentation de ce guide.* Caché comme il est, ce resto, tenu depuis plusieurs générations par la même famille, est l'un des piliers de la restauration du village, spécialisé dans les produits de la mer. Le 2e menu propose une soupe de poisson et une pêche du jour d'une grande fraîcheur. Superbes poissons cuits au four. On trouve aussi des spaghettis aux langoustines et une sympathique friture. Service souriant dans une salle décorée d'anciennes cartes marines, ou sur la terrasse à l'arrière.

Restaurant U Lampione : *sur le port. ☎ 04-95-35-45-55. • pierre.rossi72@orange.fr • Tlj sf lun soir en basse saison. Congés : de fin oct à mi-mars. Formules déj 12-14,50 € ; menus 16-25 €. Digestif maison offert sur présentation de ce guide.* Face au mini chantier naval, un œil en biais vers le port, une petite terrasse en tonnelle pour des formules, plats et menus bien sentis, classiquement corses et copieux : de la salade du berger au sauté de veau en passant par le moelleux à la châtaigne. Quant au poisson, sa provenance locale et le nom du pêcheur sont spécifiés sur l'ardoise. Service avenant.

Osteria di U Portu : *sur le port. ☎ 04-95-35-40-49. Hors saison, fermé le soir. Congés : janv-fév. Menu 26 €. Plats 22-28 € ; carte env 40 €.* Les produits du cru sont servis en salle ou en terrasse, dans une déco mettant à l'honneur le bois et la pierre. La carte regarde vers le large comme vers la montagne. Planches terre et mer assez complètes, et pêche du jour bien préparée.

U Paradisu : *plage de Tamarone, au départ du sentier des Douaniers. 📱 06-12-89-96-43. Juin-sept, tlj midi et soir (horaires restreints le reste du temps). Pizzas et salades 10-15 €, plats 21-24 €.* Idéalement située sur la plage, voici une simple paillote devenue un vrai resto au fil de son succès, avec sa belle terrasse ouverte. Large carte qui réserve de bonnes surprises : salades copieuses, bonnes grillades, poissons frais. Pas donné, mais la carte permet de se remplir l'estomac à tous les prix. Service un rien débordé au cœur de la saison.

Auberge U Libecciu : *route de la Plage. ☎ 04-95-35-43-22. • info@u-libecciu.com • u-libecciu.com • Prendre la D 80, tourner tt de suite à droite après la supérette ; c'est indiqué. Congés : nov-mars. Doubles standard avec sdb et TV 70-130 € selon saison.* Légèrement à l'écart de la marine, une maison moderne, sans véritable charme. Pourtant les 14 chambres sont agréables, spacieuses et calmes, toutes avec AC, balcon ou terrasse ; 5 plus petites et sans terrasse. Le patron, Denis, réserve un accueil attentionné. Piscine bien sympa et le port est à deux pas.

Chambres d'hôtes A Casa di Babbo : *à* **Tomino** *(20248). ☎ 04-95-35-43-36. • brigitte.villoresi@wanadoo.fr • casa-di-babbo.com • Bien fléché depuis la D 80, à 2 km au sud de Macinaggio, sur la gauche quand on vient du sud (fléché). Congés : 10 oct-fin fév. Doubles 70-80 €. ½ pens 30 €/pers.* Perchée sur sa colline dominant la mer, cette maison d'hôtes propose 6 chambres, pas immenses mais décorées de façon très créative. Calme total. Pierres sèches au mur, salles de bains bien équipées, AC, TV... La Cavalière avec ses objets équestres, la Romantique au lit douillet, la Montagne... Toutes avec vue mer. Piscine. Bon accueil.

Où boire un verre ?

Les Dock's : *à 20 m en retrait du port. 06-58-16-42-55. Ouv le soir, jusque tard. Congés : janv. Petite restauration : compter 20 €/pers.* Un pub-discothèque sympa comme tout, sous des voûtes en brique, qui anime agréablement les soirées du village. Concerts parfois.

À voir. À faire

➢ ***Le sentier des Douaniers :*** Macinaggio est le point de départ (ou d'arrivée) du sentier des Douaniers qui suit le littoral jusqu'à Centuri. Bien balisé et accessible à tous, même si la portion près de Centuri comporte un passage difficile. L'office de tourisme propose des documents détaillant les étapes de la randonnée. Indispensable pour tenter l'aventure qui, en 8h environ pour les plus rapides (jusqu'à 10-11h pour les autres), vous mènera de falaises en maquis en passant par les dunes. En été, cagnard redoutable ! Départ de Macinaggio même (parking au niveau du deuxième port tout au fond), ou bien depuis la plage de Tamarone (accessible en voiture).
La rando peut se diviser en plusieurs sections, et on peut l'aborder par quatre sites différents ou ne parcourir qu'un ou deux de ses trois tronçons. Compter 4h pour Centuri-Tollare, 45 mn pour Tollare-Barcaggio (tous les deux accessibles en voiture depuis Botticella sur la D 80) et 3h pour rallier Barcaggio depuis Macinaggio (voir plus bas « Promenade en mer » pour les possibilités d'acheminement maritime depuis/vers Barcaggio). C'est dans cette dernière portion que l'on pourra passer par les sites suivants.

Le site naturel de la Capandula : ouf ! Voilà encore un coin que les promoteurs et les lotisseurs n'auront pas ! Il s'agit de l'un des plus beaux morceaux de la côte, grosso modo toute la partie du littoral s'étendant au nord de Macinaggio jusqu'à Barcaggio. Soit 377 ha de maquis et de plages protégés et surveillés avec attention par le Conservatoire du littoral. De mars à juin, chaque année, des groupes d'oiseaux migrateurs en provenance d'Afrique y font escale, preuve que nos amis à plumes n'ont pas mauvais goût dans le choix de leurs étapes ! Il n'y a pas qu'eux. Sur les *îles Finocchiarola,* au large de la plage de Tamarone, vit la principale colonie corse de goélands d'Audouin, une espèce très rare, identifiée en 1826 et en Corse ! À part en Espagne (delta de l'Èbre) et sur quelques autres îles de Méditerranée, ce goéland ne vit nulle part ailleurs. Dans les îlots corses, on en dénombre entre 20 et 90 couples selon les années.

VIVONS HEUREUX, VIVONS CACHÉS !

Les goélands d'Audouin ne veulent ni ne peuvent, selon la loi, voir qui que ce soit entre le 1er mars et le 31 août, période durant laquelle l'accès aux îles est strictement interdit (c'est une réserve naturelle, propriété du Conservatoire du littoral) : si un visiteur humain s'approche, les parents abandonnent le nid et donc le poussin se retrouve à la merci des prédateurs. Déjà que les goélands d'Audouin ont un peu de mal à se reproduire...

De très belles ***plages*** : en sortant de Macinaggio vers Rogliano, prendre une petite route sur la droite qui se poursuit par un chemin de 2 km environ, conduisant à la plage de ***Tamarone*** dans la petite baie du même nom. La zone protégée de Capandula commence là. Il faut continuer son chemin à pied. Vraiment une très belle balade à faire dans la journée. On peut aussi aller de Macinaggio à Tamarone à pied. Se garer tout au bout du port, puis poursuivre à pied. Dans les collines calcaires de *punta di a Coscia* se cachent des ossements de cerfs et de sortes de loups, récemment mis au jour et remontant à 60 000 ans av. J.-C., qui tendraient à prouver, même si rien n'est sûr, que l'homme chassait dans le coin à cette époque reculée.

➢ De la plage de *Tamarone,* on peut gagner la très jolie *plage des Îles* par le ***sentier des Douaniers*** et rejoindre la *rade de Santa Maria* (45 mn à pied). À un moment, au passage d'un petit col, quatre tours génoises se trouvent alignées : celle de *Finocchiarola,* celles de *Santa Maria* et d'*Agnello,* et, plus loin encore, celle, carrée, de l'*île de la Giraglia*. Le sentier débouche sur la chapelle Santa Maria (à double abside). La rade se termine par la tour de Santa Maria, restaurée par le Conservatoire du littoral à l'identique, avec sa fière allure de ruine (n'a-t-elle pas été bombardée par Nelson en 1793 ?).

➢ Plus loin, par le sentier, on arrive en 10 mn à deux autres criques : la *cala Genovese* et la *cala Francese,* sites superbes où le maquis glisse très lentement vers les eaux turquoise et le sable fin des plages.

➢ Pour le retour, compter un peu plus de 1h de marche entre la cala *Francese* et *Tamarone*, en passant à nouveau par le chemin des Douaniers. Sinon, sentier de l'intérieur, plus court.

■ ***Promenade en mer :*** *à bord du San Paulu. Infos au petit kiosque devant la capitainerie. 📱 06-14-78-14-16. • sanpaulu.com • Avr-sept. Propose des sorties vers la réserve naturelle des îles Finocchiarola. 2 formules : la promenade en mer commentée avec arrêt baignade à Agnellu et la promenade avec escale à Barcaggio. Tarifs : adulte respectivement 24 et 28 € ; enfant 12-14 €.* Prendre une paire de jumelles pour observer les oiseaux. Également possibilité d'emmener ou de ramener ceux qui voudraient faire le sentier des Douaniers jusqu'à Barcaggio ou depuis Barcaggio, leur épargnant de refaire le même chemin en sens inverse *(mai-sept)* : compter alors 15 € (enfants 10 €). Propose également des matinées pêche *(mer et sam mat ; 36 €)* et une promenade en mer commentée, le Tour du Cap Corse, avec escale à la journée sur Centuri *(lun-mar et jeu-ven en juil-août ; 38 € et slt jeu en juin et sept).* Également balade sur Capraia *(juin-sept, dim slt).*

■ ***Centre nautique :*** *sur la plage de Macinaggio. 📱 06-86-72-58-40.* Stages de catamaran et Optimist. Sinon, location de *paddles*, kayaks, planches à voile...

ROGLIANO / RUGLIANU *(20247 ; 550 hab.)*

Ce beau village haut perché, dominant fièrement la côte, surprend par le nombre de ruines de châteaux forts, de tours fortifiées, mais aussi d'éoliennes modernes, vieilles demeures aux toits de *teghje* (pierres plates en schiste) dans les sept hameaux qui le composent. Normal, cette commune fut l'ancienne capitale du cap Corse (comptant jusqu'à 4 000 habitants). L'arrivée sur son hameau principal, Bettolacce, est de toute beauté. Superbe vue des deux églises Saint-Côme et Saint-Agnel (Sant'Agnellu). Panorama encore plus étendu de l'ancien couvent San Francescu situé au-dessus du village après le hameau d'Oliva (où se dressent deux grosses tours génoises). On peut grimper aussi au château San Colombanu sur son éperon rocheux, dans le cadre de la boucle de 3,7 km (balisage jaune) qui permet de découvrir Rogliano.

Le Clos de Gioielli : *☎ 04-95-35-42-05. Sur la D 553, 2 km après Macinaggio (en direction de Rogliano), fléché.* Bonne étape de la route des Vins : bons rouges, muscat du tonnerre et même du *rappu* (jus fermenté). Pas de visite ni de dégustation, mais vente.

Où dormir ? Où manger ?

Hôtel-restaurant U Sant'Agnellu : *au centre du village, dans un virage près de l'église.* ☎ *04-95-35-40-59.* • *info@hotel-usantagnellu.com* • *hotel-usantagnellu.com* • *Congés : oct-Pâques. Doubles 80-145 € selon confort, vue et saison. ½ pens possible. Assiettes découverte 20-30 € ; menu 25 € et carte env 35 €.* Ancienne maison communale (l'ex-mairie) très bien rénovée avec ses volets bleus, devenue un charmant 3-étoiles (tout confort et avec AC). Chambres modernes et déco reposante. Préférer celles avec vue sur mer (superbe) pour une différence de prix somme toute modeste. Très agréable de dîner sur la grande terrasse au crépuscule avec l'amphithéâtre de montagnes et Macinaggio tout en bas. Excellent accueil de M. et Mme Albertini.

BARCAGGIO / BARCAGHJU *(20275 ; commune d'Ersa)*

Un port de poupée à la pointe extrême du cap Corse, sorte de bout du monde avec, en face, à quelques encablures, l'îlot de la Giraglia en guise de point sur le « i » du cap Corse. De Macinaggio, on accède à Barcaggio en quittant la D 80 au hameau de Botticella, puis en dévalant, sur 10 km, une route étroite et sinueuse qui descend à travers le maquis jusqu'à la mer. Vastes paysages sauvages et inhabités. On aime bien cet endroit perdu, sans charme particulier mais resté à l'abri des appétits des promoteurs. Grande plage de sable (plage de la Cala) située à 1 km à l'est, vers la pointe d'Agnello, avant la tour perchée et accessible en 30 mn par le sentier des Douaniers – sentier que l'on peut aussi emprunter pour une agréable marche de trois bonnes heures en direction de Macinaggio. Sur le chemin d'Agnello, le Conservatoire du littoral protège, par un système de clôtures, les dunes de genévriers qui souffrent de la fréquentation estivale.
À 2,5 km à l'ouest de Barcaggio, petit village de *Tollare,* un coin sympa aussi, dominé par sa tour. Remarquer au passage en bord de mer des affleurements de calcaire.

Où dormir ? Où manger ?

Hôtel Le Saint-Jean : ***Ersa,*** *hameau de Botticella.* ☎ *04-95-47-71-71.* • *lesaintjeanersa@orange.fr* • *lesaintjean.net* • *Congés : de nov à mi-mars. Selon saison, doubles standard 75-120 €, supérieures 90-135 €.* Petit hôtel occupant une belle position, tout au nord du Cap, entre Centuri et Rogliano, à 100 m de la route qui descend vers Barcaggio. Dans une maison ancienne, les chambres, toutes avec vue mer et 2 avec terrasse. Chambres colorées et fraîches, vraiment agréables. Jacuzzi. Du resto, superbe vue depuis le bout de terrasse. Le midi, on fait simple : *wraps,* planche de charcuterie, salades... tandis que le soir, place à la côte de veau corse en croûte d'olives ou au tournedos de canard.

Chambres d'hôtes Latu Corsu : ***Ersa,*** *hameau de Poggio.* ☎ *04-95-35-99-95.* *06-16-10-70-70.* • *contact@cotecorse.com* • *cotecorse.com* • *Depuis la D 80, descendre vers Barcaggio, puis en direction de Tollare ; c'est fléché (préférer descendre en marche arrière la dernière pente vers le hameau). Fin mars-fin sept. Selon saison et confort, doubles 88-109 €, studio 420-590 € et appart pour 6 pers 830-1 190 €.* Cette maison de hameau, protégée par une tour mitoyenne, abrite 3 chambres et 2 appartements aux bons soins de Patricia et Alain. De taille variable, les chambres allient confort (AC, TV...) et décoration de goût, entre esprit contemporain et vieux matériaux. Hors saison, toute la maisonnée profite d'un salon TV aménagé dans un magnifique atelier-moulin encore équipé de sa meule. Depuis la terrasse, vue panoramique sur le maquis, qui vaut son pesant de confitures corses (excellentes au petit déj !). Accueil frais et charmant.

Chambres d'hôtes Casa a Rota : ***Ersa,*** *hameau de A Rota. 06-13-59-68-29. • casaarota@locations-cap-corse.fr • locations-cap-corse.fr • Avr-oct. Chambres doubles 85-100 € et gîtes 400-600 €/sem selon saison.* Une vénérable maison de maître de 1871, bonne grosse bâtisse carrée qui abrite 2 jolies chambres, impeccables et sobres, dont les proprios, tout en rénovant le lieu, ont su préserver les traces de l'histoire, le confort en plus. Une des chambres avec vue mer. Terrasse de chaque côté de la maison, avec transats. Excellent accueil de Béatrice.

Hôtel Petra Cinta : *marine de* ***Barcaggio.*** *☎ 04-95-36-87-45. • hotelpetracinta.free.fr • Avr-oct. Chambres standard 75-130 €, supérieures 90-155 €.* Le seul hôtel de la marine. Les chambres sont situées dans un édifice annexe, sur l'arrière du bar-resto. Toutes avec salle de bains et AC, bien au calme. Tarifs assez élevés en haute saison, mais c'est une bonne petite adresse dans un coin qui en compte assez peu.

U Fanale : *en bord de mer, marine de* ***Barcaggio.*** *☎ 04-95-35-62-72. Avr-oct. En saison, tlj sf mer midi et soir. Hors saison, tlj, slt le midi. Résa nécessaire. Assiette de charcuterie 16 €. Plats 20-27 €. CB refusées.* U Fanale (« le phare ») est une affaire de famille à la longue histoire. La carte met l'accent sur le poisson frais joliment traité (c'est le cousin qui le pêche !) et propose des plats inspirés, avec des produits de qualité (légumes du jardin). Les carnivores se rabattront sur le beau sauté de veau. Bons desserts.

CENTURI *(20238 ; 225 hab.)*

Arriver par l'est par la D 80 est peut-être la meilleure façon de découvrir Centuri. Un à un se succèdent les signes annonciateurs d'un lieu exceptionnellement charmant. La mer, d'abord, qui perce au creux des montagnes ; puis les silhouettes des anciens moulins dressés, çà et là, comme des guetteurs ; enfin, la descente le long de cette route étroite qui serpente entre les arbres jusqu'à ce croquignolet petit port de pêche. Replié sur lui-même comme pour se protéger du large (Paoli en fit d'ailleurs l'arsenal de sa République), avec une poignée de maisons grises aux toits de serpentine verte (superbe pierre de la région), il attire touristes et vedettes : il faut croire qu'ils savent que Centuri est le premier port langoustier en France !

Pas mal de monde, donc, en été, où la circulation automobile devient délicate. Côté mer, pas de plage de sable fin (la plus proche est celle de Barcaggio), mais des fonds sous-marins aux eaux transparentes et très poissonneuses.

Où dormir ? Où manger ?

Camping

Camping L'Isulottu : *marine de Mute, à env 1 km au sud du port de Centuri, en suivant la route de gauche en arrivant. ☎ 04-95-35-62-81. • camping.isulottu@orange.fr • isulottu.fr • Mai-sept. Selon saison, compter env 20,70-23 € pour 2 avec tente et voiture. CB refusées.* Camping bien ombragé par de beaux oliviers, à 300 m d'une plage de galets. Certains emplacements avec vue mer. Sanitaires récents (énergie solaire). Bar, alimentation, snack à pizzas *(en août slt le soir, petit déj juin-sept).* Une adresse respectueuse de l'environnement.

De prix moyens à chic

L'Auberge du Pêcheur : *à l'angle du port. ☎ 04-95-35-60-14. • aubergedupecheur@hotmail.fr • Mai-oct. Doubles 60-80 €.* Voici l'une des seules occasions de poser son bagage à Centuri sans trop casser la tirelire. Dans un bâtiment crème et rouge, 6 chambres seulement (3 avec vue mer). C'est propre, avec AC, TV, et bien situé sur le port. Pas grand-chose à dire de plus.

🏠 🍽 ***Hôtel de la Jetée :*** *au bout du port versant sud. ☎ 04-95-35-64-46. • hotel-de-la-jetee-centuri.fr • Mai-oct. Doubles 60-110 € (avec ou sans vue sur le port), quadruples 85-140 € selon saison. ½ pens possible. Menu 18,50 € ; carte 30-35 €.* Directement sur le port, un peu à l'écart de l'agitation estivale, c'est une agréable maison, aux chambres bien équipées (AC), donnant sur le port pour les plus chères. On a plaisir à traîner sur la grande terrasse-resto qui domine l'ensemble. À table, cuisine régulière et familiale, équilibrée entre terre et mer.

🏠 ***Hôtel-restaurant U Marinaru :*** *avt d'arriver au port, sur la gauche. ☎ 04-95-35-62-95. • tolaini@wanadoo.fr • marinaru-centuri.com • Mai-sept. Doubles 70-90 € selon saison et vue, petit déj à volonté compris. ½ pens possible dès la 1re nuit. Menus 14 €, puis 22-28 €.* 📶 Une adresse familiale, sur 2 étages, bien en place dans le panorama hôtelier local. Chambres modernes, de bon confort (double vitrage) et au calme. Quelques-unes avec terrasse privée. Quant à la table, en terrasse, les locaux la connaissent bien, et le poisson est à l'honneur : bonne friture, poissons au four, goûteuse soupe de poissons, sans oublier la bouillabaisse, tout cela en fonction de la pêche du jour.

🍽 ***U Cavallu di Mare :*** *tt au bout du port, sur la gauche quand on regarde la mer. 📱 06-18-15-76-31. Avr-sept : midi et soir tlj en hte saison, fermé ven en basse saison. Formule 16-20 € ; menus 19,50-25 € ; menu langouste 55 €. Apéritif maison offert sur présentation de ce guide.* Petite terrasse triangulaire surplombant le port, et patronne souriante au service. Poisson selon arrivage, belles pâtes et plusieurs formules inscrites sur les ardoises, qui permettent de trouver son bonheur. En été, langouste sur commande. Une adresse régulière, plébiscitée par les lecteurs...

🍽 ***Restaurant A Macciotta*** *(Chez Sker)* ***:*** *Centuri-Port. ☎ 04-95-35-64-12. • acapenza@infonie.fr • Dans la rue qui descend au port, 20 m avt le quai. Tlj midi et soir. Congés : nov-mars. Menus 18,50 € (midi et soir), puis 21-26 € ; menu langouste 69 €. Apéritif maison (et digestif pour le menu langouste) offert sur présentation de ce guide.* Terrasse agréable, mais pas directement sur le port. Le patron pêche, et on retrouve ses prises dans l'assiette. Et ça donne des poissons, des soupes de poisson et autres de toute première fraîcheur, servis avec générosité. Et ça fait des années que ça dure ! *Fritto* (pour 2 personnes), plateau de moules, gambas et rougets (ou autres poissons) frits, accompagnés d'une salade de fruits de mer. À noter que le 1er menu est déjà une vraie affaire.

Plus chic

🏠 🍽 ***Hôtel-restaurant Le Vieux Moulin :*** *sur le port, côté gauche, légèrement en retrait. ☎ 04-95-35-60-15. • levieuxmoulincenturi@orange.fr • le-vieux-moulin.net • Mars-oct. Selon saison et situation, doubles 82-160 € (vue jardin ou vue mer) et 120-160 € dans les annexes. 1er menu 45 €. Plats 25-32 €.* La demeure principale a du caractère. Il s'agit du vieux palais Olivari, construit au XIXe s par un aventurier ayant émigré en Amérique latine. Seulement 2 suites dans la demeure historique, les autres chambres (une vingtaine en tout, avec AC) étant situées dans des édifices annexes (modernes et impeccables). Au resto, la table, de qualité, propose une cuisine inspirée. Parmi les plats phare, la salade de seiche tiède et les raviolis au *brocciu* et truffe noire. Pas donné toutefois.

Où dormir dans les environs ?

🏠 ***Chambres d'hôtes La Casamatta :*** *hameau de* ***Camera****, Centuri. 📱 06-66-36-39-74. Quand on descend vers Centuri, dans le 1er hameau rencontré, maison sur la gauche. Doubles 60-85 € et une plus grande 90-120 €*

selon saison. C'est dans sa vénérable maison de famille que la charmante Marie accueille ses hôtes avec gentillesse. Ses ancêtres sont tous présents sur les murs du grand salon (la famille remonte au XVIe s !), mais l'atmosphère n'a rien d'empesé, bien au contraire. 2 chambres assez petites mais fraîches (têtes de lit en bois flotté) et délicieusement décorées ; et une 3e bien plus spacieuse. Quant à la terrasse du petit déj, elle est tout bonnement sublime. On plonge le regard vers Centuri, la Balagne à gauche, le Cap à droite, les côtes continentales que l'on devine droit devant, et on se sent comme en lévitation. Une belle adresse. Location également d'une grande maison dans le hameau de Cannelle.

Où boire un verre ?

Chez Doumé : *tt au bout du côté sud du port. Tlj jusqu'à 20h (minuit en hte saison).* Une chouette terrasse surélevée et en pointe, qui permet d'observer à la fois le petit port et le large (en louchant un peu tout de même). Fauteuils *lounge* pour le confort, charmant sourire côté service, des bières corses pour se désaltérer, et le coucher de soleil pour nous taper dans l'œil.

Plongée sous-marine

Club de plongée

Corse Bleu Marine Compagnie : *marine de Mute, Centuri. ☎ 04-95-35-60-46. • bleu-marine-compagnie.fr • Juil-août slt. Baptême env 45 € ; plongées 32-40 € selon équipement ; forfaits dégressifs.* Explorations, baptêmes, formations et stages enfant au sein de ce petit club sympathique.

À voir dans les environs

Les « maisons d'Américains » : elles ne se visitent pas, mais on peut en admirer au hameau de **Pecorile,** situé dans la commune de Morsiglia, au sud de Centuri, en allant vers Pino (suivre le balisage jaune). Il s'agit du *palais Fantauzzi* et du *palais Ghielfucci* (1838) de style colonial espagnol, avec une double galerie d'arcades et la tour Caraccioli intégrée à la demeure. Ces maisons ont été construites pour la plupart par des Cap-Corsins ayant fait fortune à Porto-Rico au XIXe s. Voir aussi les sept tours massives du XVIe s.

Le moulin Mattei : *ne se visite pas.* 1 km après Botticcella, il surplombe le col de la Serra. Vue sublime. On passe à ce point-là sur la côte ouest du Cap. Il a autrefois servi à la « réclame », comme on disait alors, pour l'apéritif au quinquina de la maison *Mattei.* Un petit chemin d'interprétation grimpe depuis le parking jusqu'au moulin.

PINO / PINU *(20228 ; 175 hab.)*

Encore un étonnant village de la côte ouest du cap Corse, composé de hameaux accrochés à la pente de la montagne, où les maisons, noyées dans les pins et les cyprès, regardent la mer et les couchers de soleil. Les monuments témoignent d'une certaine opulence passée : vers les hameaux de *Raffalacce,* on trouve l'*église Sainte-Marie* (beau campanile et façade baroque, comme le décor intérieur) et, plus loin, une très ancienne maison d'habitation avec tour à mâchicoulis.

Le sentier de village (balisage jaune) permet de descendre à *Scalu*, l'ancienne marine de Pino (minuscule plage de galets). À proximité, le couvent *San Francescu*, aujourd'hui abandonné, gardé par les ruines d'une tour génoise. Émouvant cimetière au milieu des roseaux et des figuiers de Barbarie. Accès en voiture également : 500 m après la sortie du village, une étroite route sur la droite y descend sur 1,5 km environ.

Au hameau de ***Metimo,*** jeter un œil sur la *casa Franceschi*, imposante demeure ayant appartenu à de riches Cap-Corsins, tel cet Antoine Piccioni, né à Pino en 1819. En partant, il lança à son père : « Tu n'auras de mes nouvelles que lorsque j'aurai fait fortune. » En Amérique, il découvrit un filon d'or et devint riche comme Crésus.

De Pino à Nonza, l'étroite route de corniche offre un panorama sur une côte vertigineuse de beauté, parfaitement en aplomb au-dessus de l'eau. Un coin de côte que les promoteurs n'auront jamais.

Un peu au nord, sur la commune de *Morsiglia*, se trouve l'une des étapes de la route des Vins : le ***domaine de Pietri*** *(☎ 04-95-65-64-79).* On y produit un joli muscat.

LE TAJ MAHAL EN CORSE !

Gustave Eiffel laissa à la Corse le magnifique viaduc de Vecchio, entre Venaco et Vivario. On sait moins que l'une de ses filles épousa le diplomate Camille Piccioni, d'une grande famille cap-corsine. À Pino, le magnifique mausolée des Piccioni (visible de la D 80, avant le hameau de Valle), avec ses trois coupoles, est parfois malicieusement appelé « le Taj Mahal corse » !

Où manger ? Où boire un verre ?

La Tour Génoise : *à l'entrée de Pino, sur la droite en venant du nord. 06-27-12-71-70. Mai-oct. Tlj midi et soir en saison (fermé lun soir hors saison). Le midi, formule 14-18 €. Plats 20-22 €.* Salle agréable, mais surtout balcon extra d'où la vue plonge sur la mer et la tour génoise en contrebas. Des préparations saines, simples et bien réalisées. Bonnes pizzas le soir. À côté, sous les pins et les eucalyptus, un bar en plein air.

MINERBIO / MINERBIU

Minuscule village à 5 km environ au sud de Pino en allant vers Canari. Juste à gauche en y entrant, on peut voir l'incroyable tombeau de la famille Calizi-Altieri, construction massive, circulaire et à colonnes, coiffée d'un dôme, rappelant quelque panthéon latin et dessinée par Claude-Nicolas Ledoux. En descendant vers la mer, on gagne la petite marine de ***Giottani*** (commune de ***Barrettali***), à la longue plage de galets.

Où dormir ? Où manger à Barrettali ?

Maison Battisti *(Gîtes de France) : Conchiglio, 20228* ***Barrettali.*** *☎ 04-95-35-10-40. 06-62-00-33-76. • mpbattisti@aliceadsl.fr • maisonbattisti.com • Résas (Gîtes de France) : ☎ 04-95-10-54-30/31. En plein centre du hameau. Tte l'année. Double 85 € ; gîte 4 pers 315-565 €/sem ; gîte 6 pers 430-820 €/sem (tarifs selon saison).* Marie-Pierre et Michel Battisti ont aménagé dans leur grande maison ancienne, chargée d'histoire(s) et pleine de coins et recoins, 3 locations : une belle chambre d'hôtes, aux meubles anciens, un gîte pour 4, sur 2 niveaux (échelle de meunier pour monter à l'étage !), et un 2d gîte plus grand (72 m²), avec 3 chambres, qui jouxte la maison de maître occupée par les propriétaires. Une belle adresse où l'on se sent bien. Boutique de produits régionaux. Excellent accueil.

Hôtel-restaurant Marinella : *marine de Giottani, 20228* ***Barrettali.*** *☎ 04-95-35-12-15. • info@hotelmarinella.fr • hotelmarinella.fr • Sur la droite en arrivant sur la marine. Hors saison, tél. Congés : oct-mars. Doubles 70-90 €. 1/2-pens possible. Carte env 35 €.* Une dizaine de chambres simples et sans charme particulier, fonctionnelles, avec sanitaires et AC. Elles sont toutes situées dans une bâtisse sur l'arrière et aucune n'est orientée vers la mer, mais 2 disposent d'une terrasse. Location de kayaks de mer et initiation au ski nautique.

CANARI (20217 ; 330 hab.)

Une route étroite et tortueuse grimpe au hameau de Pieve, le cœur de Canari et sorte d'observatoire privilégié dominant la mer. *Santa Maria Assunta* (XIIe s) est l'une des rares églises romanes d'époque pisane encore très bien conservées. La place de la mairie dresse son campanile blanc à la façon d'un phare-tour de guet, au pied duquel on jouit d'une vue époustouflante... éblouissante même, au coucher du soleil. Cinq palmiers en profitent chaque jour. Quant au couvent Saint-François, il accueille début septembre le Festival international de chant lyrique, et on peut y dormir (voir ci-après).

➢ Départs de sentiers (le sommet du cap Corse, *cima di e Follicie,* s'atteint en 4h).

Où dormir ? Où manger à Canari et dans les environs ?

Résidence I Fioretti *(Gîtes de France)* **:** *couvent Saint-François, hameau principal de* ***Pieve.*** *☎ 04-95-37-13-90. • ifioretti@orange.fr • ifioretti.com • Tte l'année. Double 70 €, petit déj inclus. Gîtes selon taille et saison 300-698 €. CB refusées.* Le couvent Saint-François, construit en 1505 et joliment restauré abrite 5 chambres (4 doubles et 1 familiale), aménagées dans les anciennes cellules et proposent un confort, rassurez-vous, bien supérieur à celui offert aux franciscains de l'époque. Également 3 gîtes de 2 ou 3 chambres, d'un bon rapport qualité-prix.

Auberge du Chat qui pêche : *lieu-dit* ***Abro*** *(D 80). ☎ 04-95-37-81-52. • catu@live.fr • aubergeduchatquipeche.com • Sur la D 80, juste après la bifurcation pour Canari. Avr-nov, tlj sf mer soir ; déc-mars, slt le midi et sam soir. Doubles 49-59 €. Carte 30-35 €.* À l'ombre d'un grand platane, on mange sur une petite terrasse surplombant des jardins, eux-mêmes en terrasses. Salades, viandes et poissons grillés dans un four à bois, voici une étape plaisante de bord de route, bien pratique sur un axe qui en compte assez peu. Également 4 petites chambres (2 avec vue mer) à louer.

À voir

Le Conservatoire du costume corse ancien : *dans une salle du couvent Saint-François. ☎ 04-95-37-83-53/20. Juil-août, mar-dim 10h-12h, 18h-20h ; juin et sept, lun-mar et jeu-ven 9h30-12h, 14h-16h30. Entrée libre, visite commentée.* Belle expo de costumes de la seconde moitié du XIXe s.

DE CANARI À NONZA

Le paysage, jusque-là couvert de végétation, se dénude soudain pour montrer ses épaules de rocaille grise et les vestiges abandonnés d'une carrière,

dont on a extrait sans doute 300 000 t de fibre d'amiante entre 1947 et 1965. Cela représentait alors près de la moitié des besoins français en amiante ! Le site a été réhabilité entre 2009 et 2014, mais une « érosion » a été constatée après la fin des travaux... Un peu plus loin, en contrebas, une plage d'un gris métallique aussi superbe qu'« amianté » (7 millions de mètres cubes de déblais auraient été rejetés dans la mer sous forme de galets de serpentine). Des analyses récentes concluent que cette présence d'amiante serait inoffensive. Prudence tout de même, tout le monde ne partage pas cette vision optimiste...

NONZA (20217) 70 hab.

À 18 km de Saint-Florent, ce petit bijou accroché entre ciel et mer est de ces villages qui donnent le vertige. Un petit bistrot sous les platanes, quelques maisons héroïquement soudées à la montagne (qu'il est agréable de se promener dans ces ruelles !) et une tour plantée sur un rocher plongeant dans la mer. Datant de l'époque de Pasquale Paoli (XVIIIe s), enfin une tour corse paoline et non génoise ! La vue en est vertigineuse et le contraste saisissant entre les eaux turquoise et les galets gris métallique. Et cette plage... depuis la tour, vue extra.

Où dormir ? Où manger ?

Chambres d'hôtes Casa Maria *(chez Marie-Ange Burini ; Gîtes de France) : dans le village, sur le chemin de la Tour. ☎ 04-95-37-80-95. • casamaria@wanadoo.fr • casamaria.fr • Avr-oct. Doubles 75-95 € selon saison. CB refusées.* Dans une solide maison de famille, riche en histoires, 5 belles chambres, dont 1 suite familiale, toutes avec AC. Salon commun aux hôtes. Bon petit déj, servi en été sur la terrasse d'où la vue est si belle...

Chambres d'hôtes Casa Lisa : *dans le bas du village. ☎ 04-95-37-83-52. • casa.lisa@orange.fr • casalisa.fr • Prendre une des ruelles piétonnes du village (bien fléché). Avr-oct. Compter 55-75 € selon saison ; petit déj en sus, 7 €. CB refusées. Petit pot de confiture maison offert sur présentation de ce guide.* Une maison familiale dominant la mer, abritant quelques chambres pas bien grandes, simples et agréables, avec des meubles en bois (pas d'AC) toutes avec vue plongeante sur la mer. Adresse tranquille, au cœur du village et jolie terrasse.

La Sassa : *sur le chemin de la tour, juste avt la dernière montée. ☎ 04-95-38-55-26. • info@lasassa.com • Avr-oct, midi et soir. Carte 25-40 €. Le dim, brunch 28 €.* Ce resto-bar en plein air bénéficie d'une situation imprenable grâce à ses multiples terrasses ombragées. Il propose de belles salades (salade de poulpe, tartare de thon), charcuterie et grillades au feu de bois. Bonnes glaces. Vin local au verre et bière bio au cédrat ou au miel viendront agrémenter ces libations et l'inénarrable coucher de soleil. En haute saison, chanteurs une fois par semaine.

Où dormir ? Où manger dans les environs ?

De prix moyens à chic

Chez Morganti : *marine d'Albo, 20217* ***Ogliastro.*** *☎ 04-95-37-85-10. • morganti.restaurant@wanadoo.fr • À l'entrée de la marine sur la droite. Tte l'année ; nov-mars, slt le w-e. Congés : de mi-déc à mi-fév. Le midi, suggestion 17 €. Plats 17-27 € ; bouillabaisse 65 €.* Dans l'ancien *Hôtel Morganti (1892),* grande salle ou terrasse adorable, ombragée par des mûriers-platanes et voisinant une adorable chapelle. Spécialités de soupe de poissons, spaghettis à l'araignée de mer ou bouillabaisse (à commander). Plus simple, salade de poulpe, friture de rougets frais ou encornets à la mode corse. Du bon et du sérieux.

U Snacku : *marine d'Albo, sur la plage, 20217* ***Ogliastro.*** *En été, tlj jusqu'à minuit (10h-18h en mi-saison).* Salade grecque, burger corse, charcuterie maison, tout cela avec des produits bio. Sympa.

Les Gîtes du Cap Corse : *marine de Negru, 20217* ***Olmeta-du-Cap.*** *☎ 04-95-37-27-50. • infos@cap-corse.com • cap-corse.com • À 6 km au sud de Nonza. Tte l'année. Compter 290-980 €/sem selon taille et saison. Un gîte plus grand* A casa, *pour 6-8 pers 500-1 200 €/sem. Oct-mai, loc possible à la nuitée (sur demande). Panier d'accueil offert sur présentation de ce guide.* Dans un bel espace boisé, au départ d'un sentier de pays, un petit ensemble de 5 gîtes bien équipés, pouvant accueillir de 2 à 8 personnes. Un ensemble original et sympathique, aux hébergements très variés : *A Casa* est un appartement de 3 chambres au 1er étage de la maison principale. À côté, un petit gîte indépendant, *A Casuccia.* Sympathique également, *A Fronda,* un écogîte en bois pour 2, avec cuisine extérieure. Bref, il y en a pour tous les goûts.

Le Relais du Cap : *plage de la marine de Negru, 20127* ***Olmeta-du-Cap.*** *☎ 04-95-37-86-52. • relaisducap.com • Avr-oct. Doubles 55-85 € selon saison, sdb partagée. 3 nuits min en juil-août. Appart 375-850 €/sem pour 2 (on peut y loger à 4 moyennant supplément). CB refusées.* *Le Relais du Cap* a les pieds dans l'eau et la tête dans les étoiles. De la terrasse, on pourrait presque plonger dans la mer. Patrick a su donner à son *Relais* un véritable supplément d'âme, grâce à un sacré sens de l'accueil et du service. Cuisine d'été, masques et chaussures en plastique à dispo. Chambres simples mais suffisamment confortables (sanitaires à partager). Ici, on savoure avant tout le paysage et la tranquillité des lieux.

Où boire un verre ?

On adore le petit troquet au cœur du village, le ***Café de la Tour,*** avec son comptoir installé à même la place !

À voir

L'église Sainte-Julie : du XVIe s, avec un autel baroque et un tableau représentant le martyre de la sainte, qui eut lieu dans le coin, le 22 mai 303 (on s'en souvient comme si c'était hier).

Ne pas hésiter à emprunter les escaliers qui dévalent vers le bas du village. Ruelles escarpées au détour desquelles on embrasse un merveilleux point de vue.

La tour Paoline : construite en 1760 sur ordre de Paoli sur la base d'un ancien fort génois, et toute de magnifique schiste gris-vert, elle est bien conservée et culmine au sommet d'une falaise ; vue grandiose de là-haut. Un épisode savoureux s'y déroula pendant la guerre menée par les troupes françaises contre la petite armée de Paoli.

UN HOMME-ORCHESTRE

Dans cette tour, en 1768, le paoliste Jacques Casella, tout seul et blessé, a tenu tête à l'armée française. Par un ingénieux système de ficelles, il réussissait à tirer des coups de fusil dans toutes les directions, impressionnant l'adversaire. Il négocia avantageusement sa reddition, et la consternation fut totale quand la troupe française présenta les armes devant un homme seul, s'aidant de béquilles, alors qu'elle s'attendait à voir sortir une armée !

La fontaine Sainte-Julie : *à la sortie du village à gauche, en direction du nord.* La légende veut que cette source ait jailli des seins de la sainte, coupés par son bourreau pour lui faire abjurer sa foi et jetés sur les rochers. Le site est magnifique : on y descend par de grandes marches entre jardins et terrasses séparés par des murets de pierre sèche. Les courageux continueront jusqu'à la plage. Après, il ne reste plus qu'à remonter !

Fête et manifestation

– ***Rencontres culturelles de Nonza :*** *2e sem d'août.* Festival d'art où l'on peut voir des expos de peintures et de photographies tandis que se tiennent des débats et des conférences.
– ***Fête de Sainte-Marie :*** *15 août. « Paese in luce »,* le village illuminé. Ce jour-là, les habitants du village, les touristes aussi, défilent dans une sorte de procession féerique, formant de remarquables tableaux vivants. À ne pas rater !

DANS LES ENVIRONS DE NONZA

🚶🚶 ***Ogliastro*** *(Ogliastru) : à 2 km au-dessus de la marine d'Albo.* Très joli village aux maisons colorées, composé de deux parties (*Ogliastru Suttanu* et *Ogliastru Supranu*) reliées par une volée de marches.

🚶 ***La marine de Negru :*** *à 6 km au sud de Nonza, bien cachée depuis la route.* Une marine très encaissée. Plage avec sa tour génoise comme posée là. Jolie rando pour rejoindre le village dont dépend cette marine, Olmeta du Cap.

PATRIMONIO / PATRIMONIU (20253) 670 hab.

C'est sûr : les dieux de la Méditerranée ont été généreux avec cette région, située à la racine du cap Corse. Tout d'abord, un site exceptionnel à flanc de montagne, des versants ensoleillés couverts de vignobles et une vue superbe sur la baie de Saint-Florent et les montagnes du Nebbio.
Patrimonio et sept communes alentour, jusque dans les Agriate, élaborent vins blancs, rosés et rouges, ainsi qu'un délicieux muscat (le tout en AOC *patrimonio*). De succulents nectars, un peu sucrés, à boire très frais (on a une petite préférence pour le blanc). Ce vignoble, le plus vieux de Corse (Ve s av. J.-C.), allié à des méthodes traditionnelles d'encépagement et de vinification, sans adjonction de produits chimiques, produit des vins d'une qualité « biologique », un vrai breuvage écolo.
Le village lui-même est assez étalé et un peu décousu, mais il est tranquille, ponctué de vignobles. Il abrite quelques jolies adresses.

Où dormir ?

Campings

Sur un plan pratique, ce bout de côte constitue une heureuse alternative aux campeurs rebutés par les terrains de Saint-Florent.

⛺ ***U Sole Marinu :*** *plage de Catarelli, à 3 km de Patrimonio, direction Nonza (accès par un chemin de 800 m). ☎ 04-95-37-12-20. • usolemarinu@gmail.com • usolemarinu.com • ♿ De mi-juin à mi-sept (avr-oct pour les loc). Compter env 22,80-27,10 € pour 2 avec tente et voiture ; mobile homes climatisés 4-6 pers 440-716 €/sem. CB* *refusées.* 🖵 *(payant).* 📶 *(gratuit 15 mn à la réception).* Belle situation en bord de plage (terrain plat) à proximité d'une falaise calcaire. Peu d'emplacements, familial et très sympa. Moyennement ombragé. Épicerie et pizzeria *(juil-août).*

⛺ ***A Stella :*** *marine de Farinole, à 5 km de Patrimonio, direction Nonza.* ☎ *04-95-37-14-37.* • *campingastella.com* • *Avr-sept. Compter 23 € pour 2 avec tente et voiture ; bungalows et chalets 400-800 €/sem. CB refusées.* Grand terrain qui court jusqu'à une plage de galets (sable à 10 mn à pied), les emplacements les plus proches de l'eau n'étant pas les plus ombragés. Autre espace sur une grande prairie verdoyante. Super panorama. Snack-bar sur place.

De prix moyens à chic

🏠 ***Hôtel du Vignoble :*** *en plein centre.* ☎ *04-95-37-18-48.* • *hotel-du-vignoble@wanadoo.fr* • *hotel-du-vignoble.com* • *Avr-oct. Doubles 55-105 € selon saison. Parking privé, garage à motos.* Cet hôtel bien nommé est bien pratique, au cœur du village : il possède une âme avec ses grandes chambres de maison de maître, dotées d'un excellent confort (bonne literie en particulier).

🏠 ***Hôtel U Casone :*** *lieu-dit Puccinasca.* ☎ *04-95-37-14-46.* • *scea.montemagni@wanadoo.fr* • *hotelpatrimonio.fr* • *Au centre de Patrimonio. De début avr à mi-oct. Selon saison, doubles standard 50-80 €. CB refusées.* Une maison imposante au crépi gris avec pelouse pour se dorer au soleil et prendre le petit déj. Chambres simples et un peu à l'ancienne (vraiment dépouillées), donnant sur les montagnes ou sur un bout de mer bien au loin. Ambiance familiale. Garage pour les motards.

🏠 ***Chambres d'hôtes de Mme Jeannette Matraglia :*** *hameau Sainte-Marie.* 📱 *06-10-16-18-20.* • *gabriel.matraglia@sfr.fr* • *En montant dans Patrimonio, prendre la ruelle à gauche juste avt la poste ; la maison est à 100 m sur la droite. Doubles 60-85 € selon saison. CB refusées. Apéritif ou café offert sur présentation de ce guide.* La maison est plutôt ordinaire mais agréable, les 2 chambres simples et propres (avec salle de bains) ; mais le vrai plus pour le prix, outre la gentillesse de l'accueil, c'est la sympathique piscine devant la terrasse. Bref, une adresse pratique, sans chichis, et un excellent accueil de Jeannette.

Plus chic

🏠 ***Casa Eva Maria :*** *prendre le petit chemin juste en face de la poste et le suivre sur env 600 m.* 📱 *06-28-46-24-27.* • *casaevamaria@orange.fr* • *casaevamaria.com* • *Doubles 80-100 € selon saison.* 📶 Adorable *B & B* assez luxe et charmant à la fois. Chacune des chambres (avec AC) possède sa terrasse privative, qui donne sur un coin de pelouse et de jardin fleuri dévalant en pente douce vers la belle piscine. Calme absolu et vue sur les montagnes. Quelques transats roses colorent le tour de piscine.

Où manger ?

🍽 ***Libertalia :*** *prendre la ruelle à gauche juste à l'angle de la poste et faire 150 m.* 📱 *06-23-16-41-25. Tlj midi et soir en juil-août (slt le soir en mi-saison). Plats 17-22 €.* Une adresse pas comme les autres. Des légumes du jardin, des produits choisis auprès de producteurs sérieux et une cuisine enlevée, généreuse : superbe pageot du chalut, beignets de courgette, poulet corse mariné... Grosses tables de bois sous les arbres, un grand grill pour les cuissons et une bonne bière *Ribella* (brassée sur place) pour se désaltérer. Du beau, du bon, du frais. On aime.

🍽 ***Osteria San Martinu :*** *sur la droite de la route en arrivant de Saint-Florent.* ☎ *04-95-37-11-93.* • *jp.lazzarini@gmail.com* • ♿ *Mai-sept, tlj. Formule 15 € ; menu 26 €.* Au fond de la terrasse ombragée officie le cuisinier devant la cheminée. Quelques plats traditionnels pas chers. En été, grillades cuites aux ceps de vigne. Les *sturzapretti* maison ne sont pas mal non plus, tout comme les cannellonis au *brocciu*. Accueil familial.

L'Assiette du Vigneron : *en plein centre. 06-03-01-78-84. Tlj sf midi lun-mar. Assiette vigneron 16,50 €. Plats 17-25 €.* Tripettes maison, sauté de veau, ragoût de sanglier. Une cuisine de tradition et un bon rapport qualité-prix.

Où acheter du miel et du vin ?

Mele di Corsica : *à Catarelli (voir « Où dormir ? Campings. U Sole Marinu »). 06-17-03-44-28.* Pierre Carli a changé de métier pour se lancer dans l'apiculture. Ses 4 variétés de miels AOC sont excellentes.

La visite des caves : tous les crus sont bons. Cela dit, on a nos chouchous. En voici 4 qui méritent une attention particulière :

– **Le clos Arena :** *situé au rond-point de la route du cap Corse. ☎ 04-95-37-08-27. • antoine-arena.fr • Sur rdv.* Chez Antoine Arena, des vins hyper structurés, superbement élaborés. Pas donné tout de même.

– **Le clos de Bernardi :** *dans le centre, sur la droite quand on monte. ☎ 04-95-37-01-09.* Des vins de qualité, plus élaborés, surtout le rouge.

– **Le clos Orenga de Gaffory :** *au rond-point à la sortie de Patrimonio, prendre direction Saint-Florent, la cave est à 300 m sur la gauche. ☎ 04-95-37-45-00. • orengadegaffory.com • Tlj 9h-19h.* Parmi les vins rouges les plus élégants de Patrimonio. Sur place, également un espace dédié à l'art contemporain.

– **Le clos Montemagni :** *au centre du village. ☎ 04-95-37-14-46. • domaine montemagni.com •* Le rouge, gouleyant, fruité et à la robe étonnamment claire, n'est pas sans rappeler les meilleurs primeurs. Un vin de fête et d'amitié.

À voir

La statue-menhir : *sous un abri à gauche de la petite route menant à l'église de Patrimonio.* Sculptée dans le calcaire il y a plus de 3 000 ans, elle fut déterrée en 1965 par deux frères. Elle rappelle vaguement la forme d'un couteau et représente un étrange visage humain au regard énigmatique (statue torréenne). Dommage qu'elle soit ainsi emprisonnée, mais, quand on voit comment elle a été graffitée, pas de regrets...

L'église San Martinu : perchée sur une butte un peu à l'écart du village. Elle est superbe. Notez sa taille presque disproportionnée au vu de l'importance du village.

Manifestation

– **Festival de guitare :** *pdt la 2de quinzaine de juil. • festival-guitare-patrimonio.com •* Dans le théâtre de verdure près de la statue-menhir. Une superbe manifestation où des pointures locales, nationales et internationales se donnent rendez-vous.

SAINT-FLORENT ET LE NEBBIO / SAN FIORENZU E U NEBBIU

(20217) Saint-Florent : 1 650 hab.

• Plan p. 113

Port au fond d'une merveilleuse baie encadrée par les montagnes du cap Corse et du Nebbio. À l'ouest, la mer vient lécher la côte sauvage des Agriate,

formant un chapelet de belles plages accessibles seulement par bateau (sauf celle de Saleccia, joignable par une piste longue et rude).
Vu de l'intérieur, Saint-Florent est toujours la très jolie petite cité qui séduit les stars, les marins et les académiciens (bonjour monsieur d'Ormesson !) venus s'y mettre au vert ou plutôt au bleu. C'est aussi le point de chute logique pour ceux qui font le tour du cap Corse par la route. En haute saison, bouchon énorme pour accéder en ville à l'heure du retour des plages.
Il ne faudrait pas négliger l'arrière-pays, le Nebbio, amphithéâtre de montagnes et de villages perchés, d'où l'on a une vue sublime sur le golfe de Saint-Florent.

Arriver – Quitter

En bus

■ ***Cars Santini :*** ☎ *04-95-37-02-98. Départs au parking des autocars, près du port, face au Spar.*

➢ ***De/vers Bastia, par le col de Teghime :*** en été, tlj, 4 départs/j., L'hiver, 3 bus/j., sf dim et j. fériés.
➢ ***Pour L'Île-Rousse :*** slt en juil-août, 2 bus/j. tlj.

Adresse utile

🛈 ***Office municipal de tourisme*** *(plan B1) : route du Cap-Corse, dans le même bâtiment que la mairie et la poste.* ☎ *04-95-37-06-04. • corsica-saintflorent.com • Juil-août, lun-sam 9h-12h30, 14h30-19h (et dim mat) ; hors saison, lun-ven.* Abondante documentation et accueil de qualité. Brochure pour les sentiers de découverte (payante).

Où dormir ?

Camping

Voir également les campings vers Patrimonio, finalement proches.

Camping Acqua Dolce *(hors plan par A2,* ***11****) : route de la Roya.* ☎ *04-95-37-08-63. • info@campingacquadolce.fr • campingacquadolce.fr • Mai-sept. Pas de résa. Compter 18 € pour 2 avec tente et voiture. CB refusées.* *Apéritif offert sur présentation de ce guide.* Un camping bien situé sur la plage de la Roya et une adresse intéressante, car elle accueille uniquement des campeurs, des vrais (pas de chalets), et juste quelques caravanes. Pizzeria et alimentation. Assez bien ombragé par de grands eucalyptus et des oliviers.

Chambres d'hôtes

Chambres d'hôtes Villa Serena *(plan A2,* ***13****) : les hauts de Fromentica.* ☎ *04-95-39-04-94.* *06-16-59-42-72. • regine.perreten@orange.fr • Depuis la D 81, prendre à gauche au panneau « Les hauts de Fromentica » puis encore à gauche, c'est la 3e maison à gauche (pas de panneau). Congés : de mi-nov à mi-mars. Doubles avec sdb 65-85 € selon saison. 2 nuits min. CB refusées.* 3 chambres agréables se partagent une vue tout bonnement extraordinaire sur le golfe de Saint-Florent. Magnifique terrasse pour le petit déj. Barbecue à disposition. Bon accueil de Régine. Pergola en rez-de-jardin.

De prix moyens à chic

Hôtel Maxime *(plan zoom,* ***15****) : route de la Cathédrale.* ☎ *04-95-37-05-30. • hotel-maxime-saint-florent.fr • Congés : fin nov-fin fév. Doubles 59-87 € selon confort et saison. Parking privé et garage motos.* Établissement très propre et toujours d'un bon rapport qualité-prix, tout particulièrement à Saint-Florent, où l'on prend vite la grosse tête. TV, minibar, balcon (certains donnant sur la rivière de Poggio).

Appart Bleu Azur (plan B1, **16**) : *route de Patrimonio.* ☎ *04-95-37-20-05.* • *contact@bleuazur-corse.fr* • *appart-bleuazur-corse.fr* • *À la sortie de Saint-Florent. Congés : 2 nov-1er avr. Apparts loués à la nuit 90-178 € pour 2 selon saison (30 €/pers en sus).* Maison agréable aux volets bleus, proposant des petits appartements pour 2, en rez-de-chaussée, aménagés de manière moderne (AC), propres et clairs, avec un bout de terrasse sur l'avant et l'arrière. Petite piscine sur la terrasse et plage de galets juste de l'autre côté de la route. Seul bémol : la route passante juste devant.

Hôtel Sole e Mare (plan B1, **18**) : *en arrivant à Saint-Florent, un peu plus en retrait de la route.* ☎ *04-95-37-01-59.* • *soleemare@wanadoo.fr.fr* • *solemare-stflorent.com* • *Avr-oct. Doubles 62-92 € selon saison.* Chambres classiques, pas très grandes. Ensemble correct mais la route est tout de même bien proche. Loue également à la semaine des studettes avec coin cuisine pour 2 ou 3 personnes.

Hôtel-restaurant de l'Europe (plan zoom, **14**) : *pl. des Portes.* ☎ *04-95-35-32-91.* • *info@hotel-europe2.com* • *hotel-europe2.com* • *Resto ouv tlj ; fermé dim-mar en basse saison. Congés : de mi-janv à mi-fév. Doubles 55-120 € selon saison. Formule déj 17 € ; menu corse 26 € ; carte env 35 €.* Un hôtel aux chambres rénovées dans un style moderne plutôt réussi. Certaines bénéficient d'un balcon sur le port mais ça peut être un peu bruyant en été. Côté resto, agréable terrasse face au port de plaisance et une cuisine bistronomique régulière et de qualité. Bref, une adresse très recommandable.

Hôtel Thalassa (hors plan par B1, **17**) : *lieu-dit Strutta.* ☎ *04-95-37-17-17.* • *hotelthalassa@wanadoo.fr* • *thalassa-hotel.com* • *À 2 km du centre-ville, direction Patrimonio. Avr-oct. Doubles côté montagne 69-121 € selon saison, 79-131 € côté piscine.* Chambres de bon confort (TV satellite, AC, sèche-cheveux). Du moderne impeccable, sans véritable charme, mais sans défaut. Chouette piscine, et plage à 300 m. Éviter celles côté route, plus bruyantes évidemment. Bon accueil.

Où manger ?

Prix moyens

Hôtel-restaurant de l'Europe (plan zoom, **14**) : *voir plus haut « Où dormir ? ».*

U Troglu (plan zoom, **32**) : *rue principale.* ☎ *04-95-37-20-73.* • *bmconseils@orange.fr* • *Début avr-20 oct. Fermé lun sf juil-août. Réserver le soir en saison. Formule déj 16,20 € ; menus 17,80-21,50 €. Pâtes 9-14,50 €. CB refusées. Apéritif offert sur présentation de ce guide.* Un traiteur spécialisé dans les pâtes fraîches, lasagne façon U Troglu, pâtes farcies, *fettuccine* et autres préparations savoureuses, comme les *storzapretti.* Également des fromages et des charcuteries. C'est bon et pas trop cher.

L'Arrière-cour (plan zoom, **30**) : *pl. Lefebvre-Desnouettes (ex-Doria).* ☎ *04-95-35-33-62. Tlj midi et soir en saison. Fermé mar hors saison. Congés : déc-mars. Plats 12-17 €.* Petite adresse sans prétention mais plaisante, notamment grâce à son arrière-cour, justement, ombragée et chaleureuse, proposant des pâtes ou quelques plats corses (lapin façon corse, penne au *brocciu*...). Certains soirs, couscous ou paella (mais ça, c'est pas corse !). Bon accueil.

Ind'è Lucia (plan zoom, **34**) : *pl. Lefebvre-Desnouettes (ex-Doria).* ☎ *04-95-37-04-15. L'été, tlj en continu. Fermé le mer et le dim soir hors saison. Congés : fév-mars. Plat du jour 12,50-15 €. Carte 35 €.* Sur une agréable place on déguste une cuisine familiale et régionale de bon aloi (soupe corse, cannellonis, *fiadone*). En été, petite carte proposée en continu hors des heures de service, (salades, omelettes...). Bon accueil.

BASTIA, LE CAP CORSE, SAINT-FLORENT ET SES ENVIRONS

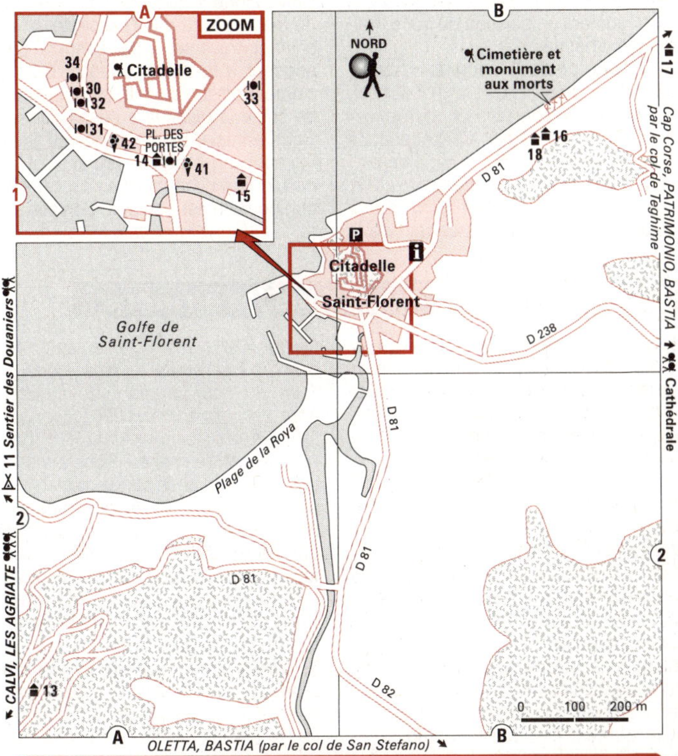

SAINT-FLORENT

Adresse utile

Office municipal de tourisme

Où dormir ?

11 Camping Acqua Dolce
13 Chambres d'hôtes Villa Serena
14 Hôtel-restaurant de l'Europe *(zoom)*
15 Hôtel Maxime *(zoom)*
16 Appart Bleu Azur
17 Hôtel Thalassa
18 Hôtel Sole e Mare

Où manger ?

14 Hôtel-restaurant de l'Europe *(zoom)*
30 L'Arrière-cour *(zoom)*
31 Le Petit Caporal *(zoom)*
32 U Troglu *(zoom)*
33 L'Auberge du Pêcheur *(zoom)*
34 Ind'è Lucia *(zoom)*

Où déguster une glace ?

41 Le Passage *(zoom)*
42 La Gelateria *(zoom)*

De chic à plus chic

Le Petit Caporal *(plan zoom,* ***31****) : sur le port.* ☎ *04-95-39-01-01. Tlj midi et soir en saison. Pizzas 11-16 €. Plats 20-26 €.* Parmi les nombreuses adresses du port, celle-ci tire largement son épingle du jeu. Les habitués s'y retrouvent en bande et les touristes suivent le mouvement. Cuisine régulière et service prévenant. Les petits budgets opteront pour les bonnes pizzas, les budgets moyens choisiront les excellentes pâtes (celles aux fruits de mer sont top), et si on est en fonds, on dégustera un poisson du golfe, fraîchement pêché.

L'Auberge du Pêcheur (plan zoom, **33**) : *route de Patrimonio. 06-24-36-30-42. • poissonneriestchristophe@orange.fr • Entrée par la* Poissonnerie Saint-Christophe. *De mi-mai à mi-oct, tlj, slt le soir, sur résa. Carte 45-50 €. Digestif offert sur présentation de ce guide.* Ici, on est sûr et certain de la provenance du poisson ou des fruits de mer qui sont dans l'assiette. Il faut, en effet, traverser la poissonnerie pour accéder à la courette-resto, bien au calme. Poisson au four, loup en croûte de sel, *a la plancha* ou sans cuisson. Cette adresse tourne le dos au Saint-Florent bling-bling du port, et c'est tant mieux. Tout de même bien cher, mais le bon poisson est à ce prix. Bon service.

Où dormir ? Où manger dans les environs ?

Vers Oletta

Auberge Le Montana : *route d'***Oletta.** *☎ 04-95-37-14-85. • info@auberge-lemontana.com • auberge-lemontana.com • À 3 km de Saint-Florent. Resto fermé mer midi, plus mer soir hors saison. Congés : déc-janv. Doubles 65-80 €, en ½ pens 112-137 € selon saison. Assiette repas (mer, terroir et végétarienne) et son café gourmand 26 €.* Pour ceux que l'arrière-pays ne dérange pas, une adresse recommandable, même si la route est bien proche. Bon accueil, petite piscine (peu de place autour pour les transats) et chambres refaites, bien tenues bien que petites. Des plats corses traditionnels bien préparés, servis dans la pimpante salle à manger, avec, hors saison (d'octobre à mars), de l'agneau de lait – hmm, qu'il est bon ! En saison, la carte met surtout l'accent sur le poisson.

Les Arbousiers : *à* **Castellucio-d'Oletta** *(route d'Oletta). 06-14-61-03-11. • hotellesgalets@wanadoo.fr • residencesaintflorent.com • À 6 km de Saint-Florent. Avr-fin sept. Minivillas pour 2-5 pers 465-1 065 €/sem selon saison.* Au calme et au vert de l'arrière-pays. Des maisonnettes en dur avec terrasse, kitchenette assez simple mais correctement équipée (frigo, cuisinière électrique, micro-ondes), salle d'eau et w-c, 1 ou 2 chambres. Parking privé et abri motos. Cadre fleuri, grande piscine, l'endroit est agréable.

Albaria Lodge : *route de San Griolo, 20232* **Oletta.** *06-09-72-50-01. • info@albaria-lodge.com • albaria-lodge.com • De Saint-Florent, direction Oletta ; 2 km après le dernier rond-point, prendre une petite route à droite sur 1 km. Avr-oct. Compter 340-750 €/sem pour 2-4 pers et 460-1 090 €/sem pour 5-6 pers. Min 2 sem en juil-août.* Dans un bosquet de chênes-lièges adossé à une butte, 4 grands bungalows en bois, agencés différemment pour accueillir de 2 à 6 personnes. Dans chaque unité, cuisine équipée, buanderie et grande terrasse. Vélos mis à disposition gratuitement. Très dépaysant. Les propriétaires, qui ne sont pas toujours là, sont des sportifs de haut niveau.

Chambres d'hôtes U Lampione : *pl. de l'Église, 20232* **Oletta.** *☎ 04-95-35-25-46. 06-11-36-48-49. • annesognobezza@orange.fr • ulampione.fr • En plein centre du village. Congés : fêtes de fin d'année. Selon saison, doubles 75-90 €, studios 390-490 € et 2-pièces 490-590 €. CB refusées.* Cette maison nichée au cœur du village, à 3 génuflexions de l'église, est très joliment relookée : une cloison de chambre percée de hublots, des volets en guise de tête de lit, des murs de pierre et autres pièces voûtées. Chambres d'hôtes ou gîtes, faites votre choix : les gentils proprios se chargeront de vous faire passer un agréable séjour.

Chambres d'hôtes La Casa di l'Amanduli : *Troscia, route de la Plaine, 20232* **Olmeta-di-Tuda.** *☎ 04-95-37-28-87. • contact@casadilamanduli.com • acasadilamanduli.com • À 8 km de Saint-Florent. Prendre la route d'Oletta sur env 6 km, puis à droite en direction du lac de Padula (2 km). Le traverser puis prendre la 1re à gauche (direction San Petru). Congés :*

nov-mars. Doubles 95-130 € selon saison. Bel environnement bucolique, entouré de champs d'amandiers, de quelques animaux qui paissent et de collines qui ondulent. 4 chambres personnalisées de styles différents, d'excellente tenue et coquettes. 2 sur le devant, 2 autres à l'arrière. Grand salon vitré, avec canapé et billard. Piscine élégante et généreuse, posée sur une grande pelouse. Calme total et charme indéniable, à l'image de la propriétaire. On s'y sent vraiment bien. Assiette « *Terra Corsa* » pour les clients si vous ne souhaitez pas ressortir.

Chambres d'hôtes U Castellu Piattu *(Gîtes de France ; chez Jean-Louis et Martine Fratani)* **: Pezzo-Brietta.** *☎ 04-95-37-28-64. • fratani20@yahoo.fr • castellupiattu.chez.com • De Saint-Florent, prendre la route de la Cathédrale sur 3-4 km, jusqu'au moment où Brietta est indiqué sur la gauche ; puis piste, un peu difficile parfois. Avr-oct. Compter 95-115 € pour 2 et 130-140 € pour 3 selon saison. CB refusées.* Perdue en plein milieu du vignoble de Patrimonio, une adresse originale offrant 5 belles chambres dans la dépendance d'une maison à l'architecture étonnante, sorte de petit château contemporain qui ne laisse pas indifférent. Grande piscine, calme total et vue extra sur les vignobles. Très dépaysant.

Le Potager du Nebbio : *route de San Griolo, à* **Oletta.** *☎ 04-95-60-64-16. • lepotagerdunebbio@orange.fr • Fléché à droite 2 km après la sortie de Saint-Florent, sur la route d'Oletta (D 82), en face du supermarché Leclerc ; ensuite, chemin de terre sur env 2 km. Tlj midi et soir, sf lun hors saison. Congés : nov-mars. Carte 30-35 €. Plat végétarien env 15 €. CB refusées.* Bienvenue dans cette exploitation agricole bio où les produits utilisés ont des racines locales (fruits et légumes du jardin), et les plats sont d'inspiration variée (samossa au fromage frais ou tiramisù à la châtaigne, par exemple...). Jérémie et Sophie élaborent de fameuses recettes qui enchantent les papilles, servies sous les arbres à des tables colorées. Quelques tables basses pour prendre l'apéro. On aime, d'autant que l'accueil est extra.

Vers les Agriate

U Santu Petru : *20217* **Casta.** *☎ 04-95-37-04-60. • u.santu.petru@orange.fr • usantupetru.net • À 9 km de Saint-Florent, vers l'entrée de Casta quand on se dirige vers la Balagne. Mai-fin sept. Doubles 65-85 €. Formule 12 € le midi et menu env 20 € ; carte env 30 €. CB refusées. Café offert sur présentation de ce guide.* Le restaurant offre une cuisine généreuse avec, par exemple, des beignets de fromage frais, des lasagnes au sanglier, assiette corse. Excellent accueil de la famille Volelli, qui propose également des chambres agréables et confortables. Location de VTT. Navette 4x4 (payante) pour Saleccia et, de manière plus générale, excursions en 4x4 (*06-64-00-38-92 ; • saleccia-off-road.com •*).

Hôtel Le Relais de Saleccia : *20217* **Casta.** *06-67-99-35-90. • info@hotel-corse-saleccia.com • hotel-corse-saleccia.com • À 12 km de Saint-Florent, sur la D 81, vers la sortie de Casta quand on se dirige vers la Balagne. De mi-avr à fin sept. Resto ouv le midi. Doubles 63-83 € selon confort et saison. Formule 12-15 € ; carte 25-30 €. Apéritif offert sur présentation de ce guide.* Bon petit hôtel d'une dizaine de chambres, dont 5 avec petite terrasse et vue superbe sur les Agriate, le monte Genova et un coin de mer au loin. Douche et w-c privés, bonne literie. Également un appartement pour 2 à 4 personnes (location à la semaine en saison). Le resto et le bar sont dans une salle prolongée par une petite terrasse ouvrant sur le même magnifique paysage. Cuisine corse simple et soignée. Fait aussi snack. Location de VTT et VTT électrique. Navette 4x4 (payante) pour Saleccia.

La Canardière : *à* **Casta** *(direction Balagne), à env 7 km de Saint-Florent. Puis suivre la piste sur env 1 km. ☎ 04-95-37-20-79. 06-83-07-10-34. • lacanardiere@live.fr • lacanardiere.com • Tte l'année. Camping 18 € pour 2 avec tente et voiture. Mobile homes pour 2, 300-585 €/sem ; pour 5, 420-720 €/sem. Juil-août, loc à la sem. CB refusées. (à l'accueil).*

Dans un site absolument sauvage, à flanc de colline et avec vue sur la mer. Un peu à l'écart de la ferme apicole familiale, quelques mobile homes climatisés avec terrasse. Également une aire naturelle de camping avec une poignée d'emplacements pour planter sa tente. Sanitaires modestes.

Dans le Nebbio

Ferme-auberge Campu di Monte : *à **Murato.** Une fois dans le village, demandez votre direction, c'est le plus simple. ☎ 04-95-37-64-39. De juin à mi-sept, ouv ts les soirs ; le reste de l'année, ouv également le dim midi. Résa obligatoire. Compter env 55 €, apéro, vin et café compris. CB refusées.* Coup de cœur pour cette merveilleuse ferme-auberge située dans une vieille maison tout en schiste et en lauzes, face à un paysage divin. Plusieurs petites salles à manger, aménagées avec beaucoup de goût dans les dépendances de la ferme (ici, on ne mange pas en extérieur). Fine cuisine, aussi bonne que l'endroit est beau, avec des spécialités comme le ragoût de veau, la truite locale, les beignets de courgettes, le *fiadone.* Tous les plats sont servis à volonté. Excellent accueil.

Le But : *à **Murato,** au centre du village. ☎ 04-95-37-60-92. En saison, ouv le soir tlj (sf lun et mar), plus le midi dim ; en hiver, ouv slt ven et sam soir, et dim midi. Congés : janv. Résa obligatoire. Menu unique env 45 €, apéro, vin et café compris.* Une salle rustique et fleurie, et l'une des plus redoutables auberges de l'île. D'ailleurs, chacun dans le pays vous le dira : au *But,* on mange comme quatre, et quand vient le chariot de fromages et de confitures maison, on n'en peut plus, mais ils sont si bons, ces fromages, et le patron, par ailleurs aimable, aurait tendance à se vexer si vous n'en vouliez pas... Bref, qu'on le veuille ou non, on s'explose la panse. Cuisine corse traditionnelle, hyper copieuse, donc, et bonne.

Chambres d'hôtes chez Paul-Henri Gaucher : *à **Vallecalle** (20232). ☎ 04-95-37-60-60. • phgaucher@sfr.fr • chambresencorse.com • À 16 km de Saint-Florent par Oletta. En bas du hameau principal de Vallecalle (suivre le fléchage). Tte l'année. Compter 66-71 € pour 2 (et 85-105 € pour 3-4 pers selon chambres). Table d'hôtes, sf en août, 25 € un soir sur 2 (sur résa 48h avt). 3 nuits min l'été (ce qui peut en rebuter certains).* 3 grandes chambres à l'étage, dont 2 qui peuvent accueillir 3 à 5 personnes, dans une maison du XVIIIe s ayant gardé le cachet de l'ancien (plancher en châtaignier jusque dans les salles de bains). Jolie atmosphère. Situation agréable et vue magnifique depuis le jardin ou des transats vous attendent (et même un hamac).

I Fratelli : *à la sortie du village, direction Pieve. ☎ 04-95-57-08-63. • i.fratelli@orange.fr • Tte l'année, midi et soir. Fermé lun en basse saison. Menu 28 €. Digestif offert sur présentation de ce guide.* Le genre café de village mis au goût du jour, ouvert à l'année. Hyper copieux, le menu voit défiler beignets et charcuterie, veau et lasagnes avant fromage et dessert. Autant dire qu'on redescend sur la côte bien calé. Belle terrasse donnant sur la Conca d'Oro.

Chambres d'hôtes Casa Ghjunca (Gîtes de France) **:** *à **Rapale** (20246), dans le village (côté est). 06-43-15-76-95. • balbinot-janick@orange.fr • Tte l'année. Double 90 € ; suite parentale 160 €. Apéritif offert sur présentation de ce guide.* Grande maison en pierre de 3 étages, datant du XVIIIe s, dans laquelle le moderne et l'ancien s'allient à la perfection. On y trouve 5 chambres : 2 « petites » (enfin... 20 m^2, tout de même) et 3 plus spacieuses, dont 1 suite parentale, toutes avec AC, TV, chaîne hi-fi, meublées et décorées avec beaucoup de goût. Excellent petit déjeuner.

Où boire un verre ? Où déguster une glace ? Où danser ?

Le Bara Vin, Le Mathurin : *pl. Lefebvre-Desnouettes (ex-Doria). ☎ 04-95-37-04-48. Ouv à partir de 16h30.* Bonne sélection de crus de la région. Une joyeuse occasion de les tester, avant d'aller faire un tour directement chez les producteurs. Tapas et *mezze* à déguster également.

Le Passage *(plan zoom,* ***41****)* **:** *pl. des Portes. ☎ 04-95-37-08-51. Tte l'année.* Chouette patio ombragé pour déguster de succulents sorbets et glaces.

La Gelateria *(plan zoom,* ***42****)* **:** *dans la rue principale. 06-66-67-90-00. Mai-sept, tlj 14h-22h.* Glaces artisanales, une cinquantaine de parfums différents (au miel du Nebbio, liqueur de myrte, figue...).

La Conca d'Oro : *à* ***Oletta.*** *☎ 04-95-39-00-46. À 6 km de Saint-Florent, à gauche de la route (fléché). Mai-sept. Entrée : 10 €.* La boîte incontournable de la région, qui draine locaux et touristes.

Où acheter de bons produits du terroir ?

Épicerie U San Petrone : *pl. Lefebvre-Desnouettes (ex-Doria). ☎ 04-95-37-10-95. Mai-sept : juil-août, tlj 9h-12h30, 15h30-21h ; sinon, tlj 10h-12h, 14h-17h.* L'antre de Benoît Rinaldi, agriculteur-charcutier en Castagniccia, est considéré comme l'un des mieux approvisionnés de Corse : charcuterie, fromages, liqueurs, vin, tous de grande qualité.

Produits Corses Angeli : *rue du Centre. 06-81-84-80-18. Tlj en saison, 7h-20h.* Belle gamme de produits de qualité ici aussi.

À voir

– Audioguides MP3 disponibles pour la visite de la ***cathédrale*** : *2 € ;* ***cathédrale et village :*** *3 €.*

La cathédrale de Nebbio *(Santa Maria Assunta ; hors plan par B1)* **:** *à 1 km du port. Lun-ven 9h30-12h, 15h-18h30 ; sam 9h30-12h ; dim 15h-18h30. Entrée (de juin à mi-oct) : 1,50 € ; gratuit moins de 16 ans. Audioguide : 2 €.* Belle église romane d'époque pisane (XIIe s), longue de 30 m et large de 14 m, c'est-à-dire plutôt imposante pour l'époque. Sa grande simplicité extérieure, principalement marquée par de jolis modillons (éléments sculptés en pierre soutenant la corniche), cache une jolie richesse intérieure. Les bas-côtés sont séparés de la nef centrale par de massives colonnes à section carrée ou circulaire en alternance, ornées de chapiteaux naïfs avec animaux (lion, escargots, serpents, tête de bélier...) et végétaux stylisés. Notez les fresques du XVe s dans le chœur et les jolis autels du XVIIe s (baroque) dont les bas-reliefs se confondent avec ceux du mur. Enfin, une inhabituelle relique du corps d'un soldat romain (IIIe s) vêtu d'une tunique richement brodée du XVIIe s.

La citadelle *(plan zoom A-B1)* **:** *accès par la pl. Lefebvre-Desnouettes (ex-Doria). Juil-août, expos dans le donjon (entrée : 1,50 €).* Construite par les Génois en 1439, elle a résisté à pas mal d'assauts et bombardements, y compris ceux de l'amiral Nelson en 1794. La petite promenade dans la vieille ville derrière le port se révèle bien agréable, jusqu'à l'imposante église fortifiée.

Le cimetière et le monument aux morts *(plan B1)* **:** *sur la route de Patrimonio, juste après la villa* Bleu Azur *mais côté mer.* Dans cette « nécropole nationale » sont enterrés 49 soldats et goumiers (du groupe des Tabors marocains), morts pour la France en octobre 1943, lors des combats contre les Allemands au col de Teghime, qui ont abouti à la libération de Bastia.

À faire

➢ ***Promenades en vedette :*** *mai-sept, navettes entre Saint-Florent et la plage du Lodo (Lotu), dans le désert des Agriate, avec* ***Popeye*** *(☎ 04-95-37-19-07 ; résas au 06-62-16-23-76 ; • lepopeye.com •). Départ ttes les heures depuis le port à* *partir de 9h ; heure de retour imposée pour certains tours. Env 16-20 €/pers A/R selon période ; réduc. Moins cher si l'on choisit un départ à 9h (mais retour à 13h30 max). Bateau-taxi possible avec* Popeye *entre Saint-Florent et Saleccia : 25-30 €/pers A/R.* Un bon moyen pour voir les Agriate depuis la mer.

➢ Avec **Promenades en mer** également : *avec* ***Speed Mare.*** *06-12-99-23-65 ou 06-34-12-56-31. • promenades-mer-saint-florent.com • Bateau rapide de 12 pers, départs face à la capitainerie, à partir de 9h en saison (9h30 sinon). Compter 25-30 € selon saison.*

➢ **Dominique Plaisance :** *quai de l'Aliso, face à la gendarmerie. ☎ 04-95-37-07-08. 06-16-90-58-02. • dominiqueplaisance.com • Avr-oct. Loc de bateaux avec ou sans permis à la ½ journée, à la journée ou à la sem. Forte caution demandée.* Semi-rigide ou Cap-Camarat. Carte côtière avec les petites criques indiquées. Propose également des sorties aux Agriate.

➢ ***Club de voile et de plongée sous-marine CESM :*** *plage de la Roya. ☎ 04-95-37-00-61. • cesm.net • Pâques-oct.* Ce club – convivial et pas cher du tout – propose des stages de voile et de plongée sous-marine en externat, demi-pension ou pension complète.

➢ ***Altore*** *(Sports Adventure Corsica)* **:** *plage de la Roya (camping Aqua Dolce). 06-88-21-49-16. • altore.com • Avr-oct. École de parapente (15 juin-15 sept). Baptêmes : parapente 80 € ; bateau volant à partir de 120 €.* Plusieurs sites pour le parapente, près de Saint-Florent ou dans le Cap. Également activités de canyoning et « bateau volant » (aile delta montée sur un bateau pneumatique).

Plongée sous-marine

Nombreux spots intéressants dans le coin, tels la *pointe de Curza* (niveau I), riche en faune (poulpes, murènes, congres, spirographes...) ; le *Gendarme* (niveau II), très poissonneuse, et la sublime *roche de Nonza* (niveau III) avec son impressionnant tombant.

Clubs de plongée

Tous les clubs proposent baptêmes, formations, explorations et initiation pour enfants à partir de 8 ans.

■ ***Actisub :*** *quai de l'Aliso (face à la gendarmerie), sur le port aménagé. 06-12-10-29-71 ou 06-07-70-18-01. • actisub.com • ♿ D'avr à mi-nov. Résa conseillée. Baptême env 60 €, plongées 37-48 € selon équipement ; forfaits dégressifs 5-10 plongées.* Plonger hors des sentiers battus, voici ce que propose ce petit club. Au programme, baptêmes, formations, sans oublier de belles explorations du côté des Agriate, sur des sites vierges, ou au cap Corse. Stages de photo sous-marine.

■ ***Saint-Florent Dauphin Club :*** *sur le port, à côté du carénage. ☎ 04-95-36-40-66. 06-14-62-84-46. • dauphin.club@wanadoo.fr • plongee-saint-florent.com • ♿ Mai-déc. Résa conseillée. Baptême env 49 €, plongées 40-49 € selon équipement.* Un petit club sympa, où Pierre Mifsud dispose de 2 bateaux confortables pour rejoindre les meilleurs spots du coin. Baptêmes, formations jusqu'au niveau III.

■ ***CESM Plongée :*** *voir coordonnées plus haut. Résa conseillée. Baptême env 50 €, plongées 45-50 € (membre ou pas, équipé ou pas) ; forfaits dégressifs. Cotisation CESM à ajouter.* Baptêmes, formations jusqu'au niveau III et de belles explorations encadrées. Stages avec hébergement également. Intéressante formule voile-plongée.

DANS LES ENVIRONS DE SAINT-FLORENT

Le panorama du col de San Stefano : *à 12,5 km au sud de Saint-Florent, entre Oletta et Murato.* Superbe vue sur le golfe de Saint-Florent et les montagnes du Nebbio, ainsi que sur l'épine dorsale du cap Corse. On aperçoit même un morceau de la mer de la côte orientale (sud de Bastia). Un peu avant le col, ***Olmeta-di-Tuda,*** petit village où se trouve la maison natale de Jean Casale, héros de l'aviation française. Du col, la D 162 mène à Murato (voir plus loin). Suivre la D 62 en direction de ***Vallecalle*** et ***Pieve*** : s'arrêter à l'église de *Pieve,* au-dessus de la route, pour jeter un coup d'œil aux trois statues-menhirs *(stantare)* qui contemplent paisiblement la vallée.
On peut rentrer sur Saint-Florent par l'étonnant village de ***Santo-Pietro-di-Tenda,*** où il est impossible de manquer l'*église Saint-Jean-l'Évangéliste,* l'une des plus grandes de Corse (mais en mauvais état). Tous les villages du Nebbio sont également faciles d'accès depuis Bastia par la route du *défilé du Lancone,* qui se prend sur la HT 20 au sud de Biguglia.

L'église San Michele : *la perle du Nebbio, à 1 km de Murato sur la D 162.* Une de nos églises préférées en Corse (ce fut aussi l'avis de Mérimée lors de son voyage d'inspection des Monuments historiques au XIXe s). Elle est en général fermée : pour y entrer, demander les clés à la mairie de Murato *(lun-ven 9h-12h, 14h-17h).* Rien de dramatique si vous la visitez en dehors de ces jours ou horaires, le plus intéressant est tout de même à l'extérieur (à signaler : très bon accueil à la mairie).
Un site extraordinaire : un promontoire isolé, avec une vue très étendue sur le golfe de Saint-Florent, les Agriate et, bien sûr, les montagnes du Nebbio. Sa silhouette originale se détache dans le ciel corse.
C'est une superbe église romane de l'époque pisane (sans doute construite vers 1140 et consacrée vers 1280), qui se caractérise par la polychromie de ses murs, composés de chlorite verte et de calcaire blanc en alternance, dessinant tantôt des zébrures, tantôt des damiers sans souci de régularité. Étonnant clocher-porche monumental soutenu par de lourdes colonnes (le clocher a été rehaussé à la fin du XIXe s). Autre curiosité : la fantaisie et la variété surprenantes des motifs sculptés. En façade, on devine un homme et une femme sculptés. Sur tout le pourtour, une frise court, formant de petites arcades aux bases sculptées de ciseaux, gerbes de blé, main coupée, pièces. On pense que certaines symbolisaient les punitions dont écopaient les brigands et les voleurs, puisque l'église servait autrefois de tribunal. En tout cas, les sculptures sont superbes. Sous les fenêtres latérales extérieures, beaux entrelacs de serpents. Sur la façade nord, côté mer, on voit Ève succombant au serpent, la main droite cachant son sexe (tout de même, on a sa pudeur !).
À l'intérieur de l'église, colonnes à chapiteaux sculptés et mobilier intéressant (statue et reliques de saint Flor, martyrisé au IIIe s, statue en marbre blanc de la Vierge à l'Enfant, Christ noir).

Murato *(Muratu)* **:** le village le plus important du Nebbio. C'est de ce village qu'est originaire la famille de Raul Leoni, élu président du Venezuela en 1963. Le plus drôle est que son adversaire n'était autre qu'un Pietri, d'une famille originaire, elle, du cap Corse ! Le village est un haut lieu de l'histoire corse puisque Paoli s'y installa (son quartier général était le couvent) et y fit battre la monnaie corse depuis le palais de la monnaie *(a zecca)* ; on peut y voir une église (Saint-Jean-l'Évangéliste) dont la particularité est d'avoir un clocher triangulaire... Quelques quartiers qui fleurent bon le Moyen Âge, trois ponts génois pas loin et une ancienne glacière, pas mal pour un village de 560 habitants !

➢ De Murato à Saint-Florent, très jolie petite route qui passe par les villages perchés du Nebbio : *Rapale, Sorio, Santo-Pietro-di-Tenda.*

LES AGRIATE / e agriate

« On dirait un immense champ d'ossements... Dans cette terre écartée et inquiétante, l'imagination s'égare volontiers : les dolmens sont des vaisseaux de l'ogre et les ponts des constructions du Diable... » Telle est la description que fit le romancier Pierre Benoit, dans *Les Agriates,* de cet incroyable morceau de nature à l'état brut.
Réglons tout d'abord un (double) problème de terminologie : ce n'est pas un « désert » (la zone est certes inhabitée mais couverte de végétation), et si l'usage a longtemps entériné l'orthographe Agriates, les corsophones font remarquer que les Agriate (sans « s » final) sont, en corse, un pluriel et que le « s » final est redondant !
Touffu, impénétrable, inextricable, tout en épines et pourtant habité par les senteurs de l'île, le maquis couvre à perte de vue ce monde étrange, hérissé d'escarpements rocheux, raviné par quelques ruisseaux qui engendrent de petits étangs, uniques oasis de fraîcheur dans un univers torride. Pas de villages habités, de rarissimes maisons le long de la D 81, des vestiges de bergeries, les *pagliaghji* (paillers), en pierre, couverts de *teghje* ou de terre. Aucune route, seulement des pistes en piteux état (tant mieux !), chemins d'aventure et de purgatoire avant le paradis des plages de sable fin (Saleccia, Lodo – ou Lotu –, Malfalcu-Ghignu).
Entre la Balagne et le cap Corse, les Agriate représentent 40 km de côtes magnifiques, intactes. La Corse avant la Corse, autant de lieux que le temps n'a pas défigurés. Et pourtant, il y en a eu des projets aberrants, comme ces idées d'y implanter un centre d'essai atomique ou de transformer les Agriate en une immense zone de loisirs dédiée au dieu Tourisme. La *Banque Rothschild* posséda même une grande partie des terres avant le rachat, lent et obstiné, de la quasi-totalité de la façade maritime par le Conservatoire du littoral (qui possède aujourd'hui 5 500 ha). Ouf ! On est soulagé de savoir cette symphonie de rocaille, de lumière et de vent définitivement sauvée des menaces immobilières. Reste un ennemi sournois, ravageur, impitoyable : le feu. Le dernier grand incendie remonte à septembre 1992. En quelques instants, près de 5 000 ha de maquis (et d'oliviers) sont partis en fumée ! Depuis, la vie a quand même repris ses droits, et le maquis reverdit peu à peu.

LE PLUS GRAND SITE NATUREL DU LITTORAL MÉDITERRANÉEN

Est-ce vraiment un désert aussi désertique que cela ? Non, car il y a de l'eau, des ruisseaux, des sources et des étangs en bordure de mer. Et des animaux en pagaille ! Des vaches débonnaires assoupies sur les plages, des sangliers cachés dans les buissons, des lapins, des perdrix, des fauvettes et des jasons (grands papillons brun et orangé), sans oublier quelques petits troupeaux de moutons et de chèvres.
Au printemps, l'air est parfumé des senteurs du maquis corse (arbousiers, romarin, lentisques, myrtes et cistes). Preuve que tout pousse dans les Agriate ! Jadis, à l'époque génoise, les agriculteurs y cultivaient du blé dans des champs enclos de murets de pierre (que l'on remarque toujours aujourd'hui).

Comment y aller ?

IMPORTANT : sauf si vous avez décidé de prendre le maquis, on déconseille formellement l'intérieur des Agriate. Les seuls sentiers balisés (celui du littoral et celui de Punta Liatoghju à Ostriconi) permettent de découvrir ce milieu suffisamment bien. Quant aux pistes, sachez qu'elles sont très difficiles (voir ci-dessous) et qu'il ne faut en aucun cas s'en écarter. Et puis vous aviez saisi qu'il n'y a pas de camion-poubelle ici, et prévu de remporter vos détritus, non ?

Par la mer

➢ Une superbe balade à faire au départ de Saint-Florent, d'où des navettes régulières relient en été le port de Saint-Florent à la plage du Lodo (Lotu) ; de là, on est à celle de Saleccia en 1h à pied (lire « À faire » à Saint-Florent). Bien pour passer une journée sur une plage de rêve (sauf que les horaires sont assez contraignants).

Par les pistes

2 pistes (peu carrossables) partent de la route D 81 et mènent à la mer à travers le maquis. Ces pistes évoluent d'une saison à l'autre, au gré des remises en état et des intempéries, une année carrossables, l'autre non. Les emprunter à pied est très dangereux (si un incendie venait à prendre). D'ailleurs, elles sont interdites à la circulation dès que le vent dépasse les 40 km/h.

➢ ***Piste pour la plage de Saleccia :*** longue de 12 km et généralement en mauvais état, la piste commence sur la D 81, après le hameau de Casta, à 300 m de l'hôtel *Relais de Saleccia,* en allant vers L'Île-Rousse. Compter 1h en voiture (quand ça passe : la vitesse est limitée à 30 km/h) et 45 mn-1h30 à VTT. Pas toujours agréable à VTT vu le trafic de 4x4. Beaucoup de monde sur cette plage, d'autant qu'un camping s'est installé à proximité. Reste cependant une perle du littoral corse.

➢ ***Piste pour la plage de Malfalcu-Ghignu :*** longue de 14 km. En très mauvais état et même quasi impraticable (4x4 requis). Se prend à 22 km à l'ouest de Saint-Florent, à droite de la route D 81 (en venant de Saint-Florent), au lieu-dit *Bocca-di-Vezzu.* La piste descend jusqu'à la mer à travers des paysages dépouillés.

Par le sentier du littoral (sentier des Douaniers)

Magnifique randonnée, sans difficulté majeure (armés d'eau et d'un couvre-chef), pour découvrir, le temps d'un week-end ensoleillé de Pâques ou de la Toussaint – à coup sûr la meilleure époque pour une météo clémente –, la magie des Agriate de la façon la plus écologique qui soit : la marche. Ce chemin des Douaniers est à la mer ce que le GR 20 est à la montagne, avec moins de monde, les autorités ayant choisi de peu promouvoir cet itinéraire exceptionnel. Départ de Saint-Florent, de la plage de la Roya (une piste intérieure mène à l'anse de Fornali où débute le sentier littoral). Arrivée une quarantaine de kilomètres plus loin à l'anse de Peraiola (plage de l'Ostriconi). Compter 3 étapes.

➢ ***1re étape :*** de Saint-Florent à la plage de Saleccia. Prévoir 6h de marche, avec comme points forts les petits marais de Valdolese (ou Fiume Bughiu) et du Fiume Santu (passages dans l'eau), la tour de la Mortella, les vaches paresseusement allongées sur la plage du Lodo (Lotu) et les dunes boisées de pins d'Alep et de genévriers de Saleccia.

➢ ***2e étape :*** entre la plage de Saleccia et la plage de Ghignu (où il est possible de dormir ; voir « Où dormir ? Où manger ? »). Promenade d'à peine 3h.

➢ ***Dernière étape :*** entre la plage et les paillers restaurés de Ghignu et l'embouchure de l'Ostriconi. Env 6h de randonnée suivant le bord de mer, sauf au niveau des escarpements de la pointe de l'Acciolu.

À VTT

Circuit d'un niveau relevé, sentier non aménagé pour VTT, portage obligé sur les zones sablonneuses et risque de déshydratation (emporter de l'eau).

➢ La traversée la plus simple (sportive tout de même) part du hameau de *Casta,* descend à la plage de Saleccia, puis suit le sentier du littoral jusqu'à la marine d'Alga, ce qui permet de remonter la piste passant par les hameaux de paillers de Luogu Pianu et des Terriccie jusqu'à l'Ostriconi (compter 7-8h de VTT ; prévoir une manœuvre de véhicules, ou alors 14 km pour revenir au hameau de Casta par la D 81). Bon courage !

Par la route D 81

Elle traverse l'intérieur des Agriate, sur 28 km. Très beaux points de vue, notamment entre Casta et Bocca-di-Vezzu.

Où dormir ? Où manger ?

Petit rappel : le camping sauvage est STRICTEMENT INTERDIT.

Voir ***Le Relais de Saleccia*** et ***U Santu Petru,*** à *Casta*, présentés plus haut dans « Où dormir ? Où manger dans les environs ? » à Saint-Florent.

Refuge d'étape : *au-dessus de la* ***plage de Ghignu,*** *dans des paillers restaurés près de la mer. Rens à l'office de tourisme de Saint-Florent ou sur le site de la Haute-Corse. ☎ 04-95-59-17-35. • haute-corse.fr/site/index.php?page=agriate-reservation-paillers • De mai à mi-oct. Compter 12 €/pers la nuitée (5 nuits max).* Il y en a une dizaine, de 4 ou 6 couchages. Un pailler est aménagé en bloc sanitaire (douche, w-c).

Auberge de Pietra Monetta : *à Ostriconi, 20226* ***Palasca*** *(mais pas dans le village). ☎ 04-95-60-81-48 (chambres) ou 04-95-60-24-88 (resto). • auberge-pietramonetta@wanadoo.fr • location-agriates.com • À 8 km du centre de l'Île-Rousse, sur la route de Bastia, sur la gauche. Fermé lun midi hors saison ; fermé le midi lun-mar en août. Congés : fin oct-début avr. Doubles 90-96 €, avec petit déj. ½ pens 64-70 €/pers. Formule déj 15 € ; menu 27 €.* En bord de route, une vieille maison, ancien relais de poste. La salle à manger ancienne a du caractère, et la terrasse est agréable avec sa tonnelle et ses tables de bois. Bon accueil et succulente cuisine corse avec de l'agneau confit à l'ail, du sauté de veau ou de la soupe corse aux herbes. Tout est bon et frais, et les brebis viennent de la ferme familiale. Et si vous voulez y dormir, 4 chambres (avec sanitaires et AC) vous tendent les bras dans une maison en pierre attenante au resto. Elles sont propres et claires, plutôt mignonnes, avec poutres et terrasse.

À voir

La plage du Lodo *(Lotu)* **:** belle plage de sable fin, la plus proche de Saint-Florent par la mer (navettes régulières en été).

La plage de Saleccia : une merveille ! Accessible par une piste de 12 km (voir plus haut) ou par la mer, cette plage, longue de 1 km, est bordée par des dunes à genévriers (espèce protégée) et une pinède de pins d'Alep unique en Corse. Saleccia offre les couleurs d'un lagon tropical. Très fréquentée dès les beaux jours et visitée par de nombreux bateaux qui mouillent dans la baie. Ne pas s'attendre donc à une plage déserte en été. Une ancienne bergerie restaurée sert en été de poste de surveillance aux gardes départementaux du littoral chargés de la protection du site.

DÉLOCALISATION

Darryl Zanuck, le producteur du Jour le plus long, *avait loué, pour pas bien cher, les services de 22 vaisseaux de la 6e flotte de l'US Navy, qui étaient alors en manœuvre au large de la Corse. Pas question d'aller en Normandie, on choisit la plage vierge de Saleccia pour le tournage des scènes du débarquement à Omaha Beach. En effet, les marines américains servirent de figurants à un tarif... très abordable. Les autres scènes furent tournées sur l'île de Ré.*

Les plages de Ghignu et Malfalcu : situées plus à l'ouest, au bout d'une longue piste quasi impraticable (4x4 seulement), elles sont plus petites que les autres plages. Les motards aiment bien y venir, ainsi que les plaisanciers. Des refuges pour randonneurs ont été aménagés dans d'anciennes bergeries typiques (des *pagliaghji* aux toits de terre) restaurées et situées à l'aplomb de la plage de Ghignu, à environ 2 km à l'est de l'anse de Malfalcu (voir plus haut « Où dormir ? Où manger ? »).
Routard assoiffé et imprévoyant, une source est située à l'extrémité de cette paradisiaque plage de Ghignu : c'est la source la plus inattendue qui soit (le fleuve le plus court de toute la Corse), puisque, aussitôt jaillie d'un talus dont la base baigne dans la mer, son eau atteint déjà son embouchure !

La plage de l'Ostriconi : au fond de l'anse de Peraiola, point de rencontre entre les Agriate et la vallée de l'Ostriconi qui débouche sur la mer. Depuis la route principale (Corte/L'Île-Rousse), prendre une petite route sur la droite au niveau du camping. On descend par un sentier assez pentu. Se terminant par de langoureux méandres, la rivière, venue des montagnes, forme à son embouchure une sorte de zone marécageuse (d'ailleurs, dernièrement, pour accéder à la plage, il fallait donner de sa personne et traverser un bras de mer). Le long de la plage, les dunes abritent un magnifique peuplement de genévriers à gros fruits *(Juniperus macrocarpa),* espèce protégée, comptant parmi les plus spectaculaires de Corse. Pas mal de monde sur la plage en saison.

À faire

➢ **Randonnée dans les Agriate :** afin de mieux apprécier encore les rivages de l'Ostriconi, il faut s'aventurer au milieu des terres pour y découvrir, en une demi-journée de marche facile, un condensé des Agriate : criques paradisiaques, vieux *pagliaghji,* senteurs des cistes, des immortelles et de ces espèces du maquis dont les fleurs et les couleurs éclatent au printemps.
Partir de la route principale par le chemin du Gradu (piste démarrant dans la ligne droite au niveau du restaurant *L'Agriate*). Laisser le départ du sentier de Punta Liatoghju sur la gauche et continuer à pied sur la piste qui s'enfonce rapidement à l'intérieur du désert : sous la *punta di Granaia,* un joli abri sous roche est la première curiosité à admirer ; puis la piste continue vers la bergerie de Monticellacciu, plus cahoteuse encore, elle passe à proximité du hameau de pailliers de *Terriccie,* signalé par quelques oléastres (oliviers sauvages) et par le pacage de quelques ruminants.
À 300 m avant Terriccie, une piste (fermée à la circulation motorisée) partant sur la gauche permet de fermer la boucle en récupérant le sentier du littoral à Bocca Affacatoghju vers l'Ostriconi. Le sentier, situé en rive gauche, passe à côté d'anciennes bergeries en ruine et mène à la plage sableuse de *Vana.* Une fois atteint les dunes de l'Ostriconi et leurs vénérables genévriers aux racines affleurantes interminables, on rejoindra le point de départ par le chemin du Gradu. Durée : 6h30.

➢ Autre randonnée en suivant le sentier balisé de Punta Liatoghju (durée : 3h30). Départ du restaurant *L'Agriate* par le chemin communal du Gradu (ou piste de Terriccie), puis passage près de l'abri sous roche. On monte ensuite vers la punta di Granaia, puis cima a Forca, et Punta Liatoghju (magnifique vue sur la basse vallée d'Ostriconi, la plage, les dunes...) avant de redescendre vers le Gradu par un vallon. Carte IGN (Top 25, 4249 OT) fort utile.

LA BALAGNE

• Carte *p. 125*

L'ancien grenier à blé de la Corse forme un amphithéâtre montagneux ouvert sur la mer, avec pour capitale Calvi, ville historique et agréable station balnéaire bordée par une longue plage que longe une pinède, et dont la citadelle domine le golfe. Superbe arrière-pays de villages typés, environnés de maquis, d'oliveraies et de vignes... À l'est, L'Île-Rousse, port fondé par Paoli et aujourd'hui station balnéaire relax.

L'ÎLE-ROUSSE / L'ISULA ROSSA (20220) 3 200 hab.

Trois belles plages de sable fin, le record des températures les plus chaudes de Corse et un arrière-pays d'une beauté époustouflante (la Balagne et le Giussani) : on ne pouvait rêver de meilleures conditions naturelles pour cette station balnéaire investie par des flots de touristes estivaux. Paoli n'imaginait certainement pas telle destinée pour ce port qu'il avait fondé en 1758, dans le but de concurrencer la génoise Calvi.

Il y fait bon vivre, et c'est un excellent point de chute sur le tour de Corse. Circulation toutefois particulièrement difficile en été. Hors saison, L'Île-Rousse reprend son atmosphère de tranquille bourgade.

Arriver – Quitter

➢ ***En bateau :*** par les ferries de la *Corsica Linea* à destination de Marseille; ou par *Corsica Ferries* *(☎ 0825-095-095 ; 0,15 €/mn)* pour Nice ou Toulon. Ouverture de la gare maritime *(☎ 04-95-60-45-54)* et de la billetterie 2h avt chaque départ.

➢ ***En train :*** la gare est sur la route du Port. ☎ *04-95-60-00-50.* De/vers Bastia, 2 trains/j., tte l'année dont 1 (celui de l'ap-m) avec changement à Ponte-Leccia, compter 2h30. De/vers Ajaccio, 2 trains/j. avec changement à Ponte-Leccia, compter 4h. Magnifique incursion dans les montagnes. De/vers Calvi, train-tramway de Balagne ; voir plus loin « À faire ».

➢ ***En autocar :*** départs depuis le parking de la poste. De/vers

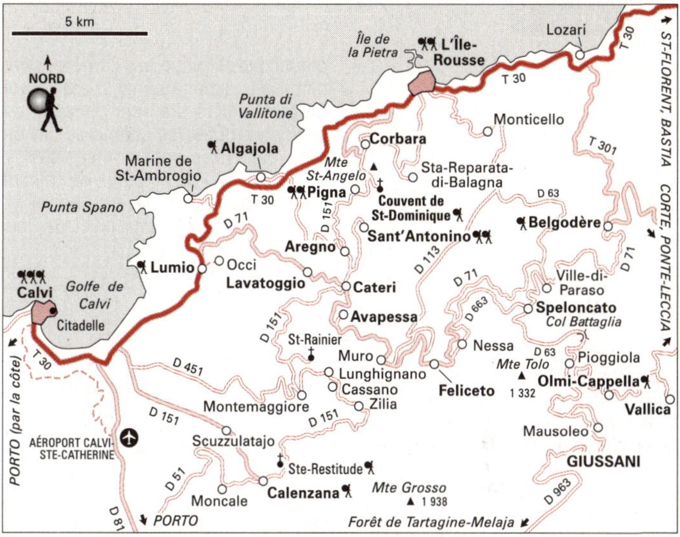

LA BALAGNE

Saint-Florent, en juil-août, en principe, 2 départs/j. sf dim et j. fériés avec les *Autocars Santini (☎ 04-95-37-02-98)*. De/vers Bastia, ligne Calvi-Bastia avec *Corsicar-Les Beaux Voyages (• corsicar.com • ☎ 04-95-65-11-35)*, 2 départs/j. tlj en juil-août, 1 départ/j. lun-sam hors saison.

Adresses utiles

Office de tourisme : *av. Joseph-Calizi, BP 42. ☎ 04-95-60-04-35 ou 04-95-60-80-14 (central de résas). • ot-ile-rousse.fr • balagne-corsica.com • En été, lun-sam 9h-19h ; dim 10h-13h, 15h-18h. Sinon, tlj sf dim 9h-12h, 14h-18h (fermé le w-e oct-avr). Rens sur les visites guidées de la ville (tte l'année sur résa).* Guide *Rando L'Île-Rousse* en vente : 13 boucles balisées à faire dans les environs.

Poste : *au début de la route de Monticello (D 63). Lun-sam 8h30-17h (12h sam).*

■ **Sélectour :** *av. Joseph-Calizi. ☎ 04-95-60-08-56. Lun-sam 9h-12h30 (12h sam), 14h30-19h (18h sam).* Vente de billets d'avion et de bateau (toutes compagnies).

■ **Location de VTT :** ***Passion Sports Action,*** *immeuble Le Relais, av. Paul-Doumer. ☎ 04-95-60-15-76. Tte l'année, tlj l'été, 8h30-19h30. Également* ***Balagne Cycles,*** *15 bis, av. Paul-Doumer. ☎ 04-95-38-12-99. • balagne-cycles.com • Fermé dim.* Propose la location de VTT et de vélos électriques.

■ **Location de bateaux :** ***Nautimarine,*** *route de Calvi. ☎ 04-95-60-00-73. • nautimarine.com • Lun-sam 8h-12h, 14h-18h. Fermé lun hors saison.* Matériel fiable. Parfait pour écumer la côte et ses criques secrètes. Bon accueil et judicieux conseils d'Olivier.

■ **Parkings :** parkings payants en plein centre, près de la place Paoli, face à la mer, ou en face de la poste, au début de la route pour Monticello.

Où dormir ?

Campings

⅄ ***Camping Les Oliviers :*** *route de Bastia,* ***Monticello.*** *☎ 04-95-60-19-92. 06-15-35-00-45. • contact@camping-oliviers.com • camping-oliviers.com • À 1 petit km du centre-ville et à 200 m de la plage. Début avr-début oct. Forfait pour 2 env 17-24 € (pas de résas) ; bungalows (4-6 pers) 240-860 €/sem. Café offert sur présentation de ce guide.* Plutôt bien ombragé et proche de la plage. Éviter les emplacements trop proches de la route. Belles calanques à proximité. Évidemment, on est un peu les uns sur les autres en été. Bar et pizzeria en saison.

⅄ ***Camping Le Bodri :*** *à 1,2 km de la sortie de L'Île-Rousse et à 400 m en contrebas de la route. ☎ 04-95-60-10-70. • info@campinglebodri.com • campinglebodri.com • bodri-bungalow.com • D'avr à mi-oct. Compter 29 € pour 2 avec tente et voiture (30 % de réduc mai-juin et sept). Bungalows 2-5 pers 365-875 €. CB refusées. (au bar).* Un vaste camping avec des emplacements plutôt spacieux, à l'ombre des eucalyptus et à 100 m de la plage. Une section séparée est réservée aux bungalows sous le nom *Bodri Bungalows*. Plusieurs niveaux de confort et de taille, à tous les prix. Snack-pizzeria et laverie. Il suffit de traverser la ligne de chemin de fer du petit train de Balagne pour tomber sur 2 belles plages de sable.

Prix moyens

Hôtel-restaurant Le Grillon : *10, av. Paul-Doumer. ☎ 04-95-60-00-49. • hr-le-grillon@wanadoo.fr • hotel-grillon.net • Mars-oct. Doubles avec sdb 50-73 € selon saison. En août, ½ pens imposée 90-116 € pour 2. Menus 16,50-19,50 €. Apéritif offert aux demi-pensionnaires et clients du resto sur présentation de ce guide.* Établissement central, sur le grand axe très passant qui traverse L'Île-Rousse. Mais l'édifice (banal) qui accueille les chambres est situé sur l'arrière, donc plutôt au calme. Au final, c'est un bon rapport qualité-prix, car l'accueil est sympa et toutes les chambres ont été rénovées. Elles sont confortables et agréables (AC pour toutes et balcons pour certaines). Table très honnête : cannellonis au *brocciu,* civet de sanglier, flan à la châtaigne...

L'Isula Rossa : *sur la route du port de commerce. ☎ 04-95-60-01-32. • hotelisularossa@wanadoo.fr • isularossa.com • Doubles avec ou sans vue 50-130 € selon saison.* Petit hôtel familial très bien situé sur le port. Une dizaine de chambres fonctionnelles et propres, avec AC et la plupart avec vue sur la Grande Bleue, et 2 avec balcon. Déco minimaliste et un brin tristounette, mais à ce prix-là et vu la situation, on ne va pas faire les difficiles.

De prix moyens à plus chic

Hôtel Funtana Marina : *route de Monticello. ☎ 04-95-60-16-12. • hotel-funtana-marina@wanadoo.fr • hotel-funtana.com • À 1 km de L'Île-Rousse ; c'est indiqué. Tte l'année. Doubles env 65-130 € selon vue et saison. Parking privé gratuit.* Hôtel moderne, propre et bien tenu, qui a le mérite d'être situé dans un quartier paisible et d'offrir une vue vraiment agréable sur L'Île-Rousse et la mer. Équipement moderne et balcon ou terrasse pour chaque chambre, avec vue panoramique sur la baie. Belle piscine chauffée.

Hôtel Cala di l'Oru : *bd Pierre-Pasquini. ☎ 04-95-60-14-75. • hotelcaladiloru@wanadoo.fr • hotel-caladiloru.com • En venant du nord, traverser le centre-ville et poursuivre sur la route de Calvi. Au niveau du supermarché* Leclerc, *prendre à droite et faire 500 m. L'hôtel est sur la gauche. Congés : nov-avr. Doubles avec sdb 69-140 € selon saison.* Intéressant 3-étoiles situé à 1,5 km du port d'embarquement, aux chambres pas immenses mais dotées de tout le confort moderne (AC), avec un vrai effort de déco. Jolies photos noir et blanc, œuvres contemporaines de qualité dans les parties communes et quelques beaux objets en vitrine. Sympathique piscine en terrasse sur l'arrière, au calme. Accueil familial et pro. Prestations impeccables.

☗ ***Splendid Hôtel :*** *av. Comte-Valery (petite rue perpendiculaire à celle qui longe la plage). ☎ 04-95-60-00-24. • info@le-splendid-hotel.com • le-splendid-hotel.com • Congés : de déc à mi-mars. Doubles 70-112 € selon saison, avec petit déj (ajouter 5 € côté piscine).* Belle bâtisse ocre à la façade Art déco, qui propose une cinquantaine de chambres avec vue, pas bien grandes mais tout confort (AC, ascenseur, double vitrage...). Déco assez neutre, mais l'ensemble est impeccable, l'accueil de bon aloi, et on est à 50 m de la plage. Hauts et vénérables palmiers au bord de la petite piscine, qui donnent de la classe au lieu.

☗ ***Hôtel L'Amiral :*** *bd Charles-Marie-Savelli. ☎ 04-95-60-28-05. • info@hotel-amiral.com • hotel-amiral.com • Avr-fin sept. Doubles 85-160 € selon vue (jardin ou mer) et saison. Parking gratuit.* De taille raisonnable (3 niveaux), familial et sympathique, cet établissement séduit grâce à sa très jolie déco marine (parquet de bateau, gravures et photos) dans les parties communes, et offre des chambres nickel, confortables et avec balcon. Terrasse en teck sur le devant, agréable pour prendre un verre en fin d'après-midi. Pour la plage, il suffit de traverser la rue, et le centre-ville est à peine plus loin. Une très bonne adresse, aux prestations régulières.

☗ ***Hôtel Best Western Santa Maria :*** *route du Port. ☎ 04-95-63-05-05. • info@hotelsantamaria.com • hotelsantamaria.com • Tte l'année. Selon saison, doubles standard avec sdb 85-164 €, et d'autres bien plus chères.* Très bien situé si vous devez prendre un bateau, voici un établissement contemporain agréable abritant des chambres impeccables et tout confort (avec balcon ou terrasse) qui donnent soit sur le petit jardin et la piscine, soit sur la mer et le port. Éviter tout de même celles qui donnent sur le parking. Bonne adresse dans cette catégorie. Il y a même un petit bout de plage privée (avec transats) au pied de l'hôtel !

LA BALAGNE

Où manger ?

De bon marché à prix moyens

🍽 ***U Spuntinu :*** *1, rue Napoléon. ☎ 04-95-60-00-05. • u.spuntinu@orange.fr • Fermé lun midi en saison, et lun midi et soir en mars et nov. Congés : 10 déc-fin fév. Formule déj 19 € ; assiette découverte 26,50 €.* *U Spuntinu,* c'est le casse-croûte en Corse. Ici, pas question d'un en-cas, mais d'une vraie cuisine corse, réalisée à base de produits frais. Belle « assiette découverte » avec tarte aux herbes et au *brocciu,* gratiné d'aubergines à la châtaigne, *conchiglioni* aux 3 viandes, puis un bon *fiadone,* à déguster dans les agréables salles voûtées.

🍽 ***A Quadrera :*** *6, rue Napoléon. ☎ 04-95-60-44-52. Tlj sf dim midi. Congés : nov-mars. Menu 22,50 € ; carte env 35 €. Apéritif offert sur présentation de ce guide.* Joli cadre rustique (salle voûtée avec pierres apparentes) ou petit bout de terrasse pour ce resto du centre-ville, où la « soupe de mon ex-femme » ou la « salade de M. Jojo, berger à Zilia » ouvre le menu de manière souriante. Une halte de qualité, où la cuisine, au-delà de l'humour, répond aux attentes du gastronome.

🍽 ***L'Osteria :*** *pl. Santelli. ☎ 04-95-31-90-90. • losteriamare@orange.fr • Au-dessus des rues piétonnes. Tlj sf mer et jeu midi. Menu 21 € ; carte env 40 €. Apéritif offert sur présentation de ce guide.* Un rien à l'écart de l'agitation, le rez-de-chaussée de cette ancienne fabrique de pâtes et sa terrasse sur rue proposent une cuisine corse sincère et soignée. Tous les plats fleurent bon le maquis et la marée, comme cet agneau en sauce ou ces seiches à la mode corse. À la carte, on flirte avec des tarifs gastro. Accueil affable.

La Crêperie : *3, pl. Paoli. ☎ 04-95-60-11-57. En saison, service à tte heure (jusqu'à 2h). Pizzas env 7,50-12 €, plat du jour env 12 € ; repas 15-20 €.* Formule brasserie avec pizzas, salades... et crêpes, bien sûr, salées ou sucrées. Pas de la grande gastronomie, mais une adresse surtout appréciable pour ses heures de service étendues, bien pratique pour grignoter un petit quelque chose sur la généreuse terrasse quand tout est fermé.

Brasserie du Port : *sur le port de commerce, à 1 km du centre. ☎ 04-95-60-10-66. Tlj midi et soir. Menus 18,80-20,80 € ; plats 15-25 €. Café offert sur présentation de ce guide.* Situation idéale pour ceux qui attendent un bateau. Les « Isolani » n'hésitent pas à délaisser le centre-ville pour venir ici profiter d'une cuisine nette et honnête (dans le sens noble du terme). Menus d'un excellent rapport qualité-prix : loup au fenouil, langoustines, moules... Une adresse familiale et régulière en qualité.

L'Arcubalenu : *2, rue Paoli. ☎ 04-95-60-45-45. Tlj midi et soir en saison. Formule corse 15,50 € (servie jusqu'à 12h30), et 20 € le menu complet.* Du travail plutôt bien fait à base de produits frais, et des prix serrés, dans une des rues les plus touristiques de la ville.

Où dormir ? Où manger dans les environs ?

Voir aussi les nombreuses adresses proposées dans l'arrière-pays (voir plus loin « La Balagne intérieure, le Giussani et l'Ostriconi »).

Chambres d'hôtes Tre Castelli, chez Christiane Bandini : *à 1,5 km de Monticello en direction de Speloncato. 06-17-96-16-66. • vanessabandini@orange.fr • Du centre de L'Île-Rousse, prendre la D 63 pour Monticello (route du Reginu), puis à gauche vers Speloncato. Après env 1,5 km, c'est sur la gauche. Avr-sept. Doubles 75-85 €, petit déj inclus. CB refusées.* Isolée à flanc de montagne, cette maison moderne à l'architecture originale est le point de chute idéal pour se ressourcer. Le calme est olympien, et la vue géniale sur les environs. Quant aux 5 chambres, elles se révèlent impeccables, spacieuses, claires et de bon confort (AC), et disposent toutes d'une entrée indépendante et d'une terrasse (2 seulement profitent de la vue panoramique). Accueil vraiment sympathique.

Hotel A Pasturella : *place du village, **Monticello**. ☎ 04-95-60-05-65. • a.pasturella@orange.fr • a-pasturella.fr • Doubles 79-116 €. ½ pens 177-210 €. Plats 20-34 €.* Sur la place du village, une grande bâtisse rénovée et tenue depuis 3 générations par la famille Martini. À l'intérieur, une dizaine de chambres pas bien grandes, mais tout confort et aménagées avec soin (ardoise noire dans les salles de bains, portes anciennes...), la plupart avec terrasse panoramique ou balcon donnant sur le golfe. Le resto s'honore de servir de bonnes spécialités corses du terre (cabri de lait, vache corse) ou de la mer (denti au four).

Pizzeria A Rusta : *route de Monticello. ☎ 04-95-60-14-34. • steph.mattei@wanadoo.fr • À 2,5 km du centre de L'Île-Rousse par la D 63 en direction de Monticello, bien indiqué sur la droite. Ouv tlj juin-sept, slt le soir. Slt le w-e le reste de l'année. Congés : de mi-déc à mi-janv. Pizzas 9-14 €.* En salle ou en cuisine, ce sont 3 générations d'une même famille qui s'activent pour contenter les habitués. Les pizzas au feu de bois sont croustillantes et généreuses, les grillades parfaites et les desserts maison ne déçoivent pas. On en oublierait presque la vue magnifique depuis la terrasse !

Auberge De Tesa : *Lozari, route de Reginu, Occhiatana, sur la commune de **Belgodère** (20226). ☎ 04-95-60-09-55. • info@aubergedetesa.com • aubergedetesa.com • À env 10 km à l'est de L'Île-Rousse. De la plage de Lozari, prendre une petite route de campagne (panneaux) ; c'est à*

2 km. D'avr à mi-oct. Doubles 65-75 €. ½ pens 150 € pour 2. Resto slt le soir. Menu 35 €. CB refusées. Cette petite auberge isolée en pleine nature est réputée pour sa cuisine corse aux accents méditerranéens, au sens large, servie dans une élégante salle à manger. Produits qui proviennent des fermes du secteur, et dans l'assiette ça se sent. Dispose de 7 chambres climatisées à l'étage, agréables, claires, confortables et simplement décorées. Pas de TV.

Hôtel Les Mouettes : *Lozari, à 1 km sur la T 301 (route de Belgodère, sur la droite). ☎ 04-95-60-03-23. • hotel.lozari@yahoo.fr • hotel-lozari.com • Avr-oct. Doubles 65-95 € et quadruples 115-160 €. ½ pens 30 €/pers en sus, avec le resto du même nom, situé à 1 km. Parking.* Une jolie adresse, en retrait du passage et de l'agitation de la côte, mais en même temps à proximité (1,5 km) d'une très belle plage. Entièrement rénovées avec goût et fraîcheur, les chambres sont impeccables et lumineuses, dans les tons blanc et gris, et offrent un excellent niveau de confort. Elles sont disposées en arc de cercle autour d'un jardin entretenu avec grand soin, où se niche une jolie piscine. Un sans-faute à prix très accessibles, même en haute saison.

Où acheter de bons gâteaux corses ?

Aux Gâteaux Corses *(chez Jean-Pierre Sartori)* **:** *rue de Nuit (rue qui donne sur la pl. Paoli). 06-15-88-35-64. Tlj (en hiver, mar-sam slt) 8h30-22h30.* Jean-Pierre est aux fourneaux et maman à la boutique pour approvisionner les habitués en *canistrelli* (aux olives noires, à la châtaigne), *fiadone* et *torta* (sorte de génoise, spécialité de la Balagne). N'hésitez pas à passer une tête dans les cuisines, Jean-Pierre adore parler de gâteaux.

Où boire un verre ?

Le Grand Large : *sur la plage de L'Île-Rousse. ☎ 04-95-60-02-29. Tlj en saison, juste que tard le soir l'été.* Sur la longue plage du centre-ville, voici un chouette endroit pour se caler à l'heure de l'apéro, sur les fauteuils colorés. La montagne à droite, la citadelle à gauche, la mer en face, le sable sous vos pieds. Avec une bière corse à la main, le tableau est complet.

À voir

La place Paoli : bordée de cafés et de terrasses ombragées par des platanes, c'est le cœur de la ville. La statue de Paoli au centre de la place, entourée de quatre palmiers exotiques, rappelle qu'il décida en 1765 de fonder un port à cet endroit. Enfin, les halles : marché couvert (producteurs locaux tous les matins en été) inspiré d'un temple grec à colonnes (rare en Corse).

La vieille ville : *au nord de la pl. Paoli.* Pour voir ce qu'était une « ville nouvelle » du XVIIIe s avec ses hautes façades austères.

Le phare de la Pietra : *sur la presqu'île du même nom, au-delà du port de commerce (s'y rendre à pied, sinon petit train).* On y a retrouvé des traces d'une présence humaine remontant à 6000 av. J.-C.

À faire

➢ **Promenade avec le train-tramway de Balagne :** *en saison, ce petit train effectue 5 A/R par j. entre L'Île-Rousse et Calvi (45 mn de trajet). Infos et billets à* *la gare de L'Île-Rousse. ☎ 04-95-60-00-50. • cf-corse.fr • Aller simple 6 € ; réduc 4-12 ans.* Une belle promenade, insolite, côtière, avec possibilité, entre autres, de descendre à Algajola (plages). On longe souvent la mer au plus près et le train s'arrête au bord des plages.

Plongée, voile, navigation

■ ***Beluga Diving :*** *au port. 📱 06-82-04-95-10. • beluga-diving.com • Mai-oct. Résa conseillée. Baptême 60 €, plongées env 48 € avec équipement.* Ce club (FFESSM et PADI), sympa et sérieux, s'adresse plutôt aux plongeurs confirmés (niveau I et plus). Belles sorties jusqu'à Calvi, Porto, le cap Corse... Baptêmes et formations jusqu'au niveau III.

■ ***Club nautique d'Île-Rousse :*** *plage de la Gare (route du Port). ☎ 04-95-60-22-55. • voilecorse.com •* Catamaran, dériveur, kayak de mer, *paddle*, planche à voile : initiation ou perfectionnement et location de matériel. Club dynamique et bien encadré, affilié à l'École française de voile.

DANS LES ENVIRONS DE L'ÎLE-ROUSSE

Le parc de Saleccia : *route de Bastia. ☎ 04-95-36-88-83. • parc-saleccia.fr • À 4 km de L'Île-Rousse par la T 30 en direction de Bastia. D'avr à mi-oct : juil-août, tlj 9h30-19h30 ; avr-juin et sept, tlj sf lun mat 9h30-19h ; oct, tlj sf lun et sam10h-18h ; j. fériés 10h-19h. Entrée : 9 € ; réduc ; billet famille 25 €.* Dans une ancienne oliveraie dévastée par le feu en 1974, transformée en parc par un paysagiste passionné de botanique, un concentré des variétés et essences méditerranéennes sur 7 ha, que l'on visite en suivant un intéressant parcours découverte. Parmi les points forts, on ne manquera pas le secteur dédié aux zones à climat méditerranéen des autres parties du monde (Nouvelle-Zélande, Australie, Californie...), le ravissant jardin des quatre couleurs, ou encore l'adorable bassin aux nénuphars. Équipe accueillante et compétente qui s'efforce d'organiser de nombreuses animations et manifestations (théâtre, concerts, observation du ciel nocturne, contes pour enfants, aire de jeux et ateliers...). Petite restauration de qualité (produits du jardin !) et belle boutique de produits régionaux. Très agréable.

LA BALAGNE INTÉRIEURE, LE GIUSSANI ET L'OSTRICONI

Au nord-ouest de l'île, la Balagne forme un vaste amphithéâtre de montagnes et de collines, fermé au sud par une ligne de crête oscillant entre 1 000 et 2 000 m, mais largement ouvert sur la mer dès que l'on arrive en plaine. Une région attachante, avec des villages perchés figurant parmi les plus beaux de Corse. « Jardin de la Corse », la région fut, jusqu'au XIXe s, une terre riche et prospère, grâce aux plantations d'oliviers et aux vergers (figuiers, orangers...). Le vent de l'histoire a tourné, les villages se sont dépeuplés, mais certains ont repris vie et fourmillent d'activités et d'initiatives. Aujourd'hui restent les témoins merveilleux de cet âge d'or : chapelles romanes, églises baroques, fontaines et moulins à huile, et toutes ces hautes maisons soudées les unes aux autres comme pour mieux conserver leurs secrets.
Accessible par une superbe route de montagne, le Giussani est une micro-région, enclavée entre la haute Balagne et la vallée de l'Asco. Préservé mais

dépeuplé, c'est un coin merveilleux, beaucoup plus vert et boisé que la Balagne.
Compter au moins 1 journée pour avoir un aperçu de la Balagne (plus si l'on s'aventure jusque dans le Giussani ou l'Ostriconi). Essayer de passer une nuit dans l'une de nos bonnes adresses de l'intérieur (moins chères que sur la côte).
Demandez dans les offices de tourisme la brochure *Strada di l'Artigiani* (la route des artisans de Balagne) pour agrémenter vos parcours de haltes chez des professionnels de talent (une quarantaine sont ainsi labellisés).

LA BALAGNE INTÉRIEURE

Adresses utiles

■ ***Association Saladini :*** *06-17-94-70-72. • lamontagnedesorgues.com • Avr-oct. Sur résa, de préférence 48h à l'avance. Env 30 €/pers, pour une visite à la journée ; réduc. ½ journée possible. Avoir un véhicule et prévoir son repas.* Propose des visites guidées passionnantes des villages de haute Balagne, du Giussani, de la Castagniccia et dans la vallée de l'Asco. Points de vue culturels, historiques et architecturaux sont abordés. Élizabeth Pardon connaît sa région sur le bout du cœur. Itinéraire « La montagne des orgues » vraiment bien, où elle s'installe à l'occasion au clavier d'un orgue d'église baroque, et là, c'est divin. Une partie de l'argent récolté va à la restauration des églises.

■ ***Bianconi Scuperta :*** *06-30-78-94-93. • bianconi-scuperta.com • À la journée, compter 50 €/pers (avec véhicule) et 40 € si vous avez votre véhicule (c'est alors gratuit pour les enfants de moins de 10 ans).* Visites guidées culturelles et pédestres des citadelles particulièrement intéressantes, au départ de Calvi *(tte l'année sf juil-août).* De beaux circuits dans la microrégion (en Balagne) et axées sur l'histoire de la Corse.

CORBARA / CURBARA (20256 ; 925 hab.)

À 5 km seulement de L'Île-Rousse et du littoral, nous voilà déjà dépaysés. Perché sur le monte Guido, ce gros village semble guetter la Méditerranée pour prévenir quelque invasion (touristique sans doute).

Une histoire corse

Corbara est le village des belles histoires. Comme celle de Davia Franceschini, fille d'un pauvre charbonnier qui s'en alla chercher du travail sur le continent. Avant de partir, Davia vole au secours d'une mendiante, qui lui remet en retour un talisman, « la main de Fatima ». La famille Franceschini embarque à L'Île-Rousse, mais le bateau, après une tempête, dérive en mer et atteint les côtes mauresques, où les passagers sont emprisonnés. Un gardien de prison remarque le talisman autour du cou de la ravissante Davia et la conduit devant le sultan. Il s'agit du talisman de la sœur du sultan, disparue de la circulation pour échapper à un mariage forcé. Le sultan tombe amoureux de Davia, qui devient ainsi impératrice du Maroc (en 1786). Bien plus tard, revenu à Corbara, son père fait bâtir la maison que l'on appelle, aujourd'hui encore, la « maison des Turcs » (ils étaient pourtant tous corses !). Même si ce n'est qu'une belle légende, composée à partir de divers éléments, la vraie Davia, fille de Corses de Corbara capturés par les Maures et née à Tunis, a bel et bien été l'une des favorites d'un sultan. Elle serait morte à Larache (Maroc), sans avoir jamais mis les pieds en Corse...

Où dormir ? Où manger ?

Chambres d'hôtes et gîtes A Chiosella : *sur les hauteurs de Corbara, vers la chapelle Saint-Roch. 06-76-38-77-07. • gitelocation corse.com • Doubles 50-70 € (150-165 € pour 3 nuits). Petit déj en sus. Transformables en gîtes selon la durée et le nombre de pers. Table d'hôtes 25 € (avec boissons).* Dominant le village, quelques hébergements (chambres et studios) très *good feeling* comme on dit, nichés dans une maison ouverte et tenue avec beaucoup de convivialité par notre hôte, Daniel, voyageur, écolo, photographe et... fort sympathique. Photos de qualité et aphorismes décapants sur les murs mettent dans l'ambiance. Chambres colorées et agréables (avec salle de bains), et tout autour, des petites terrasses, coin transats et salons avec canapés. À table, rien que du frais, préparé dans le même esprit. On aime.

Gîtes chez Marie-Josée Salvatori : *lieu-dit Guido, tt en haut de Corbara. 06-70-00-43-97. • pluto.salvatori@orange.fr • Tte l'année. Gîtes pour 5-6 pers (au 1er étage) 380-780 €/sem et pour 7 pers (au 2e étage) 690-1 300 €/sem.* Dans une maison de 1800 aux volets bleus, un véritable nid d'aigle, avec vue imprenable, mais qui se mérite (on finit l'ascension à pied à partir de la chapelle Saint-Roch). 2 gîtes, sur 3 étages, l'un de 2 chambres, l'autre de 3. Bon équipement général et terrasse. Le gîte du 2e étage, avec mezzanine, est presque 2 fois plus grand (120 m²). Loue, également à *Cateri,* 2 minivillas.

Bar-restaurant A Cantina : *pl. de l'Ormeau, dans le village, dans un virage sur la droite (terrasse avec pergola), quand on monte de L'Île-Rousse. ☎ 04-95-60-19-69. De mi-mai à fin sept : à la carte le midi, menu corse le soir. Assiette corse 15 € ; le soir, menu 25 €. CB refusées. Digestif offert sur présentation de ce guide.* Petite terrasse et conviviale dont l'ambiance est entretenue par une ribambelle d'habitués. La patronne mitonne une cuisine corse de bon aloi (sauté de veau, lasagnes au *brocciu*). Mention spéciale pour la belle assiette du pays avec charcuterie, fromage, pommes de terre et verre de vin. Accueil souriant.

À voir

La collégiale de l'Annonciation et le musée du Trésor (A Nunziata) **:** *sur la place en haut du village. ☎ 04-95-46-15-53. Mai-fin sept. Juil-août, tlj sf dim, 10h-12h30, 15h-19h. Mai-juin et sept, jusqu'à 18h. Entrée : 3 € ; réduc.* Datant du XVIIIe s, voici l'un des édifices baroques les plus remarquables de Corse. À l'intérieur, remarquez l'autel et sa table de communion en marbres polychromes, ainsi que les orgues restaurées. Dans le chœur, fresques du XIXe s. Dans l'ancienne sacristie, intéressant petit *musée du Trésor* avec orfèvrerie religieuse et vêtements sacerdotaux.

Le point de vue : monter à la chapelle *Notre-Dame-des-Sept-Douleurs* pour connaître, après la douleur de la grimpette, la félicité du panorama.

Le musée privé de Guy Savelli (*Histoire de la Corse et de l'art ancien*) **:** *chez M. Guy Savelli, à deux pas de la pl. de l'Église (suivre les flèches). ☎ 04-95-60-06-65. Tlj 15h-18h (sur résa nov-mars). GRATUIT.* Un petit musée privé que M. Savelli, passionné par l'histoire de son île, a aménagé à l'étage de sa maison familiale. Depuis plus de 40 ans, il travaille sans relâche à l'enrichir. Collection d'objets divers, la plupart ayant trait à la Corse : livres rares (dont une *Histoire de la Corse* datant de 1594), documents de la période génoise, cartes postales (il en possède 4 000, dont 200 sont exposées), pistolets, manuscrits sur parchemins du XIIe au XVIIe s, instruments de musique d'époque (dont un piano mécanique), ancien mobilier (voir la banquette sur laquelle Pasquale Paoli s'est assis !), toiles de grande qualité (une *Sainte Famille* du XVIIe s, un portrait célèbre, car unique, de Davia Franceschini, du XIXe s) et un étonnant bâton sculpté, en bois de sorbier, sur lequel sont représentés plus de 100 personnages historiques. Une visite charmante au cours de laquelle Guy Savelli laisse parler sa passion. L'amateur d'histoire est aussi un peintre (son atelier est dans l'ancienne boulangerie).

Le couvent de Saint-Dominique : *à l'extérieur du village, à 2 km au sud.* *06-43-39-25-05.* • *stjean-corbara.com* • *En principe, visite possible tlj sf lun à 15h.* Fondé par des franciscains en 1456, reconstruit en 1850-1855 par les dominicains, il abrite aujourd'hui une communauté de frères de Saint-Jean. Maupassant y est passé, et le père Didon le jugea « ignorant des grandes cimes de la vertu et du dévouement ». Retraites spirituelles possibles. Superbe cloître à gauche, en entrant dans l'église. Excellent accueil et cadre magnifique.

UN ALLER-RETOUR AUX FRAIS DE LA RÉPUBLIQUE

Octobre 1914 : on annonce au préfet de Corse l'arrivée de 400 civils « austro-hongrois », qu'il faut interner dans le couvent de Corbara, alors désaffecté. Sauf qu'il y a erreur administrative : ce sont en fait des Alsaciens-Lorrains qu'on aurait « soustrait à la mobilisation allemande ». De là à les interner... Aussitôt, contre-ordre et, à peine arrivés sur l'île, ils repartent par le même bateau pour le continent !

PIGNA *(20200 ; 100 hab.)*

Adorable village, l'un des plus anciens de Corse, sur une butte. Les couchers de soleil y sont légendaires, la voiture y est proscrite, et les venelles pavées jouent à cache-cache entre elles depuis des siècles. Au fil de la balade, on découvre des passages sous voûtes, de vieilles portes en bois et de partout surgit un panorama extraordinaire sur la vallée. C'est depuis longtemps l'un des villages phares de l'expérimentation sociale et culturelle de Balagne. Ses habitants manifestent encore un enthousiasme méditerranéen pour les activités agricoles, pastorales et, surtout, dans l'artisanat d'art. Ne pas manquer de rendre visite aux nombreux artisans et artistes qui font la renommée de Pigna et que l'on découvre en parcourant les ruelles, comme le sympathique potier-céramiste Jacky Quilichini *(tlj sf dim),* ou la fabricante de boîtes à musique Marie-Claire Darnéal, *Scat'a Musica.*

– Parking payant à l'entrée du village *(2 €).* Pigna ne se visite qu'à pied.

Où dormir ? Où manger ?

De bon marché à chic

A Casarella : ☎ *04-95-61-78-08. Bien indiqué dans le village. D'avr à mi-oct, tlj midi et soir (fermé le soir hors saison). Plat du jour à midi 10,50 €, salades 8-12 € ; repas complet 15-20 €. Café offert pour un repas complet sur présentation de ce guide.* Une petite adresse que l'on aime beaucoup, avec des tables en bois disposées sur une terrasse (vue exceptionnelle) ou dans la salle voûtée. Plats du jour du genre poivrons farcis, lentilles au *figatelli,* jolies salades ou ces délicieux *piattini corsi,* tapas à la mode corse. Uniquement des produits bio et locaux.

Casa Musicale : ☎ *04-95-61-77-31.* • *resa@casa-musicale.org* • *casa-musicale.org* • *Congés : de* *janv à mi-fév. Résa indispensable. Doubles 65-125 € selon confort et saison. Au resto, carte uniquement, env 40 €.* *« Si manghja, si dorme e si canta. »* On y mange, on y dort et on y chante ! Bon, on y dort dans une dizaine de chambres sobres et au confort simple. Certaines occupent une maisonnette indépendante avec vue sur les collines. La « Sulana » dispose d'une belle terrasse. La *Casa Musicale* est un célèbre espace culturel, lieu de rencontre et d'échange principalement axé sur la musique. Le midi, différentes formules *(antipastu Casa Musicale, piattu di u mare...)*, assiettes composées et salades, servies dans une agréable salle rustique ou en terrasse (vue vraiment géniale).

A Mandria di Pigna : *à l'entrée du village, sur la droite. ☎ 04-95-32-71-24. • contact@amandria.com • Tlj midi et soir. Salades le midi et petits plats simples 12-15 €. Le soir, grillades et plats corses 23-35 €.* Superbe et généreuse terrasse, ombragée par de grands voilages. Des préparations de qualité (veau aux olives, brebis à l'*antica*, agneau de lait), servies avec le sourire. Carte assez chère, mais quelques plats à prix raisonnables.

Cantina A Moresca : *dans le village. ☎ 04-95-55-64-53. De mi-avr à fin oct, tlj midi et soir. En saison, réserver. Formule le midi 15 € et piattu di pastore 18 €. Plats 13-17 €.* À l'ombre des mûriers ou sur les délicieuses terrasses ouvertes sur la mer (tables basses à la marocaine), une belle et originale cuisine concoctée à partir de produits locaux et bio. Couchers de soleil exceptionnels pour déguster les *boccarini* (tapas du coin), les fameux *migliacciole* (beignets au fromage frais), charcuterie, fromages fermiers et, pour finir, des glaces irrésistibles. Soirées musicales hors saison.

Beaucoup plus chic

Hôtel et restaurant U Palazzu : *juste au-dessus de l'église. ☎ 04-95-47-32-78. • palazzupigna@wanadoo.fr • hotel-palazzu.com • Avr-oct. Selon confort et saison, doubles standard 143-158 €, doubles standing 220-250 € et suites 250-290 € ; petit déj 16 € (quand même !). Au resto, plats corses 17-26 € ; menu 55 €. Formule goûter (15h-19h) 10 €.* Du charme à revendre et déco hyper soignée, esprit de quiétude et de sérénité, voilà quelques mots pour qualifier cette vénérable demeure de maître du XVIIIe s. La bâtisse a conservé les cicatrices du temps, mais elle s'est refait une beauté intérieure, dans la sobriété et le respect. Immenses chambres en soupente et suites avec terrasse privée sont d'excellent confort. Terrasse et solarium commun à 2 des chambres. Et puis le *Palazzu* est aussi une excellente table : dans l'élégante et rustique salle à manger (vieux pressoir à olives) ou sur la superbe terrasse, on est comblé par la cuisine traditionnelle de haute volée mitonnée avec des produits d'une impeccable fraîcheur. Viandes et poissons sont travaillés avec finesse.

À voir

Museu Musica : *juste à gauche de la place du village. ☎ 04-95-58-02-24. De mi-avr à mi-nov, tlj sf sam 10h-13h, 16h-20h. Hors saison, se renseigner par tél. Entrée : 3 € ; réduc.* Cœur de la culture musicale de Balagne, Pigna se devait d'avoir un espace dédié à la musique. Certes, l'unique salle est petite, mais les vitrines regorgent d'instruments corses et plus largement méditerranéens, parfois étonnants. Parmi eux on verra les *pivana* (cornes de chèvre), les *pirula* (pipeaux et flûtes) ou encore la *caramusa* (cornemuse) qui ne vient pas que d'Écosse ! Noter encore les *cetera* et *ceterina,* instruments à cordes du XVIIe s, qui faillirent disparaître. Une richesse instrumentale méconnue. Vente de CD (la plupart enregistrés à l'auditorium du village).

Manifestations

– ***Festivoce :*** *pdt la 1re quinzaine de juil. • centreculturelvoce.org/festivoce • À l'auditorium.* Pigna est l'épicentre de ce festival de la Voix qui anime différents villages de Balagne. Groupes corses, chant sacré médiéval ou profane et théâtre. Artistes de haut niveau.
– En saison, à ***l'Auditorium*** ou à la ***Casa Musicale,*** généralement 2 concerts par semaine dans chaque lieu (voir les sites internet ou l'affichage dans tous les villages aux environs). Également des concerts en hiver.

SANT'ANTONINO / SANT'ANTONINU *(20220 ; 80 hab.)*

Un nid d'aigle médiéval accroché à un éperon de granit. Superbe. À 2,5 km de Cateri, Sant'Antonino se découvre à pied, évidemment, au fil des venelles pavées, des voûtes envoûtantes... Une sorte de labyrinthe de pierre, tout biscornu, où s'enchevêtrent les maisons anciennes. Sur la petite terrasse nord, une chapelle mimi comme tout... C'est certainement l'un des villages les plus typiques de cette belle région, quoique devenu très touristique. Label des Plus Beaux Villages de France oblige.
L'*église paroissiale,* quant à elle, est isolée au milieu de l'ancienne aire de battage, au bas du village. À l'intérieur, plusieurs beaux tableaux. Quant au remarquable orgue, il a été volé !
– Parking payant en bas du village *(2 € quelle que soit la durée).*

Où manger ?

Bon marché

|●| ***Le Bellevue :*** *non loin de l'église haute. ☎ 04-95-61-73-91. Continuer tt droit quand on arrive au village, puis à droite et ensuite à gauche au niveau du passage sous voûte. Pâques-fin sept. Menu unique 15 €, servi tt le temps. CB refusées. Apéritif offert sur présentation de ce guide.* Très bons produits maison (le patron est éleveur et cultivateur) et menu sans complication concocté par madame : charcuterie, omelette au *brocciu* ou à la *brousse,* sauté de veau en sauce, fromage de brebis et dessert. De la terrasse, vue sur mer et montagne. Accueil naturel et gentil, et ce depuis fort longtemps.

Prix moyens

|●| ***La Voûte :*** *en haut de l'escalier menant du parking au village. ☎ 04-95-61-74-71. • restaurant.lavoute@gmail.com • Congés : oct-début avr. Assiette et plat du jour 13,90-14,90 € ; menus 21,90-28,90 €.* Terrasses ombragées idéales pour déguster une glace ou se restaurer de spécialités tout en admirant la vue. Bonnes sardines farcies au *brocciu.* Agneau de lait rôti également. Pour les plus petits budgets, l'assiette du midi est parfaite. Accueil souriant.

Plus chic

|●| ***I Scalini :*** *tt en haut du village. ☎ 04-95-47-12-92. Mai-juin et de sept à mi-oct, tlj sf mar en basse saison ; juil-août, tlj. Le midi, salade et assiette gourmande 16 € ; carte env 45 €.* Resto de charme situé dans une sorte de perchoir improbable, où l'on choisit entre les salles voûtées du bas et des terrasses aux accents marocains qui s'étagent comme des Lego blancs posés au sommet du village. Vue à 360°, confort douillet (plein de coussins), tables en mosaïque et réalisations tout en fraîcheur,

qui vont puiser leurs sources bien au-delà de la Méditerranée (brochette d'agneau au curry, gambas au lait de coco et citronnelle...).

Où boire un jus de citron ? Où acheter du vin ?

Clos Antonini : *pl. de l'Église, face au parking. 06-09-58-94-01. • olivier-antonini@wanadoo.fr • Avr-déc. Verre de citron pressé 2,50 €, cocktail citron-raisin 3 €.* Olivier Antonini tient la passion de l'agrume de ses ancêtres. Il vend, dans une belle salle voûtée de vrais gros beaux citrons de Balagne, à la pièce ou au poids, des confitures (de citron) et des vins des 3 couleurs du domaine familial. Belle terrasse avec grandes tables d'accès libre et gratuit, pour prendre un citron pressé, sans se presser, ou un verre de muscat sans tracas, tout en cassant la croûte.

À faire

➢ **Balade à dos d'âne :** *avec Bastien (juste devant le parking). 06-10-89-95-63. Juin-sept, tlj 15h-19h30. Compter 15 € pour 20 mn de balade.* On grimpe vers la colline face au village. Vue extra et balade sympa pour les mômes.

AREGNO / ARESGNU (20220 ; 610 hab.)

Village à flanc de colline, au pays des orangers, citronniers, oliviers, mais aussi des amandiers qui valent au village sa foire de l'amandier (*festa di l'amandulu* ; fin juillet ou début août). Un petit bijou d'église romane d'époque pisane : l'*église de la Trinité et de San Giovanni* (XIIe s), aux murs de pierre polychrome, comparable à la célébrissime église de Murato, dans le Nebbio. Entourée des tombes d'un cimetière, ses murs sont sculptés de motifs étranges représentant des figures humaines ou des animaux. Un vrai zoo ! Des quadrupèdes évoquant des ours, un bovidé, des serpents... Regardez aussi au-dessus de l'entrée, tout en haut, cet homme qui prend son pied ! À l'intérieur, deux belles peintures murales du XVe s, dont l'une représentant saint Michel, impassible, sa petite balance à la main, en train de terrasser le dragon.

Où dormir ?

Gîte de M. Fondacci : *54, hameau de Torre. 06-84-16-37-52. Tte l'année. Compter 450-750 €/sem selon saison.* Gîte de village (pas de jardin) de 70 m², bien équipé et au calme, pouvant accueillir 6 personnes. 3 chambres et un petit salon-salle à manger. Les sympathiques proprios habitent quelques maisons plus loin.

Où manger ? Où prendre un verre ?

Restaurant de la Place *(chez Martin)* **:** *pl. de l'Église. ☎ 04-95-56-17-10. Juin-sept. Plat env 15 € et menu 23 €. Super jus d'orange frais 2,50 €. Café offert sur présentation de ce guide si l'on y mange.* C'est le bar-tabac du village, avec la mairie en face et l'église sur la gauche. Petite terrasse agréable pour profiter du copieux menu : charcuterie corse, sauté de veau aux olives et aux champignons ou agneau en sauce et fromage (féroce !). Jus d'orange ou de citron du jardin.

LAVATOGGIO / Lavatoghju (20225 ; 140 hab.)

Petit village situé à 2 km de Cateri, sur la route qui descend vers Lumio et Calvi. Belle vue sur la Balagne.

Où manger ?

Ferme-auberge Chez Edgard : *au centre du village. ☎ 04-95-61-70-75. Slt le soir. Congés : de mi-oct à mi-avr. Menu unique 36 €. CB refusées.* On a des chances d'être accueilli par Edgard Santelli, le patron, un homme de caractère, qualité que l'on retrouve dans son auberge au cadre à la fois rustique et soigné, et dans sa cuisine, copieuse et authentique : cochon de lait à la broche, gigot d'agneau rôti, sauté de veau aux figues et aux châtaignes, et soupe corse (estomacs rétrécis, s'abstenir !). Produits garantis fermiers (la famille possède une ferme dans les environs). Rien que du solide.

CATERI / Catteri (20225 ; 220 hab.)

Charmant village avec ses ruelles à arcades et ses maisons de caractère en granit. Église baroque. Petite chapelle romane du XIIe s au hameau de San-Cesario.

Où dormir ? Où manger ?

Hôtel U San Dume – Restaurant Chez Léon : *dans le bourg. ☎ 04-95-61-73-95. • sdume@wanadoo.fr • hotel-corse-usandume.com • À la sortie de Cateri, descendre à droite vers le couvent de Marcasso, qu'on laisse à gauche à la fourche ; continuer sur 200 m. Tte l'année, sf 3 sem en janv. Doubles avec sdb 80-100 €. Menu le midi sf dim 16 € ; menu corse 30 € ; carte 35-40 €.* Une maison récente dominant la vallée (donc belle vue des chambres et du resto). Chambres impeccables au style contemporain très raffiné, certaines avec terrasse et vue sur mer (AC et TV). Belles salles de bains. Au resto, cuisine familiale, soignée et mijotée, avec tous les grands classiques corses : charcuterie, côte de veau épaisse, agneau de lait rôti, cannellonis au *brocciu*, ragoût de sanglier... Bonne atmosphère authentique et conviviale.

AVAPESSA (20225 ; 65 hab.)

Village minuscule et charmant, aux ruelles pavées, arches et escaliers. Circulation automobile impossible. Se garer comme on peut à l'entrée du village.

Où dormir ?

Gîte d'étape et gîtes communaux d'Avapessa : *☎ 04-95-61-74-10. • mairie.avapessa@wanadoo.fr • Env 20 €/nuit avec son sac de couchage et 25 € avec les draps.* 3 dortoirs (6 et 4 lits) sur 3 niveaux, avec sanitaires à l'étage. Malheureusement très exigu. Petite cuisine équipée à disposition. Agréable terrasse pour déjeuner.

FELICETO / Filicetu (20225 ; 210 hab.)

À 350 m d'altitude, Feliceto s'étire nonchalamment à flanc de montagne dans un cadre ombragé et verdoyant. En contrebas, l'église sur son promontoire, et au loin, la côte (à 14 km seulement), panorama dont on pourra profiter depuis la petite terrasse du *Rigo Bar.* Descendre vers l'église et le cimetière (en voiture, car c'est assez loin) et les dépasser pour trouver plus loin l'atelier-boutique de David Campana, souffleur de verre, qui a repris le flambeau de son père et expose de superbes pièces : *Verrerie Corse (☎ 04-95-61-73-05 • verrerie-corse.com • ; tlj 10h-12h, 15h-18h et 17h le sam. On peut voir le soufflage lun, mer et ven).* Feliceto est également réputé pour la qualité de son huile d'olive.

Tout là-haut, c'est le ***monte Grosso*** (1 938 m) : on se croirait au fin fond de la cordillère des Andes... mais on est bien en Corse. Pour gagner ce sommet, le plus beau belvédère de Balagne, deux voies, faciles mais longues malgré deux pistes écourtant la marche d'approche et remontant respectivement vers les sources de la Bartasca (à partir de Calenzana) ou de la Melaja (torrent affluent de la Tartagine dans le Giussani).

Où dormir ? Où manger ?

🏠 🍽 ***Hôtel Mare e Monti :*** *au centre du village. ☎ 04-95-63-02-00. • info@hotel-maremonti.com • hotel-maremonti.com • Resto tlj sf lun midi hors saison. Congés : d'oct à mi-avr. Doubles 79-85 € et 105-139 € selon standing et saison. Menu 25 € le soir ; carte 30-40 €.* Dans une grande demeure de caractère, voici une ancienne « maison d'Américain », bâtie par un ancêtre de l'actuel propriétaire, une fois fortune faite à Porto-Rico. C'est une noble bâtisse de charme, aux chambres personnalisées et refaites. Les moins chères sont assez petites mais parfaitement convenables. TV et AC dans la plupart. Accueil courtois teinté d'humour du patron, qui connaît bien la région. Vous pouvez faire un tour à la cave (domaine Renucci, dont s'occupe le fils de la maison). Resto de très bonne tenue, *Le Sol e Luna,* avec terrasse au bord de la jolie piscine. Petite carte au déjeuner.

🍽 ***Restaurant U Mulinu*** *(Auberge du Moulin)* **:** *à la sortie de Feliceto, en direction de Nessa. ☎ 04-95-61-73-23. Tlj sf mar (plus lun hors saison). Congés : nov-avr. Résa obligatoire. Menu 40 €, vin compris. CB refusées. Apéritif, café ou digestif offert sur présentation de ce guide.* Le patron, Joseph Ambrosini, que tout le monde appelle José, fait chaque soir un véritable one man show, se déguisant en Zorro, en Carmen, et faisant voler les assiettes. Même s'il ne fait pas dans la dentelle, quelle agilité, et on rigole bien ! Au menu, *prisuttu* (jambon de pays) volant, « assiette en catastrophe », sanglier en sauce, fromage, dessert et digestif obligatoire. Le resto est installé dans un authentique moulin à huile. L'adresse la plus farfelue de toute la Corse ! On aime ou on n'aime pas.

Où dormir dans les environs ?

🏠 ***Chambres d'hôtes de la famille Pinaud-Nobili*** *(Gîtes de France)* **:** *sur la commune de* ***Nessa,*** *à 3 km de Feliceto. ☎ 04-95-61-71-01 ou 73-07. • jean-marc-pinaud2b@orange.fr • Sur les hauteurs du village (fléché). Avr-oct. Doubles env 65 € et 80 € (pour celle avec terrasse). CB refusées.* 6 chambres spacieuses et modernes, dans une grande maison très lumineuse. Le soir, Valérie propose un plateau-repas sur demande, si vous ne souhaitez pas ressortir. Magnifique vue depuis la terrasse où l'on prend le petit déj. Une des chambres possède en plus une grande terrasse privative, et une autre peut accueillir 3 personnes. Accueil super gentil.

SPELONCATO / SPILUNCATU (20226 ; 275 hab.)

Encore un beau village fièrement accroché à la montagne. Il doit son nom à un énorme rocher nommé « la grotte » (*spelonca* en corse), détruit en 1751-1753. Sur la place inondée de lumière, une fontaine glougloute à l'ombre des hautes maisons et de l'ancienne église Sainte-Catherine. À voir, dans l'église, la crypte renfermant quelques tombes et l'ossuaire d'un ancien cimetière médiéval.

MIEUX QUE LE RAYON VERT !

La curiosité locale est la Petra Tafunata *(la pierre percée), un rocher où, tous les ans, les 8 avril et 8 septembre, les rayons du soleil couchant parviennent à passer dans une ouverture de 8 m de long, semblable à un tunnel, et à éclairer la place du village située... 2 km plus loin (pendant 10 à 15 s). Beau temps nécessaire !*

Où dormir ? Où manger ?

Chambre d'hôtes – Restaurant U Sechju : *pl. de l'Église. ☎ 04-95-61-50-38. • info@hotel-a-spelunca.com • hotel-a-spelunca.com • Congés : nov-mars. Doubles avec sdb 55-85 € selon saison. Menu le midi 17 € ; carte env 35 €.* Un délicieux hôtel de charme aux meubles anciens, au cœur du pittoresque village, à l'ombre de l'église. Cette haute et noble maison du XIXe s aux murs roses abrite des chambres spacieuses, simples et très propres, ordonnées autour d'un superbe escalier ; certaines avec vue sur la vallée. Au dernier étage, quelques-unes en soupente. Dans le grand salon, le portrait du cardinal Savelli, secrétaire d'État du pape Pie IX, rappelle que cette demeure aristocratique fut sa résidence d'été. Côté cuisine, du corse pur jus, avec parfois quelques accents asiatiques.

BELGODÈRE / BELGUDÈ (20226 ; 470 hab.)

À 11 km de Speloncato et 19 km de L'Île-Rousse. Un village qui mérite bien son nom. En effet, *Belgudè* signifie « beau plaisir ». Maurice Utrillo y vécut en 1912-1913. Dieu sait si l'endroit est plaisant, avec ses oliveraies à flanc de montagne et ses vergers parfumés. Sur la place du village, l'église Saint-Thomas date du XVIe s (belle façade rénovée). Du point de vue surplombant Belgodère, le panorama est vraiment saisissant.

LE GIUSSANI / GHJUNSANI

L'une des plus belles microrégions de l'île, à 900 m d'altitude. Quatre villages la composent : Pioggiola, Mausoleo, Olmi-Cappella et Vallica. Des villages du bout du monde, bâtis en terrasses et plein sud, des bois de chênes et de châtaigniers, et aux alentours, des sommets austères, majestueux, couverts en partie de forêts profondes comme celles de Tartagine et de Melaja. Un royaume naturel haut perché, oublié de l'histoire, coupé du reste du monde et gravement dépeuplé : le Giussani, c'est la Corse en dehors des sentiers battus ! Et dire que dans le passé, ce coin perdu fut l'un des secteurs les plus peuplés de Balagne, comme en témoigne le premier collège de Balagne à Olmi-Cappella (l'établissement Battaglini)...

➢ ***Pour y aller :*** il faut forcément passer un col avant d'atteindre le Giussani. De Balagne, passer par Speloncato, après quoi 15,5 km de route vous mènent au col de Battaglia (1 100 m), d'où l'on descend sur Pioggiola. De la route nationale pour

Ponte-Leccia, même distance (et autant de virages !) pour Olmi-Cappella. Sur la N 1197, tourner pour Castifao (D 247), puis continuer par la D 547 et la D 963, direction Olmi-Cappella. En prenant l'une à l'aller et l'autre au retour, belle boucle. Dès que l'on bascule dans le Giussani et ses quatre villages, l'ombre et la verdure envahissent les bords de route, et la Corse cache dans cette enclave haut perchée l'un de ses îlots les plus verts et parmi les plus belles de ses châtaigneraies et autres forêts de chênes verts, de chênes pubescents et de pins laricio.

VALLICA *(20259 ; 40 hab.)*

Petit paradis pour la randonnée pédestre, Vallica fait face à la belle vallée du Tartagine, face au *monte Padru* (2 393 m). Au bout de la rue qui traverse le village se dresse l'église paroissiale de style baroque : de là, on a une superbe vue sur la vallée et les forêts qui partent à l'assaut des cimes lointaines. Dans l'église, bénitier remarquable (il est soutenu par une sculpture de femme taillée dans la pierre noire de Murato).

Où dormir ?

Ferme l'Aghja : *06-34-29-17-13. • pigelet.christophe@gmail.com • camping-ferme-l-aghja.com • En arrivant à Vallica quand on vient d'Olmi-Cappella. Gîte tte l'année (sur résa hors saison), camping avr-sept. Compter env 17 € pour 2 avec tente ; gîte 4-5 pers 300-540 € selon saison. Dîner sur résa pour les clients du camping (résa la veille) : menu unique 16 € (produits de la ferme garantis et vin compris). CB refusées.* Chouette petit camping à la ferme tenu par Christophe et Mado, des exploitants agricoles. Comme on est à 850 m d'altitude, il est plus raisonnable d'envisager de planter la tente entre mai et septembre. Emplacements spacieux sur des espaces accueillants. Équipements limités. Piscine. Également un gîte pour 4 ou 5 personnes (ainsi qu'un second à Belgodère). Christophe aime son village et sa région, et sait faire partager cette passion.

OLMI-CAPPELLA *(20259 ; 190 hab.)*

Le principal village du Giussani, à flanc de coteau, en réalité la réunion de deux petits villages proches, Olmi et Cappella. On y accède par l'unique route (la D 963) qui traverse la région. Le paysage change : les versants des montagnes se couvrent de châtaigniers. À 4 km d'Olmi-Cappella, en remontant vers la ligne de crête, on arrive à *Pioggiola,* le plus haut village du Giussani, réputé pour ses châtaigniers, ses chants polyphoniques et ses sonneurs de cloches (ils se rassemblent en principe au 15 août). Au hasard des nombreux virages, on a droit à de magnifiques échappées. Vue grandiose du col de *bocca di a Battaglia,* entre Pioggiola et Speloncato.

Adresse utile

Office de tourisme du Giussani : *bât. Battaglini. ☎ 04-95-47-22-06. • ot-giussani.com • Avr-sept, lun-ven 9h-12h30, 13h30-15h30.*

Où manger ?

U Furnellu : *tt en bas du hameau de Cappella. ☎ 04-95-57-94-49. 06-83-60-14-62. • ufurnellu@hotmail.com • Avr-oct. Fermé mer en* *basse saison. Plat du jour 14 € ; compter 20-25 € le repas. Résa conseillée. Café ou digestif maison offert sur présentation de ce guide.* Bonne cuisine classique (veau aux olives, beignets au fromage ou courgettes et menthe) ainsi que des pizzas au feu de bois le soir et des grillades.

Où dormir ? Où manger dans les environs ?

A Merendella : *col de Battaglia, à 1 100 m d'altitude, 20259* ***Pioggiola.*** *☎ 04-95-46-24-28. Pâques-fin oct, tlj sf lun soir (tlj 15 juin-15 sept) ; hors saison, fermé le soir et lun midi. Congés : janv. Plats 17-22 € et menu corse 26 € ; carte 30-35 €. Café offert (pour un repas complet) sur présentation de ce guide.* Possibilité de manger pour moins cher salades, tartes salées, omelettes et sandwichs. Un resto aux allures de refuge, simple et sans prétention. Le truc pas ruineux, très bien pour un casse-croûte. Goûter aussi les charcuteries maison, ainsi que des recettes à base de farine de châtaigne et fromages maison.

Auberge Aghjola : ***Pioggiola,*** *à 4 km d'Olmi-Cappella. ☎ 04-95-61-90-48. • aghjola@yahoo.fr • aghjola.com • Dans le village. Avr-sept. Doubles env 60-64 € en basse et moyenne saisons. Juil-août, ½ pens demandée env 124 € pour 2. Menus 16-27 €.* Une poignée de chambres classiques, assez petites mais meublées avec goût, dans un agréable bâtiment rustique. Au restaurant, cuisine traditionnelle. Petite piscine avec quelques transats pour se relaxer. Bon accueil d'un Italien de Florence qui traverse la mer pour la saison.

Festival

– ***Rencontres internationales de théâtre :*** *un mois entre mi-juil et mi-août, à* ***Olmi-Capella.*** *Association Aria (Association des rencontres internationales artistiques) : ☎ 04-95-61-93-18. • ariacorse.net •* L'acteur Robin Renucci, qui vit à Pioggiola, a choisi Olmi-Cappella comme siège pour l'*Aria,* son association, qui s'est installée dans le magnifique bâtiment Battaglini. Représentations données dans les villages du Giussani, mais aussi dans quelques autres villages des environs. Également des stages de formation pour comédiens, en hiver, au printemps et dans le mois qui précède les rencontres. L'association s'est dotée d'un magnifique « outil théâtral », *A Stazzona,* inauguré en 2010 : cette belle salle à la structure de bois se situe entre Pioggiola et Olmi-Cappella.

Randonnées

➢ ***Accès au GR 20 :*** de la maison forestière de Tartagine au refuge d'Ortu di Piobbu (1 570 m). Compter 6h. Pas facile. Prévoir impérativement suffisamment d'eau et de vivres.

➢ ***Des sentiers de pays,*** fléchés et balisés en orange, forment un réseau intéressant de balades à la journée, partant à la découverte d'un patrimoine boisé particulièrement varié. L'office de tourisme en propose pour sa part huit, sous forme de boucles de 1h45 à 6h de marche. Dépliants à l'office de tourisme. Très sympa, par exemple, de visiter la *vallée du Francioni* qui coule sous Mausoleo, Pioggiola et Olmi-Cappella, et que franchissent plusieurs ponts aux arches vénérables ; ou encore de dévaler sous les chênes verts le sentier menant de *Vallica* au *pont sur la Tartagine* (2h aller et retour), un ouvrage considéré parmi les plus anciens de Corse ; certaines personnes font même remonter l'origine de ses premières pierres à l'époque romaine (ce qui paraît à d'autres bien improbable toutefois, étant donné que les Romains craignaient de s'aventurer à l'intérieur de l'île et que l'on voit mal ce qu'ils seraient venus chercher dans les parages...).

➢ ***En montagne,*** les possibilités sont tout aussi riches à partir des pistes forestières qui remontent les vallées de Tartagine et de Melaja. Ces pistes sont seulement cairnées (petits tas de pierres indiquant le chemin). ATTENTION ! pour ces sentiers, carte et boussole obligatoires, et mieux vaut être un randonneur expérimenté : on se perd facilement et le niveau est relevé. Le plus beau chemin est une ancienne voie de transhumance de la *bocca di l'Ondella* avec ses énormes murs de soutènement toujours debout ; le sommet le plus impressionnant est celui du *capu a u Dente,* avec ses deux dents caractéristiques visibles de fort loin ; les plus beaux belvédères ont pour nom *monte Corona* (dominant le massif de Bonifato), *monte Padru* (point culminant du massif et lieu d'errance des mouflons et autres gypaètes barbus) et *monte Grossu* (sommet avancé dominant superbement les villages et côtes de Balagne).

LA FORÊT DE TARTAGINE

L'une des forêts les plus sauvages et les plus retirées de Corse. Couverte de pins laricio et de pins maritimes, cernée par de hautes montagnes culminant entre 2 029 m *(capu a u Dente)* et 2 393 m *(monte Padru).* On y accède par une route sinueuse et interminable (la D 963) au départ d'Olmi-Cappella (17 km jusqu'à la maison forestière de Tartagine). De celle-ci, un chemin à peine carrossable remonte, en longeant la rivière Tartagine, jusqu'au fond du cirque. À la fin de ce chemin, endroit idéal pour pique-niquer. Un vrai bout du monde !

L'OSTRICONI

Entre Balagne, Agriate, massif du Tenda et vallées montagneuses proches (Asco, Tartagine, Golo...), l'Ostriconi est une vallée charnière désormais désenclavée par le passage de la route Bastia-Calvi (la *Balanina*), qui déroulait autrefois ailleurs (via Belgodère) ses interminables virages.
Cette microrégion comprend cinq villages : Lama, Urtaca, Pietralba, Novella et Palasca. Même pas 1 000 âmes à eux cinq ! Ce pays affiche des airs de musée naturel assez étonnants : d'anciens hameaux désertés (*E Spelonche* à Palasca, *U Loru* à Lama, *Lumisgiana* à Pietralba), des moulins et des oliviers rappelant la première moitié du XXe s, quand les familles Bertola de Lama et Orabona de Novella étaient parmi les plus riches propriétaires oléicoles de France, et une curieuse gare désaffectée à Pietralba.
On y trouve aussi des villages coquets, avec des ruelles étroites et des parterres fleuris, où le tourisme et l'initiative locale ont favorisé des opérations de rénovation tout à fait réussies.
***Attention !* Si vous empruntez la *Balanina* (la voie rapide), prenez garde aux vaches errantes et n'oubliez pas d'utiliser votre avertisseur sonore. Plusieurs accidents surviennent chaque année !**

LAMA *(20218 ; 175 hab.)*

Le chef-lieu de la vallée est remarquablement bâti sur un éperon rocheux (le rocher interpénètre même certaines maisons). Chouette balade au gré des ruelles en haut du village, et arrêt indispensable dans les anciennes écuries, le *stallo,* où sont exposées des photos du début du XXe s : scènes des champs, portraits de famille, première automobile passant par Lama...

De nombreux gîtes ruraux ont redonné vie à ce village qui pleurait sa richesse oléicole passée (35 000 oliviers sont partis en fumée lors de l'incendie de 1971, précipitant un déclin annoncé). Une politique de tourisme intelligent qui a porté ses fruits. Lama a conservé son caractère presque sauvage, appréciable si près des plages de L'Île-Rousse. En contrebas du village, tennis et piscine municipale (ouverts en juillet et août). Le luxe !

Adresse utile

Office de tourisme Paese d'Ostriconi : *dans le village, en arrivant. ☎ 04-95-48-23-90. • villagedelama.fr • Mars-oct, lun-ven 9h-12h, 14h-17h ; juil-août, tlj 9h30-12h30, 15h-18h.* Délivre toutes les infos pour les hébergements à Lama et dans les environs (nombreux gîtes). Liste des activités et manifestations locales.

Où dormir ? Où manger ?

Campu Latinu : *sur les hauteurs de Lama. ☎ 04-95-48-23-83. • info@campulatinu.fr • campulatinu.fr • Mai-fin sept. Compter 350-550 €/sem en studio et 550-860 €/sem pour 4-6 pers en gîte, et beaucoup plus dans les suites hôtelières et apparts de caractère (voir respectivement les sites • caselatine.com • et • lama-campulatinu.com •). Resto ouv slt le soir. Menu 26 € ; carte 35-40 €.* Resto magnifiquement situé. On s'installe sous les chênes (plusieurs terrasses) ou, s'il fait moins beau, en salle, dans un bâtiment ancien restauré. Cuisine traditionnelle dans le menu, avec les grands classiques corses. Propose également des locations : plusieurs gîtes ruraux et des appartements de caractère, ainsi que des suites de 50 m² autour de 2 piscines.

À faire

➢ ***De petites balades*** sympas à faire autour du village, comme monter à l'*ancienne fontaine couverte* du village ou à l'*aire de battage* proche.

➢ ***Des parcours balisés,*** tels que la liaison avec le village voisin d'*Urtaca* (facile et intéressant), ou l'ascension du *monte Asto,* point culminant du massif du Tenda (1 535 m ; 3h de montée à partir du village de Lama ; départ près du réservoir communal ; topoguide en vente à l'office de tourisme). Balisage en orange.

Festival

– ***Festival européen du cinéma et du monde rural :*** *durant une sem, fin juil-début août. ☎ 04-95-48-21-60. • festilama.org •* Un festival né en 1994, sous la houlette de Mathieu Carta, non-voyant, et qui a toujours autant de succès. Films amateurs, longs ou courts métrages européens se succèdent durant la semaine. Classiques ou méconnus, toujours autour du thème de la ruralité et parfois de la Corse. Très bien !

ALGAJOLA / algaghjola (20220) 300 hab.

À mi-chemin entre L'Île-Rousse et Calvi, une modeste station tranquille et familiale, blottie autour de sa citadelle. Longue plage (appelée plage d'Aregno) prisée par les véliplanchistes. Beaucoup de monde en été pour un

si petit endroit. Hors saison, le village retrouve ses aises et sa tranquille atmosphère.

Adresse utile

Office de tourisme : *sur la T 30, dans la petite gare. 06-95-62-78-32. Juin-sept, tlj 9h-12h, 15h-18h.* Pas mal de doc.

Où dormir ?

De chic à plus chic

Hôtel de la Plage Les Arcades : *15, route nationale (le long de la petite rue principale qui longe la plage). ☎ 04-95-60-72-12. • contact@hotelalgajola.fr • hotelalgajola.fr • Congés : oct-avr. Doubles 70-140 € selon vue et saison. Café offert sur présentation de ce guide.* Deux bons points pour ce petit hôtel situé dans le village, juste au-dessus d'une plagette : un accueil sympa, simple et cool, et des chambres de taille honorable, décorées dans un style moderne et agréable. Les plus chères profitent d'une vue dégagée sur la mer. Petit déj servi dans une belle salle à manger.

Hôtel de la Plage Le Santa Vittoria : *le long de la rue principale (à côté du précédent). ☎ 04-95-35-17-03. • martelli-jhp@orange.fr • hotelplage-vittoria-corse.com • De mi-avr à mi-oct. Doubles 87-122 € selon vue et saison ; ½ pens possible. Resto le soir slt. Formule 23 € ; menu 29 €. Apéritif offert sur présentation de ce guide.* Le plus ancien établissement de la station, ouvert en 1914 et dans la même famille depuis 7 générations. On y trouve une poignée de chambres bien tenues et convenables (clim, TV), dans un style balnéaire simple et classique. Vue mer ou sur l'arrière et plagette juste en dessous. Resto le soir.

Hôtel Stella Mare : *chemin Santa Lucia. ☎ 04-95-60-71-18. • info@stellamarehotel.com • stellamarehotel.com • À 100 m du centre, juste après avoir traversé la voie ferrée. De mai à mi-oct. Doubles 115-172 € selon vue et saison ; petit déj inclus. Parking.* L'adresse romantique du village. Belle villa d'une quinzaine de chambres surplombant un jardin soigné. Le caractère familial de l'établissement permet de conserver une atmosphère intime et conviviale au lieu. Chambres élégantes et confortables. Pour se relaxer, coquette terrasse et petits salons voûtés au style méditerranéen. Également un appartement dans le village pour 6 personnes. Accueil souriant et attentionné.

Où manger ?

La Vieille Cave : *9, pl. de l'Olmo, dans le village, côté citadelle. ☎ 04-95-60-70-09. Tlj sf lun midi. Congés : de mi-oct à fin mars. Menus 23-26 €. Apéritif offert sur présentation de ce guide.* Sur la terrasse ombragée au cœur du vieil Algajola, un resto convivial proposant une honnête cuisine estivale : agneau de lait corse au four, pierrade de viandes ou de poissons (le soir), appréciables et pas ruineux. Carte assez éclectique.

U Marosu : *sur la plage d'Algajola, le tout dernier resto sur la droite quand on regarde la mer. ☎ 04-95-36-30-88. Mai-oct, tlj midi et soir. Hors saison slt le w-e. Pizzas, salades et pâtes 10-17 €. Produits de la mer 22-25 €.* On est au calme sur cette grande terrasse au bout de la plage. Large carte permettant de se rassasier à tous les prix. Bonnes pâtes aux fruits de mer et poissons frais bien travaillés. Pour les petits budgets, les pizzas font l'affaire.

LUMIO / Lumiu

(20260) 1 250 hab.

Le village de Balagne le plus proche de Calvi, à 8 km. Certains y vont en pèlerinage, espérant y rencontrer une certaine star (Laetitia Casta)... D'autres, simplement pour le village lui-même, bien retapé, avec des maisons imposantes.

Où dormir ?

Campings

⛺ ***Camping Panoramic :*** *route de Lavatoggio. ☎ 04-95-60-73-13. • info@le-panoramic.com • le-panoramic.com • À 2 km au nord de Lumio, prendre la route de Lavatoggio. C'est 1,5 km plus loin, à gauche. Mai-sept. Compter env 17,50-26,50 € pour 2 selon saison ; mobile homes (4-6 pers) 380-950 €/sem.* À flanc de colline, ombragé par des eucalyptus et équipé d'une jolie piscine. Grandes terrasses avec emplacements délimités. Calme, agréable et très belle vue. Camping éco-responsable avec panneaux solaires, système de traitement de l'eau et tri sélectif des déchets. Soirée familiale une fois par semaine. Sympathique adresse et patron serviable.

⛺ ***Camping Monte Ortu :*** *chemin du Monte Ortu. ☎ 04-95-60-73-93. • contact@monte-ortu.com • monte-ortu.com • Au nord de Lumio, sur la T 30, prendre, dans un virage, la petite route qui part sur la gauche, vers la mer. Pâques-sept. Compter 17-26 € pour 2 avec tente et voiture. Chalets 2-4 pers 250-470 €/sem. (au bar).* Un peu isolé, en pleine nature à l'écart du trafic de la nationale. Le camping s'étend sur 11 ha et offre de jolies vues. Ombre un peu chiche sous les eucalyptus. Sanitaires très bien tenus. Location de quelques chalets et mobile homes. Resto sur place pour le dîner. Petite piscine et tennis.

Où acheter des produits corses ?

Clos Culombu : *au pied de Lumio, chemin San-Petru. ☎ 04-95-60-70-68. • closculombu.fr • En allant vers Calvi, indiqué dans un virage, sur la gauche. À env 1 km. Tlj en été, 9h-20h (19h juin et sept).* Superbe espace de réception, très moderne, alliant le bois et le métal et accueillant des expos à l'étage. Espace de dégustation également, où l'on profite des excellents blancs pour leur fraîcheur subtile et leur rondeur. Des rouges très intéressants également, fruités et généreux.

Le Moulin Atrium : *T 30, à 6 km de Calvi sur la route de Lumio, à droite. ☎ 04-95-32-47-90. • lemoulinatrium.com • Tte l'année. Tlj 9h30-19h.* Belle ancienne bâtisse qui abrite une étonnante gamme de produits provenant de toute la Corse (charcuterie affinée sur place, huiles, gâteaux, confiture, miel...). Un peu d'artisanat corse également.

À faire

Superbes plages ! En venant de Calvi, la première est celle du ***Pain de sucre.*** Petite crique charmante quand il n'y a pas trop de monde (c'est rare...), et une eau translucide. Resto les pieds dans l'eau (transats sur la plage) dans un cadre paradisiaque et romantique... En continuant vers L'Île-Rousse, ***plage du Mata Hari,*** fort belle quand on n'y est pas empilés.

➢ ***Randonnée vers Occi*** *(prononcer Odgi)* **:** une chouette promenade pour son panorama admirable sur la baie de Calvi et la pointe de Spano. On part de Lumio (se garer au resto *Chez Charles,* vers la sortie nord de Lumio). Rude montée au début. Le sentier, en 30 mn environ, mène au village d'Occi dont on admirera les ruines d'anciennes maisons aux équilibres miraculeux. Seule l'église a été retapée (grande procession à la Pentecôte). On redescend sur Lumio en rejoignant la piste qui continue vers Lavatoggio (à droite au niveau de la chapelle), puis descente escarpée sur le quartier Torricella de Lumio.
Compter 1h30 aller-retour pour cette promenade familiale ; doubler cette durée si l'on monte au sommet voisin du *capu d'Occi* (vue encore plus splendide). Accès balisé au départ d'Occi, avec possibilité de boucle en redescendant par derrière.

CALVI

(20260) 5 400 hab.

• Plan *p. 147*

C'est par mer qu'il faudrait arriver dans la capitale de la Balagne, et si possible à l'aube, quand le soleil se lève derrière les cimes. Bon, ça fait peut-être beaucoup de contraintes, et la ville est aussi bien belle quand on l'aborde par la route. La vieille citadelle surplombe une large baie bordée sur 6 km par une superbe plage et par une pinède. L'ancienne cité génoise (seule avec Bonifacio à n'avoir jamais lâché les Génois, au grand dam de Pasquale Paoli) est aujourd'hui avant tout une station touristique de premier plan, offrant du charme, des infrastructures de qualité et à tous les prix, ainsi que de bonnes petites adresses pour profiter des spécialités locales. De par sa dimension, assez importante, son bel arrière-pays et son littoral de choix, elle attire beaucoup de monde, et d'autant plus que les liaisons maritimes et aériennes la desservent directement. Par ailleurs, une tradition festivalière internationale anime la cité presque toute l'année et lui donne une couleur assez cosmopolite – tout comme la Légion étrangère, basée tout près. Bref, Calvi, on aime... mais on n'est pas les seuls.

UNE LÉGION PAS SI ÉTRANGÈRE

En créant ce corps d'élite, en 1830, Louis-Philippe reprenait l'idée des mercenaires étrangers au service du roi. Après 1945, beaucoup de soldats de la Wehrmacht s'y engagèrent. On y trouvait aussi des Français, à condition de changer de nom. Un moyen efficace pour réinsérer les indésirables de la société française (évadés, escrocs, voyous...). Il leur suffisait de s'inscrire sous une fausse identité pour changer de vie.

Arriver – Quitter

En bateau

➢ ***De/vers Nice :*** depuis août 2016, il n'y a plus de bateaux desservant le port de Calvi. Les rotations sont transférées au port de L'île-Rousse.

En train

Prendre les billets à la gare *(plan A2).* ☎ *04-95-65-00-61.* • *cf-corse.fr* •

➢ ***De/vers L'Île-Rousse :*** navette,

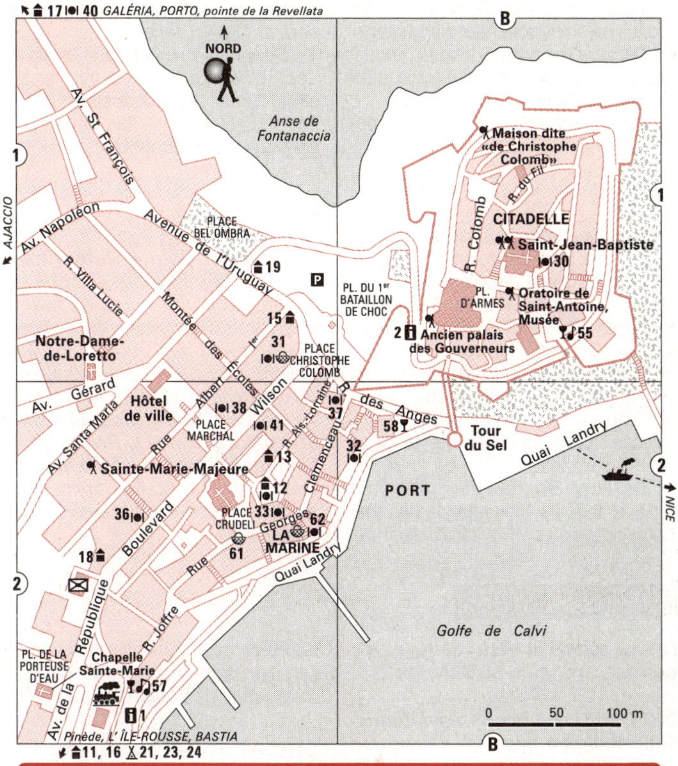

CALVI

Adresses utiles

- 1 Office de tourisme – Pays touristique Balagne
- 2 Annexe de l'office de tourisme

Où dormir ?

- **11** Relais international de la jeunesse U Carabellu
- **12** Hôtel Le Magnolia
- **13** Hôtel du Centre
- **15** Hôtel Le Belvédère
- **16** Hôtel Cyrnéa
- **17** Hôtel Saint-Érasme
- **18** Le Grand Hôtel
- **19** Hôtel Saint-Christophe
- **21** Camping Paduella
- **23** Camping Bella Vista
- **24** Camping La Clé des Champs

Où manger ?

- **12** Restaurant de l'Hôtel Le Magnolia
- **30** Ô Fao
- **31** Casa Vinu
- **32** Le Comme chez Soi
- **36** U Fornu
- **37** Le Tire-Bouchon
- **38** A Piazzetta
- **40** U Fanale
- **41** U Casanu

Où boire un verre ? Où écouter de la musique ?

- **55** Chez Tao
- **57** Eden Port
- **58** Bar de la Tour

Où acheter de bons produits du terroir ?

- **31** Casa Vinu
- **61** Traiteur Chez Annie et A Loghja Calvi
- **62** A Casetta

appelée « le tramway de Balagne », 4 à 5 fois/j. selon saison. Aller simple 6 €.
➢ ***De/vers Ajaccio :*** 2 trains/j., dont 1 avec changement à Ponte-Leccia (celui de l'ap-m). Trajet : 4h30.
➢ ***De/vers Bastia :*** 2 trains/j. Compter 3h.

En bus

La plupart des bus partent de la pl. de la Porteuse-d'Eau *(plan A2)*, proche de la gare, où se situent les bureaux de la compagnie *Corisicar-Les Beaux Voyages* (☎ 04-95-65-11-35 ; • les beauxvoyagesencorse.com •).
➢ ***De/vers Calenzana** (départ du GR 20) :* début juil-début sept, tlj 2 bus/j. Hors saison, 1 bus/j. lun-ven, uniquement dans le sens Calvi-Calenzana.
➢ ***De/vers Bastia :*** fin juin-début sept, tlj 2 bus/j. Le reste de l'année, 1 bus/j. lun-ven slt. Prévoir 2h de route.
➢ ***De/vers Galéria :*** 1 départ/j. en juil-août, sf dim et j. fériés.
➢ ***De/vers Porto :*** 1 bus/j. tlj en juil-août, et slt lun-sam de mi-mai à fin sept. Durée : 2h30. Autocars *S.A.S.A.-I.B.* (☎ 04-95-22-41-99). Départ sur le parking face au *Super U.*

En avion

✈ ***Aéroport Sainte-Catherine :*** *à 7 km de Calvi.* ☎ 04-95-65-88-88. • calvi.aeroport.fr • Pas de navette, uniquement le taxi : *Taxis Abeille* (☎ 04-95-65-03-10) ou *Radio Taxis Calvais* (☎ 04-95-65-30-36). Environ 20 € entre le centre-ville et l'aéroport.
➢ ***De/vers Lyon, Nice, Marseille, Strasbourg, Nantes, Rennes, Lille, Toulouse, Genève et Paris-Orly :*** vols réguliers avec *Air Corsica, Hop !* ou *Air France.* Nombreux charters également.

Adresses utiles

Infos touristiques, poste, ferries

ℹ ***Office de tourisme – Pays touristique Balagne*** (plan A2, **1**) : *au port de plaisance.* ☎ 04-95-65-16-67. • balagne-corsica.com • *Juin-août, tlj 9h-19h (dim 9h-13h). Jusqu'à 18h30 en juin et sept. Hors saison, slt lun-ven.* Un vrai office de tourisme, organisé, dynamique, compétent et sympa, prêt à vous renseigner sur Calvi et les 36 communes du Pays touristique Balagne. Liste des hôtels et des loueurs saisonniers. Guide pratique, plan de ville et renseignements sur les visites guidées de la ville et de la citadelle. Topoguides sur des randos à faire en Balagne, en vente à l'unité ou par lot.
ℹ ***Annexe de l'office de tourisme*** (plan B1, **2**) : *à l'entrée de la citadelle, sous le porche d'entrée, à droite.* ☎ 04-95-65-16-67. *Juin-août, mar-sam 10h30-13h30, 15h30-18h30 ; dim 15h30-18h30.* Serviable mais moins riche en doc que la maison mère. Location d'audioguides pour la visite de la Citadelle.
✉ ***Poste*** (plan A2) : *en bas du bd Wilson. Lun-sam 8h30-17h30 (12h sam).* Distributeur de billets.

Location de voitures, vélos et scooters

■ ***Location de vélos et de scooters*** (plan A1) : *au **Garage d'Angeli,** pl. Bel-Ombra.* ☎ 04-95-65-02-13. 📱 06-19-09-28-36. • garagedangeli.com • *Tte l'année, lun-sam 9h-12h, 14h-18h (19h en été). **Tra Mare e Monti,** sur le port l'été, au niveau de l'office de tourisme.* ☎ 04-95-65-21-26. • tramare-monti.com • ***Corse Active :*** *sur le port, au niveau de l'office de tourisme.* ☎ 04-95-44-49-67. • location-velo-corse.com • Loc de vélos (VTT ou VTC) et vélos électriques. Également balades guidées à la ½ journée. ***Wild Machja :*** *résidence Caroline, bât. 1, av. Christophe-Colomb.* 📱 07-78-57-35-61. • wildmachja.com • *Tlj (sf dim-lun nov-mai) 8h30-12h, 15h-19h.* Loc de VTT et randos avec guide. Extra.
■ ***Location de voitures :*** ***Budget,*** *à l'aéroport,* ☎ 04-95-30-05-05. ***Hertz,*** *à l'aéroport,* ☎ 04-95-65-02-96. ***Avis,***

sur le port de plaisance, à l'étage. ☎ 04-95-65-06-74 ; à l'aéroport, ☎ 04-95-65-88-38. ***Europcar,*** *à l'aéroport, ☎ 04-95-65-10-19.*

■ ***Location de bateaux et de scooters :*** ***Tra Mare e Monti,*** *près de l'office de tourisme et de la capitainerie. ☎ 04-95-65-21-26. • tramare-monti.com •* Bateaux à moteur avec ou sans permis, ainsi que de scooters. Également des sorties en mer avec skipper.

Où dormir ?

Campings

Attention, il arrive que certains campings soient bondés en très haute saison...

⛺ ***Camping Paduella*** *(hors plan par A2,* ***21****) : route de Bastia. ☎ 04-95-65-06-16. • camping.paduella@wanadoo.fr • campingpaduella.com • ♿ À env 2 km du centre-ville et à 300 m de la plage. Mai-sept. Compter env 19,50-25,60 € pour 2 en hte saison ; bungalows en toile 2-6 pers 41-86 €/nuit selon taille et saison. CB refusées.* 💻 Propre, plutôt coquet et bien ombragé, avec des emplacements bien délimités. Épicerie, bar (avec billard), aire de jeux. Bon rapport qualité-prix. Sans doute le meilleur camping 3 étoiles de Calvi.

⛺ ***Camping La Clé des Champs*** *(hors plan par A2,* ***24****) : route de Pietramaggiore. ☎ 04-95-65-00-86. • camagni2@wanadoo.fr • calvi-cledeschamps.fr • Avr-oct. Compter env 17,50-21 € pour 2 ; bungalows pour 4 pers 230-740 €/sem selon saison. CB refusées. 📶 Réduc de 10 % de mi-avr au 10 mai et en oct sur présentation de ce guide.* Un camping tout petit, où, en août, l'on a tendance à s'entasser sur une poignée d'emplacements ombragés. Mais, compte tenu des tarifs modérés, ça dépanne bien. Quelques chalets ou maisonnettes en dur plutôt bien équipés. Épicerie.

⛺ ***Camping Bella Vista*** *(hors plan par A2,* ***23****) : route de Pietramaggiore. ☎ 04-95-65-11-76. • campingbellavista@orange.fr • camping-bellavista.com • Pâques-sept. Compter env 26 € pour 2 avec tente et voiture ; bungalows 4-5 pers 280-1 050 €/sem selon saison. 📶 (réception.)* Sur un terrain bien plat et fleuri de 7 ha, camping 3 étoiles agréable et ombragé, calme et bien entretenu. Plage à 700 m et à 1 km du centre-ville. Bar-snack, alimentation et laverie. Chalets classiques à louer pour 2 à 5 personnes. Bar pour le petit déj.

Bon marché

🏠 ***Relais international de la jeunesse U Carabellu*** *(hors plan par A2,* ***11****) : route de Pietramaggiore. ☎ 04-95-65-14-16. • contact@clajsud.fr • clajsud.fr • À 4 km du centre. Panneaux à partir du rond-point du supermarché Casino sur la route de L'Île-Rousse. Avr-début nov. Résa conseillée. En dortoir, 20 €/pers, petit déj compris. Tarif « familles » également. Réduc moins de 12 ans. 📶* Dans 2 maisons distinctes et voisines, des chambres basiques (3 à 5 lits, avec douche), et dortoirs d'environ 10 lits à prix unique. Celles de la maison principale sont sans doute les plus agréables. Chouette vue panoramique sur la citadelle et la baie depuis la terrasse. Ambiance conviviale distillée par les bénévoles (d'ailleurs, on vous demandera de participer en faisant la vaisselle). Réserver bien à l'avance, car les hébergements bon marché sont rares dans le secteur.

🏠 ***Hôtel du Centre*** *(plan A2,* ***13****) : 14, rue Alsace-Lorraine. ☎ 04-95-65-02-01. Début juin-début oct. Doubles avec douche (w-c extérieurs) env 52-62 € en juil-août (42-52 € juin et sept). CB refusées.* Le dernier établissement sans étoile du centre-ville, dans une ruelle tranquille à deux pas du port, véritable aubaine pour les petits budgets, qui trouveront un accueil doux et serviable, des chambres modestes, certes, mais bien tenues, et tout cela au cœur de la cité, pour un prix écrasé. Une adresse rare !

Chic

🏠 ***Hôtel Cyrnéa*** *(hors plan par A2,* ***16****) : av. Christophe-Colomb.*

☎ 04-95-65-03-35. • reservation@hotel-cyrnea.fr • hotel-cyrnea.fr • À l'entrée de Calvi sur la route de Bastia, à 2 km du centre-ville, sur la droite. Avr-oct. Doubles avec sdb 73-96 €, petit déj inclus. Parking gratuit. Apéritif offert sur présentation de ce guide. Structure moderne et classique sur 2 étages, à l'architecture marquée par les années 1970, certes, mais aux parties communes très agréables, proposant des chambres classiques de bonne tenue (AC). En été, ceux qui craignent le bruit de la route opteront pour celles donnant sur l'arrière. Piscine proche de la route, au bord de laquelle on peut prendre le petit déj. Accueil sympathique.

Plus chic

Hôtel Saint-Érasme *(hors plan par A1,* ***17****)* ***:*** *route de Porto (par la côte). ☎ 04-95-65-04-50. • info@hotel-st-erasme.com • hotel-calvi-corse.com • À env 1 km du centre. Mai-début oct. Selon vue et saison, doubles standard 90-170 €, supérieures 135-230 €. Parking gratuit (non fermé). (à la réception). Un petit déj/chambre offert par jour pour un petit déj pris, sur présentation de ce guide.* Certes, cet établissement moderne n'est pas donné, mais les chambres sont impeccables et confortables, bien qu'assez classiques. Mais, à 10 mn à pied du centre, on gagne la tranquillité, une terrasse fleurie très agréable pour profiter de la vue superbe sur la mer et une piscine bien agréable. Bref, une halte reposante, où l'accueil familial se révèle fort sympathique.

Le Grand Hôtel *(plan A2,* ***18****)* ***:*** *3, bd Wilson. ☎ 04-95-65-09-74. • contacts@grand-hotel-calvi.com • grand-hotel-calvi.com • Avr-oct. Selon saison, doubles standard 75-130 €, doubles grand confort 115-200 €.* Un *Grand Hôtel* début XXᵉ s comme on n'en fait plus, avec des couloirs larges comme des chambres et des chambres grandes comme... des chambres, très spacieuses tout de même, et encore plus pour les supérieures. Elles sont très classiques, et la plupart ont été refaites (clim). Bonne literie et confort général de qualité. Celles donnant sur l'arrière ont toutes un balcon. Accueil et ambiance agréables. Formidable salle de petit déj panoramique au 5ᵉ étage, façon paquebot 1930 qui voguerait sur les toits de Calvi, cap sur le grand large !

Hôtel Le Belvédère *(plan A1,* ***15****)* ***:*** *pl. Christophe-Colomb. ☎ 04-95-65-01-25. • hotel-belvedere-calvi@calvi-location.fr • calvi-location.fr • Au pied de la citadelle, à 50 m du port. Tte l'année. Doubles 61-153 € selon standing et saison.* Un hôtel efficace et bien tenu. Pas un charme fou de l'extérieur, mais un certain caractère (agréable salle de petit déj avec vue sur la citadelle et des chambres contemporaines propres (avec AC), confortables et fonctionnelles, certaines avec vue mer.

Beaucoup plus chic

Hôtel Le Magnolia *(plan A2,* ***12****)* ***:*** *rue Alsace-Lorraine. ☎ 04-95-65-19-16. • hotel-magnolia@orange.fr • hotel-le-magnolia.com • Doubles 70-155 €, selon saison et vue (jardin ou mer). Menus 24-29 €. Carte 45 €.* Au cœur de la ville, dans une ruelle tranquille et à deux pas du port, la fière bâtisse est discrète, précédée d'une jolie cour arborée où s'est installé le resto. Des chambres tout confort (avec AC), classiques quant à la déco, au calme, à l'image de la table, où le 1ᵉʳ menu est déjà une affaire qui tourne bien rond, très régulier en qualité. Une valeur sûre.

Hôtel Saint Christophe *(plan A1,* ***19****)* ***:*** *pl. Bel'Ombra. ☎ 04-95-65-05-74. • individuel@hotel-saint-christophe.com • hotel-saint-christophe.com • Doubles 114-187 €, selon saison et vue (les plus chères avec vue mer). Parking gratuit.* À deux pas de la citadelle, avec vue sur celle-ci, un établissement moderne qui bénéficie d'une situation exceptionnelle. Chambres de très bon confort, sans originalité particulière mais parfaitement équipées. Celles avec vue mer profitent d'un balcon lumineux au lever du soleil. Piscine agréable sur une belle terrasse, et un escalier pour descendre tout droit vers la Grande Bleue en contrebas (rochers).

Où manger ?

Sur les quais et dans les ruelles de la vieille ville, les restos se pressent comme sardines en boîte ; ils sont beaucoup moins nombreux dans la citadelle.

Bon marché

Ô Fao (plan B1, **30**) : *dans la Citadelle, juste derrière la cathédrale Saint-Jean-Baptiste. ☎ 04-95-37-80-83. Tlj en saison, 9h30-22h30 env. Paninis pas chers et tartes salées 10-12 € ; assiettes 14-20 €. CB refusées.* Rares sont ceux qui poussent jusque derrière la cathédrale. Ils ont tort, car ils découvriraient une sympathique petite terrasse et sa non moins sympathique patronne, qui sert à toute heure (c'est rare !) de généreuses assiettes, des parts de tartes épaisses comme ça et préparent des *smoothies* du tonnerre. Il se cache toujours de bonnes surprises derrière les églises !

Casa Vinu (plan A1, **31**) : *15, bd Wilson. ☎ 04-95-31-37-09. • casavinucalvi@gmail.com • Tlj 9h-23h (fermé le lundi juin-sept). Assiette charcuterie ou fromage 10-11 €. Plats 15-20 €. CB refusées.* On y vient avant tout parce que l'endroit est une référence en matière de vins insulaires (voir plus loin « Où acheter de bons produits du terroir » ?). Mais on peut aussi s'installer en terrasse pour quelques plats malins concoctés en famille, à déguster autour d'une bonne bouteille (ou d'un verre) qu'on saura vous conseiller.

De prix moyens à chic

A Piazzetta (plan A2, **38**) : *pl. Marchal. ☎ 04-95-37-87-74. Avr-sept. En juil-août, tlj slt le soir. Le reste de la saison, midi et soir sf dim. Menu 20 € ; plats 14-22 €. CB refusées.* C'est l'adresse préférée des gens du coin. Pour son cadre chaleureux, son accueil vraiment sympa et décontracté, et ses plats traditionnels généreusement servis dans de grandes poêles (les *bocconcini*, des roulés d'escalopes au fromage corse, avec de bonnes pommes de terre sautées). Viandes de qualité, cuites à la perfection et côté pâtes, portions énôôôrmes. Du coup, c'est souvent bondé !

Le Comme chez Soi (plan B2, **32**) : *sur le port, quai Landry. ☎ 04-95-33-84-70. Tlj midi et soir en saison. Menu (midi et soir) 21,50 €. Assiette apéro ou du berger 11-14 €. Carte env 35 €.* La pub annonce « Cuisine faite maison, produits frais, beaux de préférence et selon le marché »... et poursuit « Ici on désosse, découpe, écaille, épluche, on cuisine, on mijote... ». Un coup de pub ? Eh bien non, un vrai bon coup de fourchette, et sans coup de fusil ! On est sur le port, et la cuisine est enlevée, fraîche et goûteuse. Tout cela fait du *Comme chez Soi* un rendez-vous de qualité, à prix fort raisonnables.

U Casanu (plan A2, **41**) : *18, bd Wilson. ☎ 04-95-65-00-10. Tlj sf dim. Congés : nov-déc. Résa indispensable. Formule déj 20 € ; carte 35 €. CB refusées.* Une toute petite salle et, aux beaux jours, quelques tables sur le trottoir. Une adresse tout en simplicité et gentillesse : ragoût de poulpe au vin, sardine à l'escabèche, couscous de poisson... Cuisine régulière au fil des ans.

U Fornu (plan A2, **36**) : *impasse Bertoni. ☎ 04-95-65-27-60. Dans un petit passage en escalier, perpendiculaire au bd Wilson. Tlj midi et soir (sf dim midi). Congés : oct-mai. Formule déj 14,50 € ; menu 19,50 € ; carte min 35 €.* Au menu, veau corse, *frittata* de blettes, cannelloni au *bruccio*... Terrasse tranquille et agréable, à l'écart de la rue.

Le Tire-Bouchon (plan A-B2, **37**) : *rue Clemenceau. ☎ 04-95-65-25-41. • santori20260@orange.fr • Tlj sf mer midi et dim midi. Menu complet midi et soir 25 € ; carte 35 €.* Dans la rue piétonne la plus touristique de la ville, on est plutôt content d'avoir déniché cette adresse satisfaisante et sympathique, aux plats de ménage bien troussés, comme ce classique sauté de veau ou cette macaronade de sanglier.

U Fanale (hors plan par A1, **40**) : *au lieu-dit Mozzello, route de Porto.*

LA BALAGNE

☎ 04-95-65-18-82. • andre.maestracci@wanadoo.fr • À 500 m du centre-ville. Mars-déc, tlj sf mar (soir slt en saison). Menus 22,50-28,50 €. Carte env 40 €. Digestif offert sur présentation de ce guide. Adresse tranquille et discrète, avec terrasse ombragée par un pin parasol et vue sur le phare, dont le resto tire son nom. Les 2 menus proposent d'intéressantes préparations (agneau braisé, risotto...), finement réalisées et une carte assez éclectique. Une adresse de qualité, appréciée des locaux.

Restaurant de l'Hôtel Le Magnolia (*plan A2,* **12**) **:** cet hôtel offre une bien bonne table (voir « Où dormir ? »).

Où boire un verre ? Où écouter de la musique ?

Chez Tao (*plan B1,* **55**) **:** *palais des Évêques. ☎ 04-95-65-00-73. • contact@cheztao.com • Dans la citadelle. Juin-oct, tlj de 19h à l'aube en été. Tao* n'est un nom ni chinois ni fantaisiste : c'est le prénom du père des actuels proprios ; un Russe, lieutenant dans la garde rapprochée du tsar, qui accompagna le prince Youssoupov (oui, nous parlons bien du même) dans son exil et tomba amoureux de Calvi et de sa région. L'établissement ouvrit en 1935 et a conservé son cadre superbe de salles voûtées du XVIe s, décorées dans des tons doux et chauds, une loggia pleine d'élégance et plusieurs petites terrasses ouvertes. Ambiance intimiste où quelques pointures viennent parfois travailler leur doigté. Quelques concerts et un bar idéal pour entamer ou clôturer une soirée. C'est Tao-By, l'un des trois fils de Tao, qui joue habituellement après les groupes invités. DJ certains soirs.

Eden Port (*plan A2,* **57**) **:** *quai Landry. ☎ 04-95-60-57-44. Tte l'année.* Il y a bien sûr une terrasse sur le quai et une salle moderne, mais aussi une boîte dans l'arrière-salle, qui draine la jeunesse locale en été, jusqu'aux petites heures du jour.

Bar de la Tour (*plan B2,* **58**) **:** *quai Landry. ☎ 04-95-65-04-13.* On aime bien ce bar cosy et discret, tout au bout du quai. L'un des plus simples, avec un bon mélange de locaux et de *pinzuti.* Quelques tonneaux et hauts tabourets d'un côté, des fauteuils bas d'un autre. Dans les deux cas, des bières corses et de bons cocktails.

Où manger ? Où boire un verre dans les environs ?

***U Nichjaretu* :** *Vitrigiliale, à env 10 km de Calvi en direction de Galéria, par la sublime petite route côtière. ☎ 04-95-47-84-36. • fabrizy@wanadoo.fr • Avr-oct. Plats 14-23 €. Digestif maison offert sur présentation de ce guide.* En contrebas de la route, on découvre un petit coin de paradis : une ancienne bergerie reconvertie en bar-restaurant stylé, qui profite d'un cadre exceptionnel et sauvage. À la carte, c'est tout simple (de bonnes grillades au feu de bois, des poissons frais au four et de jolies salades), mais on n'a pas besoin de plus pour passer un moment extra les yeux perdus dans la Grande Bleue, le midi ou le soir. On peut aussi venir y boire un verre, mais ne pas venir trop tard pour profiter de la vue.

Où acheter de bons produits du terroir ?

Casa Vinu (*plan A1,* **31**) **:** *15, bd Wilson (tt en haut du bd Wilson). ☎ 04-95-31-37-09. • casavinucalvi@gmail.com • Tlj 9h-23h (fermé le lundi juin-sept).* Ce petit resto (voir « Où manger ? ») est également une boutique proposant les vins de centaines d'excellents domaines corses, parfois méconnus. Les amateurs apprécieront.

Traiteur Chez Annie *(plan A2,* ***61****) : 5, rue Clemenceau. ☎ 04-95-65-49-67. • annietraiteur@orange.fr • Ouv tlj 7h-20h (23h juil-août). Congés : nov-mars.* Une institution à Calvi. On apprécie surtout les plats préparés à emporter, des *erbiata* par exemple, feuilletés de blettes et *brocciu,* ou des *involtini* (ce sont des « roulés »), charcuterie et tartes diverses du jour. Également toutes sortes de produits corses : huile d'olive, charcuterie (AOC nustrale), miel et un beau choix de vins.

A Loghja Calvi *(plan A2,* ***61****) : 3, rue Clemenceau. ☎ 04-95-65-39-93. En saison, ouv jusqu'à 20h, et encore bien plus tard en juil-août.* Bonne sélection de produits locaux (charcuterie, huile d'olive, vinaigre, confiture, miel, vin) et bons conseils également.

A Casetta *(plan A2,* ***62****) : 16, rue Clemenceau. ☎ 04-95-65-32-15. • acasetta2b@orange.fr • Tlj en saison, 9h-23h. Congés : de mi-nov à mi-mars. Planches découverte 14-16 € (petite) et 24-28 € (grande pour 2 pers). Digestif offert pour un repas pris sur présentation de ce guide.* Boutique de produits corses (charcuterie, fromages, vins), que l'on peut aussi déguster sur place, sur la minuscule terrasse au fond de la boutique, dominant le port.

À voir

La citadelle (plan B1)

Sur un promontoire rocheux dominant la ville et la baie de Calvi. Y monter de préférence avant les heures chaudes (et avant la foule) ou alors en fin d'après-midi (la lumière est plus belle sur la mer et la Balagne). Commencée vers le XIIe s, la citadelle a été solidement fortifiée par l'Office de Saint-Georges, puissante banque d'affaires affiliée à la république de Gênes qui établit ainsi sa mainmise sur l'île. De là-haut, vue exceptionnelle sur la ville, le port et la Grande Bleue.

UN PRINCE À CALVI

Dans les années 1920, en exil à Paris, le prince Youssoupov, instigateur de l'assassinat de Raspoutine en 1916, eut besoin de se changer les idées : avec sa femme, il partit pour la Corse. Là, le prince tomba amoureux de Calvi, où il acheta une maison, dans la citadelle. Il fit venir son ami Tao de Kerefoff, qu'il avait connu comme danseur à New York. Ce dernier créa un bar célèbre : Chez Tao.

– ***Visites pour individuels avec audioguide :*** se renseigner à l'office de tourisme (annexe à l'entrée de la citadelle en été). Muni d'un MP3, on visite la citadelle au fil des commentaires enregistrés *(tarif : 7 €/pers).* Pour que les enfants y trouvent leur compte, chasse au trésor interactive également disponible *(tarif : 4 €/enfant).*

Le palais des Gouverneurs *(plan B1)* **:** fortifié en 1483 et 1492. Abrite aujourd'hui la caserne Sampiero, et plus précisément le mess des officiers : garrrde à vous ! Ne se visite pas.

L'oratoire de Saint-Antoine *(plan B1)* **:** *dans la petite rue Saint-Antoine. En principe, tlj 10h-18h.* Construit en 1510, il présente un linteau sculpté dans l'ardoise figurant saint Antoine, entouré de saint Jean-Baptiste et saint François. La nef vaut le coup d'œil pour ses fresques anciennes sur la Crucifixion.

La cathédrale Saint-Jean-Baptiste *(plan B1)* **:** *tlj env 10h-18h.* Elle date du XIIIe s et fut restaurée vers 1570. Elle abrite de belles œuvres d'art : les fonts baptismaux et le maître-autel baroque en marbre polychrome, le triptyque dans l'abside (XVe s), la remarquable chaire de bois et le *Christ des Miracles* (autel à droite du chœur), qui aurait tellement impressionné les Turcs en 1555 qu'ils levèrent le siège de la ville.

***La maison dite « de Christophe Colomb »** (plan B1)* **:** tiens, qu'est-ce qu'il fait ici, celui-là ? On le croyait né à Gênes. Et voilà que des érudits corses affirment le contraire ! Manque l'acte de naissance de Colomb, que le Vatican posséderait et refuserait de communiquer, attitude suspecte aux yeux des partisans d'un Colomb corse : ne voudrait-on pas protéger ainsi la thèse officielle du Colomb génois ? On peut toujours rêver aux Amériques... Quant à ladite maison, ce n'est en fait qu'un ensemble de ruines de lourdes pierres (plaque commémorative), où les parents de Christophe, commerçants génois, auraient résidé. Il est à peu près clair que le petit vint à Calvi avec ses parents, mais quant à savoir s'il y est né, c'est une autre histoire...

En ville

Les quelques ***petites rues et placettes*** séparant les quais du boulevard Wilson accueillent beaucoup de commerces, souvent attrape-touristes. Un arrêt à l'***église baroque Sainte-Marie-Majeure,*** toute ronde *(plan A2)* : à l'intérieur, atmosphère de grande piété et curieuse statue de *Sainte Thérèse de l'Enfant Jésus,* sous verre, gisante... Vers le 2 juin, à l'occasion de la Saint-Érasme (à qui l'une des chapelles latérales est dédiée), l'église est en fête.

À faire

➢ ***Promenades en mer : Colombo Line,*** *sur le port. ☎ 04-95-65-32-10. • colombo-line.com • Avr-oct. Départ tlj, 2 fois/j. pour Scandola et Girolata ; départ 1-2 fois/sem pour Ajaccio. Excursions à Scandola env 53 € (et 64 € pour aller à Girolata en plus) ; réduc moins de 10 ans. Également une sortie en semi-rigide. CB refusées. Réduc de 5 €/adulte sur les tarifs de l'année, pour ttes les excursions, sf juil-août.* Excursion en grosse vedette jusqu'à la réserve naturelle de Scandola, les golfes de Girolata et de Porto, avec ou sans baignade. Superbe balade d'une journée ou d'une demi-journée. Également des sorties en catamaran de 24 m, le *Solana* et en semi-rigide.

➢ ***Calvi Évasion :*** *sur le port, juste en contrebas de l'office de tourisme. 📱 07-87-13-59-95. • calvi-evasion.com • Compter 60 € pour la balade jusqu'à Scandola (4h) et 80 € pour Scandola et Girolata (6h). Également excursions dans le golfe à 30 € (2h) et sortie apéro-coucher de soleil dans le golfe, 35 €. Autre excursion vers les Agriate 12 pers max sur les bateaux.* Le père (Éric) et le fils (Mickael) sont pêcheurs et les choses de la mer, ils connaissent ! Ils font découvrir avec passion leurs côtes sublimes, en comité restreint. Plaisir, gentillesse et découverte, baignade et histoire. Que du bonheur !

Plongée sous-marine

Calvi est surtout connue pour son épave majestueuse : un énorme *bombardier américain B-17,* posé sur le sable clair, pour plongeurs confirmés. Mais il n'y a pas que cela ! Les fonds sauvages et découpés à l'ouest de la ville offrent des plongées inoubliables.

Clubs de plongée

■ ***École de plongée internationale de Calvi (EPIC) :*** *sur le port. 📱 06-13-38-61-26. • epic-plongee.com • De mi-mars à mi-nov. Résa conseillée. Baptêmes 50-60 € selon saison, plongées env 50-60 € avec équipement et selon saison ; pour 5 plongées faites, la 6e est gratuite. Réduc de 5 % sur le* *prix des baptêmes sur présentation de ce guide.* Baptêmes et formations jusqu'au monitorat fédéral pour ce club tenu par Olaf. Balades riches en curiosités à découvrir en petit comité. Plongée au *Nitrox* (air enrichi en oxygène) à prix intéressant pour les confirmés. Bonne ambiance.

■ ***Centre de plongée Castille :*** *sur le port de plaisance.* ☎ *04-95-65-14-05.* 📱 *06-07-89-77-63. • plongeecastille.com • Mars-déc. Baptême env 55 €, plongées 37-47 € selon équipement, snorkelling env 25 € ; forfaits dégressifs 5-10 plongées.* Plongée à la carte et en petit comité dans ce club (FFESSM, CMAS, ANMP et PADI 5*) basé à bord de la *Vénus des îles.* Baptêmes, formations et belles explorations (sorties à la journée possibles), telles sont les prestations que proposent l'équipe de Gérard Perquy. Plongée au *Nitrox* (air enrichi en oxygène) pour les confirmés.

■ ***Calvi Plongée :*** *sur le port, à côté de la capitainerie.* ☎ *04-95-65-33-67.* 📱 *06-18-01-41-83. • calviplongee.com • Avr-nov. Résa obligatoire. Baptême env 60 €, plongées 46 € avec équipement, snorkelling env 25 € ; forfaits dégressifs.* Encadré par Pascal Esplat et une palanquée de moniteurs : baptêmes, formations, sans oublier les explorations sensationnelles. Belles randonnées palmées avec guide accompagnateur. Ambiance vraiment sympathique.

■ ***Diving Calvi :*** *sur la plage, dans la pinède.* 📱 *06-75-72-79-09 ou 06-80-60-66-55. • divingcalvi.fr • Avr-fin oct, tlj sf dim. Baptême 60 €, plongées explo 47 € avec équipement, snorkelling 25 €.* Sarah, Christophe et leur équipe partent en baptême, formation et exploration sur une dizaine de sites situés à 10 mn maxi. Ambiance jeune, à la fois sérieuse et décontractée.

Nos meilleurs spots

Le Bombardier B-17 *(niveau II)* **:** au pied de la citadelle, c'est la plongée incontournable de Calvi. Coulé en 1944 lors d'un amerrissage en catastrophe, cet énorme quadrimoteur a gardé sa silhouette majestueuse. Par 28 m de fond, quelques éponges colorées ont investi fuselage et cockpit, alors que de petites langoustes craintives se nichent dans les moteurs. Parfois des congres sous les ailes.

La pointe de la Revellata *(tous niveaux)* **:** un ensemble rocheux accidenté. De 12 à 40 m de fond, enchaînement séduisant de failles, tombants, voûtes et canyons couverts de gorgones violettes et d'anémones jaunes, que survolent dentis et mérous. De bonnes surprises dans les fractures (murènes et langoustes de belle taille) et de précieuses branches de corail rouge (pas touche !).

La Bibliothèque *(niveau I)* **:** entre 0 et 30 m, glissez entre des rochers ressemblant à des rangées de bouquins, taillés dans le roc ! Ici, congres, murènes, rascasses et poulpes montrent – à chaque plongée – la même soif de culture !

Fêtes et animations

– ***Semaine sainte :*** *fêtes de Pâques.* Processions pieuses et très populaires, dès le mercredi. Les membres des confréries de Saint-Antoine et de Saint-Érasme défilent deux fois le Vendredi saint (*a cerca* le matin, *a granitula* le soir).

– ***Festival Calvi on the rocks :*** *début juil. • calviontherocks.com •* Musiques électroniques... on ne peut plus djeun's et branché.

– ***Rencontres polyphoniques :*** *mi-sept.* ☎ *04-95-65-23-57 (association U Svegliu Calvese). • l-invitu.net •* Festival international réunissant choristes et solistes de Corse et d'ailleurs, aux côtés du groupe organisateur calvais *A Filetta.* Une réussite.

DANS LES ENVIRONS DE CALVI

La pointe de la Revellata : *à 6,5 km de Calvi par la route de Porto.* On descend 1,5 km de piste défoncée jusqu'à la plage de l'Aghja (très belle anse, hyper fréquentée en saison), d'où un sentier permet de gagner à pied l'extrémité de la presqu'île. Possibilité de s'y rendre depuis Calvi à pied (départ devant l'*Hôtel Tramonto*). Très beau site.

La chapelle de la Madonna di a Serra : *à 6 km au sud-ouest de Calvi par la route de Galeria (D 81 bis).* Après 4 km, une route qui monte à gauche mène à cette chapelle (XIXe s) d'où l'on a une vue épou... épou... époustouflante sur le golfe de Calvi et les montagnes de la Balagne. Sur la petite route, voir les superbes *taffoni* (roches creusées par le dessous). La chapelle, quant à elle, est souvent fermée.

CALENZANA / CALINZANA (20214) 2 170 hab.

Calenzana, point de départ du GR 20 et d'un sentier Mare e Monti, vit aujourd'hui au rythme très paisible des randonneurs sac au dos... Il faut prendre la peine d'y déambuler un peu : ruelles et maisons typiques ne se devinent pas si l'on ne fait que la traverser par la rue principale. Quelques artisans aussi proposent des produits de qualité (gâteaux, charcuterie). En plein centre, l'église Saint-Blaise est un bel édifice baroque (1691-1707) avec une remarquable façade. Juste en face, de l'autre côté de la rue, jeter un coup d'œil à la chapelle Sainte-Croix *(la Casazza)*, siège de la confrérie de Sainte-Croix Calenzana. On y entend parfois de jolis chants.
Ne pas manquer non plus le campanile (fragile) érigé sur le Campo dei Tedeschi, où, le 1er janvier 1732, 500 mercenaires allemands au service de Gênes furent tués et enterrés sur place.

UN BONAPARTE ASSASSIN

Dans la famille Bonaparte, on demande le neveu, Pierre, fils de Lucien. Il n'est pas entré dans l'histoire pour avoir été le bienfaiteur de Calenzana, mais pour avoir assassiné le jeune journaliste Victor Noir, en 1870. Ce dernier vint en tant que témoin pour organiser un duel après des insultes proférées contre les Corses. Il fut abattu par un Pierre Bonaparte à la gâchette facile. Victor Noir, bien malgré lui, passa à la postérité : son gisant est l'un des plus visités du cimetière du Père-Lachaise (il est en érection) ! Quant au prince Bonaparte, il fut acquitté !

Arriver – Quitter

➢ ***De/vers Calvi :*** en bus avec *Corsicar-Les Beaux Voyages* *(☎ 04-95-65-11-35).* Début juil-début sept, 2 bus/j.

Adresses utiles

Point info du parc : *à côté du gîte d'étape (voir ci-dessous). ☎ 04-95-62-87-78. Juin-sept, tlj sf j. fériés 17h-21h.* Bureau saisonnier pour s'informer sur le parc naturel, prévisions météo et conseils divers. Accueil compétent et très sympa.

✉ **Poste :** *derrière la mairie.* Pour écrire au monde entier que vous avez fait le GR 20 ou pour annoncer que vous allez le faire !

Où dormir ? Où manger à Calenzana et dans les environs ?

Campings et gîte

Gîte d'étape municipal : *en arrivant de Calvi, sur la gauche. ☎ 04-95-62-77-13. • gite-calenzana@wanadoo.fr • D'avr à mi-oct. Résa possible à partir de janv à la mairie : ☎ 04-95-62-88-55. Env 15 €/pers en gîte ; pas de petit déj. Forfait pour 2 env 15,20 € en camping. CB refusées.* Un gîte bien pratique, puisque situé dans un coin tranquille au départ du GR 20 et du Mare e Monti. Il dispose de 7 chambres de 4 lits avec sanitaires dans chaque chambre et 1 chambre double adaptée aux personnes handicapées (même tarif que les lits en dortoir). Cuisine équipée de bonne taille, salle commune et belle terrasse pour partager son repas avec les autres randonneurs.

Camping Paradella : *route de la forêt de Bonifato (D 81), 20214 Calenzana. ☎ 04-95-65-00-97. • info@camping-paradella.fr • camping-paradella.fr • Mai-oct. Forfaits pour 2 21,60-24,60 € ; bungalows 2-5 pers 350-800 € et mobile homes (avec ou sans sanitaires) 250-700 €, selon taille et saison. Apéritif ou café offert sur présentation de ce guide.* Terrain plat sous l'ombre des grands eucalyptus et des pins, avec de beaux emplacements. Snack-pizzeria, épicerie. Piscine et tennis. Bungalows et mobile homes tout confort. Un peu éloigné des plages, mais l'endroit est au calme.

L'Auberge de la Forêt : *à* ***Bonifatu,*** *20214 Calenzana. ☎ 04-95-65-09-98. • aubergeforetbonifatu@sfr.fr • auberge-foret-bonifatu.com • De Calvi, prendre la D 81 vers Moncale, puis la D 251 qui suit la rivière Figarella jusqu'à Bonifatu (attention, on ne passe pas par Calenzana). Avr-sept. Doubles avec douche 84-95 € ; lit en chalet 20 €. Bivouac 9 €. ½ pens possible pour ts les hébergements. Menus à partir de 23 €. CB refusées. Café offert sur présentation de ce guide.* En pleine nature, dans un fond de vallée cerné de montagnes boisées, une adresse discrète, loin de l'agitation de la côte. Pour dormir, des chambres avec salle d'eau et toilettes, ou des chalets récents avec de grands dortoirs, pour 6 à 8 personnes. Au resto, cuisine familiale et traditionnelle. Accès au GR 20.

De prix moyens à chic

Chambres d'hôtes E Casalte : *à* ***Cassano.*** *06-86-58-20-03. • r.filippi@wanadoo.fr • e-casalte.com • À 9 km de Calenzana et 2,5 km avt Montemaggiore par la D 151. Tte l'année. Doubles 75-85 € selon saison. CB refusées.* Tout pour plaire ! L'environnement : génial (un village adorable aux ruelles pittoresques). L'accueil : souriant et attentionné. La maison : de famille, donc pleine de caractère. Les 2 chambres : décorées avec goût et tout confort. Le petit déj est servi sur un balcon offrant une vue superbe. Une perle rare dans son genre.

La Maison d'hôtes *(chambres d'hôtes chez M. et Mme Herbel ; Gîtes de France)* **:** *lieu-dit* ***Scuzzulatajo,*** *sur la route de Calvi (D 151). Panneau indiquant « Chambres » sur la droite. ☎ 04-95-60-15-53. • lamaisondhotes@orange.fr • lamaisondhotescalenzana.com • Avr-oct. Doubles avec sdb 70-145 €. CB refusées.* 5 chambres confortables bien qu'assez petites, aménagées dans une maison récente. Coin lecture et détente. Vaste véranda qui donne sur un sympathique verger d'agrumes (orangers et citronniers). Piscine. On trouve ici le calme et une situation pratique, à mi-chemin de Calvi et de Calenzana, point de départ du GR 20. Accueil très cordial.

A Stazzona : *17, rue du Fond. ☎ 04-95-36-47-12. Tlj sf mar midi. Congés : déc. Menu corse 21 € ; carte 25-30 €. CB refusées. Digestif offert sur présentation de ce guide.* Une adresse qui s'est fait sa petite réputation en Balagne. On mange sur une jolie terrasse verdoyante ou dans une petite salle voûtée. Plats bien travaillés.

Bons produits, comme le poisson de la pêche du jour (Calvi n'est pas loin). Accueil prévenant.

Pinellucciu : *1, rue Napoléon. 06-86-95-66-14. • pinellucciu@hotmail.fr • En été, tlj ; en hiver, le w-e slt.* Dans sa rôtisserie grande comme un Abribus, Véronique se met en quatre, voire plus, pour vous préparer tartes, beignets, tourtes, poulets, avec des produits du cru. Vente à emporter, pour attaquer le GR 20 aux accents des saveurs locales. En saison, il vaut mieux commander.

Plus chic

A Flatta : *à Calenzana. ☎ 04-95-62-80-38. • info@aflatta.com • aflatta.com • Signalisé depuis Calenzana sur 3 km d'une route-piste. Resto ouv le w-e et le soir en sem oct-déc ; tlj mai-sept. Congés : janv-avr. Doubles 85-125 € et chalet 125-220 €. Formule 40 € et guère moins cher à la carte.* Dans un vallon superbe, en contrebas de monts abrupts, avec un panorama somptueux sur la côte. Cette construction moderne et bien conçue se la joue chicos dans un environnement sauvage, avec une chouette terrasse et une piscine. Également une bergerie en grosses pierres et un chalet. Cuisine corse créative à base de produits locaux (agneau de lait corse aux herbes, légumes du jardin, encornets farcis au *brocciu* et risotto...). Desserts aussi légers que succulents. Quant aux chambres, pas données tout de même, elles sont de taille variable, colorées et agréables.

Où acheter des produits corses à Calenzana et dans les proches environs ?

E Fritelle : *résidence Fabiani, bd Marini. ☎ 04-95-62-78-17. En été, tlj 7h-19h30 (dim 6h-12h).* Une petite pâtisserie corse bien connue dans la région pour ses beignets chauds et ses gâteaux secs à base de farine de châtaigne.

Domaine Orsini : *sur la route de Calenzana à Calvi (à mi-chemin), sur la gauche. ☎ 04-95-62-81-01. Tlj 9h30-12h30, 14h-20h.* Dégustation (venir au moins 1h avant la fermeture) et vente des vins du domaine (blanc, rosé, gris et rouge). Également liqueurs, confitures, pâtes de fruits et maquisettes (bonbons).

Fête et manifestations à Calenzana et dans les proches environs

– ***Fête de Sainte-Restitude :*** *w-e le plus proche du 21 mai.* Deux processions très importantes, conclues par une *merendella* (pique-nique géant). Très convivial.

– ***Foire de l'olivier*** *(fiera di l'alivu)* ***de la commune de Montegrosso :*** *mi-juil à* ***Montemaggiore,*** *à 11 km de Calenzana par la D 151. • fieradilalivu@wanadoo.fr •* L'olive de Balagne est dignement honorée pendant 2 jours. Une centaine d'artisans, animations enfants, spectacles et concerts en soirée, etc. Et l'occasion d'acheter de l'huile d'olive extra.

– ***Rencontres de Calenzana :*** *5 j., en principe juste après le 15 août. • musical-calenzana.com •* Festival dédié aux musiques classiques et contemporaines. Extra.

DANS LES ENVIRONS DE CALENZANA

La chapelle Sainte-Restitude : *sur la route de Zilia, à 1 km à gauche.* Dans la crypte, sous le chœur, un étonnant sarcophage en marbre blanc (mis au jour en 1951) renferme les restes de sainte Restitude, suppliciée en 304 à Calvi. Pièce unique, il daterait du IVe s de notre ère et porte le monogramme du Christ et des dauphins, symboles d'immortalité. Pour visiter la chapelle, demander en principe les clés au bureau de tabac dans la rue en biais partant de l'église Saint-Blaise, dans le centre de Calenzana. Ne pas confondre avec le bar-tabac juste à côté de l'église.

➢ ***La route de Calenzana à Cateri (vers les villages de Balagne) :*** après avoir croisé la chapelle Sainte-Restitude, la D 151 s'élève vers ***Zilia,*** à environ 5 km de Calenzana, le village, typique, est connu pour son eau de source, embouteillée ici et largement distribuée dans l'île. Plus loin, il faut quitter la départementale pour entrer dans le pittoresque village de ***Cassano,*** sur la gauche. On accède à la place de l'Église en passant sous une arche basse. Il y a là, bien sûr, des anciens assis à l'ombre et un bar. On peut aller de Zilia à Cassano à pied en descendant vers la rivière (passer devant le cimetière, puis la chapelle Saint-François) puis en remontant vers Cassano. Environ 1h. En continuant vers Cateri, on rejoint l'itinéraire des villages de Balagne décrit précédemment. Cette portion de route offre de larges panoramas sur la côte. Splendide.

Randonnée dans le cirque de Bonifato

Le cirque de Bonifato est, avec le massif de Bavella, le plus bel ensemble d'aiguilles de toute la Corse, un espace minéral grandiose teinté par le rose du granit et par l'obstination des pins laricio à accrocher leur verdure dans les recoins escarpés les plus improbables.

➢ Une ***variante du GR 20*** traverse le cirque de Bonifato. Mais on peut aussi y accéder à partir du parking de *L'Auberge de la Forêt* (voir « Où dormir ? Où manger à Calenzana et dans les environs ? »). Attention, cette rando, assez facile pour certains, est très ardue pour d'autres. On conseille de vous informer avant à l'office de tourisme de Calvi ou de la Maison du parc à Ajaccio : topoguide et infos météo. En principe, au parking *(payant),* on vous remet une brochure avec les boucles possibles.

Randonnée pédestre Mare e Monti

De Calenzana partent les deux sentiers de randonnée les plus glorieux de Corse : le GR 20 et le Mare e Monti qui rejoint Cargèse.
Ce dernier sentier est balisé en orange. Il est divisé en 10 étapes de 4 à 8h. Possibilité de réduire à 7 jours pour les très bons marcheurs. Ils sont jalonnés de plusieurs gîtes d'étape, généralement ouverts au minimum du 1er avril au 30 septembre.

➢ Sortir de Calenzana par le sud-est jusqu'à la fontaine d'Ortiventi. À environ 100 m de la fontaine, on quitte l'itinéraire commun avec le GR 20 pour se diriger à l'ouest vers ***Bonifatu*** (L'Auberge de la Forêt, ☎ *04-95-65-09-98)* puis vers *bocca a u Corsu.* Les gîtes sont ensuite classés par communes (ou hameaux) : ***Tuarelli*** *(gîte* L'Alzelli, ☎ *04-95-62-01-75)* ; ***Galéria*** (Étape Marine, ☎ *04-95-62-00-46)* ; ***Girolata*** (Le Cormoran Voyageur, ☎ *04-95-20-15-55 ;* La Cabane du Berger, ☎ *04-95-20-16-98)* ; ***Curzu*** (☎ *04-95-27-31-70)* ; ***Serriera*** (L'Alivi, ☎ *04-95-10-49-33)* ; ***Ota*** *(gîte et resto* Chez Félix, ☎ *04-95-70-68-49 ;* Chez Marie, ☎ *04-95-26-11-37)* ; ***Évisa*** (U Poghju, ☎ *04-95-26-21-88)* ; ***Marignana*** (☎ *04-95-26-21-21)* ; ***Revinda,*** site fabuleux, accueil sympa *(le gîte se trouve dans le hameau E Case, à 1 km et 15 mn de marche de Revinda,* ☎ *04-95-26-48-19)* ; puis ***Cargèse*** (voir cette ville), où l'*Hôtel Saint-Jean* (☎ *04-95-26-46-68)* accueille les randonneurs.

LA CÔTE OUEST ENTRE LA BALAGNE ET AJACCIO

Un secteur parmi les plus spectaculaires de Corse, avec d'abord la paisible Galéria, comme alanguie et presque oubliée, puis le fort contraste des *calanche* de Piana, pics rouge sombre surgis des flots et tout découpés, sculptés de formes fantastiques... L'arrière-pays en montant vers Évisa est magnifique aussi, comme aux abords de la forêt d'Aïtone. Mais attention, la route côtière est très étroite, sinueuse et à flanc de falaise – plus d'une fois, en croisant, on se fait des frayeurs, surtout dans le sens nord-sud, où l'on côtoie le précipice. Donc allez-y doucement et attention dans les virages, cornez sans hésiter pour vous signaler. Ceux qui ont facilement le vertige prendront, au départ de Porto, la route de l'intérieur pour ne rejoindre la côte qu'à Galéria. Ils ne gagneront que 5 km et manqueront un sacré spectacle ! Attention : la route est vraiment très étroite sur 32 km (jusqu'au pont de Galéria), et le revêtement, à partir du 14e km, au départ de Calvi, est mauvais. Plus loin, des travaux ont été effectués sur une longue portion de la nationale, entre le bocca della Croce et Porto, mais si le revêtement au sol est meilleur et la route élargie, cela ne supprime pas les virages ! L'itinéraire se termine tranquillement, avec un relief plus doux et les belles plages de Cargèse à Tiuccia.

GALÉRIA / GALERIA (20245) 340 hab.

À l'exception du vieux village qui se concentre autour de l'église à flanc de colline, Galéria ne présente, au premier abord, guère d'unité. Même au plein cœur de l'été, c'est l'une des places les plus tranquilles de Corse. Il faut dire que l'on est vraiment loin de tout. Le village a été fondé par des montagnards du Niolu, qui descendaient de leurs hauteurs et faisaient paître leurs troupeaux sur le littoral en hiver.

L'Artigiana : *avt l'entrée de Galéria, sur la gauche, au-dessus du parking de la Tour. 06-13-57-78-18. • lara.wolff@wanadoo.fr • Juin-sept, tlj 9h30-20h. Parts de tarte et sandwichs env 6-7 €, plateaux env 12,50-16,50 €. CB refusées.* L'« artisane », c'est Lara, aidée par sa fille Julie, qui puise dans sa propre production de tomates, courgettes et aubergines (le jardin est situé à deux pas) pour nous régaler de superbes tartes, de planches gourmandes (fromages, charcuterie ou mixtes), mais aussi de copieux sandwichs réalisés avec amour. On s'installe à l'extérieur, à l'une des tables en bois, bien ombragées et orientées face à la mer, et on passe un joli moment, empreint de simplicité et d'authenticité. Pour prolonger le plaisir, de bons produits sont proposés dans sa petite échoppe (fromage, confiture, miel...). Une halte chaudement recommandée, à découvrir entre amis. Également une autre boutique dans le bas du village *(route du Port ; Pâques-fin oct).*

Restaurant Ponte Vecchiu : *à 8 km de Galéria, sur la route de Manso, au niveau du pont génois sur le Fango, 2 km après l'embranchement. ☎ 04-95-62-00-66. • candella@orange.fr • Ouv 20 mai-20 sept, tlj midi et soir. Pizzas env 9-11 € ; menus 21-25 €. CB refusées. Digestif offert sur présentation de ce guide.* Dans une maison de construction récente, avec terrasse, un resto plébiscité par les locaux pour ses pizzas au feu de bois et sa très bonne cuisine corse traditionnelle. Le secret ? Les charcuteries et le veau viennent de la ferme familiale ! Soirées musicales 2 fois par mois en juillet-août. Accueil jeune et sympa.

À faire

➢ Promenades en mer pour Girolata avec **Galeria Marina.** *Au port. ☎ 04-95-62-03-61. 06-12-52-63-53. • visite-scandola.com • Tarifs : 35 € pour 2h et 50 € pour 4h de balade ; gratuit pour les enfants qui restent sur les genoux de leurs parents (jusqu'à 5 ans env).* Le 1er circuit, le plus court, permet, en un temps record et en petit comité (12 personnes sur le *taxi boat*), de longer la réserve de Scandola. Commentaires intéressants. Le circuit complet, sur une vedette de 30 personnes maximum, inclut une halte à Girolata, ainsi qu'une baignade et l'apéro.

Randonnées pédestre et aquatique

Galéria est une étape sur le très beau sentier ***Mare e Monti,*** qui relie Calenzana à Cargèse en 10 jours.

➢ De Galéria, en 6h de marche, on peut rejoindre Girolata par un tronçon (superbe) de cet itinéraire (balisé en orange). Une balade de 2 jours, donc, avec une nuit à Girolata (gîte) ; voir les infos dans la rubrique « Randonnée pédestre Mare e Monti » à Calenzana.

➢ ***Balade en kayak dans l'embouchure du Fango :*** *à l'arrivée sur le parking de la Tour, se garer et prendre sur la droite le chemin qui mène au Fango (panneau). 06-22-01-71-89. • delta-du-fangu.com • Début juin-fin sept env, tlj 10h-18h30. Durée : 1h. Env 6 €/pers.* Henri, grâce à son travail, a redonné vie à ce petit bout de rivière, qu'il a nettoyé, qu'il entretient et qu'il protège. Il loue des canoës (monoplaces ou biplaces) qui permettent d'observer la flore et la faune (notamment des tortues) au milieu des bouquets de joncs en empruntant les petits bras d'eau. En été, superbes nénuphars (pas touche !). Balade sympa comme tout.

DANS LES ENVIRONS DE GALÉRIA

La vallée du Fango (Fangu) *: du hameau de Fango, à 6 km à l'est de Galéria, jusqu'au hameau de Barghiana, la D 351 longe le torrent du Fango, en le surplombant.*

Très belle promenade de 11 km dans le Filosorma (ou Falasorma), microrégion particulièrement belle. La forêt du Fango, la plus vaste forêt de chênes verts de Corse (et même d'Europe, ce qui lui vaut d'être classée réserve de biosphère – • *biosphere-fango.fr* • –, comme tout le bassin versant du Fango, alors qu'une partie de la haute vallée du Fango est un site Natura 2000), couvre les pentes des montagnes tandis que la rivière décrit des piscines naturelles en porphyre rouge dans lesquelles c'est un régal de se baigner en été aux heures chaudes. On peut y observer des oiseaux comme le martin-pêcheur ou le héron cendré. Parking payant *(4 €)* au ponte Vecchiu, où l'on trouvera des infos auprès des écogardes. Attention de ne pas se garer n'importe où. Plus on avance dans la vallée, moins l'accès à la rivière est facile et, bien sûr, moins il y a de monde. Jusqu'à Pirio (parking), situé après Tuarelli, pas trop de problèmes pour rejoindre le lit. Plus loin, en direction de Manso, la descente devient beaucoup plus abrupte. Mais quel environnement ! Un tronçon du sentier Mare e Monti (balisé en orange) longe la rivière du gîte de Tuarelli au ponte Vecchiu. Durée de cette belle promenade : 1h30 l'aller.

PORTO / PORTU

(20150 ; commune d'Ota)

• Plan Porto *p. 165* • Carte Porto et ses environs *p. 173*

On accourt de partout pour admirer ici l'un des plus beaux couchers de soleil de Méditerranée... De Galéria, il n'y a guère que 50 km de route, mais ils paraissent plutôt longs. Symbole bien connu de l'endroit, une tour génoise carrée, au sommet d'un gros rocher battu par les vagues. À côté, une plage de galets belle et grise, au fond d'un golfe extraordinaire, comme taillé à grands coups de hache dans les flancs d'une montagne. Ce golfe de Porto (c'est-à-dire l'ensemble que constituent les *calanche* de Piana, le golfe de Girolata et la réserve de Scandola) est inscrit au Patrimoine mondial de l'Unesco, et c'est bien mérité.

Le village, côté marina, peut ne pas plaire autant... Pour satisfaire les exigences immobilières, on a construit « moderne », et même sacrifié de vénérables allées d'eucalyptus...

Attention, les plages de galets du secteur de Porto (comme celle de Bussaglia) sont très dangereuses quand il y a des rouleaux. D'ailleurs à Porto, la baignade – surveillée – est alors interdite (et les amendes tombent sur les inconscients qui s'y risquent quand même).

– Parkings payants côté marine *(avr-oct, tlj 10h-12h, 14h-19h)*. En revanche, c'est gratuit derrière la plage, avec possibilité de rejoindre la marine par une passerelle.

Arriver – Quitter

➢ ***De/vers Ajaccio :*** avec les autocars *S.A.S.A.I.B./Ceccaldi Voyages* *(☎ 04-95-21-38-062-41-99).* Juil-août, en principe 2 liaisons/j. Sept-juin : 1 bus/j. lun-sam. Le bus part d'Ota et dessert Piana, Cargèse, Sagone et Tiuccia. Trajet : 2h-2h15.

➢ ***De/vers Calvi :*** avec les autocars *S.A.S.A.I.B./Ceccaldi Voyages* *(☎ 04-95-22-41-99).* De mai à mi-oct, 1 liaison/j. le mat, dans le sens Porto-Calvi, tlj sf dim et j. fériés (tlj de juil à mi-sept). Dessert Serriera, Partinello, Curzo, le col de la Croix, le carrefour du Fango (à 4 km de Galéria), le carrefour de Bonifato. Retour l'ap-m.

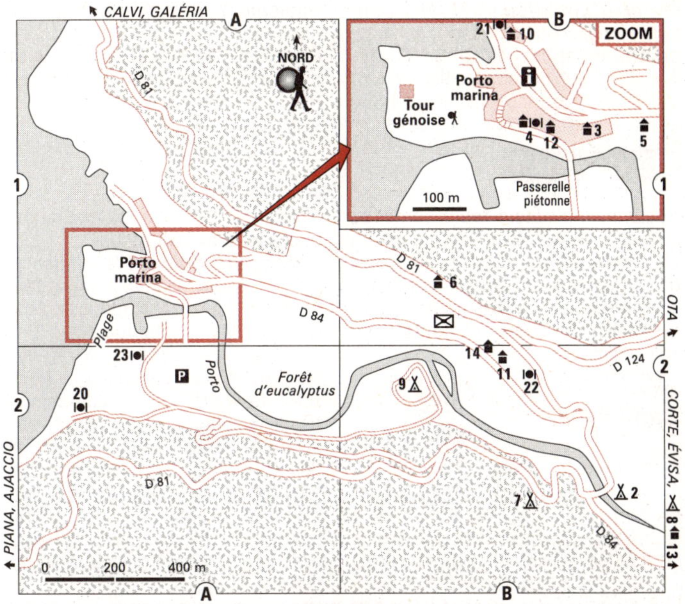

PORTO

Adresse utile

Office de tourisme du golfe de Porto et sa région *(zoom)*

Où dormir ?

- **2** Campings Sole E Vista et Les Oliviers
- **3** Hôtel Brise de Mer *(zoom)*
- **4** Le Belvédère *(zoom)*
- **5** Hôtel Le Marina *(zoom)*
- **6** Bella Vista
- **7** Camping Le Porto
- **8** Camping Funtana al Ora
- **9** Camping municipal
- **10** Hôtel Subrini *(zoom)*
- **11** Hôtel Bon Accueil
- **12** Hôtel Le Romantique *(zoom)*
- **13** Casa del Torrente
- **14** Hôtel Le Vaïta

Où manger ?

- **4** Le Belvédère *(zoom)*
- **20** L'Oasis
- **21** Restaurant La Mer *(zoom)*
- **22** Restaurant Romulus
- **23** Le Tahiti

Adresses utiles

Office de tourisme du golfe de Porto et sa région (plan zoom) **:** *pl. de la Marine (mais il doit déménager dans l'ancien aquarium). ☎ 04-95-26-10-55. • porto-tourisme.com • 15 juin-15 sept, tlj 9h-19h (13h dim) ; en mi-saison, lun-ven 9h-18h, sam 9h-16h, dim 9h-13h (sf mai) ; oct-avr, lun-ven 9h-17h, plus sam avr et oct 9h-13h.* Riche documentation et bon accueil. Guides de randonnées en vente *(3 €).*

Poste (plan B1) **:** *entre le village et la marina.*

Distributeurs automatiques de billets : *à* ***La Poste,*** *entre le village et la marina, et au* ***Crédit Agricole*** *(marine).*

Taxis : ***Chez Félix,*** *à* ***Ota*** *(5 km à l'est de Porto ; voir plus loin). ☎ 04-95-26-18-25. 06-85-41-95-89.*

■ ***Porto Location*** *(VTT et mountain bikes)* **:** *Porto-Village, en face du supermarché. ☎ 04-95-26-10-13. Env 25 €/j. pour un VTC ; tarif dégressif pour plusieurs j.* Loue également des voitures et des scooters.

■ ***Lavo 2000*** **:** *entre Porto-Village et la marina, sur la droite, à côté des studios Idéal.*

Où dormir ?

Beaucoup d'hôtels-restaurants se disputent le touriste... Hors saison ou en mi-saison, il arrive qu'on casse les prix. Il arrive aussi que les campings soient plus que bondés en très haute saison, avec plusieurs tentes par emplacement...

Campings

Camping Le Porto *(plan B2,* ***7****)* **:** *à Porto-Village. 📱 06-85-41-50-74. ● campingleporto@gmail.com ● camping-le-porto.com ● Prendre le petit chemin (fléché) sur la gauche à la sortie du village sur la D 81, direction Piana. 15 juin-30 sept. Compter 19-22 € pour 2 avec tente et voiture.* Petit camping tout simple installé dans un ancien verger. Emplacements sur de petites terrasses (mais pas vraiment délimités). On plante sa tente à l'ombre d'un treillage où s'accroche la vigne, ou sous un cerisier. Cependant, surpeuplé en été et sanitaires un peu justes à cette période. Accueil familial et vraiment sympa. Peu d'emplacements : un vrai camping pour campeurs, quoi ! Piscine naturelle à 5 mn à pied.

Camping Funtana al Ora *(hors plan par B2,* ***8****)* **:** *route d'Évisa (à env 2 km sur la droite). ☎ 04-95-26-11-65. ● funtanaalora@orange.fr ● funtanaalora.com ● ♿ Avr-oct. Selon saison, compter env 18-26,40 € pour 2 avec petite tente et voiture ; chalets (2-10 pers) env 290-1 600 € selon taille et saison. CB refusées.* Beaux espaces en terrasses, avec beaucoup d'arbres. Très bien ombragé et à 200 m de la baignade dans le torrent. Un site vraiment relax et une bonne ambiance familiale, même s'il y a du monde en août (comme partout). Sanitaires en nombre suffisant et bien entretenus. Piscine bien agréable, terrains de basket, de football, et bien sûr le bar et la pizzeria. Chalets avec sanitaires et cuisine extérieure (mais couverte). Excellent accueil.

Camping Sole E Vista *(plan B2,* ***2****)* **:** *derrière le Spar, sur les hauteurs. ☎ 04-95-26-15-71. ● portocampings@gmail.com ● camping-sole-e-vista.com ● Avr-oct. Forfaits 2 pers 20-30 € ; bungalows pour 2-5 pers 300-1 350 € selon taille et saison.* Vaste camping très fleuri, étagé sur plusieurs niveaux, avec des emplacements peu (ou pas) délimités mais correctement ombragés. En été, évidemment, on a du coup tendance à s'entasser... Nombreux bungalows, les plus chers carrément avec spa privatif ! Également un nouveau concept, le *Lodge Club,* avec des hébergements originaux (« bivouac », « paillote », « trappeur ») pour 2 à 6 personnes. Grande piscine de 250 m². Location de vélos. Restaurant.

Camping Les Oliviers *(plan B2,* ***2****)* **:** *juste au niveau du pont, à l'entrée de Porto-Village en venant de Piana, sur la droite, derrière le Spar. ☎ 04-95-26-14-49. ● lesoliviersporto@wanadoo.fr ● camping-oliviers-porto.com ● Fin mars-début nov. Compter env 22,20-29,60 € pour 2 avec petite tente et voiture ; chalets (2-8 pers) 322-1 592 € selon taille et saison.* Très beau camping, assez luxe et bien organisé, avec des emplacements pas bien grands mais étagés sur la colline. Ensemble bien ombragé par de généreux arbres avec vue sur la montagne. Sanitaires récents. Belle piscine aménagée avec faux rochers, parasols, transats et séduisante terrasse de bois. Grande salle de muscu-fitness, très bien équipée (accès gratuit pour les campeurs). Pizzeria, bar, sauna. Rivière à deux pas pour la baignade en milieu naturel. Et pas mal d'animations en saison (des chants corses à l'initiation à la plongée !).

Camping municipal *(plan B2,* ***9****)* **:** *route de la plage. ☎ 04-95-26-17-76.*

• contact@campingmunicipal-ota porto.fr • campingmunicipal-otaporto. fr • ♿ Accès par la petite route menant à la plage de Porto, qui se prend depuis la route de Piana. De mi-mai à fin sept. Pas de résas. Selon saison, compter 19-22 € pour 2 avec tente et voiture. Grand camping très simple, disposant d'un terrain absolument plat en bord de rivière. 300 emplacements environ, mais non délimités. Pour tentes ou camping-cars seulement (aire de service à l'entrée), pas de locations. Sanitaires un peu anciens. Congélateur à la réception. Pas d'activités mais une très bonne ambiance.

Chalets

Casa del Torrente *(hors plan par B2,* ***13****) : à 1 km de Porto, sur la route d'Évisa. ☎ 04-95-22-45-14. • casadel torrente@orange.fr • casadeltorrente. com • Fin mars-début nov. Pour 4 pers, env 380-890 €/sem selon saison, 60-137 €/nuit. CB refusées. Réduc de 10 % en basse saison (mars-avr et fin sept-nov) sur présentation de ce guide.* Un charmant ensemble de chalets en bois impeccables, accueillant jusqu'à 6 ou 8 personnes (avec 2 ou 3 chambres, dont 1 avec lits superposés). Bon confort : literie très convenable, suffisamment d'ustensiles de cuisine... D'ailleurs, celle-ci se trouve, selon les modèles, à l'intérieur du chalet ou sur la terrasse. Original ! Accès gratuit à la piscine du *Camping Funtana al Ora* (à 400 m), mais on peut aussi se contenter de la rivière en contrebas qui forme une piscine naturelle. Nettement plus romantique ! Une formule sympathique, d'autant que l'accueil du jeune propriétaire est exemplaire.

De prix moyens à chic

Hôtel Le Vaïta *(plan B1-2,* ***14****) : quartier Vaïta, à l'entrée de Porto-Village. ☎ 04-95-26-10-37. • hotel-vaita@wanadoo.fr • le-vaita.com • Congés : fin oct-début avr. Doubles 56-81 € selon saison. Apéritif offert sur présentation de ce guide.* Une bonne adresse dans sa catégorie. Les chambres se révèlent agréables (avec clim, TV, et un balcon côté rue), et l'accueil est souriant et arrangeant. Ascenseur. Pas de double vitrage (mais, à la nuit tombée, c'est plutôt pépère) et insonorisation moyenne.

Hôtel Bon Accueil *(plan B2,* ***11****) : quartier Vaïta, à l'entrée de Porto-Village. ☎ 04-95-26-19-50. • bonac cueil20150@gmail.com • bonaccueil porto.com • Tte l'année. Doubles env 50-100 € selon saison.* Petit hôtel classique, fonctionnant à l'année, avec son bar et ses habitués, proposant des chambres sans prétentions donnant sur rue ou sur une agréable cour intérieure fleurie. Ne pas s'attendre à du grand luxe : c'est propre, très simple, et les salles de bains sont souvent riquiqui. Accueil souriant.

Hôtel Brise de Mer *(plan zoom,* ***3****) : à Porto-Marina. ☎ 04-95-26-10-28. • brise.de.mer2a@gmail.com • brise-de-mer.com • De mi-avr à mi-oct. Doubles 59-98 € selon confort, vue et saison. ½ pens possible. Réduc de 5 % sur présentation de ce guide.* Chambres claires à la déco d'une redoutable sobriété, mais d'un bon rapport confort-prix : toutes ont douche ou bains et w-c, clim, double vitrage, TV et un balcon agréable. Demandez-en une avec vue sur la mer.

De chic à plus chic

Hôtel Le Marina *(plan zoom,* ***5****) : à l'entrée de Porto-Marina. ☎ 04-95-26-10-34. • info@residence-marina.com • residence-marina.com • De fin avr à mi-oct. Doubles standard 75-99 € selon saison, plus cher pour la vue sur mer et les « panoramiques ». Parking.* *Le Marina* est un établissement bien tenu (chambres avec balcon, classiques et sans mauvaise surprise), mais il se distingue surtout grâce à 2 atouts : sa piscine plus qu'agréable et sa tranquillité (éloigné de la route, c'est l'un des rares hôtels à être central tout en se préservant de l'agitation). En plus, l'accueil est sympa.

Bella Vista *(plan B1,* ***6****) : route de Calvi. ☎ 04-95-26-11-08 (hôtel). • info@hotel-bellavista.net • hotel-corse.com • Avr-oct. Doubles 75-90 €*

et 115-150 € selon confort et saison. À l'entrée nord de Porto, un charmant petit établissement offrant une quinzaine de jolies chambres confortables (AC, TV). Vue sur le jardin ou sur la montagne (certaines disposent de super terrasses !). Excellent service qui compense le fait que l'hôtel soit un peu éloigné du port. Petit déjeuner de grande qualité.

Le Belvédère *(plan zoom,* ***4****)* ***:*** *à Porto-Marina. ☎ 04-95-26-12-01. • info@hotelrestaurant-lebelvedere-porto.com • hotelrestaurant-le-belvedere-porto.com • Avr-oct (ferme mi-oct pour le resto). Selon saison, doubles standard 55-95 € et supérieures 95-135 €. Menus 21-29,50 €.* Un établissement parfaitement tenu, aux chambres classiques de très bon confort (AC, TV câblée... et même une terrasse pour les catégories supérieures). Si l'on peut, choisir une de celles côté port (un peu chères tout de même), mais quelle jolie vue ! On a également affaire à une vraie table, à la cuisine élaborée et de qualité régulière, servie sur une terrasse superbe, donnant sur le port. Accueil prévenant.

Hôtel Le Romantique *(plan zoom,* ***12****)* ***:*** *sur le port. ☎ 04-95-26-10-85. • reservation.hotel.romantique@gmail.com • hotel-romantique-porto.com • De mi-avr à mi-oct. Doubles 72-98 € selon saison.* Seulement une dizaine de chambres, propres, fonctionnelles et de bon confort, donnant toutes sur le port. Clim, coffre, baignoire, double vitrage et vue dégagée sur la mer. Un bon établissement, classique et sans histoires. Restaurant.

Hôtel Subrini *(plan zoom,* ***10****)* ***:*** *à Porto-Marina. ☎ 04-95-26-14-94. • subrini@hotels-porto.com • hotel-lesubrini-corse.com • Pâques-Toussaint. Doubles 82-170 € selon confort et saison, petit déj inclus.* Un établissement de bon confort général, très propre, aux chambres fonctionnelles assez spacieuses et dotées d'une loggia et d'un petit balcon. Ascenseur, TV satellite, etc.

Où manger ?

Prix moyens

L'hôtel ***Le Belvédère*** *(plan zoom,* ***4****)* sert de bons menus, sur une agréable terrasse (voir « Où dormir ? »).

Restaurant Romulus *(plan B2,* ***22****)* ***:*** *route de Calvi. ☎ 04-95-26-11-58. • restaurant.romulus@wanadoo.fr • Congés : nov-mars. Menu 24 € ; pizzas 9,50-11,50 €.* Menu corse classique, pâtes et pizzas (les spécialités maison). mais aussi viandes et poissons, ainsi que de bons desserts comme le tiramisu au *granola*.

De prix moyens à chic

Restaurant La Mer *(plan zoom,* ***21****)* ***:*** *tt au bout de la marina, face à la tour génoise. ☎ 04-95-26-11-27. • laora5@wanadoo.fr • De mi-avr à fin oct ; tlj en saison. Menus 18,50-26 € ; carte env 38 €.* Elle passerait presque inaperçue, cette maison en pierre de taille retirée au bout du quai, avec sa belle terrasse à l'étage ombragée par des mûriers-platanes et de larges parasols. La vue est plus qu'agréable, l'atmosphère tranquille, loin du passage : idéal pour profiter du petit menu de bon aloi. À la carte, c'est autre chose. Plats travaillés avec finesse, tournés vers les produits... de la mer, évidemment.

Le Tahiti *(plan A2,* ***23****)* ***:*** *en retrait de la plage. ☎ 04-95-50-59-39. • letahitiporto@icloud.com • Ouv mai-oct, tlj midi et soir. Plats 14,50-22 €.* Une adresse tout en couleurs, animée par une équipe dynamique, qui apporte un coup de jeune sur la plage de Porto. À la (courte) carte, des salades, quelques plats à la touche corse plus affirmée (lasagnes, Napoléon burger), ainsi que quelques incursions exotiques comme le wok bœuf à la tonkinoise ou le *tataki* de bœuf. Accueil décontracté (normal, quoi, ce sont les vacances...).

L'Oasis *(plan A2,* ***20****)* ***:*** *sur la plage, rive gauche. ☎ 04-95-24-71-16. 06-71-09-16-35. • l.oasisbleu@*

orange.fr • Pâques-15 oct ; tlj en saison. Plats 16-29 €. On l'aperçoit de loin, cette oasis, et elle n'a rien d'un mirage. Avec sa déco soignée et son mobilier en bois flotté, c'est sans doute la plus belle terrasse de Porto... et certainement l'endroit idéal pour savourer des couchers de soleil d'anthologie. La cuisine est à son image, sans complication, parfumée et pleine de soleil. Les amateurs de poisson seront à la fête car, ici, on privilégie la pêche du jour. Sinon, le chaleureux patron saura vous guider vers une omelette aux oursins, un tajine, un plateau de fruits de mer et, bien sûr, le vin le plus approprié (c'est un véritable amateur !). Une adresse pour se faire plaisir.

Où dormir ? Où manger dans les environs ?

Pensez également aux adresses situées à Ota et à Évisa (voir plus loin).

Camping

⛺ ***Camping E Gradelle :*** *20147* ***Osani,*** *à env 20 km au nord de Porto, route de Galéria. ☎ 04-95-27-32-01. • contact@camping-corsica-gradelle.fr • camping-corsica-gradelle.com • Au niveau du col de la Croix, petite route à gauche, étroite et sinueuse, qui mène au village d'Osani et se poursuit jusqu'à la plage de Gradelle, 5 km plus bas. Le camping est à 300 m de la plage (de galets). Mai-sept. Forfait 2 pers env 25 €.* Camping en terrasses de confort modeste (sol caillouteux), mais en pleine nature, tranquille et ombragé par des oliviers et chênes-lièges. Petit bar sympa avec restauration le soir. En revanche, le camping ne prend pas de résa et fonctionne selon le principe du 1er arrivé, 1er servi. Passez un coup de fil avant de prendre la route, la descente paraît longue ! Location de Zodiac et kayaks sur la plage : un bon plan pour visiter les criques, et pas si cher.

Gîte d'étape

🏠 🍽 ***Gîte d'étape L'Alivi :*** *à* ***Serriera,*** *à 6 km au nord de Porto. ☎ 04-95-10-49-33. 📱 06-17-55-90-51. • gite.etape.alivi@wanadoo.fr • alivi.fr • Congés : de nov à mi-mars. ½ pens 40-42 €/pers en chambre 4 pers et 50 €/pers en chambre double.* Wi-fi. Au cœur du village, une maison traditionnelle restaurée dans le respect du patrimoine local. 8 chambres de 4 lits, chacune avec toilettes et douche. Salle de resto très sympathique, avec le moulin à huile qui y a été conservé. Également une aire de bivouac aménagée *(9 €/pers).* Excellent accueil de Régine Luccioni, qui peut vous préparer un panier-repas. Ambiance musicale certains soirs.

Hôtel

🏠 ***L'Aiglon :*** *à 1 km de la plage de Bussaglia,* ***Serriera.*** *☎ 04-95-26-10-65. • hotelaiglon@gmail.com • claiglon.fr • Avr-oct. Chambres 55-76 € selon confort et saison ; petit déj 10 €. ½ pens possible 58-72 €/pers. Menus env 20-25 €.* Cet hôtel de granit rose surplombant la rivière est une étape connue des randonneurs, mais aussi un bon hôtel pour qui désire se poser entre mer (la plage est proche) et montagne, sans la foule et les embouteillages du côté de Porto. Si l'on ajoute que les tarifs sont plus que raisonnables pour le secteur, il n'y a pas à hésiter un instant. Les chambres, certes, sont simples, mais situées dans une vénérable maison corse et un magnifique environnement. Également un pavillon avec quelques chambres, dans le maquis, avec jardin privatif, ainsi que 3 appartements *(A Merendella)* à quelques centaines de mètres. Et le plus incontestable est la personnalité attachante des propriétaires, qui savent s'occuper de leurs hôtes.

À voir. À faire

La tour génoise *(plan zoom)* ***:*** *☎ 04-95-26-10-05. Avr-oct, tlj 11h-19h (9h-20h juil-août). Fermé en hiver. Entrée : 2,50 € ; gratuit moins de 7 ans.* Historiquement connue sous le nom de tour de Sia, l'une des premières construites par Gênes. On peut y grimper et profiter depuis sa terrasse du panorama sur le golfe. Abrite une expo permanente sur les fortifications des rivages de la Corse. En contrebas de la tour, une maisonnette renferme une courte expo sur la bruyère (et son importance pour l'économie locale : en 1919, 800 personnes vivaient de l'extraction de souches, utilisées pour la fabrication de pipes).

Les calanche de Piana : elles commencent à 7 km de Porto, sur la route qui monte à Piana. Attention : circulation difficile. Des à-pics vertigineux de 300 m de haut, des falaises de granit rouge (du porphyre) déchiquetées, ravagées par le temps. Maupassant, de passage en 1880, décrivit ainsi les *calanche* : « Une vraie forêt de granit pourpré... des roches aux formes étranges, des moines en robe, diables cornus, oiseaux démesurés, tout un peuple monstrueux, une ménagerie de cauchemar pétrifiée par le vouloir de quelque dieu extravagant. » À voir, si on le peut, aux heures crépusculaires, entre chien et loup. Une brochure, à demander à l'office de tourisme de Porto, recense les formes fantasmagoriques.
Belles balades à faire à travers les pins et les rochers. Cinq circuits en boucle bien balisés (de 1h30 à 6h de marche). Se renseigner à l'office de tourisme (de Piana ou de Porto). En période de sécheresse, l'accès au massif est interdit.

SATAN ET LES *CALANCHE*

La légende raconte que Satan, ne parvenant pas à séduire une bergère corse fière et farouche, piqua une noire colère et décida de rendre l'endroit invivable en créant un chaos rocheux. On peut deviner aujourd'hui les silhouettes rocailleuses d'une bergère et son mari, un cœur entre les époux, la tête d'un chien, un évêque... et bien d'autres formes minérales sorties d'un imaginaire délirant.

➢ ***L'ascension du capo d'Orto*** *(capu d'Ortu)* **:** point culminant des *calanche* (1 294 m), accessible par un magnifique sentier partant du stade municipal de Piana. Du haut des murailles géantes qui soutiennent le sommet, la vue est fantastique sur la marine et le golfe de Porto. C'est assurément l'une des plus belles randonnées de l'île. Mais attention : très éprouvant en été. Prévoir au moins 2 l d'eau par personne. Évidemment, être bien chaussé.

Plongée sous-marine

Temps fort de la plongée en Corse. Les eaux cristallines de Porto renferment de « l'or rouge » ; entendez : de précieux jardins de corail rouge par moins de 30 m de profondeur. C'est exceptionnel ! Également de très beaux poissons à proximité immédiate de la réserve de Scandola, interdite à la plongée. En tout, une vingtaine de spots et au moins autant d'émotions.

Club de plongée

■ ***Centre de plongée du golfe de Porto :*** *au port, un petit chalet face à la capitainerie et à la boutique (pont de Porto). ☎ 04-95-26-10-29. 📱 06-84-24-49-20. • plongeeporto.com • D'avr à mi-oct. Résa conseillée. Baptême 50 €, plongées 30-50 € selon équipement, snorkelling 15-18 € ; forfaits dégressifs 4, 6 et 10 plongées. Suppléments pour certains sites et pour les plongées de nuit. CB et chèques-vacances acceptés.* La plongée en comité restreint est de rigueur sur les embarcations rapides de ce centre sérieux (FFESSM, ANMP et PADI), pour goûter à la beauté des fonds en toute quiétude. Animée par Sylvie Lannoy – la sympathique patronne –, une équipe de moniteurs assurent baptêmes (personnalisés : un seul débutant par moniteur), formations jusqu'au niveau III et brevets PADI, et vous guident sur les plus beaux spots du coin en respectant toutes les règles de sécurité. Bravo ! Également des plongées de nuit, du *snorkelling,* des plongées familiales (avec initiations enfants dès 8 ans) et des sorties à la journée, sur demande, pour vraiment apprécier la beauté des sites. Équipement complet fourni. Possibilité d'hébergement (camping, bungalows, hôtel, résidence) et baby-sitting (sympa !), le tout à prix intéressant.

Nos meilleurs spots

Vardiola : à partir du niveau II. En braquant votre lampe torche sur les parois voûtées de cette surprenante cheminée (de 8 à 33 m), vous enflammez littéralement de somptueux jardins de corail rouge (inutile de faire le ☎ 18 !). Mérous et mostelles sont déjà fascinés par l'incendie, alors que de jolies langoustes indifférentes montent la garde auprès des précieuses branches (ne touchez à rien !).

Punta Mucchilina : pour débutants (niveau I et plus). À la limite de la réserve de Scandola, les poissons ont souvent des tailles impressionnantes. Mérous balèzes, chapons énormes, murènes monstrueuses, dentis géants et mostelles colossales se partagent les moments forts de cette plongée. De 17 à 30 m de fond, plusieurs balades possibles : une épave, le *Saint-Mathieu* (19 m), et de beaux tombants. Explo à plus de 40 m pour plongeurs de niveau III confirmés.

DANS LES ENVIRONS DE PORTO

➢ ***Sorties en mer vers Scandola et Girolata :*** c'est LA balade incontournable des environs de Porto. Alors, certes, ce n'est pas donné, mais il serait tout de même dommage de rater le spectacle fascinant des falaises dentelées plongeant abruptement dans la mer (voir la description plus loin). Une douzaine de compagnies proposent des promenades de 2 à 3h. Vous avez le choix entre les gros bateaux, plus stables et plus confortables, ou les petites unités, plus rapides et donc plus turbulentes, mais qui ont l'avantage de se faufiler facilement parmi les reliefs géologiques, voire au cœur même de failles impressionnantes. Au retour, arrêt possible selon les options au village de Girolata (voir plus loin).

■ ***L'Alpana :*** *📱 06-69-69-04-05. • scandola-girolata-piana.com • Ouv avr-oct. Billets au kiosque de la rue piétonne vers la tour génoise, ou, à Piana, à l'épicerie Castellani. Résa recommandée. Compter 26-30 € pour le petit tour : calanche de Piana-capo Rosso. Compter 55-60 € pour le grand tour de 3h30 (Scandola, calanche et Girolata).* Embarcation familiale de 12 places (pas de bateau-usine) avec, comme capitaine, François-René, moniteur diplômé. Propose une visite détaillée des grottes.

■ ***Compagnie Nave Va :*** *☎ 04-95-26-15-16. 📱 06-17-11-63-41. • naveva.com • De Pâques à mi-oct. Kiosque situé devant la terrasse de l'hôtel Cyrnée. Le grand classique est la promenade de 3h15 remontant la côte jusqu'à la réserve de Scandola avec arrêt de 30 mn à Girolata. Prix : 38 € ; réduc 5-10 ans. Sans arrêt à Girolata, excursion de 2h ; 36 €.* On longe d'abord les *calanche* de Piana (vers le sud-ouest), puis on remonte vers Scandola et Girolata. À noter enfin, en saison, une balade à la tombée du soir le long des *calanche* de Piana *(env 25 €).* Également des sorties en semi-rigide *(plus cher : Piana 26 € ou tour complet 55 €)* ainsi qu'en bateau hybride (à propulsion thermique et électrique), par exemple pour Scandola-Girolata et les *calanques* de Piana *(45 €).*

■ ***Le Pass'Partout :*** *📱 06-75-99-13-15 ou 06-85-12-29-15. • lepasspartout.com • Rens et billetterie chez Anthony Boutique, pl. de la Marine. Pâques-Toussaint. Prix : 26-42 € pour le tour le plus court ; réduc enfants.* 1 départ/j. pour les *calanche* de Piana et 2 départs pour Scandola. C'est Philippe qui vous emmène sur son petit bateau *(12 pers max)*. Très sympa. Également, avec un semi-rigide de 12 places, un départ pour « l'intégralité des Golfes » *(4h ; 55-60 €)*.

■ ***Corse Émotion :*** *06-68-58-94-94.* • *corse-emotion.com* • *Kiosque pl. de la Marine, au rdc de l'hôtel* Les Flots Bleus. *Résa conseillée. Env 40-45 €/pers pour Scandola et Girolata (2h30) ; sorties dans les calanche de Piana et vers capo Rosso (1h30) 26-29 € ; tour complet (Scandola, Girolata, Piana, capo Rosso) 55-60 €.* Sorties en bateau semi-rigide de 11,50 m (12 places) avec 2 moteurs puissants (700 chevaux !) : les amateurs de sensations fortes seront à la fête ! Cela dit, si effectivement ça décoiffe, c'est tout de même confortable (sièges « jockey », rembourrés), et, comme c'est très rapide, cela laisse plus de temps sur place pour explorer coins et recoins. Équipe dynamique.

➢ ***Location de bateaux :*** on peut aussi faire soi-même sa balade en mer en louant au port un bateau avec ou sans permis, d'octobre à avril. *Compter env 75 € la ½ journée et 115 € la journée (9h-18h).* Location également de kayaks de mer.

■ ***Le Goéland :*** *le port. 06-09-49-06-10.* • *goeland-porto.fr* • Propose également des sorties en mer.

■ ***Porto Marine :*** *le port. 06-81-41-70-03.* • *patrickettoussaint.com* •

■ ***Porto Bateaux Location :*** *le port. 06-88-84-49-87.* • *location-bateau-porto.com* •

LES PLAGES ENTRE PORTO ET GIROLATA

La route, étroite et escarpée, offre de splendides points de vue. Au nord de Porto, on trouve la ***plage de Bussaglia.*** Large et longue, mais composée de petits cailloux (au moins on n'a pas à enlever le sable du maillot !) et dangereuse en cas de rouleaux. Deux restos sur la plage.

Un peu plus au nord, au village de Partinello, une petite route permet de gagner en 1,5 km la jolie petite ***plage de Caspio.*** Tranquille et très agréable, car bien protégée par des collines couvertes de maquis. Location de kayaks de mer.

GIROLATA *(20147)*

À une vingtaine de kilomètres au nord de Porto, ce ravissant hameau est connu pour sa rade et sa tour génoise très photogénique. Aucune route n'y mène, on ne peut s'y rendre que par un sentier pédestre (chaussures de marche nécessaires), qui part du col de la Croix, *bocca della Croce,* à 260 m d'altitude, en 2h environ (2h30 pour le retour). Très jolie balade sur ce chemin appelé « sentier de Guy-le-Facteur » (c'est une partie du Tra Mare e Monti). Après la plage de Tuara, dans le raidillon, prendre à gauche pour faire la variante plus intéressante. Ceux qui ont le vertige resteront sur le chemin principal. Des promenades en mer sont également organisées de Porto dans la journée. Résultat : ce site superbe, dominé par la fameuse tour génoise (privée), est bondé en été, et parfois un peu souillé. Si le village recroquevillé sur les hauteurs est quelque peu préservé de la foule, le rivage est, à l'inverse, entièrement phagocyté par les terrasses des restos. Dès 10h, on voit les tables dressées pour accueillir les groupes qui vont débarquer pour midi ! Côté couchage, deux gîtes, et puis c'est tout. C'est là que tous les randonneurs posent leurs sacs.

LA GALÈRE POUR TOUS

En 1540, les Génois capturèrent lors d'une bataille navale devant Girolata un célèbre pirate turc, Dragut, protégé de Barberousse. Ce fut leur première victoire sur mer contre les Turcs. Dragut passa 4 ans comme galérien avant d'être racheté par Barberousse. En remerciement, et avec l'appui de la... France, il s'attaqua quelques années plus tard à Bonifacio et pilla la cité.

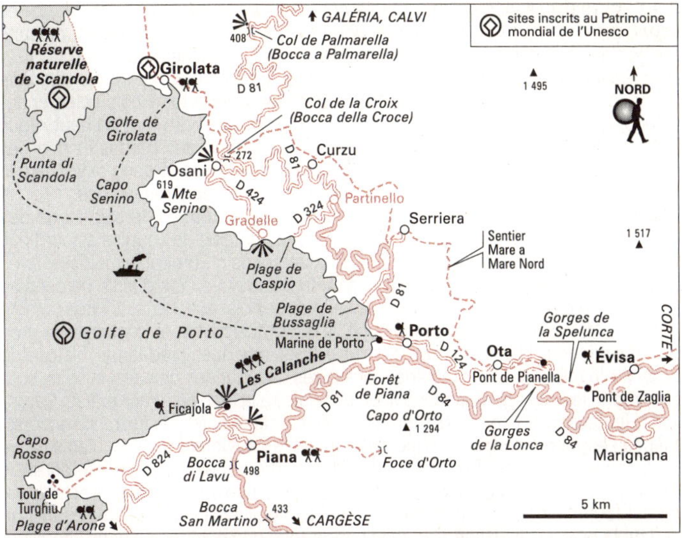

PORTO ET SES ENVIRONS

Où dormir ? Où manger ?

Gîte d'étape Le Cormoran Voyageur : *en arrivant par le port, c'est sur la gauche. ☎ 04-95-20-15-55. • cormoranvoyageur@hotmail.fr • Avr-fin sept. 3 dortoirs 6-8 lits. ½ pens (obligatoire) env 40 €. CB refusées.* Dans une petite maison pittoresque les pieds dans l'eau. Pas beaucoup de place et confort sommaire, mais l'ensemble est propre, le couchage satisfaisant, et surtout l'ambiance se révèle conviviale. Notamment à l'heure du (bon) repas à base de poisson.

Le Gobi : *sur le port, à l'extrémité gauche. 06-12-10-17-52. • jarsaillon@gmail.com • Avr-oct. En-cas et plats 5-18 € ; plat du jour 13 €. CB refusées.* 2 bonnes raisons pour faire une halte au *Gobi Caffè* : une jolie terrasse fleurie côté montagne et toutes sortes d'en-cas et de petits plats préparés avec de bons produits (sandwichs au fromage corse, quiche maison, tarte aux légumes du jardin, planches de charcuterie...). Très sympa.

A Bastella : *sur le port, à gauche de la capitainerie. 06-12-10-17-52. • magaperrin@yahoo.fr • Avr-sept. 15 juin-30 sept, pizzas 10-14 €, sur place le midi, à emporter le soir.* Toute petite échoppe où l'on ne manquera pas de s'arrêter pour faire le plein de *bastelle,* gâteaux à la châtaigne, et autres gourmandises juste sorties du four. Délicieux !

LA RÉSERVE NATURELLE DE SCANDOLA

Inscrite au Patrimoine mondial de l'Unesco, cette presqu'île inhabitée située au nord du golfe de Girolata, réputée pour ses décors montagneux sauvages, est une partie du site dénommé « golfe de Porto ». Les curiosités géologiques ne manquent pas : falaises déchiquetées, orgues de pierre volcanique renversées,

failles abyssales, flancs érodés, magie des couleurs et de curieux trous appelés *taffoni,* qui restent encore un mystère pour les spécialistes. Et, de loin en loin, une tour génoise qui n'en finit plus de monter la garde... Stupéfiant de beauté.
Le maquis recouvre une partie des 919 km² de la réserve. On y trouve une flore particulièrement riche pour une région côtière (on a répertorié 36 plantes endémiques), dont des bruyères arborescentes pouvant atteindre 4 m de haut. Sous l'eau, les fameux herbiers de posidonies (qui sont bien des herbes et non des algues, et qui, en tant que telles, réalisent la photosynthèse et donc oxygènent la Méditerranée), sur lesquels les scientifiques continuent leurs recherches.
Côté bébêtes, la réserve n'est pas en reste, avec notamment le sauvetage des derniers spécimens de balbuzards pêcheurs (une trentaine de couples aujourd'hui, contre quatre en 1973) et la plus grande chauve-souris d'Europe, le molosse. Avec un peu de chance, vous verrez au cours de la balade des nids d'aigle perchés au sommet de pics acérés, mais aussi quantité d'autres oiseaux, certains rares comme le goéland d'Audouin, le cormoran huppé, la grive musicienne, le troglodyte mignon et autres pitchous ! On leur a tout de même laissé quelques prédateurs, histoire de préserver le milieu naturel : renards, couleuvres... Quant aux chèvres, elles se sont réapproprié le site et gambadent à flanc de falaise à la manière d'acrobates. Saisissant ! Heureusement, le site est complètement protégé et fermé aux randonneurs. Quant à l'espace marin, la plongée avec bouteille y est interdite, ainsi bien sûr que la chasse sous-marine. Pourtant, hors de la partie appelée « réserve intégrale », dans la partie dite « périphérique » (sorte de sous-partie de la réserve), il est curieusement toujours possible d'ancrer son bateau (mouillage limité à la baie d'Elbo, au nord de la presqu'île). Quand on sait l'importance des posidonies dans l'équilibre de ce fragile écosystème et les ravages que font ces pièces de métal sur les fonds sous-marins, on s'étonne !

L'ARRIÈRE-PAYS DE PORTO

Circuit d'une soixantaine de kilomètres, qui permet de rejoindre Sagone à travers la montagne. Pour ceux qui arrivent du nord, on conseille de ne pas prendre cette route avant d'avoir vu au moins Piana (plus au sud sur la côte) ! Cette incursion en Corse profonde permet de découvrir quelques merveilles de l'intérieur : maquis, forêts, routes de montagne aux panoramas multiples, cochons sauvages et petits villages paisibles où se perpétuent les traditions insulaires...

OTA (20150) 540 hab.

À 5 km à l'est de Porto par la D 124. C'est de cette commune que dépend Porto. En pleine montagne, bâtie à flanc de coteau, Ota se présente comme une charmante petite cité typiquement corse, avec ses grosses maisons de pierre. Après la côte souvent surpeuplée, voici un coin idéal pour se reposer. Autour du village, panorama de rêve sur les collines déchiquetées, envahies par le maquis.

Où dormir ? Où manger ?

Bon marché

⌂ |●| ***Gîte d'étape Chez Félix :*** *pl. de la Fontaine, au centre du village. ☎ 04-95-70-68-49. 📱 06-80-87-71-28. ● ceccaldilr@wanadoo.fr ● gite-chez-felix.com ● Congés : nov-fév. Gîte env 40 €/pers en ½ pens ; également des doubles 50-60 €. Plat du* *jour + dessert 17,50 € ; menu 24 €.* *Chez Félix,* c'est en réalité 2 établissements distincts, gérés toutefois par la même famille. Infos et réception au bar-resto à droite en venant de Porto. Le gîte est de l'autre côté de la rue, dans une haute maison de pierre. Dortoirs de 6 à 8 personnes simples et classiques (sanitaires communs corrects). Chambres doubles et studios 2 à 4 personnes également. Au resto, spécialité de cannellonis au *brocciu* et plats du jour servis dans une agréable salle panoramique.

Bar des Chasseurs *(gîte d'étape)* **:** *à l'entrée du village, sur la droite. ☎ 04-95-26-11-37. • gite.chezmarie@wanadoo.fr • gite-chezmarie.com • Tte l'année. Compter 20 € le lit en dortoir et 42 €/pers en ½ pens ; également 2 doubles 50-60 € selon confort. Menus 18-24 €. Digestif offert sur présentation de ce guide.* Une adresse bien connue depuis des lustres. Situé sous le resto (entrée individuelle), le gîte propose 3 dortoirs propres avec lits superposés pour 6 à 8 personnes. Très simple (à noter que 2 d'entre eux profitent d'une vue d'enfer, tandis que le 3e... n'a pas de fenêtre). Toute petite cuisine (2 plaques électriques). À table, on déguste une solide cuisine traditionnelle corse, servie en terrasse ou dans une salle dont les baies vitrées ouvrent sur la vallée. Accueil décontracté.

Prix moyens

Chambres d'hôtes chez Joëlle Chiaroni : *Le Casone, en haut du village. 06-86-61-77-73. • joelleota@hotmail.fr • joelleota.fr • Laisser son véhicule à la fontaine du centre du village. Prendre la ruelle qui monte sur la gauche. Au resto* U Fragnu, *prendre à droite puis tt droit. À la minuscule placette-parking, suivre le chemin qui descend. C'est la 1re maison sur la gauche. Tte l'année. Doubles 65-70 €. Table d'hôtes 25 €.* Joëlle, votre sympathique hôtesse, accueille avec gentillesse ses visiteurs dans sa maisonnette pittoresque (maison familiale depuis 300 ans). Un salon de poche coloré et chargé de mille objets, des toilettes incrustées de petites pierres et 2 petites chambres rustiques et chaleureuses qui partagent la même salle de bains. L'ensemble dégage beaucoup de chaleur.

DANS LES ENVIRONS D'OTA

Pour ceux qui ont du temps, nombreuses promenades à faire dans les environs. Parmi les plus intéressantes :

➢ ***Les gorges de la Spelunca*** *(Spilonca)* ***et les ponts génois :*** un sentier balisé relie Ota à Évisa en 6h minimum aller et retour. Partir tôt le matin (mais possibilité de faire la partie la plus caractéristique en 2h). Départ de *Chez Félix.* On parvient en 40 mn au pont génois *a Pianella* (XVe s), classé Monument historique, doublé par un autre pont, moderne, qui franchit la rivière. Le sentier qui part à droite de la seconde rivière conduit à Évisa par les gorges de la Spelunca ; là, deux rivières se rejoignent et passent au pont génois dit « de Zaglia » (XVIIIe s), lui aussi classé Monument historique. En cours de route, quelques beaux points de vue sur les gorges et baignade possible (notamment au niveau du premier pont génois). Les paresseux pourront prendre la voiture pour rejoindre le premier pont, 2 km sur la D 124 après le village. En continuant pour rejoindre la D 84, belle vue sur Ota.

➢ ***Les gorges de la Lonca :*** la Lonca, c'est le joyau de cette vallée de Porto. Elle se glisse sous les parois gigantesques des *Cascioni* (crêtes dentelées en forme de peigne), appelées par les gens d'Ota « les monts phénoménaux » ! Pour la visite de cette vallée sublime, un sentier à la sortie est d'Ota gagne un petit col avant de redescendre jusqu'à la rivière (balade courte et très sympa). Plus loin, ce chemin remonte le long du torrent, avant de s'élever sur la gauche pour gagner les bergeries de Corgola et de Larata. Retour alors possible sur Ota en rejoignant le balisage

orange du Tra Mare e Monti, à proximité du séchoir à châtaignes de Pedua et de l'inoubliable belvédère du San Petru.
Compter 8h pour cette boucle. C'est vraiment une très belle rando, mais ATTENTION, ne s'adresse qu'aux marcheurs expérimentés (balisage parfois insuffisant).

ÉVISA (20126) 200 hab.

Dans ce joli village d'altitude (850 m), à 23 km de Porto, l'air est plus frais, plus cristallin que sur la côte, torride en été. Route somptueuse pour y monter. Entre la forêt d'Aïtone et les gorges de la Spelunca, sur un promontoire rocheux, Évisa se présente comme la gardienne des secrets de la Corse profonde. Ici commence la route de l'« âme corse », qui conduit vers les hauts sommets. La région, sillonnée de sentiers, constitue un véritable petit paradis pour les marcheurs.

Arriver – Quitter

➢ ***En autocar :*** liaison Marignana-Ajaccio via Évisa et Vico ; 2 départs/j. (sf dim et j. fériés sept-juin) avec les *Autocars Ceccaldi (☎ 04-95-21-38-06).*

Où dormir ? Où manger ?

Camping

⛺ ***Camping L'Acciola :*** *sur la D 70, à 2 km au nord du bourg. ☎ 04-95-26-23-01. • j.camilli@orange.fr • acciola.com • De mi-mai à fin sept. Forfait pour 2 env 19,50 €. CB refusées.* Petit camping tout simple et sans chichis : on plante la tente sous les châtaigniers et on profite de la vue superbe sur les environs. L'ensemble est propre, les sanitaires ont été récemment refaits. L'accueil est gentil comme tout.

Gîte d'étape

🏠 🍴 ***U Poghju :*** *quartier Luca, dans le bas du village (500 m après le panneau). ☎ 04-95-26-21-88. • gite-etape-upoghju@orange.fr • gite-detape-evisa.com • Mars-oct. Nuitée env 18 €/pers. ½ pens env 40 €/pers. CB refusées.* 5 dortoirs de 4 lits et 2 dortoirs de 9 lits, draps fournis. Une vraie adresse de randonneurs ! Car les dortoirs se résument dans l'ensemble à des espaces compartimentés par des cloisons et fermés par des rideaux. Les sanitaires sont dans le même genre, un rien bricolés mais convenables. Côté parties communes, on se partage un salon TV avec cheminée, et un bout de jardin au calme avec quelques transats. Bon accueil de Marie-France Ceccaldi, qui propose, sur réservation, une cuisine familiale simple *(menu corse 23 €).*

Gîtes ruraux

🏠 ***Gîtes du Belvédère :*** *au centre du village et en contrebas (à droite) du parking. S'adresser à M. Gianni, dans la maison attenante aux gîtes. ☎ 04-95-26-20-95. • lebelvedere.evisa@yahoo.fr • Début juin-fin sept. Gîtes 2-6 pers 400-700 €/sem selon taille et saison. Apéritif ou café offert sur présentation de ce guide.* Des 2, 3 et 4-pièces avec une vue plongeante sur la vallée, pas tout neufs et aménagés à l'ancienne mode, mais calmes et très bien tenus. Certains disposent d'une terrasse avec barbecue. Accueil très gentil des propriétaires.

Prix moyens

🏠 |●| ***Auberge de village La Châtaigneraie :*** *à l'entrée d'Évisa en venant de Porto. ☎ 04-95-26-24-47. 📱 06-85-16-87-80. • hotellachataigneraie@wanadoo.fr • hotel-lachataigneraie.com • ♿ Ouv d'avr à mi-oct. Double avec douche ou bains 46 € selon saison. ½ pens en double 102 €. Formule midi 19 €, menu 26 €. 📶 Digestif offert sur présentation de ce guide.* Cette auberge typique toute de granit gris renferme une douzaine de chambres, petites mais rénovées et bien tenues. Grand jardin ombragé. Cuisine traditionnelle maison, faite par Patricia, épaulée par sa fille pâtissière. Vente de produits maison, spécialités à la châtaigne. Excellent accueil.

|●| ***A Tràmula, Bar de la Poste :*** *au cœur du village, sur la route principale. ☎ 04-95-26-24-39. • ceccaldi_patricia@wanadoo.fr • Tte l'année, tlj (sur résa nov-mars le soir slt). Formule déj 19 € ; menu 26 € ; carte env 25 €. Digestif offert sur présentation de ce guide.* Ici, on ne fait pas les choses à moitié. Au menu, excellentes charcuteries, porc sauce châtaigne et lasagnes au *brocciu,* ou encore des crêpes à la farine de châtaigne, à savourer dans le cadre pittoresque d'une salle de bistrot de village, à moins de préférer la vue géniale depuis la terrasse cachée derrière la maison. Une halte de choix.

À faire

Nombreuses randonnées dans le coin.

➢ ***Les gorges de la Spelunca :*** on en parle plus haut, voir « Dans les environs d'Ota ». Départ au niveau du cimetière (à l'entrée du village en venant de Porto).

➢ ***Les cascades d'Aïtone :*** *à l'entrée de la forêt du même nom.* Prendre la très belle route (D 84) qui mène au col de Vergio. Pour les marcheurs, compter 40 mn d'Évisa. Site charmant au milieu des arbres par le chemin des Châtaigniers. L'endroit est très fréquenté en saison. On peut voir les ruines d'un ancien moulin et, au milieu des petites cascades, des piscines naturelles *(A Madre).*

Fête

– ***Fête du Marron :*** *nov. Rens : ☎ 04-95-26-20-09 (mairie).* Voici l'occasion d'honorer le marron et de mieux le connaître. Celui du pays, l'*insitina,* vaut son pesant de cacahuètes. Quelques champignons sont aussi de la fête. Une manifestation unique au monde et 100 % rurale et corse ; en un mot, authentique !

DANS LES ENVIRONS D'ÉVISA

🌲🌲 ***La forêt d'Aïtone :*** l'une des plus belles de l'île, réputée pour ses gigantesques pins laricio. Elle commence à 2 km au nord-est du village. Des sentiers de randonnée encouragent à de belles promenades, notamment jusqu'à des sommets montagneux flirtant avec les 1 500 m.

➢ ***Randonnée pédestre en forêt d'Aïtone :*** compter 2h-2h30 aller et retour. Départ en face du *Bar de la Poste*, au niveau du sentier Mare a Mare. De là, chouette promenade familiale (sentier du châtaignier, pédagogique et bien conçu). On traverse la châtaigneraie, puis on arrive à la *grotte des Bandits* (halte ! qui va là ?), ensuite vue splendide du belvédère et retour via les piscines naturelles d'Aïtone.

LA CÔTE, DE PIANA À AJACCIO

PIANA

(20115) 445 hab.

À 12 km de Porto par une route très sinueuse. Niché au-dessus des fameuses *calanche* (ou calanques) rouges, assurément l'un des plus beaux spectacles naturels de la mer Méditerranée. Le village, bien préservé, est charmant et pimpant, avec quelques vieilles maisons de pierre et, bien sûr, la mer et une vue à couper le souffle ! Pour s'en persuader, il suffit de descendre dans le bas du village, juste après *Le Gîte de la Fontaine.*

Très belle plage de sable, encadrée de rochers roses, mais à 12 km du village quand même (la plage d'Arone). Attention, forte pente : on perd vite pied (bon à savoir pour les enfants). Sur la route (la D 824, appelée « route Danielle-Casanova » en mémoire de la grande résistante corse dont la famille était originaire de Piana), un peu avant la plage, voir la stèle qui rend hommage aux résistants.

DES MULES ET DES ARMES

C'est un petit chemin muletier partant de la plage d'Arone qui a permis, en février 1943, de livrer aux maquisards corses leurs premières armes (450 mitraillettes tout de même, et pas moins de 60 000 cartouches), acheminées par le sous-marin Casabianca des Forces françaises libres.

Adresse utile

Office de tourisme : *en plein centre, avec les bâtiments administratifs, sur la gauche en venant de Porto. ☎ 04-95-27-84-42. • otpiana.com • Juin-août, lun-ven 9h-12h, 13h-17h ; w-e 9h-13h. En mi-saison, lun-ven 8h30-11h30, 13h-17h ; sam 9h-12h. Brochure sur les randos possibles (1 €).*

Où dormir ? Où manger à Piana et dans les environs ?

Camping

Camping Plage d'Arone : *le plus proche de Piana (mais à 12 km tt de même, par une sublime route en corniche), et à 500 m de la plage d'Arone. ☎ 04-95-20-64-54. De mi-mai à fin sept. Forfaits pour 2 env 26-29 € selon saison. CB refusées.* Camping familial s'étendant sur 3,5 ha. Très ombragé par des eucalyptus et des oliviers. Emplacements spacieux. Confort de base : épicerie de dépannage, lave-linge, eau chaude, et sanitaires bien entretenus. Plage accessible à 500 m à pied par un sentier.

De bon marché à prix moyens

Le Gîte de la Fontaine : *pl. de la Fontaine. ☎ 04-95-27-80-77. 06-24-64-54-34. • gitedelafontaine@sfr.fr • location-piana.com • Double 55 € (50 € à partir de 2 nuits). CB refusées.* Donnant sur une placette tranquille, cette petite maison entièrement réservée aux hôtes est la bonne surprise de Piana : au rez-de-chaussée, la cuisine commune ; dans les étages, 4 chambres agréables et confortables ; et, sous les combles, un salon avec TV, bibliothèque et quelques jeux à disposition.

Maison d'hôtes San Pedru : *en plein centre. ☎ 04-95-72-01-22. • sanpedru@free.fr • san-pedru.e-monsite.com • Mai-sept. Doubles avec lavabo 60-70 € (ajouter 5 € côté jardin) ; quadruples avec lavabo 100-120 € ; petit déj 5 €.* Une vieille maison patinée par le temps, qui a su garder tout son cachet ancien. C'est rétro mais bien propre et plein de charme. On aime bien ces chambres au plancher de bois brut, à la solide armoire chenue. Les salles de bains et toilettes sont à l'étage, ce dont les tarifs raisonnables tiennent compte. Préférer les chambres donnant sur le jardin.

L'Onda : *plage d'**Arone** (prendre à droite à la bifurcation quand on a fini la descente). ☎ 04-95-73-58-86. • thomas-2a@live.fr • Juin-sept, tlj 7h30-23h ; avr-mai et oct-nov, tlj 11h-18h. Menus 23-28 € ; pizzas 10-13 €, pâtes 12-23 €.* Quasi les pieds dans l'eau, dans ce cadre enchanteur, un confortable et sympathique restaurant offrant une cuisine chantante de saison et de grande qualité. Tout est concocté à partir de produits ultra-frais (pêche du jour par pêcheur local et fromages de l'un des derniers bergers de Piana). Grand choix à la carte avec 2-3 coups de cœur : les croustillants de langoustine au miel et le cabri corse rôti, comme le poisson, au feu de bois... Pour juste casser une petite graine, le *Cabanon de Livia,* en contrebas du resto, propose une restauration rapide fort correcte.

La Voûte : *dans le centre, à côté de l'église. ☎ 04-95-27-80-46. Tte l'année, tlj midi et soir. Formules 15-20 € et menus 22,50-25 €. Digestif maison offert sur présentation de ce guide.* Chez Joseph, Antonella et Antoine, du menu corse à celui « du pêcheur », tout est bon : cabri rôti (sur commande), pâté aux langoustes, poissons du golfe grillés (pêche locale). Terrasse abritée au calme. Frais et familial.

Chic

Hôtel Mare e Monti : *route des Calanche. ☎ 04-95-27-82-14. • contact@mare-e-monti.com • mare-e-monti.com • À la sortie de Piana vers Porto. Avr-sept. Doubles 75-120 €, avec petit déj.* Petit hôtel familial dont les chambres ont toutes été rénovées : confort très correct (salle de bains, TV écran plat), mais, surtout, on profite sur l'arrière de balcons qui permettent d'admirer les *calanche* au loin.

Le Café de la Plage : *sur la plage d'**Arone,** à env 12 km de Piana. ☎ 04-95-20-17-27. • lecafedelaplagearone@orange.fr • Avr-oct ; tlj midi et soir en hte saison (service en continu). Pizzas 10-13 €, plats 22-25 €. Digestif offert sur présentation de ce guide.* Vaste, résolument tendance, *Le Café de la Plage* déploie sa terrasse cosy et aménagée avec soin (les espaces en bois flotté sont très réussis) face à la Grande Bleue. Une situation exceptionnelle, donc, pour goûter de jolies assiettes aux accents méditerranéens, sympathiques et colorées, copieuses et goûteuses. Excellente tarte Tatin aux figues pour terminer. Également un snack, *Côté Snack,* pour les plus petits budgets (hamburgers, panini, *bruschette*...).

Plus chic

Hôtel-restaurant Les Roches Rouges : *à l'entrée de Piana quand on vient de Porto. ☎ 04-95-27-81-81. • hotellesrochesrouges@wanadoo.fr • lesrochesrouges.com • De mars à mi-nov. Doubles 125-145 €. ½ pens possible 95-108 €/pers. Menus 28 € (midi), puis 40-49 €. Digestif offert sur présentation de ce guide.* Une vaste bâtisse construite en 1912, au charme fou, qui surplombe merveilleusement les *calanche.* Vue sublime de la terrasse, où il est agréable de venir boire un verre au coucher du soleil. Grandes chambres simples et claires, bien tenues, certaines avec vue sur mer et toutes avec un vrai cachet. Parfois, le parquet du dessus a tendance à craquer, et l'animation du bar-resto s'entend de certaines chambres. C'est aussi cela, le charme de l'ancien... Mais *Les Roches Rouges,* c'est également une excellente table. Repas servi dans une superbe salle à manger, classée pour son plafond, ses fresques et son parquet. Indéniablement une halte culinaire recommandable.

DANS LES ENVIRONS DE PIANA

Les calanche : panorama d'ensemble absolument divin (surtout au coucher du soleil) quand on arrive par la route de Cargèse. Mais on se fait une meilleure idée de ce que sont les *calanche* en sortant de Piana pour aller vers Porto. Là aussi, au coucher du soleil, c'est le choc assuré. Attention, la circulation est infernale dans la journée (nombreux cars) et la visibilité est bien souvent réduite à pas grand-chose, sans parler des nombreux piétons sur la route descendus de leur véhicule garé un peu n'importe où. N'oubliez pas de demander dans l'un des offices de tourisme du secteur la brochure « Calanche de Piana », qui vous aidera à découvrir les surprenantes formes de certains rochers (l'Évêque, le Lion, l'Indien...).

La marine de Ficajola : *de la route d'Arone, une tte petite route y descend. Vertigineux (faire très attention, surtout si l'on a un véhicule un tant soit peu volumineux). Env 5-10 mn de marche après le parking.* Quelques cabanons, une plage de poche... et du monde en saison.

La plage d'Arone : *à env 12 km de Piana.* La belle route qui y mène dispense de somptueux points de vue. Belle plage de sable offrant toutes les activités nautiques possibles et imaginables. En arrivant, prendre à gauche (accès public).

➢ ***Randonnée au capo Rosso*** *(capu Rossu)* **:** *compter 3h30 A/R. Attention, pénible par grand soleil, prévoir de l'eau.*
Le capo Rosso est cette presqu'île qui ferme au sud le golfe de Porto.
De Piana, prendre la D 824 qui mène à la plage d'Arone et se garer dans le large virage à gauche signalé par un panneau du Conservatoire du littoral, au niveau de la buvette. Il ne faut ensuite que 1h30 à 2h pour gagner le sommet du capo Rosso, le long d'une sente caillouteuse en excellent état mais non balisée, qui s'approche à plusieurs reprises du bord de la falaise. On remarque un peu partout les restes d'anciennes exploitations agricoles (terrasses, aires de battage, bergeries...).
Au pied véritablement de la pyramide du capo Rosso, il est conseillé d'emprunter une sente cairnée (jalonnée d'empilements de gros cailloux), qui part à l'assaut du sommet en passant un peu plus haut à côté d'une cavité facile à remarquer. Un peu difficile tout de même pour les personnes qui n'aiment pas l'escalade (on peut éviter ce passage). La fin est plus chaotique, entre escarpements rocheux et buissons piquants que l'on s'efforce d'éviter au mieux. Évidemment, être bien chaussé. On atteint ainsi la *tour de Turghiu,* parfaitement restaurée (avec même une cheminée à l'intérieur), et son panorama admirable sur le golfe de Porto, enchâssé dans son écrin montagneux. Pour le retour, redescendre vers le sud, pour rejoindre une bergerie restaurée (cairns également). On peut éviter l'accès le plus escarpé à l'aller en passant par cette bergerie.

CARGÈSE / CARGHJESE (20130) 1 160 hab.

• Plan *p. 183*

Cargèse « la Grecque », à 19 km au sud de Piana. C'est en 1676 que des immigrés grecs originaires de la farouche région du Magne (sud du Péloponnèse),

fuyant l'Empire ottoman, s'établirent en Corse après quelques tribulations. Mais pas à Cargèse : à Paomia, pas très loin, d'où ils furent chassés en 1731. Ajaccio les accueillit alors, mais bientôt, à la suite de nouvelles frictions avec les Corses, les Français les installèrent à Cargèse, en 1774. De là vient qu'aujourd'hui encore certains Corses de Cargèse parlent le grec (ceux qui sont d'origine grecque se reconnaissent à la terminaison de leur nom, « -acci », adaptation du grec « -akis »). La petite église catholique grecque de rite oriental est décorée d'icônes, dont certaines sont fort belles. La municipalité est d'ailleurs jumelée avec Itylo, la bourgade grecque d'où sont venus les ancêtres de certains des habitants actuels.
Est-ce ce particularisme ou la présence du *Club Med,* plage de Chiuni, à 8 km au nord, qui a mis Cargèse à la mode ? Toujours est-il qu'en été on se bouscule ici, mais l'ambiance reste agréable. Cargèse est également le terminus du sentier de randonnée Tra Mare e Monti.

Adresses utiles

Office de tourisme *(plan B1) : rue du Docteur-Dragacci. ☎ 04-95-26-41-31. • cargese.net • Dans le centre. Mai-sept, lun-sam 9h-13h, 14h-18h ; hors saison, horaires restreints.* Liste des hébergements et des loisirs, infos sur les randonnées pédestres du coin. Accueil dynamique. Également borne Internet gratuite pour les infos touristiques.
✉ **Poste** *(plan B1) : en plein centre.* Distributeur automatique de billets.
■ **Laverie** *(plan B1,* ***1****) : rue du Colonel-Fieschi. Tlj 9h-19h.*

Où dormir ? Où manger ?

De prix moyens à chic

Hôtel-résidence Hélios *(hors plan par B2,* ***10****) : Menasina, à 2 km de Cargèse, direction Ajaccio. ☎ 04-95-26-41-24. • hotel.helios.cargese@wanadoo.fr • locations-corse-cargese.com • De mi-mars à mi-nov. Apparts pour 2-4 pers env 350-950 €/sem et pour 4-6 pers env 500-1 250 €/sem selon saison. Ils sont loués en chambres doubles à la nuit (TV, douche et w-c), 70-100 € selon saison, slt au dernier moment, selon disponibilité.* Les hébergements de cette résidence hôtelière sont divisés en 3 entités. Les appartements pour 2 ou 4 personnes se situent en contrebas de la réception, avec un bout de pelouse et barbecue sur le devant. Ils ont l'avantage d'être correctement isolés de la route. Les autres installations *(apparts pour 4-6 pers loués à la sem)* sont de l'autre côté de la route, à 50 m. L'ensemble est propre, fonctionnel et bien aménagé. Terrasse sympa avec piscine et hamacs dans le bâtiment principal, et jeux pour enfants.

Hôtel-restaurant Le Saint-Jean *(plan B1,* ***11****) : pl. Saint-Jean. ☎ 04-95-26-46-68 (hôtel) ou 04-95-20-73-82 (resto). • contact@lesaintjean.com • lesaintjean.com • À l'entrée du village en venant de Piana, sur la gauche. Congés : janv. Doubles 65-100 € selon vue et saison ; petit déj 8 €. ½ pens 112-147 € en chambre double. Menus 17-27 €. Parking privé. Café offert sur présentation de ce guide.* Établissement de construction récente, aux chambres de bon confort, aménagées de façon agréable (tons pastel, AC, TV, douche et w-c). 2 types de chambres, côté mer avec loggia (mais aussi côté route et terrasse du resto...), ou sur l'arrière, plus petites et sans balcon. Fait aussi resto : on y mange très bien. Goûtez, par exemple, la daurade farcie poire-figue ou les moules à la corse.

Hôtel Cyrnos *(plan B2,* ***12****) : rue de la République. ☎ 04-95-26-49-47. 📱 06-08-42-03-17. • leshautsdetorraccia@wanadoo.fr • torraccia.com •*

Tte l'année. Doubles 38-68 € selon vue et saison ; petit déj 6 €. Petit hôtel familial d'une poignée de chambres (propres et fonctionnelles), que l'on reconnaît facilement à sa façade jaune et ses volets bleu-gris. On conseille vraiment celles avec balcon et vue sur mer pour quelques euros de plus, nettement plus agréables, celles sur rue étant bruyantes dans la journée. Bien le préciser lors de votre réservation.

Le Continental (plan B1, **13**) : *route de Piana. ☎ 04-95-26-42-24. • lecontinentalhotel@orange.fr • lecontinentalhotel.fr • Resto fermé ven hors saison. Congés : de mi-déc à fin janv. Selon saison, doubles 52-77 €, triples 65-100 €. Plat du jour 12 € ; menu 17 € et plats 14-24 €. Apéritif offert sur présentation de ce guide.* Des chambres simples mais spacieuses et propres (TV). Seul défaut, la plupart donnent sur la route principale, assez passante en saison (pas de double vitrage). Cela dit, ces mêmes chambres profitent d'un balcon et d'une vue bien agréable sur la mer. À table, cuisine familiale très convenable : pâtes fraîches à la châtaigne, lasagnes du pays, crêpes à la farine de châtaigne... Accueil naturel, ambiance décontractée.

Motel Ta Kladia (hors plan par B1, **15**) : *sur la plage de Pero. ☎ 04-95-26-40-73. • motel.takladia@wanadoo.fr • motel-takladia.com • À l'extrémité nord de la plage, à env 3 km du village. D'avr à mi-oct. Studios 70-160 € selon taille (pour 2-4 pers) et saison. Linge et ménage en sus.* Un minivillage de maisonnettes méditerranéennes blanches plantées sur un promontoire et étagées au-dessus de la plage. Plutôt sympa visuellement, même si l'ensemble est un tantinet vieillissant. Studios malgré tout bien tenus avec lits superposés, canapés, sanitaires complets, kitchenette et terrasse donnant sur la mer. Certains peuvent accueillir jusqu'à 6 personnes (plus chers). Confort simple et sans prétentions. Bar et resto sur place en saison.

Hôtel-restaurant Les Lentisques (hors plan par B1, **14**) : *à 200 m de la plage de Pero. ☎ 04-95-26-42-34. • info@leslentisques.com • leslentisques.com • Mai-sept. Resto slt le soir en juil-août. Doubles avec douche ou bains 92-158 € selon confort et saison. Apéritif offert sur présentation de ce guide.* Le calme de cet établissement moderne, son côté discret et tranquille, ses chambres confortables (TV écran plat, clim, bonne literie), claires et assez spacieuses, avec petite loggia pour chacune d'entre elles, toutes avec vue sur mer, en font une bonne adresse. D'autant que l'accueil est prévenant et que la piscine se révèle plus qu'agréable !

Agula Marina (plan B2, **17**) : *sur le port. 06-30-35-91-51. • agulamarina@gmail.com • Avr-oct, midi et soir. À midi plat du jour 14 € ; menu 21-23 € ; carte env 35-40 €, et davantage pour la langouste. Café offert sur présentation de ce guide.* Ce restaurant, nouveau venu en 2015, s'est vite imposé sur le port de Cargèse. Adresse on ne peut plus familiale : le patron est pêcheur, et toute la famille lui apporte son concours. Dans l'assiette, du poisson évidemment (même si le frère du patron, berger, fournit les viandes) : demander la pêche du jour et des spécialités comme le méli-mélo de poissons ou, si on peut se le permettre, opter pour les pâtes à la langouste ou la langouste grillée. Excellent accueil. Soirées musicales en été.

U Rasaghiu (plan B2, **16**) : *sur le port. ☎ 04-95-26-48-60. • jean.pignol0181@orange.fr • D'avr à mi-nov. Plat du jour 15,80 € ; menu 24 € ; carte env 25 €. Digestif offert sur présentation de ce guide.* Il y a en réalité 2 adresses. D'un côté, le resto, avec une grande et agréable terrasse couverte sur le port de Cargèse. Dans l'assiette, plusieurs formules, comme le menu terre et mer, présentant un rapport qualité-prix correct, la pluma ibérique ou le poisson du jour. Sinon, le bar attenant s'est spécialisé dans les pizzas et les petits menus tout simples (du genre brochettes-frites). Basique, mais bien pratique pour un repas rapide et pour profiter de la terrasse sans se ruiner. De mai à fin octobre, les lundi, mercredi et vendredi, chants corses.

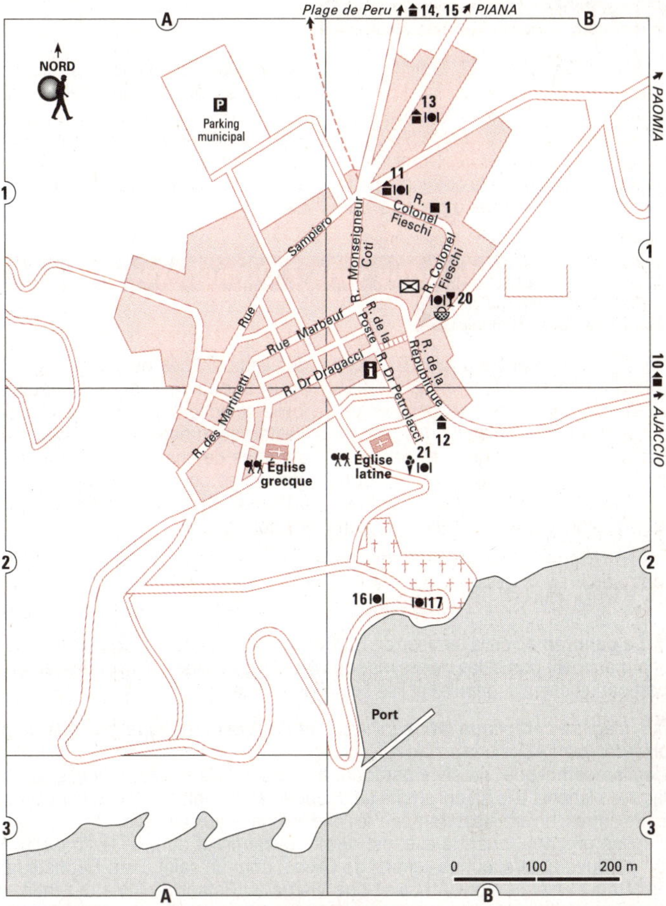

CARGÈSE

■ **Adresses utiles**

- Office de tourisme
- **1** Laverie

Où dormir ? Où manger ?

- **10** Hôtel-résidence Hélios
- **11** Hôtel-restaurant Le Saint-Jean
- **12** Hôtel Cyrnos
- **13** Le Continental
- **14** Hôtel-restaurant Les Lentisques
- **15** Motel Ta Kladia
- **16** U Rasaghiu
- **17** Agula Marina

Où déguster une glace ?

- **21** A Volta

Où déguster de bons vins ? Où acheter de bons produits corses ?

- **20** Épicerie Leca

Où déguster une glace ?

A Volta (plan B2, **21**) : *pl. du Chanoine-Mattei (ou pl. de l'Église-Latine). ☎ 04-95-26-41-96. Avr-sept. Tlj à partir de 10h. Plats 16-26 €. Coupes glacées 11-15 €.* Dominant le petit port du haut de la corniche, cette terrasse accueillante offre une vue extra. Idéal pour déguster les créations de Pierre Géronimi, le célèbre maître glacier voisin de Sagone. On y mange également très bien : mi-cuit de thon rouge, burger de veau, risotto *verde* de couteaux, ainsi que des salades-repas. Extra.

Où déguster de bons vins ? Où acheter de bons produits corses ?

Épicerie Leca (plan B1, **20**) : *rue du Colonel-Fieschi. ☎ 04-95-78-51-95. • epicerieleca@orange.fr • Avr-oct, tlj 9h-minuit ; déc-janv et mars, le w-e. Congés : fév et nov. Pain montagnard 12,50 €, Napoléon burger 15 €.* À côté de l'épicerie fine, bien approvisionnée, le bar à vins est l'un des lieux animés du village. Agréable pour découvrir les crus insulaires (belle sélection) ou les bières locales. Restauration également (*U Spuntinu* : assiettes de charcuterie ou de fromages, tapas corses, *bruschette,* glaces artisanales), histoire d'accompagner les boissons...

À voir. À faire

Le panorama : de la terrasse de l'église catholique, vue superbe sur le golfe, le charmant petit port et les vieilles maisons fleuries du village. On peut descendre au port par un chemin, depuis l'église catholique latine.

L'église catholique latine (plan B2) **et l'église catholique grecque de rite oriental** (plan A2) : *l'une en face de l'autre.*
L'église catholique, de style baroque, a des airs très méditerranéens avec sa façade blanche. Elle fut construite au début du XIXe s. Intérieur richement décoré. Entre autres, un amusant trompe-l'œil et divers tableaux anciens.
L'église grecque, quant à elle, est de rite byzantin et date de la fin du XIXe s. On y trouve quatre icônes venues de Grèce, dont un saint Jean-Baptiste (ailé) peint au XVIe s au mont Athos et une Vierge à l'Enfant de style byzantin, qui daterait du XIIe s. Ne pas manquer la Pâque orthodoxe. En été, des concerts y sont organisés.

Les plages : il y en a six sur la commune. Celle de *Chiuni,* 8 km au nord, est sans doute la plus belle (c'est celle du *Club Med*). C'est sur cette plage que, dans la nuit du 14 au 15 décembre 1942, le sous-marin *Casabianca,* venant d'Alger, débarqua hommes et matériel : c'était la première de sept missions capitales pour la Résistance. L'autre plage bien sympa est celle de *Peru* (Pero), la plus proche. On peut y descendre à pied par le sentier de Funtanella (il se prend à l'opposé du *Saint-Jean,* à gauche de la route de Peru). Plusieurs paillotes pour prendre un verre ou se restaurer (on

UN NOM POUR UN AUTRE

Le sous-marin Casabianca, *héros de la Résistance corse, s'appelait à l'origine* Casablanca. *En 1936, le ministre de la Marine, Pietri (qui était corse), s'émut de ce qu'aucun bâtiment français ne porte le nom de Casabianca, un officier de marine corse, héros de la bataille d'Akoukir (1798). Il suffisait de changer une lettre, ce qui fut fait.*

recommande l'*Ustaria a Piaghia*). Également la belle *plage de Menasina,* au sud-est de Cargèse, accessible uniquement à pied depuis la route.

➢ ***Randonnées :*** à partir du hameau de *Revinda,* accessible par une route à moitié goudronnée, partant sur la droite à 7,5 km de Cargèse, direction Piana, on gagne à pied le hameau abandonné de *E Case,* où a été restaurée, sur le trajet du Tra Mare e Monti, une maison qui sert désormais de *refuge (☎ 04-95-26-48-19 ; avr-sept).* Sympathique accueil de M. et Mme Charrol.
– Également une autre balade au départ de la plage de Peru (Pero) pour rejoindre la tour génoise d'Omigna, avec possibilité de baignade.
– Enfin, balade jusqu'au menhir à partir de la route de Paomia.

➢ ***Promenades en mer à Girolata-Scandola***
– Balade à bord d'un bateau rapide, ***U Filanciu.*** *Billets en vente à l'hôtel* Cyrnos *(à Cargèse), au* Café de la Plage *(plage d'Arone, à Piana) ou au resto* L'Ancura *(à Sagone). 📱 07-60-14-03-04. • ufilanciu.fr • Env 55 € pour les balades en journée (« grand tour » : 3h30). Jusqu'à 5 départs/j. (de Cargèse et de la plage d'Arone).* Seulement 12 personnes maximum embarquent à bord de ce semi-rigide piloté par un jeune sympathique. Léo Serreri, fils et petit-fils de pêcheur, vous fera profiter de sa connaissance des sites remarquables et vous emmènera dans les moindres recoins grâce à son petit bateau. Propose également une sortie plus courte à Scandola *(2h30 ; 45 €)* et la visite des calanques de Piana *(1h45 ; 35 €)* ainsi qu'un service de bateau-taxi pour les soirées (Arone, Porto, Girolata).
– ***Nave Va :*** *📱 06-17-11-58-02. Voir à Sagone la rubrique « À faire ». Mêmes tarifs.* La vedette part de Sagone à 9h et fait halte à Cargèse à 9h30 pour embarquer des passagers.
– La compagnie des croisières ***Grand Bleu*** (rue Marbeuf) propose le même genre de promenade au départ de Cargèse seulement. *Également un bureau sur le port. Infos : ☎ 04-95-26-40-24. • croisieregrandbleu.com • Compter 50 €/pers ; réduc enfants.*

Plongée sous-marine

À Cargèse et dans les environs, les montagnes de granit aux couleurs chaudes dégringolent dans l'azur profond de la Méditerranée, pour y poursuivre leurs extravagances chaotiques. Ici, la vie sous-marine est sauvage et intense, mais peu de plongeurs y prennent part, car le spot est encore assez confidentiel. Foncez !

Club de plongée

■ ***Explorasub*** *(plan B2) : sur le port. 📱 06-11-01-19-54. • explorasub.fr • ♿ 1er avr-15 nov. Résa vivement conseillée, surtout en juil-août. Baptême env 65 €, plongées 45-50 € selon équipement,* snorkelling *30 € ; forfaits dégressifs 5-10 plongées. Réduc de 5 % sur présentation de ce guide ou de la carte d'étudiant.* Plongée à la carte et en comité restreint dans ce club (FFESSM et PADI), où le dynamique Jean-Marc Frère et sa petite équipe très sympa assurent un encadrement exemplaire dans une ambiance conviviale. Depuis leurs bateaux rapides, ils proposent : baptêmes, formations jusqu'au niveau III et brevets PADI, sans oublier des explorations grandioses (l'équipe recherche de nouveaux sites en hiver) dont vous garderez de grands souvenirs. Une fois par semaine, journée vers la réserve de Scandola et randonnées palmées *(snorkelling)* possibles. Plongée au *Nitrox* (air enrichi en oxygène), sans supplément, pour les confirmés : stages découverte, biologie et photo. Initiation enfants dès 8 ans. Accueil des personnes à mobilité réduite. Équipement complet fourni (pas de portage des bouteilles). Boutique sur place.

Nos meilleurs spots

La Pierre marine : devant le port de Cargèse. Idéal pour les baptêmes et plongeurs de tous niveaux. C'est une roche émergeante assez pelée mais très poissonneuse (de 0 à 30 m de fond). Des girelles paons joliment colorées et peu farouches viennent à votre rencontre, alors que mérous et barracudas vivent leur vie sans vous prêter la moindre curiosité. Une plongée sympa.

La grotte de la Femme nue : dans la baie de Chiuni, au nord du village. Idéal pour les baptêmes et plongeurs de tous niveaux. Cette magnifique petite crique (pour faire crack !), bien abritée, tient son nom d'une nymphette anonyme qui venait ici se faire bronzer !... Ce n'est donc pas étonnant que, sous l'eau, on se rince l'œil sans compter en explorant éboulis, grotte, tunnel, puis une cheminée qui aboutit à une piscine naturelle. Belles éponges rouges, mostelles, beaucoup de rougets, oursins diadèmes, sans oublier un homard super costaud.

Capo Rosso : au nord de Cargèse. Idéal pour les baptêmes et plongeurs de tous niveaux. Un étonnant bouquet de pics rocheux posés sur le sable (de 2 à 40 m de fond) et magnifiquement colorés par les éponges, spirographes, anémones et gorgones. Classiques compagnons de plongée de la Méditerranée, parmi lesquels murènes et mérous débonnaires ont investi les failles. Également d'impressionnantes raies pastenagues fouillant le sable à la recherche de leur nourriture et, rarement, des raies aigles d'une rare élégance. Une plongée sublime et très sauvage.

La pointe de Locca : sans doute le tombant le plus impressionnant de la région. Le relief superbe est composé d'un festival de rochers fantastiques, parmi lesquels on découvre de belles gorgones bleues, des langoustes, du corail rouge...

SAGONE / SAVONE

(20118 ; commune de Vico)

À 13 km au sud-est de Cargèse. L'origine du village est très ancienne puisque l'on y découvrit d'importants menhirs, des ruines romaines et les vestiges d'une cathédrale romane (l'une des plus anciennes de Corse). De son passé glorieux, seule subsiste une imposante tour génoise. Sagone, grâce aux grandes plages formées par son golfe, est devenue une station balnéaire agréable, même si les constructions récentes ont atténué son charme.

Où dormir ?

Camping Le Sagone et Village Le Sagone : *route de Vico, à 1,5 km de Sagone, sur la gauche. ☎ 04-95-28-04-15. • contact@camping-sagone.fr • camping-sagone.fr • Camping ouv avr-sept, village résidentiel ouv tte l'année (sf autour de Noël). Compter env 15,50-30 € pour 2 avec tente et voiture ; également des bungalows pour 2-8 pers 240-1 549 €/sem selon taille, confort et période.* Immense camping très arboré, donc ombragé, et fleuri. Grands emplacements bien délimités, nombreuses locations, du bungalow toilé aux chalets de standing, avec AC, TV et wifi, et une ribambelle de prestations : restaurant *(La Palmeraie)*, piscine et plusieurs terrains de tennis, volley, golf et football. Location de VTT. Supermarché et laverie à 100 m : un vrai « village », quoi ! Animations très festives en haute saison.

Où dormir dans les environs ?

Résidence Funtanella : *à 4 km au nord de Sagone et 10 km au sud de Cargèse, bien fléché en bord de route. ☎ 04-95-28-02-49. • contact@*

residence-funtanella.com • residence-funtanella.com • Tte l'année. Studios, apparts et minivillas pour 2, 4 et 6-8 pers : pour 2, compter 382-700 €/sem (80-150 € la nuitée) ; pour 4, compter 450-860 €/sem (110-200 € la nuitée). Un ensemble de petites constructions agréables, qui débute en bord de route et s'étend en profondeur sur un terrain fleuri (réserver les plus à l'écart). Propres, clairs et fonctionnels, tous les hébergements ont kitchenette, salle de bains et petite terrasse. La mer est juste en face, mais la plage est à Sagone. Une option très pratique (draps et produits de bain sont fournis, comme à l'hôtel).

Où manger ?

Crêperie A Spusata : *sur la plage, dans le centre de Sagone. ☎ 04-95-28-07-47. • aspusatasagone@hotmail.fr • Formule env 15 €.* Petite crêperie simple comme tout, nichée dans un lotissement moderne, avec terrasse donnant sur la plage. Spécialités de galettes à la farine de châtaigne et de crêpes avec figues maison. Une solution bonne et pas chère.

A Stonda : *à la sortie sud de Sagone, sur le bord de la route. ☎ 04-95-28-01-66. • a.stonda@wanadoo.fr • En saison, fermé lun midi ; hors saison (de mi-déc à Pâques), fermé lun (tte la journée), le soir mar-mer et dim. À midi plat du jour 14 €, viandes 20-23 €, pizzas (le soir) 12-14 €.* Le resto possède une longue terrasse en bois le long de la route. On y propose une cuisine excellente, notamment de bonnes grillades et du poisson, ainsi que de belles pizzas au feu de bois. Ici, le *brocciu* n'est proposé qu'en saison. Le patron mûrit lui-même sa viande. Le résultat se fait sentir au palais. Une adresse régulière, appréciée des locaux. C'est bon signe !

L'Ancura : *sur le port. ☎ 04-95-28-04-93. • info@ancura.fr • Congés : nov-fév. Plat du jour env 17 € ; carte 40-50 €. Digestif offert sur présentation de ce guide.* Une terrasse couverte aménagée avec goût sur le charmant petit port de Sagone, au bord de l'eau, devant quelques pointus de pêcheurs qui se dandinent. Côté cuisine, c'est une jeune et sympathique équipe qui opère : on vous régale de poissons qu'apporte la pêche du jour. Plats traditionnels soignés et, cerise sur le gâteau, excellents desserts préparés par Morgane. Le patron est un vrai pêcheur qui ne connaît pas le surgelé (ni pour lui, ni pour ses clients). Une adresse raffinée et authentique.

Le Santana : *plage de Santana, à 1 km au sud de Sagone en direction d'Ajaccio. ☎ 04-95-74-02-03. • ancura@orange.fr • Avr-oct. À midi plat du jour 19 €, le soir menu 27 €. Plats 22-32 €.* On le repère aisément avec sa grande terrasse en bois en surplomb de la plage, qui prolonge une grande salle contemporaine. Avec le bruit des vagues et un coucher de soleil imprenable, l'adresse ne manque pas d'atouts. À midi, on peut se contenter de la formule brasserie *(au kiosque, ouv 8h-19h),* mais ce n'est pas la même chose (et on est côté route).

Où déguster une glace ?

Glaces Géronimi : *dans le centre. ☎ 04-95-28-04-13. • glacesgeronimi@orange.fr • Boule env 3,50 €, coupes glacées 10-15 €.* C'est ici que vous goûterez les fameuses glaces de M. Géronimi, un maître glacier célèbre dans toute la Corse (et ailleurs) pour avoir remporté de prestigieux concours (notamment, il a gagné le prix du Meilleur Glacier d'Europe). Succulent et divinement original quant aux parfums proposés. Outre les sorbets exotiques comme le litchi et la passion, il faut tenter ces incroyables glaces salées aux anchois, oignons confits, eau de mer, moutarde... Fier de ses racines, M. Géronimi n'oublie pas la châtaigne, la noisette ou la myrte.

À faire

Se baigner, bien sûr, mais nous vous mettons en garde contre les DANGERS DE LA PLAGE DE SANTANA, qui se trouve juste après la station le long de la route d'Ajaccio. C'est vrai qu'elle est tentante mais, chaque année, de mauvais courants y font des victimes. Bon à savoir, surtout avec des enfants. À noter qu'elle est surveillée en juillet-août.

➢ ***Promenade en mer à Girolata-Scandola***
– Balade à bord d'un bateau rapide, ***U Filanciu.*** *07-60-14-03-04.* • *ufilanciu.fr* • *Billets en vente à l'hôtel* Cyrnos *(à Cargèse), au* Café de la Plage *(plage d'Arone, à Piana) ou au resto* L'Ancura *(à Sagone). Env 55 € pour les balades en journée (« grand tour » : 3h30). Jusqu'à 5 départs/j. (de Cargèse et de la plage d'Arone).* Seulement 12 personnes maximum embarquent à bord de ce semi-rigide piloté par un jeune sympathique. Léo Serreri, fils et petit-fils de pêcheur, vous fera profiter de sa connaissance des sites remarquables et vous emmènera dans les moindres recoins grâce à son petit bateau. Propose également une sortie plus courte à Scandola *(2h30 ; 45 €)* et la visite des calanques de Piana *(1h45 ; 35 €),* ainsi qu'un service de bateau-taxi pour les soirées (Arone, Porto, Girolata).
– ***Nave Va :*** *06-17-11-42-40. Résa impérative la veille. Prix : 50-55 € ; réduc 5-10 ans.* Du petit port de Sagone, départ à 9h et retour vers 17h15. Pause pique-nique et baignade à Girolata, visite des *calanche* et de capo Rosso, puis découverte de la réserve de Scandola. Possible aussi en semi-rigide (12 places max : 60 €). Également un départ vers 17h30 pour les *calanche* de Piana *(30-35 €).*

– ***Activités nautiques :*** *au centre* ***UCPA Triu Funtanella,*** *à 5 km de Sagone, pont de Stagnoli.* ☎ *04-95-28-02-21. Mai-fin oct.* Kayak de mer, planche, catamaran, plongée sous-marine. En été, les jeunes sont acceptés en externat.

➢ ***Super virée dans l'arrière-pays :*** une boucle partant de Sagone et ralliant ***Vico***, ***Murzo*** (piscines naturelles, où se baigner sous le pont de Belfiore, sentier botanique, *Maison du miel – Casa di U Mele* – ouverte par le parc naturel régional *– en été, tlj 9h-12h, 14h-19h ; GRATUIT*), ***Muna*** (hameau de 20 maisons du XVIIIe s, tout à fait pittoresque et ignoré), ***Rosazia, Salice, Azzana*** (belle piscine naturelle sous le pont entre Azzana et Lopigna), puis ***Lopigna*** (somptueux panoramas) et retour sur la côte, à 5 km au sud de Sagone. Petit détour possible, à ***Rezza*** (à quelques kilomètres d'Azzana), où le parc régional a ouvert une Maison de la vallée avec un parcours d'orientation et de découverte. Compter une demi-journée en voiture. Routes empruntées : Sagone-Vico, 13 km, D 70 ; Vico-Murzo, 6 km, D 23 ; Murzo-Rosazia-Azzana, 22 km, D 4 ; et descente sur la côte par la D 125, puis la D 25 (une trentaine de kilomètres).

VICO / VICU (20160) 900 hab.

Moins spectaculaire qu'Évisa, mais encastré dans un amphithéâtre de montagnes vertes, Vico est un bourg typique, avec ses hautes maisons, ses ruelles, ses placettes écrasées de chaleur (curieux monument aux morts avant le *Caffé Naziunale*). C'est la vraie vie des hauteurs, loin de la frime des plages. Non, pas de plage ici, mais une rivière, le Liamone, où l'on peut se baigner en été (à 3 km environ de Vico, sous le pont de la D 23 direction Poggiolo), et la mer, à Sagone, n'est tout de même qu'à 14 km.

Où dormir ? Où manger ?

Chambres d'hôtes

🏠 🍴 **Chambres d'hôtes Santa Carlotti :** *route du Stade, au col de Saint-Antoine. 📱 06-87-20-25-31. • santacarlotti@live.fr.com • chambre-table-a-santina.com • Prendre à droite après le col, c'est juste sur la droite. Double 80 €. Repas sur résa 30 €. Apéritif ou café offert sur présentation de ce guide.* Dans sa jolie maison récente aux volets verts, l'adorable Santa vous accueille avec gentillesse. Chambres très bien tenues et soignées, toutes avec salle de bains. Certaines offrent une sympathique vue sur la vallée. Et puis ça vaut le coup d'y prendre un repas, car tout est fait maison : entrée généralement à base de *brocciu,* sanglier ou autre viande, fromage bio avec sa confiture de figues, dessert et vin compris. Après, on peut s'installer au salon pour papoter, car la maison est réservée aux hôtes (Santa habite juste à côté). Comme des coqs en pâte !

🏠 **Casa Murza** *(Gîtes de France) : A Pieve. • casamurza@free.fr • casamurza.com • ☎ 04-95-24-53-83. 📱 06-52-02-03-07. Traverser le bourg et tourner à droite avt d'en sortir, de sorte à passer devant l'église, plus monter sur env 1 km (ça monte fort). Tte l'année. Compter 110 € pour 2. Table d'hôtes sur résa : 30 €. CB refusées.* Wi-Fi Sur les hauteurs de Vico, Bernard et Michel ont fait construire, selon leurs souhaits, une belle maison d'hôtes avec, à l'étage, une chambre double et une suite (4 pers max), de très bon confort. Est venue plus récemment s'ajouter une *casetta* écologique, dans le jardin, réalisée en autoconstruction (toilettes sèches). Petit déjeuner (excellent) servi dans le jardin, dont les propriétaires, attentifs et discrets, s'occupent avec le plus grand soin – bon, ils s'occupent également très bien de leurs hôtes !

De bon marché à plus chic

🏠 **Couvent Saint-François :** *à la sortie de Vico, direction Arbori. ☎ 04-95-26-83-83. • accueilcouventvico@orange.fr • Lit en dortoir 9 € ; doubles sans ou avec sdb 35-47 €. ½ pens possible. CB refusées.* Monacal ! Ce qui signifie hyper tranquille, fonctionnel et spartiate (chambres de 2 à 6 lits d'un âge indéterminé, qui se partagent presque toutes les douches et w-c). Seules concessions au confort moderne : une cuisine géniale (une dizaine de fourneaux !), une salle à manger voûtée au cachet indiscutable... et même une salle TV (où l'on regarde plus les murs recouverts de fresques que l'écran !). Très sympa dans son genre.

🏠 🍴 **Hôtel U Paradisu, restaurant Saint-Pierre :** *sur la route du couvent Saint-François, à la sortie de Vico. ☎ 04-95-26-61-62. • hotel.uparadisu@cegetel.net • hoteluparadisu.com • Congés : nov-début déc. Doubles 72-100 € selon confort et saison. ½ pens (à partir de 3 nuits) 63-78 €/pers. Formule déj en sem 20 € ; menus 26-35 €. Wi-Fi Café maison offert sur présentation de ce guide.* Longue et solide bâtisse à la mode corse. Chambres classiques, parfois un peu datées, profitant pour certaines d'une fort jolie vue. Piscine. Restaurant. Une ambiance pension de famille pas désagréable et un bien bon accueil.

🍴 **Café National :** *en plein centre. ☎ 04-95-26-60-25. • francoispaoli@orange.fr • Avr-sept, tlj ; en hiver, le w-e slt. Pizzas 9-11 €, assiette nationale 16 €, viandes 15-16 €. Digestif offert sur présentation de ce guide.* Sympathique terrasse qui vaut pour son ombre généreuse. La carte est assez courte, s'y distinguent les pizzas, très appréciées, et la belle assiette nationale, très complète, qui vous cale un repas (on y trouve jusqu'aux légumes du potager). En été, en principe le jeudi, soirées musicales (chants traditionnels corses).

🍴 **Bar-restaurant A Piazza :** *pl. Casanelli-d'Istria. ☎ 04-95-26-60-99. • orsinianghjulu@hotmail.fr • Sur la 2e place de Vico, très tranquille. Avr-oct. Midi et soir, sf mer et dim soir en basse saison. Pizzas env 10-12 €, viandes 18-19 €. CB refusées.* Adresse de village, sympathique et sans chichis : omelettes, charcuterie, pizzas, de quoi contenter toute la famille. Excellentes glaces au passage. Bon accueil.

Où dormir ? Où manger dans les environs ?

Prix moyens

L'Auberge des Deux Sorru : *à* **Guagno-les-Bains,** *20125* **Poggiolo.** *☎ 04-95-28-35-14. • ibagni@orange.fr • hoteldesdeuxsorru.com • À 12 km à l'est de Vico. En arrivant à Guagno-les-Bains, sur la gauche de la route. Resto fermé mar midi en basse saison. Congés : de mi-oct à fin mars. Doubles 55-129 € selon saison. Menu du jour 18 €. Plats 18-22 €. Café offert sur présentation de ce guide.* Un bâtiment de construction récente, abritant des chambres fonctionnelles et nickel, et même plutôt mignonnes avec leurs couvre-lits et rideaux aux tons chauds. Au resto, grande salle claire et terrasse côté vallée. Cuisine familiale.

Auberge U Fragnu : *à* **Murzo,** *à 5 km à l'est de Vico, sur la route de Guagno. ☎ 04-95-26-69-26. Fermé dim soir et lun hors saison. Congés : nov-fin mars. formules et menus 13,80-24,80 €. Digestif offert sur présentation de ce guide.* Une jolie auberge aménagée dans un ancien moulin à huile d'olive. Honnête « menu du berger ». Cannellonis, agneau au feu de bois, et pizzas au feu de bois également. À noter : le village de Murzo organise la plus importante Foire au miel de Corse (le dernier dimanche de septembre).

U Paese : *Umbricia, 20125* **Soccia.** *☎ 04-95-28-31-92. • hotel.u.paese@wanadoo.fr • hotel.soccia.com • Ouv avr-oct. Doubles env 72-78 € selon saison. Réduc à partir de 3 nuits.* Dans une grande maison de pierre, très Corse profonde, un hôtel sympathique, sur 3 niveaux (ascenseur). Bar et salon-bibliothèque. Fréquenté par les randonneurs qui apprécient l'authenticité du lieu et les bons conseils des propriétaires.

Randonnée : le lac de Creno (Lavu di Crena)

Encore un lac créé par le diable selon la légende, bien agréable à découvrir en été car on pourra pique-niquer sur ses rives, à l'ombre généreuse des pins laricio (c'est le seul lac de montagne en Corse à proposer cela). Compter 2h30 aller et retour (3h30 aller et retour en partant d'Orto). Être bien chaussé. Carte IGN Top 25 Monte d'Oro, Monte Renoso. À noter qu'il est également possible de partir en balade à dos d'âne ou à poney. *Loc depuis le parking au départ du lac de Creno. 06-10-78-56-22. • astalla.e-monsite.com • Compter 40 € la journée.*

➢ De Vico, aller à Soccia, à une quinzaine de km. On s'arrêtera à proximité du deuxième lacet au-dessus du village: une croix géante et un panneau indicateur sont là pour signaler le début du chemin qui s'élève paisiblement sur le versant nord-ouest du *Sant'Eliseo* (un sommet orné d'une petite chapelle qui est en août un lieu de pèlerinage très couru). Avant d'atteindre le lac de Creno, le sentier balisé passe au-dessus des bergeries et du petit lac de l'Arate, puis à côté de la fontaine de Veduvella (parfois à sec), deux lieux de pause fort sympathiques.
Au passage, il croise le chemin, lui aussi balisé, qui monte à Creno du village voisin d'Orto, un point de départ plus sportif – la dénivelée est pratiquement double –, mais plus attrayant, car le parcours s'y déroule en partie dans une châtaigneraie, et les panoramas y sont plus variés.

➢ **Canyoning au canyon de Zoicu :** *au-dessus de Soccia. 06-15-05-28-42. • canyon-corse.com • De mi-juin à fin sept. Compter 40-50 €/pers.* Le canyon de Zoicu peut se pratiquer en famille (descente accompagnée possible dès 7 ans). Le rendez-vous se fait devant l'hôtel *U Paese* à Soccia en début d'après-midi. Le matin est réservé aux « descentes sensation ». Une activité qui décoiffe à la portée de tous ou presque.

Où méditer sur la finalité des choses ?

Le couvent Saint-François : *à la sortie de Vico, direction Arbori. Ouv à la visite tlj tte la journée ; GRATUIT.*
C'est une grande bâtisse blanche entourée de jardins et de bois. Fondé par des franciscains en 1489, reconstruit entre 1627 et 1785, le couvent est occupé de nos jours par une poignée de missionnaires de la congrégation des oblats de Marie. Remarquer, dans l'église, le Christ en croix, le plus vieux de Corse, les fresques à l'italienne et, dans la sacristie, un meuble du XVIIe s en châtaignier.
L'intérieur même du couvent est intéressant également. On peut découvrir les couloirs, la bibliothèque, des cellules, une chapelle et une salle de TV des plus insolite sous ces fresques colorées.

Festival

– **Sorru in Musica :** *juil. Rens : ☎ 04-95-26-60-08. • sorru-in-musica.com •* Animations culturelles en fin d'après-midi, concerts délocalisés dans plusieurs villages du canton (Vico, Renno, Soccia, Coggia, Rosazia, Murzo et Sagone). Pour les musiciens, académie de musique en résidence au couvent et master classes.

TIUCCIA

(20111 ; commune de Sari-d'Orcino)

À 7 km au sud de Sagone et à une trentaine de kilomètres d'Ajaccio. Une petite station qui a de plus en plus la cote auprès des estivants grâce à ses très belles plages, encaissées dans le golfe de la Liscia, et son accès rapide à Ajaccio. Beau point de vue sur le site quand on arrive d'Ajaccio, au col de San Bastiano.

Où dormir dans les environs ?

Campings

Camping La Liscia : *route de Tiuccia, 20111* ***Calcatoggio.*** *☎ 04-95-52-20-65. • francois.ferraro@wanadoo.fr • la-liscia.com • À 2 km de Tiuccia. Avr-sept. Selon saison, compter env 20-27,10 € pour 2 avec tente et voiture ; bungalows pour 3-5 pers 385-840 €/sem selon saison ; également des studios et des mobile homes 380-930 € selon taille et saison.* Vaste et bien ombragé. Bon accueil. Snack-bar, pizzeria, épicerie, laverie, aire de jeux pour enfants : bon équipement, en somme. Son défaut : situé côté route et non côté mer (plage à 600 m). Planter sa tente vers le fond.

Camping A Marina : *golfe de la Liscia, 20111* ***Calcatoggio.*** *☎ 04-95-52-21-84. • fabiani.famille@wanadoo.fr • camping-amarina.com • À 3 km de Tiuccia, en bord de mer. D'avr à mi-oct. Forfait pour 2 env 25-31 € selon saison ; également des chalets et mobile homes qu'on peut louer à la nuit hors saison ou à la sem (420-1 090 € selon type et saison).* Un camping plaisant car isolé dans un coin calme au bout d'un chemin privé. Espaces ombragés et agréables. Sanitaires propres en nombre suffisant, et équipements convenables (snack-bar, pizzeria, épicerie, aire de jeux pour enfants). Et, surtout, la plage est juste devant.

Chambres d'hôtes

Chambres d'hôtes Le Ruone : *chemin de Petra Nera, 20111* ***Calcatoggio.*** *☎ 04-95-25-62-11. • leruone@gmail.com • ruone.fr • En arrivant d'Ajaccio, ne pas prendre la route de Calcatoggio mais poursuivre sur la D 81 pdt 1,9 km : c'est un chemin qui descend abruptement à droite. Congés : nov-mars.*

Doubles env 100-165 € selon confort et saison ; familiales 150-240 €. CB refusées. C'est d'abord la situation qui retient l'attention : isolées à flanc de montagne, les 2 maisons modernes profitent d'une vue superbe sur le golfe. Ensuite, les chambres : aménagées avec goût dans un style actuel, elles se révèlent très confortables. Impeccable pour se ressourcer, à l'image de la terrasse sur pilotis avec vue panoramique ou de la belle piscine. Accueil dynamique.

Gîtes ruraux

Gîtes de la famille Stephanopoli *(Gîtes de France)* **:** *à* ***Canaggiola-Casaglione.*** *Résas auprès des Gîtes de France : ☎ 04-95-10-54-30/31. • gites-casaglione-corse-sud-ouest.com • À 9 km à l'est de Tiuccia par la D 25. Juin-sept. Selon type de gîte, de 429-499 €/sem en basse saison à 699-999 €/sem en hte saison.* Une bonne situation pour ces 7 gîtes pas trop éloignés des grandes plages de Tiuccia ou Sagone (15 à 20 mn en voiture) et profitant d'un cadre pittoresque de village d'arrière-pays, ceint de montagnes. Commerce à 6 km (mais le boulanger passe). Gîtes simples et fonctionnels, répartis entre 2 maisons récentes se partageant un vaste terrain clos (un 7e gîte pour 2 personnes est mitoyen à la maison des propriétaires dans le village). Lave-vaisselle, congélateur, TV, micro-ondes. Lave-linge commun aux gîtes. Location de draps et serviettes en sus, salon de jardin, cheminée. Bois et chauffage en sus. Aire de jeux pour les jeunes enfants (toboggan, balançoires).

AJACCIO ET SA RÉGION

AJACCIO / aiacciu (20000) 65 540 hab.

• Carte Le golfe d'Ajaccio *p. 195* • Plan Ajaccio *p. 196-197*

Même si Ajaccio n'est pas en soi une destination de séjour, voilà une ville plutôt agréable. Certains peuvent la trouver un peu bruyante, encombrée (on y circule difficilement), mais on a vite fait de se perdre dans ses vieilles rues aux maisons colorées. Il y a en quelque sorte deux Ajaccio : la vieille ville, concentrée autour du port, avec ses hautes bâtisses, la rue Fesch, piétonne et animée, son marché et ses terrasses de cafés, et la partie moderne qui s'étire tout le long du grand boulevard de bord de mer et dont les constructions, à l'architecture pas toujours heureuse, se disséminent jusque sur les collines. Ajaccio peut être une base d'où rayonner pour visiter les environs : la route des îles Sanguinaires, les plages de Porticcio, les trois vallées (dont celles de Gravona et du Prunelli) et la montagne toute proche, qui offre à la baie d'Ajaccio un cadre superbe.

Bien sûr, on ne peut parler d'Ajaccio sans évoquer Napoléon, l'enfant du pays, maître de l'Europe et génie militaire et politique – pour d'autres, tyran et boucher, mais nous n'entrerons pas dans cette discussion, et d'ailleurs à quoi bon ? On ne refait pas l'Histoire, et les millions de morts ne se relèveront pas. Du reste, Tino Rossi mettra tout le monde d'accord : « Aaaah, Catarinetta bella tchi-tchi, Aja, Aja, Ajacciiiiiii-ooooo ! ».

NAPOLÉON EMPESTAIT !

C'est à l'arrivée des Français en Allemagne en 1801 que l'usage de l'eau de Cologne se popularisa. Son plus célèbre utilisateur était Napoléon, qui en versait un flacon dans ses bottes avant de monter à cheval. Il en consommait jusqu'à 43 l par mois. À Sainte-Hélène, privé de son eau favorite, il parvint à en retrouver la formule en faisant appel aux souvenirs de ses compagnons d'infortune.

Arriver – Quitter

En bus

Attention : les horaires ou fréquences peuvent varier d'une année à l'autre...

Gare routière *(plan B3)* **:** *bd Sampiero. ☎ 04-95-21-57-59. • gare routiere-ajaccio@wanadoo.fr •*

➢ **De/vers Propriano, Sartène, Pianottoli, Porto-Vecchio, Bonifacio :** *Autocars Eurocorse (☎ 04-95-21-06-30 ; • eurocorse.com •).* Lun-sam, 3 bus/j. 1er juil-31 août, dont 2 vont jusqu'à Porto-Vecchio ; 2 bus hors saison. Compter 1h45 de route pour Propriano et 3h30 pour Porto-Vecchio et Bonifacio.

➢ **De/vers Tiuccia, Sagone, Cargèse, Piana, Porto, Ota :** *Autocars S.A.S.A.I.B./Ceccaldi Voyages (☎ 04-95-51-42-56 ou 22-41-99).* Lun-sam, 2 départs/j. tte l'année (1 le mat et 1 l'ap-m), plus dim et j. fériés en juil-août. Compter 2h pour Porto.

➢ **De/vers Tiuccia, Sagone, Vico, Évisa et Marignana :** *Autocars Ceccaldi (☎ 04-95-21-38-06).* Juil-août, 2 départs/j. (1 le mat et 1 l'ap-m). Sinon, 1 départ/j lun-sam.

➢ **De/vers Porto-Pollo et Olmeto-Plage** *(via Bisinao et Pila Canale)* **:** autocars *Ricci Marcel Transports (☎ 04-95-77-77-77).* En été, 1 départ tlj l'ap-m ; hors saison, 1 départ lun-sam.

➢ **De/vers Propriano** *(via Olmeto par la T 40)* **et l'Alta Rocca** (Sartène, *Levie, Zonza et Bavella)* **:** autocars *Ricci Marcel Transports (☎ 04-95-77-77-77).* Juil-août, 2 départs/j. ; le reste de l'année, 1 départ lun-sam. Les *Autocars Balesi Évasion (☎ 04-95-70-02-50 ou 15-56 ; • balesievasion.com •)* proposent un trajet ***Ajaccio/Porto-Vecchio,*** via Aullène, Quenza, Zonza, Bavella et L'Ospédale. Départ tlj en juil-août, lun et ven le reste de l'année (hors saison, Bavella n'est pas desservi). Compter 3h45 de trajet.

➢ **De/vers Porticcio (jusqu'à Verghia) :** avec les *Autocars Corse Méditerranée (☎ 04-95-25-40-37).* 2 bus/j. sf dim et j. fériés, qui continuent ensuite jusqu'à la pointe de l'Isolella et Verghia (plage Mare e Sole).

➢ D'autres petites compagnies desservent les ***villages de l'arrière-pays d'Ajaccio*** : les *Cars Bellini (☎ 04-95-52-88-99)* font la liaison Ajaccio-Peri-Carbuccia ; les *Cars Santoni (☎ 04-95-22-64-44)* montent jusqu'à Zicavo, via Cauro et Sainte-Marie-Sicchè.

En train

Gare ferroviaire (plan B2) **:** *à proximité du port. ☎ 04-95-23-11-03. Lun-ven 5h40-20h45, sam 6h15-20h45, dim 8h40-13h20 et 14h55-21h10.* Consignes à bagages.

➢ **De/vers Bastia :** 4-5 trains/j. Trajet : 4h.

➢ **De/vers Calvi :** 2 trains/j. Trajet un peu plus long : 4h30. Avec un changement à Ponte-Leccia.

En bateau

Gare maritime *(plan zoom B3)* **:** *quai L'Herminier. ☎ 04-95-51-55-45.*

➢ Au moins 1 départ/j. pour ***Toulon et Marseille*** avec les compagnies maritimes *Corsica Linea, Corsica Ferries* et *La Méridionale* (voir « Adresses utiles »).

➢ Sans oublier la navette de *Découvertes Naturelles,* env 5 fois/j. en hte saison, pour ***Porticcio.*** Départ du port Tino-Rossi.

En avion

✈ ***Aéroport Napoléon-Bonaparte*** *(carte Le golfe d'Ajaccio)* **:** *situé à 6 km d'Ajaccio, à Campo dell'Oro, sur la route de Porticcio. ☎ 04-95-23-56-56. • 2a.cci.fr • Pour s'y rendre, prendre le bus nº 8 au rond-point de la gare ferroviaire : départ ttes les heures env 5h-23h (durée : 15 mn) ; de l'aéroport, même fréquence ; env 4,50 €.* Point info dans le hall.

Adresses utiles

Office de tourisme *(plan zoom B3)* **:** *3, bd du Roi-Jérôme. ☎ 04-95-51-53-03. • ajaccio-tourisme.com • Juil-août : lun-sam*

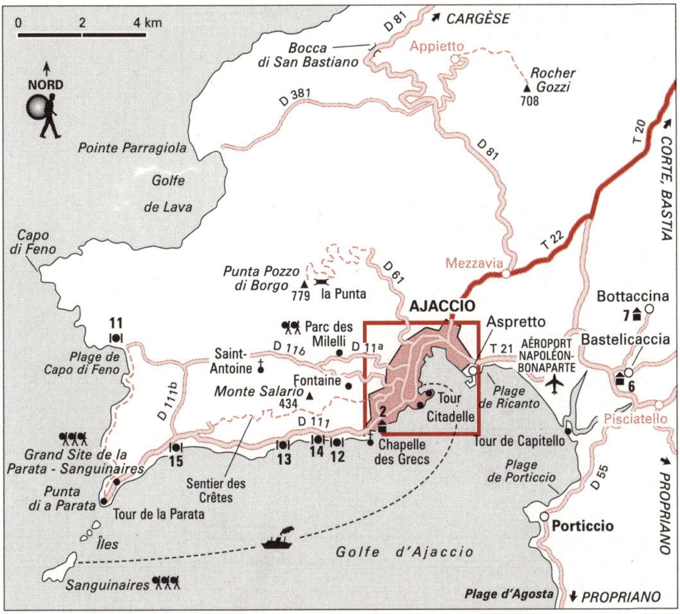

LE GOLFE D'AJACCIO

Où dormir ?	Où manger ?
2 Hôtel Les Mouettes	**11** Le Pirate, chez Pierre Tou
6 Motel L'Orangeraie	**12** L'Altru Versu
7 Les Hameaux de Bottaccina	**13** Restaurant Chez Pech
	14 Le Beau Rivage
	15 Paillote Le Goéland

8h-20h ; dim 9h-13h, 16h-19h. En mi-saison : lun-sam 8h-19h, dim 9h-13h. Nov-mars : lun-ven 8h-12h30, 14h-18h ; sam 8h30-12h30, 14h-17h ; fermé dim et j. fériés. 💻 Dirigé par une équipe dynamique. Plan gratuit de la ville et des environs, documentation (avec quelques itinéraires de balades pas trop difficiles, dont 2 circuits thématiques en ville), horaires des bus, trains, bateaux, et infos sur l'hébergement et les activités du secteur. Propose aussi des visites guidées – *Les Rendez-vous curieux de l'été* –, à thème (renouvelé chaque année), ainsi que des concerts – *Les Polyphonies de l'été* – chaque mercredi soir (se renseigner pour connaître le lieu) de juillet à mi-septembre. Également le « shopping de nuit » (en juil-août).

■ ***Bureau du parc naturel régional de Corse*** *(plan D1, **1**) : 19, av. Georges-Pompidou, immeuble Faggiannelli, CS 30417, Ajaccio Cedex 9. ☎ 04-95-51-79-10. • parc-corse.org • Lun-ven 8h30-12h, 14h-17h.* Personnel extrêmement sympa et efficace. Bonne doc sur les sentiers de randonnée et les gîtes d'étape pour marcheurs, cavaliers, cyclotouristes. On peut y acheter de nombreux topoguides avec cartes et se procurer des dépliants sur les balades en boucle dans les microrégions.

✉ ***Poste*** *(plan zoom B3) : 13, cours Napoléon. ☎ 04-95-51-84-65. Lun-sam 8h-18h30 (12h sam).*

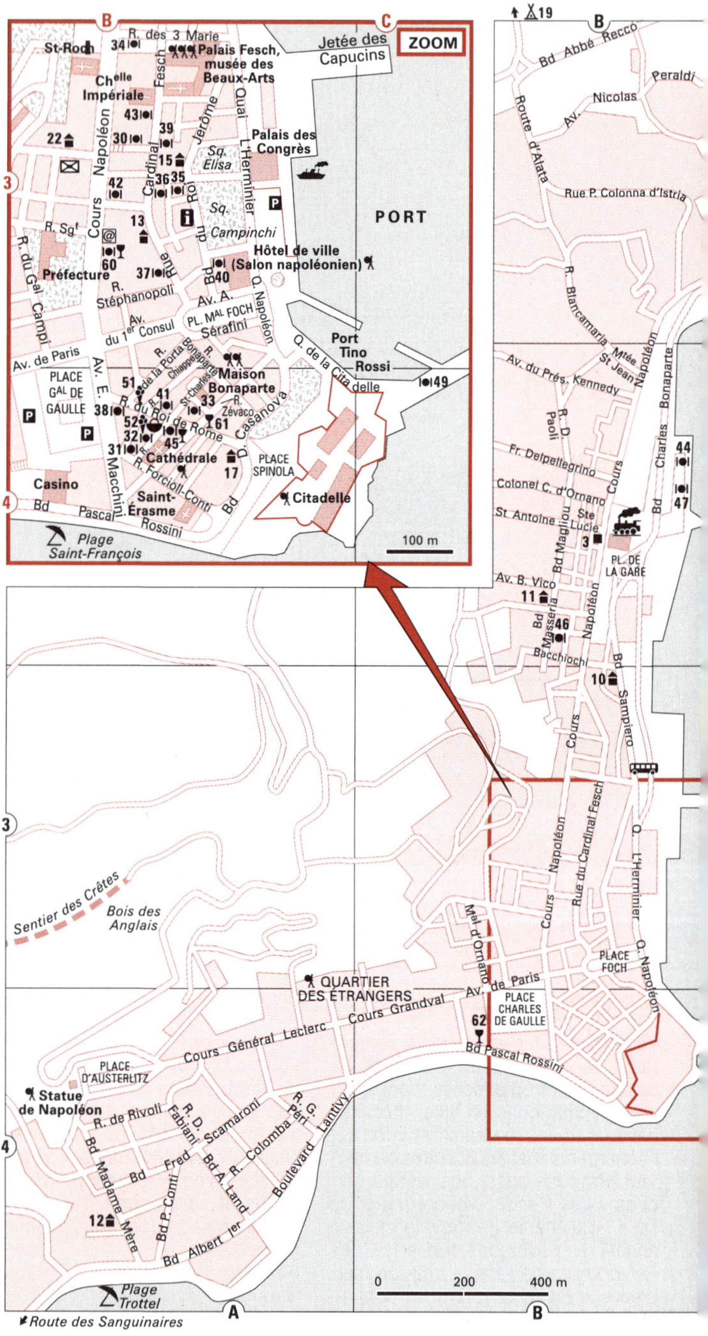
ZOOM
R. des 3 Marie
St-Roch
Palais Fesch, musée des Beaux-Arts
Jetée des Capucins
Chelle Impériale
Fesch
Quai
Jérôme
Palais des Congrès
Cours Napoléon
Cardinal
Sq. Elisa
L'Herminier
Roi
Sq. Campinchi
du
PORT
R. Sgt
R. du Gal Campi
Préfecture
Rue
R. Stéphanopoli
Hôtel de ville (Salon napoléonien)
Bd
Av. A. Sérafini
PL. MAL FOCH
Q. Napoléon
Av. du 1er Consul
Av. de Paris
Port Tino Rossi
Q. de la Citadelle
PLACE GAL DE GAULLE
Av. E. Macchini
R. de la Porta
R. Bonaparte
Chiappe
St-Charles
Maison Bonaparte
R. du Roi de Rome
R. Zévaco
D. Casanova
Cathédrale
PLACE SPINOLA
R. Forcioli-Conti
Casino
Saint-Érasme
Citadelle
Bd Pascal Rossini
Plage Saint-François
100 m
Bd Abbé Recco
Peraldi
Av. Nicolas
Route d'Alata
Rue P. Colonna d'Istria
R. Biancamaria
Mtée St Jean
Av. du Prés. Kennedy
R. D. Paoli
Napoléon
Bd Charles Bonaparte
Fr. Delpellegrino
Colonel C. d'Ornano
St Antoine
Ste Lucie
Cours
PL. DE LA GARE
Av. B. Vico
Bd Maglioli
Bd Masseria
Bacchiochi
Bd Sampiero
Cours Napoléon
Rue du Cardinal Fesch
Q. L'Herminier
Q. Napoléon
PLACE FOCH
Mal d'Ornano
Av. de Paris
PLACE CHARLES DE GAULLE
Bd Pascal Rossini
Sentier des Crêtes
Bois des Anglais
QUARTIER DES ÉTRANGERS
Cours Grandval
Cours Général Leclerc
PLACE D'AUSTERLITZ
Statue de Napoléon
R. de Rivoli
R. D. Fabiani
Scamaroni
R. G. Péri
R. Colomba
Bd Fred
Bd A. Land
Boulevard Lantivy
Bd Madame Mère
Bd P. Conti
Bd Albert Ier
Plage Trottel
0
200
400 m
Route des Sanguinaires

■ Adresses utiles

- Office de tourisme *(zoom)*
- 1 Bureau du parc naturel régional de Corse
- 3 Relais régional des Gîtes de France
- @ 60 Le Bistrot du Cours *(zoom)*

Où dormir ?

- 10 Hôtel Le Dauphin
- 11 Hôtel du Palais
- 12 Hôtel Marengo
- 13 Hôtel Fesch *(zoom)*
- 14 Hôtel Spunta di Mare
- 15 Hôtel du Golfe *(zoom)*
- 17 Hôtel San Carlu *(zoom)*
- 19 Camping Les Mimosas
- 22 Hôtel Napoléon *(zoom)*
- 23 Hôtel Best Western Ajaccio Amirauté

Où manger ?

- 30 Da Mama *(zoom)*
- 31 Ind'é Zézé *(zoom)*
- 32 Pizzeria U Papacionu *(zoom)*
- 33 Le Petit Clos *(zoom)*
- 34 Auberge Colomba *(zoom)*
- 35 Il Passegero *(zoom)*
- 36 Don Quichotte et Le Temps des Oliviers *(zoom)*
- 37 Boulangerie-pâtisserie Galéani *(zoom)*
- 38 Le 20123 *(zoom)*
- 39 A Spuntinata *(zoom)*
- 40 Le Trou dans le Mur *(zoom)*
- 41 Mani *(zoom)*
- 42 Le Bistrot d'Émile *(zoom)*
- 43 Fesch Fresh Caffè *(zoom)*
- 44 L'Amirauté
- 45 Le Roi de Rome *(zoom)*
- 46 A Nepita
- 47 Restaurant Côté Port
- 49 Chez Mathilde *(zoom)*
- 60 Le Grand Café Napoléon *(zoom)*

Où boire un verre ?

- 60 Le Grand Café Napoléon *(zoom)*
- 61 Micro-brasserie Impériale *(zoom)*
- 62 La Part des Anges

Où déguster une glace ?

- 51 Casa Gelat' *(zoom)*
- 52 Gusto *(zoom)*

AJACCIO

■ ***Relais régional des Gîtes de France*** *(plan B2,* ***3****)* **:** *77, cours Napoléon, BP 10. ☎ 04-95-10-54-33 ou 30. • gites-corsica.com • Lun-ven 8h-12h30, 14h-17h30 (16h30 ven).* Propose la liste de gîtes de séjour, chambres d'hôtes et campings à la ferme dans toute l'île.

🅿 ***Parkings* :** *parkings payants sous la pl. du Général-de-Gaulle (pl. du Diamant) ou quai L'Herminier. Également un autre parking bd Sampiero.* Très pratiques en été, où il devient difficile de trouver à se garer, à moins d'arriver le matin avant 10h.

@ **Le Bistrot du Cours** *(plan zoom B3,* **60***)* **:** *10, cours Napoléon. Tlj 7h-22h (19h dim).* On peut aussi y manger (salades, tartines, pizzas...) et bien plus encore (soirées café philo, cours de corse).

■ ***Capitaineries des ports de plaisance* :** *port Tino-Rossi, ☎ 04-95-51-55-43. Port de l'Amirauté (Charles-d'Ornano), ☎ 04-95-22-31-98.* Pour les plaisanciers : canal VHF 9. Sur place : douche, w-c, carburants...

Transports

■ ***Air Corsica (Air France)* :** *à l'aéroport. ☎ 36-54 (0,34 €/mn). • aircorsica.com •* Vols réguliers au départ de Paris, Nice, Lyon et Marseille. Vols saisonniers à partir de nombreuses villes de province.

■ ***Ollandini Voyages* :** *1, rue Paul-Colonna-d'Istria. ☎ 0892-23-40-30 (0,34 €/mn). • la-corse.travel • Bureau à l'aéroport ouv en fonction des horaires des charters.* Vols saisonniers pour les 4 aéroports corses depuis les principales villes de province.

■ ***Corsica Linea* :** *à la gare maritime. ☎ 0825-88-80-88 (0,15 €/mn). Lun-ven 9h-12h et 14h-18h, sam 9h-12h.* Ferries pour Marseille.

■ ***Corsica Ferries* :** *à la gare maritime. ☎ 0825-095-095 (n° Azur). • corsicaferries.com •* Ferries pour Nice et Toulon.

■ ***La Méridionale* :** *port de commerce, 15, bd Sampiero, entre la gare maritime et la gare ferroviaire. ☎ 04-95-11-01-00 ou 0810-201-320 (n° Azur). • lameridionale.fr •* Cargos mixtes passagers-marchandises pour Marseille.

■ ***TCA*** *(Transports en commun d'Ajaccio)* **:** *75, cours Napoléon. ☎ 04-95-23-29-41. • bus-tca.fr •* Les bus desservent toute la ville. Il existe un *pass séjour*, valable 24h *(3 €)* ou une semaine *(10 €)*. En été, des noctambus sont en service, notamment sur la ligne n° 5 (Sanguinaires).

🚗 ***Stations de taxis* :** *pl. du Général-de-Gaulle, ☎ 04-95-21-00-87 ; av. Pascal-Paoli, ☎ 04-95-23-25-70.*

Location de voitures

Une demi-douzaine de loueurs vous attendent à l'extérieur de l'aéroport d'Ajaccio. Pensez à louer une petite voiture, pratique pour les routes étroites et sinueuses, avec un toit ouvrant ou la clim (il fait parfois très, très chaud !).

■ ***Hertz* :** *à l'aéroport. ☎ 04-95-23-57-04. • hertzcorse.com •*

■ ***Budget* :** *à l'aéroport. ☎ 04-95-30-05-04. • budget.fr •*

■ ***Entreprise* :** *à l'aéroport. ☎ 04-95-23-57-15. • entreprise.fr •*

■ ***Ada* :** *à l'aéroport. ☎ 04-95-23-56-57. • ada.fr •*

■ ***Avis* :** *à l'aéroport. ☎ 04-95-23-56-90. En centre-ville : 1, rue Paul-Colonna-d'Istria. ☎ 04-95-23-92-55 ou 0825-05-05-05 (n° Vert). • avis-corse@ollandini.fr •*

Location de vélos, scooters, motos et bateaux

■ ***LSP 2 Roues*** *(plan B3-4)* **:** *13, bd Sampiero. 📱 06-07-28-84-81. À côté de l'hôtel* Le Dauphin. *Fermé sam ap-m et dim.* Location de scooters, vélos électriques et traditionnels.

■ ***Rout'Évasion*** *(plan D1)* **:** *10, av Noël-Franchini. ☎ 04-95-22-72-87. • routevasion.com • Au début de la T 22, direction Mezzavia-Calvi par la côte.* Réparation, location et vente de VTT et vélos uniquement.

■ ***Moto Corse Évasion*** *(plan D2)* **:** *résidence Mariani, quartier Saint-Joseph. ☎ 04-95-20-52-05. 📱 06-07-23-99-68. • corsicamoto.com •* Location de vélos, VTT, VTC et motos de 125 à 650 cm³. Organise aussi des randonnées et séjours à moto.

Où dormir ?

Ajaccio n'offre pas un grand choix d'adresses bon marché. Sinon, dans l'ensemble, le niveau de l'hôtellerie est plutôt satisfaisant.
Si tout est complet en saison, on conseille de chercher dans les environs proches, à 30 mn en voiture (Bastelicaccia à l'est, Porticcio au sud, voire Tiuccia ou Sagone au nord).
Pour les campings, pas un grand choix non plus, et ils ne sont pas centraux. D'autres à Porticcio, à 15 km (liaisons par car).

En ville

Camping

⛺ ***Camping Les Mimosas*** *(hors plan par B1,* ***19****)* **:** *La Carosaccia, route d'Alata, puis à gauche vers « Les Baraques ». Fléché. ☎ 04-95-20-99-85. • campingmimosas@wanadoo.fr • camping-lesmimosas.com • ♿ À 3 km du centre-ville. De l'aéroport, bus n° 8 jusqu'à l'arrêt Mercure puis 20 mn de marche. D'avr à mi-oct. Compter env 18 € pour 2 avec tente et voiture ; également des mobile homes pour 4 (avec sanitaires) 340-580 €/sem et de petits chalets pour 3-4 (sans ou avec sanitaires) 280-400 €/sem selon saison. CB refusées.* Wifi Assez tranquille, en retrait du tumulte ajaccien et pourtant pas loin de la ville, un petit camping sans chichis mais convenable. Sanitaires simples et propres (eau chaude). Petite épicerie.

De prix moyens à chic

🏠 ***Hôtel Marengo*** *(plan A4,* ***12****)* **:** *2, rue Marengo. ☎ 04-95-21-43-66. • hotel-marengo.com • Début avr-fin oct. Réception au tél 9h-19h. Doubles sans ou avec douche et w-c privés 67,80-97,80 € selon saison.* Wifi *Un petit déj/chambre offert sf juin-sept sur présentation de ce guide.* L'une de nos adresses ajacciennes les plus anciennes et les plus régulières. Petit hôtel caché dans une cour intérieure, elle-même au fond d'une impasse, donc au calme, à proximité de la plage Trottel, juste au-dessus du début de la route des Sanguinaires. Les chambres, réparties entre la maison principale et l'annexe sur le côté, sont simples mais bien tenues, fonctionnelles, et dotées de tout le confort (TV, AC, double vitrage...). Couleurs chaleureuses et un notable effort de déco. Certaines sont de plain-pied et donnent sur la cour et sa petite terrasse fleurie. Accueil attentionné.

🏠 ***Hôtel du Palais*** *(plan B2,* ***11****)* **:** *5, av. Beverini. ☎ 04-95-22-73-68. • hoteldupalais@wanadoo.fr • hoteldupalaisajaccio.com • De mi-mars à mi-nov. Doubles climatisées 55-80 € selon confort et saison, petit déj 6 €.* Wifi Un immeuble assez central, dont le 1er étage a été transformé en tout petit hôtel 2 étoiles de 8 chambres. Double vitrage (mais l'insonorisation est moyenne), AC et TV dans chaque chambre. Déco moderne. Propre.

🏠 ***Hôtel Spunta di Mare*** *(plan D2,* ***14****)* **:** *quartier Saint-Joseph. ☎ 04-95-23-74-40. • hotelspuntadimare@wanadoo.fr • hotel-spuntadimare.com • Doubles 65-102 € selon saison, avec petit déj.* 💻 Wifi *Apéritif ou digestif offert sur présentation de ce guide.* À 1,5 km du centre, mais pratique quand on vient de l'aéroport (tout de suite à droite après le rond-point d'Aspretto). Immeuble moderne aux chambres impeccables, rénovées dans un style contemporain agréable. Bien tenu et tout confort : bains, w-c, AC, TV satellite, clim, et excellente literie. Panorama sur le golfe pour une bonne partie des chambres, salle de muscu et solarium au 4e étage. Ajoutez un accueil efficace et vous obtenez une bonne adresse.

🏠 ***Hôtel Le Dauphin*** *(plan B3,* ***10****)* **:** *11, bd Sampiero. ☎ 04-95-21-12-94. • ledauphinhotel@wanadoo.fr • ledauphinhotel.com • Juste en face de la gare maritime. Tte l'année. Doubles 60-91 € selon saison, avec petit déj ; supplément pour la vue sur mer (15 €).* 💻 Wifi *Garage motos et vélos offert sur présentation de ce guide (selon disponibilité).* Le principal atout de cet hôtel sans prétention à la façade toute rose est sans doute sa situation. Chambres avec sanitaires, double vitrage et clim, fonctionnelles avant tout. En demander une dans les étages et avec balcon (meilleure vue... du moins côté mer : un peu tristoune sur l'arrière). Pour une étape, donc. Bar-resto au rez-de-chaussée.

De chic à plus chic

Hôtel Best Western Ajaccio Amirauté *(plan D1,* ***23****)* **:** *20, bd Georges-Pompidou (route de Sartène). ☎ 04-95-27-22-57. • contactajaccio@corsica-hotels.fr • corsica-hotels.com • À 1,5 km du centre. Doubles 85-209 € selon confort, saison et jour de la sem ; petit déj 12 €. Petit déj offert (résas en direct), non cumulable avec d'autres offres, sur présentation de ce guide.* Ceux qui aiment avant tout les vieilles pierres dans les centres historiques pousseront plus loin, mais cet hôtel récent de bon standing présente l'avantage d'offrir des chambres spacieuses, fonctionnelles, tout confort (AC, TV), et au final agréables. Également des appartements bien conçus (avec terrasse), dans le bâtiment voisin : impeccables pour les familles. Terrasse-solarium, piscine (chauffée de Pâques à la Toussaint), spa de nage. Accueil efficace et souriant.

Hôtel Fesch *(plan zoom B3,* ***13****)* **:** *7, rue Cardinal-Fesch. ☎ 04-95-51-62-62. • hotelfesch@yahoo.fr • hotel-fesch.com • Tte l'année. Doubles 80-160 € selon saison (si vous voulez la terrasse, au dernier étage, c'est plus cher).* Le gros avantage du *Fesch,* c'est sa situation stratégique au cœur de la ville, dans la rue piétonne la plus populaire et animée. Pour le reste, il occupe un bâtiment ancien et les chambres sont dans le même esprit : bien tenues, plutôt confortables (minibar, AC et TV satellite), mais datées pour certaines.

Hôtel du Golfe *(plan zoom B3,* ***15****)* **:** *5, bd du Roi-Jérôme. ☎ 04-95-21-47-64. • contact@hoteldugolfe.com • hoteldugolfe.com • Doubles standard 132-210 € selon saison ; bien plus cher pour bénéficier de la vue sur la mer.* Face au marché et au port (pratique pour les départs matinaux), cet hôtel à l'élégante façade aux balcons de pierre abrite à l'inverse des chambres neutres et fonctionnelles (clim, sèche-cheveux, TV...), mais impeccables, bien qu'un peu petites. Plus on monte dans les étages, plus large est la vue sur le golfe d'Ajaccio (et plus on monte dans les tarifs : les chambres du 6e étage, avec terrasse, sont les plus chères). Extra quand on ouvre les volets le matin. Les moins chères donnent sur l'arrière. On prend le petit déj sur la terrasse donnant sur la rue.

Hôtel San Carlu *(plan zoom B4,* ***17****)* **:** *8, bd Danielle-Casanova. ☎ 04-95-21-13-84. • reception@hotelsancarlu.com • hotel-sancarlu.com • Tte l'année. Doubles env 70-200 € selon confort et saison. Parking payant à proximité.* Face à la Citadelle et côté mer, belle vue pour les chambres (cependant, certaines sont un peu exiguës), et bon confort, car l'établissement a été récemment rénové : bains ou douche et w-c, TV satellite, clim et chauffage. Quelques chambres plus grandes (les plus chères). L'ensemble est bien tenu et l'accueil souriant. Plage de Saint-François à seulement 100 m. Restaurant.

Hôtel Napoléon *(plan zoom B3,* ***22****)* **:** *4, rue Lorenzo-Vero. ☎ 04-95-51-54-00. • info@hotel-napoleon-ajaccio.com • hotel-napoleon-ajaccio.com • Congés : 21 déc-15 janv. Doubles 90-135 € selon saison ; petit déj 12 €.* En plein centre-ville, dans une rue calme, perpendiculaire au cours Napoléon. Des chambres assez petites mais cosy, dans un style très classique. Clim, double vitrage, TV. Joli hall style Empire. Bon confort. Réception accueillante et compétente.

Sur la route des Sanguinaires (Ajaccio ouest)

Beaucoup plus chic

Hôtel Les Mouettes *(carte Le golfe d'Ajaccio,* ***2****)* **:** *9, cours*

Lucien-Bonaparte, sur la route des Sanguinaires, à 1,5 km du centre-ville. ☎ *04-95-50-40-40.* • *info@hotellesmouettes.fr* • *hotellesmouettes.fr* • ♿ *Congés : début nov-fin mars. Doubles standard 95-235 € selon saison ; chambres privilège ou supérieures env 100-400 € ; également des suites ; petits déj 14-21 €.* 💻 📶 Plus qu'un hôtel, c'est surtout une belle villa de charme à la déco raffinée, lumineuse, et stratégiquement située les pieds dans l'eau. Chambres élégantes et tout confort, la plupart avec terrasse privative ou balcon. Celles sur l'arrière sont tout de même moins « classe », car proches de la route, mais bien plus abordables. En revanche, tout le monde profite de la piscine en surplomb de la Grande Bleue, de la pelouse et du bout de plage en contrebas (rochers et sable). Accueil pro et souriant.

Où dormir dans les environs ?

Quelques adresses à Bastelicaccia, à 13 km à l'est d'Ajaccio, sur les hauteurs de l'arrière-pays.

Prix moyens

🏠 ***Les Hameaux de Bottaccina*** *(carte Le golfe d'Ajaccio,* ***7****)* ***:*** *20129* ***Bastelicaccia.*** 📱 *06-46-37-83-38.* • *motel-hameaux-bottaccina.com* • *Venant d'Ajaccio, prendre la direction Sartène-Porticcio, puis à gauche vers Bastelicaccia ; au centre du village, prendre à gauche en épingle vers Bottaccina ; c'est à 2 km sur la gauche. Congés : Toussaint-fin mars. Bungalows 2-5 pers 310-640 €/sem selon taille et saison ; loc à la nuit possible hors saison. CB refusées.* Des bungalows en dur avec 1 ou 2 chambres, séjour, coin cuisine, douche, w-c, clim et terrasse (jolie vue). Confort simple, mais bon, c'est assez bon marché. Environnement fleuri et animalier (daims, tortues...), endroit tranquille et propriétaire gentil et arrangeant. Petite bibliothèque.

🏠 ***Motel L'Orangeraie*** *(carte Le golfe d'Ajaccio,* ***6****)* ***:*** *à Funtanaccia, 20129* ***Bastelicaccia.*** ☎ *04-95-20-00-09.* • *motel.orangerie@wanadoo.fr* • *motel-orangeraie.com* • *Dans le village, direction Porticcio, à gauche. Tte l'année. Résa bien à l'avance, car souvent complet. Selon saison et taille, pavillons 2-6 pers 52-129 €/nuit, 345-888 €/sem ; petit déj 8 €. CB refusées.* 📶 Des pavillons noyés dans une invraisemblable végétation méditerranéenne : palmiers, orangers, arbousiers... Un cadre superbe, donc, et un bon accueil, jeune et dynamique. Location de studios (T2) pour 1 à 3 personnes ou de 2-pièces (T3) pour 3 à 6 personnes, à la nuit ou à la semaine. Rénovés et bien équipés : bonne literie, isolation thermique, TV, sèche-cheveux, barbecue, terrasse, cuisine... Petite piscine très agréable. Bref, une excellente adresse.

Où manger ?

Les Ajacciens savent vivre, c'est sans doute pourquoi on trouve ici de bonnes tables un peu partout. Évitez toutefois les pièges à touristes disséminés autour du port : la bouillabaisse sent parfois la conserve, les prix augmentent fortement en été, alors que les portions diminuent (!). Attention : beaucoup de restos terminent leur service à 14h pile. Ce n'est pas l'heure espagnole !

Bon marché

– ***Sur le marché*** *(plan zoom B3)* ***:*** *pl. du Maréchal-Foch (pl. des Palmiers).* Vous avez de la chance, le marché est ouvert tous les jours (mais moins de stands le lundi). On conseille d'acheter des petits feuilletés aux blettes ou aux oignons (pas chers), de se faire couper une tranche de jambon, un bout de fromage et d'acheter du pain : chouette casse-croûte en perspective. Les Corses vous le diront : évitez d'acheter *figatellu* (saucisse de foie) et *brocciu* (fromage de brebis) en été ; ce n'est pas la saison !

|●| Et puisque vous êtes dans le coin, montez donc jusqu'au n° 3 de la rue Cardinal-Fesch, à la ***boulangerie-pâtisserie Galéani*** *(plan zoom B3, **37**)* : *ouv tlj sf lun (dim jusqu'à 13h).* Superbes *canistrelli* au citron, à l'anis ou au vin blanc, et plein d'autres bonnes choses à découvrir... Quelques tables sur place. Stand sur le marché également.

|●| ***Ind'é Zézé*** *(plan zoom B4, **31**) : 1, rue Forcioli-Conti. ☎ 04-95-28-39-63. Tlj sf dim 7h-19h (plus tard en été). Congés : fév. Sandwichs env 5-7 €, plats du jour env 13-15 €.* Parfait pour la pause, quelle que soit l'heure : le matin, on y sert des petits déj, et, le reste du temps, de gros sandwichs (aux compositions originales) et des salades. Le tout se déguste dans une salle riquiqui ou, mieux, en terrasse.

|●| ***Fesch Fresh Caffè*** *(plan zoom B3, **43**) : 29, rue Cardinal-Fesch. ☎ 04-95-10-80-94. • doubil2a@wanadoo.fr • Tlj sf dim 8h30-19h (20h en été). Fermé lun en basse saison. Plats du jour 11-15 €, salades 11-14 €.* Duos tartes-salades, assiettes-salades, tout est appétissant ! Du coup, ça part vite, et les retardataires se contenteront d'un sandwich ou d'un panini. Propose aussi des petits déj. Sympa et pas compliqué, comme l'accueil.

|●| ***Le Petit Clos*** *(plan zoom B4, **33**) : 4, rue Laetizia. 📱 06-23-44-24-73. • marcheschi2a@hotmail.fr • Tlj sf dim ; midi et soir en saison, le soir slt hors saison. Bruschetta et assiettes env 9-14 €.* À deux pas de la maison Bonaparte, dans une ruelle on ne peut plus tranquille. Petit bistrot, assiettes de charcuterie ou de fromages, *bruschette*, mini-hamburgers, et le sourire de Lili. Bonne sélection de vins corses. Parfait pour un petit apéro dînatoire.

|●| ***Chez Mathilde*** *(plan zoom C4, **49**) : presqu'au bout du port Tino-Rossi, juste avt la capitainerie. Tte la journée jusqu'à 21h (parfois plus tard). Sandwichs 7 €, bagels, quelques plats et assiettes env 10-12 €.* De la petite terrasse aménagée en bord de parking, on voit Ajaccio sous un tout autre angle. C'est très tranquille et la gentillesse de Mathilde, qui vous prépare votre commande avec amour, même si elle est modeste, ne vous fera pas regretter d'être venu !

|●| ***Pizzeria U Papacionu*** *(plan zoom B4, **32**) : 16, rue Saint-Charles. ☎ 04-95-21-27-86. Mai-sept, tlj sf dim, slt le soir. Réserver en hte saison. Pizzas 10-16 €.* Nichée dans une ruelle piétonne, cette pizzeria est depuis longtemps l'une des préférées des Ajacciens. La salle étant minuscule, les tables sont presque toutes en terrasse. On y déguste donc de bonnes pizzas à la pâte fine, classiques ou originales (goûtez donc la « Papacionetta »), mais aussi des salades réussies. Bons desserts également. La déco simple et fraîche et une équipe agréable contribuent à faire de cette adresse courue une valeur sûre.

Prix moyens

|●| ***Le Temps des Oliviers*** *(plan zoom B3, **36**) : 1, rue des Halles. ☎ 04-95-28-36-72. • letempsdesoliviers@live.fr • Entre la rue Cardinal-Fesch et le bd du Roi-Jérôme. Tlj sf dim (fermé tlj le midi en juil-août). Congés : nov. Pasta env 15-18 €, risotto 15-20 €, tagliata 22 €.* Les Ajacciens apprécient beaucoup cette adresse pour son cadre agréable en toute saison (pour l'hiver, une salle voûtée à la déco actuelle : mobilier contemporain, un coin salon et un vieux pressoir pour la touche rustique), sa *pasta* ou son risotto, et surtout ses bonnes pizzas à pâte fine... servies en format XL ! Accueil jeune et dynamique.

|●| ***Da Mama*** *(plan zoom B3, **30**) : passage Guinguette (porche et escalier donnant cours Napoléon, face à la poste). ☎ 04-95-21-39-44. • servicegroupe@damama.fr • Fermé dim (sf dim soir en saison) et lun midi. Congés : janv-fév. Résa souhaitable. Formule déj (jusqu'à 13h30) 13 € ; menus 17-29 €.* Une adresse discrète et dotée d'une terrasse ombragée agréable, sous le caoutchouc géant, retranchée dans une ruelle pentue reliant le cours Napoléon à la rue Cardinal-Fesch. Service

prompt et attentionné – et pourtant, il y a du monde ! – pour une cuisine qui se tient, notamment le menu corse, d'excellente facture. N'oublions pas la réserve maison, qui se boit toute seule, ainsi qu'une sélection de bons vins corses.

|●| ***A Spuntinata (La Table d'Antoine** ; plan zoom B3, **39**) :* *34, rue Cardinal-Fesch. ☎ 04-95-21-61-03. • vesiga@hotmail.fr • Ouv le midi lun-sam ainsi que le soir en hte saison sf ven. Peu de tables : réservez ! Menu 21,50 € ; plats 13,50-25 €. Digestif offert sur présentation de ce guide.* Partageant ses locaux avec l'épicerie fine du même nom, ce restaurant pourrait passer inaperçu dans cette rue Fesch où les boutiques se succèdent. Et pourtant ! Y officie en toute discrétion Antoine Cadinu, un chef qui fut étoilé au *Dolce Vita* de la route des Sanguinaires après avoir été le chef poissonnier chez *Ledoyen* à Paris. Il a gardé tout son savoir-faire et propose une cuisine simple mais fine, qui ne cherche pas à impressionner par des effets superficiels. Goûter, par exemple, ces *borsette* (pâtes en forme de bourse) en ragoût de gambas ou l'épaule d'agneau confite.

|●| ***Auberge Colomba** (plan zoom B3, **34**) :* *3, rue des Trois-Marie. ☎ 04-95-51-30-55. Fermé dim en basse saison. Congés : en fin d'année. Plat du jour 12 € ; menu corse 30 € ; menu poisson 35 € ; plats env 16-23 €. Café ou digestif offert sur présentation de ce guide.* Salle voûtée et vieilles pierres, tel est le cadre agréable de ce bon resto où le chef travaille à merveille foie gras et magrets de canard, sans oublier les recettes traditionnelles qui font la réputation culinaire de l'île (excellentes moules de Diana). Présentation soignée et service impeccable. Accueil chaleureux.

|●| ***Le Trou dans le Mur** (plan zoom B3, **40**) :* *1 bis, bd du Roi-Jérôme. ☎ 04-95-21-49-22. • vincensini2a@orange.fr • À deux pas de la place du Marché. Ouv le midi (service non-stop jusqu'à 19h en hte saison) ; fermé lun hors saison. Congés : 3 sem en fév-mars. Formule plat du jour + dessert env 17,80 € ; plats env 10-15 €.* À l'origine un bar, mais, au fil du temps, l'agréable terrasse du *Trou,* déployée sur le trottoir, est devenue le rendez-vous des Ajacciens travaillant dans le coin. Généreuses salades-repas, *crostini,* spécialité de lasagnes et toutes sortes de plats de brasserie simples et copieux. Service sympa.

|●| ***Il Passegero** (plan zoom B3, **35**) :* *3, bd du Roi-Jérôme. ☎ 04-95-21-30-52. • ilpassegero@orange.fr • De mi-avr à mi-oct, tlj midi et soir ; hors saison, fermé dim ainsi que le soir mar-mer. Congés : mars. Salades-repas et pâtes 14-19,50 €, raviolis artisanaux ou risotto env 18-20 €. Digestif offert sur présentation de ce guide.* Un restaurant italien disposant d'une belle terrasse sur le trottoir, à deux pas de l'office de tourisme. On vient principalement pour ses plats de pâtes (mention spéciale aux raviolis maison) et pour ses risottos. Belle sélection de vins italiens. Accueil agréable.

|●| ***Don Quichotte** (plan zoom B3, **36**) :* *rue des Halles. ☎ 04-95-21-27-30. ♿ Entre la rue Cardinal-Fesch (passage entre les nos 26 et 28) et le bd du Roi-Jérôme. Tlj sf dim. Congés : nov. Formule « Coup de cœur » 17 € ; formule « du Patron » 28 €. Café offert sur présentation de ce guide.* Terrasse agréable sur une ruelle piétonne. Une adresse classique très appréciée des touristes pour sa cuisine familiale méditerranéenne (encornet farci, civet de seiche), qui s'est récemment offert une touche plus moderne. Ici, on est marseillais autant que corse : le vendredi, c'est aïoli. À voir, dans la salle de resto, la statue trouvée au cours des derniers gros travaux de rénovation : une Vierge à l'Enfant Renaissance italienne d'une beauté rare, gracieuse comme un Botticelli.

|●| ***Mani** (plan zoom B4, **41**) :* *7, rue Roi-de-Rome. ☎ 04-95-50-10-42. • romualdroyer@hotmail.com • Compter env 25-30 €.* Romuald Royer, le chef du *Lido* à Propriano, avait déjà ouvert dans sa ville une adresse avec cette enseigne ; il récidive pour le plus grand bonheur des Ajacciens – et pas que. La recette n'est pas tout à fait la même (ici pas de boulangerie), mais les 2 ont en commun de proposer une carte courte avec des plats simples et frais. On recommandera en particulier le burger de poulpe (un des 4-5 burgers

proposés), le croque-monsieur version briochée et des desserts originaux. L'adresse est très courue, la jeunesse ajaccienne y a d'ailleurs déjà pris ses quartiers.

L'Amirauté (plan B2, **44**) : *port Charles-d'Ornano (port de l'Amirauté). ☎ 04-95-22-48-22. • amiraute@wanadoo.fr • Tlj midi et soir en saison, sf dim midi. Fermé lun en basse saison. À la carte slt, plat du jour 13-15 €, pizzas 11-20 €, salades-repas 13-25 €, viandes et poissons 23-32,50 €.* Avec sa terrasse sur le quai d'Honneur, *L'Amirauté* (*Chez Rita* pour les locaux, du nom de l'aimable patronne) est du genre vaste brasserie qui ne désemplit pas. Salades-repas, pizzas, plats du jour et, le week-end, poisson frais grillé. Belle vitrine à desserts. Les Ajacciens s'en repaissent et, plus que les touristes, constituent le gros de la clientèle.

Restaurant Côté Port (plan B2, **47**) : *port de l'Amirauté. ☎ 04-95-10-85-75. 📱 06-22-07-25-24. • jean-toussaint-paoletti@wanadoo.fr • ♿ Tlj sf dim. Congés : 15 j. en fév. Plats du jour (midi) 13 €, pizzas 10,30-15,60 € ; carte env 35 €. Digestif offert sur présentation de ce guide.* « Côté port », oui, incontestablement, la salle et la terrasse le regardent, mais la carte, elle, est mixte : les spécialités de poisson partagent la vedette avec de bons plats de viande. Pâtes fraîches également. Une adresse qui joue sur une belle déco, un service amène et, côté assiette, de bonnes choses.

De prix moyens à chic

A Nepita (plan B2, **46**) : *4, rue San-Lazaro. ☎ 04-95-26-75-68. • anepita@sfr.fr • Ouv le midi lun-ven, plus le soir jeu-sam. Congés : août. Menus 29 € le midi et 42 € le soir.* En salle, c'est Julien (le pâtissier maison) qui accueille ses hôtes avec ce mélange de décontraction et de compétence qui met tout le monde à l'aise. Et, en cuisine, c'est Simon, qui se (nous !) fait plaisir en élaborant chaque jour un menu en fonction du marché et de l'inspiration (juste 2 entrées, 2 plats et 2 desserts, et c'est bien suffisant). Sa maîtrise, sa générosité (il a laissé son étoile pour se consacrer sans pression à sa passion) et la qualité des produits sont la garantie d'un repas toujours raffiné et savoureux. Et comme le cadre est à l'unisson (un bistrot chic contemporain), on comprend mieux pourquoi il faut réserver – et pas au dernier moment !

Le Bistrot d'Émile (plan zoom B3, **42**) : *6, rue de l'Assomption. ☎ 04-95-51-00-81. Tlj sf sam midi et dim. Le midi, formule bistrot plat + dessert 17,50 € ; menu corse 29 € ; menu dégustation 42 €.* Une adresse qui a vite assis sa réputation sur des principes simples : des plats bien tournés et travaillés, fondés sur la tradition revisitée sans esbroufe, une carte qui bouge (avec des propositions spécial week-end) et un excellent sens de l'accueil. Pour ne rien gâcher, non moins excellents desserts, à l'originalité certaine. *Grazie* Émile !

🍷 **Le Roi de Rome** (plan zoom B4, **45**) : *12-14, rue Roi-de-Rome. ☎ 04-95-21-32-88 ou 📱 06-33-54-65-22. Tlj sf dim midi. Menu 18 € à midi en sem. Plats cuisinés 14-23 €, viandes 19-32 €.* Un des restos les plus en vue du quartier festif d'Ajaccio où se succèdent restos et bars à vins. D'ailleurs, le *Roi de Rome,* c'est les deux à la fois, ce qui est bien pratique. Côté resto, on recommande les viandes et la charcuterie de qualité, ou les plats de pâtes. Quelques bons desserts également. La cave à vins propose d'excellents crus (ne pas hésiter à demander à Jean-Simon des conseils si besoin).

Le Grand Café Napoléon (plan zoom B3, **60**) : *10, cours Napoléon. ☎ 04-95-21-42-54. • grand.cafe.napoleon@orange.fr • Tte l'année sf Noël-Nouvel An, tlj sf sam soir, dim et j. fériés. Menus du marché midi en sem 19-22 € ; autres menus 34-45 €.* Dans une grande salle aux tons clairs, qui semble surveillée par Napoléon, dont 2 grands portraits occupent les murs, voici la table préférée des notables d'Ajaccio-centre, restée à des prix abordables. Le midi, ça ne désemplit pas. Le menu du marché présente un excellent rapport qualité-prix ! Service discret et efficace.

Le 20123 (plan zoom B4, **38**) : *2, rue du Roi-de-Rome. ☎ 04-95-21-50-05. • contact@20123.fr • Ts les soirs* *en saison ; fermé lun soir hors saison. Menu unique 36 €. CB refusées. Café ou digestif offert sur présentation de ce guide.* Auparavant situé à Pila Canale (CP 20123 !), dans l'arrière-pays d'Ajaccio, ce resto a déménagé dans cette rue piétonne, emportant avec lui son décor, à savoir la reconstitution d'un village corse, avec fontaine, maisonnettes et lanternons. Au menu, 5 plats : charcuterie corse, tarte au *brocciu,* puis viande au choix, grillée ou en ragoût, cochon, tripettes de veau à la corse, fromage et dessert typique (flan à la farine de châtaigne). C'est simple, bon et efficace, caressant gentiment la corsitude dans le sens du poil (de sanglier). Mais on se laisse embarquer facilement dans le jeu, surtout quand les chanteurs sont de la partie. Pour l'eau, on va même la chercher à la fontaine avec la cruche et pour le pain, on se le coupe soi-même ! Également un bar à vins.

Où manger dans les environs ?

Ici, on n'hésite pas à faire 20 km pour passer une bonne soirée en montagne et s'offrir des menus autour de 30 € ou plus, avec charcuterie et gibier à volonté ! Si vous avez le temps et les moyens, faites comme les Corses, vous en garderez un fabuleux souvenir... On peut aussi s'éloigner un peu pour trouver de belles plages, où l'on pourra manger un morceau : la plage de Capo di Feno est certainement la plus chouette des environs d'Ajaccio.

De prix moyens à plus chic

|●| *Paillote Le Goéland* *(carte Le golfe d'Ajaccio,* ***15****)* **:** *route des Sanguinaires, à 7 km d'Ajaccio, juste après la route de Capo di Feno. ☎ 04-95-52-03-82. • phr.llb@gmail.com • ♿ De mi-avr à fin sept, tlj. Congés : de mi-oct à mi-avr. Salades-repas env 13-19,50 €, plats 13,50-26 €. Sur présentation de ce guide, café offert (midi) ou digestif (soir).* Paillote tranquille, à l'ambiance décontractée, bien à l'écart de la route, dont la belle terrasse est ouverte sur la plage. Excellentes salades-repas, mais aussi et surtout poissons grillés, qui méritent le déplacement. Et pour finir en beauté, les desserts maison font mieux que se défendre. Location de matelas et de parasols.

|●| *Restaurant Chez Pech* *(carte Le golfe d'Ajaccio,* ***13****)* **:** *route des Sanguinaires, Barbicaja. ☎ 04-95-52-00-90. Fermé dim soir et lun. Résa conseillée le w-e. Formule déj en sem 16 € ; menu 27 € ; carte env 40 €. Digestif offert sur présentation de ce guide.* Une belle adresse, sans concession au bling-bling ambiant, très appréciée des Ajacciens qui investissent la grande terrasse dès les premiers beaux jours. La cuisine y est classique et régulière et le menu d'un rapport qualité-prix difficilement égalable sur Ajaccio. On vient avant tout « chez Pech » pour le poisson, toujours de qualité et choisi par le patron (pêche du jour, poisson en croûte de sel, carpaccio).

|●| *L'Altru Versu* *(carte Le golfe d'Ajaccio,* ***12****)* **:** *route des Sanguinaires, les 7-Chapelles. ☎ 04-95-50-05-22. • laltru.versu@wanadoo.fr • Fermé mar et mer tte la journée, sf en hte saison (fermé à midi slt). Menu découverte 29 €, menu gourmand le soir 54 €. Plats env 24-30 €.* L'*Altru Versu,* sous la houlette des talentueux frères Mezzacqui, n'a cessé d'élever son niveau pour offrir une cuisine à la fois ambitieuse et respectueuse de la clientèle. Ici, la tradition insulaire, servie par des produits locaux de grande qualité (des légumes aux viandes en passant par les charcuteries), est revisitée avec une belle inventivité. Les produits de la mer, en particulier, sont à l'honneur. Quant aux desserts, ils sont la passion du chef, David, et permettent de finir en beauté un repas plaisir. La terrasse donnant sur la mer se révèle des plus agréable : penser à réserver le soir pour profiter du coucher de soleil.

|●| *Le Beau Rivage* *(carte Le golfe d'Ajaccio,* ***14****)* **:** *route des Sanguinaires. ☎ 04-95-21-12-07. • roger.raccah@*

orange.fr • ♿ *Fermé mer soir et lun sf juin-sept. Congés : en fin d'année. Plat du jour 14,50 € en sem ; menu poisson 32 € ; carte 40-45 €. Digestif offert sur présentation de ce guide.* Surplombant les flots, une bien agréable table de la mer. Salle coquette et lumineuse, à la déco marine, ou terrasse les pieds dans l'eau, service prévenant, et poisson frais bien cuisiné et sans artifices. Et des prix raisonnables, notamment pour le menu avec sa pêche du jour. Bref, un bon rapport qualité-prix et une belle régularité. L'une des valeurs classiques et sûres d'Ajaccio.

Le Pirate, chez Pierre Tou (*carte Le golfe d'Ajaccio*, **11**) **:** *plage de* **Capo di Feno.** ☎ *04-95-52-03-68. À 12 km à l'ouest d'Ajaccio. Direction les Sanguinaires, puis sur la droite la D 111 b (Capo di Feno) ; suivre le bitume jusqu'à redescendre en vallée, à 6 km à proximité de la mer ; là, sur la gauche, chemin pour la plage (le 2d). Tlj mai-sept, midi et soir. Carte 35 €. CB refusées. Café offert sur présentation de ce guide.* *Le Pirate* est une paillote appréciée des Ajacciens pour son ambiance décontractée et sa situation sur la plage superbe de Capo di Feno. Pas un grand choix mais, selon les jours, brochettes, pan-bagnats, poissons grillés (le soir), gambas au pastis ou salades copieuses s'y dégustent agréablement. On peut aussi simplement y prendre un verre.

Où boire un verre ?

Le Grand Café Napoléon (*plan zoom B3*, **60**) **:** *10, cours Napoléon.* ☎ *04-95-21-42-54. Tlj sf sam soir, dim et j. fériés.* Parfait pour prendre un rafraîchissement ou l'apéro, en terrasse. Vue sur la préfecture, les automobiles vitres baissées et les passants, jolies jeunes femmes corses, gars du pays itou, beaux et fiers, et touristes en short et en sueur : tout un spectacle !

Micro-brasserie Impériale (*plan zoom B4*, **61**) **:** *5-7, rue Zevaco.* 📱 *06-10-34-20-15. Ouv 18h-2h mar-dim.* Bières artisanales (et pour les amateurs d'autres bulles, limonade artisanale) : *Bionda, Ambrata,* et des bières spéciales brassées pour certaines occasions. Belle salle voûtée et une sacrée ambiance au fur et à mesure que la soirée avance.

La Part des Anges (*plan B4*, **62**) **:** *bd Lantivy, à deux pas du casino.* ☎ *04-95-21-29-34. Tlj sf dim.* Un bar à vins bien situé, qui propose une petite carte sympathique de vins corses au verre (entre autres...). Cadre contemporain sympa, bonne ambiance, c'est l'un des repaires de la jeunesse locale.

Où déguster une glace ?

Casa Gelat' (*plan zoom B4*, **51**) **:** *17, rue Porta. Tlj en saison 10h-19h (jusqu'à 21h fin juin-fin août).* Glaces artisanales (de Christophe Casalonga) faites sur place qui font l'unanimité pour leur qualité.

Gusto (*plan zoom B4*, **52**) **:** *6, rue Roi-de-Rome.* ☎ *04-95-72-94-19. Ouv tlj en saison de 10h (15h dim) jusqu'à 23h. 2 boules 5,50 €.* Les « gourmandises glacées » annoncées par l'enseigne ne sont autres que les créations réputées de Pierre Géronimi, le maître glacier de Sagone qui poursuit son expansion. Pas donné, mais des saveurs plutôt inattendues. Fait également épicerie fine.

Où acheter de bons produits ?

U Stazzu (*plan zoom B3*) **:** *1, rue Bonaparte.* ☎ *04-95-51-10-80. Lun-sam 9h-12h, 15h-19h.* De la charcuterie de Bocognano et plein d'autres bonnes choses provenant des meilleurs producteurs.

Le Chemin des Vignobles (*plan D1*) **:** *16, av. Noël-Francini.*

☎ *04-95-51-46-61.* ● *info@chemin-des-vignobles.com* ● *Lun-sam 10h-13h, 15h-20h.* Nicolas Stromboni est surnommé « l'Empereur des cavistes » : avec près de 2 500 références de vins, difficile de faire mieux dans l'île. Et c'est sans parler de l'épicerie fine... Également des cours d'œnologie sur place.

À voir

La cathédrale Santa Maria Assunta *(plan zoom B4)* **:** *tlj sf dim ap-m 8h-11h30, 14h30-17h45.* On la dit de Giacomo Della Porta, architecte romain du XVIe s. Bon, elle a une certaine tenue, cette cathédrale de l'Assomption, avec sa façade baroque, et l'on peut toujours rêver au futur Empereur, baptisé ici le 21 juillet 1771. Eugène Delacroix a peint la *Vierge du Sacré-Cœur* dans la première chapelle à gauche, une œuvre de jeunesse aussi connue sous le nom de *Triomphe de la Religion.* Bien qu'il fasse sombre, on constate que le sujet ne devait pas passionner le maître. On est loin des *Femmes d'Alger* !

Le Salon napoléonien *(plan zoom B3)* **:** *dans l'hôtel de ville. 15 juin-15 sept, lun-ven 9h-11h45, 14h-17h45 ; hors saison, lun-ven jusqu'à 16h45. Entrée : 2,50 € ; réduc.* La salle de réception de la mairie est ouverte au public. Portraits de la famille Bonaparte, copie de l'acte de naissance de l'Empereur, masque mortuaire du même (la boucle est bouclée !) et, dans un cabinet attenant, une petite collection de pièces et de médailles... Surtout pour les fans.

La maison Bonaparte *(plan zoom B4)* **:** *rue Saint-Charles.* ☎ *04-95-21-43-89.* ● *musees-nationaux-malmaison.fr/musee-maisonbonaparte* ● *Tlj sf lun 10h30-12h30, 13h15-18h (16h30 oct-mars). Dernière admission 30 mn avt la fermeture. Entrée : 7 € (un peu plus cher en cas d'expo temporaire), audioguide compris ; réduc ; gratuit moins de 26 ans et pour ts le 1er dim du mois.*
C'est la maison où vécurent les Bonaparte à partir de la fin du XVIIe s, l'occupant d'abord en partie, puis entièrement, rachetant un à un les étages (on dit qu'habitaient au-dessus de leur appartement des Pozzo Di Borgo, des alliés politiques qui allaient devenir, pendant la Révolution, des ennemis mortels). C'est qu'il en fallait, de la place, pour cette famille nombreuse et assez modeste. Carlo-Maria Bonaparte, notable important et père du futur empereur, apportera quelque lustre au foyer. Meubles, étoffes, huisseries... seront totalement pillés par les Anglais en 1793. Remeublée par l'Empereur (en réalité, son frère Joseph), la maison sera à nouveau vidée par le cousin Levie Ramolino en 1844. Et ce n'est qu'avec Napoléon III qu'elle deviendra telle qu'on la voit aujourd'hui, c'est-à-dire qu'il ne reste pas grand-chose du cadre où naquit et grandit Napoléon. En revanche, à la suite de la dernière campagne de restauration, les murs ont été soigneusement grattés pour dégager et rétablir le décor typique du Second Empire.

POURQUOI NAPOLÉON POSAIT-IL LA MAIN SUR SON VENTRE ?

En fait, il appuyait la main sur son estomac pour se soulager d'un ulcère persistant (trop de soucis, sans doute !). Mal soignée, cette maladie se transforma en tumeur qui l'emporta à l'âge de... 51 ans.

À noter, la qualité de la présentation, très didactique, et l'intérêt des textes pédagogiques accompagnant les œuvres et documents (des audioguides multilingues viennent compléter le dispositif). La maison, dans l'ensemble meublée simplement, malgré le rang social de la famille – du moins le décor et le mobilier n'ont-ils rien d'impérial –, dispose tout de même de nombreuses jolies pièces : au 2e étage, où la visite commence, immense carte de la Corse du milieu du XVIIIe s, où l'île apparaît particulièrement joufflue. Gravures sur l'enfance du petit Bonaparte. Puis des bustes, des portraits de Madame Mère, de l'Empereur et ses frères (début XIXe s), un canapé et une commode Louis XVI ici, une console rocaille là, des lustres italiens... Doc sur le retour de la famille en Corse (chassée par les Anglais), infos sur l'autre empereur, Napoléon III. Impressionnant masque mortuaire de l'Empereur (le plus ancien qui soit, l'original) et curieux arbre généalogique des Bonaparte, réalisé par une Cortenaise admiratrice... avec ses cheveux ! Dans les vitrines à côté, d'autres objets fétiches, liés à l'Empereur. La visite s'achève par un petit tour dans les écuries (matériel ancien venu des Milleli, la maison de campagne des Bonaparte).

Le palais Fesch, musée des Beaux-Arts *(plan zoom B3)* **:** *50, rue Cardinal-Fesch. ☎ 04-95-26-26-26. • musee-fesch.com • Mai-sept, lun, mer et sam 10h30-18h, jeu-ven et dim 12h-18h (20h30 ven juil-août) ; oct-avr, lun, mer et sam 10h-17h, jeu-ven 12h-17h, 3e dim du mois 12h-17h. Fermé mar. Entrée : 8 € ; réduc. Visites guidées lun et sam à 14h30 (surcoût de 2 €).*

LA FORTUNE DU CARDINAL FESCH

Joseph Fesch, l'oncle de Napoléon, devint prêtre mais se défroqua lors de la Terreur. Il fit fortune en devenant fournisseur des armées d'Italie (piston du neveu). Il reprit la soutane pour devenir cardinal. Passionné d'art, il constitua sa collection à Rome, surtout après la chute de l'Empire. À sa mort, il possédait 16 000 œuvres alors que le Louvre en détenait moins de la moitié.

Construit au XIXe s, ce vaste bâtiment, dessiné par Frasseto et conçu pour abriter la collection Fesch (420 tableaux exposés aujourd'hui), ne manque pas de prestance avec sa belle cour d'apparat où trône la statue du cardinal. Le grand homme le mérite largement. Pas seulement pour avoir réussi l'exploit de réunir une collection fabuleuse à l'occasion de ses séjours romains, mais pour avoir permis à la Corse de créer son premier grand musée. Le cardinal, qui rêvait d'un institut des arts et des sciences, a disparu avant la fin des travaux, mais serait enthousiasmé par l'actuel palais. Car, depuis sa rénovation, la nouvelle muséographie privilégie un accrochage à la manière des palais italiens, c'est-à-dire cadre contre cadre, sans tenir compte du thème ou de l'époque du tableau. Une présentation digne de la plus vaste collection de peintures italiennes après celle du Louvre !

Les œuvres sont logiquement présentées dans un ordre chronologique : les primitifs italiens, bien sûr, mais aussi toute la période qui couvre la Renaissance jusqu'aux dernières tendances à Rome au XVIIIe s. Au gré de la visite, on s'attarde devant Giovanni Bellini *(Vierge à l'Enfant),* Titien (*L'Homme au gant* – on a longtemps émis des doutes sur l'identité du peintre, mais la restauration du tableau a permis d'établir avec certitude qu'il s'agit bien du Titien), Véronèse *(La Léda),* ou encore Botticelli *(La Vierge à l'Enfant).* On reste subjugué par cet art si poétique, cette technique parfaite et cette inspiration. On découvre également quelques peintres « mineurs », tel ce Santo Di Tito (seconde moitié du XVIe s), à qui on attribue les *Quatre âges de la vie,* série de portraits féminins allant de l'enfant émerveillée devant un papillon à l'ancêtre courbée par les ans. Dans la grande galerie, toiles monumentales, dont celles sombres et torturées de Luca Giordano (XVIIe s), peintre « caravagesque », notamment *Saint Sébastien martyr* et le *Martyr de saint Pierre.*

Après les sections consacrées aux natures mortes (toujours italiennes), changement de registre en rez-de-cour avec le département napoléonien : nombreux portraits et bustes de la famille Bonaparte (dont celui du cardinal Fesch par Canova), mais également une section réservée au Second Empire.

Enfin, le sous-sol renferme une intéressante collection de peintures, dessins et gravures corses, situés principalement entre le milieu du XIXe s et la fin du XXe s (œuvres de Lucien Peri, François Corbellini, ou encore Charles-Léon Cannicioni).

– ***La bibliothèque municipale :*** *aile gauche du palais Fesch. Mai-sept 9h-17h ; reste de l'année, lun-mer 9h-12h, 14h-16h45 ; jeu-ven 14h-16h45. GRATUIT.* Inaugurée en 1865. L'intérieur vaut le coup d'œil. Salle classique immense aux hauts murs entièrement recouverts d'une impressionnante bibliothèque en bois sombre. Quelques trésors dont l'*Atlas de Blaeu,* de 1657, où sont représentées les principales villes européennes d'alors. Prière de ne pas troubler le silence.
– ***La chapelle impériale :*** *aile droite du palais Fesch. Mêmes horaires que le musée. Entrée : 3 €.* Cette bâtisse de style néo-Renaissance construite au XIXe s renferme les tombeaux de la famille Bonaparte... Elle est décorée de peintures en grisaille, tandis que les sépultures sont recouvertes de marbre noir.

★ ***Les marchés :*** *ts les mat (lun, il y a moins de stands), pl. du Maréchal-Foch (pl. des Palmiers).* Produits laitiers et maraîchers, salaisons et, dans la halle couverte, beaux étals de poisson. Des éleveurs-agriculteurs ont leurs éventaires le long du grillage. On peut se faire emballer sous vide la charcuterie et le fromage pour le voyage. Et, devant la piscine Rossini, départ de la route des Sanguinaires, marché aux puces le dimanche matin.

★ ***La citadelle*** *(plan zoom B-C4)* **:** bel ouvrage militaire qui ne se visite pas. C'est en fait le noyau originel de la ville, un promontoire rocheux choisi par les Génois en 1492 pour la construction du *castello* (château) flanqué d'un donjon. Renforcée par une nouvelle enceinte édifiée au milieu du XVIe s, la citadelle conserve aujourd'hui deux beaux bastions et une échauguette.

★ ***Le quartier des Étrangers*** *(plan A-B4)* **:** *entre la pl. du Général-de-Gaulle (du Diamant) et la statue de Napoléon (voir plus bas).* Sous le Second Empire, on a créé à Ajaccio un nouveau quartier, avec des bâtiments luxueux destinés à une nouvelle espèce de l'humanité : le touriste. Une aristo écossaise, miss Campbell, avait fait la promotion d'Ajaccio qui accueillait, à la fin du XIXe s, une moyenne de 1 000 touristes hivernaux. Elle écrivit en 1868 l'un des premiers guides touristiques *(Notes sur l'île de Corse).* Le *Grand Hôtel Continental* (où siège aujourd'hui la Collectivité territoriale), le *Cyrnos-Palace,* l'*Hôtel Germania,* tout au long du cours Grandval *(plan B4),* étaient les fleurons de l'industrie touristique d'alors. Matisse a passé quelque temps dans le coin en 1898 (villa Della Rocca, place Miot). Sur le même cours Grandval, quand il devient le cours du Général-Leclerc, on peut même voir une petite église anglicane (c'est aujourd'hui une école de danse !).

★ ***La statue de Napoléon*** *(Casone ; plan A4)* **:** *pl. d'Austerlitz. À l'ouest du centre-ville, tt en haut du cours du Général-Leclerc.* Monument colossal élevé à la gloire de l'enfant du pays : c'est la copie d'une statue du sculpteur Émile Seurre, qui se trouve aujourd'hui dans la cour d'honneur des Invalides. Intéressant pour la vue sur la ville depuis le sommet des marches. Tandis qu'on les arpente, on peut lire les noms gravés dans la pierre des 33 victoires du génial stratège : Arcole, Wagram, Austerlitz, c'est entendu, mais Montmirail ou Bautzen, vous connaissiez ? Une petite grotte (appelée évidemment Napoléon) complète le site : le futur empereur serait venu méditer ici entre ces gros blocs de granit.

★★ ***Le parc des Milleli :*** *route d'Alata (fléché mais pas forcément très facile à trouver), à env 10 mn en voiture au nord. GRATUIT.* Il s'agit de la maison de campagne des Bonaparte, au milieu de l'oliveraie (toujours

LES TUILERIES... EN CORSE !

Incendiée en 1871 pendant la Commune, une aile du palais des Tuileries à Paris n'a jamais été reconstruite et a été rasée en 1882. Un entrepreneur racheta les vestiges pour les revendre. C'est ainsi que le duc Jérôme Pozzo Di Borgo en acquit un important lot, pour faire construire son propre château, très marqué par l'influence architecturale du palais parisien.

exploitée) et d'un grand parc. La maison, elle, ne se visite pas. En été, visite guidée sur résa auprès de l'office de tourisme. Beaucoup plus haut, on aperçoit le ***château de la Punta,*** ancienne propriété de la famille Pozzo Di Borgo, grande rivale des Bonaparte.

À faire

➢ ***Le petit train d'Ajaccio :*** *2, quai Napoléon. ☎ 04-95-51-13-69. En bas de la pl. du Maréchal-Foch. Avr-oct. Tour de la vieille ville : 45 mn ; env 7 €. Circuit Sanguinaires : 1h30 ; 10 €.*

➢ ***Ajaccio Vision :*** *quai Napoléon. Résas : 📱 06-20-17-50-33. • ajacciovision.fr • En bas de la pl. du Maréchal-Foch. 2 circuits : Ajaccio (55 mn ; 8 €) et Ajaccio-Sanguinaires (1h30 ; 10 €) ; ½ tarif 7-12 ans.* Visite commentée en bus à impériale.

Bains de mer : le golfe d'Ajaccio compte plus d'une vingtaine de plages. À Ajaccio même, près de la citadelle, la *plage Saint-François (plan zoom B4)* est plutôt étroite, mais elle est en plein centre-ville. Sinon, vers l'aéroport, vous trouverez la *plage de Ricanto.* Mais c'est sur la route des Sanguinaires que vous découvrirez les plus beaux coins, des plages pas bien grandes qui s'égrènent sur près de 8 km, comme celle de *Trottel,* située à côté du square Trottel et de l'*Hôtel Impérial,* toute proche du centre-ville. Inconvénient, toutes ces plages sont bondées en été (et desservies par bus) : ne pas croire que plus on s'éloigne du centre-ville, moins elles seront fréquentées. Coin très agréable sous la maison de Tino Rossi (accès par la paillote du Scudo), Le mieux, si vous êtes motorisé, est encore d'aller à la plage très agréable de *Capo di Feno,* à environ 15 km à l'ouest d'Ajaccio (prendre la route des Sanguinaires, puis à droite la D 111b vers Capo di Feno ; après le col, laisser la piste à gauche et continuer la route étroite et sinueuse). Magnifique au couchant, mais parfois dangereuse (courants puissants). On peut y manger. Possibilité également de s'y rendre à pied depuis le site de la Parata (voir ci-après).

OPÉRATION ESCARGOT

L'escargot corse n'existe que sur une mince bande côtière, la plage du Ricantu, à côté de l'aéroport d'Ajaccio, et nulle part ailleurs. Menacé d'extinction, il est si discret qu'on a même cru qu'il avait disparu, aucun scientifique ne l'ayant observé entre 1912 et 1994 ! Il faut dire qu'il passe ses journées sous le sable (jusqu'à 60 cm de profondeur) et ne sort que la nuit... Du coup, le Conservatoire du littoral a aménagé la lande pour le sauver !

Le Grand Site de la Parata – Sanguinaires : *à 12 km à l'ouest d'Ajaccio. Accès en voiture, en bus (ligne n° 5) ou par le petit train. Point info tourisme à la Maison du site (en saison, tlj 10h-17h). • parata-sanguinaires.com • Parking (payant pour les non-résidents). Pour les marcheurs, possibilité de rejoindre la plage de Capo di Feno (2h30 A/R ou 3h en faisant une boucle).*
Au coucher du soleil, ces îles (en fait des îlots) de porphyre qui prolongent la presqu'île de la Parata prennent des reflets rougeâtres – et surtout la mer et le ciel, car les îles elles-mêmes ne sont ensoleillées le soir qu'un ou deux mois en hiver. C'est un superbe spectacle, à ne pas manquer. Alphonse Daudet, qui, sorti de son moulin, laissait vagabonder sa plume, fit des Sanguinaires le cadre de l'une de ses nouvelles. La municipalité a aménagé le site de la Parata : après s'être garé, on va donc désormais à pied jusqu'à la pointe ; compter 40 mn aller-retour (navette électrique pour les personnes à mobilité réduite).
Les randonneurs peuvent rejoindre la route des Sanguinaires par le ***sentier des Crêtes*** : départ d'Ajaccio, du bois des Anglais *(plan A3),* lui-même situé 400 m au-dessus du *Casone* et de la statue de Napoléon (on s'y rend par le bus n° 7) et,

après 3h de marche pas bien difficile, on rejoint la côte à Vignola, juste avant la route pour Capo di Feno (possibilité de rentrer en prenant le bus n° 5).

Randonnées et activités de plein air

■ ***Couleur Corse*** *(plan A4)* **:** *6, bd Fred-Scamaroni.* ☎ *04-95-10-52-83.* 📱 *06-15-05-28-42.* • *couleur-corse.com* • *canyon-corse.com* • Laetitia et son équipe dynamique proposent des séjours nature fort bien organisés (à la carte ou clés en main). Rando (le GR 20 en 1 semaine...), trekking, escalade, canyoning, et c'est super ! Activités à la journée possibles. De bonnes prestations, vraiment.

Promenades en mer

Toutes ces adresses sont situées sur le port Tino-Rossi *(plan zoom B-C3)*, en bas de la place du Maréchal-Foch, ou sur le port Charles-d'Ornano *(plan C2)*.

■ ***Nave Va*** **:** ☎ *04-95-51-31-31.* • *naveva.com* • Propose d'avril à octobre des virées à la journée pour Scandola-Girolata *(57 €)* et Bonifacio *(62 €)*. Également une sortie dans le golfe d'Ajaccio dans l'après-midi avec arrêt baignade à Mezzumare, la « grande Sanguinaire » *(27 €)* et en soirée (« Magie des sens » : coucher de soleil aux îles Sanguinaires avec atelier vins ; *(50 €)*. 30 mn après le départ d'Ajaccio, le bateau passe prendre d'autres passagers à Porticcio. Réduction 5-10 ans.

■ ***Découvertes Naturelles*** **:** ☎ *04-95-21-06-16.* 📱 *06-03-13-46-80.* • *promenades-en-mer.org* • Promenade en mer vers les Sanguinaires, avec escale à Mezzumare *(27 €)* ou au moment du coucher du soleil *(le mar en juil-août, 35 € avec apéro à bord)*. Excursion vers Scandola également *(57 €)*. Départs de Porticcio et Propriano également. Réductions 4-13 ans.

Équitation

■ ***Ajaccio Équitation*** *(poney-club et centre équestre d'Ajaccio)* **:** *Campo dell'Oro, route de Bastia.* ☎ *04-95-23-03-10.* • *ajaccio-equitation.com* • *À 10 km à l'est du centre-ville (prendre la route de Bastia, puis rapidement à droite ; bien indiqué), à côté de l'aéroport. En été, 8h-12h, 16h-21h ; en hiver, 8h-12h, 14h-19h ; fermé jeu. Env 15 € la balade de 1h en campagne. Promenades sur la plage mai-sept.* Un club bien cool, ouvert à tous, des plus jeunes aux adultes et aux cavaliers confirmés. Idéal pour découvrir l'arrière-pays d'Ajaccio. École d'équitation pour les 3-6 ans, avec une approche ludique, activités poney et double poney pour les enfants un peu plus âgés.

Plongée sous-marine

Assurément, le golfe d'Ajaccio offre des plongées impériales ! Ici, peu d'épaves mais d'infinies richesses vivantes que contempleront fiévreusement nos routards plongeurs, néophytes et aguerris, le long de tombants souvent vertigineux. Quelques spots particulièrement remarquables – près de la côte ou aux îles Sanguinaires – où, malheureusement, vous ne croiserez pas le fameux poisson Napoléon, trop exotique !

Clubs de plongée

Le premier se trouve dans Ajaccio, alors que les deux autres sont installés après Porticcio, sur de jolies plages plutôt sauvages. À vous de voir lequel vous convient le mieux.

■ ***E Ragnole*** (hors plan par A4) **:** *12, cours Lucien-Bonaparte, sur la plage Trottel. ☎ 04-95-21-53-55. 📱 06-08-47-25-51. • eragnole.com • ♿ Mars-nov. Résa conseillée. Baptême env 55 €, plongées 35-40 € selon équipement, snorkelling env 30 € ; forfaits dégressifs (individuels et famille) 5-10 plongées. Réduc de 10 % sur le prix des plongées sur présentation de ce guide.* Tout proche du centre-ville, ce petit centre (FFESSM, CMAS et PADI), réputé pour son sérieux, vous embarque en comité restreint sur l'un de ses bateaux rapides. Au menu : baptêmes, formations jusqu'au monitorat et brevets PADI, et de belles balades sous-marines. Une sortie par semaine à la réserve de Scandola et, autant que possible, à la Vallée des Mérous, site d'exception dans le golfe. Plongée au *Nitrox* (air enrichi en oxygène) et au *Trimix* (mélange d'air et d'hélium) pour les confirmés, et stages enfants à partir de 8 ans. Randonnées palmées *(snorkelling)*. Équipement complet fourni. Hébergement possible.

■ ***Corse Plongée* :** *centre commercial du rond-point de l'Isolella (à 8 km au sud de Porticcio). ☎ 04-95-25-50-08. 📱 06-07-55-67-25. • corseplongee.fr • ♿ Tte l'année sur résa. Baptême env 55 €, plongées 30-47 € selon équipement, snorkelling env 30 € ; forfaits dégressifs 6-10 plongées.* Très bien équipé, ce petit club (FFESSM, ANMP et PADI) arme plusieurs navires rapides pour acheminer ses plongeurs sur les meilleurs spots du golfe. Embarquement sur la jolie presqu'île sauvage de l'Isolella, où l'on assure également, avec son équipe de moniteurs : baptêmes, formations jusqu'au niveau IV et brevets PADI. Initiation enfants dès 8 ans, et plongée au *Nitrox* et au *Trimix* pour les confirmés. Plongée de nuit 1 fois par semaine. Équipement complet fourni et locaux confortables.

■ ***Agosta Plongée* :** *à l'hôtel Agosta Plage, juste au sud de Porticcio. 📱 06-20-90-22-30. • agosta-plongee.fr • Mai-oct. Résa très conseillée. Baptême env 55 €, plongées env 36-50 € selon équipement ; forfaits dégressifs 5-10 plongées.* Ce petit club familial (FFESSM et ANMP), sérieux et sympa, dispose d'un bateau de 28 places pour partir explorer les meilleurs spots du golfe en toute sécurité. Également au programme : baptêmes et formation jusqu'au niveau III. Plongée enfants dès 8 ans. Équipement complet fourni. Ambiance amicale.

Nos meilleurs spots dans le golfe d'Ajaccio

***La Tête de Mort* :** tous niveaux. Au sud du golfe, un « caillou » accueillant malgré son nom! Son architecture généreuse (de 0 à 46 m de fond) offre d'excellents refuges à la faune luxuriante qui s'y est installée. Murènes farouches et poulpes malins à débusquer dans les failles, tandis que dentis, liches et mérous « pépères » entament un bal de bienvenue au-dessus de gorgones majestueuses. De petits barracudas effilés (pas de panique !) passent, sans pour autant arrêter le dandinement gracieux des lièvres de mer, véritables danseuses espagnoles !

***La Campanina* :** tous niveaux. Sur la côte sud du golfe, un magnifique écueil surmonté d'une balise rouge et noir plonge à pic dans l'azur limpide (de 0 à 45 m de fond). Les rochers, littéralement enrobés d'éponges, d'anémones, de spirographes et de gorgones splendides, sont survolés par des poissons de taille XXL : dentis, liches, barracudas, et même parfois des raies mantas. Également des murènes et langoustes dans les trous. Une plongée sublime et haute en couleur.

***Les Trois Frères* :** à partir du niveau I. Entre la surface et 36 m de fond, cet ensemble de pics, de grottes et de canyons est le royaume incontesté des délicates dentelles de Neptune (ne pas toucher !). En palmant nonchalamment le long de la roche, vous apercevrez murènes et chapons aux mines patibulaires (mais presque !). Pas mal de dentis.

***L'épave du remorqueur* Mario** gît entre 6 et 9 m de fond. Agréable plongée accessible à tous. Pour y accéder, aller à la plage de la Stagnola en prenant le chemin qui part de la D 55 en face de la résidence *A Stagnola.* Sur la plage, se diriger sur la droite jusqu'au second portail. L'épave est à 100 m au large.

La vallée des Mérous : à partir du niveau II. À la pointe sud du golfe, lovée entre deux barrières rocheuses, c'est une vallée sous-marine pittoresque (de 22 à 45 m de fond) magnifiquement tapissée de gorgones rouges et jaunes. Un site exceptionnel en Corse où l'on croise de nombreux mérous débonnaires.

Fêtes et manifestations

– ***Saint-Érasme :*** *début juin, sur le port Tino-Rossi.* Une fête de la Mer et des Pêcheurs *(Pescadori in festa),* avec régate de voiles latines, réunion de confréries de marins et de pêcheurs et, pour clore la fête, un bal populaire. Une manifestation qui connaît un grand succès, et qui suit les fameuses *Régates impériales,* réunissant de vieux gréements (● regates-imperiales.com ●).

ET POURQUOI PAS LA SAINT-NAPOLÉON ?

Eh bien, l'Empereur, qui n'avait peur de rien, l'institua dès 1805. Il choisit le 15 août, sa date de naissance, qui était aussi la fête de la Vierge. Le pape Pie VII (eh oui !) faillit avaler sa tiare. Supprimée évidemment par Louis XVIII, cette fête fut rétablie par Napoléon III.

– ***Festival de jazz*** (Jazz in Aiacciu) **:** *fin juin-début juil, au Lazaret Ollandini (Aspretto).* ● *jazzinaiaccu.com* ●
– ***Relève de la garde impériale :*** *chaque jeu en juil-août, à 19h, pl. du Maréchal-Foch (face à la mairie). Spectacle de 45 mn.* 25 grognards (chasseurs à pied de la garde) exécutent une relève dans les règles de l'art, au son du fifre et du tambourin. Tirs de fusil pour conclure, *pan pan !*
– ***Journées napoléoniennes :*** *autour du 15 août.* Défilé, parade et spectacles commémorent la naissance de l'Empereur. Populaire (il peut y avoir 1 000 figurants) et joyeux.

LE GOLFE D'AJACCIO

PORTICCIO / PURTICHJU ET LA PLAGE D'AGOSTA

(20166 ; commune de Grosseto)

De l'autre côté de la baie, une station balnéaire récente, sorte d'annexe d'Ajaccio. Elle s'étend tout en longueur, sans donner l'impression d'avoir véritablement une âme. En août, bouchons garantis sur l'unique route qui longe la plage. Quelques centres commerciaux, deux ou trois discothèques et quelques campings où l'on se bouscule, le charme de la Corse n'opère pas à Porticcio, malgré ses fort belles plages (la Viva, Agosta, quoique à Agosta on ne soit déjà plus sur la même commune).

Arriver – Quitter

➢ ***De/vers Ajaccio :*** par la navette maritime *Découvertes Naturelles* (☎ *04-95-22-97-42),* 3-5 départs/j. en hte saison 8h-18h (5 € l'aller, 8 € l'A/R).

Des départs en nocturne également en juil-août. Ou avec les *Autocars Corse Méditerranée* (☎ 04-95-25-40-37), 2 fois/j. en hte saison, sf dim et j. fériés. Ils continuent ensuite jusqu'à la pointe de l'Isolella et Verghia.

Adresse utile

Office de tourisme : *plage de la Viva. ☎ 04-95-25-01-01. • porticcio-corsica.com • Juste devant le ponton de débarquement. Mai-oct, lun-ven 8h30-12h30, 14h-19h ; nov-avr, tlj 9h-12h, 14h-18h.* Toutes les infos pour trouver son bonheur à Porticcio. Le siège se situe rue des Échoppes, à 200 m, dans un petit centre commercial (*☎ 04-95-25-10-09*).

Où dormir ?

Prix moyens

Motel Le Rivoli : *au sud de Porticcio, et au début de la plage d'Agosta, sur la droite. ☎ 04-95-25-06-02. • motel.orangerie@wanadoo.fr • motelrivoli.fr • ♿ Tte l'année. Quelques studios (pour 2) env 65-120 € selon saison (450-760 €/sem) ; également des apparts T2 (2-3 pers). CB refusées.* M. Grisoni propose des studios accolés les uns aux autres (devant la route mais face à la mer), ainsi que des appartements, refaits à neuf, climatisés, de plain-pied, avec coin cuisine, douche, w-c, TV, mobilier récent et accès direct à la plage (petite à cet endroit, quasiment entourée de rochers, presque une crique). Petite terrasse et salon de jardin pour chaque location.

Où manger ?

Prix moyens

Chez Alain : *résidence Harmonie, face à la plage d'Agost,. ☎ 04-95-25-97-54. • exxodia@wanadoo.fr • Tlj en saison ; fermé mer et dim soir en basse saison. Congés : déc-1re quinzaine de janv. Moules env 14-15 €, salades-repas 16-18 € ; repas complet 30-35 €. Digestif offert sur présentation de ce guide.* Une adresse pas bégueule, sympa comme tout. On s'y arrête surtout pour les bonnes moules, corses évidemment, préparées à toutes les sauces (22 recettes). Même les jours d'affluence, le service est efficace et pro.

Chic

Auberge La Ferme : *Agosta-Plage, quartier Molini. ☎ 04-95-25-02-09. À l'extrémité sud de Porticcio, prendre à gauche au rond-point devant la plage (panneau), c'est derrière l'hôtel* Radisson*. Ouv ts les soirs en été ; hors saison, fermé lun. Congés : nov-fév. Résa impérative. Carte 35-40 €. CB refusées.* Dans un cadre rustique, derrière l'immense hôtel *Radisson,* avec quelques tables sous une tonnelle de genévriers, ce resto sert une excellente cuisine corse traditionnelle et généreuse. Dans l'assiette, soupe paysanne, charcuterie, veau aux olives, civet de sanglier, cannellonis au *brocciu*... Hmm, nos papilles s'en souviennent encore ! Accueil chaleureux.

L'Oasis : *presqu'île de l'Isolella. ☎ 04-95-25-58-40. À env 7 km du centre de Porticcio, au bout de la presqu'île. Ouv midi et soir en hte saison (de mi-juin à début sept) ; sinon, le midi slt. Salades 13-15 €, plats 19-28 €.* Face à la petite île si photogénique à l'extrémité de la presqu'île de l'Isolella, une adresse familiale vite remplie le midi par les plagistes et le soir par les habitués qui aiment la tranquillité de ce restaurant. La cuisine est simple : poisson grillé à l'honneur, salades et viandes, sans chichis.

Le Piano : *sur la gauche de la route, juste en arrivant à Porticcio en venant* *d'Ajaccio. ☎ 04-95-20-87-93. • toi nou22@orange.fr • Ouv midi et soir sf lun en basse saison et lun-jeu midi en hte saison. Congés : nov. Menus 36,90-39,90 € ; carte min 40 €. Digestif offert sur présentation de ce guide.* Familièrement appelé Toinou, le patron, qui officia durant 2 décennies à Ajaccio, a planté son élégant resto un peu en bord de route, mais les Ajacciens l'ont suivi, car il concocte toujours, avec son équipe, une savoureuse cuisine, où le produit est traité avec rigueur et doigté. Du simple veau en cocotte au superbe croustillant de saint-pierre en passant par les roulés de soles farcis aux Saint-Jacques sauce corail d'oursin, on a été vite convaincus. Même si les aphorismes dont il parsème la carte peuvent dérouter (c'est vrai qu'il y en a beaucoup !), Toinou a un cœur gros comme ça : chaque année, à la période de Noël, il offre un repas aux familles défavorisées.

Où dormir ? Où manger dans l'arrière-pays ?

A Funtana : *à* ***Bisinao,*** *à 20 mn de Porticcio (accès par la D 302). ☎ 04-95-24-21-66. 06-73-55-84-28. • giteafuntana@gmail.com • giteafun tana.com • Avr-début nov. ½ pens 40-45 €/pers en gîte d'étape, 103-112 € en chambre d'hôtes ; studios 2-4 pers 70-90 € ; camping 21 € pour 2. Table d'hôtes sur résa 23 €. CB refusées.* Gîte d'étape récent, proposant 2 chambres de 4 ou 5 lits. Également 2 chambres d'hôtes. Pour les campeurs, quelques emplacements ombragés et des tentes à louer. Table d'hôtes le soir sur résa (essentiellement pour les randonneurs). Une bonne étape sur le sentier Mare e Monti Sud.

Chambres d'hôtes chez Jean-Christophe Asensio *(Gîtes de France)* **:** *à Eccica-Suarella, lieu-dit* ***Stangone.*** *☎ 04-95-23-81-90. • jc. asensio@orange.fr • Avt Eccica-Suarella, tourner à gauche. Compter 70 € pour 2.* 2 belles chambres au rez-de-chaussée de la maison des propriétaires (accès indépendant) dans une vaste propriété. Salon de jardin devant chaque chambre. Pas de table d'hôtes mais cuisine d'été à disposition. Excellent accueil : Jean-Christophe, *trailer* accompli, vous éclairera, entre autres, sur les possibilités de rando dans les environs (et vous pourrez découvrir les sentiers à votre rythme, en marchant !).

Auberge du col Saint-Georges : *chez Mme Renucci, au* ***col Saint-Georges,*** *avt de passer dans la micro-région du Taravo. ☎ 04-95-25-70-06. • katiarenucci@orange.fr • auberge-corse.fr • Tte l'année. Gîte env 45 €/pers en ½ pens. Plats du jour à partir de 13 € ; menu corse 32 €. Digestif offert sur présentation de ce guide.* Mme Renucci tient également une auberge-resto à quelques mètres en contrebas du gîte ; c'est d'ailleurs là qu'il faut aller vous présenter. Gîte un peu impersonnel. Côté dîner, c'est réussi : les repas sont copieux, servis au resto dans un cadre agréable. Une bonne étape sur le Mare e Mare Centre.

AJACCIO ET SA RÉGION

À faire

Lézarder sur la ***plage,*** bien sûr. Celle de la *Viva* est la plus connue. Très propre et beau panorama sur le golfe. Sinon, la grande plage d'*Agosta,* à 2 km au sud, est plus sympa et beaucoup plus tranquille. Désormais dominée par l'imposant hôtel *Radisson,* elle a perdu de son charme. Attention aux courants et à la houle : la mer y est parfois dangereuse. À 8 km au sud d'Agosta, la plage *Mare e Sole,* qui est prolongée par celle de Verghia (voir plus loin), est splendide, comme celles, plus proches, de la *presqu'île d'Isolella* (à 4 km d'Agosta).

Location et cours de planche à voile et catamaran : *à la* ***Société des loisirs nautiques de Porticcio,*** *plage de la Viva. 06-74-98-06-21. • snlp.*

fr • Face à l'office de tourisme. Point plage ouv 15 mai-30 sept. L'un des meilleurs clubs de voile de la région pour prendre des cours (à partir de 7 ans) ou louer du matériel.

➢ ***Promenades en mer :*** *avec les bateaux* ***Nave Va,*** *au départ de l'embarcadère de la plage de la Viva, devant l'office de tourisme. Rens : ☎ 04-95-25-94-14. • naveva.com •* Excursions aux îles Sanguinaires et à Scandola-Girolata. *Également avec* ***Découvertes naturelles :*** *☎ 04-95-21-06-16. • promenades-en-mer.org •*

– ***Plongée sous-marine :*** *avec* ***Corse Plongée*** *et* ***Agosta Plongée.*** *Voir « Plongée sous-marine. Clubs de plongée » à Ajaccio.*

Randonnées

➢ Deux itinéraires de randonnée élaborés par le parc régional terminent leur route longue de 1 semaine au voisinage de Porticcio : la traversée ***Ghisonaccia-Porticcio*** *(Mare a Mare Centre)* et le parcours ***Propriano-Porticcio*** *(Mare e Monti Sud).* Ces deux itinéraires sont prévus pour être parcourus en 1 semaine par étapes de 4 à 7h, mais on peut aussi y randonner à la journée. Service infos du parc : ☎ *04-95-51-79-10.*

➢ Nous conseillons en particulier le parcours de crêtes allant de ***Coti-Chiavari*** à ***Pietrosella*** en passant par le col routier de *Gradello,* un chemin sans grandes dénivelées et avec les plus belles vues qui soient sur le golfe d'Ajaccio (durée : 4h30, avec possibilité de fractionner cette étape au col de Gradello en deux demi-étapes de respectivement 2h et 2h30).

➢ Nombreuses possibilités, par ailleurs, de balades pédestres et à VTT en ***forêt domaniale de Coti-Chiavari,*** grâce à un réseau de pistes forestières très étendu. Les eucalyptus et autres chênes verts offrent une ombre généreuse qui rend ces balades agréables même en été. On peut, par exemple, aller visiter le hameau et l'ancien four à pain de *Santa Manza* et, si l'on est à VTT, rejoindre Pietrosella par une succession chaotique de pistes et de sentiers raides, avant une ultime et folle descente technique jusqu'à la *chapelle de Cruciata,* dominant la Punta di Sette Nave (parcours balisé en orange des hauteurs de Santa Manza jusqu'à Cruciata). Si l'on ne veut pas s'aventurer trop loin, il y a un sentier d'interprétation accessible à tous.

COTI-CHIAVARI / COTI È CHJAVARI

(20138) 490 hab.

Petit village à 41 km au sud d'Ajaccio et à 11 km de la plage de Verghia, par une route tortueuse, très cahoteuse également. Situé à flanc de colline (à 500 m d'altitude), on y découvre une vue superbe sur le golfe d'Ajaccio, le soir. En y montant, à 2,5 km de la mer, on passe par l'ancien pénitencier où, de 1855 à 1906, on a entassé des forçats condamnés à de lourdes peines. Les conditions de vie y étaient difficiles : les magnifiques eucalyptus n'avaient pas encore été plantés et les détenus mouraient de la malaria (30 par an en moyenne)... Rénové, le bâtiment est devenu une salle de spectacle et d'exposition.

Où dormir ? Où manger ?

🏠 🍽 ***Hôtel-restaurant Le Belvédère :*** *à gauche de la route d'Acqua Doria, 800 m au sud-ouest du village.* ☎ *04-95-27-10-32.* • *le.belvedere@wanadoo.fr* • *lebelvederedecoti.com* • ♿ *Resto ouv le soir et dim midi à partir de fin mai. Congés : de mi-nov à fin fév. Mieux vaut toujours téléphoner avt de venir, pour l'hôtel comme pour le resto. Doubles avec douche et w-c 60-85 €. ½ pens (obligatoire en saison) 114-170 € pour 2. Formule 22 € ; menu 30 €. CB refusées.* Wi-fi Longue bâtisse de construction récente, isolée et donnant sur la baie d'Ajaccio par une large terrasse en arc de cercle. La vue est sublime, tout simplement l'un des plus beaux panoramas de l'île. Certains soirs, la mer est recouverte d'une couche de nuages. On est alors comme dans un nid d'aigle : au-dessus de tout. Caroline, une très gentille dame, est aux petits soins pour ses hôtes. Cuisine corse copieuse et familiale. Chambres simples, très propres ; balcon. Loin du tapage onéreux du littoral, une adresse solide et qui a du cœur.

🏠 🍽 ***A Storia :*** *dans le village.* ☎ *04-95-27-13-14.* • *residence-a-storia.com* • *Tte l'année. Compter 320-680 €/sem pour 4 selon saison ; possibilité de loc à la nuit selon disponibilité. CB refusées.* Cette grande demeure sur 4 niveaux fut autrefois le siège de l'administration du pénitencier ! Magnifique vue. 15 appartements confortables et spacieux pour 4 à 6 personnes. Lave-vaisselle et lave-linge.

🍽 ***Chez Véro :*** 📱 *06-03-32-42-03.* • *save2@laposte.net* • *Mai-sept. Menus 17-23 €.* Il y a cette vue sans pareil sur la baie d'Ajaccio avec les Sanguinaires plein cadre et, le soir, un coucher de soleil en cinémascope. Voilà une belle récompense si vous avez fait la route pour monter jusqu'ici. Sans oublier, évidemment, une cuisine généreuse, sans chichis. Accueil simple et sincère.

À voir. À faire

La plage de Verghia : *à 11 km du village de Coti-Chiavari, mais à slt 5 km du centre de Porticcio, le long de la D 55.* C'est un peu la plage communale (elle prolonge celle de *Mare e Sole*). Vraiment très chouette, cette jolie plage limitée au sud par une avancée rocheuse plantée de pins parasols a tout l'air d'un petit coin de paradis. Attention, la baignade peut être dangereuse (fonds profonds).

À ***capo di Muru,*** à environ 8 km au sud-ouest de Coti-Chiavari, jolie plage de *cala d'Orzu,* accessible en voiture, mais sur la fin, c'est un long chemin de terre qui vous y mène. La plage la plus célèbre de Corse, en raison d'une certaine paillote qui brûla il n'y a pas si longtemps...

L'ARRIÈRE-PAYS D'AJACCIO

Historiquement, Ajaccio est le débouché commercial de trois vallées *(I Tre Vaddi)* : celle de la Gravona, celle du Prunelli et celle, méconnue, du Cruzzinu, un peu plus éloignée au nord (villages de Lopigna, d'Azzana, de Rezza). Elles sont appréciées des Ajacciens pour leur fraîcheur (relative).

LA VALLÉE DE LA GRAVONA

Cette vallée suit le cours de la Gravona, qui naît dans le monte Renoso et va se jeter dans la mer après avoir rejoint son frère, le Prunelli, à côté de l'aéroport de Campo dell'Oro. Une dizaine de villages occupent ce territoire,

à l'ouest et à l'est de la route de Corte, en gros entre Sarrola-Carcopino et Bocognano. La microrégion a souffert, pendant l'été 2006, d'un terrible incendie qui a ravagé des étendues de forêt entre Vero et Bocognano. Elle reste néanmoins un lieu propice à la rando.
Si on aime les boucles, possibilité de passer dans la vallée de Prunelli par Tavera, puis le col de Scallela (D 27).

Où dormir ? Où manger ?

A Casa Funtana : ***Carbuccia.*** *☎ 04-95-20-68-82. • contact@casafuntana.com • casafuntana.com • Dans le village, prendre la rue qui descend tt en bas (il n'y en a qu'une !). Double 70 € (plus cher pour une seule nuit) ; possibilité de chambre familiale (une chambre contigüe, non louée seule, complète alors l'une des 2 chambres) 130 €.* Dans le bas du village, discrète, une belle et solide maison en pierre sur 3 niveaux, avec un petit jardin arboré. Déco élégante dans les chambres, bon petit déjeuner. Excellent accueil de Cathy et de Fred.

Gîtes de M. Jean-Baptiste Giorgiaggi *(Gîtes de France)* **:** *plaine de Peri, 20167* ***Peri,*** *à 12 km au nord-est d'Ajaccio (route de Corte, puis à droite par la D 1 qui monte vers Cuttoli ; les gîtes se trouvent à env 4 km sur la droite). Résas auprès des Gîtes de France : ☎ 04-95-10-54-30/31. Fax : 04-95-10-54-38. Tte l'année. En basse saison, 328-339 €/sem ; juin et sept, 497-509 €/sem ; juil-août, 610-622 €/sem.* Là encore, un bon plan dans l'arrière-pays d'Ajaccio, à 15 mn seulement de la ville mais dans la nature et à prix intéressant. Maison récente et isolée (le propriétaire, exploitant agricole, habite à 500 m). Environnement fleuri et ombragé. Grands gîtes de 75 m² environ, correctement équipés (congélateur, lave-linge, lave-vaisselle). Séjour (convertible 2 places), cuisine, 2 chambres ou chambre et mezzanine (1 lit double et 2 lits), salle de bains avec w-c. Pas de vis-à-vis d'un gîte à l'autre. Douche extérieure également, et terrasse avec barbecue. Terrain clos de 3 ha. Animaux acceptés.

L'Ustaria *(chez Martin)* **:** *à env 15 km d'Ajaccio direction Corte, plaine de Peri (20167),* ***Peraccia.*** *☎ 04-20-01-67-93. • ustaria.peri@gmail.com • Fermé j. fériés ainsi que dim soir et lun soir sept-juin. Congés : fév. Plat du jour (à midi) 13 € ; menu 38 €. Café offert sur présentation de ce guide.* Un resto en bord de route, de construction récente, qui ne paie pas de mine. C'est pourtant une table correcte, avec notamment des plats du jour copieux et bien tournés, et des spécialités de veau (au myrte notamment).

À voir. À faire

La Cité des Tortues A Cupulatta : *à 21 km d'Ajaccio, en bordure de la route de Corte. ☎ 04-95-52-82-34. • acupulatta.com • 16 mai-15 sept, tlj 9h-19h ; avr-15 mai et 16 sept-11 nov, tlj 10h-17h30. Entrée : 11,50 € ; 8,50 € 5-11 ans. Compter 1h de visite. Un chemin a été adapté pour les pers en fauteuil. Pique-nique autorisé à l'entrée du parc.* Une initiative originale que la création, en 1998, de ce centre assez unique puisqu'on y trouve 170 espèces de tortues. Toutes ne sont pas visibles, mais on peut y voir les plus significatives pour chaque continent. Tortues géantes des Seychelles et des Galápagos, tortues de Madagascar et bonnes vieilles tortues de Hermann... Signalons aussi la tortue-boîte, à plastron articulé, la belle tortue-gouttelette et la terrifiante tortue-alligator, qui capture ses proies sans bouger, juste en ouvrant la gueule. Les repas sont donnés devant les visiteurs, en fin de matinée. En saison, éclosion des bébés en direct ! Site agréable, arboré et bordé d'une rivière rafraîchissante en contrebas. Snack (petite restauration).

AJACCIO ET SA RÉGION

➢ ***Rêves de Cimes*** *(parcours aventure)* **:** *à* ***Vero.*** *☎ 04-95-21-89-01. • revesdecimes.fr • Prendre la T 20 direction Corte et la quitter sur la gauche pour la D 4, puis continuer sur 10 km (fléché). Pâques-Toussaint : 21 juin-9 sept, tlj 10h-19h (nocturne – 20h-minuit – mer juil-août, sur résa) ; les autres mois, slt le w-e ou dim sf vac scol. Compter 12-22 € selon parcours. CB refusées. Accès gratuit pour un accompagnateur non équipé. Bon à savoir : il est interdit aux adultes de monter sur les parcours réservés aux plus petits (parcours vert, moins de 1,20 m). Inutile donc de payer l'accès si vous accompagnez un jeune enfant.* Le plus grand parcours aventure de Corse (15 parcours, 180 ateliers, durée 2-4h) s'adresse aussi bien aux plus jeunes (à partir de 3 ans) qu'aux adultes. Après s'être équipé de l'indispensable harnais et d'une poulie, petit briefing et essai encadré avant de s'élancer en toute sécurité sur les parcours, adaptés à la taille de chacun (un code couleur permet de s'y retrouver). Tyroliennes géantes, saut de Tarzan, lianes, tout un programme ! Aires de pique-nique sur place. Propose également d'autres activités *(canyoning sur 4 sites à partir de 50 €/pers, via ferrata à Tolla pour 40 €/pers – ajouter 15 € pour le matériel –, randos pédestres, randos aquatiques...).*

➢ ***Randonnées :*** se procurer, à l'office de tourisme d'Ajaccio, à la communauté de communes de la haute vallée de la Gravona ou à la mairie de Bocognano *(☎ 04-95-27-41-86 ; lun-ven 9h-17h),* le dépliant « Gravona, la vallée secrète », qui recense 12 balades (dont la moitié en boucles), pour la plupart faciles (entre 30 mn et 3h45 de marche).

BOCOGNANO / BUCUGNÀ (20136) 465 hab.

Un village en corniche, à 9 km au sud du col de Vizzavona et à 38 km d'Ajaccio, entouré de belles châtaigneraies et réputé pour la pureté de son air (on est à 650 m d'altitude). Plus proche d'Ajaccio que de Corte, chef-lieu de la vallée de la Gravona, c'est un lieu de passage ancestral entre le nord et le sud de l'île. On y passe un peu vite aujourd'hui, surtout depuis qu'on a construit le tunnel qui évite le passage dans le village. À tort, car on y mange bien, et les environs recèlent quelques chouettes petites balades.

BELLACOSCIA, PROFESSION : BANDIT

Le village fut au XIXe s le lieu de naissance de deux célèbres bandits corses : Antoine et Jacques Bellacoscia. Après avoir tué le maire du village, les deux frères prirent le maquis, et Antoine, le plus résistant des deux, resta une quarantaine d'années dans la vallée de la Pentica, à 4h de marche de Bocognano. L'Europe des curieux défila dans la région pour le rencontrer : de Pierre Loti à la princesse de Saxe-Weimar ! Antoine mourut de sa belle mort dans son lit à l'âge de 95 ans. Comme quoi, le maquis, ça conserve !

Où dormir dans les environs ?

🏠 ***Gîtes de M. Gaëtan Ricci*** *(Gîtes de France)* **:** *hameau de Pruniccia, 20163* ***Tavera.*** *Résas auprès des Gîtes de France : ☎ 04-95-10-54-30/31. Fax : 04-95-10-54-38. Tavera se trouve à 10 km à l'ouest de Bocognano, direction Ajaccio puis à gauche à 7 km. Avr-sept. Compter 339 €/sem (hors saison)-721 €/sem (juil-août) ; possibilité de loc au w-e. Apéritif ou café offert sur présentation de ce guide.* Dans le haut du village, maison récente.

Gîte de 85 m² au rez-de-chaussée de la maison du propriétaire. Séjour (lit 1 personne), cuisine, 2 chambres (lit double et lits jumeaux), douche et w-c. Lave-linge, congélateur, lave-vaisselle, micro-ondes, téléphone, cheminée. Terrasse, jardin, barbecue, garage. Chauffage en sus. Pas un mauvais plan que ce gîte, qui n'est guère qu'à 35 km de la côte par la nationale et qui profite du calme de la Corse intérieure. Belle salle de bains et séjour spacieux, agréable. Également un 2d gîte, très cher mais avec piscine, pour 6 personnes (3 chambres), classé 4 épis *(565-1 865 € selon saison).* On prend parfois l'apéro avec Gaëtan, relax.

Où manger ?

Ferme-auberge A Tanedda : *à gauche en contrebas de la route en venant d'Ajaccio, à la hauteur du monument aux morts. ☎ 04-95-27-42-44. • achille.martinetti@wanadoo.fr • De mi-mars à mi-déc, tlj. Résa conseillée. Plat du jour 15 € ; menus 22-26 €. Café offert sur présentation de ce guide.* Maison moderne avec petite terrasse face aux montagnes. On y propose des plats élaborés à partir des produits de la ferme (tripettes de veau, cannellonis au *brocciu*), de la saine charcuterie et du fromage non moins valable ; on aime cette cuisine de saison. Très bon accueil.

À voir

La clue de la Richiusa : une curiosité naturelle proche du village et du moulin à châtaignes, signalée par un panneau dans Bocognano (à la sortie direction Corte, prendre une route très étroite à gauche qui descend sur 1,6 km). Le torrent de la Cardiccia, affluent de la Gravona né sur le flanc sud du Migliarello, s'y engouffre entre deux falaises hautes de 60 m pour en sortir par une succession de vasques limpides. À la source de ce même torrent, on trouve une seconde curiosité, le *glacier de Busso,* réceptacle d'un couloir d'avalanche où viennent s'accumuler, dit-on, les seules neiges éternelles de Corse ! Accès dans les deux cas grâce à une passerelle qui franchit la Gravona à proximité du parking de la minicentrale électrique. Cinq opérateurs sont autorisés à organiser les sorties de canyoning. Attention ! En 2002, deux jeunes non encadrés sont morts, victimes de la montée des eaux après deux jours de pluie.

À l'extrême opposé, au sud de Bocognano, on atteint la ***cascade du Voile de la Mariée*** après 3 km de route goudronnée et 10 mn de marche en rive droite du torrent. Site charmant, surtout à la fonte des neiges ou après une forte pluie qui donnera au voile toute son ampleur (en plein été, on est un peu déçu...).
– *Corsica Natura* a aménagé une *via cordata* (escalade encadrée sur une paroi rocheuse, avec une tyrolienne et un rappel sur plus de 100 m). *Rens : ☎ 04-95-10-83-16. 06-85-03-19-90. • corsicanatura.fr • À partir de 40 €/pers.*

Manifestation

– **Foire à la châtaigne** *(feria di a castagna)* **:** *3 j. début déc. Rens : ☎ 04-95-27-41-76.* Un des temps forts de la vie économique, culturelle et sociale de l'île. Cette foire, créée en 1983, est aujourd'hui la plus importante des manifestations rurales corses et accueille environ 30 000 visiteurs ! Châtaignes mais aussi toutes sortes de produits artisanaux et agricoles sont présentés et vendus dans le village. Les gens se parlent, se rencontrent, échangent marchandises, argent et idées.

LA VALLÉE DU PRUNELLI

À partir de Cauro, des routes tortueuses vous invitent à de bien belles balades dans la montagne. C'est déjà le pays des châtaigniers, des cochons sauvages et des maisons en pierre. On vous conseille de faire une boucle : monter à Bastelica par la D 27 et redescendre sur Ajaccio par la D 3 qui passe dans les gorges du Prunelli, par Tolla et Ocana.

– Pour des infos, passer par Bastelicaccia :

Office de tourisme du Prunelli : à **Bastelicaccia,** à côté de la poste. ☎ 04-95-22-55-13. • tourisme-prunelli.com • Juil-août, lun-ven 9h15-12h30, 14h15-17h45 ; sam 9h30-12h30, 14h-17h. Avr-juin et sept, lun-jeu 9h15-12h15, 13h-16h30 ; ven 9h15-15h ; sam 9h15-12h15. En hiver, lun-ven 9h15-16h30. Toutes les infos utiles et bon accueil.

BASTELICA

(20119) 460 hab.

À 40 km d'Ajaccio. Après avoir traversé de vastes forêts, on parvient dans la patrie de l'illustre Sampiero Corso (1498-1567). « Le plus corse des Corses » servit les rois de France avant de lancer une insurrection contre les Génois. Bastelica, constituée de cinq quartiers, s'étage en amphithéâtre dans un décor montagneux réputé pour son air pur et ses charcuteries. Nombreuses randonnées à faire dans le secteur.

Où dormir ? Où manger ?

Prix moyens

Chez Paul : quartier Stazzone, en haut du village. ☎ 04-95-28-71-59 ou 73-13. • paul.mocanetti@wanadoo.fr • Tte l'année. Menus 13-32 €. Salle avec vue panoramique sur le village et les montagnes. Cuisine classique et très honnête, prix serrés et service efficace. Une adresse qui tourne, incontestablement. Le patron fait son petit numéro pour amuser la clientèle, et tout le monde est content. Gîtes (labellisés *Gîtes de France* nº 14311/3) à louer également, à proximité du resto. Résas auprès des Gîtes de France : ☎ 04-95-10-54-30/31. Fax : 04-95-10-54-38. Mai-oct. Compter 340-509 €/sem et 400-543 €/sem selon saison. Loc à la nuit possible hors saison. 3 gîtes pour 4 ou 5 personnes.

Chic

Hôtel Artemisia : quartier Boccialacce. ☎ 04-95-28-19-13. • contact@hotel-artemisia.com • hotel-artemisia.com • Congés : 12 nov-27 déc. Doubles standard 126-156 €, supérieures 166-196 € selon saison ; petit déj (excellent) 15 €. Resto : env 30 €. Un hôtel ouvert en 2010 qui a fait le pari audacieux du chic encore abordable dans un bourg de moyenne montagne. L'établissement, qui ne compte que 11 chambres, affiche une déco résolument contemporaine. Les chambres bénéficient de grandes surfaces vitrées pour profiter au maximum de l'environnement bucolique. Petite piscine. Restaurant (sur réservation) : la carte est courte avec des produits locaux pour l'essentiel à l'honneur.

Où dormir ? Où manger dans les environs ?

⛺ ***Camping à la ferme Minocchi :*** *pont de Minocchi, sur la D 27, à 4 km de Bastelica, direction Bocognano. ☎ 04-95-28-70-27. 📱 06-07-57-28-54. • antoinebernardini@orange.fr • Juin-sept (tél pour s'assurer de l'ouverture). Forfait env 15 € pour 2. CB refusées.* Camping à la ferme, familial et planté de chênes. Rivière à 50 m. Bloc sanitaire correct. Très bon accueil.

🏠 ***Gîtes de M. Christian Lorenzoni*** *(Gîtes de France) : au* ***col de Cricheto,*** *à 5 km de Bastelica, réputé pour son air pur et sa charcuterie, et tt proche du plateau d'Èse et de sa station de ski. Résas auprès des Gîtes de France : ☎ 04-95-10-54-30/31. Fax : 04-95-10-54-38. Tte l'année. 335-490 €/sem hors saison ; 490-645 €/sem hte saison. Possibilité de réserver également pour un w-e.* Dans une maison indépendante sur un grand terrain clos, 2 gîtes à l'étage. Le rez-de-chaussée est constitué par la miellerie du propriétaire, qui est également éleveur et produit sa charcuterie. Le 1er gîte, pour 5 personnes (56 m²), comporte un séjour-cuisine, 2 chambres, salle de bains et w-c ; le 2d gîte, pour 6 personnes (78 m²), est composé d'un séjour-cuisine, 2 chambres (possibilité de 3 couchages pour enfants en soupente), salle de bains et w-c. Les 2 gîtes disposent également de terrasse, salon de jardin, barbecue, et offrent un bon équipement : lave-linge, lave-vaisselle (pour le gîte le plus grand), congélateur (pratique en montagne), TV, téléphone, location de linge de maison. Animaux acceptés. Le propriétaire a par ailleurs créé, au col de Cricheto, 2 circuits de découverte, à faire à pied ou en petit train *(• cricheto.com •).*

🍽 ***U Castellu :*** *à* ***Ocana*** *(20117), lieu-dit Rignosa, 7 km plus bas que Tolla. ☎ 04-95-27-01-99. • ucastellu@yahoo.fr • À la sortie nord du village. Fermé lun en basse saison. Congés : oct-avr. Carte env 25 €. Digestif offert sur présentation de ce guide.* Certes, il faut près de 30 mn pour accéder à ce beau village haut perché. Et juste à la sortie, faisant face à la vallée encaissée, on trouve ce resto saisonnier tenu par un jeune couple aimable. Cuisine simple et sincère. Viande grillée, pizzas et « vraies frites » excellentes, bonne charcuterie (surtout en début de saison), fromages du même genre, 100 % corses.

À voir. À faire

Vous trouverez un plan du village et des environs au pied de la statue de Sampiero Corso, face à l'église. Un parcours culturel (dépliant) permet de se repérer dans ce village très étendu.

La maison de Sampiero Corso : *quartier Dominicacci.* En fait, la demeure où est né le héros corse fut brûlée par les Génois. On l'a reconstruite au XVIIIe s.

➢ ***La route panoramique :*** prendre la tortueuse D 27a, direction val d'Èse. Panoramas sublimes sur les montagnes, jusqu'au plateau d'Èse.

DANS LES ENVIRONS DE BASTELICA

– ***La via ferrata :*** *au* ***col de Mercujo,*** *près du belvédère, 1,5 km à l'ouest de Tolla. Infos auprès de* Rêves de Cimes *(lire « À voir. À faire » dans le chapitre « La vallée de la Gravona »).*

– ***Le centre nautique du lac de Tolla :*** *☎ 04-95-27-00-48 (juin-sept). • centre-nautique-de-tolla.fr •* Location de canoës, kayaks, *stand-up paddle,* embarcations à pédales pour des balades à la demi-journée sur le lac. À proximité, buvette-crêperie et centre équestre.

Le Jardin des Abeilles : *lieu-dit Salvadoraghju, 20117* **Ocana.** ☎ *04-95-23-83-88. • lejardindesabeilles.com • Sur la commune d'Ocana, mais en fait un peu plus près (7 km) de Bastelicaccia. Tte l'année : juin-sept 9h-19h, reste de l'année 9h-12h, 14h-18h. Entrée : 2,50 €. Gratuit pour les enfants de moins de 6 ans.* Parcours pédagogique pour découvrir le monde des abeilles et le métier d'apiculteur, avec, notamment une belle ruche vitrée. Possibilité de passer l'après-midi sur le site, près de la rivière. Resto sympa à l'entrée.

Randonnées

➢ ***Le canal de la Volta :*** une randonnée à ne pas manquer, mais un peu difficile au début pour les jeunes enfants (ça grimpe sec). Aller et retour en 2h30. Il a été un temps question de canaliser cette vieille construction rurale, perchée à flanc de montagne et qui sert à l'irrigation des jardins et de quelques vergers autour du village. En dépit des fuites et des obligations d'entretien qu'occasionne cet ouvrage d'adduction à l'air libre, la raison et la préservation du patrimoine paraissaient toutefois devoir l'emporter ! Heureusement, car il s'agit d'un ouvrage remarquable le long duquel vous découvrirez, à l'occasion d'une balade facile (mais non sans danger : les rochers peuvent être glissants et dangereux), un résumé saisissant de la Corse intérieure, de forêts en cascades, de village en montagne.
Empruntez la bretelle routière supérieure du village et garez-vous près de *Chez Paul.* Le sentier s'élève à proximité, à partir d'une fontaine couverte, puis se perd un peu au milieu des châtaigniers (balisage orange). On atteint après 30 mn la crête et le canal d'arrosage. La suite remonte le cours de cet ouvrage par un excellent sentier qui ne quitte ce canal remarquablement conservé qu'un bref instant, dans la partie la plus escarpée du versant. Un peu plus haut, on arrive à la prise d'eau au pied des *cascades d'Ortala,* dont on peut gagner l'amont en continuant le sentier, toujours bien marqué.
On entre alors dans l'univers des pins laricio et dans un décor de haute montagne qui remonte beaucoup plus haut, jusqu'aux petits lacs de *Pozzolo* et à la *punta alle Vetta* (2 255 m, point culminant de la vallée).

➢ ***Le monte Renoso*** *(monte Renosu)* ***:*** le sommet le plus élevé de la vallée (2 352 m), un géant insulaire qui se distingue des sommets plus au nord par ses formes plus aplanies. L'accès le plus classique remonte la vallée du Prunelli jusqu'à sa source au lac de Vitalaca. Mais la création de la route du plateau d'Èse a offert la possibilité d'un accès détourné, moins fatigant, par la *crête de Scaldasole* et le *site des Pozzi,* d'anciens lacs en voie d'assèchement (compter malgré tout 7h de marche aller et retour ; pas d'obstacle technique à prévoir de juin à octobre, à part l'état très caillouteux du chemin). Sentier non balisé.

Ski alpin et ski de fond

Malgré des problèmes à répétition, le ***stade de neige du plateau d'Èse*** *(A Nivata),* à 14 km de Bastelica par la D 27a, fonctionne en hiver, plus ou moins longuement en fonction de l'enneigement. Mais le coin est mieux adapté à la pratique du ski de fond ou de randonnée ou des raquettes, avec des parcours faciles conduisant sous les hêtres à la pointe de la *Cuperchiata* (la « tortue », du nom d'un bloc insolite à la carapace de granit) et au col de *Foce d'Astra* (petit refuge sommaire).
En été, le plateau n'a certes pas été embelli par ces aménagements, mais on appréciera malgré tout de monter à la *Cuperchiata* (50 mn d'ascension sous les

hêtres en suivant le téléski ; plateau perché très agréable offrant une vue extraordinaire) ou, comme expliqué plus haut, au *monte Renoso.*

LE HAUT TARAVO / TARAVU

Le Taravo *(Taravu),* qui finit son existence entre Porto-Pollo et Olmeto-Plage, a façonné dans la partie haute de la vallée (entre Petreto-Bicchisano et le col de Verde) de magnifiques paysages. D'Ajaccio, prendre la T 40 et la quitter sur la gauche, avant Grosseto, pour Santa-Maria-Sicchè.

SANTA-MARIA-SICCHÈ (20190) 360 hab.

À 35 km à l'est d'Ajaccio, à gauche de la route menant à Propriano. On entre dans la vallée du Taravo, l'une des plus grandes de Corse. L'air y est pur et on y est tranquille. Le village a vu naître Vanina d'Ornano, qui épousa Sampiero Corso. Celui-ci l'étrangla, la soupçonnant de trahison. Sa maison natale, du XVe s, se trouve un peu plus loin que l'église. À proximité, sur la route de Vico, les ruines d'une maison fortifiée construite, dit-on, par Sampiero.

Où dormir ? Où manger ?

Hôtel Le Santa Maria : *au centre du village. ☎ 04-95-25-70-29. • info@santa-maria-hotel.com • santa-maria-hotel.com • Tte l'année. Doubles avec TV satellite 80-97 € selon confort et saison, petit déj compris. ½ pens possible. Menu 20 €. Parking.* Établissement traditionnel, assez Corse profonde, et le patron et l'hôtel (grande et solide bâtisse aux chambres sobres et propres) sont bien du pays aussi. Fait aussi resto : cuisine familiale.

Où dormir dans les environs ?

Gîtes ruraux

Gîtes de Mme Véronique Cianfarani *(Gîtes de France) : à* ***Prugna*** *(à 1 km au sud de Grosseto). Résas auprès des Gîtes de France : ☎ 04-95-10-54-30/31. Fax : 04-95-10-54-38. Avr-déc. 2 gîtes pour 4-6 pers 280-310 €/sem en basse saison à 440-590 €/sem en juil-août. Promotion : pour 2 sem louées en basse saison, la 3e est offerte !* Noble bâtisse de granit très bien rénovée et d'un confort presque cossu. Environnement verdoyant. 2 gîtes de 41 et 52 m², respectivement en rez-de-jardin et au 2e étage, avec chacun séjour-cuisine (convertible 2 places), 2 chambres avec lit double, salle de bains et w-c indépendants, prise TV, lave-linge et lave-vaisselle, cheminée. Draps, chauffage et bois en sus. Là encore, un rapport qualité-prix très performant. Bon, c'est vrai, la mer est un peu loin, mais piscine et rivière à 5 km. Commerces à Grosseto, à 1 km. Animaux acceptés.

ZICAVO / ZICAVU (20132) 245 hab.

À 27 km de Santa-Maria, à 800 m d'altitude et entouré de montagnes, Zicavo, dans le haut Taravo, est sur la ligne de partage des eaux. Pays de châtaigniers et de hêtres, le maquis est constellé de vieux hameaux aux maisons

de granit. Un petit paradis pour les randonneurs. Le village, bâti en amphithéâtre, est immense et s'anime en été. L'eau murmure dans les caniveaux, le regard se perd dans la vallée, tout semble si reposant tout d'un coup...

Arriver – Quitter

➢ ***De/vers Ajaccio :*** *Transports Santoni (☎ 04-95-22-64-44).* De la gare routière, 1 liaison/j. tte l'année (sf dim et j. fériés). Trajet : 1h30.

Où dormir ? Où manger ?

🏠 🍽 ***Chambres d'hôtes et gîtes ruraux Le Paradis :*** *sur la D 69 (route du col de Verde en direction du plateau de Coscione). ☎ 04-95-24-41-20. • pirany.louise@orange.fr • zicavo-paradis.com • Tte l'année. Double 62 €, petit déj inclus. Repas env 20 €. CB refusées.* Un ancien gîte d'étape qui propose 5 chambres doubles confortables. Les groupes peuvent être accueillis dans 2 gîtes ruraux. Coin cuisine. Bonne table. Charcuterie maison, légumes du potager.

🏠 🍽 ***Chambre d'hôtes A Casella, chez Jacques-Philippe Giorgi :*** *Acqua-di-Maria, à 200 m du village. ☎ 04-95-24-44-03. 📱 06-87-56-82-55. • giorgi@wanadoo.fr • acasella.e-monsite.com • D'avr à mi-oct. Compter 80 € pour 2. CB refusées. Apéritif offert sur présentation de ce guide.* Dans la maison (moderne) des propriétaires, entourée d'un grand jardin, 1 seule et unique chambre (entrée indépendante). Séjour avec cheminée, que l'on partage avec les propriétaires. Excellent petit déjeuner avec confitures maison. Beaucoup d'activités nature à proximité et plein de conseils avisés pour profiter du grand air de Zicavo.

🍽 ***Le Pacific Sud :*** *à la sortie du village, tt en haut, direction Aullène. ☎ 04-95-24-41-37. • pacific-sud@orange.fr • Avr-oct, tlj midi et soir. Menu 19 € ; pizzas 8-11 €. Carte 20-25 €. CB refusées.* Adresse conviviale où randonneurs et campeurs viennent se régaler de quelques bonnes spécialités insulaires (saucisse de veau, Corsica burger) ou de copieuses pizzas au feu de bois. Beaucoup d'animation en saison.

Où dormir ? Où manger dans les environs ?

🏠 🍽 ***Auberge A Filetta :*** *à **Cozzano,** à 5 km au nord-est de Zicavo, le long de la D 757. ☎ 04-95-24-45-61. • renucciauberge@wanadoo.fr • auberge-afiletta.com • Congés : de mi-oct à mi-avr. ½ pens 90 € pour 2 en chambre double. Menus 16-17 €. CB refusées. Wi-fi. Digestif offert sur présentation de ce guide.* La grande terrasse fleurie et l'accueil discret mais chaleureux de Mme Renucci charment le touriste sensible. Des chambres simples vraiment pas chères, des plats corses classiques et authentiques (comme l'entrecôte aux cèpes), c'est tout ce qu'on demande. Piscine.

🏠 ***Gîtes de Mme Anita Renucci*** *(Gîtes de France) : lieu-dit A Filetta, à **Cozzano.** Résas auprès des Gîtes de France : ☎ 04-95-10-54-30/31. • gites-anita-renucci.com • Sur place : ☎ 04-95-24-44-57. Tte l'année. En basse saison, 250-260 €/sem ; en moyenne saison, 300-350 €/sem ; juil-août, 400-450 €/sem. Possibilité de résa au w-e. Apéritif offert sur présentation de ce guide.* Situé en montagne, à 750 m d'altitude, Cozzano est le village idéal pour les promenades en pleine nature. Les propriétaires, exploitants agricoles, vous indiqueront les meilleurs itinéraires, vous accueilleront dans leur exploitation avec chevaux, vaches et cochons, et vous feront goûter leur production de charcuterie. 5 gîtes de 50 à 68 m² pour 5 personnes avec séjour-cuisine, 2 chambres, salle d'eau et w-c. Ils sont équipés de lave-linge, micro-ondes et possèdent terrasse avec salon de jardin et barbecue. Petit plus : les draps et le linge sont fournis gratuitement. Animaux bienvenus.

Bergerie de Basseta : *route de Saint-Pierre (D 428). 06-27-25-95-33. • reservation@bergeriedebasseta.fr • bergeriedebasseta.com • À 15 km de Zicavo. Direction col de Vaccia, puis, à 8 km de Zicavo, embranchement à gauche vers le plateau du Coscionu ; l'auberge se trouve à 7 km de là, en contrebas de la route (mais à 1 360 m d'altitude !), à gauche. Pour les randonneurs, le GR 20 est à 1h de l'auberge, depuis le col de l'Agnone en venant du nord et depuis la passerelle en venant du sud (fléchage). 15 avr-15 oct. ½ pens 33,50 € en bivouac et 38,50-43,50 € en dortoir ou en chalet. Menu 24,50 €. CB refusées.* Une halte bien sympathique. Pour le gîte, dortoir de 11 personnes, bergerie pour 8 personnes et 4 chalets pour 6 personnes. À table, une vraie cuisine corse à base de bons produits du pays (charcuterie, cabri, fromages, confitures...). On se régale.

Ferme-auberge Col de la Vaccia (Gîtes de France) **:** *col de la Vaccia, 20140* ***Olivese.*** *06-43-62-55-62. • coldelavaccia@orange.fr • Sur la D 69, à 13 km de Zicavo et à 12 km d'Aullène, à la limite entre le Taravo et l'Alta Rocca. 15 avr-15 oct, tlj. Compter 70 € pour 2. En ½ pens, ajouter 30 €/pers. Menus 20-30 €. CB refusées. Digestif ou café offert sur présentation de ce guide.* Maison ancienne en pierre, à l'intérieur rénové par les propriétaires eux-mêmes, exploitants agricoles. Magnifique vue panoramique sur la vallée et les montagnes ; par beau temps, jusqu'au mont Cinto. 4 chambres équipées de 1 lit double et 1 lit simple, avec salle d'eau et w-c privatifs. Terrain clos et arboré avec salon de jardin. Prévoir une petite laine (on est à 1 150 m d'altitude). Bon accueil.

Randonnée pédestre

➢ Au départ de Zicavo, une boucle de 2 jours passant par ***Cozzano, Tasso*** et ***Guitera,*** puis retour à Zicavo. Dans chacun de ces villages, des ***gîtes d'étape*** bien connus des randonneurs du Mare a Mare Centre. En pleine saison, il vaut mieux réserver. On aime bien, en particulier, les deux que voici :

Gîte Bella Vista : *à* ***Cozzano*** *(20148). ☎ 04-95-24-41-59. • gitepantalacci@aol.com • gitecozzanohebergementcorse.com • De début avr à mi-oct. Compter 16,50 €/pers en gîte et 46 € en chambre (1-2 pers) ; petit déj 5,50 €.* L'un des plus grands gîtes du sentier, avec des chambres collectives de 6 lits et 3 doubles. Allez donc faire un tour au resto quelques mètres plus bas, également tenu par Baptiste Pantalacci et sa famille, proprios du gîte, très sympas et qui connaissent bien la région. Cuisine équipée et salle à manger. Possibilité de planter sa tente *(8,50 €/pers).*

Pour reposer vos jambes, vous pouvez, du gîte, vous rendre à la source d'eau très chaude de *Guitera-les-Bains* : la source a été captée pour alimenter l'ancien lavoir du village. Compter 30 mn de marche.

Gîte d'étape et ferme-auberge chez Paul-Antoine : *U Scalonu, chez Paul-Antoine Lanfranchi, 20153* ***Guitera.*** *☎ 04-95-24-44-40. 06-84-22-40-47. • chezpaulo@wanadoo.fr • chez-paul-antoine.com • Presque tte l'année (sur résa), sf vac scol de la Toussaint. Nuitée en dortoir 20 €/pers. ½ pens 46 €/pers. Menus 18-25 €. CB refusées. Digestif offert sur présentation de ce guide.* Un gîte chaleureux et agréablement situé. Après un petit verre sous la tonnelle (quittez-la sans regret, vous y reviendrez pour le digestif !), on passe à table, et là, on en a plein les papilles, parce que, en plus d'être copieux, c'est très bon (charcuterie maison et produits du terroir) ! Un bon moment passé en compagnie de Paul-Antoine et Geneviève, qui visiblement aiment ce qu'ils font. Une vingtaine de lits. Possibilité de planter sa tente à quelques mètres de là *(8 €/pers, avec accès aux commodités du gîte).*

LE GOLFE DU VALINCO ET LE SARTENAIS

Une région superbe, qui profite des grandes plages du golfe du Valinco et de l'animation estivale de Propriano. Sans oublier l'arrière-pays montagneux où Sartène, « la plus corse des villes corses », fait figure de petite capitale de caractère. Et l'on est par ailleurs à deux pas des splendeurs de l'Alta Rocca, via Sainte-Lucie-de-Tallano.
Le Valinco est un golfe large et très profond, qui offre des facettes très variées. Au nord, la petite station de Porto-Pollo, précédée de plages tranquilles et familiales. Au sud, au creux du golfe, Propriano, son port, ses restaurants et ses plages. Et puis, à l'extrême sud-ouest de la côte, la petite station de Campomoro, sa généreuse plage et ses habitués qui voient en cette étroite route en cul-de-sac un havre de paix (surtout hors saison).

PORTO-POLLO / PORTI PODDU

(20140 ; commune de Serra-di-Ferro)

À 18 km de Propriano, ce petit village, autrefois modeste hameau, offre une vue sublime sur le golfe du Valinco. L'explosion du tourisme a fait de ce patelin une vraie petite station balnéaire, la plus prisée du golfe en fait, avec son petit port, ses quelques hôtels et résidences hôtelières, et sa gentille animation nocturne. Mais bon, c'est encore bien tranquille. Quelques bateaux de pêche et des voiliers se balancent mollement dans le port si bien abrité. Le « port trouble », c'est la traduction de son nom. On ne sait pas pourquoi, car les eaux de ses plages sont particulièrement limpides, parfaites pour les familles. Le soleil se fait plus doux, le vent se calme. Porto-Pollo a fait son nid dans un recoin de la côte et invite à la sieste.

Arriver – Quitter

➢ ***De/vers Ajaccio :*** avec *Ricci Marcel Transports* (☎ 04-95-77-77-77). D'Ajaccio (via Bisinao et Pila Canale), en juil-août, 1 départ/j. l'ap-m, même dim et j. fériés ; retour vers Ajaccio le mat ; hors saison, également 1 départ/j. sf dim et j. fériés. Trajet : 1h15-1h30.

➢ ***De/vers Sartène :*** toujours avec *Ricci Marcel Transports.* 1 départ/j. dans les 2 sens (sf dim hors saison).

Adresse utile

@ ***Café Les Oliviers :*** *sur la gauche, dans le centre du village.* Jolie terrasse équipée du wifi et quelques ordinateurs à l'intérieur. Seule exigence, y boire un coup. Normal !

Où dormir ? Où manger ?

Les Eucalyptus : *sur la droite en entrant dans le village, donc côté rue. ☎ 04-95-74-01-52. • sarlleseucalyptus@gmail.com • hoteleucalyptus.com • Congés : début oct-22 avr. Selon saison et confort, doubles 56-155 € ; également des triples et des quadruples. (parties communes).* Structure d'une trentaine de chambres, sur 3 étages, située en retrait de la route et en hauteur, ce qui assure le calme en plus d'une vue superbe sur la baie. Jolies chambres confortables et modernes, toutes avec sanitaires impeccables, TV, AC, coffre. Intéressant pour les terrasses avec vue. Les autres avec balcons. Quelques chambres standard donnent sur l'arrière (les moins chères). Le tout au milieu d'un beau jardin fleuri de bougainvillées et de lauriers. La plage est à 1 mn, en traversant la petite route. Tennis. Grand parking en contrebas. Accueil prévenant.

Hôtel Le Kalliste : *dans le centre, côté route. ☎ 04-95-74-02-38. • hotel.lekalliste@orange.fr • lekalliste.fr • D'avr à mi-oct. Compter 68-150 € pour 2 selon saison et type de chambre (sans ou avec terrasse) ; petit déj inclus juil-août (sinon 10 €).* L'hôtel est en bord de route, certes, mais c'est plutôt calme le soir (la route est un cul-de-sac et il y a un double vitrage). Chambres sobres, impeccables, toutes avec sanitaires et la plupart avec AC (sauf celles sur l'arrière donnant sur le petit jardin). À noter que les supérieures disposent d'une terrasse avec fausse pelouse et transats. Même si l'on se sent un peu à l'étroit (pas d'espaces verts à disposition), l'établissement tient bien sa place dans l'hôtellerie locale, et le bon accueil de Stella fait le reste. Restaurant (le soir).

Les Figuiers : *dans le centre, 300 m avt le port. ☎ 04-95-70-13-30. 06-07-62-76-38. • menage.dominique@wanadoo.fr • lesfiguiers.com • Mars-nov. Selon saison, compter env 280-560 €/sem pour un studio 2 pers et 560-1 300 €/sem pour un appart 4 pers ; également un très grand appart pour 4-6 pers au rdc de la maison 950-2 010 €/sem selon saison ; loc au w-e possible hors saison (2 nuits) dans un studio 2 pers. Réduc de 3 % sur la loc (min 1 sem) au moment de la résa sur présentation de ce guide.* Cette maison corse de caractère, tout en pierre et aux volets lilas, a été joliment restaurée. On y trouve 2 appartements décorés avec soin, comportant chacun 2 chambres, cuisine équipée, salle de bains, et balcon donnant sur la baie. Également une poignée de studios tout confort, dont 2 avec vue. Le grand appartement comprend 2 salles de bains et une grande terrasse sur le devant (en léger surplomb de la route). À l'extérieur, salon de jardin, 2 barbecues et petite cuisine à disposition à l'ombre des oliviers. Lave-linge. La plage est juste de l'autre côté de la route. Une demeure calme et pourtant au cœur du village.

Casa Murina : *tt au bout du village, en arrivant au niveau du port, fléché sur la droite (c'est à 100 m). ☎ 04-95-76-09-31. • casa-murina@orange.fr • casa-murina.com • Avr-nov. Selon saison, doubles standard 100-210 €, suites 150-265 € ; petit déj non compris.* Une vingtaine de chambres dans cet établissement récent bien au calme, moderne et coloré, toutes offrant une vue côté mer, plus ou moins visible selon les chambres. Équipement de qualité, aménagement réalisé avec goût et grande terrasse sur le devant. Plaisant salon d'accueil. L'hôtel est très axé sur le tourisme durable et l'écoresponsabilité. Une initiative à saluer.

Hôtel Le Golfe : *sur le port*

même, tt au bout du village. ☎ 04-95-74-01-66. • legolfe@gmail.com • hotel-porto-pollo.com • De mi-mars à début nov. Chambres standard 115-350 € selon saison ; petit déj 19 € ! Formule déj sf dim 16,50 € ; le soir, menu 29 € ; carte env 45 €. Ce très chic et moderne établissement, superbement équipé et offrant d'impeccables prestations (chambres lumineuses, avec AC et petite terrasse), n'est pas vraiment dans notre gamme de tarifs, mais il s'avère d'un bon rapport qualité-prix hors saison. Sur l'arrière, une petite piscine chauffée avec quelques transats et un hammam. *La Cantine du Golfe,* le resto de l'hôtel, est également une bonne table. La formule du midi notamment, que l'on prend sur l'élégante terrasse, sur le port, a parfaitement répondu à nos attentes. Plats essentiellement tournés vers la mer et joliment présentés. Accueil professionnel.

I●I *A Pignata :* *dans le centre du village. ☎ 04-95-24-77-95. • apignata2a@gmail.com • Avr-fin oct. Plats 19-29 €. Digestif offert sur présentation de ce guide.* S'il fallait retenir une adresse à Porto-Pollo, ce serait sans doute celle-ci, pour la fraîcheur du poisson (mérou, saint-pierre, rouget...), généralement issu de la pêche locale. Carte courte (4-5 propositions d'entrées et de plats), ambiance gastro et cuisine inventive à partir de bons produits (légumes du potager). Agréable terrasse directement en surplomb de la plage. Bon accueil.

Où dormir ? Où manger dans les proches environs, sur les hauteurs ?

⌂ I●I *Auberge U Mulinu Di Calzola :* *pont de Calzola, 20140* ***Casalabriva.*** *☎ 04-95-24-32-14. 📱 06-84-79-21-86. • romain.ventre@icloud.com • umulinu.net • De mi-avr à fin oct. Resto ouv le soir slt. Doubles 72-99 €. Possibilité de ½ pens, 35 €/pers en plus. Carte env 40 €.* Très joli site, en bordure du Taravo sauvage, et une grande bâtisse corse, ancien moulin entièrement retapé. De bien belles chambres, donc, avec bonne literie, douche, clim et w-c. Quelques-unes donnent sur la rivière. Petit déj servi sur la terrasse. Le resto se révèle de qualité sous la houlette d'un chef qui maîtrise son affaire. Plats classiques, type tripettes de veau, civet de sanglier, cannellonis au *brocciu,* sauté de veau à la Pietra... Vins bien choisis. Bon accueil.

⛺ ⌂ I●I *Domaine Kiesale Abbatucci* *(Gîtes de France)* ***et Restaurant Le Frère :*** *pont de Calzola, 20140* ***Casalabriva.*** *☎ 04-95-24-36-30. 📱 06-67-57-78-39. • restaurantlefrere@gmail.com • domainekiesale@gmail.com • domainekiesale.com • À env 10 km de Porto-Pollo : suivre la D 757 vers Petreto-Bicchisano en longeant le Taravo ; à droite au carrefour de Calzola, passer le pont (étroit), puis tourner à gauche ; c'est 500 m plus loin. Pâques-Toussaint (camping et resto). Resto fermé mar, sf juil-août. Au camping, compter 18,50 € pour 2 avec tente et voiture ; également 3 gîtes pour 2-4 pers 310-490 € selon saison. Sur le même domaine, le resto* Le Frère *: repas complet env 40 €.* En pleine nature, sous les oliviers et les chênes-lièges, voici une aire naturelle de camping particulièrement bucolique, équipée simplement mais suffisamment. Les gîtes profitent du même environnement. Paysage de hautes collines et maquis de la vallée du Taravo. Côté resto, on se régale avec de bien belles grillades au feu de bois. La Vache et le Veau Tigre, emblématiques du domaine, sont bien présents sur la carte, et l'agneau du domaine n'est pas en reste. Bons desserts maison. Vin du domaine.

I●I *Restaurant U San Petru :* *au cœur du village de* ***Serra-di-Ferro.*** *📱 06-19-94-79-95. • khistine@hotmail.fr • Avr-sept, ouv tlj midi et soir. Chants corses certains soirs (appeler pour infos). Formule à midi 13 € (entrée, plat et café) ; menus 20-25 €.* La terrasse, en léger surplomb de la placette, ombragée par un généreux olivier et offrant une vue bien dégagée, se révèle bien tentante. Et on s'est laissé tenter. La viande était grillée comme il faut, fondante à souhait, et le dessert était simple et bon. On est redescendus dans la vallée en chantant. Une halte sympathique et régulière en qualité.

Où dormir à Olmeto-Plage (sur la route de Porto-Pollo) ?

Dépendant de la commune d'Olmeto (village situé en semi-altitude au-dessus de Propriano), Olmeto-Plage est en fait une côte constituée de nombreux petits bouts de plage, plus ou moins grands, en chemin vers Porto-Pollo. Sur plusieurs kilomètres, on trouve plusieurs *campings* qui se trouvent tout au long de la route D 157, cette dernière débutant dans un virage où l'on laisse la T 40 (Ajaccio-Propriano), à 4,5 km de Propriano et à 13,5 km de Porto-Pollo. Nous avons classé les campings selon leur distance depuis Porto-Pollo, du plus proche au plus éloigné.

Campings

U Libecciu : *D 157, à 8,5 km de Porto-Pollo, sur la droite. ☎ 04-95-74-01-28. • campingulibecciu@orange.fr • campingpropriano.eu • Avr-oct. Compter env 25 € pour 2 avec tente et voiture ; nombreux bungalows env 320-880 €/sem selon taille et saison.* Grand camping bien ombragé, organisé en multiples terrasses en surplomb de la route de Porto-Pollo. Calme et bien équipé. Piscine chauffée, machine à laver. Bon accueil. Plage à 250 m (de l'autre côté de la route).

Camping Campitello, chez Antoine : *D 157, à 11,5 km de Porto-Pollo, côté mer. ☎ 04-95-76-06-99. • campingantoine@orange.fr • Avr-oct. Compter env 19-26 € pour 2 avec tente et voiture ; quelques bungalows au-dessus du camping, mais ils restent discrets : 360-750 €/sem pour 5 selon saison.* Le gros avantage de ce camping est qu'il se situe directement sur la plage. Seule une haie de verdure naturelle (qui protège bien du vent) vous sépare du sable. Terrain plat et bien ombragé, notamment sur la gauche en arrivant (eucalyptus, genêts, lauriers...). Également quelques zones sans ombre. Blocs sanitaires un peu anciens certes, mais propres. Minisnack au-dessus du camping. Une adresse simple et assez peu aménagée, ce qui lui confère un certain calme.

Camping L'Esplanade : *D 157, à 12,5 km de Porto-Pollo. ☎ 04-95-76-05-03. • campinglesplanade@gmail.com • campingesplanade.com • Avr-oct. En été, env 26,50 € pour 2 avec tente et voiture ; également des bungalows 390-1 096 €/sem pour 4-5 selon saison.* Sur 5 ha, un site charmant, très en pente et en terrasses, à l'ombre des chênes, des pins et des oliviers. Le camping propose toutes sortes d'hébergements de qualité (bungalows, cabanons, roulottes, tentes-*lodges*...), tous avec sanitaires (sauf les tentes). 2 espaces campeurs avec blocs sanitaires absolument impeccables. Jolie piscine à débordement tout en haut du camping et vue extraordinaire. Gentille atmosphère familiale, qu'apprécient les habitués. Alimentation, restaurant *(début juin-sept)* et accès direct à la plage en contrebas en une dizaine de minutes à pied.

Camping Vigna Maggiore : *D 157 (et aussi T 40), à 13,5 km de Porto-Pollo, au niveau de la bifurcation avec la T 40, juste en surplomb. ☎ 04-95-74-62-02. 06-20-55-51-78. • contact@vignamaggiore.com • vignamaggiore.com • Mai-sept. Compter, en juil-août, env 25 € pour 2 avec tente et voiture ; bungalows et chalets 4-6 pers 395-1 150 €/sem.* Situé légèrement sur les hauteurs, le camping s'étage en terrasses sur plusieurs hectares et propose des emplacements bien délimités, ce qui n'est pas si fréquent. Le côté étagé permet d'offrir une vue dégagée de partout. Très nombreux chalets de toutes tailles, tous avec barbecue extérieur. Petite épicerie. Sympathique piscine ovale, prolongée par une belle terrasse avec vue plongeante.

⛺ **Camping Raslbol :** *juste à l'entrée d'Olmeto-Plage, côté route. ☎ 04-95-74-04-25. • infos@raslbol.com • raslbol.com • D'avr à mi-oct. Compter, en juil-août, 27 € pour 2 avec tente et voiture ; bungalows 2 pers 350-910 €/sem, 4 pers 441-910 €/sem selon saison ; loc à la nuit possible.* Un vaste espace sous de hauts pins, tout plat et parfaitement ombragé. Blocs sanitaires propres. Machine à laver. Beaucoup d'habitués. Pas le grand charme mais la plage est juste de l'autre côté de la chaussée.

Hôtel

Hôtel-résidence Abbartello : *Olmeto-Plage. ☎ 04-95-74-04-73. • hotelabbartello@wanadoo.fr • hotelabbartello.com • De mi-mai à fin oct. Doubles 112-230 € selon saison et standing ; minivillas 480-1 200 €/sem (type T2, 2-4 pers) et 610-1 370 €/sem (type T3 ; 6 pers).* Un hôtel chic, avec pas mal de style, niché dans un édifice moderne et plutôt élégant. Chambres épurées et très agréables (AC, toilettes séparées, peignoir...), toutes dotées d'une terrasse donnant directement sur la mer. Avantage appréciable et apprécié : on est les pieds dans l'eau, et la crique en contrebas est absolument adorable. Bar-resto fort bien aménagé, dans une zone ombragée. Terrasse en surplomb pour dîner tranquillou. De l'autre côté de la route, c'est une résidence avec des minivillas qui sont proposées, sous la pinède, toutes très bien équipées.

Où acheter du vin ?

A Cantina : *au lieu-dit Vettrichionu, un peu après Stilliocionu, 20123* ***Cognocoli-Monticchi.*** *☎ 04-95-24-35-54. • vaccelli@aol.com • De Porto-Pollo, prendre la route de Pila-Canale. En saison, tlj 9h-12h30, 15h30-19h30 (dim, souvent slt le mat). Personnalisation des bouteilles, par gravure sur verre, offerte sur présentation de ce guide.* *Cantina* signifie « cave » en corse. Et cette *Cantina*-là abrite de belles bouteilles, comme celles du domaine de Vaccelli. Les propriétaires possèdent 28 ha de vignes et produisent des vins dans les 3 couleurs. Le domaine de Vaccelli travaille en biodynamie. Visite de la cave sur rendez-vous et dégustation gratuite. Le muscat et le vin de pêche valent également le détour. Bon accueil.

À faire

Belle et grande ***plage,*** entre Porto-Pollo et Olmeto-Plage, étroite mais très longue, à laquelle on accède (entre autres) par le chemin de terre à gauche à l'entrée du village (fléchage camping).

Plongée sous-marine

La côte sauvage de Porto-Pollo et le grand golfe du Valinco offrent des fonds aux reliefs granitiques exubérants et vraiment superbes. Les plongeurs sont ravis d'y contempler sans compter la vie sous-marine dense et colorée.

Clubs de plongée

■ **Porto-Pollo Plongée :** *dans l'enceinte de l'Hôtel du Golfe, sur le port. 📱 06-85-41-93-94. • portopollo-plongee.fr • Avr-nov. Résa conseillée. Baptême env 50 €, plongée env 47 €, équipement compris ; forfaits dégressifs 3, 6 et 10 plongées.* Ce petit centre (FFESSM), encadré par Patrick et son équipe, propose baptêmes et formations. Explorations sur les meilleurs spots du golfe, que l'on rejoint en bateau confortable. Bonne ambiance et formateurs sérieux. Initiation pour les enfants, randonnées palmées (*snorkelling*), et plongée au *Nitrox* pour les confirmés. Et, en plus, on ne porte même pas les bouteilles ! Hors saison, formules hôtel + plongée.

■ ***Association Subaquatique du Taravo*** *(AST)* **:** *sur la droite dans le centre, c'est dans une petite maison blanche aux volets bleus, un peu avt d'arriver au port.* ☎ *06-09-06-00-30 ou 06-10-63-33-89.* • *laurentcarducci@hotmail.com* • *ast-plongee-portopollo.com* • ♿ *Juin-sept. Résa conseillée. Baptême env 45 €, plongée env 32 € selon équipement, snorkelling env 25 € ; forfaits dégressifs 6-10 plongées.* Un petit club (FFESSM) sympathique, tenu avec sérieux par Alain et Laurent Carducci depuis plus de 3 décennies. Au programme : baptêmes et formations jusqu'au niveau III. Équipement complet fourni. Ambiance amicale.

Nos meilleurs spots

Le rocher de Taravo : juste devant Porto-Pollo. Idéal pour les baptêmes et le *snorkelling.* Exploration aisée de ce joli caillou (de 3 à 10 m de fond) avec les classiques compagnons de plongée de la Méditerranée en pleine forme : girelles, sars, saupes, castagnoles, rascasses, murènes...

Également les fameuses cathédrales, pics rocheux qui s'élancent de - 50 à - 18 m, très riches en gorgones. Superbe qualité de corail rouge autour de - 30 m. Question faune : dentis et mérous. Et puis également la Petite Vallée, où les beaux mérous ont élu domicile. Super pour les niveaux I. Plusieurs autres plongées à proximité.

Voir aussi « Plongée sous-marine. Nos plus beaux spots dans le golfe du Valinco » à Campomoro.

SOLLACARO / SUDDACARO (20140) 340 hab.

À l'écart de la T 40 mais sur la route entre celle-ci et Porto-Pollo, un village qui s'enorgueillit de posséder le site de Filitosa, mais aussi d'avoir compté parmi ses habitants un certain Alexandre Dumas, venu ici chercher l'inspiration pour écrire son roman *Les Frères corses.* Début août, foire artisanale et agricole.

Adresse utile

ℹ ***Syndicat d'initiative :*** *à proximité de l'entrée du site de Filitosa.* ☎ *04-95-74-07-64. Ouv en été (horaires fluctuants d'une année sur l'autre).* Bonne doc sur toute la région.

Où dormir ?

Plusieurs gîtes disséminés dans la vallée du Taravo, à proximité du site préhistorique. Les plages (Porto-Pollo, Propriano) ne sont pas loin (à 15-20 mn en voiture).

Chambres d'hôtes et gîtes ruraux

Chambres d'hôtes, chez Annita Torres *(Gîtes de France)* **:** *lieu-dit*

Cigala, ***Filitosa,*** *commune de Sollacaro (fléché sur la droite 3 km avt Calvese). ☎ 04-95-74-29-48. 📱 06-62-43-13-69. • annitat20@orange.fr • À 3 mn du site préhistorique de Filitosa par la D 57 (direction Sollacaro). Tte l'année. Compter 80 €/nuit pour 2, petit déj compris. CB refusées.* Au rez-de-chaussée de la maison des propriétaires, 3 chambres d'hôtes (1 avec 1 lit double et 2 avec 2 lits simples), toutes avec sanitaires, ventilo et TV. Accès indépendant. Séjour, coin salon et cheminée communs aux hôtes et aux propriétaires. Ensemble particulièrement soigné et grande gentillesse d'Annita. Petit déj servi sur la terrasse, d'où l'on embrasse une vue extra sur la vallée et le golfe du Valinco. Terrain clos de 1 ha, salon de jardin pour chaque chambre, cuisine d'été, barbecue avec pergola et coin repas.

Gîtes de Tappa *(Gîtes de France) :* *chez Jean-Laurent et Dominique Colonna d'Istria,* ***Tappa,*** *commune de Sollacaro. Résas auprès des Gîtes de France : ☎ 04-95-10-54-30/31. Fax : 04-95-10-54-38. À 1,5 km du site préhistorique de Filitosa (D 457). Tte l'année. Hors saison, 305 €/sem ; juin et sept, 429 €/sem ; juil-août, 632 €/sem.* Cette bâtisse de granit a brûlé en... 1700 ! C'est un ancien moulin à huile rénové, qui possède tout le charme des vieilles habitations de caractère, ajouté à celui de la campagne environnante. Grand calme et vue dégagée (sur un bout de mer depuis les chambres). 2 gîtes mitoyens identiques de 50 m², sur 2 niveaux, avec séjour-cuisine (convertible 2 places), 2 chambres (lit double et 2 lits), douche et w-c. Très bon équipement : lave-linge, lave-vaisselle, micro-ondes, congélateur, téléphone, cheminée (bois fourni), TV. Location des draps en sus. Vaste terrain et terrasse avec salon de jardin et barbecue. Bon accueil des proprios, Jean-Laurent et Dominique, exploitants agricoles. Commerces et mer à 7 km. Bref, un bon plan de vacances confortables à prix démocratiques.

Gîtes ruraux Les Oliviers, chez Paul et Marie-Rose Luccioni *(Gîtes de France)* **:** *à* ***Filitosa,*** *commune de Sollacaro. Résas auprès des Gîtes de France : ☎ 04-95-10-54-30/31. Infos auprès des proprios : ☎ 04-95-74-00-98. À 1 km du site de Filitosa, sur la D 57 direction Sollacaro. Tte l'année. Hors saison, 366 €/sem ; juin et sept, 459 €/sem ; juil-août, 610 €/sem.* Dans une maison ancienne, agrandie et rénovée, en pierre taillée, en dehors du village, 2 gîtes (de 45 m²) pour 2 personnes, au rez-de-chaussée de la maison des propriétaires, des gens avec qui on prend parfois l'apéro, avec plaisir. Séjour-cuisine (convertible 2 places), chambre avec lit double, lit pliant possible, douche et w-c. Bon équipement : lave-linge, lave-vaisselle, congélateur, micro-ondes, TV... Terrasse et jardin, barbecue. Propriétaires charmants.

Où manger ?

Restaurant Le Moulin Farellacci : *au hameau de* ***Calvese.*** *☎ 04-95-74-62-28. • info@farellacci.com • Calvese est situé au-dessous de Sollacaro, sur la route du site (D 57). En principe, de juin à mi-sept, tlj midi et soir. Plats 14-26 €, pizzas 11-15 € ; menu dégustation 41 € (le soir slt).* On dîne dans le jardin de cette maison typique (avec moulin à huile), vue sur la vallée et sur un bout de mer au loin. Excellente cuisine traditionnelle « à l'ancienne » : tripettes de veau ou jarret de porc au miel. Tout est fait maison, bien sûr, et beaucoup de plats passent par le four à bois, comme les pizzas. On se régale, on prend son temps, c'est une vraie soirée corse. Alex et Vincent entonnent souvent certains de ces chants corses qu'on n'oublie pas.

À voir

Le site préhistorique de Filitosa : *à 5 km de Sollacaro et à 10 km au nord de Porto-Pollo, à l'intérieur des terres. Bien indiqué (D 57). ☎ 04-95-74-00-91.*

• filitosa.fr • Avr-oct, tlj de 8h au coucher du soleil ; nov-mars, sur rdv. Accès au site : 7 €.
Filitosa est l'un des sites préhistoriques les plus importants de Corse, et même de Méditerranée. Il témoigne de plus de 8 000 ans d'histoire. Pendant le Néolithique ancien, des hommes plantent leur campement ici, s'abritant sous les rochers. Un peu plus tard (Néolithique récent, environ 3300 av. J.-C.), d'autres s'installent sur la butte et dressent les premiers menhirs. 1 500 ans plus tard (âge du bronze), les occupants sculptent la pierre (ici des statues-menhirs) et construisent des habitations en dur. Puis Filitosa devient un lieu de culte important, comme l'attestent les autels monumentaux. Ce sont les menhirs sculptés, en tout cas, qui font l'originalité de ce site : ici œuvrèrent les premiers artistes de Corse !

L'INSPECTEUR MÉRIMÉE EN ÉCHEC

Prosper Mérimée, en tournée d'inspection des Monuments historiques de Corse en 1839, ne trouva rien à Filitosa, malgré ses recherches dans le secteur ! Ce n'est qu'en 1946 que Jean Cesari, alors qu'il débroussaillait le terrain de son oncle, Charles-Antoine Cesari, découvrit cinq statues qui s'ennuyaient ferme. Nul doute qu'elles sont très heureuses de toute l'attention qu'on leur porte depuis lors...

Compter 1h environ pour visiter l'ensemble du site, au milieu des oliviers. Dommage qu'il n'y ait pas plus d'explications au pied des différents monuments, mais les quatre bornes audio installées sont bien utiles. Assez peu d'ombre, prévoir couvre-chef et eau. Boutique, bar et point d'information 100 m avant.
– ***Filitosa V :*** un peu après l'entrée, sur le chemin. C'est le nom donné à la statue-menhir la mieux « armée » du site. L'épée du personnage est très bien sculptée. Remarquez la colonne vertébrale sculptée à l'arrière du menhir. Le plus beau mégalithe de toute la Corse.
– ***La clôture cyclopéenne :*** c'est l'entrée du site proprement dit, au pied de l'éperon fortifié. Les gros blocs de pierre sont pour la plupart d'anciens monuments réemployés par les constructeurs de l'enceinte (vers 1600 av. J.-C.).
– ***Le monument central :*** sur la butte principale, des escaliers et des murs de pierre au milieu desquels se dressent de superbes statues-menhirs. Ne pas rater cette mystérieuse statue (Filitosa IX) dont le visage, avec les jeux d'ombre et de lumière, est empreint d'une gravité surprenante. Autour, nombreux abris, puits et habitations. Au centre de cette enceinte fortifiée avaient lieu, selon les archéologues, les rites religieux des occupants : offrandes, prières, incinérations, etc.
– ***L'alignement :*** au pied de la butte, au bout du chemin, cinq menhirs sculptés, en forme de colonne. La statue de gauche est la plus réussie, avec son visage sombre et son bras serrant un poignard. Derrière, un olivier magnifique, vieux de 1 200 ans.
– ***Le musée :*** à l'entrée du site, mais on le visite à la fin. Récemment rénové et agrandi, il présente d'intéressantes vitrines et panneaux explicatifs sur les diverses civilisations qui se succédèrent sur le site. Bouts de poteries, céramiques, quelques bijoux...

L'atelier-boutique Terra e Focu : *à 200 m après le site (quand on vient de la mer). ☎ 04-95-74-09-05. En été, tlj env 10h-19h.* Avec un peu de terre corse et du feu, de ses mains, M. Mondoloni façonne des vases, plats à four et toutes sortes de poteries joliment décorées. On peut le voir travailler normalement les lundi, mardi et mercredi. Agréable terrasse avec quelques tables et chaises en teck.

OLMETO (20113) 1 215 hab.

Entre Filitosa et Propriano, sur la T 40 (route d'Ajaccio). Le village corse typique, accroché à flanc de montagne. En le traversant, la route

Ajaccio-Propriano lui a sérieusement écorné son calme, mais ceux qui prendront le temps de s'y arrêter, de fouiner dans ses ruelles à l'écart du passage, en contrebas de la route, seront récompensés. Quelques venelles, des impasses, de hautes maisons de granit... À Olmeto, le temps n'existe plus, on y croise Colomba et ses sœurs (la vraie Colomba, de Fozzano, mourut à Olmeto)... Quant à Olmeto-Plage, qui n'est pas un village, c'est en fait la façade maritime du village, qui s'étend entre Propriano et Porto-Pollo. On y trouve notamment des campings, que nous avons classés dans les environs de Porto-Pollo.

Adresses utiles

Office de tourisme *(antenne de l'office de tourisme intercommunal du Sartenais Valinco)* **:** *dans la descente de l'église, derrière la mairie et sur le flanc gauche de l'église.* ☎ *04-95-74-65-87.* • *lacorsedesorigines.com* • *En été, ouv en principe lun-ven 9h-12h30, 15h30-18h (ou 19h) ; mai-juin et sept, lun-ven 10h-17h.* Petit office bien pratique et assez riche en doc.

***Ravitaillement et petits bobos* :** on trouve dans le village une boulangerie *(Point chaud)*, une épicerie, une boucherie. Également une pharmacie sur place.

***Boutique U Paese* :** vente de produits régionaux juste à côté du resto *Chez Antoine* (c'est sa maman qui tient la boutique), histoire de refaire le plein d'énergie. Charcuterie maison.

Où dormir ? Où manger ? Où boire un verre ?

***Hôtel L'Aiglon* :** *sur la T 40, cours Balisoni, en plein centre.* ☎ *04-95-74-66-04.* • *laiglonolmeto@orange.fr* • *hotel-aiglon.fr* • *Congés : nov-mars. Doubles 70-75 €, petit déj compris ; quadruples 94-100 €.* Dans une jolie bâtisse ancienne en pierre, un gentil hôtel-bar de village, qui a une âme, vraiment idéal pour les randonneurs et tous les routards qui se respectent. Une petite dizaine de chambres sobres, très propres et impeccablement tenues, toutes avec sanitaires privés et AC. En hiver, téléphoner. Bon rapport qualité-prix et accueil aimable.

***Maison d'hôtes Villa Les Orangers* :** *au centre d'Olmeto, pl. Foata, juste en contrebas de la route principale.* ☎ *04-95-77-25-79.* • *villalesorangers.olmeto@aol.fr* • *villalesorangers-olmeto.com* • *Congés : oct-avr. Selon saison, doubles 80-120 €, suites 100-165 €. Digestif offert sur présentation de ce guide ainsi que 10 % de remise sur le prix de la chambre.* Voici une jolie maison d'hôtes proposant 5 chambres à la déco résolument moderne. Elles sont claires, bien équipées et offrent toutes une vue dégagée sur la vallée. Certaines avec balcon. En contrebas, une sympathique petite terrasse de teck avec piscinette (avec vue également), qui fait oublier que la mer est tout là-bas. Fait aussi resto (pour les hôtes essentiellement). Une bonne alternative chic pour le village.

Hôtel-restaurant U Santa Maria *(chez Mimi)* **:** *1, pl. de l'Église.* ☎ *04-95-74-65-59.* • *ettorinathalie@aol.com* • *hotel-restaurant-santa-maria.fr* • *Resto ouv slt le soir. Congés : nov-déc. Doubles 48-66 € selon saison. ½ pens demandée en août (116 €). Menu 25 € et carte.* Petit hôtel en pierre d'une douzaine de chambres, dans une haute maison aux chambres pas bien grandes mais propres et globalement confortables (clim). Sur l'agréable terrasse, on profite d'une cuisine corse simple et sans chichis.

***Chez Antoine* :** *12, cours Balisoni.* *06-13-52-13-14.* • *pilou.pilou2169@gmail.com* • *Congés : janv. Ouv midi et soir, sf dim et lun soir en hte saison. Formule 25 €, plats 13,50-19 €. Digestif offert sur présentation de ce guide.* Bonne petite adresse, parfaite pour une belle grillade ou un plat traditionnel bien ficelé et pas sorcier.

Charcuterie maison, légumes du jardin, plats corses en sauce... Et, pour mettre tout le monde d'accord, une superbe entrecôte de 400 g à prix défiant toute concurrence. Une halte bienvenue sur la route du Grand Sud.

PROPRIANO / PRUPRIÀ (20110) 3 255 hab.

• Plan p. 238-239

De belles plages de sable fin (Porto-Pollo, Campomoro, Baracci) et, dans le fond du golfe du Valinco, le port de Propriano animé par le va-et-vient des bateaux qui déversent chaque été leurs milliers de passagers dans les rues de la petite ville. Autant dire que l'endroit est très touristique. Embouteillages à prévoir en été.
Rien de spectaculaire à Propriano même, qui a poussé de manière désordonnée, mais la ville est bien située sur la carte de la Corse, à deux pas d'un arrière-pays fabuleux. Alors, Propriano peut constituer une étape agréable pour combiner plages et montagnes, gentille animation nocturne, bronzette et promenade, farniente et découverte des environs, même si l'on n'y séjourne pas forcément très longtemps avant de filer vers le sud.

Arriver – Quitter

En autocar

➢ ***De/vers Ajaccio, Propriano et Porto-Vecchio :*** *Autocars Eurocorse (☎ 04-95-76-13-50).* Juil-août, 3 liaisons/j. dans les 2 sens. Hors saison, moins de fréquences.
➢ ***De/vers Ajaccio, Sartène, Levie, Zonza et Bavella :*** *Alta Rocca Voyages, (6, rue du Général-de-Gaulle ; ☎ 04-95-51-08-19 ou 04-95-76-25-59).* Juil-août, 2 liaisons/j. lun-sam, et 1 liaison/j. dim et j. fériés. Hors saison, 1 liaison/j. sf dim et j. fériés.
– Le point d'arrêt se situe en face du collège J.-Nicoli.

En bateau

➢ Plusieurs traversées/sem pour ***Marseille,*** et ***Porto-Torres*** en Sardaigne. Infos et billets auprès de l'*agence maritime Sorba* (voir ci-dessous « Adresses utiles »).

Adresses utiles

ℹ ***Office de tourisme intercommunal du Sartenais Valinco*** *(plan B1)* **:** *port de plaisance. ☎ 04-95-76-01-49. • lacorsedesorigines.com • Juil-août, tlj 9h-20h (13h dim) ; juin et sept, lun-sam 8h30-12h30, 14h30-19h ; hors saison, lun-ven 9h-12h, 14h-18h, et sam mat.* Mieux vaut appeler pour être sûr des horaires.
■ ***Distributeurs de billets :*** *rue du Général-de-Gaulle et av. Napoléon-III.*
■ ***Location de VTT, scooters et motos :*** ***Tout Terrain Corse,*** *25, rue du Général-de-Gaulle. ☎ 04-95-76-15-32. • ttcmoto.fr • Lun-sam 9h-12h15, 15h-19h. Compter 18 €/j. pour un VTT.*
■ ***Location de voitures :*** ***Hertz,*** *à l'agence maritime Sorba (voir « Gare maritime » ci-après).* ***Europcar,*** *route de la Corniche (garage Peugeot). ☎ 04-95-76-00-91. Tlj 8h30-12h, 14h-18h.*
■ ***Laveries automatiques :*** *sur la rue principale, en s'éloignant du port.*
⛴ ***Gare maritime*** *(plan A1)* **:** *quai L'Herminier. Infos et achat des billets à l'****agence maritime Sorba,*** *15,*

quai L'Herminier. ☎ 04-95-76-04-36. • corse-agence-voyages.fr • Lun-ven 8h-12h, 14h-17h30 (16h30 ven). Représente les compagnies maritimes. Pour l'aérien : *Air France, Air Corsica* et *XL Airways.*

■ ***Capitainerie du port de plaisance*** *(plan B1)* **:** *juste à côté de l'office de tourisme. ☎ 04-95-76-10-40, ou VHF canal 9. Ouv tlj 8h30-12h, 13h30-17h.* Sur place : w-c, douches.

■ ***Cindarella Produits Corse*** *(plan B1)* **:** *34, rue du 9-Septembre. ☎ 04-95-76-13-97. En été, tlj 9h30-13h, 15h30-19h.* Vente de vins, miels, huiles d'olive et charcuterie.

Où dormir ?

De prix moyens à chic

🏠 ***Motel Aria Marina, Résidence de tourisme*** (plan D2, **11**) **:** *sur les hauteurs de Propriano, au lieu-dit La Cuparchiata. ☎ 04-95-76-04-32. • motel.aria.marina@wanadoo.fr • motel-ariamarina.com • Du centre, prendre la route de Sartène, puis à gauche vers Viggianello, à gauche encore en suivant les panneaux. Congés : de mi-oct à début avr. Studios 75-135 € pour 2 selon saison, sf juil-août (à cette période, loc à la sem slt : 890-915 € pour 2-3 pers et 1 215-1 570 € pour 3-4 et 5-6 pers) ; petit déj 9,50 €.* Bon motel dominant le golfe, à l'écart de l'agitation et de la ville (voiture conseillée), organisé en plusieurs grosses maisons, chacune abritant plusieurs appartements. Ensemble très au calme. Studios et appartements 2 ou 3 pièces bien équipés et spacieux, nickel (draps compris). C'est fonctionnel, sans charme particulier. Ce que l'on aime bien, outre la tranquillité et l'accueil souriant, c'est la jolie piscine avec terrasse et la vue sur le golfe.

🏠 ***Résidence de tourisme U Frusteru*** (plan C2, **12**) **:** *5, quartier Pinedda. ☎ 04-95-76-16-17. 📱 06-89-12-46-46. • info@ufrusteru.com • ufrusteru.com • Congés : nov-avr. Minivillas type T2 (pour 2-4 pers) 460-1 500 €/sem selon saison ; plus cher pour 4-5 pers. Linge de maison inclus sur présentation de ce guide.* Sur les hauteurs de Propriano, avec vue sur le golfe du Valinco depuis la piscine chauffée. Des appartements de plain-pied de 2 et 3 pièces, fort bien équipés (espace, salle de bains, cuisine complète, TV et barbecue). Accolées les unes aux autres, les minivillas sont malgré tout assez indépendantes et donnent sur un espace gazonné (barbecue) avec vue sur le golfe. La piscine est en contrebas. Propose également des appartements et minivillas dans 2 autres résidences, l'une à 4 km de Propriano et à 2 km des plages d'Olmeto, l'autre à Olmeto-Plage.

🏠 ***Le Beach Hôtel*** (plan A2, **13**) **:** *38, av. Napoléon-III. ☎ 04-95-76-17-74. • beach.hotel@wanadoo.fr • beach-hotel-propriano.com • Avr-oct. Doubles 56-104 € selon vue et saison ; également des chambres pour 3 pers 66-117 €. (à la réception). Réduc de 10 % avr et oct sur présentation de ce guide.* Établissement d'aspect peu amène (construction cubique) proposant des chambres impeccables et fonctionnelles (toutes climatisées, avec baignoire et TV), un peu à l'ancienne, mais d'un bon rapport qualité-prix, légèrement à l'écart de l'animation du centre. Évitez les chambres donnant sur rue (il y en a 3, et ce sont des familiales). Environnement pas particulièrement charmant, mais on est au calme, la vue est dégagée sur la mer, et l'accès est direct à la plage du port, à deux pas. Beaucoup d'habitués. Bon accueil.

🏠 ***Hôtel Le Claridge*** (plan B2, **14**) **:** *rue Bonaparte. ☎ 04-95-76-05-54. • info@hotels-propriano.com • hotels-propriano.com • Doubles 52-119 € selon confort et saison, petit déj compris août-fin sept (sinon il est à 9 €). Parking.* Édifice de 4 étages, couleur crème, sans charme particulier. Toutes les chambres avec clim et petit balcon. Choisir de préférence celles avec vue sur le sud-ouest (panorama dégagé). Ascenseur. Hôtel en retrait du port, mais à 2 mn de celui-ci. Chambres pas bien grandes mais confortables, simples et fonctionnelles. Un petit hôtel pratique. Accueil gentil. Propose également des

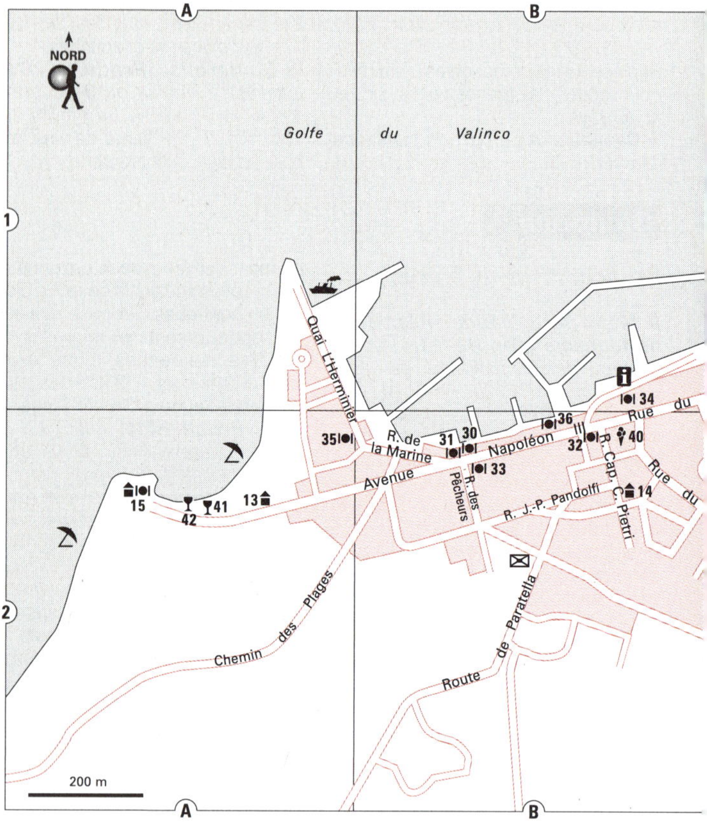

■ **Adresse utile**

ℹ Office de tourisme intercommunal du Sartenais Valinco

Où dormir ?

11 Motel Aria Marina, Résidence de tourisme
12 Résidence de tourisme U Frusteru
13 Le Beach Hôtel
14 Hôtel Le Claridge
15 Hôtel-restaurant Le Lido
16 Hôtel Neptune

locations à la semaine (du studio au 3-pièces) à la *Résidence Villa Romana*, à environ 10 mn à pied du centre.

Chic

Hôtel Neptune *(plan C1, **16**)* **:** *39, rue du 9-Septembre.* ☎ *04-95-76-10-20.* • *info@hotels-propriano.com* • *hotels-propriano.com* • *Doubles 76-165 € selon saison et vue (mer ou rue), petit déj compris. Parking privé gratuit, centre de bien-être (payant).* Un 3-étoiles de bon aloi, aux chambres pas bien grandes mais bien équipées et très confortables : AC,

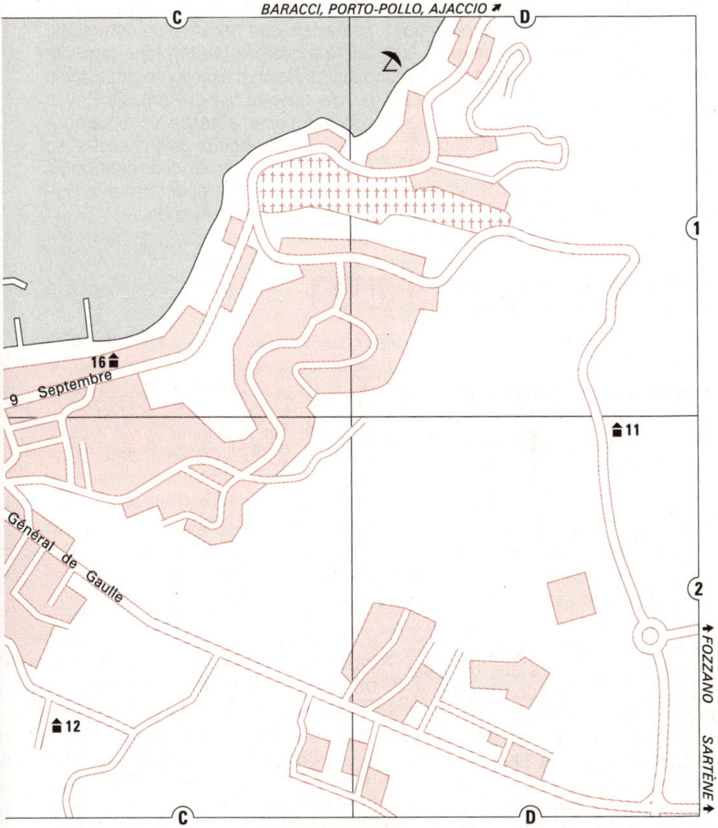

PROPRIANO

Où manger ?

- **30** No Stress Caffé – Bischof
- **31** Le Cabanon
- **32** Tempi-Fa
- **33** Terra Cotta
- **34** Mani – Pains, douceurs et gourmandises
- **35** Le Cocodile
- **36** Chez Parenti, le Tout va bien

Où boire un verre ? Où déguster une glace ?

- **40** Gelateria La Marine
- **41** L'Oasis
- **42** Le Corsaire

petite baignoire... Déco sobre et fonctionnelle. Pour la faible différence de prix, préférez largement les chambres donnant sur la mer et dans les étages (vue plus large) plutôt que celles sur la rue. Au rez-de-chaussée, grande terrasse avec vue sur le golfe.

Hôtel-restaurant Le Lido *(plan A2,* ***15****) : 42, av. Napoléon-III. ☎ 04-95-76-06-37. • le.lido@wanadoo.fr • le-lido.com • Mai-sept. Le resto n'est ouvert que le soir (sur résa). Doubles 130-240 € selon confort, orientation et saison ; petit déj 15 €. Menu dégustation unique 85 € (sans les boissons).* Très belle situation en bout de jetée, fermant une sympathique plage et pourtant à 5 mn à pied du centre-ville. Petit hôtel de charme à la façade gris foncé, les pieds dans l'eau, de bon confort (AC, écran plat). Toutes les chambres ont vue sur mer. Pas mal de charme dans les parties communes, design, épuré sans être ostentatoire. Les chambres sont plus sobres et sans déco particulière pour les moins chères de différentes tailles, et quelques-unes donnent directement sur la plage, avec petite terrasse privative en contrebas. Juste à côté, la petite plage familiale du Lido. Resto d'excellente tenue, avec un vrai chef au piano, Romuald Royer, sublimant avec adresse les remarquables produits locaux qu'il choisit avec amour. C'est cher, évidemment, mais s'il y a un moment pour casser la tirelire, voilà un excellent choix.

Où dormir dans les environs ?

Camping

⛺ ***Camping Le Colomba :*** *route de Baracci, à 2 km du centre de Propriano. Prendre la route d'Ajaccio et à droite au rond-point (station Total). ☎ 04-95-76-06-42. • camping.colomba@orange.fr • campingcolomba.com • D'avr à mi-oct ; bar-resto ouv de mi-juin à mi-sept. Compter env 18-25 € pour 2 selon saison. Bungalows (4-6 pers) 390-1 150 €/sem selon saison ; des chalets Luxe également, plus chers. Hors saison, loc possible à la nuit.* Ce camping accueillant, s'étendant sur 3,5 ha, se trouve dans un bel environnement ombragé (chênes) et s'étage sur la colline. 2 espaces tranquilles pour planter sa tente et 2 blocs sanitaires. Loue aussi des bungalows en bois (certains sont assez luxe). Pizzeria-resto *L'Atlantis,* devant la piscine, bien agréable, et épicerie. Formations musicales de temps en temps. Petite piscine façon lagon, entourée de transats. Bon accueil.

Prix moyens

🏠 |●| ***Gîte d'étape-hôtel U Fracintu :*** *Burgo, 20143* ***Fozzano*** *(mais pas à Fozzano même). ☎ 04-95-76-15-05. • ufracintu@gmail.com • gite-hotel-valinco.fr • À 7 km à l'est de Propriano : prendre la route des bains de Baracci (D 257), les dépasser et continuer sur 4 km à droite la D 557 jusqu'au hameau de Burgo. Puis chemin sur la gauche. Avr-début nov. Dortoir env 48 €/pers en ½ pens (obligatoire). Double 65 €, petit déj compris ; 58 €/pers en ½ pens. Au resto, menu unique très complet, servi le soir slt, 28 € (vin compris et digestif offert).* 1re étape sur le Mare a Mare Sud quand on part de la côte ouest. Dans une grande bâtisse surplombant la vallée, plusieurs dortoirs (en fait des chambres de 4 lits) et des chambres pour 2 (2 lits doubles ou 2 lits simples). Bien tenu et accueil extra. Cuisine traditionnelle de madame (civet de sanglier, cannellonis, veau, *figatelli,* charcuterie...) et bons conseils de Patrick, très accueillant. Vue exceptionnelle depuis la généreuse terrasse équipée de transats, où les repas sont servis. Quand il fait froid, on les prend dans la vaste salle à manger conviviale, que réchauffe hors saison la grande cheminée. Cuisine régionale et familiale très roborative.

Où manger ?

Pour manger sur le pouce, la boulangerie *A Tramuntana (rue des Pêcheurs ; ☎ 04-95-76-02-83 ; tlj sf lun jusqu'à 19h30)* offre un bon choix de gâteaux sucrés ou salés. Les restos sur le port sont assez chers de manière générale. Mais, si vous avez juste besoin de grignoter un petit morceau, rien ne vous empêche de faire halte ***Chez Georgette,*** pour une crêpe ou un sandwich *(12, av. Napoléon-III ; en saison, tlj 12h-22h env).* Sachez aussi que le marché de Propriano a lieu les 1er et 3e lundis de chaque mois...

De bon marché à prix moyens

Le Cabanon (plan B2, **31**) : *26, av. Napoléon-III. ☎ 04-95-76-07-76. • restaurantlecabanon@yahoo.fr • D'avr à mi-oct, tlj midi et soir. Formules 18-23 € (plat et dessert en choix unique) ; menus 25-35 €. Digestif offert sur présentation de ce guide.* Une table familiale et régulière, qui se tient bien au fil des années, tout comme le service. C'est simple, copieux et réussi, à l'image de cette belle soupe de poisson ou de ces plats à base de produits de la mer fraîchement pêchés. Le boulot est bien fait, et c'est tout ce que l'on attend, alors on y revient à chaque fois.

Le Cocodile (plan A2, **35**) : *sur le port, juste en face du débarquement des ferries. ☎ 04-95-73-27-85. Tlj midi et soir. Formule 18 € ; pizzas 9-15 €.* Situé à l'écart de l'animation, cet établissement tire habilement son épingle du jeu en proposant une carte éclectique, un rien *world* et aux prix attractifs. L'unique menu fait déjà très bien l'affaire, sans esbroufe mais avec probité. Les pizzas ne sont pas en reste. Le service attentif complète le bon travail général.

No Stress Caffé – Bischof (plan B2, **30**) : *59, av. Napoléon-III. ☎ 04-95-51-27-78. • mbischof20@aol.com • ♿ Fermé le soir lun-mar hors saison. Congés : de déc à mi-fév. Formule 19,90 € ; menu 25,80 € ; carte env 35 €.* On s'installe sur la jolie terrasse du port, moderne et confortable ou, encore mieux, sur celle à l'étage, surplombant toute l'animation. Spécialités de viande (on est boucher dans la famille), et c'est surtout pour cela que l'on s'attable ici. Le menu corse tient bien la route également. Une adresse globalement fiable sur le temps, même s'il arrive, en haute saison, que le service soit un peu bousculé.

Mani – Pains, douceurs et gourmandises (plan B1, **34**) : *2, av. Napoléon-III (en face de l'office de tourisme). ☎ 04-95-73-54-27. • romualdroyer@hotmail.com • En saison, tlj 7h-19h30 ; en basse saison, fermé lun ainsi que dim soir, et service de repas slt le midi. Compter 15-25 € en fonction de l'appétit et des plats.* C'est le chef de l'hôtel-resto *Le Lido* qui a eu l'envie de décliner son savoir-faire sur des produits plus simples. Le pain tout d'abord (car c'est une boulangerie), des pâtisseries ensuite (car c'est une pâtisserie), mais aussi le midi des plats types *Burger de veau corse* (mais attention, on n'est pas chez *McDo* !), ou encore l'original *octopussy burger* (burger de poulpe). Également quelques propositions sur l'ardoise, selon l'humeur (toujours un plat de pâtes). Que du frais, que du bon !

Chic

Terra Cotta (plan B2, **33**) : *31, av. Napoléon-III. ☎ 04-95-74-23-80. • restaurant.terracotta@orange.fr • Fermé dim hors saison, slt dim midi en hte saison (de mi-juil à début sept). Congés : fin oct-fin mars. Petite formule déj en sem 24 € (plat + dessert) ; menu découverte 52 € ; carte env 60 €.* Un échantillon de salle décorée avec goût ou, de l'autre côté de la rue, une jolie terrasse, fermée par des voilages, intime et élégante, donnant sur le port. Vous venez de mettre les pieds sous LA table fine de Propriano. Cuisine de caractère, créative, aux saveurs subtiles et inventives, préparée avec les produits frais du cru : viande, poisson, fruits de mer et légumes sont allègrement agrémentés de saveurs du monde (herbes, épices...). Cela donne des assiettes magnifiques de couleurs et de formes, qui flattent l'œil autant que les papilles. En saison, service un peu débordé évidemment.

Tempi-Fa (plan B2, **32**) : *7, av. Napoléon-III. ☎ 04-95-76-06-52. • info@tempi-fa.com • Tlj midi et soir. Congés : de fév à mi-mars. Résa conseillée. Formule 24 € ; menu 32 € ; carte env 35 €.* L'adresse qui fait le plein à Propriano depuis quelque temps. On s'installe en terrasse, juché sur un tabouret, un tonneau devant soi en guise de table, ou on choisit plus de discrétion en optant pour la petite salle de resto située tout au fond de l'épicerie fine (dont le nom signifie le « temps d'avant »). Elle est au calme et vraiment coquette, avec sa déco bistro chic. Le succès du lieu est justifié par la qualité des produits (charcuterie, fromages, en vente dans la boutique) et la cuisine proposée, des petits plats (*piattini,* façon tapas) jusqu'aux casseroles, en passant par les assiettes créatives à l'ardoise. Belle carte des vins pour accompagner le tout.

Chez Parenti, le Tout va bien (plan B2, **36**) : *10, av. Napoléon-III. ☎ 04-95-76-12-14. • mathieu.parenti@sfr.fr • Congés : de nov à mi-mars. Fermé lun midi en hte saison, lun en basse saison. Assiette découverte 19 € ; plat 25 € ; menus 48-52 €.* Depuis 1935, le *Parenti* travaille le frais. Le poisson y est traité avec respect, pour en donner le meilleur. Le chef a choisi une carte courte, ce qui permet de se concentrer sur la qualité. Service pro, assiettes goûteuses, salle chic et design, qui se prolonge par une terrasse surplombant le port. Une étape classique, qui se paie évidemment.

Où manger dans les environs ?

Snack I Bagni : *aux bains de Baracci, à env 3 km à l'est de Propriano par la D 257. 06-10-45-15-08. • ettori.marie@yahoo.fr • Mai-sept, tlj midi et soir. Viandes 10-15 €. Digestif offert sur présentation de ce guide. CB refusées.* Sans chichis, cette terrasse voisine des bains de Baracci propose une carte très courte consistant essentiellement en de bonnes grillades au feu de bois, surtout des viandes, mais également un poisson, souvent du loup. Une halte maligne après un bain dans les eaux sulfureuses (ça creuse !). Accueil sympathique. Sur résa (juin-septembre), soirées musicales certains soirs.

Auberge San Ghjuvani : *route de Baracci. ☎ 04-95-76-03-31. • auberge-san-ghjuvani@wanadoo.fr • Sortir de Propriano en direction d'Ajaccio ; au rond-point, prendre à droite (D 257) vers Baracci et faire 1,5 km, c'est sur la droite. Tte l'année. Fermé lun midi en saison et lun hors saison. Résa conseillée. Menus 22-35 € (entrée, plat, fromage et dessert pour ce dernier), servis midi et soir ; plats 14,50-22,50 €.* Produits de la ferme et bonne cuisine familiale (la maman Clary est aux fourneaux et elle passera sûrement vous saluer) dans cette auberge à se casser le ventre. Quelques spécialités essentiellement tournées vers la terre, comme les tripettes à la sartenaise, les cannellonis au *brocciu,* la daube de sanglier, sans oublier les bonnes charcuteries bio. Une chouette adresse et un bon moment à passer, de préférence en terrasse pour la vue sur la vallée. Le vendredi, en saison et en général, chants polyphoniques en soirée. Ces jours-là, participation *(8 €/pers)* demandée en plus du repas.

Où boire un verre ? Où déguster une glace ?

L'Oasis (plan A2, **41**) : *40, av. Napoléon-III, en bord de plage.* Une paillote chic où l'on vient pour un verre le soir, en s'en mettant plein les oreilles jusque tard dans la nuit en saison. Et pour faire descendre la température, la mer est juste devant.

Le Corsaire (plan A2, **42**) : *59, av. Napoléon-III, en bord de plage.* À côté de *L'Oasis,* et dans le même genre. À fréquenter également dans la journée. Paillote et tables de bois.

Gelateria La Marine (plan B2, **40**) : *47, av. Napoléon-III. 06-10-62-78-63. Tlj en saison, très tard les soirs d'été.* De belles glaces artisanales. Plus de 30 parfums !

À faire

➢ **Randonnées pédestres :** le premier itinéraire passe par le sentier Mare a Mare Sud. Une promenade fantastique, de Propriano à Porto-Vecchio. On conseille de

l'effectuer dans l'autre sens. Départ de Burgo, à 7 km de Propriano, par la D 557. L'autre itinéraire suit le sentier Mare e Monti Sud, jusqu'à Porticcio (voir « Randonnées » à Porticcio).
La *vallée du Baracci,* à proximité de Propriano, voit passer les parcours des deux sentiers, mais ces chemins se prêtent mal à la réalisation de boucles courtes et faciles à la demi-journée. Si l'on fait l'une des étapes proposées (par exemple, d'Olmeto à Burgo, traversée boisée très plaisante de 5h environ, ou bien encore, plus courte, la chouette montée, mais raide, de Burgo à Fozzano en un peu moins de 1h30), il faut donc prévoir le taxi pour revenir.

Les bains de Baracci : *à env 3 km à l'est de Propriano, par la D 257. ☎ 04-95-76-30-40. • bainsdebaracci.com • Tte l'année. Fin juin-début sept, lun 13h30-19h30 et mar-dim 10h-18h ; sinon mar-dim 10h-18h ; Entrée : 7 € (bain collectif, 20 mn max). Compter 15 € si l'on ajoute le hammam ou le jacuzzi.* Juste devant un ancien hôtel de luxe laissé à l'abandon, voici d'anciens thermes romains, connus depuis toujours pour leurs eaux sulfureuses (chaudes, 37 °C), excellentes pour les problèmes de peau et les rhumatismes. Le bassin a été entièrement refait. Également hammam, jacuzzi et des baignoires individuelles hydromassantes. Attention, pour les messieurs, slip de bain uniquement (pas de short). Apporter sa serviette. Au début du XXe s, des émigrés russes construisirent ici un établissement thermal. Les petits bassins sont alimentés en eau chaude (environ 37-38 °C) par la source.

– ***Baracci Natura :*** *route de Baracci, à 4 km de Propriano. 06-20-95-45-34. • baraccinatura.fr • De la ville, direction Ajaccio, puis au rond-point de la station* Total, *à droite la D 257 et faire 2 km. En saison, tlj 10h-19h. Pour ttes les activités proposées ici, nécessité de réserver par tél.* Sur place, *Parc aventure* (c'est de l'accrobranche), constitué de deux parcours, l'un de 20 mn *(15 €)* et l'autre de 1h environ *(17 € ; ou les 2 parcours 20 €).* Également du canyoning dans la rivière Baracci *(2h dans l'eau ; 40 €/pers),* ainsi qu'une via ferrata, parcours en montagne câblé et sécurisé, niveau initiation découverte *(1h30 ; 33 €/pers).*

– ***Location de bateaux :*** ***Locanautic,*** *port de plaisance. 06-50-17-38-28. • locanautic.com •* Selon vos moyens, location de bateaux pneumatiques, semi-rigides ou rigides (certains sont même habitables), avec ou sans permis. L'idéal pour longer la côte et découvrir des petites plages sympas.

➢ ***Promenades en mer :*** *avec* ***Promenade en mer Valinco,*** *sur le port de plaisance. 06-12-54-99-28 ou 06-12-04-25-56. • promenade-en-mer-a-propriano.com •* Plusieurs sorties par jour dans le golfe du Valinco, à bord de la vedette à moteur *Valinco* (12 personnes max), avec découverte du golfe et pour entracte une « baignade musicale », grâce à l'émission sous la mer de « vibrations acoustiques ». *Compter env 28 € pour 1h30 en mer (½ tarif 4-12 ans).* Également une sortie « coucher du soleil » *(34 €, avec apéro offert)* ainsi que, plus original, une sortie « lever du soleil » *(38 €, avec café et jus d'orange offerts).*
– ***Promenades en mer I Paesi di U Valincu – Vision sous-marine :*** *sur le port de plaisance. 06-03-77-42-56. • promenades-en-mer-propriano.fr • Avr-oct, slt sur résa.* Propose de nombreuses sorties en mer, notamment à bord d'une vedette à vision sous-marine. Diverses sorties : côte sud-ouest (Conservatoire du littoral sartenais), à la journée *(9h-17h ; 45 €).* Sortie dans le golfe du Valinco *(23 € pour 2h ; ½ tarif 6-12 ans).*

➢ ***Excursions en taxi :*** Débora Bardini ***(Taxi Bardini,*** *☎ 04-95-74-64-38 ; 06-87-22-27-92 ; • taxibardini.com •)* propose des excursions en taxi climatisé, genre *Espace,* à la journée ou à la demi-journée. *Calanche* de Piana, Bavella, Ajaccio, Filitosa... Tarifs intéressants pour 6 personnes et jusqu'à 10 (dans deux véhicules), à peine plus cher que les excursions en car, et on s'arrête quand on veut ! Et puis elle est sympa, Débora.

➢ ***Balade à dos d'âne : Asinu di Figuccia,*** *route du Maggiese (D 257), après Baracci en continuant vers Olmeto, lieu-dit Figuccia. 📱 06-03-28-92-00 ou 81-85. • dominique.istria@gmail.com • Juin-août, sur résa. Exemple de prix : 20 € pour 1h et 75 € la journée.* Une aventure réservée aux enfants et qui peut durer de 1h à 1 journée ; les parents marchant sur le sentier à côté de l'âne, accompagné ou pas selon les parcours.

DANS LES ENVIRONS DE PROPRIANO

Fozzano *(Fuzzà)* ***:*** *à 12 km à l'est de Propriano par la D 19 (jolie route de montagne).* Sur son éperon rocheux, un village plein de charme et de caractère, protégé par ses deux grosses tours (l'une du XIVe s, l'autre du XVIe s). C'est dans l'une de ces tours que naquit Colomba Carabelli-Bartoli, héroïne corse qui inspira à Mérimée son roman du même nom. On trouve aussi, dans le bas du village, la maison de Colomba et une chapelle, récemment restaurée, où elle fut enterrée. La vraie Colomba ne ressemble que fort peu à la belle héroïne de Mérimée : elle était déjà âgée quand, par sa hargne, elle a provoqué une vendetta où elle a finalement perdu son fils. Un peu plus loin, un tourneur pipier *(Legnu Nustrale).* Mignonne église du XVIIe s, dans laquelle on peut admirer une Vierge sculptée dans du bois de figuier.

Auberge U Pitraghju : *à 300 m au-dessus du village de* ***Fozzano*** *en allant vers Santa-Maria-Figaniella. ☎ 04-95-76-33-93. • upitraghju@laposte.net • En saison, tlj ; hors saison, fermé le soir sam-dim. Formule 20 € ; menu 25 €. CB refusées. Digestif offert sur présentation de ce guide.* Sympathique petite adresse, un peu excentrée mais bien pratique si l'on fait un pèlerinage sur les traces de Colomba. On s'installe en terrasse, d'où la vue est magnifique, ou, si le temps n'est pas de la partie, dans la petite salle joliment arrangée. Sont proposés les grands classiques de la cuisine corse (comme les tripettes à la mode corse) et, sur commande, porcelet et agneau. Bon accueil.

Santa-Maria-Figaniella : *village voisin de Fozzano, 2 km plus au nord.* Très belle église romane, *Santa Maria Assunta* (XIIe s), connue pour la remarquable frise sculptée qui orne les murs extérieurs. Demander la clé à M. Ange-Toussaint Giovacchini.

CAMPOMORO / CAMPUMORU (20110)

À 17 km au sud-ouest de Propriano. Charmant village situé à l'extrême pointe sud du golfe du Valinco, sur un site classé et protégé. Le long de ce littoral préservé, de Campomoro à Senetosa, s'étirent 15 km de côte sauvage où alternent criques et pointes rocheuses. Campomoro est lové dans une anse bien abritée et possède une très grande plage. On y accède par une petite route sinueuse et vraiment étroite dans sa dernière partie, où il n'est pas rare de rencontrer moutons, ânes et vaches en liberté. Quelques sangliers se hasardent même hors du maquis ! Alors prudence, prudence...
Campomoro (« camp des Maures », appelé aussi dans le passé « Porto d'Elice ») est une adorable bourgade qui a su garder un caractère familial ; pas de marina ou d'ensemble bétonné, mais de jolies maisons disséminées sur les collines (même si les constructions vont bon train). Juste une mer émeraude et une jolie anse familiale. Quelques barques de pêcheurs, une

zone de baignade, une chouette rando... Une étape sympa, qui évidemment attire beaucoup de monde, surtout en août.

Arriver – Quitter

➢ ***Par la route :*** de Propriano, emprunter la T 40 vers Sartène. Après le pont sur le Rizzanese, prendre tt de suite à droite la D 121. Sublimes points de vue panoramiques au-dessus de Portigliolo et à Belvédère (attention, route très étroite), avant de redescendre vers Campomoro.

– Pas de liaison par bus.

Adresse et infos utiles

✉ ***Poste :*** *à l'entrée du village, sur la gauche.*

– ***Attention : PAS de distributeur de billets*** à Campomoro. Prendre ses précautions avant.

– ***Parking :*** attention, peu de places où stationner. Ne vous garez pas n'importe où, car les PV pleuvent en été ! Grand parking environ 200 m avant le village, juste avant la dernière petite descente.

Où dormir ? Où manger ?

Camping

⛺ ***Camping Peretto Les Roseaux :*** *à gauche après la poste, à 300 m en direction de la tour génoise, puis à gauche encore (fléché). ☎ et fax : 04-95-74-20-52. Avr-15 oct. Résa vivement conseillée. Compter env 15 € pour 2 avec tente et voiture. CB refusées. Douche payante (jetons).* La plage est à 300 m. Un camping étagé au pied de la colline, parmi orangers, roseaux, palmiers, peupliers et eucalyptus. Emplacements en terrasses, délimités et bien ombragés. Calme (on est d'ailleurs prié de ne pas faire la fiesta après 22h). Les habitués apprécient la tranquillité, le caractère simple et familial du lieu, et l'accueil très bonhomme. Nous aussi. Petite épicerie.

Bon marché

|●| ***Snack-bar La Mouette :*** *sur la droite en arrivant, et faire 100 m. Se garer avt, car interdit sur cette portion du village. ☎ 04-95-74-22-26. • mouettecorse@gmail.com • ♿ De mi-avr à mi-oct. Fermé le soir jusqu'à mi-mai. Plat du jour env 16 €, plats et salades 11-18 €. CB refusées.* Terrasse juste au-dessus de la plage. Copieuses salades et petits plats du jour tout simples à des prix raisonnables. *La Mouette* est un peu le cœur du village, l'endroit où tout le monde se retrouve, autour d'un verre, autour d'un plat après une plongée, dans une ambiance bon enfant. Rien de sorcier côté cuisine, mais on ressort le ventre plein.

Prix moyens

🏠 |●| ***Hôtel-restaurant Le Ressac :*** *en arrivant sur la mer, à droite ; accès par une petite rue qui part de l'église. ☎ 04-95-74-22-25. • hotelressac@gmail.com • hotel-ressac.fr • De mi-avr à oct. Doubles 67-92 € selon orientation et saison. ½ pens obligatoire 1er juin-25 sept 134-156 € pour 2 selon période. Formules à midi 14 et 16 €, pizzas 11-14 € ; menus env 20-28 €.* Wifi. Dans un bâtiment moderne, un hôtel calme d'une vingtaine de chambres, orientées mer ou sur l'arrière, un peu à l'écart du cœur du village, donc au calme. Niveau de confort très correct, sans rien qui dépasse (pas d'AC). Nos préférées sont celles au 1er étage, avec terrasse. Un petit édifice sur le côté abrite 4 autres chambres en rez-de-chaussée, avec AC pour celles-ci.

Atmosphère familiale. Au resto, bonne cuisine régulière réalisée par le fils des patrons. En été, on s'installe sur la grande et belle terrasse de teck, ombragée et tranquille. Si les plats restent simples, ils sont réalisés avec beaucoup d'application et présentés avec soin.

U Spuntinu – Brasserie de plage (chez Pierre-Paul) : *en arrivant sur la plage, c'est juste en face. 06-12-32-00-86. • whatelsu@uspuntinu.fr • Tlj midi et soir en saison. Salades-tapas et plat du jour env 13-15 € le midi.* Une petite terrasse surplombant la plage, pour prendre sur le pouce une salade ou une grillade.

Où dormir à proximité de Campomoro ?

U Cantu Grillu (Gîtes de France) **:** *à* ***Portigliolo, 20110 Belvédère-Campomoro.*** *06-60-07-18-12 ou 06-15-83-09-13. • cantu-grillu@hotmail.fr • cantu-grillu.com • Sur la route de Campomoro, prendre à gauche juste avt de monter vers Belvédère (suivre le fléchage). Congés :15 oct-30 avr. Doubles 125-155 € selon saison, petit déj compris. Apéritif offert sur présentation de ce guide ainsi que 10 % de réduc pour les 2e et 3e nuits.* Autour de leur maison, dans un cadre parfaitement champêtre, Véronique et Jean-Marc proposent 4 chambres soignées et coquettes, fort bien équipées (AC, douche à l'italienne, frigo...). Spacieuses, elles disposent toutes d'une petite terrasse privée. Autre grande terrasse, commune celle-là, qui offre une vue extra sur la grande plage et la baie du Valinco en contrebas. On prend le petit déj sous un auvent et on peut se relaxer autour de la petite piscine, plantée au milieu du beau jardin, bichonné par Véronique dans un style bohème contrôlé.

Résidence touristique Lecci et Murta : *à* ***Portigliolo, 20110 Belvédère-Campomoro.*** *04-95-76-02-67. • contact@campingpropriano.com • villagelecciemurta.com • Sur la route de Campomoro, prendre à gauche juste avt de monter vers Belvédère, c'est un peu plus loin sur la gauche. Pâques-début nov. Compter 350-1 700 €/sem selon type de chalets, situation et saison.* Étagé sur un généreux flanc de colline, parfaitement au calme, un ensemble de chalets de tailles variées, tous dotés d'un excellent confort (sanitaires, cuisine...) et d'une terrasse privée. Les espaces communs sont particulièrement soignés, à l'image de la partie basse du terrain qui accueille une magnifique piscine sur 2 niveaux, reliés entre eux par une petite cascade où l'on a intégré de gros rochers de granit et une terrasse de bois, superbe elle aussi, noyée dans le bucolique environnement et prolongée par une pelouse avec transats. Beaucoup de charme. Resto chic également, qui propose une cuisine élaborée (mais chère).

À voir. À faire

Belle ***plage*** de sable fin (900 m), en arc de cercle. Myriade de petits poissons de roche multicolores à observer. À vos masques et tubas ! Dans la baie, près de la ferme marine d'élevage de loups, ces dernières années, il n'était pas rare de voir batifoler une famille de dauphins, évoluant sans complexe non loin de touristes ébahis !

➢ ***Randonnée palmée – Sentier sous-marin*** (snorkelling) **:** *avec* ***Torra Plongée*** *(voir « Plongée sous-marine » plus loin). 06-83-58-81-81. Sur résa. Compter 20 € ; à partir de 3 pers, 17 €/pers. Durée min : 45 mn.* Une chouette balade sur un sentier sous-marin qui démarre de la plage, avec accompagnateur breveté qui vous raconte la faune et la flore locales, l'importance des posidonies... Palmes, masque, tuba et planche fournis (un plan du site est même dessiné sur la planche !). Observation et explications. Une initiative pédagogique à saluer.

La tour génoise : *au bout de la plage, au sommet de la pointe. ☎ 04-95-77-15-40. Garer son véhicule (si possible) au bout de la route, puis petit chemin à faire à pied pour gagner la tour. Avr-sept, lun-ven 10h-16h30. Visite : 2,50 € ; réduc ; gratuit moins de 12 ans.* Édifiée par la république de Gênes vers 1586, c'est la plus imposante de Corse. Aujourd'hui protégée au titre des Monuments historiques, elle a été restaurée par le Conservatoire du littoral et ouverte au public. Expo permanente (les Barbaresques), très intéressante, sur l'histoire de sa construction.

➢ **Randonnée de Campomoro à Senetosa :** compter 5h de marche, vers le sud. Magnifique rando (site Natura 2000). Ce sentier littoral part de Campomoro et suit la côte au plus près. À la *cala d'Accuda,* possibilité de revenir par un sentier en boucle ou de poursuivre plus au sud vers le ***phare de Senetosa.*** Retour par le même sentier. Demander dans les commerces de Campomoro la brochure qui décrit bien le parcours.

Plongée sous-marine

Notre spot préféré dans le golfe du Valinco. La côte chaotique de Campomoro révèle des plongées magnifiques où la vie sous-marine est particulièrement sauvage. C'est aussi le coin où l'on trouve les plus beaux sites de tout le golfe du Valinco. Ici, pour débutants et confirmés, le bonheur est forcément dans le bleu ! Même ceux qui ne feront qu'un baptême y trouveront largement leur compte. Autre avantage : même quand la mer est mauvaise, il y a toujours par ici des coins bien abrités.

Club de plongée

■ ***Torra Plongée :*** *juste au carrefour devant la poste, en arrivant dans le village. 06-83-58-81-81. • torra-plongee.com • Avr-Toussaint. Résa conseillée. Baptême env 55 €, plongées 39-48 € selon équipement ; forfaits dégressifs (non nominatifs).* Un club sérieux (FFESSM, ANMP et PADI) qui propose baptêmes, formations jusqu'au niveau III et explorations grandioses sur les spots sauvages de la baie. Équipement nickel. Idéal pour faire ses premières bulles comme pour les plongeurs confirmés.

Nos meilleurs spots dans le golfe du Valinco

Le Tonneau *(tous niveaux)* **:** proche de la côte sud du golfe. C'est un caillou ressemblant à un tonneau qui flotte et plonge dans l'azur (de 0 à 40 m de fond). Sur cet éblouissant tombant enrobé d'éponges et de gorgones, ballet argenté des sars, corbs, dentis et parfois même des barracudas. À quelques encablures, jolie grotte tapissée de corail rouge où évoluent crabes, chapons, langoustes, mérous...

Le Sec de la Tour *(à partir du niveau I)* **:** au pied de la tour de Campomoro. Il s'agit de deux avancées rocheuses (de 6 à 40 m) prolongeant sous la mer la colline de la Tour. Nombreuses failles recouvertes de magnifiques gorgones rouges.

Les Cathédrales *(plongeurs confirmés)* **:** au sud de la pointe de Porto-Pollo. C'est la plongée emblématique du golfe et la plus spectaculaire. Imaginez une série de pics rocheux (de 10 à 40 m de fond) évoquant des flèches de cathédrale et littéralement recouverts de gorgones rouges flamboyantes. Tout autour, va-et-vient incessant des sars, dentis, barracudas, mérous...

– Également le ***tombant de Senetosa,*** avec ses mérous sauvages, et celui de la ***vallée des Mérous,*** à l'extrémité nord du golfe. Et plein d'autres sites sauvages.

SARTÈNE / SARTÈ (20100) 3 055 hab.

• Plan p. 249

« La plus corse des villes corses », selon Prosper Mérimée. C'est toujours vrai. Quel caractère dans ces hautes et hautaines façades grises et brunes, rempart de granit dominant la vallée, dans ces ruelles pavées, ces escaliers tors et ces arches de la vieille ville, et dans les quelques « palais » décrépis du quartier des notables ! Et dans cette grand-place, LA place corse par excellence… On aime vraiment bien cette ville.

Sartène est célèbre aussi pour la *procession du Catenacciu,* une manifestation haute en couleur. Sartène reste authentique, bien éloignée de l'esprit mercantile que le tourisme alimente et développe trop souvent. Notons enfin que, sur le territoire de la commune, l'une des plus grandes de France en superficie, se trouvent des plages extraordinaires. La ville la plus minérale de Corse tutoie la Grande Bleue tout en la laissant à distance. Les Sartenais possèdent la mer mais y mettent rarement les pieds. Pas le moindre de ses paradoxes.

UN PEU D'HISTOIRE

Ce sont les Génois qui ont édifié la ville vers 1550, sur ce promontoire d'accès difficile. Auparavant, il n'y avait pas de ville à proprement parler, mais différents hameaux – qui constituaient la *pieve,* le territoire de Sartène – éparpillés aux alentours. Les raids barbaresques, et notamment ceux de Dragut, vers 1545, incitèrent les Génois à bâtir une cité fortifiée, où se réunirent les habitants de la *pieve.* Néanmoins, la ville fut prise en 1583 par Hassan Veneziano, gouverneur d'Alger, qui emmena 400 Sartenais en esclavage et en massacra plus d'un.

Puis la vie reprit son cours, et Sartène resta longtemps favorable aux Génois. D'où le siège que durent mener les Paolistes, jusqu'à sa capitulation au XVIIIe s. Au XIXe s, d'incroyables vendettas animèrent la cité, qui opposèrent notamment les Rocca Serra aux Pietri, vieilles noblesses locales, les uns royalistes, les autres libéraux (bon prétexte pour se mettre des coups de fusil !). Pour finir, le conflit se généralisa, des centaines de partisans de l'un et l'autre camp se battant à mort… En 1834, un traité de paix, difficilement négocié, fut tout de même signé entre les parties. Mais les règlements de comptes se poursuivirent. D'ailleurs, un siècle plus tard, lors d'un voyage en Corse, Paul Valéry observait que les fenêtres étaient murées et que des hommes en armes étaient postés en ville, toujours prêts au coup de feu. De ce lourd passé, la ville a conservé une certaine gravité.

TRADITION

Le Vendredi saint se déroule la *procession du Catenacciu* (le Pénitent qui est « enchaîné »). Elle représente la passion du Christ, montant au calvaire sur le mont Golgotha. Le « grand Pénitent » porte une croix de 30 kg et une chaîne de 15 kg au pied. Comme le Christ, il tombe et se relève trois fois, à des endroits bien précis. Il est aidé par un pénitent

OÙ IL Y A DE LA CHAÎNE…

Le « grand Pénitent » est un Sartenais anonyme, un différent chaque année, dont l'identité reste secrète et dont on dit qu'il est parfois choisi pour la gravité de ses fautes. Folklore ? Vérité ? Dissimulé sous une cagoule et une robe rouge, impossible de savoir. Ce qui est sûr, c'est que l'homme est à la peine. Et quand on pose la question sur son identité… personne ne sait. Omerta, omerta.

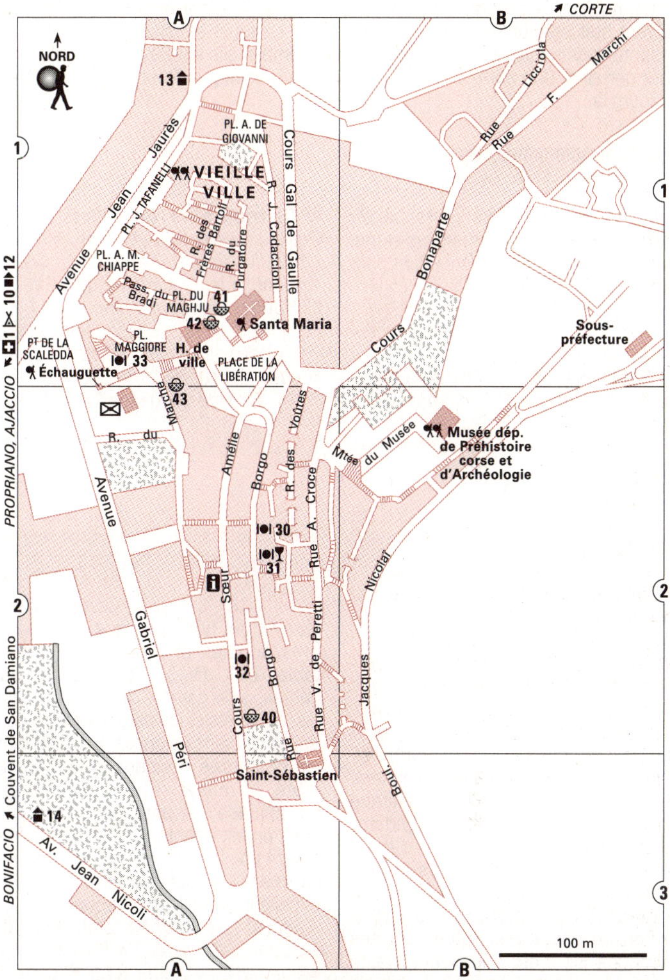

SARTÈNE

Adresses utiles

- Office de tourisme
- 1 Hôpital local

Où dormir ?

- **10** Camping U Farrandu
- **12** Hôtel Rossi
- **13** Hôtel Les Roches
- **14** Hôtel Best Western San Damianu

Où manger ?

- **30** Chez Jean-Noël
- **31** A Cantinetta
- **32** Restaurant du Cours
- **33** Le Jardin de l'Échauguette

Où acheter de bons produits ?

- **40** M.A.J. 31
- **41** U Maggiu
- **42** La Cave Sartenaise
- **43** Le Moulin à Huile

blanc, figurant Simon de Cyrène, qui aida Jésus à porter la croix. Derrière eux suivent huit pénitents. Tous vont pieds nus. La foule est dense, l'atmosphère pesante, fascinante et troublante à la fois, même si elle est devenue aujourd'hui, pour certains, une sorte d'attraction presque touristique. Pourtant la magie est toujours là...

Adresses utiles

Office de tourisme *(antenne de l'office de tourisme intercommunal du Sartenais Valinco ; plan A2)* **:** *cours Sœur-Amélie. ☎ 04-95-77-15-40. • lacorsedesorigines.com • Juin-sept, lun-sam 10h-18h ; le reste de l'année, lun-ven 9h-12h, 14h-17h.*

✉ **Poste** (plan A2) **:** *en bas de l'échauguette. Lun-ven 8h30-12h, 14h-17h, et sam mat.*

Distributeurs de billets : *à* **La Poste** *; au* **Crédit Lyonnais,** *pl. de la Libération (pl. Porta) ; et au* **Crédit Agricole,** *rue Hyacinthe-Quilichini.*

Hôpital local (hors plan par A1, **1**) **:** *prendre la route de Bonifacio, puis à droite celle de Tizzano, faire env 1,5 km, l'hôpital est sur la droite. ☎ 04-95-77-95-00.* Service d'urgence 24h/24.

Où dormir ?

Camping

Camping U Farrandu (hors plan par A1, **10**) **:** *route de Propriano. ☎ 04-95-73-41-69. 06-22-70-41-49. Mai-sept. Compter env 17 € pour 2. CB refusées. 2h de tennis (de jour) ou 2h de minigolf offertes sur présentation de ce guide.* Accueil chaleureux dans ce tout petit camping pour tentes (pas de camping-cars), noyé dans la végétation (lauriers, eucalyptus, chênes...). Bloc sanitaire vieillot, certes, mais propre. Évidemment, on entend le bruit de la route située juste au-dessus, mais le soir, c'est paisible. Possibilité d'y prendre le petit déj (à commander la veille). Si l'on ne passe pas forcément ses vacances ici, c'est une bonne petite étape pas chère. Cet ancien club de tennis dispose de 2 courts bien entretenus et d'un minigolf dont les clients peuvent profiter *(payant).* Bon accueil de la part d'un charmant monsieur, qui tient gentiment le camping depuis fort longtemps.

De prix moyens à chic

Hôtel Rossi (hors plan par A1, **12**) **:** *sur la route de Propriano, à la sortie de la ville, sur la gauche. ☎ 04-95-77-01-80. • rossihotel@orange.fr • hotelrossi-sartene.com • Avr-oct. Selon saison, doubles standard 76-124 €, supérieures 86-140 €, petit déj en sus. Parking.* Complètement rénové, cet hôtel propose des chambres doubles et triples très confortables (AC, TV...), modernes et élégantes. Jolie gamme de couleurs dans les chambres et les parties communes. Salles de bains soignées. Évidemment, les chambres donnent toutes sur la route, et même si le double vitrage est efficace, on entend la route dès que l'on est dehors. Celles du 2e étage offrent une vue dégagée. Petit bout de piscine sur le côté pour faire trempette. Excellent accueil, pro et souriant.

Hôtel Les Roches (plan A1, **13**) **:** *av. Jean-Jaurès. ☎ 04-95-77-07-61. • contact@sartenehotel.fr • sartenehotel.fr • À l'entrée de la ville. Tte l'année. Doubles env 77-121 € selon saison, standing, type de chambres et vue (vallée ou sur l'arrière). Possibilité de ½ pens.* Une grande et solide bâtisse de schiste, où une partie des chambres offrent un large panorama sur la vallée et sont dotées d'un tout petit balcon. C'est un hôtel classique, bien équipé, aux chambres climatisées fonctionnelles, sans chichis et impeccables. Il a le gros avantage de se trouver dans la ville même et d'être au calme tout à la fois. La grande terrasse et le resto au rez-de-chaussée proposent une jolie vue, et l'on y prend un verre avec plaisir. Pas mal de groupes en mi-saison.

Plus chic

☗ ***Hôtel Best Western San Damianu*** *(plan A3, **14**) : quartier Saint-Damien. ☎ 04-95-70-55-41. • sandamianu@sandamianu.fr • sandamianu.fr • Avr-oct. Doubles env 90-180 € selon confort et saison ; petit déj non compris (au choix, buffet ou formule express).* À 5 grosses minutes du centre-ville à pied, voici l'adresse luxe de Sartène, dominant toute la vallée et le Sartenais depuis les balcons (toutes les chambres en ont un), avec table et chaises. De bien belles chambres, donc, tout confort, lumineuses, aux murs décorés de chaudes tonalités, avec AC, écran plat, salle de bains chic. Excellente literie. Le petit déj est pris sur une jolie terrasse arborée, à deux pas de l'élégante piscine, posée elle aussi sur une terrasse de teck. Parking au-dessus de l'hôtel, auquel on accède par un ascenseur. Seul bémol : malgré le double vitrage, la rumeur de la route en contrebas reste présente.

Où dormir dans les environs ?

Campings

⛺ ***Camping Olva :*** *à env 5 km de Sartène par la D 69, par la route de la Castagna. Fléché sur la droite. ☎ 04-95-77-11-58. • camping.olva@gmail.com • camping-olva.com • Avr-oct. Compter env 20-24 € pour 2 avec tente et voiture. Plusieurs types d'hébergements : selon période et taille, chalets (5 pers) 350-770 €/sem ; mobile homes (6 places) 410-875 €/sem ; tentes-lodges (4-5 pers) 310-570 €/sem.* 💻 📶 Un grand camping en pleine campagne, au calme, sous une forêt d'eucalyptus et de chênes. Beaux emplacements en terrasses, bien ombragés. Dans la partie haute, on trouve les tentes-*lodges* (toile plastique avec plancher et coin gazinière) et quelques tentes *Corsica Lodge* de grandes tailles. Bon, à l'intérieur, on est quand même serré, mais les prix restent attractifs. Piscine spacieuse au niveau de l'accueil, dans la partie basse. Resto, petite épicerie, aire de jeux pour les enfants et salle de remise en forme (gratuite). Également un terrain multisports.

⛺ 🍽 ***Camping à la ferme, La Rivière :*** *à env 5 km de Sartène par la route de Levie. Fléché sur la gauche, direction Arbellara. ☎ 04-95-50-51-16. 📱 06-13-61-21-53. • lariviere@encorsedusud.fr • camping.la.riviere.encorsedusud.fr • Compter env 21 € pour 2 avec tente et voiture.* Très grands espaces (100 ha !), qui s'étendent à l'infini, plantés par endroits de chênes-lièges notamment, sous lesquels on plante sa tente. Blocs sanitaires un peu minimalistes mais propres (8 douches et 8 toilettes). On aime bien le coin snack, sympa comme tout, avec sa terrasse aménagée avec goût, où règne une ambiance agréable, à deux pas de la rivière. Possibilité de s'y baigner. Ensemble parfaitement au calme. Devant la réception, terrasse avec quelques transats. On peut aussi y prendre des repas (super petit déj), et c'est un plaisir, car on sert ici les légumes (bio) provenant de l'exploitation et de belles pizzas au feu de bois. Même chose pour les fromages. Formule en self-service.

Prix moyens

☗ ***Chambres d'hôtes M. et Mme Tramoni*** *(hors plan par B1) : à proximité de Sartène, prendre au centre-ville le cours Bonaparte puis la D 69 ; après env 1,5 km, petit chemin sur la gauche qui descend (au niveau des boîtes aux lettres jaune et vert). ☎ 04-95-21-49-92. 📱 06-10-66-16-34. • martin.tramoni0169@orange.fr • 1 chambre pour 2 pers 65-75 € ; 1 suite familiale 75-90 € pour 2 et 105-120 € pour 4 ; petit déj compris.* Une sympathique petite adresse dans une gentille maison de pierre parfaitement tranquille.

La chambre au-dessus de la maison des proprios n'est pas bien grande, mais la suite dans la partie basse est dotée d'une terrasse et équipée d'une cuisine. Un bout de jardin sur le côté. Accueil agréable.

Où manger ?

Marché tous les jours, plus important le samedi matin.

Prix moyens

Chez Jean-Noël *(plan A2, **30**) : 27, rue Borgo. 06-12-77-75-70. • resto. jeannoel@aliceadsl.fr • Dans la rue qui part en biais sur la gauche de la rue principale, depuis le centre-ville, sur la pl. de la Mairie. En saison, tlj midi et soir. Fermé lun hors saison et parfois d'autres jours, « c'est Jean-Noël qui décide ». Congés : 20 nov-10 avr. Formule 16 € et menu 22 € ; plats 15-17 €. CB refusées. Café offert sur présentation de ce guide.* Quelques tables à l'intérieur et 3 ou 4 en terrasse. C'est dire si les places sont comptées. Aux murs, quelques affiches ou drapeaux militants, évoquant les combats de minorités opprimées du monde entier (on ne refait pas sa corsitude !). Bien bon menu corse avec fromage ou dessert. Mention spéciale pour les courgettes farcies au *brocciu,* la soupe corse et les cannellonis, sans oublier la daube de veau corse et le flan à la châtaigne, que l'on accompagne volontiers d'un petit vin de pays. Depuis bien des années, l'une des adresses les plus régulières de la ville.

A Cantinetta *(plan A2, **31**) : 29, rue Borgo. ☎ 04-95-77-08-75. Tlj midi et soir en saison ; fermé le soir en basse saison. Congés : nov-mars. Assiettes de charcuterie 14 € et de fromages 7 €.* Dans la toute petite salle où son père tenait sa cave, Marie-Dominique vous accueille avec son charmant sourire. Elle l'a transformée en un lieu de dégustation où l'on peut goûter les vins de tout le Sartenais (Saparella, San Michèle...), que l'on accompagne d'une belle assiette de charcuterie ou de fromages, avec sa confiture de figues. Et puis on terminera par un gâteau à la farine de châtaigne, en goûtant l'unes des belles liqueurs, qu'elle soit de clémentine, de myrte ou de châtaigne. C'est tout petit, vraiment sympa, tranquille et familial.

Le Jardin de l'Échauguette *(plan A1, **33**) : pl. Vardiola. ☎ 04-95-77-12-86. 06-20-40-71-49. • lejardindelechauguette@wanadoo.fr • De mi-avr à oct, tlj midi et soir. Menus « Corse et délice » 22-29,60 € ; carte env 35 €. Café offert sur présentation de ce guide.* C'est tout d'abord la terrasse que l'on apprécie ici, au calme et bien ombragée, suffisamment rare dans cette ville de pierre. Dans l'assiette, le plaisir continue, avec des spécialités corses comme de délicieuses terrines au myrte et aux oignons confits, la daube de veau à la polenta ou les cannellonis au *brocciu,* sans oublier la soupe corse de Mina (la grand-mère). Du classique, mais du bon, fidèle au poste au fil du temps. Service aimable et attentif.

Restaurant du Cours *(plan A2, **32**) : 25, cours Sœur-Amélie. ☎ 04-95-77-19-07. Tlj sf lun, slt le soir. Congés : nov. Spécialité 15 €, pizzas 9-11 €. Digestif offert sur présentation de ce guide.* Une longue salle voûtée aux murs de pierre et une affaire familiale discrète, qui tourne bien rond, avec des recettes classiques comme la daube de veau aux pâtes (copieuse et bien faite) ou les tripettes à la sartenaise. Pizzas et assiette de charcuterie également.

Où dormir ? Où manger dans les environs ?

Prix moyens

Restaurant La Bergerie d'Acciola : *à **Orasi,** au carrefour de Giuncheto. ☎ 04-95-77-14-00. • andre.henry123@orange.fr • À 8 km de Sartène, à droite le long de la route de Bonifacio. Juin-fin* *sept. Compter 14-20 €/pers.* Dans la boutique attenante au resto, on trouve d'excellents produits triés sur le volet (miel, charcuterie, farine de châtaigne, fromages toujours artisanaux... le tout à prix corrects). Quant au resto, il est plus que recommandable, situé derrière le magasin (que l'on doit traverser). C'est une belle terrasse panoramique (vue sur la vallée) pour prendre un verre ou déguster les plats proposés : on conseille vivement la terrine de chèvre frais aux herbes et son coulis de tomates, que l'on pourra faire suivre par des aubergines farcies ou une jolie grillade, accompagnées d'une goûteuse ratatouille. Les galettes à la farine de châtaigne tiennent fort bien la route aussi. Bref, tout est excellent ! Service aimable et addition tout en retenue.

Auberge U Sirenu et Résidence de tourisme : *au lieu-dit* ***Orasi,*** *route de Bonifacio T 40. ☎ 04-95-77-21-85. 06-03-32-14-72. • auberge.usirenu@wanadoo.fr • usirenu.fr • À 10 km de Sartène, sur la droite de la route de Bonifacio. Tlj tte l'année sf en mars. Hébergements pour 2-6 pers ; pour 2, compter env 80-105 €/nuit selon saison (loc à la sem possible). Menu 19,50 € ; carte env 35 .* Une halte bienvenue sur cette nationale où il n'y en a pas tant. D'autant qu'on mange fort bien au *Sirenu,* auberge familiale toute simple, dont la cuisine reste proche des produits. Des plats corses classiques, bien servis, savoureux et reconstituants. L'assiette de charcuterie, la terrine maison et le sauté de veau sont parfaits, le sanglier en sauce nous laisse un bon souvenir, tout comme les beaux fromages. Et puis *U Sirenu,* c'est aussi plusieurs hébergements, chalets de bois ou maisonnettes en dur, pour 2 à 6 personnes, au milieu d'espaces verdoyants. La plupart sont équipés de cuisine, AC et lecteur DVD. Très tranquille. Et tout le monde peut profiter de la belle piscine et de la vue superbe sur la vallée.

Où boire un verre ?

Sur la place Porta (ou place de la Libération), face à l'église, plusieurs ***terrasses*** vous tendent leurs chaises en osier. Très agréable à l'heure du petit déj, ou au retour de la plage. On ne sait pas bien pourquoi, mais on lui trouve un charme unique, à cette place. C'est en tout cas un plaisir toujours vérifié d'y prendre un verre, relax, mode corse. C'est aussi là qu'atterrit un hélico dans le film *L'Enquête corse...*

Où acheter de bons produits ?

M.A.J. 31 (plan A2, **40**) **:** *31, cours Sœur-Amélie. ☎ 04-95-77-03-27. Tlj sf dim ap-m 8h-13h, 16h-19h. Congés : janv-fév.* Un excellent charcutier-traiteur doublé d'une épicerie fine. Belle charcuterie, fromages et savoureuses terrines. On a bien aimé les feuilletés aux blettes, les quiches et les chaussons au *figatellu.* Ça peut remplir le panier pour un bon pique-nique.

U Maggiu (plan A1, **41**) **:** *dans la vieille ville, juste après avoir franchi la porte voûtée. ☎ 04-95-77-21-36. Tlj, tte la journée.* Vins, fromages, charcuterie, miels, confitures, gâteaux secs, etc., à des prix plutôt raisonnables.

La Cave Sartenaise (plan A1, **42**) **:** *dans la vieille ville, juste à gauche de la porte, sous la mairie. ☎ 04-95-77-12-01. Tlj, tte la journée en été.* Bons produits là encore, notamment une intéressante sélection de vins, fromages et charcuterie (même si elle se paie !).

Le Moulin à Huile (plan A1-2, **43**) **:** *sous la place principale, face à la poste. 06-23-82-52-74. En été, tlj 10h-18h30 ; hors saison, tlj sf dim.* Cette famille de producteurs d'huile d'olive propose ses huiles (issues d'olives noires ou vertes), ainsi que de beaux objets à base de bois d'olivier. Également confitures, miels...

À voir

– ***Visite audioguidée de la ville :*** *audioguide disponible à l'office de tourisme (voir « Adresses utiles »). Prix : 5 € (carte d'identité en caution).* Une sympathique balade audioguidée d'environ 1h15 et en une quinzaine d'étapes, qui arpente l'histoire de la ville en même temps que ses ruelles. Vraiment intéressant, car on y découvre mille informations qui font parler le sévère granit gris dont se parent les hautaines maisons.

L'église Santa Maria *(plan A1)* **:** *pl. de la Libération.* Construite au XVIIIe s, elle abrite un riche mobilier : tableaux, statues et maître-autel en marbre classé. Remarquez les accessoires (crucifix et chaînes) servant pendant la procession du *Catenacciu.* À côté, l'hôtel de ville, installé dans un ancien palais génois.

La vieille ville *(plan A1)* **:** derrière l'église, étrange labyrinthe de venelles pavées, de passages secrets, d'escaliers de pierre, de couloirs obscurs, de maisons hautes et fières, dont les seuls yeux sur le monde extérieur ont la forme de persiennes. On y accède depuis la place centrale par le *passage de Bradi,* sous l'hôtel de ville, à gauche de l'église. Moins de monde de l'autre côté de la place, autour de la rue Borgo.

L'échauguette *(plan A1-2)* **:** *en descendant sur la gauche, après le passage de Bradi.* Cette tour du XVIe s est un vestige de la citadelle. Elle s'avance fièrement comme une figure de proue.

Le musée départemental de Préhistoire corse et d'Archéologie *(plan B2)* **:** *à 100 m en montant de la pl. de la Mairie. ☎ 04-95-77-01-09. Juin-fin sept, tlj 10h-18h ; le reste de l'année, mar-ven 10h-17h. Entrée : 4 € ; réduc. Ce billet est aussi valable pour le musée de l'Alta Rocca à Levie (conserver le ticket !).* Voici un superbe musée à ne surtout pas manquer. Il regroupe de manière didactique et sur deux niveaux d'importantes et remarquables collections d'objets préhistoriques illustrant la vie quotidienne des civilisations insulaires depuis le IXe millénaire av. J.-C. et jusqu'à la fin de l'âge de fer. À cela s'ajoutent un département d'antiquité classique et un autre concernant la période médiévale en Corse-du-Sud. Avec le musée de Levie dans l'Alta Rocca, c'est le seul à présenter la préhistoire corse dans toute sa richesse. La terrasse (au niveau de l'accueil) offre une vue superbe sur la ville et le Sartenais.
– ***Le niveau - 1 :*** on procède chronologiquement. Évocation de l'*habitat des premiers hommes* arrivés sur l'île il y a plus de 10 000 ans, ainsi que de la faune disparue de l'époque comme le *Prolagus* (lapin-rat), dont on a retrouvé des squelettes, ou le vautour de Malte. Plusieurs vitrines sur le *Néolithique ancien* (environ 5800-4800 av. J.-C.). Premières céramiques, parures, vases peints, flèches tranchantes... Avec le *Néolithique moyen,* c'est le début de la sédentarisation. On retiendra les premières traditions funéraires : coffres, pointes de flèches, mortiers... Noter le biberon en céramique. Le *Néolithique récent* (3800-3000 av. J.-C.) : les populations sont sédentarisées, on commence à créer de vrais villages. Outils de meunerie, belles pointes de silex, bracelets de pierre. Voir la belle statuette sur galet du Fiumorbu et les pendeloques de tradition funéraire. Les *âges du cuivre et du bronze* suivent, avec force vases, coupes, objets funéraires et parures étonnantes. L'habitat répond alors à des préoccupations sécuritaires. C'est la culture des *taffoni* (trous, cavités). On a trouvé pas mal de céramiques dans les tombes de cette période. Beaucoup de parures de pierre et de métal et belles aiguilles en os. Apparition de la métallurgie : creuset, moules à lames de poignards... Remarquables vitrines de bijoux. Nombreux colliers en pâte de verre, superbes boucles de ceinture, fibules... Et toujours des urnes funéraires. La *période romaine* présente une intéressante gamme de lampes à huile, de tuiles estampillées, de galets de plomb. Superbe tête d'Atis, de provenance incertaine, bout d'étrave de navire romain, peigne de bois (type peigne à poux). La *section médiévale,* du

XIIIe au XVIe s, présente des matériels culinaires, fers, cruches trilobées et quelques céramiques.
– Expos temporaires régulières ***au niveau - 2.***

Fête

– ***Catenacciu :*** *à Pâques, le soir du Vendredi saint.* Une manifestation religieuse étonnante (voir « Tradition » dans l'introduction à Sartène).

DANS LES ENVIRONS DE SARTÈNE

Le parc naturel d'Olva (ferme de découverte) **:** *route de la Castagna (D 69), à 5 km de Sartène. 06-11-75-29-64. • parc-animalier-corse.com • Juil-août, tlj 9h30-19h (dernière entrée à 18h) ; 10-30 juin et 1er-15 sept, tlj sf lun 10h-18h ; le reste de l'année, en principe, le w-e (appeler). Entrée : 7,50 € ; 5 € 4-18 ans ; gratuit moins de 4 ans.* Sur 22 ha, plus de 150 animaux (lapins, chèvres, moutons, chevaux, cochons miniatures, ânes et plein d'animaux de basse-cour...). Panneaux explicatifs, sentier botanique, l'accent est mis sur la pédagogie. Baptêmes à dos de poney *(3,50-5 € selon durée).* Une initiative intéressante, essentiellement à l'intention des enfants qui n'ont que rarement l'occasion de sortir des villes. Pique-nique possible sur une aire aménagée.

Spin a Cavallu : *à env 9 km au nord-est de Sartène, un peu en retrait de la route de Sainte-Lucie-de-Tallano. Mal indiqué : repérer sur la gauche de la route, en allant vers l'Alta Rocca, une stèle, env 500 m après le lycée agricole.* C'est l'un des plus beaux ponts de Corse, construit au XIIIe s. Remarquez la forme étrange de son arche, en triangle. D'où son nom, qui signifie en corse « dos de cheval »... Possibilité de baignade, mais en été, c'est assez couru.

ON NE SAIT PLUS TRAVAILLER

Toussaint 1993 : de fortes pluies entraînèrent une crue dévastatrice du Rizzanese. Le « vieux pont » tint bon : certes, le parapet fut bien endommagé, mais les fondations de l'ouvrage passèrent avec succès le test comme lors des précédentes crues. En revanche, le « pont moderne » d'Aréna Bianca, un peu plus bas, fut emporté, lui, par les eaux...

TIZZANO

(20100)

À une quinzaine de kilomètres de Sartène par la D 48, niché au fond d'un cul-de-sac, voici un petit havre de tranquillité, un peu trop construit sans doute, avec son port de pêche, ses criques et une jolie plage. Tizzano (qui dépend de la commune de Sartène) fut jadis un paradis des nudistes, qui ont été priés d'aller se rhabiller... Entre une bronzette et une partie de pêche, on peut partir à la découverte de cette côte encore sauvage. On peut aussi longer la mer (qu'on laisse sur la gauche). Quelques kilomètres de piste pour gagner une jolie plage.

Où dormir ? Où manger ?

Hôtel du Golfe : *à Tizzano, bien fléché. ☎ 04-95-22-02-51. 06-87-65-80-81. • contact@hoteldugolfetizzano.fr • hotel-dugolfe-tizzano.com • Doubles 90-155 € selon saison ; petit déj en sus.* Un sympathique hôtel directement en bord de mer, juste au-dessus des rochers. Une petite vingtaine de chambres pour cet établissement familial et tranquille, offrant des prestations de qualité. AC et balcon pour les chambres au 1er étage, terrasse pour celles du 2e étage. Pas donné en haute saison, mais bon rapport qualité-prix le reste du temps. Accueil agréable.

Chez Antoine : *sur le charmant petit port, tt au fond du village de Tizzano. ☎ 04-95-77-07-25. • florent-santarelli@orange.fr • De mi-avr à sept. Fermé lun en basse saison. Résa conseillée, l'adresse est connue. Plats 19-24 € ; carte env 40 €. CB acceptées à partir de 20 €.* Dans l'assiette : poissons grillés ultra-frais (pageot, mustelle, chapon...), en fonction de la pêche du jour, tartare de mérou à déguster sous une agréable tonnelle surplombant joliment l'adorable petit port. Des grillades également, bien faites. Petite assiette de charcuterie, *frito misto,* soupe de poisson...

DANS LES ENVIRONS DE TIZZANO

Le circuit des menhirs : *en allant à Tizzano.* Plusieurs sites mégalithiques ont été mis au jour dans cette zone sauvage, parmi les plus importants du sud de la Corse. Nos lecteurs qui connaissent Carnac ne risquent pas de tomber à la renverse, mais ce parcours donne l'occasion de faire d'agréables promenades dans une lande riche en végétation : arbousiers, lentisques, chênes-lièges... Attention, ici le soleil tape dur en été ! Gourde et chapeau ne seront pas de trop.

– **Les alignements de Pagliaghju :** *sur la D 48. À env 4 km avt Tizzano, sur la droite. Dans une propriété privée mais accessible. Après le parking, marcher 15 mn sur le sentier.* C'est l'un des alignements les plus importants de Méditerranée, avec quelque 260 mégalithes, la plupart couchés ! Certains sont sculptés. Il arrive qu'on reparte déçu, car on ne se rend pas compte du nombre...

– **Les mégalithes de Cauria :** *à Pagliaghju, reprendre la D 48 vers Sartène puis tourner à droite dans la D 48a et poursuivre sur env 4 km. Il faut ensuite laisser la voiture et marcher 1 km. Puis on trouve les indications pour le site.*

Le plateau de Cauria fut habité dès l'âge du bronze et il continue à être fouillé (10 menhirs découverts en 2004). On y trouve en fait trois sites distincts.

L'alignement de Stantari : au bout du chemin, dans un pré. Une vingtaine de statues-menhirs classées Monuments historiques, presque toutes sculptées : visages, bras armés, etc. Les experts pensent qu'elles seraient plus anciennes que celles de Filitosa, même si elles leur ressemblent beaucoup.

L'alignement de Rinaiu (Rinaghju) : 400 m plus loin, au milieu des arbres. Également des menhirs gravés, certains armés. Un habitat rectangulaire y a été découvert en 2006.

Le dolmen de Funtanaccia : à 300 m en revenant par le sentier qui fait une boucle. Ce dolmen en granit, découvert par Prosper Mérimée en 1840, est le plus important et le mieux conservé de l'île de Beauté. Une légende locale en a fait un endroit diabolique, voué à quelque culte sacrificiel. D'où son surnom corse : *a stazzona di u Diavuli,* « la forge du Diable » !

■ **Ferme équestre Cavadda di Santu Pultru :** *sur la D 48, à 7 km de la nationale, sur la route de Tizzano, sur la gauche. 📱 06-82-33-61-28. • randochevalcorse.fr • Balades à cheval 1h (25 €), 2h30 (70 €) et ½ journée (85 €). Également des randos à la sem (sf l'été).* Amoureux des chevaux, Emmanuel aime aussi faire partager sa passion au cours de superbes balades dans le maquis ou en bord de mer. Celle du matin (demi-journée) propose même de trotter sur la plage ! Extra.

SUR LA ROUTE DU GRAND SUD

■ ***Vitalba, distillerie Listincu :*** *domaine Saparella, vallée de l'Ortolo, route de Bonifacio, fléché sur la gauche à env 14 km au sud de Sartène, puis petit chemin un peu cabossé. 📱 06-86-96-28-26. • vitalba.fr • Lun-sam 10h-19h.* Tenue depuis plus de 10 ans par Michèle Pantalacci, une petite distillerie que l'on pourra vous faire visiter avec gentillesse, en fonction de la disponibilité (plus facile l'après-midi, car le matin on est aux champs !). On concocte ici des huiles essentielles, notamment l'immortelle, qui, sur le terroir corse, développe des qualités toutes particulières. Mais on y trouve également de la criste-marine, l'inule odorante, le genévrier nain ou encore le myrte vert et le pistachier lentisque. Petite boutique avec tous les produits issus de l'exploitation.

LE GRAND SUD CORSE

La végétation se fait plus rare, plus courte, et la côte sud apparaît, superbe, au niveau de Roccapina, comme un décor de théâtre, avec une longue plage de rêve en contrebas de la route. Peu après Roccapina, la côte déchiquetée se découpe comme un miracle. À chaque virage et sur environ 5 km, c'est un nouveau panorama qui s'offre à vos mirettes. De petites aires de stationnement sont là pour prendre le temps d'admirer le paysage. Au large, l'écueil des Moines et son phare, quelques roches traîtresses qui ont mis en vrac plus d'un navire. Quelques kilomètres plus au sud, des villages tranquilles (comme Monacia-d'Aullène ou le hameau de Caldarello...), l'aéroport de Figari, puis voici Bonifacio aux falaises impressionnantes, enfin Porto-Vecchio et son golfe : plages parmi les plus belles de Corse, et pas mal de monde – ayant les moyens : cette région est la plus chère de l'île. On trouve cependant dans ce secteur de nombreux et bons campings, quelques chambres d'hôtes et gîtes, avec la proximité de plages moins courues que celles de Porto-Vecchio et tout aussi belles.

ROCCAPINA

(20100)

Sur la route de Bonifacio et à 22 km au sud de Sartène, dont elle dépend, la baie de Roccapina jouit d'une situation idéale. On la voit en contrebas de la route, au loin. La mer, couleur turquoise, offre une plage longue et large sans équivalent, bien protégée et bordée sur la crête par une série de rochers dont l'un ressemble à s'y méprendre à un gros lion couché et couronné, le célèbre *Lion de Roccapina.* Beaucoup de monde en été, ce qui se comprend : l'endroit est vraiment fabuleux... Pour descendre jusqu'à la plage, la qualité de la piste est très aléatoire : une année nickel, une autre quasiment impraticable sans 4x4. Cela change en fonction des intempéries hivernales (notamment). Prévoyez 45 mn de marche si vous devez vous garer au niveau de la nationale.

Où dormir ? Où manger à Roccapina et dans les environs ?

Camping

⛺ ***Camping à la ferme U Cavaddu Senza Nome :*** *à **Ranfone,** vallée de l'Ortolo, à 14 km de Sartène en direction de Bonifacio. 📱 06-10-39-14-29. • u.cavaddu@hotmail.com • ucavaddu.fr • Après le pont de l'Ortolo (situé env 3 km au nord de la piste pour Roccapina), prendre à gauche (fléché), puis continuer sur 2,5 km sur la route du pont de Curgia. Congés : nov-fév. Emplacements env 19-25 € pour 2. CB refusées.* Heidi et ses enfants sont installés en Corse depuis pas mal d'années. Quelques emplacements seulement, dispersés sur une colline superbe, arborée et sauvage. Calme total, et on n'est pas gêné par les voisins, pour une fois. Bonne ambiance, très calme, un peu bohème. Nombre de sanitaires un peu juste (2 douches et toilettes), mais ça n'a pas d'importance, le lieu est superbe, et la masse rocheuse qui domine le site est remarquable. Tiens, au fait, le nom de ce camping vous rappelle-t-il quelque chose ? Le vieux tube beatnik du groupe America, *A Horse With No Name.*

Prix moyens

🏠 |●| ***Auberge Coralli :*** *sur la route de Bonifacio, à l'embranchement de la plage de Roccapina, à droite, près du col. ☎ 04-95-77-05-94. • hotel-coralli-roccapina.com • Avr-oct. Resto fermé mer, sf hte saison. Doubles 60-101 € selon saison ; également des chambres pour 4. ½ pens demandée de mi-juil à fin août, 27 €/pers en plus de la chambre. Au resto, ouv le soir slt, carte env 35 €.* Une douzaine de chambres impeccables, donnant pour la plupart sur le jardin (2 seulement sur l'arrière). Les plus confortables sont situées dans un édifice en retrait, plus au calme, avec clim, coffre-fort. Mais toutes sont insonorisées, spacieuses et sobres. C'est l'hôtel le plus proche de la plage de Roccapina, juste au départ de la piste qui y descend. Du resto, vue imprenable sur le rocher du Lion. Dans l'assiette, spécialités de poisson, préparées de manière classique. Côté viandes, le carré d'agneau au romarin se défend.

À voir. À faire

👁👁 ***Les rochers :*** on les aperçoit bien de la route, au lieu-dit Roccapina (il faut pour cela dépasser de quelques kilomètres l'*Auberge Coralli*). Petit parking sur la droite. Sur la crête rocheuse qui ferme la baie, vous ne pouvez pas manquer le rocher qui figure assez bien un gros lion couché, le ***Lion de Roccapina.*** À deux pas, une ***tour génoise.*** En regardant attentivement, bien plus près dans le champ de vision, légèrement sur la gauche, on voit nettement un rocher en forme de ***tête d'éléphant*** avec sa longue trompe de profil ! On ne doit ces braves bêtes de granit rose ni à des hallucinations ni à des sculpteurs fous... Ce sont de simples phénomènes naturels, dus à l'érosion. L'imagination humaine a fait le reste. Mais tout cela est bien expliqué à la *Casa di Roccapina.*

👁👁 ***La Casa di Roccapina :*** *juste au col de Roccapina, sur la gauche de la route, face au point de vue et au parking. ☎ 04-95-71-56-30. Juin-sept, tlj 10h-18h ; hors saison, tlj sf dim-lun 9h-16h. Entrée : 2 € ; réduc. Compter 1h30 pour la visite, avec audioguide (intérieur et extérieur), et encore 30 mn pour la 2de balade (sans audioguide).* Dans une ancienne maison cantonnière, sur deux niveaux et dans une poignée de petites salles, le conseil général a eu la bonne idée d'ouvrir un bel espace consacré en grande partie aux *taffoni,* ces blocs rocheux qui se creusent en se décomposant, souvent à leur base, et prennent des formes fantastiques. Le lion de Roccapina, de l'autre côté de la route, en est l'exemple le plus connu, ainsi que l'éléphant, encore plus visible. Le phénomène géologique (dû à l'action conjuguée du vent, de la pluie, du soleil et du sel) est bien détaillé au cours de la visite. Évocation également de la vie d'autrefois, du naufrage du *Tasmania* (1887) au large de l'écueil des Moines, le tout narré de manière émouvante. Projection d'un petit film de 1923 qui ne manque pas de sel, tourné sur place et restauré, *Amour et Vendetta.* Ne pas manquer de prendre le petit sentier derrière la *casa,* qui mène à un *oriu* (un *taffonu* aménagé en bergerie), toujours commenté par l'audioguide. Une fois la visite terminée, se rendre de l'autre côté de la route pour parcourir un autre sentier en boucle (accès libre, compter 30 mn), qui passe sous l'éléphant de pierre et mène à un belvédère extra, d'où l'on admire un remarquable point de vue sur le golfe et toute la côte.

La plage : *accès par une piste de 2,5 km qui démarre devant l'*Auberge Coralli. *Cette piste, selon les années, peut être plus ou moins praticable selon que la municipalité de Sartène a décidé de la refaire... ou pas.* Superbe plage donc, comme on le dit plus haut. Pas mal d'emplacements aménagés pour se garer. Évidemment, cette superbe anse est bondée en août (force Italiens), mais elle reste très familiale et vraiment sympa. Bien abritée quand il y a du vent. De l'autre côté du Lion (à droite en regardant la mer), on trouve la longue et superbe plage d'*Erbaju,* peu connue car inaccessible en voiture ; 3 km de sable blond.

MONACIA-D'AULLÈNE / MUNACIA D'AUDDÈ

(20171) 485 hab.

À égale distance de Sartène et de Bonifacio, en retrait de la route territoriale, ce qui lui confère une vraie tranquillité. Un charmant village fleuri, bien situé à proximité des plages (la mer n'est qu'à 4 km), où règne une atmosphère sympathique. Un endroit typique du sud de la Corse, blotti au pied de l'*Uomo di Cagna,* cette montagne qui constitue le but d'une excellente randonnée, et qui a la particularité d'être coiffée par une énorme roche qui joue les équilibristes au sommet. Au centre du village, la place de la Caserne, une ancienne bâtisse de pierre récemment rénovée. En été, toujours une gentille animation. À proximité du village, agréable sentier du Patrimoine mettant en valeur l'histoire de la région.

UN PEU D'ARCHÉOLOGIE

Depuis 2005, dans le secteur de Monacia, en bord de mer, des fouilles archéologiques ont permis de mettre au jour un site de l'époque mésolithique (7000 à 9000 av. J.-C.), qui semble bien être le tout premier habitat de l'île. Rien que ça ! Pas moins de 1 700 vestiges ont été découverts. À cette époque, les gens du coin allaient à pied aux Moines, ces îlots granitiques qu'on aperçoit au large de la côte quand on vient de Roccapina. Mais le niveau de la mer était bien plus bas.

TAFFONI ET *ORII*

La région de Monacia compte énormément de *taffoni* et d'*orii* (pluriel d'*oriu*). Les *taffoni* sont des formations de granit creusées par le dessous en raison de l'action conjuguée du vent, du soleil, de la pluie et du sel. Les hommes, de la préhistoire jusqu'au XIXe s, se sont toujours servis de ces abris naturels. Parfois ils les ont murés (on les appelle alors *orii*) pour en faire des remises à céréales, abris de fortune, étables et même des habitations très simples. On les découvre au cours de certaines balades (notamment sur le sentier du Patrimoine), et leur histoire est bien racontée à la Casa di Roccapina (voir à Roccapina plus haut).

Où dormir ?

Gîtes ruraux du Riolo (Gîtes de France) **:** *dans le village, quartier Le Riolo. 06-09-23-24-23 (pour infos). Résas en direct auprès des Gîtes de France : ☎ 04-95-10-54-30. • gites-riolo-sud-corse.com • À 300 m du village. Pâques-Toussaint. Pour 4-5 pers, 495 €/sem en basse saison et petites vac scol, 620 €/sem juin et sept, et 1 050 €/sem juil-août.* 6 grands et beaux gîtes indépendants les uns des autres, disposés par 2 sur 3 terrains arborés et clos de 1 500 m² chacun. Confortables, spacieux, parfaitement au calme, ils ont tous vue sur la mer au loin. Décoration pleine de charme (pochoirs, peintures au chiffon, couleurs chaudes, jolies photos...) et équipement intérieur très complet. Chaque gîte (63 m²) comprend 2 chambres, une cuisine-bar équipée (lave-linge, lave-vaisselle...) et un vaste salon donnant sur une généreuse terrasse couverte de canisses pour vos dîners aux chandelles (hamac, barbecue, salon de jardin). Beaucoup d'espace et grande pelouse pour les enfants au cœur de chaque terrain. Une adresse idéale et soignée pour de vraies vacances reposantes, à l'écart de la foule de Porto-Vecchio et de Bonifacio. Bon rapport qualité-prix. Sans oublier, en été, le passage de la boulangère tous les matins !

U Furconu, chez Janie et Antoine : *au cœur du village. ☎ 04-95-71-80-29. Studio (30 m²) 320-480 €/sem ; appart (60 m²) 420-650 €/sem. Possibilité de louer à la nuit tte l'année.* Location d'un studio à l'étage d'une petite maison indépendante, tout équipé et au calme. Cuisine américaine et salle d'eau. Louent également un appartement en rez-de-jardin de 60 m², pour 4 personnes, avec 2 chambres, salle à manger, cuisine et salle d'eau.

Où manger ?

A Cuncaredda : *juste à la sortie du village en allant vers Pianottoli, sur la gauche. 06-15-51-16-19. • eric.tomasina0036@orange.fr • De mi-avr à oct tlj, le soir slt. Pizzas 8-14 € ; carte env 25 €. CB refusées. Café ou digestif offert sur présentation de ce guide.* Bonnes pizzas au feu de bois (notamment celle à base de chèvre, figues et miel, et belle *calzone*), de bien jolies grillades et quelques plats cuisinés. Terrasse particulièrement soignée, ou salle agréable et fermée pour les soirs où il y a du vent. Une sympathique halte appréciée des gens du village. En général, soirée corse le lundi en saison.

À faire

Nombreuses ***plages*** superbes dans ce coin de la côte, à quelques kilomètres du village et autour de Pianotolli. Parfois connues, souvent secrètes... à vous d'ouvrir l'œil.

Parmi celles-ci, la ***plage de Canijonu*** (la plaine des Joncs) : c'est la plage du village, à environ 4 km de Monacia. Reprendre la route nationale vers Sartène. À environ 800 m, sur la gauche, une piste pénètre dans les plaines. La plage est au bout, à environ 1 km. Plusieurs aires de parking sur la droite juste avant d'arriver. Une bien jolie baie bien abritée, où se retrouvent les familles du village et celles revenues au pays pour les vacances. Pas mal de monde en août, évidemment, mais franchement bien plus tranquilles que les plages de Porto-Vecchio. L'atmosphère est bonne, et tout le monde se connaît. Très calme le matin. Zone de baignade matérialisée, pente douce sans danger pour les enfants.

À noter, à l'entrée du village, sur la gauche, un ***ancien cimetière*** dont les tombes de pierre présentent de jolies croix de granit.

– La dynamique ***Association U Furnellu*** *(● ufurnellu.canalblog.com ● ; infos : 06-45-26-23-91, Jean-François)* propose au mois d'août plein d'activités dans le village (course à pied, concours de boules, compétition de natation et de kayak...), et tout au long de l'année des randos encadrées. Programme des réjouissances sur des panneaux dans le village. À noter, début août, deux courses emblématiques : la ***Trail de l'Uomo di Cagna,*** une course de 30 km à travers le maquis (réservée aux spécialistes et déjà un must !), et la ***Monacia*** (12 km), plus familiale et populaire, qui emprunte en partie le tout récent sentier du Patrimoine.

Randonnées

➢ ***Uomo di Cagna :*** *une randonnée à ne pas manquer (pour bons randonneurs, tt de même). A/R en 6h env (3h30 aller, 2h30-3h retour). Attention, notre commentaire, descriptif, ne remplace nullement un topoguide. Marquage aléatoire.*
Ce bilboquet rocheux est longtemps resté invaincu. Les derniers mètres de son ascension étant infranchissables sans moyens artificiels, il a fallu utiliser la technique du lancer de corde pour hisser une cordée sur son sommet ! Heureusement, si la grimpette vers cette montagne tutélaire des rivages du Sud (en gros, de Sartène à Porto-Vecchio) est superbe, on se passe très bien de gravir le fameux bilboquet. Son ascension part du hameau de *Giannuccio* (prononcez « Yanoutch' »), à environ 8 km au-dessus de Monacia-d'Aullène (fléché depuis l'église de Monacia). Garez votre véhicule sur la petite place de l'église tout au bout du village et empruntez le petit chemin bétonné. À mi-pente, le sentier se faufile entre bruyères et chênes verts. Déjà, plusieurs rochers révèlent les silhouettes insolites d'une ménagerie rocheuse qui annoncent leur roi commun, le célèbre *uomo.*
Après une crête secondaire, le sentier se dirige vers le bilboquet rocheux, visible au loin – l'étonnant *Uomo d'Ovace* avec sa forme d'œuf –, avant de revenir vers le sommet (nombreuses balises).
– ***Un guide de moyenne montagne,*** Jean-Jacques *(06-11-89-60-57),* très sympa, habite Giannuccio et accompagne régulièrement des randonneurs dans ce massif qu'il connaît comme sa poche. Il propose également des randos à la demi-journée ou à la journée dans la forêt de L'Ospédale, les aiguilles de Bavella...

➢ ***Le sentier du Patrimoine :*** *boucle de 1h env. De la place de la caserne, prendre à pied la départementale qui descend vers la T 40. Faire env 300 m, et la balade est indiquée sur la droite.* Chouette promenade familiale, bucolique et partiellement ombragée, qui décrit une boucle dans la vallée de Monacia. Tout au long du parcours, d'intéressants panneaux informatifs évoquent la vie d'antan. Sur le chemin, maison d'agriculteurs, *orii,* restes d'un ancien moulin...

➢ ***Balade à la tour :*** *à faire depuis la plage de Canijonu (voir plus haut). Départ de la balade sur la droite de la plage, en grimpant les petites marches installées dans le muret, puis c'est tt droit. Compter 20 mn l'aller.* Superbe promenade tranquille à faire à travers le maquis et qui offre de remarquables points de vue sur la baie. Tout au bout se dresse la fière tour génoise qui garde l'entrée de l'anse du Fornello.

PIANOTTOLI / PIANOTTULI (20131) 835 hab.

À 20 km de Bonifacio, voici un petit village situé à deux pas des côtes encore sauvages de la baie de Figari et à 20 mn de la pointe sud de l'île. Intéressant pour ceux qui voudraient profiter de la mer tout en campant à proximité de Bonifacio. Le village n'a pas en soi d'attrait particulier, car il est traversé par la route nationale, mais la vie y est paisible. Le hameau de Caldarello, à 1 km de là vers la mer, est plus tranquille.

Adresses utiles

Magasin Spar : *sur la gauche en arrivant de Sartène. En saison, tlj 8h-21h.* Pratique, car c'est le seul point de ravitaillement entre Sartène et Bonifacio ! On s'y bouscule en été à la sortie des plages !

■ ***Essence :*** 2 pompes à essence, une à chaque entrée du village.

■ ***Location de VTT et kayaks :*** *du hameau de Caldarello, prendre la route qui mène à la plage de Kevano, c'est indiqué sur la droite. 06-16-99-77-30.* Location de bons VTT et de kayaks de tous types et toutes tailles, à la demi-journée ou à la journée. Pour les kayaks, on vous les livre sur la plage de Kevano, située à environ 2 km.

Où dormir ? Où manger ?

Camping Kevano Plage : *route du Bord-de-Mer, à 400 m de la mer. ☎ 04-95-71-83-22. • campingkevano@gmail.com • campingkevano.com • De la route principale, prendre la route du Bord-de-Mer, direction la plage ; avt d'y arriver, tourner à droite vers la plage de Chevano ; c'est à env 3 km, sur la gauche. Tte l'année. Résa conseillée. Selon saison, compter env 20-30 € pour 2 avec tente et voiture ; bungalows-chalets de taille variable env 650-800 €/sem en été. Snacks-pizzas 10-15 €.* Site très agréable, vert et fleuri, resto, épicerie. Camping bien tenu à tous égards, avec de beaux emplacements en terrasses, bien ombragés et disséminés parmi les roches de granit. Sanitaires impeccables. Pas trop de monde et superbes plages à proximité, dont celle de Chevano, évidemment. Une adresse de qualité depuis bien des années.

Chambres d'hôtes, chez M. Bernard et Brigitte Labbé *(Gîtes de France) : lieu-dit Favalli. ☎ 04-95-71-86-18. • bernard.labbe4@wanadoo.fr • En venant du nord, env 800 m avt l'entrée de Pianottoli, panneau sur la droite de la route ; puis faire env 800 m par une bonne piste. Tte l'année. Compter 64 € pour 2 et 98 € pour 3. Table d'hôtes 25 € (apéro, vin et café compris). Apéritif offert sur présentation de ce guide.* Une bien jolie adresse, parfaitement au calme, située dans un environnement verdoyant et superbement arboré. Normal, le proprio est un ancien pépiniériste. 5 chambres simples et agréables, toutes avec une entrée indépendante et une petite terrasse attenante. La tendance bio-écolo de l'endroit se retrouve au petit déjeuner, avec de belles confitures maison, mais aussi à la sympathique table d'hôtes, où les légumes et les fruits du jardin sont à l'honneur. Bon accueil du jovial Bernard.

Chambres d'hôtes, chez M. et Mme Berquez *(Gîtes de France) : à l'entrée de Pianottoli, sur la droite quand on vient de Sartène. ☎ 04-95-71-83-82. • jberquez@orange.fr • Tte l'année. Compter 65 € pour 2. Table d'hôtes 25 € (apéro et vin compris).* Dans une maison moderne et sans caractère particulier, proche de la route (dont on entend la rumeur), 3 chambres coquettes, très propres, au rez-de-chaussée ou à l'étage de la maison. Salle d'eau et w-c privatifs pour chaque chambre. Accès indépendant, véranda et salon de jardin. Bon accueil de toute la famille. Un lieu simple mais qui dépanne bien, car il n'y a pas énormément d'adresses dans le secteur. Le soir, pour la table, c'est le fiston qui cuisine (veau aux olives, soupe corse, truite de rivière...).

Hôtel U Libecciu : *route du Port, Pianottoli, dans le hameau de Caldarello. ☎ 04-95-71-87-93. • libecciucorsica@aol.com • hotellibecciu.com • Avr-oct. Doubles 127-222 € selon saison. ½ pens 76-125 €/pers.* Cet hôtel-club, à seulement 2 km du village de Pianottoli, est directement situé en bord de mer, dans un très joli site : les chambres (doubles, triples, quadruples), avec TV et AC, sont réparties dans plusieurs bâtiments de quelques étages, reliés entre eux. Bien belle piscine en surplomb de la plage privée, avec petites passerelles. Et, comme on est au fond du golfe de Figari, l'eau est toujours très calme. Grand bar au rez-de-chaussée, prolongé par une terrasse de teck. De nombreuses activités et animations sont proposées : miniclub pour les 3-10 ans, centre de plongée sur la plage de l'hôtel, activités nautiques, tennis, terrain de volley. Restaurant. Une bonne adresse !

Boulangerie artisanale Maniccia : *au centre du village de Pianottoli, sur la nationale, sur la droite un peu après le croisement quand on vient de Sartène. ☎ 04-95-71-80-35. Tlj, tte la journée.* Propose un bon pain à l'huile d'olive, d'autres au lard, aux noix, aux figues... Des sandwichs également, toujours très frais. Quelques tables en terrasse.

Chez Mika : *à Caldarello. 06-17-11-04-81. Suivre le fléchage de l'hôtel U Libecciu, c'est 800 m plus loin, sur la droite. Fin mars-fin sept, tlj midi et soir, jusque tard. Pizzas 10-16,50 €, quelques plats également. CB refusées.* Une pizzeria de qualité, tenue par Mika et fréquentée par les gens du coin et les familles en vacances depuis fort longtemps. Pizzas hyper copieuses et goûteuses, il n'en faut pas plus pour contenter les affamés. Petit bémol cependant : pas d'eau en carafe, bouteille capsulée seulement *(payante)* !

Pizzeria-grill 23-19 : *☎ 04-95-51-49-91. • bruzzi2a@orange.fr • De la nationale, prendre la route du Bord-de-Mer et Caldarello (D 122), direction le port ; un peu plus de 2 km plus loin, prendre à droite (fléchage de l'hôtel U Libecciu ; c'est env 1,5 km plus loin, sur la droite. Avr-oct, tlj midi et soir (reste ouv l'ap-m pour crêpes, glaces et sandwichs). Pizzas env 9-12 € ; carte env 25 €. Café offert sur présentation de ce guide.* Bien agréable resto, aménagé en petits kiosques et terrasses, savamment arborés d'essences diverses. On est confortablement installé, aussi bien pour un simple panini, une salade, que pour une bonne grosse entrecôte (viande de qualité) ou une pizza au feu de bois le soir. Parfait pour les familles. Accueil prévenant.

Où se baigner ?

La plage de Chevano : *du centre du village, prendre la direction du camping Kevano ; emprunter la route à droite face à celui-ci, puis, 1,5 km plus loin, après le panneau « Bruzzi, site protégé », une piste à gauche, qui se sépare en deux 50 m plus loin : prendre à droite, parking à 30 m.* Un court sentier mène alors à la plage, large baie paradisiaque. Dorer au soleil, s'y baigner, quel bonheur !

FIGARI (20114) 1 020 hab.

Le golfe du même nom est un abri très prisé des navigateurs, car il est tranquille, bien échancré et très beau. Le village, pour sa part, installé

tranquillement dans la vallée à quelques kilomètres à l'intérieur des terres, traversé par la D 859, est agréablement situé entre les côtes ouest et est. À deux pas, quelques belles plages et la profonde baie de Figari, excellent spot pour la planche à voile et le kitesurf. On y trouve un petit supermarché, une pharmacie et une pompe à essence. Quelques chambres d'hôtes et gîtes dans le secteur. Ça change de la foule de Porto-Vecchio. C'est aussi dans cette vallée que s'est niché l'aéroport de Figari-Sud/Corse, qui a permis de revitaliser un peu la région. Du terroir de Figari est issu un vin de bonne qualité.

Infos utiles sur l'aéroport

L'aéroport de Figari – ***Figari-Sud/Corse*** – se situe à 22 km au nord de Bonifacio et à environ 22 km au sud-ouest de Porto-Vecchio. C'est de loin le plus pratique pour ceux qui vont directement dans le sud de l'île. Parking payant. Café, boutique-presse, tabac. Liaisons en bus *(Navettes Rossi : ☎ 04-95-71-00-11)* avec Porto-Vecchio (4 liaisons/j. en saison sf j. fériés, et 2/j. hors saison sf dim et j. fériés).

✈ ***Aéroport :*** *☎ 04-95-71-10-10. • 2a.cci.fr/aeroport-figari-sud-corse.html •* ➢ En saison, nombreux vols depuis/vers les aéroports de province avec *HOP !* et *Air Corsica.* Liaisons également depuis/vers Bruxelles *(Brussels Airlines)* et Bruxelles-Charleroi *(Ryanair).*

Où dormir dans les environs ?

Chambres d'hôtes chez Jeanne *(Gîtes de France) : dans la* ***baie de Figari,*** *route du port. 📱 06-77-47-73-54. • pascal-watier@orange.fr • De Figari, se diriger vers la route Sartène-Bonifacio et prendre à droite vers Sartène ; faire 1 km et prendre la route sur la gauche ; à 500 m, panneau sur la droite. Juin-sept, compter 85 €. Prix dégressifs hors saison pour des séjours de plusieurs jours.* 3 chambres d'hôtes modernes, spacieuses, lumineuses et très bien équipées (TV, belles salles de bains...), situées dans une maison tout en longueur, édifiée sur un terrain qui descend jusqu'à la baie. Les plages sont à deux pas à pied, vers la gauche. Idéal pour les véliplanchistes... et pour les autres ! Grande cuisine dernier cri à la disposition des hôtes (pratique !). Accueil sympathique comme tout.

Domaine de Piscia, ferme-auberge : *à proximité du hameau de* ***Piscia,*** *sur les hauteurs. ☎ 04-95-71-06-71. 📱 06-14-88-56-30. • domainedepiscia@gmail.com • domainedepiscia.com • Ouv avr-oct. Selon saison et confort doubles standard 89-179 € ; suites plus chères. Table d'hôtes 33-39 € (prix le plus cher pour les non-résidents).* Il faut la mériter cette adresse, perchée sur les flancs de la montagne de Cagna, bénéficiant d'une vue époustouflante et d'un calme olympien. Une douzaine de chambres en tout, soit dans la maison principale, soit à côté du resto, ou encore en contrebas de la piscine. Elles ont toutes leur personnalité : murs extérieurs en pierres sèches du plus bel effet, et intérieur aux murs blancs, avec incrustation de bois d'arbousier vernis. Le domaine surplombe la vallée, et le regard porte loin. Le plaisir des belles chambres est prolongé par la séduisante piscine, comme suspendue entre terre et ciel. À table, outre l'excellente charcuterie maison (saucissons et coppa occupent une partie du plafond de la salle à manger), on y concocte une cuisine goûteuse et inspirée (veau aux olives, polenta de châtaignes...), corse sur le fond, et toujours au plus près des produits. Un régal !

Où acheter du bon vin ?

Cave du Domaine de Tanella : *à la sortie de Figari, sur la droite en allant vers Porto-Vecchio (parking juste en face). ☎ 04-95-70-46-23. En saison, en théorie lun-sam 9h-19h30, horaires restreints dim. Petit parking juste en* *face, sur la gauche.* Des tonneaux indiquent l'entrée. Primé de nombreuses fois, le domaine de Tanella propose des vins de qualité dans les 3 couleurs.

DANS LES ENVIRONS DE FIGARI

La baie de Figari : *de Figari, direction la route Sartène-Bonifacio et prendre à droite vers Sartène. Faire 1 km et prendre la route sur la gauche (sur 1 km), qui devient piste ensuite (sur 2 km).* On aboutit à plusieurs petites plages étroites, aux eaux tranquilles, au fond de la baie, très fréquentée en été par les véliplanchistes et les *kitesurfers* qui apprécient les conditions météorologiques du site, dans un cadre sécurisant. Un lieu de plus en plus reconnu par les spécialistes.

■ **Éole Figari Fun Center :** *de Figari, se diriger vers la route Sartène-Bonifacio et prendre à droite vers Sartène. Faire 1 km et prendre la route sur la gauche, qui devient piste plus loin. Le club est devant la plage. 06-11-48-13-92. • eolefigari.com •* Cours de planche et de kitesurf, et location de planches de tous niveaux, à l'heure ou plus. Également location de kayaks et *paddle boards.* Idéal pour apprendre ou se perfectionner en planche comme en kite.

La chapelle San Quilico : *de Figari, direction Porto-Vecchio et, à env 4 km sur la droite, petite route qui monte sur 1 km jusqu'au hameau de* ***Montilati*** *(chapelle du XIIe s indiquée).* En plein hameau, un petit bijou de chapelle romane à tuiles de pierre plate, dédiée à San Quilico, enfant martyr. Vraiment mignon.

BONIFACIO / BUNIFAZIU (20169) 2 870 hab.

• Plan Bonifacio *p. 268-269* • Carte Les environs de Bonifacio *p. 271*

Bonifacio est un miracle. Un miracle naturel et humain. Comme une pierre précieuse, le bijou brut a été sublimé par l'homme au fil des siècles, qui en a fait l'une des plus belles villes qu'offre la Corse au visiteur ébahi. Ici, l'île de granit, gris ou rose, cède la place à la blancheur éblouissante du calcaire. Allez savoir pourquoi ! Alors il vous faut imaginer de hautes falaises crayeuses, taillées par le vent et les embruns, au sommet desquelles ces fous de Génois construisirent un fort, puis toute une ville fortifiée, entourée de 2,5 km de remparts ! Et par un curieux caprice de la nature, au pied de la ville, un fjord, un goulet, un aber ou une calanque, appelez-le comme bon vous semble, profond de 1,5 km, et qui fait du port de Bonifacio le meilleur mouillage de la Méditerranée occidentale. C'est tout simplement sublime, magique et bouleversant à la fois.
Pourtant, les aoûtiens pourront trouver un rien pesant l'atmosphère, le flot de ceux qui – selon leur budget – lèchent des glaces à l'eau le long de la marine (on en fait partie !) ou arpentent le pont de leur yacht (on n'en fait pas partie !). Il faut dire que, à moins de venir hors saison, on s'expose ici à la grande foule... sauf si l'on vient dès potron-minet ! Et là, le plaisir est total.
Même ceux qui ne supportent pas la foule auront du mal à résister à Bonifacio : la vieille ville est sans conteste l'une des plus pittoresques que l'on connaisse avec ses hautes et hautaines maisons de pierre qui, serrées les unes contre les autres, bravent les éléments depuis des siècles. Et puis ces incroyables falaises, en partie accrochées au-dessus du vide, sont tout bonnement époustouflantes, et les couchers de soleil vraiment divins. Pas étonnant qu'on se soit tant battu pour posséder ce site unique...

– ***CONSEIL IMPORTANT :*** pour profiter pleinement de la ville, si vous désirez n'y passer que quelques heures, arrivez tôt le matin (vers 8h-8h30) et repartez en fin de matinée (ce qui n'empêche pas de revenir le soir !). Ainsi, vous avez le sentiment d'avoir la Ville Haute pour vous tout seul ou presque, avant que n'ouvrent les commerces, et c'est un enchantement total. En saison, dès 10h il faut s'attendre à 3 km de bouchon pour entrer en voiture dans Bonifacio. On est bloqué parfois pendant une bonne heure, et on n'exagère pas ! Cherchez à vous garer dès votre arrivée (grand parking sur la gauche en arrivant en ville et d'autres encore plus à l'arrière de celui-ci s'il est complet), mais n'essayez pas de monter dans la Ville Haute en voiture. Tous les parkings sont payants et chers... Vous voilà prévenu.

UN PEU D'HISTOIRE

Le marin le plus connu de l'Antiquité, Ulysse, fit sans doute escale à Bonifacio : la description qu'il donne d'un port dans *L'Odyssée* correspond à s'y méprendre à celle de l'étroit goulet de Bonifacio.
En tout cas, le site est habité depuis la préhistoire, comme l'atteste la Dame de Bonifacio, vieille de plus de 8 500 ans, dont on retrouva le squelette dans un abri sous roche, en face de l'actuel camping Araguina. Plus tard, commerçants grecs et militaires romains s'implantent dans la région. Un camp fortifié est édifié, sans doute vers 830, par Boniface II, marquis de Toscane. Pendant 2 siècles, la cité est contrôlée par la république de Pise. Jusqu'à ce que les Génois s'en emparent, à la fin du XIIe s, profitant paraît-il d'un mariage, une fois la population ivre ! Ils en font une forteresse imprenable (2,5 km de remparts de 8 m de haut, une douzaine de tours), chassent les habitants (remplacés par des colons ligures, ce qui explique qu'on y parle un dialecte ligure, ou génois, différent du corse toscan) et dotent la ville de statuts à part, dignes de ceux d'une république indépendante. Bonifacio va ainsi prospérer et résister aux tentatives de conquêtes.
En 1420, le roi d'Aragon manque de peu la prise de la ville. Malgré un siège de 5 mois, les habitants parviennent à tenir, notamment grâce à l'ingénieux escalier (baptisé à tort « escalier du roi d'Aragon ») creusé dans la falaise, qui leur permet de se ravitailler en eau.
En 1553, c'est au tour des Français d'assiéger le port, aidés par l'affreux pirate turc Dragut, qui massacre la garnison, mais aussi par l'épidémie de peste noire 30 ans plus tôt, qui vient de décimer la population (plus de 4 300 morts sur les 5 000 habitants !). Malgré une résistance héroïque, la ville capitule. Elle redevient génoise peu après, puis passe à la France (en même temps que toute la Corse) en 1768.
Dernières péripéties au XIXe s : les échanges de bandits. Vu la proximité des côtes sardes, la fuite des criminels, dans les deux sens, empoisonne la vie des Bonifaciens. Les Sardes en profitent autant que les Corses, revenant de temps en temps commettre un nouveau forfait sans risquer d'être repris. Il faut un accord entre les deux pays pour régler ce problème épineux. Autre question demandant des échanges de vue entre les Corses et les Sardes : le projet PMI (parc marin international) qui doit réunir la réserve naturelle des Bouches de Bonifacio et le parc national de l'archipel de la Mâddâlena, côté italien, ainsi que le site Ramsar Tre Padule de Suartone (au nord-est de Bonifacio) et les terrains du Conservatoire du littoral.

Arriver – Quitter

En bus

🚌 ***Station des cars*** *(hors plan par D1) : en face du parking P1 du port.*
➢ ***De/vers Bastia :*** départ de Porto-Vecchio avec un car des *Rapides Bleus Corsicatours* *(☎ 04-95-70-96-52),* 2 départs dans les 2 sens, tlj 15 juin-15 sept (1 le mat et 1 l'ap-m) ; hors saison, pas de départ dim et j. fériés. Trajet : 2h45. Il faut donc rejoindre Porto-Vecchio (ou en revenir) par une

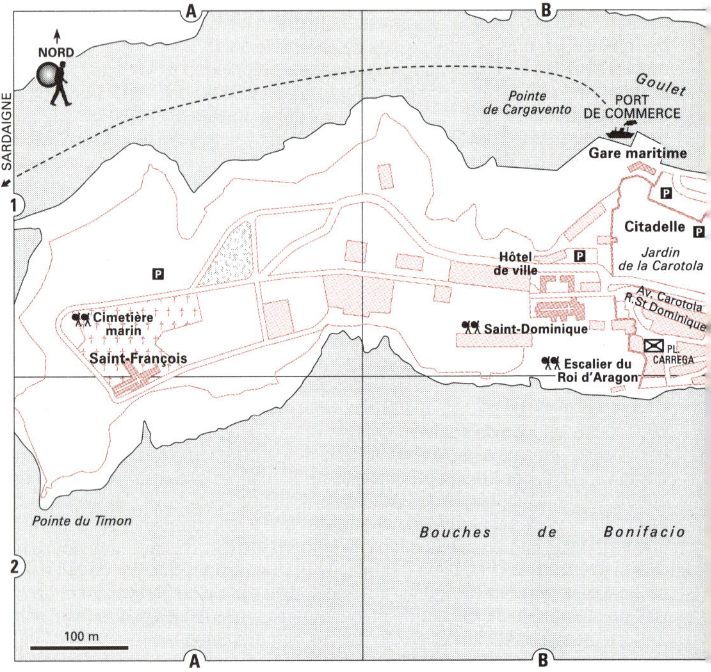

Adresses utiles

- Office de tourisme *(zoom)* et annexe *(D1)*
- 2 Le Lavoir de la Marine
- 4 Europcar

Où dormir ?

- 10 Camping Araguina
- 11 Hôtel des Étrangers
- 12 Hôtel Royal *(zoom)*
- 14 Hôtel-résidence du Centre nautique
- 15 Hôtel Colomba *(zoom)*
- 16 Hôtel Solemare

Où manger ?

ligne locale (dans chaque sens, 3 à 4 A/R par jour).

➢ ***De/vers Porto-Vecchio, Sartène, Propriano et Ajaccio :*** avec la compagnie *Eurocorse* *(☎ 04-95-21-06-30)*. 2 liaisons/j. en été, mais attention, là encore, il faut rejoindre ou revenir à Porto-Vecchio. Hors saison, 1 liaison lun-sam. Trajet : 3h30 (entre Porto-Vecchio et Ajaccio). Il existe également, 1 fois/j., une navette entre Bonifacio et Scopetto (près de Figari, au croisement entre la T 40 et la D 859), où l'on récupère le bus pour Ajaccio (vraiment pas très pratique). Même chose dans l'autre sens. Le guichet de vente des billets, devant le parking P1, n'est ouvert qu'en juil-août (le reste de l'année, les billets se prennent dans le bus).

➢ ***Service des plages (vers Piantarella et retour) :*** avec la compagnie *Massimi Transports* *(☎ 04-95-73-15-07)*. Juil-fin août slt, 6 A/R par jour dans les 2 sens. De Bonifacio, 8h45-19h15. De Piantarella, 9h30-20h. Compter 5 €.

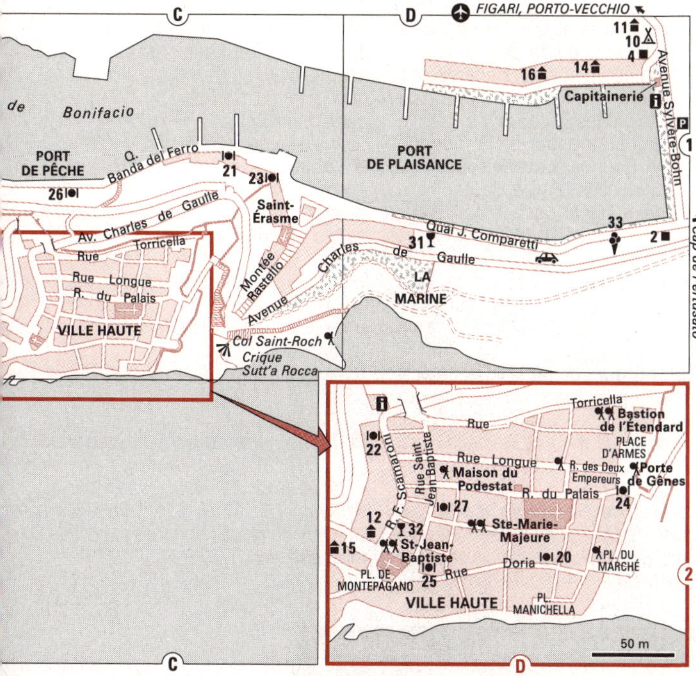

BONIFACIO

- **20** Cantina Doria *(zoom)*
- **21** The Kissing Pigs
- **22** Aria Nova *(zoom)*
- **23** Cantina Grill
- **24** L'Auberge Corse *(zoom)*
- **25** Stella d'Oro *(zoom)*
- **26** Les 4 Vents
- **27** Ciccio *(zoom)*

Où boire un jus de fruits ?
Où boire un verre ?
Où déguster une glace ?

- **31** Côté Fruits
- **32** Café Niçois *(zoom)*
- **33** Glacier Le Rocca Serra

En bateau de/vers la Sardaigne

Gare maritime *(plan B1)* **:** *quai Banda-del-Ferro.* La compagnie *Moby Lines* (☎ *04-95-73-00-29* ; ● *mobylines.fr* ●) relie Bonifacio à ***Santa Teresa di Gallura*** en Sardaigne. De Pâques à mi-sept, 4 liaisons/j. dans les 2 sens. Durée : 1h. Départ de la gare maritime, tout au bout du quai. Infos et billetterie sur place.
➢ La *Blu Navy* a repris la ligne qui était assurée par *Saremar* jusqu'en 2015. D'avr à sept, 4 allers-retours/j.

Adresses utiles

Office de tourisme *(plan zoom)* **:** *2, rue Fred-Scamaroni.* ☎ *04-95-73-11-88.* ● *bonifacio.fr* ● *Mai-fin sept, tlj 9h-19h (20h juil-août) ;*

le reste de l'année, lun-ven 9h-16h. Bien documenté et très bon accueil. Plan de la ville, guide pratique avec liste des hébergements, horaires des bus et ferries... Location d'audioguides et visites guidées de la ville (lire les infos au début de la rubrique « À voir »). Pour ceux qui ne souhaitent pas monter dans la Ville Haute, il y a une ***annexe sur le port*** : *à côté de la capitainerie (plan D1) ; 1er juin-fin sept, tlj 9h-19h (20h juil-août).*

✉ ***Poste*** *(plan B1)* **:** *dans la Ville Haute, sur la petite pl. Carrega : lun-ven 8h30-12h15, 13h30-16h ; sam 8h30-12h.*

■ ***Distributeurs de billets :*** *sur le port* ***(Crédit Agricole),*** *près de la capitainerie (plan D1), ou à la* ***Société Générale,*** *au début de la montée Rastello (plan C1) ; et un 3e Ville Haute (plan B1) se trouve à* ***La Poste.***

✚ ***Hôpital de Bonifacio*** *(carte Les environs de Bonifacio)* **:** *à env 2 km au nord de Bonifacio par une petite route qui prend sur la T 40 (route de Sartène).* ☎ *04-95-73-95-73.* Service d'urgence 24h/24. Tout beau tout neuf !

■ ***Laverie : Le Lavoir de la Marine*** *(plan D1,* ***2****), sur le port, au début du quai Jérôme-Comparetti. Tlj 7h-21h. Également* ***La Laverie du Port*** *sur le quai d'en face (fermée dim).*

■ ***Location de voitures : Europcar*** *(plan D1,* ***4****), à la station Esso située à l'entrée de la ville juste sur la gauche quand on arrive au port.* ☎ *04-95-73-10-99. Tlj 8h (8h30 en mi-saison)-12h, 16h-19h (18h en mi-saison).*

🚗 ***Taxis*** *(plan D1)* **:** *borne d'appel sur le port. Les taxis attendent devant le parking P1.* ☎ *04-95-73-19-08. Sinon, plusieurs taxis :* 📱 *06-14-65-25-68, 06-08-56-75-63 ou 06-82-59-29-33.*

■ ***Capitainerie du port de plaisance*** *(plan D1)* **:** *av. Sylvère-Bohn, à l'extrémité du port.* ☎ *04-95-73-10-07, ou VHF canal 9. Tlj 7h-21h (20h30 hors saison).* Sur place : douches *(payantes),* toilettes.

Comment stationner en ville ?

Circulation très difficile en saison. Il est conseillé de se garer dans l'un des nombreux parkings aménagés en arrivant, dans la Ville Basse. Ils sont payants (2 près du port et 4 en Ville Haute). Paiement à l'heure ou forfait. Les emplacements gratuits sont quasi inexistants... sauf un grand parking (appelé « parking des Valli ») au niveau du rond-point des routes de Porto-Vecchio et Sartène (tourner direction Porto-Vecchio si vous venez de Sartène), à 1,5 km du centre, donc assez loin. Les camping-cars sont interdits de stationnement de 23h à 7h et ne sont autorisés en journée que sur 2 parkings. Attention : en été, le quai Comparetti est fermé à la circulation le soir. Bon à savoir : si vous ne venez que pour l'excursion en mer, les compagnies disposent de leurs propres parkings (il y en a 3) et vous autorisent à y laisser la voiture pendant votre sortie en mer.

– Si vous avez les rotules en compote, le ***petit train*** est là, qui trimbalera vos vieux os dans la vieille ville *(☎ 04-95-73-15-07 ; en été, 9h-21h – dernier retour de la Ville Haute ; A/R 6 € ; réduc).* Visite commentée et halte là-haut (il redescend chercher la cargaison suivante). Départ sur le parking du port (P1), juste à gauche en arrivant sur le port.

Où dormir ?

Tout ou presque est trop cher ! Vous voilà prévenu. Si vous n'avez pas les moyens ou si tout est déjà complet (fréquent en saison), plusieurs solutions s'offrent à vous dans les environs.

Camping

⛺ ***Camping Araguina*** *(plan D1,* ***10****)* **:** *av. Sylvère-Bohn, juste à l'entrée de la ville.* ☎ *04-95-73-02-96. • camping.araguina@wanadoo.fr • campingara*

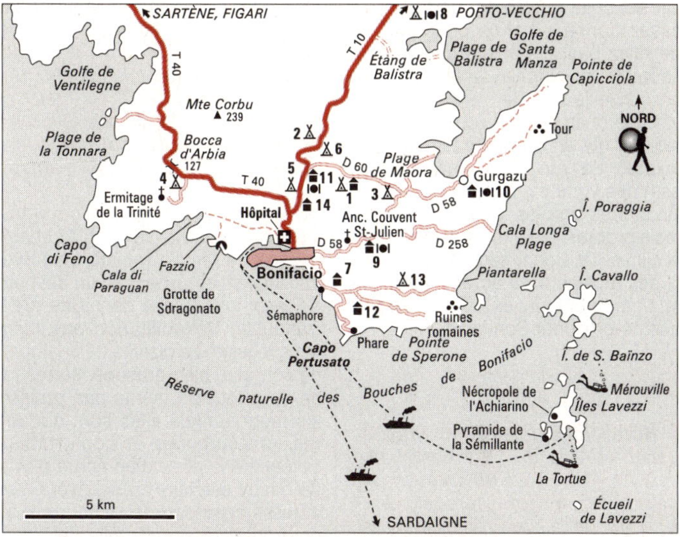

LES ENVIRONS DE BONIFACIO

Où dormir ? Où manger ?

- **1** Camping La Pomposa
- **2** Camping Campo di Liccia
- **3** Camping Pian del Fosse
- **4** Camping La Trinité
- **5** Camping Cavallo Morto
- **6** Camping Pertamina Village – U Farniente
- **7** Domaine de Licetto
- **8** Camping Rondinara
- **9** Hôtel A Trama
- **10** Hôtel-restaurant du Golfe
- **11** Chambres d'hôtes Le Poisson Rouge et Villa Rach-Gia
- **12** Chambres d'hôtes A Manichetta
- **13** Camping des Îles
- **14** Chambres d'hôtes A Loghja di Cavallo Morto

guina.fr • Avr-fin oct. Compter 21,20-22,70 € pour 2 avec tente et voiture ; bungalows 2-4 pers env 78-105 € (en été à la sem slt : env 940 €). CB refusées. Tout petit camping bien pratique pour les routards à pied, car ils peuvent de là arpenter Bonifacio sans avoir à marcher des heures. C'est de fait le plus proche de la cité. Organisé en étroites terrasses. En revanche, route très fréquentée juste devant, embouteillée toute la matinée, et entassement garanti en saison. Se mettre bien au fond pour espérer avoir un peu de tranquillité. Certaines parties ombragées et sol dur. Sanitaires simples mais propres. Camping-cars acceptés, regroupés pour la plupart de l'autre côté de la route. Quant aux bungalows, ils sont plutôt bien équipés, mais vraiment peu d'espace autour. Snack en bordure du camping, près de la route, pour prendre un petit déj.

Prix moyens

Hôtel des Étrangers *(plan D1, 11) : av. Sylvère-Bohn. ☎ 04-95-73-01-09. • hoteldesetrangers@orange.fr • hoteldesetrangers.fr • À 300 m du port, mais il est caché sous une falaise, sur la droite en venant d'Ajaccio. D'avr à mi-oct. Doubles 45-93 € selon confort et saison. Box clos pour les motos, parking gratuit (précieux à Bonifacio).* Une trentaine de chambres dans un édifice tout en longueur.

On est collé à la route, certes, mais assez bonne isolation phonique. Et ne râlez pas, c'est tout simplement l'hôtel le moins cher de la ville. Bon, on conseille tout de même de réserver une chambre sur l'arrière si possible (il n'y en a pas beaucoup) car, au cœur de l'été, c'est le défilé incessant des voitures. Accueil de qualité. Chambres simples, pas bien grandes mais propres. Les moins chères n'ont ni clim ni TV. Bonne tenue générale au fil des années. Une adresse pratique et finalement un excellent rapport qualité-prix pour Bonifacio.

Chic

☗ ***Hôtel Royal*** *(plan zoom,* ***12****)* **:** *pl. Bonaparte (ou 8, rue Fred-Scamaroni). ☎ 04-95-73-00-51. • leroyal4@wanadoo.fr • hotel-leroyal.com • À l'angle de la rue Fred-Scamaroni, dans la Ville Haute. Tte l'année. Doubles 60-136 € selon standing et saison. Fait aussi café et resto (fermé lun en hiver). Parking.* Petit hôtel familial bien situé (une quinzaine de chambres), au cœur de la Ville Haute. Chambres refaites et au confort correct, climatisées *(juil-août).* Toutes avec sanitaires privés, AC et TV. Comme on est dans une vieille bâtisse, quelques-unes sont exigües et peu pratiques. Bon, on trouve quand même les prix assez élevés en pleine saison. Tarifs plus abordables dès que l'on sort de l'été. Bon accueil, souriant.

Beaucoup plus chic

☗ ***Hôtel-résidence du Centre nautique*** *(plan D1,* ***14****)* **:** *Nouvelle-Marine, sur le port de plaisance, quai nord. ☎ 04-95-73-02-11. • info@centre-nautique.com • centre-nautique.com • Congés : nov-mars. Duplex avec vue sur le port 90-200 € selon saison ; moins cher avec vue sur le jardin : 75-150 € selon saison.* Isolée sur son quai bien calme par rapport à celui d'en face, cette grande et belle bâtisse dispose de 10 chambres en duplex, assez dépouillées finalement. Espace, confort, déco moderne, salon en bas (canapé-lit), chambre en mezzanine... Douche, TV, AC.

☗ ***Hôtel Colomba*** *(plan zoom,* ***15****)* **:** *4-6, rue Simon-Varsi, au cœur de la Ville Haute. ☎ 04-95-73-73-44. • colomba@hotel-bonifacio.fr • hotel-bonifacio-corse.fr • Chambres env 82-167 € selon saison ; petit déj compris hors saison. Parking gratuit à 5 mn à pied.* Une vénérable et haute maison de famille transformée avec intelligence et respect en un bel hôtel de semi-luxe, niché dans une ruelle tranquille. Réhabilitation pas facile mais réussie. La dizaine de chambres ne sont pas bien grandes, certes (on ne peut tout de même pas pousser les murs !), mais elles sont coquettes, chaleureuses et confortables, dotées de la clim, d'un écran plat et de beaux sanitaires. Ascenseur. Une adresse cosy pour les amoureux qui pourront profiter de la Ville Haute dès potron-minet. Volets à jalousies, ce qui, ici, n'est pas un vilain défaut mais permet d'observer le va-et-vient de la ruelle. Jolie salle de petit déj, aux pierres apparentes.

☗ ***Hôtel Solemare*** *(plan D1,* ***16****)* **:** *sur la Nouvelle-Marine, juste en face du quai Jérôme-Comparetti. ☎ 04-95-73-01-06. • info@hotel-solemare.com • hotel-solemare.com • Doubles 115-195 € selon saison ; également triples, quadruples et suite. Parking.* Si l'édifice ne dégage pas un charme particulier, les chambres s'avèrent vraiment soignées, modernes, avec des touches design. De la couleur (bleu et vert) dans les parties communes et une grande salle à manger pour le petit déj. Elles donnent toutes sur le port et bénéficient d'un calme total, car ce quai-ci n'abrite qu'un seul resto et aucun bar. C'est même d'ici que l'on embrasse la meilleure vue sur le port, puisqu'on est en face ! Pour le confort, AC, écran plat, et certaines avec tout petit balcon. Demander une chambre dans les étages supérieurs. Grande piscine sur le côté de l'hôtel, avec belle terrasse de bois et transats. Manque toutefois quelques plantes pour casser l'atmosphère un peu froide.

Où prendre un petit déjeuner ?

Au cœur du mois d'août, Bonifacio (le port comme la Ville Haute) peut devenir un peu insupportable à cause de la foule. Pour éviter cela, se lever tôt et aller prendre un petit déj sur le port, quand les gens des bateaux se lèvent à peine et avant l'arrivée des livreurs (et quand les scooters ne circulent pas encore sur la partie piétonne de la marine !). Un moment délicieux. ***Le Marina*** propose des formules petit déj à des tarifs très honorables *(4,50 € le petit déj simple, env 7 € pour le complet)*... et les fauteuils sont confortables.

Où manger ?

Beaucoup de restaurants en enfilade le long des quais du port et dans la Ville Haute. Peu d'adresses fiables sur la durée, mis à part les restos très chic et chers, qui tiennent bien le pavé (de mérou). On trouve 2 supérettes sur le port, à l'extrémité du quai Comparetti *(plan D1),* ouvertes de 7h à 21h en haute saison. Le marché de Bonifacio a lieu le mardi matin dans la Ville Haute (loggia de l'arsenal).

Prix moyens

– Dans la Ville Haute, plusieurs ***pizzerias*** et ***crêperies*** permettent de se sustenter à bon compte. On n'en conseille pas en particulier, elles se valent à peu près toutes. On peut aussi se contenter de *fugazzi* ou de beignets et de gâteaux au *brocciu* à la boulangerie ***Faby,*** rue Saint-Jean-Baptiste (Ville Haute). Ceux qui sont trop affamés pour faire l'ascension le ventre vide iront à la pâtisserie ***Sorba,*** au 3, rue Saint-Érasme, au pied de la montée vers la Ville Haute *(plan C1).* ☎ *04-95-73-03-64. En saison, tlj 7h-20h.* On y trouve de bons *fugazzi* et du *pain des morts.* À noter, également une autre boulangerie *Faby* sur le quai Comparetti.

|●| ***Cantina Doria*** *(plan zoom,* ***20****) : 27, rue Doria.* ☎ *04-95-73-50-49. • cantinagrill@wanadoo.fr • Mars-fin oct. Fermé sam hors saison. Très fréquenté en hte saison : résa impérative. Menus 16-21 € ; plats du jour 13,50-15,50 € ; carte env 25 €.* La petite adresse familiale pas chère, qui ravit nos lecteurs depuis bien des années. Et il n'y en a pas tant que ça, dans la Ville Haute de Bonifacio. Bonne soupe corse, lasagnes aux fromages du cru et aubergines à la bonifacienne particulièrement réussies. Pour les amateurs, intéressantes tripettes à la corse. Savoureux desserts maison comme le gâteau aux châtaignes. Une cuisine de bon aloi, robuste et généreuse, sans forfanterie et qui nourrit bien son homme (et même sa femme...). Petit bout de terrasse agréable dans la rue.

|●| ***The Kissing Pigs*** *(plan C1,* ***21****) : 15, quai Banda-del-Ferro.* ☎ *04-95-73-56-09. • kissingpigs@orange.fr • Tte l'année, tlj midi et soir, sf lun en basse saison. Le midi en été, formule salade-dessert 15 € ; menus « traditionnel », « Castagna » et « maritime » 20-22 € ; un peu plus à la carte ; assiettes « incontournable » (charcuterie) 22 € et « demi-incontournable » 11 €.* Sur le port, un bistrot spécialisé dans la cochonaille, avec de belles assiettes de charcuterie essentiellement issue de porc *nustrale* (race corse AOC !), et de superbes fromages (« assiettes moitié-moitié » pour panacher), ainsi que des vins. Petits poêlons chauds sympathiques également, comme celui à l'agneau et aux figues ou porc et châtaignes. Bon rapport qualité-prix. Chouette balcon à l'étage, qui permet de dominer le port.

|●| ***Ciccio*** *(plan zoom,* ***27****) : 6, rue Saint-Jean-Baptiste.* ☎ *04-95-73-18-46.* 📱 *06-16-98-81-68. • gerald.larrieu@hotmail.fr • Congés : nov-mars. Formule déj env 17 € ; carte env 35 €.* Ce traiteur a eu la bonne idée d'installer quelques tables dans la ruelle, puis d'ouvrir une terrasse couverte et à l'écart du passage, à quelques mètres seulement. Les plats préparés vous sont présentés avec soin, parmi lesquels les grands classiques : lasagnes de la Mamma, raviolis au *brocciu,* mais aussi raviolis au corail d'oursin et millefeuille d'araignée de mer. Tout est bien travaillé. Excellent accueil.

|●| ***Aria Nova*** *(plan zoom, **22**) : 4, rue Fred-Scamaroni. ☎ 04-95-73-19-85. • arianova2013@gmail.com • Tlj midi et soir. Congés : 7 nov-20 déc. Menus Terre 22 € et Mer 24 € ; carte env 30 €. Prudent de réserver le soir.* Dans la citadelle, un restaurant on ne peut mieux placé, avec une terrasse ouverte donnant sur le port. Cuisine basée sur des produits frais (jusqu'au pain fait maison). Parmi les spécialités : tapas de calamars à la plancha, burger corse, aubergines à la bonifacienne. Bons desserts également. Belle présentation des assiettes et accueil chaleureux.

|●| ***Cantina Grill*** *(plan C1, **23**) : 3, quai Banda-del-Ferro, sur le port. ☎ 04-95-70-49-86. • cantinagrill@wanadoo.fr • Tlj midi et soir. Menus 15-20 € ; assiette dégustation 18 € ; plats 12-20 €.* Une petite adresse pas bégueule, simple et sans coup fourré, sur la marine. Comme sa grande sœur de la Ville Haute *(Cantina Doria),* on y sert aubergines à la bonifacienne, lasagnes au fromage corse, saucisses à Jojo, grillades. Moules marinière et plusieurs plats de pâtes. Moins corse que la maison mère de la Ville Haute, mais tout aussi sympathique dans un genre différent. On en a pour son argent, et l'ensemble est vraiment satisfaisant, et ce, au fil des années.

|●| ***L'Auberge Corse*** *(plan zoom, **24**) : pl. d'Armes, dans la Ville Haute, juste après le porche d'entrée de la Ville Haute. ☎ 04-95-10-86-55. En été, tlj. Formules 22,50-24,50 € ; plat du jour à midi 13,50 €.* Une carte très éclectique pour cette sympathique table honorant la *cucina corsa* sous tous ses aspects. Les classiques aubergines à la bonifacienne, cannellonis, assortiments de beignets et de charcuterie-fromages sont fidèles au poste. Du savoir-faire, des vins bien choisis et un service tout à fait sympathique. Accoudés aux tonneaux de la terrasse couverte ou dans la chaleureuse salle, un bon moment en perspective.

De prix moyens à chic

|●| ***Les 4 Vents*** *(plan C1, **26**) : 29, quai Banda-del-Ferro, tt au bout du port. ☎ 04-95-73-07-50. • chamada10@wanadoo.fr • Congés : 7 nov-10 fév. Tlj sf lun-mar hors saison et sam midi en hte saison. Plats de pâtes et poisson env 16-24 €, petite bouillabaisse 29 € ; carte env 50 €. Digestif offert sur présentation de ce guide.* Au bout du port, dans un coin au calme, face aux yachts de luxe, une salle blanche comme une voile, aux élégantes notes marines. Cuisine ouverte, ambiance chic et feutrée, service de qualité. À table, les plats tournent autour de la mer évidemment, avec des poissons cuits à la perfection et une intéressante petite bouillabaisse maison, version personnalisée et goûteuse de cette préparation traditionnelle, qui tient toutes ses promesses.

|●| ***Stella d'Oro*** *(plan zoom, **25**) : 7, rue Doria. ☎ 04-95-73-03-63. • stella.d.oro@orange.fr • Avr-oct, tlj. Formule déj 20 € ; menu 28,50 € ; carte 60-70 €.* Une adresse bourgeoise et intime, classique dira-t-on, avec un service souriant et un petit fond musical bien soft. Petites salles bien sages, genre caves à vins avec poutres apparentes, objets campagnards et une autre salle à l'étage. L'adresse est assez connue pour ses délicieuses aubergines à la bonifacienne et ses raviolis au *brocciu,* mais les pâtes fraîches au four valent aussi le détour. Beaux poissons également. Accueil pro. Prix élevés à la carte, mais le menu permet de s'en sortir honorablement et de profiter déjà du travail du chef.

Où dormir ? Où manger dans les environs ?

Campings

Pour tous ces campings, il est nécessaire d'être motorisé, car ils sont assez éloignés des plages, et il n'y a aucun moyen de transport.

⛺ 🏠 ***Camping La Pomposa*** *(carte Les environs de Bonifacio, **1**) : à 3 km sur* *la T10, sur la droite en venant de Bonifacio, prendre la D 60 ; c'est à 800 m. ☎ 04-95-73-00-58. • camping-pomposa.com • Mai-début sept. Compter 20 € pour 2 ; quelques chalets avec sanitaires et cuisine également 90-130 €/nuit selon taille (2-4 pers) et saison (5 nuits min demandées en saison). CB refusées.* Petit camping sans prétentions mais bien tenu, situé sur un terrain planté d'oliviers. Calme et propre : une bonne petite adresse familiale. Pas de piscine, donc pas de bruit ni de musique tonitruante. Sanitaires pas dernier cri mais corrects. Grands emplacements bien ombragés.

⛺ ***Camping Campo di Liccia*** *(carte Les environs de Bonifacio,* ***2****) : lieu-dit* ***Parmentil,*** *sur la T10, à 4 km de Bonifacio. ☎ 04-95-73-03-09. • info@campingdiliccia.com • campingdiliccia.com • ♿ Avr-sept. Selon saison, compter env 16-25 € pour 2 avec tente et voiture ; bungalows, mobile homes et chalets climatisés 295-975 €/sem.* 📶 Sur 5 ha, un camping offrant pas mal d'espace, à l'ombre des oliviers séculaires, eucalyptus et chênes-lièges. Pizzeria-grill *(slt juin-sept),* épicerie. Bonne ambiance générale. Pas mal d'habitués qui reviennent pour l'atmosphère familiale. Sanitaires très bien entretenus. Piscine près du resto, terrain de pétanque, ping-pong et animations diverses régulières. Aire de service pour les camping-cars.

⛺ ***Camping Pian del Fosse*** *(carte Les environs de Bonifacio,* ***3****) : route de Santa Manza. ☎ 04-95-73-16-34. • camping@piandelfosse.com • piandelfosse.com • À 3,5 km de Bonifacio, sur la D 58. De Pâques à mi-oct. En été, pas de résa possible pour les campeurs, sf séjour de 1 sem min. Compter env 18,50-28,50 € pour 2 avec tente et voiture selon type d'emplacement (délimité ou pas) et saison ; loc de bungalows et chalets, ainsi que de minivillas (2-6 pers, 390-1 000 €/sem).* 📶 *(payant).* Très vaste camping ombragé (oliviers, chênes verts et pins) sur un terrain assez plat. Sanitaires bien tenus et en nombre suffisant. Emplacements bien délimités de 40 à 100 m² (prix variant selon la superficie). Sous une oliveraie composée de plusieurs terrasses. Pas de piscine. Épicerie et snack en été *(de mi-juin à mi-sept).*

⛺ ***Camping La Trinité*** *(carte Les environs de Bonifacio,* ***4****) : sur la route de Sartène. ☎ 04-95-73-10-91. 📱 06-46-25-35-52. • bianchini.eric@wanadoo.fr • campinglatrinite.com • ♿ De Bonifacio, direction Sartène sur env 5 km ; le camping est sur la gauche, juste au pied de l'ermitage de la Trinité (le grand rocher surmonté d'une croix). D'avr à mi-oct. Selon saison, compter env 18,40-24,10 € pour 2 avec tente et voiture ; chalets (sans sanitaires) 2-3 pers 336-560 €/sem, (avec sanitaires) 5 pers 460-965 €/sem en hte saison.* Voici un camping qui s'étire en pente douce sous une vaste pinède bien agréable. Évitez simplement de planter votre tente trop près de la route. En fait, le mieux est se mettre en contrebas de la piscine. Sinon, belle situation, avec vue sur la mer et sous la protection de l'ermitage de la Trinité où se tient chaque année un pèlerinage. Beaucoup d'emplacements bien ombragés et ambiance amicale. Sanitaires impeccables. Snack, piscine agréable, entourée par le resto. Bonnes prestations générales et régulières sur les années.

⛺ ***Camping Cavallo Morto*** *(carte Les environs de Bonifacio,* ***5****) : sur la route de Porto-Vecchio, à 900 m du rond-point de Bonifacio, sur la gauche. ☎ 04-95-73-04-66. • contact@camping-cavallomorto.com • camping-cavallomorto.com • D'avr à mi-oct. Compter env 20,60-26,80 € pour 2 avec tente et voiture ; nombreux chalets et bungalows : pour 4, env 550-950 €/sem ; pour 6, 600-1 100 €/sem.* Grand terrain plat qui s'enfonce loin sous les arbres. Bien ombragé et fort bien tenu. Nombreux chalets et petits pavillons de tailles différentes, la plupart avec AC, mais parfois un peu collés les uns aux autres. Piscine à côté de la réception et proche de la route (passante). Sanitaires impeccables. Resto. Aire de jeux.

⛺ ***Camping Pertamina Village – U Farniente*** *(carte Les environs de Bonifacio,* ***6****) : sur la route entre Bonifacio et Porto-Vecchio, juste en face du Camping Campo di Liccia. ☎ 04-95-73-05-47. • pertamina@wanadoo.fr • camping-pertamina.com • ♿ Compter*

25-44 € pour 2 avec tente. Nombreuses loc en dur : mobile homes, chalets, minivillas, tentes-lodges... à ts les prix et de ttes les tailles (395-1 855 €/sem) ; loc à la nuit possible à certaines dates. LE camping 4 étoiles du secteur. On trouve ici à peu près tout ce que l'on est en droit d'attendre d'un camping grand format : de beaux emplacements ombragés pour les campeurs, de nombreux bungalows, et puis, côté infrastructures ludiques, resto, 2 piscines chauffées avec toboggan, tennis, terrain de volley, sans oublier toutes sortes d'animations régulières (aquagym...). Bref, le camping dans tous ses états, pour le plus grand bonheur des familles qui y viennent et y reviennent !

Camping Rondinara *(hors carte Les environs de Bonifacio,* ***8****)* **:** *à* ***Suartone.*** *☎ 04-95-70-43-15. • reception@rondinara.fr • camping-rondinara.com • À 15 km au nord de Bonifacio, sur la route de Porto-Vecchio. De mi-mai à fin sept. Selon saison, compter env 20,20-30,50 € pour 2 avec tente et voiture ; mobile homes à louer à la sem : selon saison, pour 3-4 pers env 700-1 085 €, pour 5-6 pers 910-1 400 €.* Grand, très fleuri et arboré, avec des terrasses au milieu de petits rochers, et bien équipé. Mignons chalets avec sanitaires et AC. Épicerie, bar, pizzeria-grill, plats à emporter, téléphone. Réception aimable. Un petit sentier à travers le maquis descend jusqu'à la plage, à 10 mn à pied. Très grande piscine, impeccable. Aire de jeux.

Camping des Îles *(carte Les environs de Bonifacio,* ***13****)* **:** *route du golf de Sperone et Piantarella. C'est 50 m sur la gauche après l'entrée du golf. ☎ 04-95-73-11-89. • camping.des.iles.bonifacio@wanadoo.fr • campingdesiles.com • Ouv avr-sept. Compter 17,80-31,60 € pour 2 avec tente et voiture ; chalets, mobile homes et bungalows 4-6 pers 413-994 € selon taille, confort et saison. (payant).* À 10 mn à pied de la plage de Piantarella (accessible par un sentier). De beaux espaces sous les arbres, très ombragés et bien organisés en petites terrasses. Blocs sanitaires impeccables, parfaitement intégrés dans de jolies maisons de pierres sèches. Équipement de qualité et vaste piscine bien sympathique. Toutes sortes de logements en dur sont disséminés sur le terrain, sans être les uns sur les autres. Resto en été. Tennis et minigolf *(payants).*

De prix moyens à chic

Domaine de Licetto *(carte Les environs de Bonifacio,* ***7****)* **:** *route du phare de Pertusato. ☎ 04-95-73-03-59. • sarl.licetto@orange.fr • licetto.com • À 2 km du port. Congés : déc-janv. Selon saison, 55-90 € la chambre avec douche et w-c, 75-120 € avec bains ou douche spacieuse et 90-140 € pour avoir une terrasse privative. Studios 450-860 €/sem selon taille et saison. Réduc de 10 % sur le prix de l'hébergement (hors petit déj) oct-mars sur présentation de ce guide.* On a d'ici une vue assez originale sur Bonifacio, que l'on surplombe par l'arrière, Ville Haute et Ville Basse. Le domaine est en plein maquis, et la partie hôtelière, moderne, dispose de 6 chambres et de 12 studios pour 2 ou 3 personnes, avec douche ou bains, tous avec AC, d'un excellent rapport qualité-prix pour Bonifacio. Déco élégante et stylée. Également une villa pour 6 personnes à louer à la semaine. On est parfaitement au calme, et chaque chambre dispose d'un petit bout de terrasse. Sur l'arrière, une pelouse, quelques transats, une piscine, un champ d'oliviers et le maquis à perte de vue. Du solarium, vue époustouflante sur la Ville Haute de Bonifacio, au loin. Accueil très aimable.

Plus chic

Chambres d'hôtes A Loghja di Cavallo Morto *(carte Les environs de Bonifacio,* ***14****)* **:** *route de Sperone. 06-09-36-35-50. • info@cavallomorto.com • cavallomorto.om • À 3 km de Bonifacio. Au grand rond-point (avt d'arriver à Bonifacio), prendre direction Porto-Vecchio, faire env 1 km et prendre à droite direction Campagru. Parcourir env 500 m et chemin sur la droite (petit panneau). C'est 100 m plus loin, sur la droite. Congés : oct-avr. Doubles 110-150 € selon* *saison et confort ; également un gîte.* Fabienne Maestracci est oléicultrice et quand elle n'est pas dans ses plantations d'oliviers, elle accueille ses hôtes avec gentillesse dans son imposante et austère bâtisse familiale du XVIIe s, qui abrite 3 chambres simples et agréables, fraîches (les murs sont épais) et soignées. Une autre, la plus chère, est nichée dans une tourelle. Un lieu sincère, d'où se dégage une bonne atmosphère, à l'écart de l'agitation bonifacienne. On prend le petit déj sous les arbres, et l'on profite du bassin tout en longueur pour se rafraîchir, pourquoi pas après une balade dans l'oliveraie. Le gîte, quant à lui, se situe dans une maisonnette séparée. À deux pas de Bonifacio, une adresse vraiment différente.

Chambres d'hôtes A Manichetta *(carte Les environs de Bonifacio, **12**) : route de Sperone. 06-66-79-31-94. • roghistephane@yahoo.fr • maisondhotes-location-bonifacio.com • À 3 km de Bonifacio. En arrivant en ville, prendre à gauche, puis à droite (à la boutique Tam-Tam) vers Pertusato. Au 1er embranchement, prendre à gauche vers Sperone et Piantarella. C'est 2 km plus loin, sur la droite. De mi-avr à mi-oct. Selon saison, doubles 89-113 €. CB refusées.* Au milieu d'une oliveraie, une maison récente, tout en longueur, élégante et lumineuse, qui propose 5 chambres et 1 gîte. L'ensemble est très au calme, vraiment soigné, avec plein de détails charmants. Beaucoup de goût dans la déco. Toutes avec petite terrasse et AC. Douches à l'italienne. Coin salon sous les arbres. Un lieu plein de goût, tenu par un couple d'éleveurs de brebis qui fait ses propres fromages, notamment le *brocciu* en saison (mais les brebis ne pâturent pas sur la propriété). Une belle adresse. Le gîte peut, quant à lui, accueillir 4 personnes. À l'entrée du terrain, un ancien abri de berger en pierre calcaire, toute ronde.

Villa Rach-Gia *(plan Les environs de Bonifacio, **11**) : à **Caprili.** 06-14-99-00-47. • philippe.liechty@wanadoo.fr • villarachgia.com • De la T 10, prendre à droite juste avt la route de Santa Manza. Avr-oct. Doubles 75-125 €. CB refusées.* On est accueilli par une rangée de bambous, pour accéder à cette maison moderne, au calme, abritant 5 chambres à la déco légère et de bon goût, organisées autour d'un petit patio. Une autre se situe dans une maisonnette séparée. Douche à l'italienne dans chacune d'elles, AC, cafetière. Les extérieurs ne manquent pas de charme : jardin avec bassin pour faire trempette, terrasse ombragée et petit salon ouvert avec coussins marocains, bancs indonésiens, où il fait bon paresser. Charmant et intime. Excellent accueil de Brigitte.

De plus chic à beaucoup plus chic

Hôtel A Trama *(carte Les environs de Bonifacio, **9**) : à **Cartarana,** route de Santa Manza. ☎ 04-95-73-17-17. • hotelatrama@aol.com • a-trama.com • À 1,5 km du centre-ville, sur la droite. Hôtel fermé en janv ; resto fermé de mi-nov à fin mars. Doubles 98-208 € selon saison. Possibilité de ½ pens. Menu 38 €.* Dans un beau cadre de verdure. Grand calme et bon standing dans ce petit complexe au cœur des grands pins composé de 5 petites unités modernes, comportant 5 chambres chacune, bien entretenues, toutes en rez-de-jardin, et avec petite terrasse privative donnant sur l'arrière. Tout confort : écran plat, minibar, AC, etc. Déco sobre, sans particularité. Chouette piscine avec transats. Une bien agréable villégiature, où l'accueil se révèle courtois et professionnel. À l'heure de l'apéro, le jacuzzi vous tend ses bulles. Le resto, *Le Clos Vatel,* propose une bien belle cuisine en bord de piscine. Beaux poissons (à réserver, c'est plus sûr) et produits très frais. Service aimable et pro.

Hôtel-restaurant du Golfe *(carte Les environs de Bonifacio, **10**) : dans le **golfe de Santa Manza,** à 6 km à l'est de Bonifacio par la D 58. ☎ 04-95-73-05-91. • golfe.hotel@wanadoo.fr • hoteldugolfe-bonifacio.com • Mars-début nov. Résa conseillée en saison. Doubles 130-200 € en ½ pens (imposée juin-sept) ; triples également. Formule déj 18 € ; menus 25-30 € ; carte env 35 €.* La mer est

LE GRAND SUD CORSE

juste en face, en traversant la petite route. Une dizaine de chambres seulement, dans cet établissement familial et tranquille. Petit hôtel un peu isolé, tenu par la même équipe depuis 3 décennies. Demander de préférence une chambre avec vue sur mer (même prix). Tranquille, simple et de bon confort. Grande terrasse avec vue dégagée sur le devant. Cuisine familiale composée de spécialités locales.

Chambres d'hôtes Le Poisson Rouge *(carte Les environs de Bonifacio,* ***11****) : lieu-dit* ***Caprille.*** *06-24-98-23-75. • poissonrougebonifacio@hotmail.it • poissonrougebonifacio.com • De Bonifacio, prendre la route de Porto-Vecchio. Juste au niveau de l'embranchement de la D 60 (direction Santa Manza, qu'on ne prend pas), prendre la petite route sur la droite de celle-ci et aller jusqu'au bout. C'est bien indiqué. Congés : nov-mars. Selon saison, doubles 95-215 €, suites 120-240 €. Table d'hôtes slt le soir.* Uniquement 2 chambres et 3 suites, toutes avec AC, écran plat, bouilloire... Une superbe maison moderne sur un généreux espace verdoyant. Les chambres se situent dans 2 petites unités juste à l'écart de la piscine, bien séparées l'une de l'autre. Elles sont spacieuses et décorées sobrement. Jolies salles de bains. Ce que l'on apprécie ici, c'est la grande tranquillité du site, la vaste pelouse bien entretenue, le jardin et la jolie piscine qui confèrent une ambiance reposante au lieu. Accueil avec un charmant accent italien. Une adresse assez haut de gamme, parfaite pour un séjour loin de la foule. Au resto, cuisine méditerranéenne en général, mais les accents plus particulièrement italiens ne sont jamais loin (gnocchis maison aux fleurs de courgettes, raviolis aux blettes...).

Où boire un jus de fruits ? Où boire un verre ? Où déguster une glace ?

Côté Fruits *(plan D1,* ***31****) : 57, quai Jérôme-Comparetti. ☎ 04-95-73-07-35. Fév-fin nov, tlj 7h-1h du mat env en été. Jus 4 € (grand 7 € !).* Voilà plusieurs saisons que l'on se pose ici pour prendre un jus de fruits frais pressés à la minute, avec un grand choix : pamplemousse, banane, melon, pastèque, fraise ou citron... selon la saison. Jus de légumes également et milk-cocktails. C'est bon, c'est frais, mais les grands jus sont tout de même un peu chers !

Glacier Le Rocca Serra *(plan D1,* ***33****) : quai Jérôme-Comparetti. ☎ 04-95-73-10-08. En saison, tlj jusque très tard.* Élaborés dans des ateliers maison, des glaces et sorbets chantant par tous les parfums la corsitude de cet artisan glacier. Jugez plutôt : figue noire, pêche de vigne, melon de Bonifacio, farine de châtaigne et *canistrelli,* et même une au *brocciu* et au corail bonifacien !

Café Niçois *(plan zoom,* ***32****) : rue Fred-Scamaroni.* De toutes les terrasses de la Ville Haute, on a indéniablement un faible pour celle-ci. La façade bleu ciel et son étroit balcon légèrement en surplomb de la rue possèdent un vrai charme et se prêtent merveilleusement à l'observation de la rue. On prend son café ou son pastaga, un sirop d'orgeat pour les mouflets, et on est content !

Où boire un verre tard le soir ? Où danser ?

Le soir, les ***terrasses de la marine*** *(quai Jérôme-Comparetti)* sont bien attractives pour prendre un petit verre. Les fauteuils confortables permettent de regarder passer la faune... et la flore.

La dernière adresse où ça bouge est indéniablement le ***B'52*** *(plan D1 ; quai Jérôme-Comparetti).* C'est un bar mais on y danse, on y danse. Ambiance endiablée. Quand ça ferme, à 2h du matin, on migre à quelques pas de là, sur le même quai, au ***Lolla***

Palooza *(plan D1)*. Et la fête continue avec les mêmes dans cette discothèque tout habillée couleur argent, jusqu'à 6h du matin, à l'heure où les pêcheurs prennent le large. Étrange mélange des genres sur la marine.

À voir

Il serait dommage de ne pas prendre le temps de découvrir la ville. Un conseil, partez à sa découverte tôt le matin. Pas mal non plus en fin de journée ; de plus, vous profiterez du somptueux coucher de soleil. Et n'oubliez pas les promenades en bateau : touristiques et sympathiques. C'est d'ailleurs le seul moyen de découvrir les falaises et les grottes, sauf si vous êtes venu avec votre yacht, évidemment. Et c'est un grand moment. Cette appréhension des falaises par la mer permet d'en saisir toute la majesté.
- ***Visites guidées de la ville :*** *infos et résas directement à l'office de la Ville Haute. Visite thématique selon les jours (la romantique, visite gourmande, spécial enfants...) ; horaires et jours variables : se renseigner auprès de l'office. Compter 5 €. Durée : env 1h15-1h30. Sinon, loc d'audioguide à la ½ journée (5 €). Durée : env 1h30.* Prévoir une pièce d'identité.

Le port

Il occupe presque toute la Ville Basse de Bonifacio. Au fond du goulet qui protège les marins de la pleine mer, les bateaux de plaisance : la moindre embarcation de moins de 10 m vous classe au rang de plouc de la mer. On se croirait aussi bien à Saint-Trop', ou ailleurs : yachts, restos, terrasses de cafés, boutiques vendant de tout (et n'importe quoi), etc. Pourtant, après avoir dépassé le premier quai, on parvient au petit port de pêche, bien plus charmant avec ses quelques « pointus », barques colorées, et ses filets entassés. Au retour de la pêche, quand ceux des yachts roupillent encore, c'est vraiment sympa. En tournant la tête, belle vue sur les fortifications et les remparts de la Ville Haute.

➢ Les excursions en bateau aux ***îles Lavezzi*** et ***Cavallo*** ainsi que celles des ***falaises, calanques*** et ***grottes marines*** partent toutes du port de Bonifacio. Voir le texte plus loin dans la rubrique « Sorties en mer ».

La Ville Haute

Tout est beau dans la vieille ville. Les maisons hautes et étroites laissent à peine filtrer la lumière et font juste la place aux ruelles qui sinuent afin que le vent perde son souffle. D'un balcon à l'autre, on pourrait se toucher. On se demande si l'on ne va pas croiser Charles Quint ou Napoléon. Ils se reposèrent d'ailleurs – à quelques siècles d'intervalle – dans deux maisons très proches l'une de l'autre dans la rue des Deux-Empereurs. Un on-ne-sait-quoi d'oriental rôde dans l'air et hante la Ville Haute : la voûte d'une fenêtre à arcades, le dessin de la loggia de l'église Sainte-Marie-Majeure (XIIIe s), les passages obscurs imbriqués les uns dans les autres, la vie cachée derrière les persiennes...
Bien entendu, il faut flâner au petit matin, pour prendre le rythme de la cité. Monter au *belvédère* qui permet de voir la côte découpée par la mer, les énormes falaises crayeuses, rongées par les siècles, et, les jours de grand vent, la Sardaigne si proche qu'on penserait presque pouvoir la toucher...
- ***Pass :*** il coûte 3,50 € *(15 juin-15 sept)* et permet de visiter deux sites touristiques de la Ville Haute (le bastion de l'Étendard et l'escalier du Roi-d'Aragon), dont l'entrée est à 2,50 € chacun. On le prend directement sur l'un des deux sites.

Le col Saint-Roch (plan C1) **:** *accès du port par la montée Rastello.* Après avoir grimpé cette longue rampe, on trouve le belvédère à gauche de la montée Saint-Roch, qui mène à l'une des portes de la Ville Haute. On traverse la route et on reprend son souffle en embrassant un panorama grandiose sur les falaises d'un côté, les remparts de l'autre. En contrebas, la mer turquoise, l'écume qui vient se fracasser au pied des falaises et une petite crique, à laquelle mène un sentier. Remarquez les maisons construites juste au bord de la falaise. La plus à gauche (avec un balcon à colonnades) appartient à la belle, charmante et talentueuse actrice Marie-José Nat, une enfant du pays.

Balade à pied le long des falaises (carte Les environs de Bonifacio) **:** depuis le col Saint-Roch, sur la gauche en regardant la mer, un sentier balisé (appelé sentier de Campu Romanellu et Pertusatu) court le long de la côte jusqu'au ***phare de Pertusato*** (compter environ 1h30) et offre des vues sublimes sur les falaises. De là, on réalise bien qu'une partie de la Ville Haute est comme suspendue dans le vide. L'effet est saisissant et la balade vraiment chouette. Évidemment, on a moins chaud si on part tôt le matin ou en fin d'après-midi, avant l'apéro.

La porte de Gênes (plan zoom) **:** *prendre la montée Saint-Roch.* Porche imposant et pont-levis du XVIe s. On passe dessous pour pénétrer dans la Ville Haute proprement dite.

Le bastion de l'Étendard (plan zoom) **:** *à droite en sortant du passage. Avr-oct : en été, tlj 9h-19h30. Entrée : 2,50 €, comprenant le bastion, le mémorial et le jardin des Vestiges. Possibilité de billet jumelé avec l'escalier du Roi-d'Aragon : 3,50 €.* On vous remet un petit dépliant explicatif. Fortifications construites à la fin du XVe s pour protéger la porte de Gênes (alors seul accès à la Ville Haute). On se balade sur les différentes terrasses et coursives du bastion (attention, certaines sont interdites d'accès). Dans les profondeurs *(même billet)*, le ***mémorial du Passé bonifacien*** : reconstitution de quelques scènes historiques dans les vieilles salles. La visite vaut sans doute plus pour les salles que pour les reconstitutions qu'on y trouve, vraiment modestes. Heureusement, quelques panneaux explicatifs remettent les scènes en perspective : importance de l'eau, le marché, le corps de garde génois au XVIIe s, évocation de la Dame de Bonifacio... Également quelques objets d'intérêt variable : outils agricoles, quelques objets issus des fouilles de la *Sémillante*... Visite à terminer par le ***jardin des Vestiges*** *(même billet)*, de modestes ruines médiévales (remparts du XIIIe s) dans un cadre vaguement bucolique.

La rue des Deux-Empereurs : cette minuscule ruelle s'enorgueillit encore d'avoir abrité deux personnages d'importance. C'est au n° 4 de la rue que Charles Quint séjourna du 3 au 6 octobre 1541, et c'est juste en face, au n° 7, que le lieutenant-colonel du deuxième bataillon de volontaires corses, un certain Napoléon Bonaparte, s'installa entre le 22 janvier et le 3 mars 1793.

La place du Marché (U Masgilu ; plan zoom) **:** *au bout de la rue Portone.* Superbe belvédère donnant sur les falaises et la mer. Remarquer ce curieux îlot rocheux, surnommé « grain de sable ». Sur la place, quand les visiteurs sont partis, les habitués reprennent leur partie de boules...

L'église Sainte-Marie-Majeure (plan zoom) **:** *au centre de la vieille ville. Fléchée de la rue Doria. Ouv tlj 8h-18h30.*
On la remarque à son superbe clocher de pierre blanche, du XIVe s. D'un côté du clocher, noter les fenêtres aux chapiteaux sculptés. Encore plus typique : ces curieux arcs-boutants appuyés aux maisons voisines. En fait, il s'agit d'un système de canalisation des eaux de pluie, dont le réseau couvrait autrefois toute la ville, allant de toit en toit.
Le bâtiment est considéré comme l'un des plus vieux de Bonifacio : sa construction remonte au XIIe s, par les Pisans. Mais l'ensemble fut plusieurs fois remanié, jusqu'à sa récente restauration (réussie).

Très beau parvis, de type halle, appelé « loggia » et doté de belles arcades : c'est ici que les « anciens » se réunissaient. Intérieur à la décoration intéressante : marbre en trompe l'œil (assez maladroit) sur les épaisses colonnes et quelques représentations de la Vierge. Au fond du chœur, voûte en cul-de-four. Également un beau tabernacle de la Renaissance italienne.

La maison du Podestat *(plan zoom) :* *en face de l'église Sainte-Marie-Majeure.* Bien belle façade de pierre blanche, décorée d'arcatures et de deux blasons sculptés. Les podestats, sortes de maires de l'époque, représentaient le pouvoir génois et détenaient les clés de la ville.

L'église Saint-Jean-Baptiste *(plan zoom) :* *rue Saint-Jean-Baptiste, un peu avt la pl. Bonaparte.* Toute petite et bien mignonne. À l'intérieur, grande scène sculptée de la Décollation de saint Jean-Baptiste (bois polychrome, XVIe s), portée sur sa châsse lors des processions le Vendredi saint et le 29 août.

L'escalier du Roi-d'Aragon *(plan B1-2) :* *accès par la rue des Pachas. Avr-oct, tlj (en été, tlj 9h-19h30). Entrée : 2,50 €. Possibilité de billet jumelé avec le bastion de l'Étendard : 3,50 €.*
Cet escalier taillé dans la falaise jusqu'à la mer est l'une des curiosités de la ville. La légende veut qu'il ait été construit en une seule nuit ! Les hommes du roi d'Aragon auraient ainsi essayé de pénétrer dans la Ville Haute, lors du siège de 1420... Mérimée, à qui on ne la faisait pas, indique qu'en fait cet escalier serait bien plus ancien et permettait d'atteindre une nappe d'eau douce (toujours présente). Ça paraît effectivement plus plausible...
Bref, les courageux peuvent tenter la descente des 187 marches... et la remontée. Au pied des marches, un rocher que l'érosion a bizarrement façonné en forme de... Corse. Un petit sentier creusé à même la falaise mène ensuite à une vaste grotte où l'on ne peut pénétrer.

L'église Saint-Dominique *(plan B1) :* *toujours sur la falaise mais à l'écart de la vieille ville. 1er juil-15 sept, lun-sam 11h (10h sam)-18h. Fermé dim. GRATUIT.* La seule église gothique de l'île, construite au XIIIe s. Beau campanile. À l'intérieur, mobilier particulièrement riche comprenant un maître-autel en marbre, de nombreux tableaux italiens du XVIIIe s et de superbes groupes sculptés, portés en procession lors des cérémonies de la Semaine sainte.

Le cimetière marin *(plan A1) :* *situé à l'extrémité ouest de la falaise, sur un petit plateau dénudé.* Pour y aller, on passe devant une vaste zone désaffectée, durant de longues années occupée par la Légion étrangère. Puis, plus loin, c'est l'entrée du cimetière, petite ville de l'au-delà entourée d'une enceinte et peuplée de tombeaux blancs orientés face au soleil couchant. Les Corses ont, dans la vie comme dans la mort – qu'ils craignent mais narguent –, une vision plutôt familiale des choses. Les nombreuses chapelles funéraires, aux noms des familles du pays, le démontrent assez bien. Elles sont vastes et cossues pour certaines, et l'ensemble prend presque des allures de village. Joli carré de sépultures plus modeste, envahi de coquelicots. Alors, comme les chats dans ce lieu entre terre et ciel : soyez discret ! Tout au bout du cimetière, à l'extrémité du goulet, on embrasse la Sardaigne.

Sorties en mer

Excursions vers les falaises, les calanques et les grottes marines en bateau : *la grande attraction de Bonifacio. Rens au fond du port, juste en arrivant, auprès du long kiosque de bois. 4 sociétés de promenades en mer se sont regroupées sous l'enseigne* SPMB *(Société des promenades en mer de Bonifacio ; • spmbonifacio.com • ; ☎ 04-95-10-97-50) et se partagent la clientèle :* ***Gina*** *(☎ 04-95-23-24-18 ; • ginacroisiere.com •),* ***Rocca***

Croisières (☎ 04-95-23-37-91 ; • rocca-croisieres.com •), *Thalassa Croisières* (☎ 04-95-73-01-17 ; • vedettesthalassa.com •) et *Le Corsaire* (☎ 04-95-10-42-84 ; • vedetteslecorsaire.com •). *Les bateaux sont ts au même tarif, 17,50 € (tarif 2016), et ils proposent la même prestation ; réduc 4-12 ans (9 €), 13-17 ans (12 €) et étudiants (15 €) ; gratuit moins de 3 ans. Parking gratuit, en principe, pour l'achat d'une excursion. L'excursion dure env 1h. Par gros temps, le bateau ne peut pas pénétrer dans les grottes, autant le savoir. Mais, sf exception, en début de matinée la mer est rarement formée.*
Après avoir admiré les falaises depuis la Ville Haute, quelle sensation de les découvrir depuis la mer ! C'est un complément obligatoire. On se sent littéralement écrasé par la masse de calcaire savamment découpée par les assauts incessants du vent, des embruns et des flots combinés. Après la sortie du long goulet, visite de la *grotte du Dragon (Sdragonato),* connue pour l'ouverture de son plafond qui ressemble à la carte de Corse ! Belles couleurs arc-en-ciel des fonds marins. Il est d'ailleurs conseillé de faire la promenade par temps calme, sinon l'eau est agitée et vous ne pourrez pas admirer les fonds multicolores. Ensuite, la *calanque de Fazio,* aux eaux turquoise, où le centre de voile des Glénan a élu domicile (bonjour la galère pour sortir de la calanque à la voile !). Demi-tour et cap sur le « bunker » et la *grotte Saint-Antoine* (dont la silhouette rappelle, bien sûr... le chapeau de Napoléon !), le *puits Saint-Barthélemy* et l'*escalier du Roi-d'Aragon.* Bel aperçu de la vieille ville, avec ses maisons accrochées au bord de la falaise.
– ***Circuit vision sous-marine :*** la ***Compagnie Gina*** et la ***Compagnie Rocca*** proposent également une sortie avec un bateau à fond de verre, qui permet d'admirer les fonds sous-marins. Même circuit « Falaises, calanques et grottes », mais un peu plus cher et un peu plus long (1h15). *Prix : 22,50 € ; réduc 8-12 ans (13 €), 13-17 ans (15 €) et étudiants (20 €). Départs ttes les heures lun-ven 9h30-17h30 (dernier départ) ; le w-e, slt 5 départs/j.* Sortie nocturne également.
– ***L'Autre Croisière :*** *06-17-62-31-06. Compter 95 € ; 70 € 13-17 ans, 50 € 8-12 ans, 25 € 4-8 ans.* Pour une sortie à la journée en plus petit comité (mais vous ne serez pas seul !), vous est proposé, toujours par la *SPMB,* ce circuit comportant un bon repas (pâtes à la langouste). Départ à 9h30, retour vers 18h.

Excursions aux îles Lavezzi et Cavallo : *à 3-4 km au large de Bonifacio. Sur le port, les mêmes compagnies qui font la visite des grottes proposent l'excursion aux Lavezzi. On vous dépose sur les Lavezzi, puis vous prenez le bateau retour à l'heure que vous voulez. Le circuit retour passe devant la marine à Cavallo, le célèbre golfe de Sperone, puis, avt de revenir, on visite les grottes. 1er départ vers 9h-9h30 en été et 1er retour à partir de 12h30 (dernier retour 18h30). Trajet de 30 mn pour les Lavezzi. Billet env 35 € (tarif 2016) ; réduc 4-12 ans (17,50 €), 13-17 ans (25 €) et étudiants (30 €) ; gratuit moins de 3 ans. Là encore, parking gratuit pour les clients.*
Les îles Lavezzi, c'est un amas d'énormes blocs de granit gris, superbes et étranges, polis par l'érosion marine, qui donne un aspect énigmatique à ces îlots sauvages. Des langues de sable blanc s'étirent presque en cachette, formant de merveilleuses zones de repos et de sérénité visuelle au milieu de ce cahot minéral. Sur les îles Lavezzi, réserve naturelle et à ce titre non habitée, on trouve un âne, quelques vaches et la pyramide de la *Sémillante,* commémorant le naufrage de 1855, raconté par Alphonse Daudet dans *Les Lettres de mon moulin* et qui fit tout de même 750 victimes. Pas grand-chose, donc, mais un superbe paysage des Seychelles (sans les cocotiers !), avec quelques plages sublimes. L'excursion comprend une halte sur l'île, plus ou moins longue (1h ou davantage) : ne vous précipitez pas sur la première plage venue, qu'on rencontre d'abord, assez petite et dans une crique ; en poursuivant le chemin côtier, on accède à une autre plage, magnifique et grande, et moins bondée, même si, en août, on n'évite pas la cohue. Flots d'un bleu paradisiaque. Prévoir de l'eau si l'on veut y passer quelques heures.
Quant à Cavallo, hors réserve (ben oui, il ne manquerait plus que la loi s'applique aux milliardaires...), circulez, y'a rien à voir ! La marina est vraiment laide, façon

béton triste, et à la voir on ne se doute pas que cette île fût occupée par la jet-set, qui y possédait de sérieuses baraques dont on entraperçoit encore quelques restes par endroits. C'est tout ce que vous verrez de Cavallo, car on ne débarquait ici que sur invitation. Une partie de l'île est aujourd'hui à l'abandon, et la plupart des âmes fortunées qui venaient s'y faire chauffer la couenne sont parties sous d'autres cieux.

Plongée sous-marine

À quelques encablures au sud de Bonifacio, la ***réserve naturelle des îles Lavezzi*** est un véritable sanctuaire de la vie sous-marine – réputé mondialement pour ses eaux cristallines très poissonneuses. C'est aussi l'endroit de Corse où l'on croise le plus de plongeurs, attirés sans doute par les sirènes de *Mérouville,* un spot surfréquenté en été où les clubs-usines du coin font leurs choux gras en gavant une gigantesque colonie de mérous (c'est pourtant interdit !).

Nos meilleurs spots

La Tortue : pour plongeurs niveau I confirmés. Entre les îles Lavezzi et Cavallo. C'est un beau caillou sauvage qui émerge avec une forme de tortue. Sous l'eau limpide (14 m de fond), les blocs rocheux sont enrobés d'éponges multicolores et abritent mostelles, chapons, congres, murènes et toute une multitude de jolis poissons engagés dans une grande valse majestueuse... Quelques apparitions éclairs de mérous, guidés par leur curiosité légendaire. Également quelques loups et dentis. Attention au courant.

Mérouville : aux îles Lavezzi. Impossible de ne pas évoquer ce site qui rassemble chaque jour des centaines de plongeurs pour voir quelques dizaines de mérous apprivoisés et trop nourris. À découvrir hors saison. Attention, il arrive que les bestioles soient agressives.

DANS LES ENVIRONS DE BONIFACIO

Cala di Paraguan : *accessible en 1h de marche. Le sentier dallé (sentier de Strada Vecia et Madonetta) part juste avt le camping* (Araguina), *c'est tt droit.* Magnifique plage encadrée par des falaises calcaires (à gauche) et des roches granitiques roses (à droite). C'est de fait le point de séparation des deux types de roches. Curieux effet. La plage, elle, accueille des bancs de posidonies. Au retour, crochet possible par *Fazio,* autre superbe plagette au fond d'un minigoulet, où le club nautique des Glénan élit domicile tous les étés. Ne pas rentrer à Bonifacio par les falaises, il n'y a pas de sentier jusqu'au bout et on s'égare dans le maquis...

La plage de Cala Longa : *depuis Bonifacio, prendre la D 58, c'est à env 5 km.* Plage de sable et, vers le sud, plusieurs petites criques. La mer reste très peu profonde. Dans certaines conditions de vent, on peut pratiquer la planche à voile.

La plage de Piantarella : *depuis Bonifacio, prendre vers le phare de Pertusato, faire env 2 km et poursuivre tt droit et jusqu'au bout (cul-de-sac) vers Sperone et Piantarella. Attention : parking difficile en août, se garer dès que l'on peut (il y a parfois jusqu'à 2 km de voitures garées le long de la route !). Face au débarcadère, continuer à droite et dépasser les rochers.* Si la plage de Piantarella n'est en elle-même pas formidable, c'est l'un des sites de planche à voile les plus courus de l'île, grâce au vent régulier et aux eaux peu profondes qui permettent d'incroyables *runs.* Le lagon est l'endroit idéal pour l'initiation aux sports de glisse. Des couleurs incroyables et un banc de sable qui ferme complètement la baie. Belles petites plages de sable fin, sous le golf de Sperone, épatantes hors saison, accessibles en longeant la mer à droite, juste après les ruines romaines. On peut s'arrêter à la première ***(Petit Spérone),*** mais si l'on aime marcher un peu, après une belle volée de marches, un joli sentier, qui traverse le golf, permet d'accéder à la plage du ***Grand Spérone,*** orientée plein sud.

■ ***Bonifacio Windsurf :*** *à* **Piantarella.** *☎ 04-95-73-52-04 (dans la journée). 📱 06-80-31-51-41 (10h-18h). • bonifacio-windsurf.com • Sur la droite après la paillote, quelques pas à faire sur les rochers puis chemin pour arriver sur la plage du club. Mai-fin sept.* École de planche à voile la plus méridionale de France ! Location de planches à voile, leçons particulières et cours collectifs (kayak, planche et *stand up paddle*). Tous les pratiquants trouveront leur plaisir, du débutant au plus chevronné.

■ ***Bonif'Kayak :*** *au milieu de la plage de Piantarella. 📱 06-27-11-30-73. • bonifacio-kayak.com • De mi-avr à mi-oct, tlj 9h-19h. Balades accompagnées allant de 1h30 (35 €/pers) à 4h30 (65 €/pers) ; réduc enfants. Loc de kayaks pour 2 pers 14 € (1h)-49 € (la journée) et de stand-up paddles.* Partir à la découverte des grottes et falaises ou des Lavezzi (le must) en kayak de mer, voici ce que proposent Jessyca et son équipe. Également des balades accompagnées (par guide diplômé) permettant d'approcher les beautés naturelles des environs de Bonifacio. Très original. Des kayaks sont aussi proposés à la location pour 2 personnes ou plus (équipement fourni). Équipe jeune et dynamique.

⛱ ***Le golfe de Santa Manza :*** *à 6 km à l'est de Bonifacio par la D 58.* La partie est du golfe, longée par une petite route, offre plusieurs plagettes aux eaux tranquilles, qui s'étirent jusqu'à la pointe (la route se termine un peu avant en cul-de-sac, par un parking). Beaucoup de monde en été, mais ceux qui se lèvent tôt n'auront pas trop de problèmes pour trouver un bon spot pour étaler la serviette. Un coin propice à la pratique de la planche à voile. Près de l'*Hôtel du Golfe,* location de bateaux ***Pouss'Vague*** *(📱 06-07-94-25-82 ; • poussvague.com •).* Tous types de bateaux, avec ou sans permis.

⛱ ***La plage de Maora :*** la route pour s'y rendre commence juste à côté de celle pour Santa Manza. 1,4 km plus loin, on arrive sur une belle baie, bordée, côté nord, par des falaises tirant sur le rouge. Resto de plage.

⛱ ***La plage de Balistra :*** *à env 8 km de Bonifacio, sur la T 10, prendre une piste sur 2,5 km.* Longue plage avec un grand étang derrière. Sauvage, mais la baignade est tout de même surveillée en haute saison.

⛱ ***La plage de Rondinara :*** *à 18 km au nord de Bonifacio. De Bonifacio, emprunter la T 10, direction Porto-Vecchio, puis tourner à droite (D 158). Route étroite et sinueuse sur 7 km. Pour mieux l'apprécier, venez plutôt le mat. Parking payant (5 €).* Un petit golfe en forme de coquillage avec deux pointes qui se touchent presque, comme pour en faire un lagon bleu du Pacifique. Dommage qu'en saison les plaisanciers ne soient pas plus respectueux de l'environnement (et ils ne sont pas les seuls).

PORTO-VECCHIO / PURTIVECCHJU

(20137) 11 060 hab.

• Plan Porto-Vecchio *p. 287* • Carte Les environs de Porto-Vecchio *p. 289*

L'aéroport de Figari à 20 km et les lignes maritimes directes avec le continent et l'Italie soutiennent l'explosion touristique de la région de Porto-Vecchio, l'ancienne « Cité du Sel », devenue la troisième agglomération de l'île derrière Ajaccio et Bastia, et la première sur le plan touristique. À la base de ce

dynamisme, une grande attractivité : les plages des environs (Santa Giulia, Palombaggia, Cala Rossa, Pinarellu) sont parmi les plus belles de Corse, l'arrière-pays (l'Alta Rocca) est splendide, et Bonifacio, autre joyau de l'île de Beauté, n'est qu'à 20 mn en voiture. L'explosion immobilière de ces 20 dernières années a créé un appel d'air en termes de nombre de lits dans une région qui en manquait cruellement.
Alors, évidemment, il y a un prix à payer. Et d'abord en monnaie sonnante et trébuchante : les tarifs dans ce secteur sont parmi les plus élevés de Corse, avec Bonifacio. Alors quoi ? Trop cher, trop snob, trop couru, Porto-Vecchio ? Il y a du vrai là-dedans, surtout quand on sait que la population passe de 11 000 à près de 100 000 au cœur de l'été, et que la ville peut recevoir jusqu'à 150 000 visiteurs par jour...
Oui mais voilà, elles sont superbes ces plages, même si elles sont bondées (encore, cela n'est-il valable qu'en août), et la ville elle-même, la Ville Haute notamment, blottie autour de la jolie place de l'Église, avec ses commerces, ses terrasses, ouverts en été jusqu'au milieu de la nuit (hors saison, c'est en revanche assez mort), est tout à fait charmante. Et puis cette folie ne dure que quelques semaines.
– *Attention :* en saison, et surtout à partir de la mi-juillet, circulation et parking sont impossibles dans la Ville Haute, elle-même fermée le soir aux voitures.

UN PEU D'HISTOIRE

Encore une création génoise (plus précisément de l'Office de Saint-Georges, auquel Gênes avait confié la gestion de l'île). C'est en 1539 qu'est bâtie la Ville Haute, citadelle aux cinq bastions défensifs... Porto-Vecchio a aménagé des marais salants, toujours en activité et qui lui ont valu le surnom de « Cité du Sel ». Aujourd'hui, l'activité portuaire et le tourisme sont les deux mamelles de Porto-Vecchio, mamelles bien généreuses et productrices d'une confortable prospérité.

Arriver – Quitter

En bus

🚌 Tous les départs de bus se font de la ***gare routière*** *(plan A1-2)*, à côté du port de plaisance, y compris les bus desservant les plages.

➢ ***De/vers Bastia :*** avec la compagnie *Les Rapides Bleus-Corsicatours (☎ 04-95-70-96-52),* 2 départs/j. en été, 15 juin-15 sept (1 le mat et 1 l'ap-m) ; hors saison, pas de départ dim et j. fériés. Trajet : 3h.

➢ ***De/vers Ajaccio :*** avec la compagnie *Eurocorse (☎ 04-95-70-13-83),* 3 départs/j. juil-août et 2 hors saison, sf dim et j. fériés. Trajet : env 3h30. Également 1 autre liaison pour Ajaccio par la montagne avec les *Autocars Balesi (☎ 04-95-70-15-55).* De Porto-Vecchio, 1 départ/j. tôt le mat (7h) de la gare routière *(plan A1-2).* D'Ajaccio, 1 départ/j. à 15h30 de la gare routière (devant la gare maritime). Liaisons tlj en juil-août, avec arrêts à *L'Ospédale, Zonza, Bavella, Quenza, Sorbollano, Serra-di-Scopamène, Aullène, Petreto-Bicchisano, Grosseto* et *Ajaccio.* Hors saison, 1 liaison slt lun et ven (sf j. fériés). Même itinéraire mais pas d'arrêt à Bavella.

➢ ***De/vers Bonifacio :*** avec la compagnie *Eurocorse,* juil-août, 2 à 4 liaisons/j. tlj (2 hors saison lun-sam).

➢ ***Service des plages :*** juil-août slt, départ de la gare routière. Se renseigner par tél pour les horaires ou consulter le site • *ot-portovecchio.com* • car les fréquences changent souvent. Pour ***Palombaggia,*** 3 départs/j. avec *Eurocorse (☎ 04-95-70-13-83).* Pour ***Santa Giulia,*** 4 liaisons/j. sf dim et j. fériés, avec les bus *Rapides Bleus-Corsicatours (☎ 04-95-20-20-20).* Départ de la gare routière à Porto-Vecchio. Pour ***Pinarellu,*** 3 liaisons/j. lun-sam (départ et retour l'ap-m slt) avec les bus *Bradesi (☎ 04-95-71-40-09).*

En bateau

Gare maritime *(plan B2)* : *quai de Syracuse. Arrivée et départ des ferries pour Marseille. Achat des billets à l'agence* Inter Sud Voyages, *sur le port de commerce. ☎ 04-95-70-06-03. • intersudvoyages@wanadoo.fr • Lun-sam (en saison) 8h30-12h, 15h-18h30.* Agent pour *Corsica Linea, Corsica Ferries* et *Moby Lines.*

➢ ***De/vers Marseille, Toulon et Nice :*** plusieurs liaisons/sem.

Adresses utiles

Office de tourisme *(plan zoom A1)* : *rue du Général-Leclerc. ☎ 04-95-70-09-58. • ot-portovecchio.com • destination-sudcorse.com • Mai-sept, tlj 9h-20h ; le reste de l'année, lun-sam 9h-12h, 14h-18h.* Infos sur tout le secteur Sud-Corse (Porto-Vecchio, Alta Rocca, Lecci et Sainte-Lucie-de-Porto-Vecchio), délivrées par des hôtesses efficaces et souriantes : guide pratique de la région, plan de la ville, liste des hébergements (hôtels, gîtes, meublés...), restos, loisirs, artisans et petits producteurs du terroir.

Office de tourisme de Lecci-de-Porto-Vecchio : *au centre du village de Lecci. ☎ 04-95-71-05-75. À env 12 km au nord de Porto-Vecchio, sur la gauche le long de la T 10, direction Bastia. Tte l'année en théorie : en hte saison, tlj 9h-19h (13h dim) ; le reste de l'année, lun-sam 8h-12h, 14h-18h.* Bien pratique, ce petit bureau donne également toutes les infos touristiques sur Porto-Vecchio et ses environs, notamment sur les randonnées.

✉ **Poste** *(plan zoom A1)* : *rue du Général-Leclerc. Lun-ven sf mer ap-m 9h-11h50, 14h30-16h ; sam 9h-12h.*

■ ***Distributeurs de billets :*** *à* **La Poste** *(voir ci-avant) et à* **La Banque Populaire** *située rue du Général-Leclerc (plan zoom A1-2). Également d'autres distributeurs autour du rond-point des Quatre-Chemins (plan A1).* Attention, ils sont très courus le week-end en haute saison.

■ ***Petit train touristique :*** *en juil-août, fait l'A/R du port (depuis le parking de la douane, près du* Wind Club*) à la Ville Haute (devant l'église). Départ ttes les 15 mn 10h-13h, 17h-minuit.*

■ ***Location de voitures :*** *sur le port de plaisance.* ***Europcar :*** *à la capitainerie. ☎ 04-95-72-13-10.* ***Citer :*** *à la capitainerie. ☎ 04-95-71-02-00. Lun-sam 8h30-12h, 14h30-18h (12h sam) ; hors saison, horaires restreints.*

Taxis : Taxi Brönner, *06-12-54-58-38.* ***Taxi Pietri :*** *06-21-31-04-64.* ***Euro Sud Corse Taxi :*** *06-22-78-04-87.*

■ ***Capitainerie du port de plaisance*** *(plan B2)* : *☎ 04-95-70-17-93, ou VHF canal 9. En saison, tlj 8h30-20h30.* Sur place : douches, toilettes, laverie et location de voitures (voir plus haut).

■ **Adresse utile**
- Office de tourisme *(zoom)*

Où dormir ?
- **10** Hôtel Le Porto Vecchio
- **11** Hôtel Panorama
- **12** Le Golfe Hôtel
- **13** Hôtel Holzer II *(zoom)*
- **14** Hôtel Alcyon Best Western

Où manger ?
- **20** U Spuntinu *(zoom)*
- **21** Version Originale
- **22** A Stonda *(zoom)*
- **23** A Furana *(zoom)*
- **24** A Cantina di l'Orriu *(zoom)*
- **25** La Table de Nathalie *(zoom)*
- **26** Chez Anna *(zoom)*

Où boire un verre ? Où écouter de la musique ? Où déguster une glace ?
- **40** La Taverne du Roi *(zoom)*
- **41** Le Glacier de la Place *(zoom)*

Où acheter de bons produits corses ?
- **50** L'Orriu *(zoom)*
- **51** U Tavonu *(zoom)*

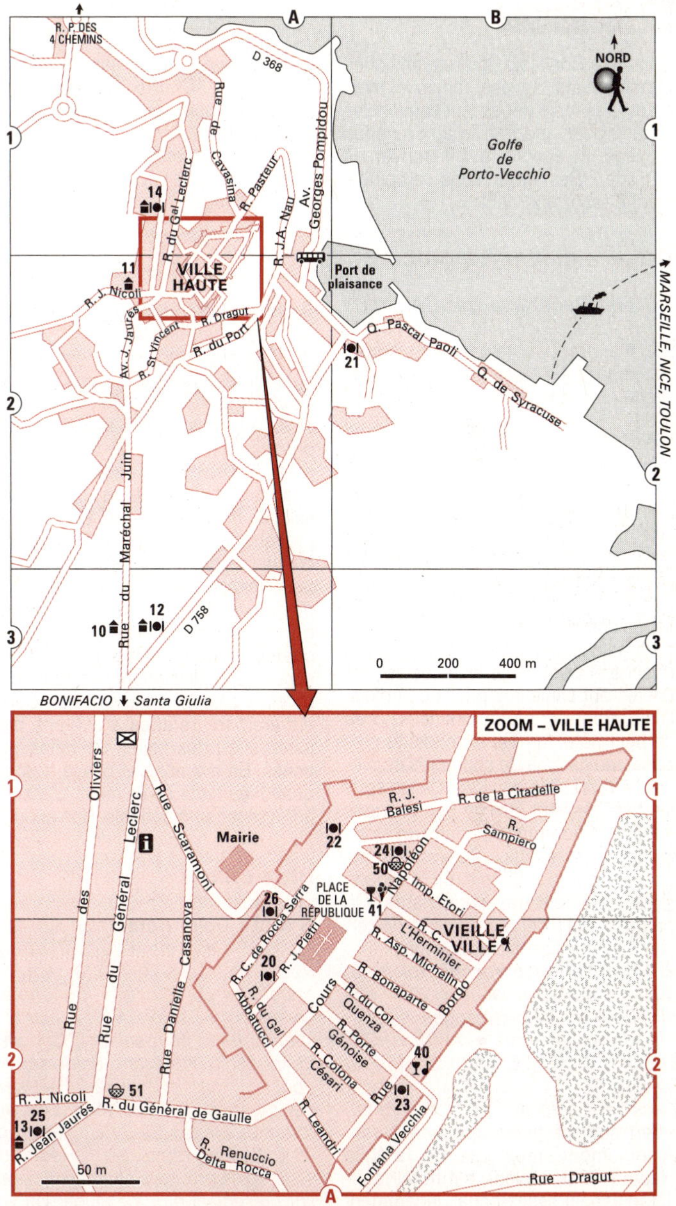

PORTO-VECCHIO

LE GRAND SUD CORSE

Où dormir ?

Comme à Bonifacio, tout est très cher, surtout en été. Soyons francs, au mois d'août, les tarifs dépassent souvent les bornes pour une famille aux revenus moyens. Et encore faut-il trouver de la place... Restent certains campings, encore assez abordables.

De prix moyens à chic

Hôtel Panorama *(plan A2, **11**) : 12, rue Jean-Nicoli. ☎ 04-95-70-07-96. • contact@hotelpanoramaporto-vecchio.com • hotelpanoramaporto-vecchio.com • Mai-fin sept. Doubles 66-100 € selon confort et saison ; triples 90-105 €.* Dans le centre-ville mais un rien à l'écart, ce qui lui confère un certain calme tout en étant à deux pas de l'animation et au cœur de la ville. Un petit hôtel-bar d'une dizaine de chambres, comme on n'en fait plus guère ! On traverse le petit bistrot pour monter aux étages. Les chambres les moins chères (avec lavabo malgré tout) partagent les sanitaires. D'autres ont douche et lavabo intérieurs, et les plus chères ont sanitaires privés complets. C'est propre et plutôt lumineux. Bref, ce petit hôtel familial et modeste propose une gamme de chambres convenant à toutes les bourses. Celles sous les toits peuvent être un peu chaudes en été, évidemment, mais on vous propose un ventilo. Quelques-unes donnent sur rue. Simple, on le répète, mais ensemble très convenable. On prend le petit déj sur un bout de terrasse. Accueil gentil comme tout.

Hôtel Le Porto Vecchio *(plan A3, **10**) : rue du Maréchal-Juin. ☎ 04-95-70-56-64. • hotelpv@orange.fr • hotel-leportovecchio.com • Avr-fin sept. Doubles 64-124 € selon confort et saison ; 96-154 € pour 4 pers. Parking dans l'enceinte de l'hôtel. Apéritif offert sur présentation de ce guide.* À seulement deux pas de la Ville Haute (10 mn à pied), cet hôtel familial, d'aspect assez banal, légèrement en surplomb de la route, propose une dizaine de chambres (de 2 à 4 personnes) simples et fort bien tenues, refaites de manière sobre, certaines avec balcon. Toutes avec sanitaires (mais pas d'AC). Prix relativement raisonnables pour le coin. Petit bémol : quelques problèmes d'insonorisation entre les chambres et présence de la route passante en contrebas (malgré le double vitrage).

Chic

Hôtel Holzer II *(plan zoom A2, **13**) : 12, rue Jean-Jaurès. ☎ 04-95-70-05-93. • contact@hotel-holzer.fr • hotel-holzer.com • Congés : Noël slt. Doubles env 60-150 € selon confort et saison ; également triples et quadruples à prix intéressants.* Petit hôtel de 3 étages, en partie rénové, aux chambres fonctionnelles, toutes avec salle de bains (AC et TV). Une adresse pratique pour ceux qui veulent résider en plein centre-ville. Tout de même bien cher au cœur de l'été, et inutile de dire que la rue juste en bas connaît de beaux embouteillages. Quelques chambres donnent sur l'intérieur ou sur l'arrière. Elles gagnent en calme ce qu'elles perdent en luminosité. Celles entièrement refaites s'avèrent bien jolies avec des salles de bains soignées. En moyenne et basse saisons, quand les tarifs se calment, c'est une adresse recommandable. Bon accueil.

Plus chic

Le Golfe Hôtel *(plan A3, **12**) : rue du 9-Septembre-1943 (route du Port). ☎ 04-95-70-48-20. • info@golfehotel-corse.com • golfehotel-corse.com • Resto ouv slt le soir lun-sam (lun-ven hors saison). Congés : de mi-déc à début janv. Selon saison, doubles « classiques » 82-271 €, petit déj compris. Promos régulières sur Internet. Menus 25-34 € ; carte env 40 €. Parking fermé. Réduc de 10 % sur le prix de la chambre oct-mai sur présentation de ce guide.* Un vrai 3-étoiles, où l'accueil ne cède rien au confort. Chambres impeccables, à la déco très actuelle, pas bien grandes, climatisées, avec minibar et coffre.

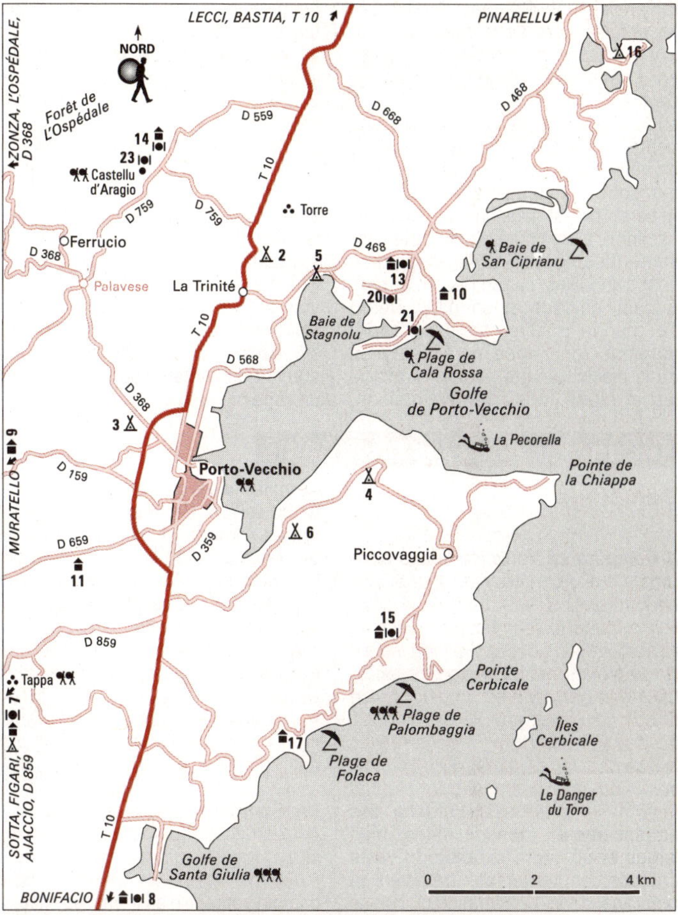

LES ENVIRONS DE PORTO-VECCHIO

Où dormir ?

- **2** Campings La Vetta
- **3** Camping Arutoli
- **4** Camping U Pirellu
- **5** Camping Golfo di Sogno
- **6** Camping Les Jardins du Golfe
- **7** Village de Gallina Varja – Hôtellerie de plein air
- **8** Chambres d'hôtes L'Hôte Antique et Chambres d'hôtes d'Arghjola
- **9** Chambres d'hôtes Chez Bati
- **10** Hôtel-résidence Caranella Village
- **11** Le San Giovanni
- **13** Hôtel Kilina
- **14** Chambre d'hôtes chez Dominique Nicoli et gîte chez Joseph Nicoli
- **15** Chambres d'hôtes Littariccia
- **16** Camping California
- **17** Chambres d'hôtes Rocca Rossa

Où manger ?

- **14** La Casette d'Araggio
- **20** Le Passe-Temps
- **21** Le Ranch'O Plage
- **23** L'Orée du Site

En choisir une éloignée de la route (le préciser lors de la résa). En fait, il y en a une quarantaine réparties en 4 catégories, toutes différentes, de taille comme de conception. Les supérieures possèdent toutes une petite terrasse. Celles dans le corps de bâtiment principal, les plus modestes, sont très au calme. Inconvénient général : on est dans un quartier assez excentré, à proximité d'une route passante (heureusement, les chambres sont tranquilles, car un peu en retrait). Accueil efficace et souriant. Resto de grande qualité, dans un cadre agréable (cheminée en hiver, près de la piscine en été), où l'on travaille les produits frais : terrine maison, beignets corses à la pomme, *stufatu*, tagliatelles aux gambas...

Hôtel Alcyon Best Western *(plan A1,* ***14****)* **:** *rue du Maréchal-Leclerc.* ☎ *04-95-70-50-50.* • *info@hotel-alcyon.com* • *hotel-alcyon.com* • *Doubles env 80-260 € selon saison et dispo. Promos sur Internet.* Un hôtel où rien ne dépasse, fidèle aux établissements de la chaîne. Excellente literie, AC, double vitrage... Fonctionnel, standardisé, mais de bon confort. Prix élevés certes, mais on peut profiter de promos régulières sur Internet. Conviendra à ceux qui n'aiment pas les surprises. À noter, le bar-terrasse tout en haut de l'hôtel, d'où l'on embrasse un large panorama.

Où dormir dans les environs ?

Campings

Camping La Vetta *(carte Les environs de Porto-Vecchio,* ***2****)* **:** *20137* ***La Trinité.*** ☎ *04-95-70-09-86.* • *info@campinglavetta.com* • *campinglavetta.com* • *Direction Bastia ; le camping est sur la droite passé le village de La Trinité. Juin-oct pour le camping. Selon saison, compter env 20-30 € pour 2 avec tente et voiture ; mobile homes 2-8 pers à ts les tarifs, 595-1 575 €/sem, loc à la sem ou pour 3 nuits min. (sur la terrasse).* Sur 8 ha, des emplacements (non délimités) bien larges et un cadre superbe de vaste chênaie, en terrasses. Très vert et ombragé, donc. Un camping où l'on se sent bien. Sanitaires bien tenus. Resto ouvert en juillet-août, avec soirée corse 1 fois par semaine en haute saison. Petite épicerie. Également une villa à louer. Chouettes piscines (jacuzzi dans la principale).

Camping Arutoli *(carte Les environs de Porto-Vecchio,* ***3****)* **:** *route de L'Ospédale.* ☎ *04-95-70-12-73.* • *info@arutoli.com* • *arutoli.com* • *Avr-oct. Pas de résa possible pour le camping. Selon saison, compter env 18-21 € pour 2 avec tente et voiture ; bungalows 2-5 pers 301-965 €/sem selon saison.* Très beau camping de 4 ha, un peu à l'écart de la ville mais pas trop (1 km), et ombragé. Emplacements non délimités, alors on s'entasse un peu en haute saison. Ombragé par de beaux arbres. Grande et belle piscine, très propre, mais d'où l'on entend un peu la route voisine. Alimentation, bar-resto *(juin-fin sept).* Bon accueil.

Camping U Pirellu *(carte Les environs de Porto-Vecchio,* ***4****)* **:** *route de Palombaggia, à une dizaine de km de Porto-Vecchio.* ☎ *04-95-70-23-44.* • *u.pirellu@wanadoo.fr* • *u-pirellu.com* • *Fin avr-début oct. Compter env 20-29 € selon saison avec petite tente et voiture ; chalets familiaux avec sanitaires (2 adultes et 2 enfants) 400-990 €/sem selon confort et saison ; lodges 2-3 chambres (5-6 pers) 510-1 550 €/sem selon saison.* Beau camping organisé en terrasses successives, sous les oliviers. Emplacements bien délimités et un bouquet de chalets en bois (sanitaires et clim). Sympathique piscine chauffée et à débordement, surplombant la petite route. Bon équipement. Et, juste à côté, la pizzeria *L'Amandella,* avec toujours une bonne ambiance. Animations régulières en juillet-août. Blocs sanitaires modernes et propres. Supérette, jeux pour enfants...

Camping Golfo di Sogno *(carte Les environs de Porto-Vecchio,* ***5****)* **:** *route de Cala Rossa.* ☎ *04-95-70-08-98.* • *reception@golfo-di-sogno.fr* • *golfo-di-sogno.fr* • *Mai-fin sept. Selon saison, compter env 21-30 € pour 2* *avec tente et voiture ; beaucoup de bungalows, mobile homes et minivillas de ttes sortes, avec ou sans AC ; chalets pour 4 pers sans sanitaires 290-700 €/sem, pour 4-5 pers avec sanitaires et AC 485-1 090 €/sem ; duplex 6-8 pers 580-1 440 €/sem.* Très vaste et moderne, fort bien équipé, il s'étend sur plusieurs hectares sur un terrain plat. Beaucoup de monde, évidemment, mais le gros avantage est la proximité immédiate de la plage. Bien sûr, c'est un peu l'usine en haute saison, et ce camping satisfera nos lecteurs qui apprécient les animations estivales. Les campeurs choisiront les emplacements à proximité de la plage. Sanitaires de qualité. Côté chalets, on trouve tous les styles et toutes les tailles. Bonnes prestations (resto, libre-service, bar, laverie...). Et, en bordure du camping, une longue et belle plage. Tennis.

Camping Les Jardins du Golfe *(carte Les environs de Porto-Vecchio,* ***6****)* **:** *route de Palombaggia, à env 4 km après avoir quitté la route de Porto-Vecchio, sur la droite. ☎ 04-95-70-46-92. • info@camping-jardinsdugolfe.fr • camping-jardinsdugolfe.fr • Fin mai-fin sept (avr-oct pour les loc). Compter env 18,30-21,70 € pour 2 avec tente et voiture ; chalets 4-6 pers 345-820 €/sem.* Géré par un Esat (ancien CAT, Centre d'aide par le travail), qui emploie ici une bonne vingtaine de personnes en difficulté, ce camping familial, sous une grande pinède, conviendra essentiellement à une clientèle jeune qui s'endort tard. Situé à une relative proximité de la grande boîte du Sud-Corse, le *Via Notte,* on y entend jusque tôt le matin les notes de musique, surtout les graves. Parfait pour les petits groupes de noctambules qui peuvent rentrer à pied. Pour les familles, c'est une autre histoire. Blocs sanitaires propres et en nombre suffisant, petite piscine, laverie, petit snack en journée. Personnel sympathique et prévenant.

Gîte rural

Gîte de Mme Marie-Joséphine Polacci *(Gîtes de France)* **:** *à* ***Muratello,*** *à une dizaine de km à l'ouest par la D 159. Résas auprès des Gîtes de France : ☎ 04-95-10-54-30/31. Fax : 04-95-10-54-38. De mi-avr à fin sept. Compter 477-873 €/sem selon saison.* En pleine campagne, au rez-de-chaussée de la maison des propriétaires (adorables) qui élèvent poules, vaches, biquettes, sans oublier la ribambelle de chats. Le gîte de 95 m², de plain-pied, dispose de 3 chambres, séjour, cuisine, salle d'eau, w-c, lave-vaisselle, congélateur, micro-ondes ; lave-linge commun avec les proprios. Salon de jardin sur la terrasse couverte, barbecue. Pas de commerces, mais une ferme, juste à côté, permet de s'approvisionner en volailles et légumes. Draps fournis ; possibilité d'avoir un lit bébé.

Bon marché

Village de Gallina Varja – Hôtellerie de plein air *(hors carte Les environs de Porto-Vecchio,* ***7****)* **:** *20146* ***Sotta,*** *à 10 km au sud-ouest de Porto-Vecchio. ☎ 04-95-71-23-22. • contact@gallinavarja.com • gallinavarja.com • Juste à l'entrée de Sotta, sur la D 959 (route de Figari), tourner à gauche en direction de Chera, puis faire 2 km, et petite route à droite en direction de Ghjaddina-varghja (imprononçable, mais tel quel en bon corse !) ; terminus ! Avr-oct. Juil-août, sous tente, compter 44 et 50 €/pers respectivement en ½ pens et pens complète (sur la base de 2 pers) ; en petit chalet, 52 et 58 €/pers en ½ pens et pens complète ; également de grands chalets 56 et 65 €/pers en ½ pens et pens complète. Petit déj servi jusqu'à 12h. CB refusées. Petite bibliothèque à disposition des clients. (dans la salle commune). Apéritif ou café offert ainsi qu'une réduc de 15 % sur le prix de l'hébergement mai-juin et sept sur présentation de ce guide.* Un endroit extra. 3 formules : hébergement avec petit déjeuner, demi-pension ou pension complète. Dans un cadre agréable, calme et ombragé, autour d'une grande prairie en pente et plantée d'oliviers, un ensemble de tentes familiales (on n'apporte pas sa propre tente) et de petits bungalows de bois entourés d'arbres et sans sanitaires (2-4 couchages, 10-20 m²). Pour ceux qui choisissent la pension complète, à noter que l'on mange bien (déjeuner-buffet et dîner varié) et que, pour le midi, on peut aussi vous préparer de super paniers-repas dans un sac à dos conçu à cet effet. L'ambiance décontractée et conviviale ainsi que le bon accueil des patrons font de ce lieu une alternative sympathique et peu onéreuse, qui compense largement le relatif éloignement des plages.

De prix moyens à plus chic

Chambres d'hôtes L'Hôte Antique *(hors carte Les environs de Porto-Vecchio,* ***8****) : à* ***Pétralonga-Salvini,*** *20137 Porto-Vecchio. ☎ 04-95-71-20-17. 06-22-24-85-73. • axodiffusion@wanadoo.fr • lhote-antique.com • À 14 km au sud de Porto-Vecchio. De Porto-Vecchio, suivre la T 10 (direction Bonifacio), prendre à droite la D 459, puis suivre la direction Pétralonga-Salvini (c'est à 4 km). Tte l'année. Selon saison, doubles 85-115 €, triples 115-145 €, petit déj compris. 1 ou 2 j./sem table d'hôtes 27 € (apéro, vin, café et digestif compris). CB refusées.* Au cœur d'un petit village tout tranquille, dans la campagne, sur les hauteurs. Suffisamment éloigné pour avoir la paix, mais pas trop pour rester proche des plages. Dans une partie de leur grande demeure, les hôtes, Jean-Luc et Françoise Pietri, proposent 5 chambres impeccables, spacieuses (30 m²) et claires, décorées avec goût. La plupart possèdent un balcon et offrent une vue sur de splendides baies turquoise au loin, notamment Santa Giulia. Excellent niveau d'équipement et de confort (TV, clim, coffre). Petit déj de très bonne tenue (confitures extra et gâteaux savoureux).

Chambres d'hôtes d'Arghjola *(hors carte Les environs de Porto-Vecchio,* ***8****) : à* ***Pétralonga-Salvini,*** *20137 Porto-Vecchio. 06-49-42-33-22. • alena2a@yahoo.fr • petralonga.com • À 14 km au sud de Porto-Vecchio. De Porto-Vecchio, suivre la T 10 (direction Bonifacio), prendre à droite la D 459, puis suivre la direction Pétralonga-Salvini ; passer la petite église, et c'est la 1re à gauche (faire env 100 m). Congés : 15 nov-15 fév. Doubles 70-120 € selon saison, petit déj compris. Apéritif ou café offert sur présentation de ce guide.* Au cœur du village, au calme, une poignée de chambres de taille variable, toutes simples, dans une maison en longueur et en rez-de-chaussée, à deux pas de celle des propriétaires. Petits déj servis sur la terrasse. Et, comme on n'est pas tout près de la mer, une petite piscine est à disposition. Possède également 2 gîtes (location à la semaine).

Chambres d'hôtes Chez Bati *(hors carte Les environs de Porto-Vecchio,* ***9****) : à* ***Muratello,*** *lieu-dit Cipponu, 20137 Porto-Vecchio. ☎ 04-95-26-78-21. 06-03-29-73-26. • chezbati@gmail.com • chezbati.com • À env 8 km de Porto-Vecchio. Pour s'y rendre de Porto-Vecchio, suivre « Muratello ». Traverser le village jusqu'au petit rond-point et prendre à droite, c'est à 1,2 km (fléché). Avr-nov. Doubles 55-109 € selon saison, petit déj compris. Table d'hôtes (sf lun ; sur résa 24h à l'avance) 32 €.* Dans cette longue maison moderne bâtie par Bati (facile !), on trouve 5 chambres, spacieuses et bien équipées, confortables et fonctionnelles à la fois : grande salle de bains, frigo, AC, écran plat... Certaines avec vue sur la vallée (à demander en priorité). Une sympathique adresse. Vue dégagée depuis la grande terrasse commune.

Chambres d'hôtes Rocca Rossa *(carte Les environs de Porto-Vecchio,* ***17****) :* ***Asciaghju.*** *☎ 04-95-25-97-32. 06-19-21-95-79. • nadia.stephane@wanadoo.fr • roccarossa.net • Avr-début nov. Chambres d'hôtes 60-140 € selon saison ; studio 2 pers 420-900 €/sem. 1 nuit offerte pour 10 j. de loc sur présentation de ce guide.* Bien situées, à mi-chemin entre Palombaggia et Santa Giulia et à 800 m de la plage d'Asciaghju, relativement moins connue, ces chambres d'hôtes, dans un secteur hautement touristique qui en compte assez peu, sont une aubaine. Dans leur maison récente, Nadia et Stéphane sont aux petits soins pour leurs clients. Les chambres et le studio, dans un édifice à l'écart de la maison des propriétaires, s'avèrent très confortables et au calme, avec une petite terrasse privée. Charmante petite piscine entourée d'une pelouse. Stéphane, skipper, propose par ailleurs des sorties en mer (pour ses hôtes seulement).

Chambres d'hôtes U Barraconu : *faire 6 km sur la D 368 quand on prend la route de L'Ospédale depuis Porto-Vecchio. Bien fléché sur la gauche. Faire ensuite env 800 m sur un chemin et c'est au bout. 06-15-08-53-71. • a-francoisfilippi@live.fr • barraconu.com • Doubles 80-150 € selon saison, avec petit déj ; compter 20 €/pers supplémentaire.* Voici une généreuse maison de granit parfaitement au calme, qui abrite des chambres simples et spacieuses donnant toutes sur la cour intérieure. Sur le terrain, offrant une jolie vue sur la vallée, piscine à 2 bassins parfaitement intégrée au paysage. Le couple s'occupe par ailleurs de produire des huiles essentielles, notamment à base de myrte, genévrier, calendula et surtout d'immortelles. Bon accueil.

Villa La Greck : *Capu-di-Lecci, 20137* ***Lecci-de-Porto-Vecchio.*** *☎ 04-95-50-06-93. 06-03-70-70-67. • agnesb62@yahoo.fr • villalagreck.com • À 12 km au nord de Porto-Vecchio, tourner au rond-point de Lecci, direction Capu (fléché). Doubles 75-125 €, petit déj compris ; apparts 900-1 550 €/sem selon période. Table d'hôtes sur résa 32 € (vin compris).* Agnès et Hervé sont venus de leur Bretagne natale pour ouvrir cette maison d'hôtes disposant de 3 chambres doubles et, depuis peu, de 2 appartements pour 6 personnes. L'adresse est bien située, dans un quartier résidentiel calme, au pied de la forêt mais à 1 km de la nationale, et finalement pas bien loin des plages. Les chambres, climatisées, sont confortables, bien pensées. Cuisine extérieure. Petite salle de remise en forme. Piscine, jacuzzi. Une bonne adresse pour la détente.

Hôtel-résidence Caranella Village *(carte Les environs de Porto-Vecchio,* ***10****) : route de Cala Rossa. ☎ 04-95-71-60-94. • info@caranella.com • caranella.com • À 7 km de Porto-Vecchio. Congés : de mi-oct à mi-avr. Résa très conseillée. Chambres standard (hôtel) 82-222 € selon saison ; ½ pens possible pour 2. Également des villas et apparts de confort varié pour 4-6 pers.* Quelques chambres doubles et des studios et appartements pour 2 à 6 personnes, bien équipés (four, micro-ondes, TV, téléphone, lave-vaisselle en option), de plain-pied ou en étage, avec terrasse pour la plupart, autour d'une piscine chauffée. Pour les logements à la semaine, location du linge en sus, service ménage et laverie possibles. La résidence est conçue comme une sorte de petit village, composée d'un ensemble de maisons blanches, donnant toutes plus ou moins sur la pelouse ou du côté de la piscine. Entretien général de qualité au fil des années, ce qui n'est pas si fréquent. Tennis, ping-pong. Environnement fleuri, salle de fitness, bar et resto. Gros plus : la plage de Cala Rossa, à 300 m. Un bon plan, à prix plutôt corrects pour Porto-Vecchio. Accueil aimable et ambiance relax.

Le San Giovanni *(carte Les environs de Porto-Vecchio,* ***11****) : route d'Arca. ☎ 04-95-70-22-25. • info@hotel-san-giovanni.com • hotel-san-giovanni.com • À env 5 km de Porto-Vecchio. Prendre la D 659. C'est après le panneau de sortie de la ville, sur la gauche. Mars-début nov. Doubles standard 70-190 € selon confort (chambre ou pavillon) et saison. Possibilité de ½ pens (obligatoire juil-août) 40 €/pers.* Espace commun généreux, particulièrement soigné. Bonnes prestations : superbe piscine chauffée, jacuzzi, sauna, tennis, prêt de bicyclettes. Accueil souriant. Chambres mignonnes comme tout, avec AC, donnant sur le parc remarquablement arboré et fleuri de 3 ha (palmiers et eucalyptus), où coassent les grenouilles dans une petite mare. On prend ses repas dans la salle intérieure ou sous une ronde paillote au cœur du jardin. Tennis, table de ping-pong.

Hôtel Kilina *(carte Les environs de Porto-Vecchio,* ***13****) : route de Cala Rossa, à env 1,5 km de la plage. ☎ 04-95-71-60-43. • info@kilina.fr • kilina.fr • Fin avr-fin sept.*

Chambres 73-222 € selon standing et saison ; quelques familiales également. ½ pens possible. Dans un grand parc arboré (pins et chênes-lièges), réparties dans des pavillons sous une pinède, des chambres claires, toutes de plain-pied, pas bien grandes mais correctes, avec une petite terrasse. Bon, le chic de l'espace bar-resto-piscine n'est pas tout à fait en adéquation avec la relative simplicité des chambres, dotées toutefois d'un honnête confort, sans plus (TV, AC). Resto-grill. Bien jolie piscine, donc *(de mi-juin à début sept)*, avec son palmier central et sa grande terrasse de bois qui s'étend vers le bar, cosy et chic à la fois.

Chambre d'hôtes chez Dominique Nicoli et gîte chez Joseph Nicoli *(carte Les environs de Porto-Vecchio,* ***14****)* ***:*** *dans le village d'****Araggio,*** *sur la droite en arrivant. Pour la chambre d'hôtes, résa au 06-21-54-62-11. • d.nicoli@wanadoo.fr • Pour le gîte, résa auprès des Gîtes de France slt : ☎ 04-95-10-54-30. Tte l'année. Chambres 70-115 € pour 2 et 20 €/pers supplémentaire, petit déj compris ; gîte pour 2-3 pers 256-556 €/sem selon saison.* Sous leur petite maison de pierre, les proprios ont aménagé une chambre mignonne comme tout (« la chambre de la Casette »), avec une grande pièce (29 m² en tout) et une douche à l'italienne. Le gîte est juste à côté, dans la même maison, et dispose d'un petit coin cuisine, mais pas vraiment de salon. En revanche, on peut s'installer dehors, où un coin relax a été aménagé, commun aux 2 hébergements. Possibilité de manger au resto d'à côté, l'adorable *Casette d'Araggio* (mêmes proprios).

Beaucoup plus chic

Chambres d'hôtes Littariccia *(carte Les environs de Porto-Vecchio,* ***15****)* ***:*** *sur la route de Palombaggia, 20137 Porto-Vecchio. ☎ 04-95-70-41-33. • littariccia@orange.fr • littariccia.com • Bien fléché sur la droite de la route, puis 400 m de chemin caillouteux. Tte l'année (sur résa). 5 chambres et suites, la plupart avec clim, 65-215 € selon confort et saison, petit déj compris.* Voici une maison nichée dans une belle oliveraie, très au calme, calme auquel tiennent les proprios. Les chambres sont jolies, dans les tons blanc, beige et bois, épurées dans le style, mais bien équipées sur le plan du confort. Mais c'est surtout l'ensemble, le cadre et l'atmosphère sereine, zen même, que l'on retient. Une adresse de charme, donc, avec, de la terrasse du petit déjeuner, une vue extra sur la mer en contrebas. Jolie piscine entourée de bois du plus bel effet. Accueil tout en douceur.

Où manger ?

– ***Le marché de Porto-Vecchio*** *(plan zoom A1)* ***:*** *dim mat sur la pl. de la Mairie.*

– L'office de tourisme propose une liste de petits producteurs du terroir des environs pour s'approvisionner en fromages, vins, miels, huile d'olive...

– Sinon, la plupart des nombreux restos de Porto-Vecchio sont saisonniers. Difficile de recommander ces adresses, qui n'existent que de juin à septembre et changent de cuistot à la petite semaine. Quant aux autres restos, ouverts à l'année, ils ont bien du mal à faire face à l'énorme demande estivale. Voici toutefois une petite sélection de tables plutôt fiables dans le temps, certaines pratiques, d'autres tout bonnement excellentes.

Dans la Ville Haute

De bon marché à prix moyens

U Spuntinu *(plan zoom A2,* ***20****)* ***:*** *rue Joseph-Pietri. ☎ 04-95-72-28-33. • p.orsucci@orange.fr • Sur la pl. de l'Église. Ouv tlj midi et soir. Congés : fin oct-fin mars. Assiette de charcuterie, assiette gourmande ou salades variées 16-23 €. Digestif offert sur présentation de ce guide.* Dans la boutique, on peut faire ses emplettes de cochonnailles et, juste en face, en terrasse, on procède à la dégustation de tous ces bons produits corses sans tarder, sous forme d'assiettes joliment garnies.

Version Originale (*VO ; plan B2,* **21**) *: port de plaisance. ☎ 04-95-70-38-75. • alainapo@wanadoo.fr • Tlj sf dim. Congés : nov-mars. Wrap 9,50 €, salades et hamburgers 13-15 € ; carte env 20 €.* Une sympathique terrasse colorée, ouverte sur le port et à l'ambiance agréable. L'un des avantages du *VO* réside dans le fait que l'on y sert à manger en continu dans la journée, et jusque tard le soir. Dans les assiettes, des salades, sandwichs, hamburgers au foie gras, tartines et *wraps* en tout genre, confectionnés avec les produits frais du cru. Essayez donc le *bānh mi,* sandwich vietnamien. Un vrai « générique de faim » comme mentionné sur le menu ! Assiettes bien présentées mais parfois un peu légères.

A Stonda (*plan zoom A1,* **22**) *: 6, rue Camille-de-Rocca-Serra. ☎ 04-95-70-15-51. Sur la pl. de l'Église. Fermé dim et le soir hors saison. Congés : 1 sem en fév. Salades et plat du jour 10-15 €.* La petite affaire toute simple, avec quelques tables sur une terrasse, et même pas de salle, pour manger une bricole sur le pouce. Croques, hamburgers, grosses salades, omelettes, mais aussi un sauté de veau corse. Une petite adresse qui tourne à l'année, fréquentée par pas mal de gens qui travaillent dans le coin.

De prix moyens à chic

A Furana (*plan zoom A2,* **23**) *: 47, rue Borgo. ☎ 04-95-70-58-03. • restaurant.furana@gmail.com • En été, tlj slt le soir ; le reste de l'année, midi et soir, sf lun soir et mar midi. Congés : de mi-nov à mi-mars. Formules entrée + plat env 25 €, avec dessert (pas servie tt le temps) 29 € ; menu dégustation env 50 € ; carte env 40-45 €.* On apprécie bien la terrasse à l'étage, offrant un superbe panorama sur les alentours. Voici une jolie cuisine corse, simple sur le fond mais réussie et généreuse, composée d'une sélection de plats de viandes et de poissons (quelques suppléments pour certains d'entre eux), accommodés aux recettes insulaires et présentés avec soin.

A Cantina di l'Orriu (*plan zoom A1,* **24**) *: 5, cours Napoléon. ☎ 04-95-70-26-21. • lorriuportovecchio@gmail.com • En saison, ouv tlj midi et soir ; en basse saison, fermé lun midi et dim. Congés : janv-mars. Plats 20-35 €.* Attenant à la boutique du même nom, ce petit resto familial vous tend les quelques tables de sa double terrasse (de chaque côté du resto) pour déguster des assiettes de fromages, charcuterie, ou quelques exquis petits plats (superbe aubergine à la bonifacienne, cannellonis, mais aussi cabri, agneau et une belle escalope de veau panée à ma façon...), accompagnés, si l'on veut, de vin au verre (et ils en ont du bon !). Original tartare de veau corse. On peut aussi se contenter de venir y siffler un verre à l'intérieur, accoudé au superbe zinc.

Plus chic

La Table de Nathalie (*plan zoom A2,* **25**) *: 4, rue Jean-Jaurès. ☎ 04-95-71-65-25. Tlj midi et soir sf lun (et dim soir hors saison). Congés : déc-fév. Plats 18-42 € ; carte 50-70 €. Digestif offert sur présentation de ce guide.* Dans la rue principale, une coquette petite salle et quelques tables sur le trottoir, où l'on déguste une cuisine inspirée, réalisée au gré de l'humeur du moment, de la pêche du jour et des légumes du marché. Des produits hyper frais, des plats sans complexes, combinant d'intéressantes saveurs qui réveillent les papilles. Ainsi trouve-t-on de superbes poissons savamment cuisinés et des viandes d'une grande tendreté (black Angus). L'ardoise change régulièrement, mais ce qui est immuable, c'est la qualité.

Chez Anna (*plan zoom A1,* **26**) *: 16, rue Camille-de-Rocca-Serra. ☎ 04-95-70-19-97. • lerestaurantchezanna@gmail.com • Dans la Ville Haute, à côté de l'église. Tlj mais slt le soir (1er service 19h30, 2e 21h30). Congés : de mi-déc à fin mars. Carte slt : plats 17-25 € ; repas complet 40-45 €.* Une adresse déjà ancienne (près de 50 ans d'activité) qui a vaillamment tenu la route durant de nombreuses années et a récemment changé de propriétaire : pâtes fraîches gnocchi, lasagnes et spécialités italiennes (napolitaines même) ou corses (les aubergines farcies au *brocciu*), à déguster sur l'une des 2 terrasses (l'une minuscule et l'autre sur l'arrière, plus grande, au pied des remparts), ou dans l'étroite salle, résolument moderne.

Où manger dans les environs ?

Prix moyens

Le Passe-Temps *(carte Les environs de Porto-Vecchio,* ***20****) : route de Cala Rossa, 20137* ***Lecci-de-Porto-Vecchio.*** *☎ 04-95-71-63-76. ♿ À 7 km de Porto-Vecchio, route de Bastia sur 3 km, à droite au petit rond-point à l'entrée de La Trinité (Cala Rossa fléché) ; puis au rond-point suivant à gauche, et suivre la petite route à droite au carrefour suivant (resto fléché). Mai-fin sept, slt le soir. Pizzas 10-13 €, grillades 17-30 €. Apéritif, café ou digestif maison offert sur présentation de ce guide.* L'une des plus vieilles adresses porto-vecchiaises (depuis 1967 !), connue et fréquentée essentiellement des gens du coin. Valeur très sûre de la grillade au feu de bois et de la pizza. Cuisine simple et généreuse. Viande de premier choix (côte de bœuf, gigot d'agneau, brochettes de bœuf...) et légumes farcis, ou une poêlée de gambas à la provençale pour les non-viandards. Et puis un cadre agréable, vaste patio circulaire et verdoyant, où les tables ne sont pas serrées.

L'Orée du Site *(carte Les environs de Porto-Vecchio,* ***23****) : dans le village d'****Araggio.*** *📱 06-11-83-48-76. • oreedusite@yahoo.fr • De Porto-Vecchio, prendre la route de Bastia (T 10) sur env 7 km, puis à gauche la D 759 (panneau), et faire 1 km vers Araggio. Mars-fin nov, tlj midi et soir (sf lun en basse saison). Plats du jour 14-16 €, menu 23 €. Digestif maison offert sur présentation de ce guide.* Sous les grands oliviers de ce terrain en terrasses, dans un cadre rustique, une bonne cuisine de terroir vous est préparée : porcelet grillé à la broche (sur réservation), aubergines farcies, *sciaccia* (un plat de l'Alta Rocca à base de pomme de terre et de tomme de brebis). Belle côte de veau grillé. Rien de très compliqué, mais c'est sincère, et c'est bien tout ce qui compte. Chants et guitare le vendredi soir.

La Casette d'Araggio *(carte Les environs de Porto-Vecchio,* ***14****) : dans le village d'****Araggio.*** *☎ 04-95-72-05-23. • la-casette-d-araggio@orange.fr • En arrivant à Araggio, c'est indiqué sur la droite. Tlj sf dim. Congés : de mi-nov à fin mars. Galettes env 4,50-8,50 €, plats 12-16 €, menu corse 26 €. Digestif offert sur présentation de ce guide.* Des omelettes, une assiette de charcuterie corse, de bonnes galettes joliment garnies et quelques plats corses... C'est le fruit de l'association corso-bretonne de monsieur et madame. Le resto est adorable, avec une jolie terrasse en contrebas de la maison, ombragée par un gros figuier et donnant sur un bout de vallée verdoyant. Tranquillité totale. Très sympa pour une petite grignote après la visite du site d'Araggio voisin. Juste à côté, une chambre d'hôtes et un gîte (voir « Où dormir dans les environs ? »).

Chic

Le Ranch'O Plage *(carte Les environs de Porto-Vecchio,* ***21****) : sur la* ***plage de Cala Rossa.*** *☎ 04-95-71-62-67. • info@restaurant-rancho-plage.com • À 10 km de Porto-Vecchio : direction Bastia puis à droite à La Trinité, vers Cala Rossa (indiqué). Fin avr-fin sept, tlj midi et soir. Résa conseillée. Le midi, plat du marché 18 €, pizzas 12-16 € ; le soir, menu tradition env 30 €, menu découverte env 39 € ; carte env 45 €.* La plage de Cala Rossa est bien sympathique, et une table en terrasse à 3 m des flots, surplombant la vague, c'est tout de même quelque chose. Mais le secteur étant un peu huppé, et comme il y a souvent du vent, ces 2 éléments conjugués font que l'addition s'envole. La cuisine est bonne, un rien tendance, et le service soigné. Quelques entrées fraîcheur de bon aloi (bien que peu copieuses) et des plats de pâtes auxquels on peut ajouter quelques préparations dans l'air du temps. Burgers de qualité à prix raisonnables, et pizzas au feu de bois. Dans l'après-midi, carte restreinte.

Où boire un verre ? Où écouter de la musique ? Où déguster une glace ?

La Taverne du Roi *(plan zoom A2,* ***40****)* **:** *43, rue Borgo. ☎ 04-95-70-41-31. • latavernedurodi.com • À l'entrée de la vieille ville en venant du port. Env 10 € l'entrée et la boisson (renouvelable chaque heure et demie !). Ven-sam hors saison et tlj en saison, soirées chansons corses à partir de 22h30.* Un endroit exceptionnel pour son cadre. Vraiment agréable d'y boire un verre. Guitaristes et chanteurs alternent vieux chants corses et chansons plus connues avec entrain et sincérité. Venir vers 22h pour avoir une place. Enfants refusés passé une certaine heure.

Le Glacier de la Place *(plan zoom A1,* ***41****)* **:** *4, pl. de la République. ☎ 04-95-70-21-42. Ouv jusqu'à min 1h du mat en saison. Congés : nov-mars.* Grand café sur la place de l'Église. S'il n'y en avait qu'un, ce serait celui-là ! À l'intérieur, choix impressionnant de bières (plus de 130 !) et d'alcools divers à faire pâlir d'envie nos amis belges. Et, bien sûr, une belle carte de glaces et sorbets artisanaux. Pour les mômes, on choisira les sirops Monin. Rien que du bon.

Sur la même place de la République, plusieurs autres cafés en terrasse ***(Au Bon Coin, Les Beaux Arts, Le Bel Ombra...).*** Cette place, avec son bel ombra (autrement dit un *Phytolacca diolca* tout tordu), est certainement l'endroit le plus agréable en ville. Y prendre un verre s'impose. Quelques terrasses sortent leur matériel à DJ les soirs d'été, et les feuilles des arbres se mettent à trembler.

Où danser ?

Via Notte **:** *à la sortie sud de Porto-Vecchio, après le rond-point. ☎ 04-95-72-02-12. • vianotte.com • De juin à mi-sept. Compter 12-35 € l'entrée (si, si !) selon le DJ invité, sans conso ; en revanche, gratuit en général dim. Boissons alcoolisées à partir de 10 €.* Le club incontournable du sud de l'île. DJs grosses pointures tout au long de la semaine (thème musical différent chaque soir). 5 bars (dont 1 à sushis), 1 piste, 1 piscine et 1 resto. N'en jetez plus ! Amateurs d'intimité, s'abstenir : compter dans les 3 000 personnes en moyenne chaque soir d'été !

Où acheter de bons produits corses ?

L'Orriu *(plan zoom A1,* ***50****)* **:** *5, cours Napoléon. ☎ 04-95-70-26-21. Dans la vieille ville, à 50 m de la pl. de l'Église. En saison, tlj 9h-22h (13h dim). Congés : de mi-fév à fin mars et nov.* Murs couverts de pots et de bouteilles, plafond squatté par les jambons, arrière-boutique croulant sous les saucissons, bel étalage de fromages... Une véritable anthologie des produits corses de qualité. Excellent accueil de la famille, toujours prête à vous renseigner aimablement.

U Tavonu *(plan zoom A2,* ***51****)* **:** *9, rue du Général-de-Gaulle. ☎ 04-95-72-14-03. En saison, tlj en général 9h-12h30, 15h... jusque tard ; hors saison, fermé dim-lun. Congés : fin fév-fin mars.* Autre très belle boutique. Le patron, Christian Santoni, est de bon conseil. Grand choix de charcuterie, vins et liqueurs, fromages et autres produits naturels (confitures, miels, huiles, farine de châtaigne). On vous recommande la *vuletta* (joue de porc), forte en goût et au gras fondant (les amateurs de charcuterie adorent). Coppa, *panzetta, lonzo, figatelli* (en hiver seulement), etc.

À voir

La vieille ville (ou ville haute) : les Génois édifièrent une citadelle sur le promontoire rocheux (en porphyre rose). Il en reste de belles fortifications, dont quelques bastions et l'imposante porte (dite « génoise ») d'où l'on a une jolie vue sur le golfe et les salines. Sur la place principale, très animée en été, une adorable petite église en pierre, au clocher décoré de trèfles. Juste en face, une petite chapelle.

À faire

– ***Voile :*** **Club nautique Santa Giulia,** *route du Moby-Dick, dans la baie de Santa Giulia, à 7 km au sud de Porto-Vecchio (tourner à droite au niveau du Vival). 06-22-74-49-53. • voile-santa-giulia.com • Mai-début oct, tlj 9h-19h.* Cours de planche à voile, de dériveur ou de catamaran ; location de planches, de canoës et de catamarans.

– ***Location d'embarcations à pédales et de bateaux à moteur avec permis :*** ***Locorsa,*** *route du Moby-Dick, au milieu de la plage de Santa Giulia (tourner à droite au niveau du Vival). ☎ 04-95-70-64-43. • locorsa.com • Avr-oct.* Tous les types de bateaux à louer à partir de 50 CV.

➢ ***Sortie en mer :*** avec les bateaux *Ruscana* et *Amour des îles.* *☎ 04-95-70-33-67. • croisieres-ruscana.com • D'avr à mi-nov. Départ à 9h, retour vers 18h. Compter 60 €/pers sans repas et 75 € avec repas ; réduc 5-12 ans.* Départ du port de plaisance de Porto-Vecchio, direction les Lavezzi, avec bouillabaisse servie à bord. Bon, on est tout de même une centaine à bord !

➢ ***Balade avec un Nez :*** *serres de Ferrucio, route de L'Ospédale. ☎ 04-95-70-34-64. 06-19-89-65-36. • plante-aromatique.com • Sur résa slt, Pâques-Toussaint. En général, départ vers 7h30 et retour vers 12h-12h30. Compter env 20 € pour une belle ½ journée de balade ; 12 € moins de 14 ans. Âge min : 6-8 ans. Max 15 pers/groupe.* Stéphane Rogliano propose de faire partager ses connaissances en botanique au cours de balades, où il fait découvrir et sentir les essences du maquis. Randonnée pédestre à la demi-journée, tout en observation et pédagogie. Balades à la carte pour les familles.

– ***La cinémathèque de Corse Porto-Vecchio :*** *espace J.-P.-de-Rocca-Serra, derrière la mairie. ☎ 04-20-20-20-01. • casadilume.com •* Et la culture, elle n'aurait pas droit de cité ? Eh bien si ! La *Casa di lume,* cinémathèque de Corse, possède un riche fonds et assure une programmation de qualité, reconnue au-delà de l'île. Nombreux festivals tout au long de l'année.

Plongée sous-marine

Au large des plages qui bordent le littoral de Porto-Vecchio, les eaux turquoise et limpides vous réservent d'étonnantes balades sous-marines, où relief granitique et nature préservée rivalisent d'extravagance. Les plus belles plongées se déroulent certainement autour des îlots protégés Cerbicale. On s'y est vraiment régalés !

Clubs de plongée

Voici deux clubs qui officient dans les environs de Porto-Vecchio.

■ ***Dolfinu Biancu :*** *sur la* ***plage de la Folacca-Asciaghju,*** *au sud de Porto-Vecchio, 2 km après le village de Bocca-d'Oro. ☎ 04-95-72-01-33. 06-21-46-71-49. • dolfinu-biancu.fr • Juin-fin sept. Compter 55-60 € pour un baptême et 51-53 € pour une exploration (équipement complet fourni), snorkelling 30 € ; forfaits dégressifs 3 à 10 plongées. 8 pers max sur le bateau.* Club FFESSM, PADI et ANMP. Enfants à partir de 8 ans. On plonge sur les îles Cerbicale et sur celle du Taureau. En tout, une quinzaine de sites qu'on gagne en 10 mn de bateau.

■ ***Plongée Nature*** *(plan A1) : 9, av. Georges-Pompidou, à côté de l'hôtel* La Shegara. *06-19-26-26-51. • plongee-nature.fr • Avr-nov. En hte saison, baptême 60 €, exploration 53 € (équipement complet compris) selon saison ; forfaits 3, 6 et 10 plongées.* Un autre club (FFESSM, Green Star, ANMP, PADI) recommandé par des lecteurs. Formations du niveau I au niveau IV. Enfants à partir de 8 ans. Plongées sur les îles Cerbicale ou sur l'épave du *Pinella.* Accueil (dans la mesure du possible) des personnes à mobilité réduite.

Nos meilleurs spots

La Pecorella : à la sortie du golfe de Porto-Vecchio. Idéal pour les débutants. Ce petit cargo, posé à plat sur le sable, est l'occasion d'une plongée fastoche et sympa. Par 15 m de fond, entre les ponts, les coursives, les cales, et jusqu'à la déchirure de la proue, un nouvel équipage de sars, saupes, chapons, corbs... a pris le commandement et barbote joyeusement.

Le Danger du Toro : au cœur de l'archipel-réserve des Cerbicale. Un must dans le coin, mais réservé aux plongeurs confirmés. Voici deux roches particulièrement sauvages, dévalant de 3 à 40 m de fond dans un capharnaüm de failles, d'éboulis, d'arches et de canyons enrobés d'éponges multicolores et de gorgones qui ondulent majestueusement dans l'eau cristalline. Congres, murènes, mostelles et langoustes sont survolés par des mérous, dentis et sars. À quelques encablures, l'*îlot du Toro* offre aux débutants plusieurs plongées tout aussi vivantes et mémorables...

DANS LES ENVIRONS DE PORTO-VECCHIO

La plage de Palombaggia : *à 12 km au sud. En juil-août slt, liaison possible en bus depuis Porto-Vecchio. Parkings payants, mais encore des possibilités de se garer gratuitement.* Un petit paradis bordé par des dunes ombragées de pins maritimes gigantesques. Le coin n'a pas été dénaturé, comparativement à d'autres, et, une fois sur la plage, on ne voit quasiment pas une construction. Quelques paillotes plutôt discrètes. Un lieu splendide, vraiment, mais littéralement envahi en été. En août, prévoir de mettre sa serviette sur la tranche.

Le golfe de Santa Giulia : *à 7 km au sud de Porto-Vecchio par la T 10 (beaucoup plus long si l'on passe par la route de Picovagia qui dessert d'abord Palombaggia). Service de bus en juil-août depuis Porto-Vecchio.* Plage vraiment superbe, mais sa réputation lui vaut une fréquentation soutenue en été, d'autant plus que les collines environnantes sont très construites et donc très habitées en saison (difficile alors de se garer puisque les résidents s'ajoutent aux visiteurs). Cette plage a la particularité d'être refermée aux trois quarts sur elle-même, offrant une rondeur d'une rare perfection. Pour plus de tranquillité, dépasser le centre nautique et continuer vers le bout de l'anse, sur la droite en regardant la mer. Bien plus calme hors saison.

La plage de Cala Rossa : *à 10 km au nord de Porto-Vecchio.* Ni très grande ni très large, elle bénéficie d'une belle situation dans le golfe de Porto-Vecchio, avec vue sur la pointe de la Chiappa. Moins de monde peut-être qu'à Santa Giulia ou qu'à Palombaggia... Mais la bande de sable est franchement étroite.

La baie de San Ciprianu : *à 12 km au nord.* Belle et longue plage de sable fin. Adaptée aux enfants car peu profonde.

Castellu d'Araggio (ou d'Araghju) **:** *à 8 km au nord de Porto-Vecchio, par la route de L'Ospédale puis la D 759 à droite ; fléché. Être bien chaussé. On prend le sentier juste à gauche du resto* La Casette d'Araggio *(voir « Où manger dans les environs ? »). Une fois dans le village d'Araggio, compter env 35 mn de bonne grimpette (une montée très raide et sans ombre). Pas si facile !* Du sommet, la récompense : panorama magnifique. Le site, qui date de 2000 av. J.-C., est une étrange forteresse bâtie sur un promontoire rocheux. Porche d'entrée titanesque, niches et remparts bien conservés.

Le site archéologique de Tappa : *en bordure de la D 859 sur la route de Figari, avt Sotta, 1,5 km après le cimetière de Ceccia, sur la gauche. GRATUIT.* Complexe archéologique datant de 2000 av. J.-C., composé d'une enceinte circulaire cyclopéenne et d'une tour centrale. Visite agréable, au milieu de ces assemblages de pierre mal dégrossie et d'une nature intacte. Merci de ne pas souiller l'endroit, et prévoir des chaussures bien stables. Amusant, le petit passage sous roches aménagé dans l'enceinte. Une visite bien sympathique.

Randonnée pédestre Mare a Mare Sud

➢ **Traversée de Porto-Vecchio à Propriano :** un itinéraire très varié, qui traverse l'Alta Rocca. Parmi les curiosités et les richesses naturelles rencontrées au détour du sentier, la forêt de L'Ospédale, l'église romane de Carbini, les *castelli* de Cucuruzzu et Capula, les jolis villages aux maisons de granit de Levie, Quenza et Sainte-Lucie-de-Tallano...
Cette randonnée de moyenne montagne comporte quelques montées très raides et exige une bonne condition physique. Sentier fréquentable en principe toute l'année : peu enneigé en hiver et suffisamment ombragé en été. Attention toutefois au franchissement de certains ruisseaux. Compter une trentaine d'heures de marche pour arriver à Propriano. Le topoguide du parc régional prévoit six étapes de 5h, mais les très bons marcheurs peuvent effectuer ce parcours en 4 jours.
Pour rejoindre le sentier, fléché et balisé en orange, qui démarre à 7 km de Porto-Vecchio, prendre la D 159 en direction de Muratellu, puis suivre la direction Nota. Continuer la route jusqu'au pont qui enjambe la rivière de Bola. Prendre le premier chemin à droite après le pont. On arrive, quelques jours plus tard, à *Burgo,* à 7 km de Propriano que l'on rejoint en suivant le CD 557. Emportez de l'eau et quelques provisions, mais ne vous encombrez pas de trop de nourriture, vous en trouverez facilement dans les villages. De Propriano, deux bus par jour pour Porto-Vecchio. Trajet en 1h45 environ.
– Le GR 20 part de *Conca,* à une vingtaine de kilomètres de Porto-Vecchio. On peut le rejoindre à partir de Sainte-Lucie-de-Porto-Vecchio. Navette Conca/Sainte-Lucie-de-Porto-Vecchio au départ du gîte d'étape de Conca, *La Tonnelle* *(☎ 04-95-71-46-55)* ; voir plus loin. Appeler pour avoir les horaires.

Gîtes d'étape : *accessibles aux randonneurs évidemment, mais aussi aux cyclotouristes et aux cavaliers. Nombreux gîtes avec ½ pens. N'oubliez pas que les gîtes n'ouvrent que vers 16h30-17h. Pensez toujours à réserver. Possibilité de portage de sac : d'un gîte à l'autre, compter 20-25 € les 5 premiers bagages et 2,50 €/bagage supplémentaire.*

LE GRAND SUD CORSE

LE GOLFE DE PINARELLU / PINAREDDU

(20144 ; commune de Zonza)

À une petite vingtaine de kilomètres au nord de Porto-Vecchio. Avec celui de Rondinara, c'est l'un de nos golfes préférés au sud de la Corse. L'eau est claire, les plages sont jolies et très agréables, le port est mignon. Une tour génoise veille sur l'ensemble. Autre endroit sympa situé dans les environs, au-delà de Taglio-Rosso, la rivière de Cavu et ses piscines naturelles, qui réunissent tous les avantages de la thalasso !

➢ Les bus de la ligne Bastia/Porto-Vecchio s'arrêtent à Sainte-Lucie-de-Porto-Vecchio (2 km).

Adresses utiles

ℹ ***Office de tourisme de Zonza - Sainte-Lucie-de-Porto-Vecchio :*** *dans la mairie annexe de **Sainte-Lucie-de-Porto-Vecchio,** route de Pinarellu. ☎ 04-95-71-48-99. • tourisme.saintelucie@wanadoo.fr • zonza-saintelucie.com • Pas très loin de l'église. Tte l'année : juil-fin août, lun-sam 8h30-12h30 et 14h30-18h30, dim 9h30-12h30 ; juin et sept, lun-sam 8h30-12h30 et 14h-18h ; le reste de l'année, lun-ven sf mer ap-m 8h-12h, 14h-17h30.*

✉ ***Poste :*** *à **Sainte-Lucie.***

■ ***Cinéma A Ruscana :*** *cinéma de plein air à **Sainte-Lucie,** sur la route de Pinarellu. 📱 06-22-20-51-11. Juil-août, tlj vers 22h ; puis vers 21h30 (selon l'obscurité).* Une chouette initiative.

Où dormir ? Où manger ?

⛺ ***Camping California*** *(plan Les environs de Porto-Vecchio, **16**) : capu di Fora, en bord de mer et à 2 km du village (panneaux). ☎ 04-95-71-49-24. • camping-california-corsica.com • Tt au bout d'une petite route, donc très tranquille. De mi-mai à mi-oct. Compter env 30 € pour 2 avec petite tente et voiture. CB refusées. 📶 (sur la terrasse).* Dans un petit coin de nature sauvage (7 ha de pinède) et bordé par la plage (accès direct à 100 m environ). Un camping correct et ombragé par des pins parasols. Sur place : bar, pizzeria, épicerie, tennis, volley-ball, jeux pour enfants... Pas de piscine, mais la mer est à deux pas.

|●| ***Restaurant Focu di Legna :*** *lieu-dit Grazzoso, route de Pinarellu (le resto est à 500 m du rond-point, sur la droite). 📱 06-27-91-22-87. • elavanik@hotmail.fr • Congés : déc-janv. Juin-sept, ts les soirs ; en basse saison, tlj sf lun-mar, midi et soir. Carte env 30 €. Digestif offert sur présentation de ce guide.* Vladimir et Elsa tiennent ce sympathique restaurant dont la jolie terrasse surplombe la petite route. Au menu, entre autres : lasagne de sanglier, viandes marinées cuites au feu de bois, poissons grillés. Soirées musicales corses le jeudi *(menu 39 € tt compris ces soirs-là).* Une bonne adresse.

CONCA

(20135) 790 hab.

À une vingtaine de kilomètres au nord de Porto-Vecchio, entre mer et montagne. Village connu des randonneurs, car il est le point de départ ou d'arrivée du GR 20.

Où dormir ? Où manger ?

Gîte d'étape La Tonnelle : *☎ 04-95-71-46-55. • latonnelleconca@hotmail.com • gite-la-tonnelle.com • En arrivant à Conca par la route. Congés : oct-mars. Une cinquantaine d'emplacements de camping (6 €/pers) ; en gîte, compter 19 €/pers, sans le petit déj, et 38 €/pers en ½ pens (obligatoire juil-août). Loc de tentes possible. Menu randonneur 14 €.* Le gîte se compose de 8 chambres en tout (2 à 5 personnes) et de 2 dortoirs de 6 à 9 lits. Coin cuisine à disposition. Resto. Également un service de navette payante de Sainte-Lucie-de-Porto-Vecchio ou de Porto-Vecchio à Conca, ou l'inverse.

L'ALTA ROCCA

Nous voici dans l'Alta Rocca, « les hautes roches », relief montagneux du sud de l'île, riche de villages typiques et d'une nature splendide, dont le fleuron est sans doute le massif de Bavella, avec ses aiguilles lancées vers le ciel : spectacle grandiose, vraiment !

Le circuit proposé ici peut se faire de multiples manières selon votre point de départ (Propriano, Sartène, Porto-Vecchio, Solenzara) et l'endroit où vous comptez vous rendre ensuite, bien sûr.

– *Info utile : stations-service à Sainte-Lucie-de-Tallano et à Levie slt.*

➢ ***Grande boucle :*** Porto-Vecchio, L'Ospédale, Zonza, Quenza, Aullène, Sainte-Lucie, Levie, (re-)Zonza, col de Bavella et retour sur Solenzara. C'est l'itinéraire que nous indiquons plus bas.

➢ ***Petite boucle :*** Sartène, Sainte-Lucie, Levie et Cucuruzzu, Zonza, Quenza, Aullène et retour par la D 69 vers Sartène.

➢ ***Variantes :*** d'Aullène, rejoindre Zicavo (26 km au nord) ou Petreto-Bicchisano (via le très beau col de Saint-Eustache) pour filer ensuite vers Ajaccio.

– ***Pour ceux qui ont du temps :*** séjourner dans le secteur (plein d'auberges très sympas et quelques gîtes d'étape, notamment à Sainte-Lucie-de-Tallano, Levie, Zonza ou Aullène...) pour visiter les villages à sa guise et faire quelques randonnées.

➢ Le parc naturel régional a balisé une douzaine de boucles, ***itinéraires de petite randonnée*** qui relient entre eux chacun des nombreux villages et hameaux de l'Alta Rocca : il faut compter en moyenne 2 à 3h pour aller de l'un à l'autre. Les parcours ont le mérite de se dérouler pratiquement partout sous un couvert végétal foisonnant de chênes verts, de châtaigniers, de pins ou d'arbousiers : l'air de la montagne aidant (les villages s'étagent entre 500 et 800 m d'altitude), ces sentiers sont donc très agréables même en été, d'autant qu'ils franchissent tous à un moment ou à un autre l'un des ruisseaux affluents du Rizzanese.

– Le plus beau parcours ? Sans doute celui qui va de *Quenza* à *Levie* : paysage agricole au début avec, en prime, les aiguilles de Bavella à l'horizon et quelques vergers au bord du torrent ; puis c'est la remontée le long d'un chemin encadré par d'imposants murets ; plus loin, les vestiges préhistoriques et médiévaux de Cucuruzzu et Capula, avant la plongée finale sur le bourg de Levie.

– *Petites boucles de randonnées :* 6 boucles (une seule de 1h), les autres de 4 à 6h, numérotées de 1 à 6. À noter, Serra-di-Scopamène/Quenza/Serra-di-Scopamène (5h) et Zonza/Saint-Antone/Quenza/Zonza (4h15). Brochures dans tous les offices de tourisme de l'Alta Rocca.

– Également des sentiers du patrimoine (1h à 1h30) à Carbini, Levie, Serra-di-Ferro et Sainte-Lucie-de-Tallano.

– À VTT, le secteur est particulièrement intéressant aussi (c'est la région de Corse la mieux adaptée). Essayez notamment de faire cette même liaison Quenza-Levie en effectuant toutefois à l'aller un crochet par Zonza : les passages techniques sont de toute beauté... Quant aux itinéraires VTT moins sportifs, il faut aller les chercher entre Pacciunituli et Zonza (chemin large, globalement descendant) ou sur les pistes pastorales du plateau du Coscione. Dépliant disponible au bureau du parc.

Canyoning dans l'Alta Rocca

Le canyoning est une activité qui monte... qui monte dans la région. De plus en plus de sportifs préfèrent descendre... plutôt que monter. Question de culture ! Et avant d'être grimpeurs, on aborde la montagne par la glisse et par les sauts. Le canyoning n'est pas pour autant une activité de fainéants, et les sauts sont parfois impressionnants. Il est donc nécessaire d'être motivé. À la fin de la balade aquatique, on est plein de sensations mais souvent totalement vidé.
Les massifs de Bavella et L'Ospédale se prêtent merveilleusement à cette activité, à condition qu'elle soit bien encadrée.
Voici quelques infos pour vous allécher... Les temps moyens sont donnés pour des groupes d'une dizaine de personnes.

– ***Le canyon du Polischello :*** *dans le massif de Bavella. Parcours à la ½ journée. Durée totale du parcours : 2h-2h30. Temps de marche : pour l'approche, 20-30 mn ; au retour, 5 mn.* Canyon ludique et facile d'accès, le Polischello permet de découvrir toutes les joies du canyon au cœur d'un site grandiose. Vue en contre-plongée sur les aiguilles qui bordent cet imposant ravin. Nombreux toboggans, sauts et multiples possibilités pour adapter le tout aussi bien aux enfants qu'aux amateurs de sensations fortes, avec un final en apothéose.

– ***Le canyon de la Vacca :*** *dans le massif de Bavella. Parcours à la journée. Durée totale du parcours : 3h-3h30. Temps de marche : pour l'approche, 30-40 mn ; au retour, 45 mn-1h.* La Vacca est un imposant ruisseau qui collecte toutes les eaux du massif. Le canyon se déroule entre les aiguilles d'Ornucciu et celles des Ferriate. Il correspond au franchissement du dernier verrou rocheux bloquant l'accès de ces eaux à la Solenzara puis à la mer. C'est un étroit défilé, bien ensoleillé et très aquatique. Les sauts, nombreux (mais non obligatoires), alternent avec de longues portions de nage dans des biefs d'eau verte cristalline. Le cadre est grandiose, l'endroit sauvage, un extraordinaire voyage entre l'eau et la roche. Un must !

– ***Le canyon du Purcaraccia :*** *dans le massif de Bavella. Parcours à la journée. Durée du parcours : 3h30-4h. Temps de marche : pour l'approche, 1h-1h15 ; au retour, 30-40 mn.* Le Purcaraccia est le deuxième grand ravin de Bavella après le Polischello. Ici, l'eau a creusé à même le granit un fantastique enchaînement de toboggans naturels et de rappels. Les marmites turquoise se succèdent, les toboggans sont tous plus beaux les uns que les autres, et la vue est à couper le souffle. Deux grands rappels de 40 m ponctuent la descente.

– ***Le canyon de piscia di Gjhiaddu :*** *dans le massif de L'Ospédale. Parcours à la ½ journée. Durée du parcours : 3h-3h30. Temps de marche : pour l'approche, 20-30 mn ; au retour, 45 mn.* Cette descente est surtout connue pour la magnifique cascade de 60 m qui clôt le parcours. Un superbe rappel qui laissera des souvenirs marquants. Mais le début du parcours n'est pas anodin non plus. C'est un défilé étroit et encaissé où s'enchaînent plusieurs sauts et rappels entre arc-en-ciel et grondement de l'eau... Bienvenue aux amateurs de sensations fortes !

L'OSPÉDALE / u spidali (20137)

À 19 km à l'ouest de Porto-Vecchio (mais administrativement parlant, on est toujours sur la commune de Porto-Vecchio). Charmant village, à 850 m d'altitude environ, d'où l'on jouit d'un vaste panorama sur le golfe de Porto-Vecchio en contrebas. Il s'y trouvait autrefois un hôpital (l'air pur des hauteurs y était apprécié, surtout quand on sait que Porto-Vecchio, en raison de

ses marais, connaissait la malaria), d'où son nom. Mignon tout plein avec ses petites maisons de pierre. Superbe forêt à proximité, traversée par plusieurs sentiers de randonnée, notamment le *sentier des Taffoni* (les trous), qu'on découvre sur la route de Cartalavonu.
La forêt de L'Ospédale, vraiment charmante, est particulièrement fragile (les derniers grands incendies remontent aux années 1990). Marcheurs, respectez les consignes concernant le feu !

Où dormir ? Où manger ?

U Spitaghju (Gîtes de France) **:** *dans le village, sur la gauche. ☎ 04-95-26-77-53. 06-12-51-01-25. • nadetdom@wanadoo.fr • Tte l'année (sur résa nov-mars). Doubles 80-90 € selon vue, petit déj compris ; lit d'appoint enfant 15 €.* Dans une grande maison typique, 4 chambres impeccables et soignées, dont 2 avec petit balcon et vue (magnifique) sur le golfe de Porto-Vecchio. Les 2 autres donnent sur le devant et la petite route (mais parfaitement calme le soir). Petit déj (confitures maison) et accueil de Nadine et Dominique excellents. On aime bien cette maison cool et tranquille, au mobilier aux touches Art déco et modernes à la fois. Ambiance générale très sympa. Salon à partager avec bouquins et jeux (attention en descendant l'escalier, le plafond est bas). Derrière la maison, le petit jardin, très agréable, s'étage en terrasses, arboré et équipé de transats. C'est là que l'on prend le petit déj, tranquillou. Il y a même une petite terrasse en bois surplombant la vallée, tel un poste de vigie.

U Funtanonu : *dans le village. ☎ 04-95-70-47-11. D'avr à mi-oct env, tlj midi et soir. Plats env 16-23 € ; carte env 40 €. CB refusées.* La terrasse de cette auberge, en surplomb de la route, est bien attrayante, avec sa superbe glycine. Spécialités corses bien tournées et présentées avec élégance. Plats traditionnels ou non (aubergines farcies, filet mignon au miel, burger corse...). Que du bonheur également avec les desserts, comme ce *fiadone* « revisité ». Service souriant.

Pizzeria-grill A Tigliola : *env 2 km avt d'arriver à L'Ospédale en venant de Porto-Vecchio. ☎ 04-95-22-34-23. 06-11-07-69-56. Avr-fin sept env, tlj midi et soir. Pizzas 9-13,50 €, grillades et plats 16-25 €.* Ce « nid d'aigle » possède une incroyable terrasse, couverte et élégante, littéralement posée sur un énorme bloc de granit, dominant toute la baie de Porto-Vecchio. Bien calé sur le rocher, on se régale d'une copieuse pizza ou d'une grillade, cuites au feu de bois. Lasagnes et agneau au four. Desserts maison.

Où acheter de bons produits ?

Maison Valli : *juste en face du resto U Fontanonu. 06-21-14-25-61.* Miel, fromage, charcuterie et huile d'olive. Que du bon !

À voir

La route jusqu'à Zonza : on passe d'abord le long d'un lac artificiel, niché au creux d'une montagne, dans un décor lunaire (en été surtout, où, quasiment à sec, le lac fait place à une cuvette hérissée d'une multitude de souches d'arbres, spectacle insolite). On découvre brutalement un paysage de forêts et de montagnes digne de la Suisse ! Environ 3,5 km après le passage du barrage, sur la droite, chemin pour la cascade de *piscia di Gallu* (orthographié localement *piscia di Ghjaddu*). Un parking *(payant)* et deux buvettes-snacks ont été aménagés au départ du chemin, si bien qu'il y a foule en saison. Compter 30 mn aller, 40 mn retour (ça grimpe un peu), et avoir de bonnes chaussures, le terrain peut être glissant s'il a plu. Pas vraiment de baignade possible à la cascade. En poursuivant la route, on aperçoit ces fameux rochers suspendus, en équilibre sur de petites collines. La route poursuit dans un chaos de roches jusqu'à la forêt de Zonza.

À faire

– **X-Treme Sud :** *en arrivant au lac de L'Ospédale, 1,7 km après le village du même nom. Résas : ☎ 04-95-72-12-31. 📱 06-18-97-03-46. • info@xtremsud.com • xtremsud.com • Sur résa, tlj de mai à mi-sept. Compter 22 € (18 € jusqu'à 18 ans) ; réduc enfants, familles et groupes.* Beau parcours accrobranche qui comprend une section de via ferrata (rochers équipés en câbles) qui peut prendre jusqu'à 3h. Dans un site bien agréable et très ombragé, d'où l'on domine d'un côté le lac et de l'autre la côte orientale et le Sud. Propose également d'autres activités comme du saut à l'élastique et surtout du canyoning (piscia di Gallu, la Vacca, Polischello, Purcaraccia) à la demi-journée ou à la journée *(compter 45-55 €).*

ZONZA

(20124) 2 225 hab.

À une vingtaine de kilomètres au nord de L'Ospédale et à 7 km au nord de Levie. C'est simple : quelle que soit la route – il y en a quatre – par laquelle on arrive à Zonza (prononcer « Tsonza », avec un « a » à peine audible, l'accent tonique sur le « tson »), c'est superbe ! À 784 m d'altitude, ce village-carrefour, niché au-dessus des bois de chênes et des forêts de pins maritimes, n'a rien à envier aux villages de la côte. Figurez-vous que cette commune, énorme par sa superficie, descend jusqu'à la mer. Résultat : *Pinarellu* et son superbe golfe, à plus de 50 km d'ici, font partie de Zonza ! Grâce à son infrastructure hôtelière, Zonza est devenue en quelque sorte la capitale touristique de l'Alta Rocca. Vous n'y serez donc pas seul en saison. On est ici entre amoureux de la montagne, et les randos et promenades dans les environs sont suffisamment riches pour que tout le monde ait de la place.

PÉRÉGRINATIONS ROYALES

En 1953, le gouvernement français trouva que le soutien du sultan du Maroc au mouvement indépendantiste n'avait que trop duré : il « déposa » donc le souverain et l'envoya, avec toute sa famille, à Zonza, dans l'hôtel Le Mouflon d'Or, *qui fut réquisitionné pour l'occasion. Mais quand l'hiver arriva, le sultan eut froid et obtint d'être envoyé dans un hôtel de L'Île-Rousse avant de rejoindre une autre île, Madagascar, d'où il rentra triomphalement 2 ans plus tard comme roi d'un Maroc devenu indépendant !*

Arriver – Quitter

➢ ***En autocar de/vers Ajaccio via Propriano :*** *Autocars Ricci Marcel (☎ 04-95-72-05-54 à Ajaccio ou 04-95-77-77-77 à Sainte-Lucie-de-Tallano • transports-voyageurs-ajaccio.fr •).* Tlj, normalement 2 liaisons/j. (sf dim et j. fériés hors saison), soit par Grossetto soit par Pila Canale ; ensuite les 2 passent par Propriano et Sartène. D'Ajaccio, un peu moins de 3h15 de trajet. À Zonza, le bus continue vers Bavella. Également 1 liaison assurée par *Balesi Évasion (☎ 04-95-70-15-56),* via Aullène et Quenza. Tlj en juil-août, départ d'Ajaccio à 15h30 (passage à Zonza vers 17h40 et continuation vers Porto-Vecchio). Hors saison, slt 2 bus/sem (lun et ven).

Adresses utiles

Office de tourisme : *au centre du village, à 30 m du rond-point, sur la route de Levie. ☎ 04-95-78-56-33. • tourisme-altarocca@orange.fr • Juin-sept, normalement tlj 9h-18h30 (13h dim).* Doc sur la région. Accueil très sympathique. Dans le même bâtiment, petit musée de la Résistance *(lun-ven 9h-12h, 14h-17h, plus sam en juil-août ; GRATUIT).*

Épicerie A Mura : *à 200 m du petit carrefour, en allant vers l'église, sur la gauche.* Plein de bonnes choses à mettre dans le panier pour un beau pique-nique.

Où dormir ? Où manger ?

Plusieurs adresses à prix moyens, imposant souvent la demi-pension. Si tout est complet, rendez-vous à Quenza, Aullène, Levie ou Bavella, toutes proches.

Campings

Camping municipal : *à 3 km du village, sur la D 368 vers Porto-Vecchio. ☎ 04-95-78-62-74 ou 04-95-78-66-87 (hors saison). • mairiedezonza@orange.fr • Du 5 mai à mi-oct. Compter env 14 € pour 2 avec tente et voiture.* En pleine forêt, un site calme sous les pins. Confort modeste, mais endroit plaisant et sanitaires très corrects. Un peu isolé, mais le boulanger passe le matin en été.

Camping Bavella Vista : *route de Quenza, à env 300 m du rond-point central du village. 06-24-35-56-08. • mallory.cucchi@laposte.net • De mi-avr à mi-oct. Compter env 18 € pour 2 avec tente et voiture.* Le gros avantage de ce petit camping est sa proximité du village. Tout en pente et en petites terrasses, parfaitement ombragé par de hauts pins. En bas, également des emplacements sur une zone plate et très agréable, donnant sur une clairière. Pas de piscine, pas de jeux, donc juste le calme du vent dans les grands pins. Gestion familiale sympathique. Sanitaires simples et convenables.

Camping de la Rivière : *route de Quenza, à 2 km de Zonza. ☎ 04-95-78-68-31. • camping-lariviere@sfr.fr • camping-riviere-zonza.com • Début avr-fin sept. Compter env 16 € pour 2 avec tente et voiture (et douche chaude).* Organisé en grandes terrasses sous les pins. Tranquille, agréable et familial, malgré la rumeur (très discrète) de la route en contrebas (choisir un emplacement éloigné). Vraiment tranquille le soir, avec le seul chant des oiseaux pour accompagner vos ronflements ! Sanitaires simples et impeccables. 2 barbecues à disposition.

De prix moyens à chic

Hôtel Le Mouflon d'Or : *à env 1 petit km avt l'entrée de Zonza quand on vient de Levie, sur la droite. ☎ 04-95-78-72-72. • info@lemouflondor.com • lemouflondor.com • De mai à mi-oct. Doubles 80-105 € selon saison (en ½ pens, ajouter 30-35 €/pers) ; petit déj 7 €. Loc à la sem possible. Piscine accessible aux non-résidents (5 €).* Une excellente adresse à plus d'un titre. Si la bâtisse principale, ancien grand hôtel qui accueillit le roi du Maroc en exil durant quelques mois en 1953, n'a toujours pas été réhabilitée, tout autour, la grande et superbe pinède abrite 24 minivillas par groupes de 4, chacune pouvant accueillir jusqu'à 6 personnes (1 lit double en mezzanine, 2 lits simples et 2 autres lits à tiroir en dessous). Sans charme particulier quant à l'architecture, mais vraiment spacieuses, bien équipées et dotées d'une petite terrasse. On a de la place (les minivillas sont bien espacées), on y trouve une tranquillité totale, et la pinède offre de belles zones d'ombre. Vraie cerise sur le gâteau, une magnifique piscine de 25 m x 8 m (entretien au top !), entourée d'une généreuse terrasse de teck, avec même un petit snack-bar-pizzeria attenant pour l'apéro ou une petite grignote. 2 courts de tennis également (gratuit).

Hôtel-restaurant La Terrasse : *dans le centre du village mais un peu en retrait de la route principale, sur la droite quand on vient de L'Ospédale. ☎ 04-95-78-67-69 ou 66-03. • contact@hotel-laterrasse.fr • hotel-delaterrasse-zonza.com • Congés : 20 oct-début avr. Doubles 62-68 € selon saison et confort (douche/w-c ou bains/w-c) ; 1 chambre avec lavabo 44-48 € selon saison. ½ pens souhaitée, du moins est-on prié de dîner sur place (ce qui est loin d'être une punition !), 60-70 €/pers. Formule 22,50 € ; menu 36 €. Parking privé. Réduc de 10 % sur le prix de la chambre avr-juin et oct sur présentation de ce guide.* Un établissement bien nommé puisqu'on peut y manger en terrasse, mais pas n'importe laquelle : la mieux située du village, avec vue sur les toits de Zonza et la montagne grandiose. Très agréable au coucher du soleil. On a beau être juste au-dessus du centre du village, calme total. L'hôtel est dans la famille depuis... 1915 et propose des chambres très correctes, assez « vieille France » pour l'aspect, confortables et bien tenues (c'est bien là l'essentiel), certaines avec terrasse côté vallée (notamment les chambres n°s 1 à 5). Par ailleurs, c'est une vraie bonne table corse. Les charcuteries maison notamment sont délectables, et les plats régionaux (sanglier avec gnocchis, cannellonis au *brocciu,* desserts à la châtaigne) copieux et authentiques. Les Mondoloni-Pietri reçoivent dans la bonne humeur (à condition, et c'est bien normal, de ne pas les fâcher).

Hôtel-restaurant Incudine : *dans la rue principale de Zonza, à 100 m du petit rond-point. ☎ 04-95-78-67-71. • info@hotel-incudine.com • hotel-incudine.com • Tlj en saison. Doubles 66-79 € selon saison. ½ pens possible. Menus 16-23 € ; carte env 30 €.* Des chambres simples et colorées, toutes avec sanitaires, certaines lumineuses, d'autres plus austères, mais toutes de bonne taille. Le resto propose une cuisine franche et copieuse, dont certains plats se distinguent par de belles saveurs, comme ceux préparés au feu de bois de la cheminée (les choisir plutôt à la carte). Service prévenant et tout en douceur, tant à l'hôtel qu'au resto. Demandez une chambre avec vue sur la vallée, dans les étages.

Hôtel Chiar di Luna *(Clair de Lune)* **:** *à la sortie du village, route de Levie, sur la gauche. ☎ 04-95-78-56-79. • hotelclairdelune@gmail.com • hotel zonza.com • Quasiment tte l'année. Doubles 70-90 € selon confort et saison ; des familiales également.* Dans une maison de pierre, une quinzaine de chambres relativement spacieuses, claires et avec tout le confort, dont une adaptée aux personnes handicapées. Fonctionnelles, pourrait-on dire. La plupart donnent sur la vallée et bénéficient de l'AC (sauf 4). On préfère celles de la maison principale. La n° 3 et la n° 7 disposent d'un balcon. Déco simple et sobre, aux couleurs neutres.

Le Pré aux Biches : *de Zonza, prendre la route de Levie. Env 150 m avt d'arriver à l'hôtel* Chiar di Luna *(sur la gauche), prendre un chemin sur la droite (tt petit panneau), sur env 1,2 km ; attention, la piste n'est pas en bon état (laissez la Porsche au garage). 06-27-52-48-03. • info@lepreauxbiches.com • lepreauxbiches.com • Mai-oct. Résa indispensable auparavant, auprès de Nicole. 8 yourtes mongoles qui peuvent accueillir 4-8 pers : compter 50 € pour 2, 80 € pour 4 et 90 € pour 6. Camping possible : 8 €/pers. Possibilité de petit déj 6 €. ½ pens possible 24 € ou repas 18 €. Apéritif maison offert et réduc de 10 % sur les activités de Corsica Madness (même famille) sur présentation de ce guide.* Voici une bien belle idée ! Les petites yourtes font 27 m^2 chacune, et les grandes 35 m^2 – l'ensemble formant une sorte de petit village –, plantées dans une clairière parfaitement tranquille et décorées comme là-bas : lit, armoire et canapé ! La yourte est une grande tente de toile et de peau, constituant l'habitat nomade en Mongolie. On est en Corse, certes, mais curieusement, ça se fond vraiment bien dans le paysage. Spacieux, confortable (si, si !) et sympathique. Une vraie solution originale et séduisante, idéale pour les familles. Sanitaires privés pour chaque yourte, simples et propres, et situés à l'extérieur, dans un bloc commun. Possibilité de camper avec sa propre tente. Et si l'on décide de rester pour y dîner, on n'est pas déçu non plus. Une fois par semaine, c'est méchoui de sanglier !

L'Eternisula : *au tt début de la route de Quenza, face à l'hôtel* Le Tourisme. ☎ *04-95-27-44-71.* • *leternisula@gmail.com* • *En saison, tlj 11h-22h (18h dim). Congés : nov-avr. Sandwich à composer 6 €, planche de charcuterie 13,50 €, planche mixte (charcuterie-fromages) 17,50 € ; formule le soir (sf de mi-juil à fin août). Digestif offert sur présentation de ce guide.* Idéal pour une petite halte, sur la terrasse un peu à l'écart du passage. Les sandwichs sont préparés à votre demande, avec les ingrédients que vous choisissez. La carte est limitée, mais c'est une garantie de qualité : superbes assiettes de charcuterie-fromages et bonne soupe. Les réjouissances du jour sont inscrites sur le grand tableau derrière le comptoir. Fait aussi épicerie avec plein de bons produits (évidemment charcuterie et fromages, mais aussi confitures, nougats...). Accueil jeune et sympathique.

Restaurant Le Randonneur : *au cœur du village.* ☎ *04-95-78-69-97.* • *le.randonneur@orange.fr* • *De mi-fév à mi-oct, tlj sf mer en basse saison, midi et soir. Formule 12 € ; menus 16-24 € ; pâtes et pizzas 8-11 €.* Il est difficile de trouver des adresses qui tiennent le pavé (de sanglier !) au fil des années à Zonza (à part *La Terrasse*). *Le Randonneur,* avec sa cuisine simple, sans esbroufe ni coup fourré, a fait son trou. Des grillades sincères, des pizzas au feu de bois, un service aimable. Après une bonne marche, on ne cherche pas midi à 14h (surtout que 14h, ça fait tard pour déjeuner), alors on s'attable en terrasse et on se cale gentiment l'estomac.

Plus chic

Chambres d'hôtes Aux Bords du Temps : *dans le centre, juste en face du resto* Le Randonneur. ☎ *04-95-78-69-97.* *06-22-23-44-73.* • *auxbordsdutemps@gmail.com* • *location-chambredhote-zonza.com* • *Doubles 90-110 €. Apéritif maison offert sur présentation de ce guide.* Une maison de village, toute simple, cachant bien ses 5 chambres charmantes, aménagées avec beaucoup de goût : fer forgé, vasque de pierre, salle de bains à l'italienne. Il y en a même une avec lit au sol, posé sur une structure ronde, presque « déco ». La plupart avec vue sur la vallée. Une belle adresse.

Hôtel Le Tourisme : *route de Quenza, à 50 m du rond-point principal, au cœur du village.* ☎ *04-95-78-67-72.* • *letourisme@wanadoo.fr* • *hoteldutourisme.fr* • *Avr-fin oct. Doubles standard 69-169 € selon saison, standing et situation.* Bien qu'assez chères en haute saison, les chambres de cet établissement conviendront à ceux qui voudront à tout prix profiter d'une jolie piscine (extérieure, panoramique et chauffée), avec superbe vue surplombant la vallée et jolie terrasse de bois autour (transats). Également spa, jacuzzi, sauna... Les chambres sont confortables, modernes et soignées (bon matelas, écran plat, mobilier de qualité), et quasiment toutes avec petit balcon. Chambres familiales également. Annexe avec 5 chambres design.

L'ALTA ROCCA

Où dormir dans les environs ?

Chambres d'hôtes Hameau de Cavanello : *à 2 km de Zonza sur la D 268 en direction de Bavella (situé à 7 km), bien indiqué sur la droite.* *06-09-50-05-01.* • *info@locationzonza.com* • *locationzonza.com* • *Mai-fin oct. Chambres 79-94 € selon saison, petit déj compris ; 37 €/pers en plus. CB refusées.* Incroyable vue sur les aiguilles depuis la belle terrasse de bois ou la charmante piscine en forme de haricot. Les chambres sont dans une bonne grosse maison rose, sans déco particulière mais absolument impeccables, toutes avec salle de bains et équipement de qualité. Calme total. Pas de restauration, mais une formule avec le restaurant *Le Mouflon d'Or* est proposée.

DANS LES ENVIRONS DE ZONZA

Les environs de Zonza sont magnifiques. On peut sillonner les petites routes de montagne (***col de Bavella, forêt de L'Ospédale,*** environs de ***Levie*** et ***Aullène***) ou prendre le temps de marcher dans les coins qu'indiqueront les hôteliers.

– ***Canyoning, randonnées, accrobranche, escalades, via ferrata :*** *avec* ***Corsica Madness.*** *Bureau dans le centre de Zonza, juste en face de l'office de tourisme.* ☎ *04-95-78-61-76.* 📱 *06-13-22-95-06.* • *corsicamadness.com* • *Réduc de 10 % sur présentation de ce guide pour les clients de l'hôtel* Chiar di Luna *(c'est le même patron) et ceux du* Pré aux Biches. Nombreuses prestations proposées dans la région : canyoning (toutes les belles descentes des environs), via ferrata, VTT, Parc Aventure... Une adresse fiable depuis bien longtemps, menée par des moniteurs sérieux.

– ***VTT :*** *avec* ***Alte Cime,*** *dans le même local que* Corsica Madness. 📱 *06-11-01-63-16.* • *altecime.fr* • Location de matériel mais aussi école de VTT, organisant des stages ainsi que de très belles randos à travers l'île, pour les grands ou les ados. Une autre manière de découvrir la Corse. David Giuliani est également accompagnateur en montagne.

QUENZA (20122) 220 hab.

À 7 km de Zonza mais sur le versant nord de la vallée du Rizzanese, cet agréable village de montagne constitue le point de départ de belles randonnées à pied, à cheval, à ski (si, si, mais en hiver !), sur le *Coscione,* vaste plateau pastoral où deux rivières importantes, le *Taravo* et le *Rizzanese,* prennent leur source. Un coin très chouette, plus retiré encore.

Adresses utiles

■ ***A Montagnola :*** ☎ *04-95-78-65-19.* • *a-montagnola.com* • Randonnées très variées, en groupe et en moyenne montagne.

■ ***ABC Canyon :*** 📱 *06-12-39-54-75.* • *canyoningcorse.fr* • Roberto organise des sorties canyoning dans l'Alta Rocca.

Épicerie A Sporta : *dans le centre.*

Où dormir ? Où manger ?

Gîtes d'étape et de séjour

Chambres de séjour Corse Odyssée : *quartier Pentaniella.* ☎ *04-95-78-64-05.* • *gite-corse-odyssee.com* • *Sur les hauteurs, un peu à l'écart du village. Prendre la 1re route à droite quand on arrive à Quenza depuis Zonza ; ensuite, fléché (c'est à env 800 m du village). D'avr à mi-oct. ½ pens 65-70 €/pers selon chambre (35 € moins de 10 ans).*

Possibilité de venir y dîner (30 €) si l'on n'y réside pas, mais résa impérative. Un gîte de séjour proposant 5 chambres doubles et familiales de bon aloi, à la sympathique et chaleureuse déco, à l'étage, rappelant l'odyssée des Corses dans le monde (Maghreb, Afrique, Amériques...). Belle vue, car on est sur une butte. Convivial, très propre, et bonne literie. Une bonne adresse, différente, soignée et tenue par un couple qui a le souci de bien faire. Toilettes à l'extérieur de la chambre. Salle à manger colorée et chaleureuse, avec des éléments contemporains. À table, la cuisine corse se mélange aux accents d'ailleurs : tajines au citron confit, pain de viande, cannellonis au *brocciu,* salades variées et composées, petits légumes frais bien préparés... Au petit déj, confitures artisanales, pain maison bio. Que du bon !

Chic

Auberge Sole e Monti : *dans le village, à l'entrée sur la gauche. ☎ 04-95-78-62-53. • sole.e.monti@wanadoo.fr • solemonti.com • Mai-fin sept. Doubles standard 80-120 € selon vue et saison. Chambres pour 4 pers également. ½ pens possible 78-98 €/pers. Au resto, formule 28 € ; menu 32 €.* Une auberge chaleureuse, tenue depuis 1968 par la famille Balesi, qui sait recevoir ses hôtes en amis. En été, son grand jardin avec tables et petits canapés posés sur une jolie pelouse, de l'autre côté de la rue, fait le bonheur de la clientèle. L'hôtel abrite des chambres entièrement rénovées dans des tons clairs et modernes, dotées de tout le confort, sans fioritures. Et même si l'on n'y dort pas, on trouve ici une table très recommandable (bon cabri rôti à la pointe d'ail et lie de vin).

Où dormir ? Où manger dans les environs ?

Gîte d'étape, table d'hôtes et relais équestre : *chez Pierrot Milanini, hameau de* ***Ghjalicu,*** *à 6 km de Quenza, direction plateau du Coscione. ☎ 04-95-78-63-21. • chezpierrot.jimdo.com • Du centre du village, prendre la petite route face à l'église, puis immédiatement à gauche (panneau discret), puis grimper par une route étroite et improbable, sur plusieurs km, le gîte est sur la gauche. Tte l'année. Résa obligatoire. ½ pens en dortoir env 45 €/pers. Compter env 120 € pour 2 en chambre double, toujours en ½ pens. CB refusées. Apéritif offert sur présentation de ce guide.* Refuge de montagne (1 260 m d'altitude) sur le beau plateau du Coscione, pelé et rocailleux. On dort soit dans l'un des minuscules dortoirs de 4, 6 et 8 lits nichés dans la maison principale (on est vraiment à l'étroit), soit dans une bâtisse un peu à l'arrière, tout en longueur, très simple mais proposant 4 chambres sans fioritures, avec sanitaires privés, cuisinette et frigo. Pierrot, à plus de 80 printemps, est un passionné de chevaux, un vrai personnage, gentil et accueillant. Il organise et accompagne encore et toujours des randonnées à cheval en montagne. À table, des plats rustiques et copieux, qui tiennent au corps. Après une rando ou une balade à cheval, c'est tout ce qu'on demande.

Ferme-auberge Funtana Bianca : *sur le plateau du Coscione, env 500 m après le gîte d'étape de chez Pierrot (voir ci-avant). La ferme-auberge est sur la gauche, bien indiquée. ☎ 04-95-25-44-40. • reservation@funtana-bianca.com • funtana-bianca.com • Mai-fin sept, resto tlj midi et soir ; hors saison, slt le w-e. Chambre 70 € pour 2, 75 € pour 3. Plats env 14-23 €.* Marie-France tient son lieu avec amour et douceur. Autour de sa maison basse parée de vieilles pierres où est situé le resto, elle a retapé et aménagé quelques casettes (petites maisons de poupée), où l'on peut passer la nuit. Chacune possède 2 chambres, équipées de sanitaires et d'une petite terrasse. Une bien belle adresse dans un site exceptionnel, perché au bout du monde. Et puis on passe à table, pour déguster une assiette de remarquables charcuteries maison. Et c'est un moment unique : la vue sur le plateau et les crêtes depuis la jolie terrasse et tous les parfums de la montagne qui remontent subtilement. Les viandes en sauce comme les aubergines à la Corse sont goûteuses, tout simplement. Allez, assez de mots, place au silence.

À voir

La chapelle Santa Maria : *en bas du village, en contrebas de la route principale.* Construite au Xe ou au XIe s par les Pisans, c'est la plus ancienne de la région. À l'intérieur, jolies statues en bois peint.

L'église Saint-Georges : *demander les clés à M. ou Mme Balesi, pl. de l'Église.* Voir la vieille chaire sculptée et les peintures du XVIe s.

À faire

➢ ***Randonnées à cheval :*** avec Pierrot (voir « Où dormir ? Où manger dans les environs ? »).

– ***Ski de fond :*** en hiver, sur le plateau du Coscione.

➢ ***Randos pédestres et aquatiques encadrées et canyoning :*** avec *ABC Canyon*. Voir « Adresses utiles ».

SERRA-DI-SCOPAMÈNE / A SARRA DI SCOPAMENA

(20127) 120 hab.

Commune située à 8 km au sud-ouest de Quenza, sur la route d'Aullène, et possédant un très beau moulin à eau ainsi que de nombreux séchoirs à châtaignes. Elle est située sur le sentier Mare a Mare Sud.

Où dormir ? Où manger ?

Camping municipal de l'Alta Rocca : *à la sortie du village, direction Aullène. ☎ 04-95-78-72-20. • campingserradiscopamena@orange.fr • Prendre la petite route fléchée sur la droite. C'est à env 400 m, sur les hauteurs. Juil-août slt. Compter env 14 € pour 2. CB refusées.* Superbement ombragé par des châtaigniers de toute beauté. Grands espaces bien dégagés. Confort d'un 2-étoiles. Bon accueil. Très apprécié des randonneurs. C'est à côté que se tient l'asinerie (où l'on élève les ânes ; voir la rubrique « À faire »).

Gîte d'étape Le Scopos : *à la sortie du village direction Aullène, sur la droite. 06-62-81-52-47. • lescopos@orange.fr • gite-corse-scopos.com • De mi-mars à fin oct. ½ pens 43 €/pers. Apéritif maison offert sur présentation de ce guide.* Grande bâtisse, ancienne caserne de pompiers, avec à l'étage une vaste terrasse qui surplombe la vallée et les montagnes. 5 chambres de 4 ou 6 lits (lits superposés, 26 couchages en tout), spacieuses, lumineuses et confortables, absolument impeccables, toutes avec sanitaires à l'intérieur. Très bonne literie. Annie, la dynamique gérante, tient son gîte avec passion. Longue terrasse au 1er étage, avec quelques tables et chaises, et vue extra sur la vallée. Aux tables communes, bonne cuisine corse et, au petit déj, confitures et miels du village.

Où dormir dans les environs ?

Chambres d'hôtes U Rughjonu, chez Mme Marie-Claire Comiti (Gîtes de France) : *20116* **Zérubia.** *06-85-33-44-88. • comiti@wanadoo.fr • chambre-dhotes-alta-rocca-corse.com • Dans le village de Zérubia, à 3 km à l'ouest de Serra-di-Scopamène. À la hauteur de l'église, en bas du village, tourner à gauche, encore 50 m et c'est le 1er chemin à droite. Avr-fin oct. Pas de table d'hôtes dim soir. Compter 60-65 € pour 2, 75 € pour 3, petit déj compris. À la table d'hôtes, repas tt compris (apéritif maison, vin, café...) 20 €. CB refusées.* À 830 m d'altitude, maison en granit vieille de plus d'un siècle. 5 petites chambres d'hôtes, à l'atmosphère campagnarde, toutes de plain-pied, avec sanitaires privés. Un peu partout, des peintures réalisées par le père de la maîtresse des lieux vous feront découvrir les paysages et villages de Corse. Un bout de jardinet sur le devant, commun à toutes les chambres. Accueil chaleureux.

Chambres d'hôtes Le Ranch : *au village de* **Sorbollano,** *situé à quelques km de Serra-di-Scopamène sur la route de Quenza. ☎ 04-95-78-64-61. 06-24-13-82-22. • marianipascale@yahoo.fr • auranchencorse.com • De Sorbollano, le ranch est indiqué à la sortie du village, juste après l'embranchement de la D 420, sur la droite. Tte l'année sf janv. Compter 70-80 € selon saison, petit déj compris. Table d'hôtes possible (le soir slt et sur résa) 28-35 € (repas complet pour ce dernier, avec le vin). Promenades à cheval 20 €/h. CB refusées.* Une maison bien isolée sur un mamelon, avec une vue dégagée, proposant 3 chambres agréables, pas bien grandes mais pimpantes, avec de jolies salles de bains. Bon accueil de Pascale Mariani, la maîtresse des lieux, dans sa maison de famille. L'extérieur est habilement aménagé en un salon-jardin agréable, avec coussins, fauteuils et canapés sous le gros cerisier. Adresse sympathique, hyper tranquille, où l'on se sent bien. À table, un savant mélange de saveurs : rôti de porc aux châtaignes et sauce cap-corse, canard à la clémentine, veau aux olives... On termine par un flanc de châtaignes ou une crème brûlée à la myrte...

À faire

– **Alta Rocc'ânes, balade à dos d'âne :** *juste à côté du* Camping municipal de l'Alta Rocca, *à Serra-di-Scopamène (voir « Où dormir ? Où manger ? »). 06-83-40-70-48. • altaroccanes.com • À la sortie du village direction Aullène, prendre la petite route en épingle à cheveux, fléchée sur la droite. C'est à env 400 m, sur les hauteurs. Avr-sept, slt sur résa, tlj 9h-13h, 15h-19h.* Balades de toutes sortes à dos d'âne *(30 mn : 8 € ; 1h : 15 €... mais aussi à la ½ journée : 35 € ; voire sur plusieurs jours).* Sympa comme tout, surtout dans ce cadre ! Propose aussi le portage de bagages pour les randonneurs. Un superbe troupeau d'ânes, très bien soigné par une équipe amoureuse de ses animaux.

AULLÈNE / AUDDÈ (20116) 180 hab.

À 13 km à l'ouest de Quenza et à 850 m d'altitude, un charmant village de pierre, encore préservé du tourisme et dont le nom signifie « carrefour ». L'air y est pur et l'on y vit très vieux. L'un de nos chouchous dans le coin, ne serait-ce que pour l'atmosphère particulière qui se dégage de la rue principale. Prenez un verre à la terrasse fleurie du vieil *Hôtel de la Poste,* endroit

stratégique pour apprécier le panorama. En fin de journée, le cirque des montagnes voisines se découpe sur le ciel, dans une lumière souvent pleine de magie.

Où dormir ? Où manger ?

Hôtel de la Poste : *au centre du village, sur la route de Quenza. ☎ 04-95-78-61-21. • hoteldelaposteaullene@orange.fr • hotel-de-la-poste-aullene.com • Congés : début oct-fin avr. Double avec douche et lavabo 51 €, mais toilettes communes. Formule 18 € ; menu 25 €. ½ pens possible 62 €/pers (min 3 nuits).* Ancien relais de diligence construit en 1880, c'est l'un des plus vieux hôtels de Corse et qui tient toujours parfaitement la route, puisque les rênes en sont tenues par la même famille depuis sa création. Une vingtaine de chambres simples, propres et très correctes, avec douche et lavabo, et toilettes dans le couloir. En terrasse, à l'ombre du tilleul et des cerisiers, vous profiterez d'une cuisine familiale de bonne tenue. Accueil cordial et service efficace. Même si vous n'êtes que de passage dans le coin, arrêtez-vous prendre un verre sur la terrasse surplombant la petite rue. Un moment délicieux.

Villa Cardellini *(Gîtes de France) : quartier Cardelli. ☎ 04-95-21-33-80. 06-77-74-14-86. • villa.cardellini@orange.fr • villacardellini.fr • Tte l'année. Doubles 85-90 € (20 €/pers en plus), petit déj compris. CB refusées.* Dans une maison de construction récente et bien conçue, située sur les hauteurs d'Aullène, d'où la vue est superbe. Propose 4 belles chambres tout confort (dont 3 avec vue sur la vallée), spacieuses, chacune portant le nom d'un arbre, lumineuses et modernes. Salles de bains avec douche à l'italienne. Salon pour les hôtes, avec vue. Accueil chaleureux de Laetitia et d'Hervé, qui savent faire vivre leur maison et sont de bon conseil pour les randos.

Le Chalet, chez Mireille : *quartier Cardelli. ☎ 04-95-78-63-12. Menu 25 € (avec fromage et dessert) ; plat 18 €.* Carte courte mais plats bien exécutés par Mireille, où l'on retrouve le veau sous toutes ses formes, la cochonnaille, les beignets de courgette ou de belles brochettes. Du classique, bien servi, en salle ou en terrasse sur rue.

Où acheter de bons produits ?

Charcuterie Pietro Goti : *quartier Cardelli, au bout du village, au début de la route pour le col de la Vaccia. ☎ 04-95-78-63-15.* Belles charcuteries maison.

À voir. À faire à Aullène et dans les environs

L'église du village : *souvent fermée ; demander la clé à la mairie.* L'église est réputée pour sa chaire sculptée (du XVIIe s), que supportent de curieux dauphins belliqueux. Remarquez, sous les queues de ces espèces de dragons, la tête de Maure.

Le col de Saint-Eustache et la vallée du Chiuvone : *à l'ouest d'Aullène, par la D 420, route sublime ponctuée de points de vue et d'étonnants chaos rocheux.* Boucle possible en descendant ensuite la vallée du Baracci jusqu'à Propriano : la pinède y a brûlé autrefois, ce qui rend austère ce paysage dominant les gorges du Baracci, un canyon profond qui, comme le Chiuvone, est régulièrement parcouru par les amateurs de « canyonisme » (possibilités fantastiques de sauts et autres glissades sur toboggans naturels, mais plusieurs rappels obligatoires réservent ces parcours à des pratiquants chevronnés).

Le col de la Vaccia : *à env 12 km d'Aullène, par une route sinueuse et étroite au début, large et refaite plus loin.* Superbe panorama depuis le col. Passé celui-ci, la route se poursuit vers la région du ***haut Taravo,*** avec, en chemin, la *Ferme-auberge Col de la Vaccia* (voir « Où dormir ? Où manger dans les environs ? » à Zicavo).

SAINTE-LUCIE-DE-TALLANO / SANTA LUCIA DI TALLÀ

(20112) 365 hab.

Un beau village corse, perché à 450 m d'altitude, au-dessus de la vallée du Rizzanese, à 19 km de Sartène. De hautes maisons de granit, une place ombragée, une fontaine d'eau potable et, tout autour, les montagnes de l'Alta Rocca. Des scènes de *L'Enquête corse* y ont été tournées. Le village est célèbre dans le monde des minéralogistes pour son filon de diorite orbiculaire, dite aussi « corsite », une pierre gris-vert avec des ronds plus clairs. Rare et recherchée, elle a servi à la construction de la chapelle des Médicis à Florence, alors respect ! Notons aussi l'excellente huile d'olive produite dans la région, ainsi que la visite d'un ancien moulin à huile restauré. Ajoutez quelques bonnes adresses de bouche, et on vous dit tout net : Sainte-Lucie, halte obligatoire !

Adresse utile

Point info : *à côté de la fontaine, dans le centre. ☎ 09-88-18-79-11. • sainteluciedetallano.com • Normalement juil-août, tlj sf dim 8h-18h ; juin et sept, lun-ven 9h-12h30, 14h30-18h ; le reste du temps, s'adresser à l'accueil de la mairie, juste à côté, aux heures de bureau.* Infos diverses et pas mal de dossiers à consulter, sur l'olive, le village, l'histoire, les gens...

Où dormir ? Où manger à Sainte-Lucie et dans les environs ?

Gîtes ruraux et chambres d'hôtes

Gîte de M. Philippe Dainesi *(Gîtes de France) : à **Olmiccia,** à 3 km après Sainte-Lucie, direction Sartène (D 268). Résas auprès des Gîtes de France : ☎ 04-95-10-54-30/31. À 20 m en contrebas de l'église. Gîte 4 pers 320-599 €/sem selon saison. Produits du terroir offerts à ts les clients.* Belle rénovation d'une maison mitoyenne en pierre du hameau d'Olmiccia. Gîte de 63 m² pour 4 personnes (toute l'année) : séjour avec cuisine, 2 chambres avec lit double, douche, w-c, lave-linge et lave-vaisselle, TV. Draps, bois et chauffage en sus. Inconvénient, peu d'espace extérieur (mais balcon de 12 m²). Intérieur coquet, avec belle cuisine intégrée, cheminée et tout : un petit nid douillet dans l'Alta Rocca.

Gîtes de M. Paul Serra *(Gîtes de France) : à **Loreto-di-Tallano.** Résas auprès des Gîtes de France : ☎ 04-95-10-54-30/31. Ou directement : ☎ 04-95-78-81-37. • serrarosemarie@wanadoo.fr • De Sartène, prendre la D 268 (direction Sainte-Lucie) et la quitter sur la gauche pour la D 69 : Loreto est 8,5 km plus haut. Tte l'année. Compter 236-380 €/sem selon saison. Produits corses offerts sur présentation de ce guide.* Dans le village même, en contrebas de la route et dans la maison des propriétaires (entrée commune), 2 gîtes pour 4 personnes, très bien équipés. Séjour-cuisine (avec canapé convertible), 1 chambre, salle d'eau et w-c. Lave-linge, lave-vaisselle, micro-ondes. Salon de jardin. Vue sur la vallée. Calme assuré. Excellent accueil.

De bon marché à prix moyens

Gîte d'étape municipal U Fragnonu : *route de Zoza, à 300 m du centre du village. ☎ 04-95-78-82-56. • mairie@tallano.fr • Mars-fin nov. ½ pens slt, 45 €/pers.* Superbe gîte dans une grande bâtisse typique de pierre, bien retapée, au-dessus du moulin. On est légèrement à l'écart du centre, ce qui confère au lieu une vraie tranquillité. 8 chambres de 4 à 6 lits spacieuses et très bien entretenues. Lits superposés bien confortables. Salon à disposition. On prend ses repas en bas, aux grandes tables communes, et c'est à chaque fois un régal, qu'on se le dise !

Chambres et restaurant Chez Dume : *au cœur du village. ☎ 04-20-03-85-44. À la fontaine, prendre direction Zoza, et c'est à 50 m sur la droite (petit panneau). Doubles 60-80 €. Plat du jour env 16 €. Café offert sur présentation de ce guide.* Dans une étroite bâtisse, Doumé a ouvert quelques chambres (une par étage), claires, simples et équipées de manière moderne (salles de bains soignées), toutes donnant sur la petite rue. Également 1 studio (avec cuisine, donc). En traversant la rue, on trouve le resto avec son agréable terrasse. Civet de sanglier, courgettes farcies...

Le Santa Lucia : *sur la pl. du Monument-aux-Morts. ☎ 04-95-78-81-28. • lesantalucia@free.fr • Tlj sf dim hors saison. Congés : janv. Plats 14-16 € ; menus env 20-26 €.* Belle terrasse ombragée face à la belle fontaine de la place. Une bien bonne table corse. Le 1er menu est déjà très bien, mais le second a l'avantage de proposer un choix de plats. Des assiettes joliment présentées, des mets goûteux, préparés comme il faut. Bref, un vrai travail de vrai cuisinier. Le civet de sanglier, par exemple, ou le lapin fermier au vin de myrte, sont fameux. Et que dire des tripettes à la tallanaise... Accueil naturel et souriant du patron.

A Machja : *route de Levie, 20112* ***Olmiccia*** *(à 3 km de Sainte-Lucie). ☎ 04-95-77-00-88. • restaurantmachja@gmail.com • chambresamachja.fr • Resto ouv en saison, tlj midi et soir. Congés : avr. Doubles 50-60 € selon saison.* Spuntinu *18 € ; menu corse 28 € ; plats 16-20 €. Café ou digestif offert sur présentation de ce guide.* Cette sympathique halte sur la route de la montagne propose 5 chambres dans une jolie maison basse, tout en longueur. Elles sont spacieuses et lumineuses, toutes bien équipées, et donnent sur une pelouse. Vue dégagée. Côté resto, on mange dans un cadre reposant, sur l'agréable terrasse ombragée par des mûriers-platanes, aménagée par le fils de la maison. Grillades de veau ou de sanglier, tripettes, charcuterie, une excellente cuisine traditionnelle à base de produits du terroir, dont bon nombre proviennent de la ferme familiale. Une bonne adresse.

Où acheter de l'huile d'olive ?

Ici, l'huile d'olive est reine. *A festa di l'oliu novu* se tient chaque année en mars.

Chez Jacques Léandri : *au centre du village, à côté de l'église. ☎ 04-95-78-81-94. Horaires d'ouverture fluctuants.* La boutique de M. Léandri, un gentil capharnaüm, respire la production artisanale : un peu partout, des bouteilles que M. Léandri remplit et étiquette, en prenant soin de noter le numéro de la bouteille et la date de péremption... Ses huiles d'olive, de noix, de pignon de pins, d'amande ou d'argan sont excellentes. Vente par correspondance possible. Propose également des craquouillants (prononcez, comme M. Léandri, « crrrraquouillants »), le biscuit qui, comme son nom l'indique, craquouille, à base de farine de noix, noisette et amande à l'huile d'olive.

La Cave à huile d'olive *(huile Santa Lucia)* **:** *un peu derrière l'église, à côté de la tour. ☎ 04-95-78-81-03. 📱 06-13-05-43-23. Mars-sept : en*

L'ALTA ROCCA

saison, tlj sf dim 10h-19h (sam, fermé 12h-14h). Agréable boutique de l'un des spécialistes de l'huile d'olive. Belle présentation des produits proposés, que l'on peut goûter sur place. Accueil sympathique. 2 sortes d'huiles, celle des olives tombées de l'arbre toutes seules (olives plus mûres, donc, huile plus douce et goûteuse) et celle des olives issues du secouage de l'arbre (olives plus vertes, huile plus acide et plus vive).

À voir

L'église paroissiale : édifice baroque du XVIIe s. Voir le *retable de la Crucifixion* attribué au Maître de Castelsardo (un primitif du XVIe s).

Le couvent Saint-François : *à la sortie du village, en direction de Levie. L'église du couvent est ouverte... quand elle le veut bien.* Belle église conventuelle fondée en 1492. Bénitier en marbre blanc du XVe s et stalles du XVIIe s. L'un des bâtiments accueille la *Maison de l'énergie (normalement lun-ven, horaires fluctuants ; GRATUIT),* où l'on pourra voir une exposition permanente sur les différents types d'énergie.

Le moulin à huile : *indiqué depuis la place centrale, à 200 m. En été, tlj sf dim 9h-12h, 15h-18h. Visite guidée : 2 €.* Un moulin à huile restauré, datant de 1848, la bâtisse quant à elle étant du XVIIe s. Visite intéressante et sympa, où l'on apprend les différentes étapes de la production d'huile d'olive, et ce qu'est, par exemple, l'*huile d'enfer.* Même si l'on n'y presse plus d'olives, on voit encore tout le mécanisme.

La tour *(a turri)* **:** cette maison fortifiée aux XVe et XVIe s se trouve dans une ruelle derrière l'église. Noter les contreforts à la base de l'édifice. Par les mâchicoulis, on jetait soit des essaims d'abeilles, soit de l'huile d'olive bouillante sur les assaillants ; comme quoi, l'huile régionale avait différentes utilisations !

DANS LES ENVIRONS DE SAINTE-LUCIE-DE-TALLANO

Les bains de Caldane : *à 5 km au sud de Sainte-Lucie par la route de Sartène, puis à gauche par la petite D 148, c'est à 500 m après le pont sur la gauche. ☎ 04-95-77-00-34. Accès tlj 9h-20h (minuit juil-août) ; horaires restreints en hiver (slt le w-e). Entrée : env 5 € pour 20 mn de bain max (davantage ne serait pas bon pour l'organisme) et 8 € pour les séances après 20h (tarif 2016) ; réduc enfants.* Dans un très joli cadre naturel, des bassins d'eau sulfureuse joliment refaits, d'environ 2 m x 8 m, avec une eau à 37 °C (attention, vite plein en été, venir plutôt le matin ou tard le soir). Gros effet relaxant et tout le bienfait de l'eau sulfureuse (affections cutanées ou ORL). Possibilité de restauration sur place (hors juillet-août, commander) ou simplement de prendre un verre dans un cadre agréable après le bain. Possibilité d'hébergement à la semaine juste en face *(Domaine Rosa de Caldane).*

Les piscines naturelles de Zoza : *à 4 km au nord de Sainte-Lucie. Accès par la D 20 qui part du centre de Sainte-Lucie.* Jolies cuves naturelles pour faire trempette. Depuis la mise en eau du barrage sur le Rizzanese, EDF mène une campagne de prévention concernant le risque de lâchers d'eau au niveau du barrage, qui peuvent faire monter le niveau de la rivière de manière dangereuse en quelques minutes seulement. Selon la mairie, la rivière n'est pas interdite d'accès, mais soyez prudent et surveillez les enfants !

LEVIE / Livia (20170) 760 hab.

À 9 km à l'est de Sainte-Lucie et à 10 km au sud de Zonza, sur la D 268. Nous avons apprécié ce gros bourg montagnard, à 600 m d'altitude, loin du tohu-bohu de la côte et situé en plein cœur de l'Alta Rocca. À en croire les archéologues et à voir l'importance du site de *Cucuruzzu,* la région est habitée depuis des millénaires. Début septembre, le village vit, pendant un gros week-end, au rythme des « Médiévales » (spectacles et animations).

Où dormir ? Où manger ?

De bon marché à prix moyens

🏠 |●| ***Gîte d'étape de Levie « Bienvenue en Alta Rocca »*** *(Gîtes de France)* **:** *dans la partie basse du village, à côté du cimetière et de la gendarmerie (quartier Concurutta).* ☎ *04-95-78-46-41.* • *annauberto@sfr.fr* • *Avr-fin oct. Nuitée 23 € (29 € avec petit déj). ½ pens 42 €/pers.* Une grande maison récente. Quelques dortoirs de 4 lits, simples, propres et bien aménagés, tous avec douche, mais toilettes dans le couloir. Salle commune très dépouillée, où l'on prend les repas. Pas beaucoup d'espace à l'extérieur en revanche. Bon accueil.

|●| ***Restaurant La Pergola*** **:** *rue Sorba (la rue principale), face à la mairie de Levie.* ☎ *04-95-78-41-62. Avr-sept. Formule 18 € ; menu 22 €. CB refusées. Digestif maison offert sur présentation de ce guide.* Minuscule terrasse couverte de vigne vierge. À l'intérieur, salle toute simple, tout aussi petite, ne laissant la place qu'à quelques tables. Excellente cuisine familiale corse (comme on aime), franche et copieuse (rôti de veau, gigot d'agneau), et accueil vraiment sympa. Jean-Paul Maestrati prépare aussi de copieux sandwichs à la coppa.

Où dormir ? Où manger dans les environs ?

Bon marché

|●| ***U Spuntinu*** **:** *1 km avt le site de Cucuruzzu, bien indiqué sur la gauche.* ☎ *04-95-78-41-16. D'avr à mi-oct, en général jusqu'à 22h en saison (fermé mer hors saison). Sandwich ou omelette 6 €, assiette env 15 €.* Une petite terrasse au calme, pour grignoter un morceau sans prétentions, prendre un généreux sandwich ou une assiette de charcuterie et fromages. Également quelques grillades. Depuis la terrasse, vue sur les aiguilles de Bavella au loin.

De chic à plus chic

🏠 |●| ***Chambres et table d'hôtes Aravina*** *(chez M. et Mme Morgon ; Gîtes de France)* **:** *à 6 km de Levie, route du Pianu (direction de Cucuruzzu).* ☎ *04-95-72-21-63.* 📱 *06-33-87-04-14.* • *domi.jy@wanadoo.fr* • *gites-corsica.com* • *De Levie, direction Sainte-Lucie et faire env 3 km, puis à droite vers Cucuruzzu et faire encore env 3 km, c'est indiqué sur la droite. Tte l'année sf nov. Doubles 70-85 €, petit déj compris ; également 1 suite familiale pour 4-5 pers 134-149 €, avec petit déj. Table d'hôtes 32 €, avec apéro et vin. CB refusées.* 📶 En pleine nature, une maison de granit au milieu d'un grand terrain de 7 ha. 3 chambres spacieuses, chacune avec un thème différent et sa décoration propre, élégante et soignée. Également, à côté, une maisonnette familiale avec 2 chambres. Salon avec un pan de mur de granit, une bibliothèque et une cheminée, TV, accès

Internet. Bonne table d'hôtes (Jean-Yves est passé par une école hôtelière) avec des produits maison. Miel maison (puisqu'on est chez des apiculteurs) ainsi que des confitures maison et une bonne sélection de thés (c'est rare). On aime bien la terrasse devant la maison. Excellent accueil. On allait oublier : bonne charcuterie maison produite sur place à base de porcs Nustrale, la race régionale.

Ferme-auberge A Pignata : *à 5 km de Levie, route du Pianu. ☎ 04-95-78-41-90. • contact@apignata.com • apignata.com • De Levie, direction Sainte-Lucie sur 3 km, tourner à droite vers le site de Cucuruzzu, puis, 1,5 km plus loin, sur la gauche ; après une petite montée, prendre le portail à gauche. Congés : janv-mars. Sur résa slt. Selon saison, doubles standard ou charme, en ½ pens slt, à partir de 100 €/pers, et jusqu'à 225 € pour la cabane. Menu unique 48 € (sans le vin). Digestif maison offert sur présentation de ce guide.* Une ferme-auberge, plus grande maison que ferme, terriblement discrète et pourtant fameuse. En étage d'un bel édifice de pierre, des chambres « charme » et « supérieures », toutes avec sanitaires et certaines avec terrasse. Elles sont spacieuses et assez luxueuses, à la décoration très actuelle. Tons chauds, mobilier choisi, salles de bains raffinées. Il y en a même deux, bien plus chères, nichées dans les chênes ! Sous la grande terrasse, une superbe piscine chauffée, donnant sur de généreuses baies vitrées, prolongée par une terrasse de bois et une pelouse. Vue extra. Mais passons à table : dans la grande salle à manger ou sur la terrasse ombragée, on sert d'authentiques spécialités corses, considérées par les habitués comme parmi les meilleures de la région : cannellonis au *brocciu*, aubergines farcies, daube farcie, agneau au four, etc. Et de la charcuterie maison ! Pour boire, bonne cuvée maison. Propose aussi des soins et massages, ainsi que la location de VTT et des balades à cheval.

Où boire un verre ?

Café du Progrès : *au cœur de Levie, sur la route principale.* Sympathique et convivial, voici le café branché du village.

À voir

Le musée de l'Alta Rocca : *route de Carbini, dans le bas du village, à 700 m du centre (fléché discrètement). ☎ 04-95-78-00-78. Tte l'année : juin-fin sept, tlj sf j. fériés 10h-18h ; le reste de l'année, tlj sf dim-lun 10h-17h. Entrée : 4 € ; réduc. Ce billet est aussi valable pour le musée départemental de Préhistoire corse et d'Archéologie de Sartène (conserver le ticket !). Il donne également droit à une réduc sur l'entrée au site de Cucuruzzu (2,50 € au lieu de 4 € ; voir « Dans les environs de Levie »). Attention, les 2 avantages ne sont pas cumulables.* Un bien beau musée en vérité, complétant celui de Sartène. C'est ici qu'on vient admirer la fameuse *Dame de Bonifacio,* un squelette vieux de près de 8 600 ans, découverte en 1972, mesurant 1,54 m et dont on estime l'âge du décès entre 30 et 35 ans. La Dame était malade, handicapée, et l'on pense qu'elle a dû survivre grâce à la solidarité de son groupe. On pourra aussi admirer la *Dame de Capula* (témoin de l'âge du fer), trouvée en 1978, mesurant quant à elle 1,57 m et morte entre 20 et 30 ans. Même si ces dames n'avaient pas la taille mannequin (plutôt petiotes même), elles constituent les pièces majeures des collections qui brossent un large panorama de la Corse depuis son peuplement initial au Mésolithique (en gros, 10 000 ans av. J.-C., peu après la séparation de la Corse et de la Sardaigne) jusqu'au Moyen Âge. Pas mal d'infos sur la faune disparue (comme le lapin-rat, alias *Prolagus*), dont on a retrouvé des squelettes. Vitrines du Mésolithique, outils, nombreuses meules. Début de la poterie (vases, pots...). Poinçons en os. Voir l'énigmatique petite « Vénus de Denesse ». Quelques bijoux également (notamment avec des coquillages, fibules, chaînettes, pendeloques...). Les panneaux sont bien faits et instructifs : en sortant, vous serez incollable sur les *casteddi* (pluriel de *casteddu* ou *castellu*) et les *torre* ! Dans une petite salle annexe, quelques objets religieux, dont un superbe christ en ivoire du milieu du XVIe s (origine incertaine).

– ***Atelier du Lotus*** *(coutellerie de l'Alta Rocca)* **:** *après le centre du village (direction Zonza), sur la gauche. ☎ 04-95-74-05-13. • u-lotus.com • En saison, tlj 9h-19h ; en hiver, lun-sam 9h30-18h.* Voici une coutellerie traditionnelle travaillant avec des méthodes ancestrales, dans une grande exigence de qualité. Beaucoup de créativité dans les formes et manches superbes (qu'ils soient en bois ou en corne). Et puis l'artisan parle vraiment bien de son travail.

DANS LES ENVIRONS DE LEVIE

Castellu de Cucuruzzu et le site archéologique de Capula : *maison d'accueil, route du Pianu, sur la D 59. ☎ 04-95-78-48-21. La route d'accès se prend à 3 km sur la droite en allant de Levie à Sainte-Lucie. Puis faire env 3 km. Parking sur la droite. Avr-fin oct, tlj 9h30-18h (19h juin-sept). Attention, la caisse ferme 2h avt les horaires indiqués. Compter 2 bonnes heures de balade. Entrée : 4 € ; audioguide 3 € (que l'on conseille vraiment – on peut très bien en prendre un pour 2). Avec ce billet, réduc sur l'entrée au musée de l'Alta Rocca, à Levie (2,50 € au lieu de 4 € ; lire la rubrique « À voir » à Levie). Gratuit moins de 18 ans. Attention, les poussettes ne peuvent pas emprunter le sentier. Passages glissants s'il a plu, prévoir des chaussures correctes et fermées (oubliez les tongs !).* Avec Filitosa, sans doute le site préhistorique le plus intéressant de Corse, et une balade pleine de romantisme à l'ombre des genévriers, chênes verts et châtaigniers, par un superbe sentier aménagé. À l'entrée, on vous remet un itinéraire et un audioguide (en supplément), distillant des explications très bien faites, sur fond de polyphonies corses qui nous plongent avec délice dans l'histoire lointaine des peuples qui prirent possession de ce promontoire. Et ça vaut vraiment le coup d'y aller, car les vestiges de cette forteresse de l'âge du bronze, gros blocs de rochers assemblés à des muretins *(castellu)*, ont quelque chose d'énigmatique, au milieu de cette immense mer d'arbres et de maquis qui moutonne à l'infini dans la vallée du Rizzanese. Après le *castellu,* la visite se poursuit avec le site de Capula, occupé de l'âge du bronze jusqu'au Moyen Âge. Ruines dans un paysage, là aussi, fabuleux. Ce site permet de mieux comprendre le mode de vie particulièrement rustique des temps passés et comment l'homme y a évolué. Une chouette visite, instructive et relaxante, jamais barbante, dans un cadre particulièrement serein. On adore !

Carbini : *à 8 km au sud de Levie par la D 59.* Ce village un peu perdu est connu pour avoir été, vers 1350, le foyer d'une secte ou confrérie religieuse, les *Giovannali,* mystiques à la piété exacerbée, qui prônaient le dénuement et le partage des biens matériels, ainsi que l'égalité (même entre hommes et femmes). La papauté s'en inquiéta et les excommunia bientôt (1355). Dès lors, les *Giovannali* disparurent rapidement, victimes de la répression. Au village subsiste l'église *San Giovanni* (Saint-Jean-Baptiste), où ils se réunissaient, édifice roman du XIIe s. Le campanile, érigé sur la gauche de l'église et lui aussi de type roman, est une reconstruction du XIXe s, au demeurant fort gracieuse.

Au centre du village, sympathique *Café du Centre* avec une grande terrasse.

SAN-GAVINO-DI-CARBINI (20170) 990 hab.

À quelques kilomètres au nord-est de Levie, en direction de Zonza, on trouve ce gentil village où il fait bon faire halte. Avant le village, monument en hommage à la Résistance (importants combats en 1943). Jean Nicoli, héros de la Résistance corse, a vécu ici. Il était le directeur de l'école, et une plaque sur la maison qu'il habitait honore sa mémoire. Rien de spécial à faire, si ce n'est d'apprécier le calme de la région. Et, par chance, on y trouve une chouette chambre d'hôtes, un resto et un agréable petit camping.

Où dormir ? Où manger ?

Camping municipal d'Ora : *☎ 04-95-78-48-17. À 500 m du village par la D 67. Ouv 15 mai-fin oct. Compter 14 € pour 2 avec tente et voiture. CB refusées.* On s'installe tranquillement s'il n'y a personne à la réception. Un gentil petit camping familial, sur terrain plat, bien à l'ombre sous les grands pins, avec un équipement minimal mais très agréable pour ceux qui recherchent le calme. Barbecue à disposition. Sanitaires propres et simples. Machine à laver.

Chambres d'hôtes et resto Un' Antru Versu : *dans le centre du village. ☎ 04-95-78-31-47. • aubergeunantruversu@gmail.com • aubergeunantruversu.com • Resto fermé lun en mars. Congés (resto) : janv-fév. Doubles 90-110 €, petit déj compris. À table, pizzas au feu de bois 9-11 €, plat du jour 12,50 € ; menu 26 €.* Voici une bien belle maison de village, entièrement réhabilitée et transformée en 5 chambres d'hôtes, très réussies, confortables et aménagées avec goût. Chacune possède une dominante de couleur, avec souvent un pan de mur en pierres apparentes. Au rez-de-chaussée, le resto est du même tonneau. Les assiettes ont du goût, les viandes sont de qualité et les préparations soignées. Mention spéciale pour la côte de bœuf-purée maison de 450 g (la côte, pas la purée !), ainsi que la côte de veau, qui lui fait une belle concurrence.

LE COL ET LES AIGUILLES DE BAVELLA

(20124 ; commune de Zonza)

À 9 km au nord de Zonza et à 40 km de Solenzara. La grande attraction de l'Alta Rocca. Malgré l'incendie qui ravagea la forêt en 1960 (on a reboisé depuis), le coin a gardé tout son magnétisme. Les fameuses aiguilles y sont pour quelque chose, évidemment. Imaginez de mystérieuses silhouettes effilées dressées dans le ciel : orgues de porphyre mauve, cheminées de fées, arêtes rouges et dents aiguisées... À savourer, comme il se doit, à l'aurore ou au crépuscule. Autour, la forêt de Bavella, peuplée de pins, de cèdres, de sapins et de châtaigniers.

La route, au détour des virages, offre de somptueux points de vue sur de multiples curiosités naturelles. Mais c'est du col, à 1 218 m d'altitude, que le panorama est le plus saisissant. Très fréquenté en été, on s'en doute. À cette période, la route depuis la côte est infernale car, sur un long tronçon, elle est si étroite qu'on peut à peine se croiser... Certains ont trouvé la parade :

attendre que le flot de visiteurs s'estompe en faisant trempette dans les piscines naturelles de la rivière !

Arriver – Quitter

➢ Si vous n'avez pas de véhicule, les *Autocars Balesi (☎ 04-95-70-15-55)* et *Ricci Marcel (☎ 04-95-77-77-77)* ont pensé à vous, puisqu'ils continuent sur Bavella depuis Zonza mais slt de début juil à fin août.

Où dormir ? Où manger ?

Les hébergements au col de Bavella sont souvent bondés en été. Mieux vaut réserver à l'avance.

🏠 🍽 ***Gîte d'étape – Auberge du col de Bavella :*** *au col, mais 300 m plus bas que le grand parking. ☎ 04-95-72-09-87. 📱 06-13-14-17-33. • auberge-bavella@wanadoo.fr • auberge-bavella.com • Avr-début nov. Nuitée 20 €/pers ; petit déj 6 €. ½ pens (jamais imposée, ce qui est assez rare, surtout en hte saison) 42 €/pers. Menu 25 €.* Dortoirs de 4 à 8 personnes, situés sous le resto, très propres et refaits récemment. Sanitaires en bon état. Côté resto, c'est une étape appréciée par les randonneurs et par nous itou. Plats classiques, corses évidemment, de qualité régulière et bien servis (la rando, ça creuse !) : soupe corse goûteuse, aubergines farcies délicieuses, grillades, civet de sanglier. Desserts maison. Que du bon !

À voir. À faire

Le col de Bavella : amusant tertre décoré d'une statue de la Vierge (Notre-Dame-des-Neiges) et d'ex-voto posés sur des cailloux. 200 m plus loin, deux auberges et une petite épicerie où les randonneurs se procureront produits corses et recharges de gaz. Remarquez, à flanc de montagne, ces espèces de maisonnettes (cabanes en pierre et en tôle ondulée) qui ne sont autres que des bergeries. Il paraît que chaque enfant né dans le canton de Conca se voit attribuer une bergerie pour 99 ans ! En contrebas, dans le grand virage, ne pas rater le belvédère, observatoire de choix pour les aiguilles. À partir du col débute un sentier de rando.

➢ ***La route de Bavella à Solenzara :*** attention, très belle route, mais très sinueuse. Elle a été récemment élargie sur certains tronçons, mais on n'a pas supprimé les virages !

Après le col, on longe de hautes murailles de pierre, véritables forteresses naturelles, puis des arêtes longilignes, des blocs polis et des arbres isolés. Plus loin, remarquez cette aiguille creusée. En poursuivant, on aperçoit des sentinelles de pierre rouge qui ne sont pas sans rappeler certains parcs de l'Ouest américain. Après les aiguilles, à 9 km, vous pourrez vous baigner dans une eau claire et ravigotante. Pas indiqué mais connu dans la région. Garez-vous le long de la route, sur la droite, puis pénétrez dans la forêt et descendez jusqu'à la rivière. Halte très agréable : piscines naturelles, cascades et toboggans amuseront petits et grands. Au col de Larone, on distingue au premier plan les immenses dalles orangées des *Teghje Lisce,* et dans le ciel, sur leur droite, les yeux sombres de l'aiguille de *Lunarda.* Le regard s'échappe et la route en profite pour se resserrer encore plus ! On peut ensuite admirer, en contrebas, la rivière *Solenzara* qui tente de se frayer un cours parmi les blocs de pierre charriés par d'anciens torrents. Baignade possible à certains endroits, en des sites très agréables.

– ***Randonnées, canyoning et escalade :*** *rens, ☎ 04-95-78-64-33. 📱 06-16-41-18-53. • canyoningcorse.net •* Le site de Bavella est le haut lieu de l'escalade en

Corse. Le guide de haute montagne (doyen des guides corses) Jean-Paul Quilici, un personnage, a équipé tout le massif (enfin, pas lui tout seul !) et propose escalades et descentes de canyons. C'est surtout un grand spécialiste de la randonnée en montagne sous toutes ses formes, petites ou grandes, et même des randos à raquettes en hiver.

➢ ***Balade sympa :*** du parking, sentier pour le *Trou de la Bombe (U Cumpuleddu),* une cavité circulaire de 8 m de diamètre, qu'on atteint en 1h environ. Un peu raide au début, mais la récompense (cet énorme trou dans la paroi rocheuse) est à la hauteur. Bien balisé. Retour par le même chemin ou en faisant une boucle (dans ce cas, compter près de 3h pour l'ensemble de la balade).

LA CORSE INTÉRIEURE

Pôle touristique de première importance, le « Centru di Corsica » se compose de six territoires : Niolo, pays de Corte (Curtinese), vallée de l'Asco, Ghjuvellina, Venacais (Venachese) et Bozio.

CALACUCCIA ET LE NIOLO / NIOLU

(20224) 325 hab.

« Le Niolo, la patrie de la liberté corse, la citadelle inaccessible d'où jamais les envahisseurs n'ont pu chasser les montagnards. Ce trou sauvage est d'une inimaginable beauté. Pas une herbe, pas une plante : du granit, rien que du granit », voilà ce qu'écrivait Maupassant dans *Un bandit corse,* en 1882. Bon, il exagère un peu quand même, sauf pour la Scala di Santa Regina, défilé dantesque, où il n'y a, pour le coup, quasiment que du granit.

Quelle que soit la route choisie pour y arriver (la Scala en venant de l'est ou le col de Vergio, par l'ouest), c'est un choc ! Voici donc le cœur de la Corse, son noyau dur, quelque chose comme son « âme intouchable ». Un monde clos et haut perché, entouré des plus hauts sommets de l'île : le *monte Cintu* (2 706 m), le *Paglia Orba* (2 525 m), le *capu Verdattu* (2 586 m), etc. Des merveilles ! Depuis toujours, le Niolo est une terre de bergers et de traditions. Il faut goûter aux fromages niolins : ils ont une pâte molle mais, pour être vraiment bons, la pâte doit être un peu ferme, onctueuse, sans trous, et affinée dans toute son épaisseur.

La première chose à faire, c'est d'abandonner sa voiture 1 ou 2 jours (ou plus !) pour découvrir les environs de Calacuccia à pied. Il y a plein de balades superbes à entreprendre. On vous en signale quelques-unes parmi les plus significatives. Le Niolo, c'est le royaume de la randonnée.

Adresses utiles

Office de tourisme du Niolo : *av. Valdu-Niellu. ☎ 04-95-47-12-62 ou 04-95-48-05-22. • contact@office-tourisme-niolu.fr • office-tourisme-niolu.fr • Lun-ven 9h-12h, 14h-18h (juil-août, ouv aussi le w-e). Sinon, se présenter au syndicat intercommunal, plus bas sur la route de Corte.* Héberge également l'Association sportive et culturelle ; mêmes coordonnées *(• haute-montagne-corse.com •).* Infos sur les sentiers, les sites d'escalade (à Cuccia et Calasima), le sentier nature du refuge de l'Ercu et les chapelles romanes à visiter. C'est ici que vous pourrez rencontrer Paul-André Acquaviva, guide chevronné qui organise notamment une ascension du monte Cinto avec visite de la bergerie de Cesta (excellent commentaire sur le milieu naturel). Prix intéressant si l'on se regroupe.

Médecin : *13, av. Valdoniello. ☎ 04-95-35-48-18.* Ça peut servir aux randonneurs du GR 20...

Où dormir à Calacuccia et dans les environs ?

Camping et gîtes d'étape

Camping Acquaviva : *face à L'Acqua Viva Hôtel (voir plus loin). ☎ 04-95-48-00-08. • info@acquaviva-fr.com • acquaviva-fr.com • 15 avr-fin oct. Selon taille de la tente, compter 21 € pour 2 avec tente et voiture.* Petit camping avec une jolie vue sur le lac et les montagnes. De l'ombre sous les châtaigniers et de l'espace (grandes parcelles). Sanitaires très propres. Barbecue à disposition. Accueil chaleureux.

Gîte d'étape *(chez Toussaint Mordiconi)* **:** *à Calacuccia. ☎ 04-95-48-00-04. 15 mai-20 sept. Compter 25 €/pers.* Hébergement en chalets simplissimes, à 400 m de l'*Hôtel des Touristes* (même propriétaire). Lave-linge, TV. Literie récente. Accueil chaleureux.

Gîte d'étape communal *(tenu par Mme Ingrand)* **:** *à* ***Casamaccioli.*** *☎ 04-95-48-03-47. À 5 km de Calacuccia, sur la rive sud du lac. Avr-oct. Compter env 15 € la nuit.* Un gîte situé dans les combles de l'église. 12 couchages (3 « box » de 4 lits). Possibilité de cuisiner. On est aux premières loges pour la foire du Niolo.

Gîte d'étape *(tenu par M. José Albertini)* **:** *à* ***Albertacce.*** *☎ 04-95-48-05-60. À 3,5 km à l'ouest de Calacuccia. Congés : 15 oct-31 mars. Nuitée 21 €/pers. ½ pens (repas dans un resto voisin, le Valduniellu) 42 €/pers.* Une petite adresse, en bord de route, dans une solide maison aux pierres apparentes. Dortoirs de 4 et 8 lits.

Prix moyens

L'Acqua Viva Hôtel : *à 400 m de Calacuccia, au bord de la D 84, en allant vers Porto et le col du Vergio. ☎ 04-95-48-06-90. • info@acquaviva-fr.com • acquaviva-fr.com • Tte l'année. Doubles avec bains et w-c 65-85 € selon saison. Parking, garage à motos et vélos.* À côté d'une station-service, une maison récente, bien arrangée intérieurement, avec 12 chambres calmes, très confortables avec bains, dotées de TV satellite et d'un petit balcon donnant sur les montagnes. Très propre, une bonne adresse pour ceux qui veulent un peu plus de confort après avoir crapahuté sur le monte Cinto !

Hôtel des Touristes : *au centre du village de Calacuccia. ☎ 04-95-48-00-04. • j-e.mordiconi@wanadoo.fr • hotel-des-touristes.com • Fin avr-30 oct. Doubles avec lavabo ou douche et w-c 63-68 €.* Dans une grande et ancienne bâtisse en granit gris, des chambres spacieuses, comme on en faisait dans le temps. Literie récente, climatisation dans 10 chambres et bon entretien. Le gîte est bien équipé : lave-linge, TV. Une étape pour les randonneurs avant ou après le grand air des montagnes du Niolo.

Auberge Casa Balduina : *à 1 km*

de Calacuccia, direction Albertacce. ☎ 04-95-48-08-57. • casabalduina@sfr.fr • casabalduina.com • 1er mai-15 oct. Tél hors saison. Doubles 68-85 € selon standing et saison ; petit déj 10 €. Parking gratuit. 7 chambres doubles, claires, dotées de TV à écran plat et décorées avec goût. Jolie vue sur le lac de Calacuccia. Une bonne adresse.

Chic

Casa Vanella : *à* ***Casamaccioli,*** *à 150 m de l'église de la Santa. ☎ 04-95-48-69-33. 06-15-75-16-37. • casavanella@gmail.com • casavanella.com • Congés : déc-janv. Doubles 90-105 € ; petit déj non compris. ½ pens possible. CB refusées. Café offert sur présentation de ce guide.* Dans une maison moderne, 5 chambres d'hôtes bénéficiant d'un excellent niveau de confort, salle de bains avec baignoire, TV satellite... Riche petit déj. Les propriétaires sont accompagnateurs de moyenne montagne et gèrent également la *Casa Cappellini* à Poggio (Bozio).

Où manger à Calacuccia et dans les environs ?

A Casa Niulinca : *à l'entrée de Calacuccia quand on arrive du défilé de Santa Regina. ☎ 04-95-48-04-85. • acquaviva.jeanjoseph@neuf.fr • En saison, tlj. Menu 23 € ; plats 14-19 €. Digestif offert sur présentation de ce guide.* La charcuterie artisanale de Jean Acquaviva, producteur et patron du restaurant, est évidemment à l'honneur, mais pas seulement : les viandes sont bien préparées et copieusement servies. Goûtez à ces haricots blancs au *figatellu* ! On aura aussi droit à d'excellents fromages du Niolu.

Restaurant Paglia Orba : *à* ***Albertacce,*** *en bordure de route, en arrivant de Calacuccia, sur la gauche. ☎ 04-95-48-01-13. De mi-avr à fin oct, tlj. Menus 20-25 €. CB refusées. Digestif offert sur présentation de ce guide.* Vous entrez en vous demandant si vous êtes dans un resto ou chez des particuliers : 5 mn plus tard, si le courant passe avec la patronne, c'est comme si vous étiez un enfant de la maison. Attention : on n'entre pas ici pour consommer vite fait et repartir aussitôt. On prend son temps. Cuisine familiale (l'adjectif n'est pas ici usurpé) avec des parts généreuses (et vous vexeriez la patronne si vous n'en repreniez pas !).

Bar-restaurant du Lac : *à* ***Sidossi.*** *☎ 09-70-35-75-45. • finosello@aim.com • À 2 km à l'ouest de Calacuccia par la D 218 (chouette petite route qui longe la rive nord du lac). Mai-fin sept ; tlj en saison. Formule déj 16,50 € ; menu 25 €. Digestif offert sur présentation de ce guide.* Une grande maison proche du lac, mais sans vue sur celui-ci, avec une vaste salle à manger. La voilà, la vraie cuisine du Niolo : cailles aux champignons sauvages, *stuffatu* de veau aux olives, charcuterie artisanale, fromage niolin. C'est bon, copieux, avec une touche d'imagination, et les prix restent raisonnables.

Où dormir ? Où manger dans les environs plus lointains ?

Hôtel Castel de Verghio : *col de Verghio, sur la commune d'****Albertacce*** *(mais à 12,5 km d'Évisa et à 18,5 km d'Albertacce). ☎ 04-95-48-00-01. • jl.luciani3@orange.fr • hotel-castel-vergio.com • De fin avr à mi-oct. Bivouac 6 €/pers ; gîte en ½ pens 48 €/pers (lit seul 18 €) ; double 100 €. Menu 25 €.* Hôtel dont l'extérieur, du moins le flanc nord, est typique des années 1970, mais qui a été récemment relooké côté route, ce qui lui donne un air ancien et moderne à la fois. Bon niveau de confort avec de belles chambres, elles aussi rénovées, où le bois est à l'honneur. Gîte et bivouac 50 m plus bas.

LA CORSE INTÉRIEURE

À voir

Calacuccia : petite capitale du Niolo, à 850 m d'altitude, environnée de montagnes. Le village, qui s'étire en longueur, est un point de chute et de ravitaillement pour les randonneurs.
À la sortie du village, sur la route de Porto, remarquer la belle *église* blanche *Saints-Pierre-et-Paul* (christ en bois d'une expression émouvante).

Casamaccioli *(Casamacciuli)* **:** *à 5 km au sud-ouest de Calacuccia, sur la rive sud du lac artificiel.*
Au milieu des châtaigniers, un village tranquille s'animant chaque année pendant 3 jours autour du 8 septembre, pour la foire régionale du Niolo et la *fête de la Santa.*
Deux mots sur cet étonnant pèlerinage considéré comme le plus important, le plus vieux et le plus vivant de toute la Corse ! Pour les Niolins, c'est le grand moment de l'année. Les membres de la confrérie de la Santa, tout de blanc vêtus, accompagnés par de nombreuses autres confréries de l'île, portent une statue de la Santa sur leurs épaules et défilent ainsi dans le village, décrivant autour d'une croix un mouvement en spirale que l'on appelle la *Granitula* (l'Escargot). Ce rite très ancien s'accomplit au milieu d'une foule enthousiaste. Autrefois, à l'occasion de la fête de la Santa, les jeux d'argent étaient libres 3 jours et 5 nuits. On jouait, on achetait et l'on vendait toutes sortes de marchandises, on s'amusait, on se moquait des riches et des puissants au cours de joutes oratoires improvisées sur la place publique. Même si ce n'est plus vraiment ça aujourd'hui, on voit encore des bergers poètes improviser des tirades et des joutes oratoires chantées ou parlées *(Chjam'e rispondi).*
Ah, on avait oublié l'essentiel : l'origine de la Santa ! Voici son histoire. Au Ve s de notre ère, le capitaine d'un navire en perdition au large de Galéria implora le secours de l'étoile de la Mer. Une étoile apparut alors dans le ciel en direction du couvent de la Selva. Et la tempête se calma. En signe de reconnaissance, le capitaine offrit au couvent une statue qui prit le nom de Santa Maria di a Stella : sainte Marie de l'Étoile. Plus tard, des pirates ravagèrent la région, et les moines durent s'enfuir en emportant la fameuse statue arrimée au dos d'une mule. Après une longue errance, le brave animal s'arrêta à Casamaccioli, à l'emplacement de la chapelle actuelle. Quelle aventure ! Depuis lors, chaque 8 septembre, jour de naissance de la Vierge, on célèbre la Santa du Niolu.

À faire

➢ ***Randonnées pédestres dans le Niolo :*** quatre sentiers de pays fléchés et balisés en orange (pas toujours facile à voir), accessibles à tous, ont été ouverts par le parc régional. Une très bonne idée ! Une brochure spéciale « Niolo » présente les différents itinéraires (boucles à la journée) ; la demander au syndicat d'initiative. Quelques très belles balades y sont proposées, d'une durée de 3h à 6h30.

➢ ***Le tour des Cinque Frati :*** une superbe randonnée pédestre, réservée aux marcheurs très expérimentés. Ne pas s'y aventurer seul, et partir de préférence avec quelqu'un du coin. Le sentier balisé en orange forme une boucle de 7h au départ de Calasima (et retour à Calasima), le village le plus haut perché de Corse. Il culmine à 1 100 m !

➢ ***De Calacuccia à la bocca a l'Arinella :*** belle randonnée pas trop difficile, qui emprunte un morceau du sentier Mare a Mare Nord (balisé en orange). La *bocca a l'Arinella* culmine à 1 592 m au sud de Calacuccia. La randonnée emprunte le même sentier à la montée (3h10 de marche) et à la descente (1h).

➢ ***Le monte Cinto*** *(Cintu)* **:** le plus haut sommet de la Corse (2 706 m). On peut en faire l'ascension, par la face sud, à condition d'avoir un bon équipement et une sacrée condition physique, car le parcours se fait essentiellement dans des roches et des éboulis rocailleux. Départ du parking du camping de Lozzi pour le refuge de l'*Erco,* d'où commence l'ascension (compter 2h pour gagner à pied ce refuge et, au total, 9 à 10h pour une dénivelée de près de 1 700 m). Une magnifique randonnée à entreprendre entre mi-juin et octobre. Plus tôt en saison, de nombreux névés subsistent, et les accidents sont fréquents. Parcours non balisé, donc réservé aux randonneurs avertis. Le mieux est encore de se faire accompagner par un guide. Et l'on ne rigole pas : deux personnes sont mortes de froid après une chute, le 16 août 2008...

– ***Le lac :*** *kayaks et planches à voile à louer 1er juil-15 sept. Base à Sidossi.* S'adresser à l'Association sportive et culturelle, à l'office de tourisme.

DANS LES ENVIRONS DE CALACUCCIA

Le défilé de la Scala di Santa Regina : la deuxième voie d'accès au Niolo est cet interminable ravin désolé, sorte d'étrange corridor de roches, de granit rouge, de rocaille et de caillasse. Son nom vient des escaliers *(scala)* qui semblent taillés dans le roc de la rive gauche du Golo, que les Niolins empruntaient autrefois pour accéder à Calacuccia. Admirez le travail de la nature (tectonique et érosion conjuguées).
➢ Pour les randonneurs, un sentier balisé en orange au départ de Corscia (à 4 km à l'est de Calacuccia) permet de découvrir la Scala di Santa Regina par d'anciens chemins de transhumance. Compter 5h (aller-retour) pour effectuer cette randonnée !

La forêt de Valdo-Niello *(Valdu-Niellu)* **:** l'une des grandes forêts d'altitude de la Corse, où poussent essentiellement des pins laricio, des hêtres et des bouleaux. Certains pins laricio dépassent les 400 ans et les 5 m de circonférence. Le GR 20 la traverse, ainsi que la D 84 de Calacuccia à Porto. Magnifique !

Le col de Verghio *(bocca di Verghju)* **:** le col routier le plus élevé de la Corse (1 467 m), porte du Niolo et ligne de partage des eaux entre la côte ouest et la côte orientale. En redescendant vers Évisa et Porto, on traverse la vallée et la grande forêt d'Aïtone, peuplée de pins laricio. Des échappées prodigieusement belles !

Randonnées pédestres

➢ ***Jusqu'au lac de Nino*** *(Ninu)* **:** l'aller et retour vous prendra entre 4 et 5h. Sans doute le plus fameux lac de Corse, à 1 742 m d'altitude. C'est aussi la porte d'entrée du plateau du *Camputile,* cet espace pastoral aux formes apaisées. C'est en plongeant dans l'onde de Nino que le diable rejoignait autrefois son enfer, et c'est de ses berges qu'il propulsa sa charrue pour trouer la célèbre montagne du Tafunatu. Prenez garde enfin à ne pas rafraîchir votre bouteille d'apéro dans les eaux froides de Nino ; les bergers niolins sont formels : votre *Casanis* cuvée Vieux-Port serait inévitablement changé en eau ! Pour y monter, le plus simple est de partir de la maison forestière de *Poppaghia* (1 076 m), située à mi-chemin entre Albertacce et le col de Verghio. Balisage jaune tout au long des 2h et 700 m d'ascension, un fléchage qui remonte le long du torrent jusqu'à la *bergerie abandonnée de Colga* (1 411 m). Celle-ci se trouve à la sortie de la pinède et est signalée par d'inattendus merisiers et autres érables sycomores plantés en contrebas.

L'itinéraire se fait alors plus raide et gagne, entre buissons d'aulnes et escarpements rocheux, le *col de Stazzona* et ses blocs insolites erratiques (toujours l'œuvre de Satan, selon la légende), vue splendide sur le lac situé en contrebas, les « pozzines » alentour et l'horizon rocheux des cimes du Cortenais.

➢ ***Jusqu'aux cascades de Radule :*** aller et retour en 2h. C'est la seconde balade classique de la forêt de Valdo-Niello, plus aisément accessible encore que les rives perchées du lac de Nino. Le Golo, à peine né sous la Paglia Orba, quitte le vallon suspendu de Tula par une suite de chutes entre lesquelles s'intercalent de jolies vasques d'eau verte, où peu de visiteurs résistent en été au plaisir du plongeon.
Cette randonnée part dans le virage en épingle du *Fer à cheval,* situé à 4 km en contrebas du col de Verghio. Le sentier du GR 20 sert alors à gagner le voisinage des cascades et, par chance, il s'agit ici de l'une des rares portions peu accidentées du célèbre chemin des montagnes de Corse. En une vingtaine de minutes, on atteint les *bergeries de Radule,* puis on descendra un peu plus loin sous le sentier pour gagner le site des cascades proprement dit.
Les plus vaillants compléteront cette visite en remontant par le GR 20 la *vallée du haut Golo.* L'intérêt historique et patrimonial de ce chemin est important : sur une partie de son parcours, il coïncide avec l'ancienne voie de transhumance qui liait autrefois le Niolo à la région côtière de Galéria (Filosorma) via le col de Guagnerola ; il mène par ailleurs au refuge de *Ciuttulu di i Mori* (26 places et une aire de bivouac gardées en été), point de départ de l'ascension des deux sommets les plus spectaculaires du Niolo, la dent rocheuse de la *Paglia Orba* et la muraille percée du *Tafunatu.*
Ces sommets sont accessibles aux marcheurs expérimentés. Mais attention, là, ce n'est plus de la rando mais de l'escalade. Y aller uniquement en groupe avec guide, et si on n'a pas le vertige. Vues et paysages extraordinaires.

CORTE / CORTI (20250) 6 750 hab.

• Plan *p. 331*

Une citadelle juchée au sommet d'un piton rocheux, avec, au pied, les entrelacs des ruelles de la Ville Haute, de vieilles et hautes demeures ; et, encore plus bas, la Ville Basse, plus récente, moins authentique et pourtant très animée, dont l'axe central est le cours Paoli. Entre les deux, des rampes particulièrement raides. Tout autour, une couronne de montagnes, coupées par des gorges sauvages avec des torrents aux eaux limpides, impétueuses et transparentes : voilà le cœur géographique de la Corse, le symbole de son histoire mouvementée. Ville de cœur de Pasquale Paoli, qui y établit pendant 14 ans le siège du gouvernement de la Corse et lui donna une université. Corte, avec seulement 6 750 habitants (et 4 100 étudiants !), condense tous les souvenirs de combats et les rêves d'émancipation des Corses. Ici, on a la Corse à fleur de peau, et on ne badine ni avec l'identité ni avec la mémoire insulaire.
Étape incontournable du tour de Corse, Corte est aussi un point de départ idéal pour d'admirables randonnées en montagne, ainsi que pour la remontée de la vallée de la Restonica, chef-d'œuvre de la nature.

Arriver – Quitter

En bus

■ ***Autocars Cortenais :*** *☎ 04-95-46-22-89. • autocars-cortenais-corse.fr •*
➢ ***De/vers Bastia et Ajaccio :*** 2 bus de la compagnie *Eurocorse* dans chaque sens, arrêt devant le *Majestic* *(19 ter, cours Paoli, presque en face de la pl. de Padoue).*
➢ ***De/vers le col de Verghio :*** avec les *Autocars Cortenais.* De mi-juin à mi-oct, 1 départ/j., sf dim et j. fériés, à 10h30 de la gare SNCF. Arrivée à 12h via Calacuccia. Retour dans l'ap-m (départ à 15h30).

En train

➢ ***De/vers Ajaccio ou Bastia :*** 4-5 trains/j.
➢ ***De/vers Calvi et L'Île-Rousse :*** prendre le train de Bastia, changement à Ponte-Leccia.

Adresses utiles

■ ***Office de tourisme Centru di Corsica*** *(plan A2)* ***:*** *dans la Ville Haute. ☎ 04-95-46-26-70. • corte-tourisme.com • Juil-sept, lun-sam 9h-18h et dim 9h-14h ; hors saison, lun-ven 9h-18h.* Demander le guide d'accueil *Core di Corsica,* très complet.
✉ ***Poste*** *(plan A1)* ***:*** *av. Baron-Bariani. Lun-ven 8h30-12h15, 13h30-17h ; sam 8h30-12h.* Distributeur automatique de billets.
■ ***Banques :*** *sur le cours Paoli.* Avec distributeur.
■ ***Gare ferroviaire*** *(plan B2)* ***:*** *☎ 04-95-46-00-97.*
■ ***Hôpital Corte-Tattone*** *(plan B2-3)* ***:*** *☎ 04-95-45-05-00.*
■ ***Centre de secours principal*** *(Groupe de secours de montagne des sapeurs-pompiers)* ***:*** *☎ 112, ou 04-95-46-04-52.*
■ ***Location de voitures :*** *Europcar, à la gare. ☎ et fax : 04-95-46-06-02.*
■ ***Petit train*** *(u trenu)* ***:*** *06-09-95-70-36. Tarif : 7 € ; réduc.* Permet de grimper jusqu'à la citadelle et de faire le tour de la vieille ville (visite commentée). Départ près de la gare (à l'entrée du parking de l'hypermarché *Casino*) et de la citadelle. Durée : 30 mn. Commentaires en français et en anglais.

Où dormir ?

Attention, assez peu d'hôtels à Corte, et donc un risque important de ne pas trouver de chambre en saison, car la ville, point de chute de nombreux randonneurs, est très visitée. Réservation vraiment conseillée de fait.

Campings

▲ ***Camping Alivetu*** *(plan A3,* ***11****)* ***:*** *fg Saint-Antoine. ☎ 04-95-46-11-09. • camping-alivetu@laposte.net • camping-alivetu.com • À 15 mn à pied du centre-ville. Mai-sept. Compter env 27 € pour 2 avec tente et voiture ; également des chalets et bungalows pour 2-6 pers 490-882 €/sem selon saison. CB refusées.* Emplacements bien à plat, ombragés, en bord de rivière. Calme. Pour les sanitaires, c'est un peu juste en nombre. Buvette, avec TV, qui se transforme en pizzeria en saison.
▲ ***Camping Saint-Pancrace*** *(hors plan par A1,* ***21****)* ***:*** *route de Saint-Pancrace. ☎ 04-95-46-09-22. • saintpancrace@live.fr • campingsaintpancrace.fr • À 1,5 km du centre-ville. Ouv 15 avr-30 sept. Compter env 18 € pour 2 avec tente et voiture. CB refusées.* Petit camping (25 emplacements ombragés), situé tout au bout d'un quartier résidentiel. Très tranquille et correctement équipé. Location de tentes possible. Fromage fermier et produits régionaux sur place (les propriétaires, agriculteurs, font leur fromage de brebis).

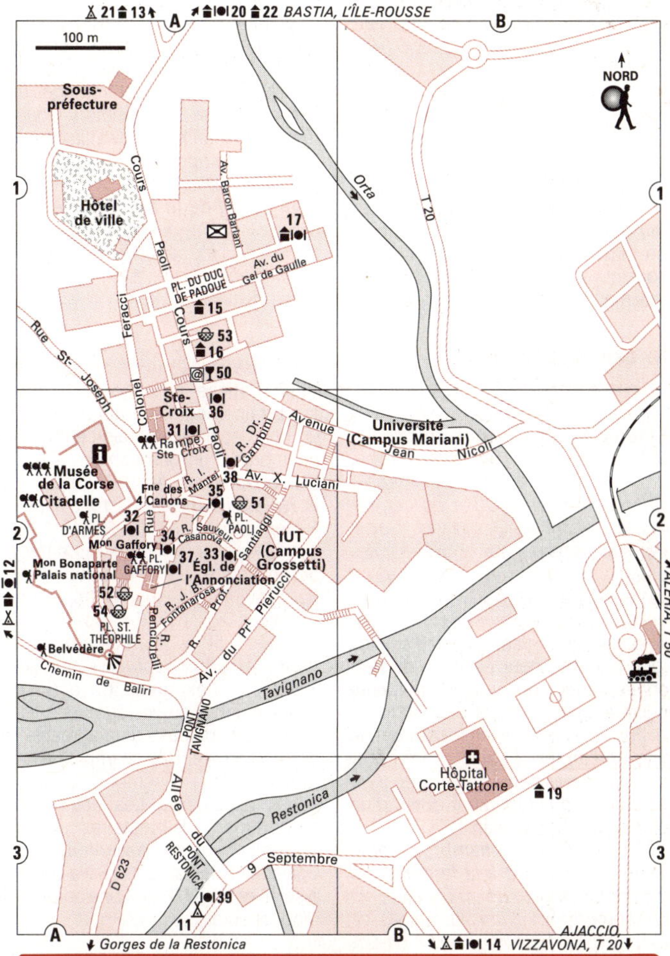

CORTE

■ **Adresses utiles**

- Office de tourisme Centru di Corsica
- @ 50 Le Café du Cours

Où dormir ?

- 11 Camping Alivetu
- 12 Camping et gîte d'étape U Tavignanu
- 13 Motel A Vigna
- 14 L'Albadu
- 15 Hôtel Duc de Padoue
- 16 Hôtel du Nord
- 17 Hôtel de la Paix
- 19 Hôtel HR
- 20 Osteria de l'Orta
- 21 Camping Saint-Pancrace
- 22 Hôtel Si Mea

Où manger ?

- 31 Rivière des Vins
- 32 U Museu
- 33 A Scudella
- 34 Pâtisserie Marie et Jean-Luc
- 35 A Casa di L'Orsu
- 36 Le Bip's
- 37 U Campanile
- 38 La Trattoria
- 39 Paglia Orba

Où boire un verre et déposer son sac à dos ?

- 50 Le Café du Cours

Achats

- 51 U Granaghju, produits corses
- 52 Ghjoculi Smuntevuli ou Casa di u Legnu
- 53 L'Andatu
- 54 A Casa Curtinese, alimentation Ghionga

Camping et gîte d'étape U Tavignanu (hors plan par A2, **12**) : *dans la vallée du Tavignano. ☎ 04-95-46-16-85. • gite.utavignanu@orange.fr • Avr-oct. Pour le camping, compter 14,50 € pour 2 ; en gîte, ½ pens 45 €/pers. Café offert pour l'hébergement en gîte sur présentation de ce guide.* On y accède à pied par le chemin de Baliri dans les bois, bordé de murs en pierres moussues. Petit terrain de camping bon marché sur terrain boisé de 2 ha et quelques chambres sommaires pour 20 personnes. Vue sur la citadelle.

De bon marché à prix moyens

Motel A Vigna (hors plan par A1, **13**) : *chemin de Saint-Pancrace. ☎ 04-95-46-02-19. • tcampana@wanadoo.fr • À 800 m du centre-ville. En venant de Bastia vers Corte, prendre le chemin sur la droite (panneau) ; c'est au bout. Studios pour 2 pers 65-75 € la nuit (min 3 nuits demandé). CB refusées.* Petit immeuble récent sur 2 niveaux, avec 9 studios (dont 1 adapté pour l'accueil de personnes handicapées). Ils sont libérés de juin à septembre par des étudiants de l'université, qui les occupent le reste de l'année. Spacieux, très propres, avec cuisinette, douche et w-c. Les studios à l'étage sont dotés d'un balcon. Un très bon plan.

L'Albadu (chambres, table d'hôtes et camping à la ferme ; hors plan par B3, **14**) : *route du Calvaire, sur les hauteurs, à 2,5 km au-dessus de Corte, à 1,5 km de la gare. ☎ 04-95-46-24-55. • albadu@orange.fr • hebergement-albadu.fr • Du centre, prendre la T 20 en direction d'Ajaccio, passer 2 ponts et tourner à droite juste après l'université. La route grimpe jusqu'à* L'Albadu *(fléchage). Tte l'année. En camping, compter 18 € pour 2 avec tente et voiture. ½ pens 60 €/pers. Pour les groupes, dortoir. Table d'hôtes 25 €. CB refusées. Café offert sur présentation de ce guide.* Confort modeste (chambres pas bien grandes, avec lits gigognes ou superposés ; essayer d'avoir l'une des 6 chambres équipées d'un lit double), mais prix en rapport. Les chambres ont été refaites, avec une nouvelle déco. Cadre rustique de ferme équestre (randos accompagnées) et de bergerie, sympa comme tout. Cuisine familiale et fromages délicieux (que l'on peut acheter). Copieux menu bon marché, café et vin compris. Quelques emplacements aussi pour planter sa tente.

Hôtel de la Paix (plan A1, **17**) : *av. du Général-de-Gaulle. ☎ 04-95-46-06-72. • socoget@wanadoo.fr • hoteldelapaix-corte.fr • Congés : 15 j. en fin d'année. Doubles 50-78 € selon confort (lavabo, douche ou bains) et saison. Possibilité de ½ pens en saison. CB refusées. Parking pour les motos.* Belle bâtisse rénovée récemment, et certainement bien nommée, dans un quartier paisible mais central. Des chambres d'un bon confort, avec TV, bien entretenues. Accueil aimable.

Hôtel HR (plan B3, **19**) : *allée du 9-Septembre. ☎ 04-95-45-11-11. • hr2B@aol.com • hotel-hr.com • Un peu excentré, mais slt à 200 m de la gare. Avr-sept. Selon saison, doubles rénovées env 60-70 €, doubles non rénovées 50-65 € ; également des triples et des quadruples ; petit déj 7 €.* De l'extérieur, on a un peu l'impression d'arriver dans une HLM, mais l'hôtel dispose d'un agréable jardin sur l'arrière. Des chambres acceptables dans l'ensemble, mais certaines très simples. Les moins chères se partagent les sanitaires ; les plus chères ont vue sur le jardin à l'arrière. Également des studios. Salle de gym, piscine et sauna. Plutôt une adresse de randonneurs.

De chic à plus chic

Hôtel Duc de Padoue (plan A1, **15**) : *2, pl. du Duc-de-Padoue. ☎ 04-95-46-01-37. • info@ducdepadoue.com • ducdepadoue.com • Congés : de mi-nov au 30 mars. Doubles 76-125 € selon saison ; petit déj 1 €. Réduc de 10 % avr et oct sur présentation de ce guide.* Une dizaine de chambres totalement refaites dans une grande bâtisse ancienne, entièrement rénovée, donnant sur une grande place ombragée ; elles ouvrent sur la place ou sur l'arrière, donc calmes. Bonne adresse qui manquait un peu dans le centre de Corte.

Hôtel du Nord *(plan A1, **16**) : 22, cours Paoli. ☎ 04-95-46-00-68. • info@hoteldunord.corsica • hoteldunord.corsica • Tte l'année. Doubles avec TV 72-108 € selon saison ; petit déj 1 €. Réduc de 10 % nov-mars sur présentation de ce guide.* Le plus vieil hôtel de Corte, dans une haute maison aux murs épais. Entièrement rénové. Chambres assez grandes dans l'ensemble, insonorisées, ventilées. TV satellite. Celles donnant sur l'arrière sont plus calmes.

Hôtel Si Mea *(hors plan par A1, **22**) : 3, av. du Pont-de l'Orta. ☎ 04-95-65-08-23. • simea3@orange.fr • hotelsimea-corte.fr • Tte l'année, sf 23 déc-6 janv. Doubles 60-118 € selon saison et standing ; petit déj non inclus.* Grande villa début XXe s, refaite à neuf, avec 8 chambres spacieuses (les plus chères disposent d'un balcon). Tous les avantages de l'ancien (les grandes pièces, l'impression d'aisance) avec le plaisir du moderne (le confort, avec excellente literie par exemple) : que demander de plus ? Bon petit déjeuner.

Osteria de l'Orta *(Gîtes de France ; hors plan par A1, **20**) : route de l'Orta, sortie nord de Corte. ☎ 04-95-61-06-41. • contacts@osteria-di-l-orta.com • osteria-di-l-orta.com • Avr-oct. Resto ouv ts les soirs en sem. Doubles 88-108 €, suites 120-180 €, petit déj inclus. ½ pens possible, sf w-e. Menus (sur résa, lun-ven) 25-35 €. CB refusées.* Dans une grande demeure de famille qui se voit de loin, connue à Corte sous le nom de *Casa Guelfucci,* 5 grandes chambres confortables (AC, double vitrage) ainsi que 2 suites. Le charme de l'ancien et du neuf réunis (l'ensemble de la maison a été récemment restauré). À la ferme-auberge, menus très copieux à base de produits naturels de l'exploitation familiale.

Où dormir dans les environs ?

Voir également nos adresses situées dans les vallées de la Restonica et de l'Asco, ainsi qu'au sud de Corte, à Venaco et à Vivario.

Camping

Aire naturelle Campita : *sur la D 84, lieu-dit Campita (20236 **Francardo**), 1 km après Francardo, direction Calacuccia. ☎ 04-95-47-44-15. • battista.campita@yahoo.fr • campita.fr • De mi-mars à fin sept (camping). Compter 9 €/campeur sous tente, tt compris. CB refusées.* Une aire naturelle, au bord du Golo. Le camping proprement dit est situé dans une forêt de chênes. Équipements limités, mais l'essentiel est là. Très reposant. Également 5 gîtes, agréés *Gîtes de France.*

Chambres d'hôtes

Chambres d'hôtes A Chjusellina : *ferme Léonelli, lieu-dit Avantu, à env 3 km de Corte, sur la T 50. ☎ 04-95-47-13-83. 06-22-39-73-12. • achjusellina@gmail.com • achjusellina.com • Tte l'année. Doubles 95-120 € selon saison. Table d'hôtes (sf dim) 25 €. CB refusées. Digestif offert sur présentation de ce guide.* Jean-Max et Nathalie, les propriétaires qui, par ailleurs, dirigent une exploitation agricole bio, ont fait construire une grande maison disposant de 5 chambres spacieuses (34 m²), certaines pouvant accueillir 3 ou 4 personnes. Excellent niveau de confort dans chacune, belles salles de bains. Piscine. Table d'hôtes à conseiller. Une bonne adresse.

Chambres d'hôtes La Dododela *(Gîtes de France) : **Francardo**, 20236 Omessa. ☎ 04-95-61-02-67. 06-22-56-12-51. • dodolela@orange.fr • dodolela.com • De la T 20 à Francardo (à 15 km au nord-est de Corte, ne pas manquer la petite route partant à l'opposé qui mène à la propriété – c'est indiqué). Tte l'année. Chambres « classiques » 82-92 € selon saison ; cabane dans les arbres 160 € pour 2.* Déjà, les belles et vastes chambres à ossature bois, confortables, méritent qu'on y séjourne. Grande terrasse devant la piscine, jacuzzi (supplément). Mais pour voir la Corse d'un peu plus haut (4 m), il n'y a pas mieux que la superbe cabane dans les arbres, surplombant le Golo. Dommage, il n'y en a qu'une ! Le maître des lieux, Martial, à l'origine guide de haute montagne, auteur de plusieurs livres sur les sports de pleine nature en Corse, répondra à toutes vos questions rando (et pas seulement), et Mauricette, experte en shiatsu, saura vous remettre en forme si vous avez un peu trop tiré sur la corde !

Gîtes ruraux

Gîte de M. Xavier Casanova *(Gîtes de France)* **:** *à* ***Badella,*** *commune de Casanova. Résas auprès des Gîtes de France : ☎ 04-95-10-54-30/31. Fax : 04-95-10-54-38. À 8 km au sud de Corte (route d'Ajaccio et direction Casanova sur la gauche à 7 km). Avr-sept. Gîte 4 pers 315-450 €/sem.* Dans le village, dans une maison de pierres sèches, rustique et biscornue. Pittoresque et charmant. Gîte indépendant de 48 m², pour 4 personnes, sur 2 niveaux. Salle à manger, cuisine, 2 chambres (dont 1 avec lits superposés et accès par échelle de meunier ou accès extérieur), possibilité de lit enfant. Lave-linge et cheminée. Terrain de 90 m², salon de jardin. Le proprio est sympa, et apiculteur (ce qui n'a rien à voir).

Gîtes de Mme Regnoult-Luciani *(Gîtes de France)* **:** *à* ***Francardo.*** *Résas auprès des Gîtes de France : ☎ 04-95-10-54-30/31. Fax : 04-95-10-54-38. À 12 km au nord de Corte par la T 20. Selon saison et gîte, de 349-417 €/sem à 551-598 €/sem.* Au rez-de-chaussée d'une maison de 2 étages ou dans une maison indépendante, 4 gîtes de 30 à 81 m², pour 2 à 6 personnes. Pour chaque gîte, jardin clos privé bien agréable. Lave-linge, micro-ondes, congélateur, location de draps (lave-vaisselle et TV dans certains gîtes). Toutes sortes d'activités sympas dans les environs : randonnées, pêche dans le Golo, qui traverse le village, et même baignade (petite « plage » sur la rivière à 200 m). Bon accueil des propriétaires.

Où manger ?

Bon marché

Pâtisserie Marie et Jean-Luc *(plan A2,* ***34****)* **:** *pl. Gaffory. ☎ 04-95-46-03-70. Tlj sf lun. Congés : fév.* On trouve à Corte un délicieux gâteau au *brocciu,* la *falculella,* qui est présenté sur une feuille de châtaignier (qu'on ne mange pas). Cette boulangerie-pâtisserie en propose de parfaits ainsi que des *migliacci* et des *canistrelli.* Très bien pour une petite faim.

De bon marché à prix moyens

Rivière des Vins *(plan A2,* ***31****)* **:** *5, rampe Sainte-Croix. ☎ 04-95-46-37-04. • larivieredesvins@gmail.com • Tlj sf le midi sam-dim. Formules env 12-16 €, plateau gourmand (avec figatellu, omelette, fromages, fruits de saison) 19 €.* Le succès de l'établissement, mérité, tient aux viandes cuites au feu de bois et aux « célèbres patatines » ainsi qu'à l'accueil sympathique et sans façons. Petite terrasse et salle : il est prudent de réserver le soir, y'en n'aura pas pour tout le monde !

A Casa di L'Orsu *(plan A2,* ***35****)* **:** *4, rue Mgr-Sauveur-Casanova. 📱 06-80-60-70-42. • gilles.guiffes@free.fr • Ouv 15 avr-15 oct. Menus 12-15 € ; plats 8,50-19 €. Digestif offert sur présentation de ce guide.* Sur le chemin (pentu) de la citadelle, une halte bienvenue offrant une large terrasse. Le chef, un Breton qui apporte aux classiques corses sa touche personnelle (le beurre au caramel salé !), concocte des petits plats sympathiques et goûteux, à prix serrés. Bon accueil familial.

U Museu *(plan A2,* ***32****)* **:** *1, rampe Ribanelle. ☎ 04-95-61-08-36. • restaurant-umuseu@gmail.com • Au pied de la citadelle. Fermé lun sf juin-sept.*

Congés : 15 oct-fin mars. Formule plat + dessert 14 € ; menus 16-18 €. Digestif offert sur présentation de ce guide. Agréable terrasse abritée par 2 chapiteaux ronds, genre tonnelles. Carte très riche. Bonne cuisine copieuse dans un resto qui ne manque pas de charme. Tarte aux herbes, excellent civet de sanglier au myrte et délice aux châtaignes... délicieux.

U Campanile *(plan A2,* ***37****) : pl. Gaffory. 📱 06-25-78-12-49. • resto.ucampanile@gmail.com • De mi-mai à mi-oct, tlj midi et soir. Menu 16,50 € ; carte 30-35 €. Digestif offert sur présentation de ce guide.* Ce restaurant situé au cœur de la Ville Haute se distingue par ses produits frais bien mis en valeur. Spécialité de lasagnes au foie gras aux morilles et aux châtaignes. Une adresse conviviale qui offre un très bon rapport qualité-prix.

La Trattoria *(plan A2,* ***38****) : 6, cours Paoli. ☎ 04-95-54-02-48. • thomas.romeyer@wanadoo.fr • Tlj sf dim. Menu 16 € ; planche corse 13,50 € ; assiettes 14-17 €.* Au début du cours Paoli, une petite adresse qui séduit par la qualité de son accueil. Un menu très abordable et des salades abordant divers horizons, histoire de ne pas rester dans le corso-corse. Excellent rapport qualité-prix. Équipe jeune et sympathique.

Paglia Orba *(plan A3,* ***39****) : 5, faubourg Saint-Antoine. ☎ 04-95-34-47-21. • pagliaorba2@gmail.com • Tlj sf dim. Plats 14-23 €, pizzas 8-13,50 €.* Ce resto, longtemps établi dans la Ville Basse, a fait sa réapparition à côté du cinéma, juste avant le camping *Alivetu*. On choisit sur l'ardoise : gratin d'aubergines, courgettes farcies, civet de sanglier ou simplement une pizza. Mention spéciale aux desserts, dont le gratin de fruits au sabayon. Excellent accueil.

A Scudella *(plan A2,* ***33****) : 4, pl. Paoli. ☎ 04-95-46-25-31. • restaurant.ascudella@orange.fr • Tlj sf dim. Congés : 20 déc-28 janv. Formules et menus 16,50-25 €. Café offert sur présentation de ce guide.* En terrasse sur la petite et circulaire place Paoli ou dans la salle voûtée (où l'on peut voir les cuisines et le patron-cuistot, Hervé, travailler avec cœur), on trouve ici de quoi se restaurer agréablement. Honnête menu corse, et des plats de saison (agneau de lait en hiver, ou rôti de porc aux figues en saison, par exemple) ou, moins commun en Corse, du magret de canard aux fruits rouges, que les Cortenais apprécient. Service efficace, prix doux et propreté nickel.

De prix moyens à chic

Le Bip's *(plan A2,* ***36****) : 14, cours Paoli (entrée par une ruelle, puis c'est à droite). ☎ 04-95-46-06-26. Tte l'année. Menu 18 €. Plats 12-28 €.* Une adresse qui fait l'unanimité tant pour la qualité de l'accueil que pour celle de la cuisine. On mange dans une belle salle, qu'on ne devinerait pas de l'extérieur, ou en terrasse, sur l'esplanade, un peu nue, du parking Tuffelli. La carte est davantage tournée vers la terre que vers la mer : le magret de canard aux miel et figues, par exemple, emporte tous les suffrages, le filet de bœuf grillé à l'ail, plus cher, n'est pas mal non plus. Et, pour finir en beauté, assortiment de desserts qui force à des choix cornéliens.

Où manger dans les environs ?

Ne pas oublier les adresses de la vallée de la Restonica, à 2 km du centre. Si vous rayonnez plus loin, voici encore ces adresses :

Restaurant Chez Jacqueline : *à* ***Pont-de-Castirla,*** *20218 Ponte-Leccia. ☎ 04-95-47-42-04. À 14 km au nord de Corte, ne pas prendre la route de Ponte-Leccia mais celle de la Scala di Santa Regina (D 18) ; au bord de la route, à l'entrée du défilé. En saison, midi et soir ; en moyenne saison, midi slt ; en hiver, dim midi slt. Congés : fév. Compter env 30 €. CB refusées.* Ce resto-bistrot est l'une des très bonnes tables du Cortenais. Menu unique, généreux, proposant de la charcuterie du Niolo (copieuse et délicieuse), des beignets farcis au *brocciu,* des lasagnes, du veau du pays et un dessert original, le *brocciu* à l'eau-de-vie… Terrasse ombragée par une vigne vierge et 3 petites salles rustiques.

🍽 ***U Passu :*** *à* ***Soveria.*** *📱 06-78-89-43-78. Ouv mai-début sept. À 6 km au nord de Corte, sur la T 20. Pizzas 10-11 €, viandes 15-22 €. CB refusées.* Le type même de petite affaire familiale qui a grandi autour d'un concept simple mais efficace : produits locaux (en particulier le veau de la ferme), pizzas au feu de bois, un accueil souriant, le tout autour d'une piscine invitante (penser au maillot de bain !). Et ça marche !

Où boire un verre et déposer son sac à dos ?

🍷 @ ***Le Café du Cours*** *(plan A1,* ***50****) : 22, cours Paoli. ☎ 04-95-46-00-33. Ouv tlj jusqu'à 2h.* Voilà plus de 40 ans qu'on se le traîne, ce satané sac ! Ouf, il était temps d'arriver au *Café du Cours,* où une arrière-salle est spécialement réservée à la consigne (gratuite) de sacs à dos. On prend un verre, on laisse son sac, on part en balade et on le reprend ensuite – en reprenant un verre éventuellement, mais ce n'est pas obligatoire. Le café lui-même est le plus ancien de Corte, pas désagréable du tout. En hiver, des concerts y sont organisés régulièrement ; en plus, on y trouve un cyber.

🍷 ***Bar de la Haute Ville*** *(plan A2) : sur la pl. Gaffory. ☎ 04-95-61-06-20.* ♿ 📶 On aime bien le *BHV,* cette étroite terrasse prisée par les Cortenais qui viennent y prendre un apéro bien mérité, et les *pinzuti* qui le méritent bien aussi, allez ! Sandwichs à partir de Pâques. Happy hour 18h-19h. Concert une fois par semaine en juillet-août.

Achats

🧺 ***A Casa Curtinese, alimentation Ghionga*** *(plan A2,* ***54****) : rue du Vieux-Marché, dans la Ville Haute, à deux pas de la pl. Gaffory. Tlj.* Une boutique à l'ancienne, débordant de bons produits – confitures, liqueurs, miels, charcuteries qui pendent du comptoir. Le patron est adorable, très doux, et saura vous aiguiller sur ce que vous recherchez.

🧺 ***U Granaghju, produits corses*** *(plan A2,* ***51****) : 2, cours Paoli. ☎ 04-95-46-20-28.* Liqueurs, vins et miel… On peut goûter à certaines liqueurs avant l'achat (dans la pièce du fond), avec de petites cuillères.

🧺 ***Ghjoculi Smuntevuli ou Casa di u Legnu*** *(plan A2,* ***52****) : 2, rue du Vieux-Marché. ☎ 04-95-47-05-52.* Monsieur fabrique des jouets et de superbes objets en bois d'olivier, madame tisse des écharpes, des étoles en laine corse, fait de la vannerie, et on peut voir et acheter tout ça dans leur boutique.

🧺 ***L'Andatu*** *(plan A1,* ***53****) : dans l'impasse qui descend du 26, cours Paoli. ☎ 04-95-46-11-98. Tte l'année, tlj sf dim ap-m.* Bonne charcuterie et bons fromages.

À voir

La Ville Haute et la citadelle se visitent à pied (d'ailleurs, les voitures n'y ont pas accès). Y monter tôt le matin ou en fin d'après-midi, à cause de la chaleur (pénible en été) et de la lumière (plus belle à cette heure-là). L'office de tourisme a organisé un « parcours patrimonial ».

🚶 ***La place Paoli*** *(plan A2) : tt à fait au bout du cours Paoli.* Trait d'union entre la Ville Basse et la Ville Haute, point de départ de la balade. Au centre de la place, la statue en bronze de Paoli, le « héros » de la nation corse. Prendre la rue Scoliscia, bordée de hautes et vieilles maisons agrippées à la pente.

La place Gaffory *(plan A2)* **:** au cœur de la Ville Haute, avec une statue de Gaffory, « chef suprême des Corses », en son centre. Sur les côtés de la place se dresse l'*église de l'Annonciation* (1450), coiffée d'un campanile. C'est le plus vieux monument de Corte (avec une partie de la citadelle).

UNE FEMME UN PEU ALLUMÉE !

On peut voir, sur la façade de la maison du général Gaffory, les impacts des balles tirées par les Génois qui l'assiégèrent un jour de 1746. La femme de Gaffory, Faustine, entourée d'une poignée de patriotes, refusa de se rendre aux Génois : on dit que, pour convaincre ses compagnons de ne pas capituler, elle approcha une mèche allumée d'un baril de poudre... et ranima ainsi leur détermination vacillante.

Le Palais national *(plan A2)* **:** *grande bâtisse située derrière la pl. Gaffory, en allant vers la pl. du Poilu.* D'abord occupé par les Génois, le bâtiment abrita le premier gouvernement de Corse institué par Pasquale Paoli entre 1755 et 1769. Le « généralissime » de la nation corse y installa la première université de Corte, qui fut fermée après 14 ans de fonctionnement. Paoli lui-même en fit sa résidence. Sa chambre était à l'est du 1er étage de la façade sud, son bureau et sa bibliothèque au centre, et la chapelle à l'ouest. Aujourd'hui restauré, le Palais national, haut lieu de l'histoire corse, abrite le siège de la présidence de l'université de Corte (un juste retour de l'histoire !).

La place d'Armes *(plan A2)* **:** toute petite place marquant l'entrée de la Citadelle. Au nº 1, remarquer la maison natale du général Arrighi de Casanova (1778), plus connu comme duc de Padoue et apparenté à Napoléon par sa mère, qui était la cousine germaine de Laetizia Ramolino. Avec de pareils liens familiaux, il ne pouvait qu'avoir une brillante carrière militaire (campagne d'Égypte, Austerlitz, Wagram...). Charles-Marie Bonaparte, le père de l'Empereur, séjourna dans cette maison en 1768 jusqu'à la naissance de Joseph, le fils aîné.

La citadelle *(plan A2)* **:** perchée sur un piton rocheux au-dessus de Corte, elle domine toute la région et offre de très beaux points de vue sur les gorges du Tavignano et les montagnes du Cortenais. Drôle de destin que celui de cette citadelle construite à la fin du XVe s, remaniée à diverses époques, occupée en 1962 par la Légion étrangère jusqu'en 1983 et transformée aujourd'hui en espace artistique et culturel. Elle abrite le Fonds régional d'art contemporain (FRAC), ainsi que le musée de la Corse et une phonothèque. On en fait le tour par le chemin de ronde en même temps qu'on visite le musée, avant ou après (pas d'autre accès ; attention, l'accès à la citadelle ferme 1h plus tôt que le musée). Très beau point de vue sur la ville et le cirque de montagnes.

Le musée de la Corse Jean-Charles-Colonna *(Museu di a Corsica ; plan A2)* **:** *à la citadelle. ☎ 04-95-45-25-45. • musee-corse.com • 22 juin-20 sept, tlj 10h-20h ; 1er avr-21 juin et 21 sept-31 oct, tlj sf lun et 1er mai 10h-18h ; nov-mars, tlj sf dim-lun et j. fériés (et 24 déc) 10h-17h. Fermé 31 déc-14 janv. Entrée : 5,30 € (expo permanente + expo temporaire) ; réduc. Expo permanente seule : 3 €. Audioguide : 1,50 €. Visites guidées (1,50 €) en juil-août sur résa.*
Il était bien normal que Corte, l'ancienne capitale de Pasquale Paoli, centre géographique et historique de l'île, fût choisie pour abriter ce musée de la Corse, ouvert en 1997. L'architecte piémontais Andrea Bruno a joliment conçu ce bâtiment en verre, béton et acier, parfaitement intégré à la citadelle et comme serti dans les fortifications.
À l'intérieur, sur deux niveaux (ascenseur), deux galeries de 600 m² chacune, lumineuses.
– *1er niveau :* exposition d'une bonne part des collections (3 000 objets !) de l'abbé Doazan, que ce père professeur de sciences naturelles a réunies de 1951 à 1978.

Présentation claire et intéressante dans des vitrines thématiques. Petite section numismatique. Nombreux témoignages d'une vie rurale aujourd'hui révolue : métiers à tisser, récipient en bois de roseau utilisé pour la confection du *brocciu,* blague à tabac en peau de chat, bâton de berger ou encore curieuse omoplate de mouton dans laquelle le berger lisait l'avenir : chaque zone de l'os correspondait à un domaine de la vie du berger ! Espace du berger, justement, livrant des explications sur la transhumance. Quelques documents de voyageurs du XIXe s, comme ces photos faites par le prince Roland Bonaparte. Avant de quitter le 1er niveau, des extraits des 64 cahiers du père Doazan.

– *2e niveau :* la galerie supérieure est celle du « Musée en train de se faire ». Un peu ronflant comme nom : la première salle est d'ailleurs consacrée à vous expliquer de quoi il s'agit : on ne veut pas que ce musée ne soit qu'un sanctuaire, un truc poussiéreux, non, on veut qu'il soit animé et reflète la vraie vie corse. Salles consacrées à l'industrialisation (ou plutôt aux tentatives, les hauts-fourneaux ayant fermé 50 ans après leur création) avec de curieuses poteries « amiantées », à l'histoire du tourisme (belles affiches anciennes), aux confréries et à leur renouveau dans les années 1950-1960.

– Expos temporaires généralement très intéressantes.

Le point de vue du Belvédère *(plan A2)* **:** par une rampe qui longe la citadelle vers l'ouest, on arrive au bord du piton rocheux qui surplombe les vallées de la Restonica et du Tavignano. Superbe !

La rampe Sainte-Croix *(plan A2)* **:** *entre la rue du Colonel-Feracci et le cours Paoli.* Une fontaine, des maisons altières et patinées, et de belles marches montant vers la chapelle Sainte-Croix (XVIIe s), dont l'intérieur abrite des orgues à l'italienne, un beau retable baroque et quelques restes de fresques. C'est d'ici que part, chaque Jeudi saint (au soir), la fameuse et très ancienne procession de la *Granitula* (avec des pénitents).

DANS LES ENVIRONS DE CORTE

Lana Corsa : *pont de San Lorenzu, à 15 km au nord de Corte, entre Ponte-Leccia et Francardo, 20218* ***Saliceto.*** *☎ 04-95-48-43-79. • lana-corsa.com • Tte l'année, lun-sam 9h-19h (17h nov-mars). Parc exposition : 5 € ; réduc. Entrée libre à l'atelier.* On visite, seul ou accompagné, l'exposition permanente *Di a pecura a un filu* (« De la brebis au fil »), qui présente les étapes de la transformation de la laine. Sympa et instructif. À voir également dans le parc, différentes variétés de brebis, une yourte en laine.

Randonnées pédestres

Corte est située dans une région fantastique pour la randonnée. La traversée ***Mare a Mare Nord de Moriani-Plage à Cargèse*** se fait sur 9 jours et passe par Corte.

➢ Départ à Moriani-Plage (se reporter à cette ville), puis une étape à Santa-Reparata-di-Moriani (4h) au gîte *Luna Piena (☎ 04-95-37-19-76),* Pied'Alesani (5h10), Pianello (4h40) où l'on trouve un *gîte* communal *(☎ 04-95-31-76-72)* et enfin Sermano (4h50) dans les montagnes du Bozio.

Gîte San Fiurenzu : *à* ***Sermano.*** *☎ 04-95-48-68-08.* Voir plus loin « Le Bozio ».

L'étape suivante est le ***Refuge A Sega*** : *le long du Tavignano, à 1 196 m d'altitude et à 5h de marche de Corte. Résa auprès du parc régional de Corse : • parc-corse.org • Compter 7 €/pers en bivouac et 14 €/pers en refuge.* Aire de bivouac aménagée et coin cuisine. Capacité de 36 lits. Sommaire. On préfère, juste à côté,

les Bergeries de la Sega (La Châtaigneraie) : 06-10-71-77-26. • pascal biancardini@orange.fr • 1er mai-15 oct. Double 58 €, quadruple 112 €. Repas 20 €. Pique-nique à emporter (copieux) : 15 €. Chambres (2-5 pers) avec salle de bains privative, disposant d'une terrasse, donnant sur un paysage somptueux.

Un autre ***gîte*** à ***Albertacce*** (☎ 04-95-48-05-60). Voir plus haut « Calacuccia et le Niolo ». On passe par *Sidossi* après 3h30 de marche.

➢ Ensuite, c'est le col de Vergio (en 4h), où l'on croise le GR 20, et où l'on a le choix entre continuer par Évisa (en 6h30) sur Cargèse, ou partir sur Calenzana et de là arriver à Calvi (on rejoint l'itinéraire Mare e Monti ; voir « Dans les environs de Calenzana »).

Les gorges du Tavignano *(Tavignanu)* **:** un sentier balisé (dont le départ, rue du Colonel-Feracci, est situé à proximité de la citadelle) remonte en effet toute cette vallée sauvage. Il faut environ 2h-2h30 pour atteindre la *passerelle de Rossolino* (vasques superbes de part et d'autre de cette passerelle en dur où le chemin passe en rive droite du Tavignano) et 2h30-3h de plus pour rejoindre le *Refuge A Sega.* Si l'on choisit d'y dormir le lendemain, retour par le plateau et les bergeries d'Alzu 2h de marche, et descente par la vallée de la Restonica (compter 3h jusqu'à Corte). L'itinéraire complet, sur 2 journées donc, constitue la « boucle des deux vallées » (dépliant à l'office de tourisme de Corte).

LA VALLÉE DE LA RESTONICA / A RESTONICA

(20250 ; commune de Corte)

Plus de 15 ans après les incendies de l'été 2000, randonneurs et automobilistes peuvent s'y promener à nouveau et constater que la vallée a rapidement pansé ses plaies. Une vallée tellement belle et si fragile qu'elle a été classée Grand Site national en 1985. En plein cœur de la Corse, la Restonica naît à 1 711 m d'altitude au lac de Melo, dans le massif du Rotondo. Puis, devenue un fougueux torrent de montagne, elle caracole joyeusement au pied des forêts sur une quinzaine de kilomètres jusqu'à Corte, zigzaguant entre de gros rochers chauffés par le soleil, formant une ribambelle de piscines naturelles où l'on peut se baigner en été (un grand moment de volupté aquatique !) et offrant des points de vue d'une intrigante beauté. On peut y observer des espèces rares et protégées : pigeons des roches, renards, aigles royaux. Bref, l'une des sept merveilles de l'île de Beauté !

– **ATTENTION !** Accès interdit aux gorges pour les camping-cars et caravanes au-delà du camping de Tuani, et stationnement interdit en dehors des espaces aménagés (route très étroite). On vous demande vraiment de respecter ces consignes, garantes de la sécurité de chacun et de la protection de ce site unique. Enfin, sachez que le parking des bergeries de Grotelle, en bout de vallée, est payant *(6 €/voiture et 3 €/moto).* Ce parking, dans le cadre de l'OGS (Opération Grand Site) Restonica, sera supprimé (et, une fois revégétalisé, rendu à la nature) et remplacé par celui de Lamaghjosu. *Rens juin-sept, point info de la Restonica (situé entre l'hôtel* L'Arena *et le camping de Tuani).*

– ***Conseil pratique pour apprécier au mieux les gorges :*** en été, il y a beaucoup de monde dans les gorges, et l'on peut même tomber sur de terribles embouteillages de voitures. La solution consiste à y passer une nuit ou deux (téléphoner à l'avance, car les adresses sont souvent complètes), puis à partir à la découverte du torrent et des montagnes à pied, de très bonne heure (6-7h), et à apporter le casse-croûte. Moments magiques en perspective. Époque idéale : juin et septembre, évidemment, mais même en pleine saison, en décalant bien ses horaires, on peut avoir les gorges à soi tout seul (enfin, façon de parler !).

➢ ***De Corte aux bergeries de Grotelle*** (le terminus) **:** 15 km par une route magnifique mais étroite. Circulation limitée en saison. Attention aux vaches et aux cochons sauvages qui errent sur la chaussée. À la bergerie, possibilité d'acheter directement aux bergers d'excellents produits (fromages, confitures et parfois charcuterie artisanale) en demandant gentiment. Ce sont des bergeries de Grotelle que partent les coureurs du *Grand Raid Interlacs,* qui passent ensuite par sept lacs d'altitude avant de revenir à Grotelle.

■ ***Autocars Cortenais :*** *☎ 04-95-46-02-12. Assurent la liaison en minibus entre le point info et les bergeries de Grotelle. Service d'autocars assuré en principe 15 juil-15-août, 4 fois/j. (départs le mat entre 8h et 12h, retour l'ap-m entre 13h30 et 17h30). Tarif : env 4 €.* Pratique pour les randonneurs qui veulent aller aux lacs et n'ont pas de voiture, sauf que de Corte au point de départ de la navette, rien n'a été prévu (3 km de marche !). Attention, ce dispositif, dépendant d'une subvention de la Mairie de Corte, peut ne pas être reconduit d'une année à l'autre, et les horaires peuvent varier. Les *Autocars Cortenais* proposent également, de mi-juin à septembre, une navette passant par les campings et hôtels de la ville (départ à 8h du camping *Santa-Barbara*) et arrivant vers 9h25 au *Camping de Tuani* (retour à 15h et 17h). *Tarif : 15 € l'A/R (oui, quand même !). Inscription la veille (jusqu'à 21h).*

Où dormir ? Où manger ?

Camping

⛺ 🍽 ***Camping de Tuani :*** *dans les gorges de la Restonica, 3 km après Le Refuge. ☎ et fax : 04-95-46-11-65. • contact@campingtuani.com • Avr-fin sept. Compter env 24,50 € pour 2. Formule déj 16 €. CB refusées.* Site sauvage. À 7h du mat, votre voisin d'en face vous réveille ; c'est la cigale de service qui fait commencer le concert de la journée. Au bord de la rivière, la plupart des espaces sont en espaliers, ce qui n'empêche pas l'impression d'entassement en août. Restauration dans un chalet de rondins avec une terrasse abritée donnant sur la rivière. Bonnes *bruschette* et tartes maison.

De prix moyens à plus chic

🏠 ***Hôtel L'Arena – Le Refuge :*** *dans les gorges de la Restonica, à 2 km de Corte, sur la gauche de la route. ☎ 04-95-46-09-13. • hotellerefuge@wanadoo.fr • hotel-arena-lerefuge.com • ♿ Congés : d'oct à mi-avr. Doubles 100-120 €.* 📶 Bel hôtel de montagne en contrebas de la route, avec des chambres ouvrant directement sur le torrent et avec solarium. Chambres climatisées et insonorisées. À côté, une grande terrasse couverte pour prendre le petit déj. C'est simple, propre et accueillant.

🍽 ***Restaurant Au Relais des Lacs, chez César :*** *au pont de Tragone, presque au bout des gorges de la Restonica, 20250* ***Corte.*** *☎ 04-95-46-14-50. • chezcesar@aliceadsl.fr • À 10 km de Corte. Ouv 15 avr-fin sept. Plat du jour 15 €, vin compris ; menu 25 €. CB refusées. Café offert sur présentation de ce guide.* Dans un site superbe, en pleine forêt, une maison genre chalet où il est très agréable de déjeuner en été à l'ombre des pins, tandis que le torrent gronde à quelques mètres des tables. Intérieur rustique et chaleureux. Cuisine copieuse à base de grillades au feu de bois.

🍽 ***L'Auberge de la Restonica :*** *à 1,5 km de Corte, sur la route des gorges de la Restonica. ☎ 04-95-46-09-58. • restaurant@aubergerestonica.*

com • Avr-oct (et hors saison pour les groupes de 10 pers min). Carte env 45 €. Le long du torrent. Dans une grande maison ancienne en pierre, salon avec cheminée. Cuisine corse. Jardin agréable, resto avec terrasse couverte et belle piscine. Accueil chaleureux.

Randonnées pédestres

Bureau d'information : *à 1 km après Le Refuge. ☎ 04-95-46-33-92. Petite guérite en bois au départ de la D 623. En saison, tlj 9h-12h, 13h-16h30.*

➢ **Les lacs de Melo** *(Melu)* **et de Capitello** *(Capittellu)* **:** aller et retour en 2h (lac de Melo) ou en 3h30 (lac de Capitello). Ces durées sont valables pour de bons marcheurs. Partir de bonne heure le matin, avec aux pieds de bonnes chaussures de randonnée. Le terminus de la bergerie de Grotelle *(parking payant : 6 €),* au bout de la route de la Restonica, est le point de départ de plusieurs excursions parcourant la série de vallons du principal massif lacustre de Corse. Le fond de la vallée est d'ailleurs dominé par la *pointe des Sept-Lacs,* ainsi nommée car on peut y admirer (allez le vérifier, ce sommet qui domine le lac de Capitello ne présente guère de difficultés techniques en été !) autant de pièces d'eau claire, ayant pour noms Goria, Nino, Melo, Capitello... Ces deux derniers lacs sont les plus visités. Attention : prévoir une petite laine et un vêtement de pluie, il fait souvent froid et humide là-haut. Prévoir également de bonnes chaussures. Enfin, contrairement à ce que l'on croit parfois, les randonnées vers ces lacs ne sont pas « familiales » : ne pas s'y engager avec des enfants.
– Le premier, *Melo* (1 711 m), est à 1h15 de marche du parking et il est aussi simple de suivre la cohorte des touristes que de repérer les balises qui jalonnent cette montée. Attention toutefois, dans le verrou rocheux situé juste sous le lac, le terrain accidenté a nécessité l'installation de câbles de progression et de sécurité qui donnent lieu, à la belle saison, à des embouteillages cocasses et à des chutes fâcheuses de sacs à main ! Passer sur les côtés, c'est aussi facile et surtout plus rapide !
– Le second lac, *Capitello* (1 930 m), est plus spectaculaire, surtout vers la fin du printemps, quand le lac et les sommets environnants sont encore pris sous la neige (le lac est d'ailleurs lui-même gelé 8 mois par an). D'imposantes murailles plongent littéralement dans l'eau ; tout cela est, croyez-nous, fort saisissant ! Là encore, l'accès est rapide (45 mn de Melo à Capitello), même s'il y a des passages plus difficiles s'apparentant à de l'escalade (prévoir donc une descente plus périlleuse).

LE BOZIO / BOZIU

Une microrégion totalement enclavée, un peu oubliée, même des pouvoirs publics (pas une seule école, les enfants sont quotidiennement emmenés à Corte dès la maternelle !). Région relativement boisée en son centre (hêtres et châtaigniers, à l'est, le Bozio jouxte la Castagniccia), beaucoup plus pauvre en végétation du côté d'Erbajolo, au sud. Outre le plaisir de la rando, le Bozio offre au visiteur quelques jolis villages et de belles chapelles romanes (à Sermano, Favallelo et Cambia).

Où dormir ? Où manger ?

Bon marché

Gîte San Fiurenzu : à **Sermano.** *☎ 04-95-48-68-08. 06-13-17-84-94. • usanfiurenzu@gmail.com • 1er avr-fin oct. ½ pens (obligatoire sf après le 20 sept, quand le resto est fermé) 48 €/pers. Au resto, menu 22 €. CB refusées. Digestif offert sur présentation de* *ce guide.* 3 chambres de 4 lits superposés. Très agréable. Et en plus on y mange bien.

Prix moyens

Chambres d'hôtes A Casa Aperta *(Gîtes de France) : à Feo,* ***Favallelo-di-Bozio.*** *☎ 04-95-61-09-21. 06-80-58-31-50. • contact@a-casaaperta.com • a-casa-aperta.com • Quand on vient de Corte, juste après la bifurcation pour Castellare-di-Mercurio (ne pas aller à Favallelo). Congés : nov-mars. Compter 80-85 € pour 2, petit déj compris. CB refusées. Un petit déj/chambre offert sur présentation de ce guide.* Dans une maison moderne, 5 chambres agréables de plain-pied ou au 1er étage. Excellent accueil d'Isabelle, qui vous fait vous sentir comme à la maison. Très bon petit déjeuner. Accès rapide à Corte.

Chambres d'hôtes Alando *(chez Marie-Laure Tauziat ; Gîtes de France) : dans le centre du tt petit village d'****Alando.*** *☎ 04-95-48-64-21. • ml.tauziat@orange.fr • chambresdhotescouventdalando.com • Tte l'année. Double 85 €, petit déj compris. Table d'hôtes 25 €. CB refusées.* 4 chambres (dont une en duplex) dans une maison moderne, face au couvent d'Alando. Excellent niveau de confort, déco sympa et, cerise sur le gâteau, calme absolu pour recharger ses batteries. Excellent accueil. Table d'hôtes remarquable, unanimement vantée. Une halte très agréable dans cette microrégion encore trop peu connue.

Plus chic

Chambres d'hôtes Casa Capellini : *à Poggio,* ***Sant'Andrea-di-Bozio.*** *06-14-74-44-98. • casacapellini20212@gmail.com • chambres-hotes-corse-bozio.com • Congés : nov-mars. Doubles standard 90-120 €, 110-140 € avec terrasse. ½ pens 30 €/pers. CB refusées. Digestif offert sur présentation de ce guide.* Des chambres d'hôtes de charme, dans une maison de famille du début du XXe s, impossible à rater dans le village. 5 chambres de standing, dont 3 avec une magnifique terrasse, joliment décorées, disposant de tout le confort (salle de bains avec baignoire, TV satellite, accès Internet...). Table d'hôtes soignée, cuisine préparée avec des produits naturels, bio aussi souvent que possible. Les 2 hôtes sont accompagnateurs de moyenne montagne et ont développé le concept de rando-confort (hébergement en 3-étoiles ou en chambres de charme), mais les non-randonneurs sont, évidemment, acceptés.

Balades

Le Bozio se trouve sur le tracé du Mare a Mare Nord (Moriani-Cargèse), et les randonneurs parcourant ce sentier traverseront donc la microrégion. On peut n'en faire qu'un petit tronçon, notamment la partie ***Alando-Sermano*** (passant par la célèbre chapelle, voir plus loin) – ***Castellare-di-Mercurio.***

➢ Ceux qui sont en deux ou quatre-roues arrivent en général de Corte : boucle à la journée (ou même à la demi-journée) en passant par la D 41 qui mène à *Castellare-di-Mercurio* (village-promontoire au bout de la route). On continue par **Sermano,** à 3 km. Ce village a été le berceau de la ***paghjella*** (chant polyphonique sur des textes de poésie profane) et accueille en août un festival de musique. Normal, puisque les violoneux y sont nombreux (du moins par rapport au nombre d'habitants) et que l'un des musiciens les plus réputés de Corse, *Petru Guelfucci,* y habite. À l'écart du village, à 15 mn de marche, belle *chapelle San Nicolao,* récemment restaurée et entourée de cyprès *(demander la clé au village, au bureau de poste – lun-ven 9h-12h, 14h-16h45 et sam 9h-11h30 – ou chez Paulette Strina, à côté de la fontaine).* Fresques (classées) réalisées entre 1450 et 1458. Retour sur la route, toujours aussi étroite vers Bustanicu, puis D 39 vers ***Sant'Andrea-di-Bozio*** : *couvent du Boziu,* au croisement de la D 15 et de la D 39, à l'abandon comme tant d'anciens bâtiments conventuels en Corse... On arrive ensuite à *Poggio,* l'un des hameaux de Sant'Andrea-di-Bozio, juste avant *Piedilacorte* et sa « cathédrale », dont le campanile élancé est visible de loin. Les autres hameaux du village, *Rebbia* et *Arbitro,* sont très proches. Retour sur *Favallelo* ou détour par ***Alando,*** où une statue rend hommage à Sambuccuciu, le « Père de la terre du Commun » qui, dit-on, déclencha une révolte antinobiliaire en 1358. Possibilité d'allonger la balade en descendant sur ***Erbajolo,*** un village qu'on atteint au bout d'une longue route traversant un paysage relativement ingrat, à la végétation rase. Joli point de vue depuis l'*église Saint-Christophe,* d'où part un sentier de 6 km, sans difficultés, pour découvrir le patrimoine du village. D'Erbajolo, pour rejoindre Corte, passer par *Altiani* ou, si l'on quitte la région pour rejoindre la côte, passer par ***Piedicorte-di-Gaggio*** et jeter un coup d'œil à l'étonnant campanile de l'église. Y est représenté un combat d'animaux inquiétants (monstre ailé, griffon et loups). Puis on rejoint *Pancheraccia* et, de là, la T 50.

LA VALLÉE DE L'ASCO / ASCU

Réputée depuis toujours comme l'une des plus belles vallées de Corse (avec sa voisine cortenaise de la Restonica). Dès que l'on quitte la plaine aride de Moltifao et ses rares bosquets de chênes verts, on remonte dans un paysage tourmenté de gorges superbement colorées, sur 5 km environ. Plus haut se niche le seul village de la vallée, Asco, coincé entre la *Dent d'Asco* – l'une des aiguilles de Popolasca – et les territoires à mouflons du protecteur et paternel *monte Padro.* Un boisement séculaire, immense et pratiquement pur, de genévriers oxycèdres donne aux abords de ce village isolé un faux air désertique, et au miel produit localement (nombreuses ruches sur les pentes) sa saveur réputée dans toute la Corse. Enfin, on entre dans la vallée du haut Asco, la route change de rive et chemine pour finir à l'ombre des pins laricio et de murailles formidables qui, du Cinto au capu Larghia, écrasent la haute vallée. Pas mal d'espèces rares crèchent dans le coin : outre le mouflon, des amphibiens comme le discoglosse ou la salamandre de Corse, cinq variétés de chauves-souris, la sittelle et, bien entendu, des rapaces. Tout au long de la vallée, par endroits, accès possibles à la rivière et plans baignade (eau bien fraîche !).
Dommage toutefois qu'un si beau site souffre aujourd'hui de son succès, surtout en été. Embouteillages à prévoir. L'aménagement du haut Asco, au terminus de la D 147, n'est pas une grande réussite... On vous laisse apprécier. Félix von Cube – un héroïque médecin allemand, précurseur de l'alpinisme en Corse – reconnaîtrait avec peine des lieux qu'il parcourut et cartographia avec passion dans les années 1900 !
Cela dit, la vallée de l'Asco ne se réduit pas à cela, son cours reste splendide et, si l'on ne craint pas de marcher un peu, les superbes coins à visiter alentour sont innombrables (attention, précautions d'usage obligatoires : chaussures adéquates, météo correcte, carte IGN, vivres et boisson, etc.).

➢ Si l'on arrive à Ponte-Leccia en train entre (en principe) mi-mai et mi-oct, un bus monte dans la vallée *(vers 12h, retour à 9h et 14h).* Dessert Asco et le haut Asco, jusqu'à l'hôtel *Le Chalet.* **Corsica Giru** *(Autocars Grisoni ; 06-47-39-32-04 ou 07-60-65-03-02 ; • corsica-giru@bbox.fr •).*

LA CORSE INTÉRIEURE

Où dormir ? Où manger ?

Campings

⛺ ***Camping E Canicce :*** *Moltifao.* ☎ *04-95-35-16-75. • ecanicce@gmail.com • ecanicce.corsica • Juste après l'embranchement pour Moltifao, sur la D 47 (route d'Asco), à droite. Congés : déc. Forfait 2 pers 18 € ; mobile homes 300-690 €/sem (possible à la nuitée sf juil-août) et maisons en pierre. CB refusées.* Camping tout simple en bord de rivière, offrant de grands emplacements à l'ombre de vieux chênes verts. Snack et piscine. Une adresse tranquille.

⛺ ***Camping Cabanella :*** *route de l'Asco, 20218* ***Moltifao.*** *07-81-94-24-61. • camping.cabanella@gmail.com • campingcabanella.com • À 7 km à l'ouest de Ponte-Leccia, juste à côté du pont génois. Pâques-sept. Compter env 15 € pour 2 avec tente et voiture ; mobile homes 310-600 €/sem. CB refusées.* Aire naturelle de camping en bord de torrent, bien ombragée, calme et propre. Petite buvette couleur locale, on est peinard.

⛺ ***Camping A Tizarella :*** *20218* ***Moltifao.*** ☎ *04-95-47-83-92. • franceschetti.pierre-marie@orange.fr • camping-tizarella.com • 500 m plus haut que le camping Cabanella, face au village des Tortues. Avr-oct. Compter env 19 € pour 2 avec tente et voiture. CB refusées.* Petit camping ombragé, plus grand que le camping *Cabanella,* mais moins proche de la rivière. Équipement minimal mais correct (sanitaires neufs). Piscine. Possibilité de manger sur place (pizzeria).

⛺ ***Camping Monte Cintu :*** *forêt du Haut-Asco, 11 km plus haut qu'Asco, sur la droite.* ☎ *04-95-47-86-08. • campingmontecinto.asco@neuf.fr • campingmontecinto-asco.com • Mai-fin sept. Plutôt bon marché : 14,50 € pour 2. CB refusées.* Camping proposant beaucoup d'espace sous les pins, en bordure de route et de rivière. Un site agréable, pas d'emplacements délimités. Location de caravanes. Petite restauration bon marché.

Prix moyens

La Ventulella : *route du couvent, 20218* ***Moltifao.*** ☎ *04-95-35-36-65. 06-71-93-27-62. Traverser Moltifao, c'est env 800 m après le village, sur la route du couvent, sur la droite. • bietry.anais@orange.fr • ventulella.com • Tte l'année. Chambres doubles 48-90 € selon saison et confort. Table d'hôtes (sf lun) 20-30 € (selon jour de la sem).* Anaïs Bietry et son compagnon reçoivent leurs hôtes avec simplicité et conviction. Leur maison, à l'écart du village, jouit d'un très bel environnement, sans parler de la tranquillité, et dispose de 4 chambres. Les moins chères se partagent salles de bains ou toilettes, les autres, plus grandes, peuvent accueillir jusqu'à 4 personnes. La repas en table d'hôtes se prend sous un chêne vert multiséculaire. Petit déjeuner mémorable. Magnifique vue sur le village et les aiguilles de Popolasca.

E Cime *(chez Marie-Jeanne et Daniel) : lieu-dit Costa, 20276* ***Asco.*** ☎ *04-95-47-81-84. • e.cime@orange.fr • e-cime.com • Congés : oct-mars. Double 75 €, triples 90-105 €, petit déj compris. Repas env 25 €. Apéritif offert sur présentation de ce guide.* Marie-Jeanne et Daniel Franceschetti ont fait construire sur les hauteurs d'Asco une nouvelle maison, avec 4 chambres d'hôtes confortables. Bonne cuisine de terroir (cabri, agneau, civet de sanglier). Magnifique vue panoramique sur les 2 vallées.

Auberge l'Acropole : *à l'entrée du village, lieu-dit Ranza, 20276* ***Asco.*** ☎ *04-95-47-83-53. • jean-louis.vesperini@outlook.fr • acropole-asco.com • De mi-mars à fin oct. Doubles 80-95 € ; familiales 90-115 € ; petit déj en sus. ½ pens possible. Menu env 27 €. Digestif offert sur présentation de ce guide.* Chambres confortables, récemment refaites et décorées avec goût. Les plus chères (chambres confort et suite) disposent d'un ordinateur. Piscine. C'est une bonne table également (entre autres, beignets de fromage et sanglier à l'honneur).

Hôtel Le Chalet : *20276* ***Asco,*** *au stade de neige, tt au bout de la route de la Vallée. ☎ 04-95-47-81-08. • hotel.le-chalet@wanadoo.fr • hotel-lechalet-asco.com • De mai à mi-oct. Doubles 95-100 €. Menus 20-26 €. Également, en gîte d'étape, une cinquantaine de lits pour les randonneurs (15 €/pers, 44 € en ½ pens).* Dans ce bout du monde coincé au cœur des plus hauts sommets de l'île, la vue lointaine est magnifique sur le Cinto. Côté gîte, box de 6 à 8 lits et dortoir de 28 lits. Coin cuisine pour les randonneurs, et spécialités du pays au resto. L'hôtel, dont toutes les chambres ont été rénovées, offre un bon niveau de confort. La localisation « stratégique » de cet hébergement justifie un séjour de quelques jours pour les amateurs de montagne avec, au programme, les musts du secteur : Cinto, punta Minuta via le cirque de la Solitude (l'un des hauts lieux du GR 20, mais ATTENTION ! Dangereux par temps de pluie, les roches devenant très glissantes), Muvrella, capu Larghia, pic Von Cube... Sur place, ravitaillement et matériel de rando.

Le Pont Génois : *20276* ***Asco,*** *au sommet de la route de la vallée, à l'entrée du village, à droite. 06-75-55-48-82. • lucilleguidoni@orange.fr • Service non-stop en saison. Congés : nov-avr. Assiettes de charcuterie et de fromages (corses !) et omelettes 8-11 €, 7,50-9 € ; formule 19,50 €. Café offert sur présentation de ce guide.* Une adresse parfaite pour casser la croûte à l'ombre avec une vue époustouflante sur la vallée. Plats simples mais copieux, servis avec le sourire de toute la famille en salle et en cuisine. En hiver, un poêle pour réchauffer les téméraires arrivés jusqu'ici. À 500 m en contrebas par la gauche, le fameux pont génois (voir plus loin).

À voir. À faire

Les gorges de l'Asco : ne représentent qu'une partie de la vallée entre Moltifao et Asco. La route traverse ce défilé sauvage surplombé par des crêtes rocheuses dépassant 900 m. Moins longues et plus larges que la Scala di Santa Regina, ces gorges creusées dans le granit sont réputées pour la qualité du miel qui est récolté dans des ruches accrochées aux pentes.

Le village des Tortues de Moltifao *(u paese di e Cuppulate)* ***:*** *route d'Asco, au lieu-dit Tizzarella, 20128* ***Moltifao.*** *☎ 04-95-47-85-03. • villagedestortues.wordpress.com • Mai-sept, tlj 9h30-13h, 14h30-19h. Entrée : 9 € ; réduc ; gratuit moins de 5 ans. Visites guidées à 10h30 et 15h30. Un petit sentier de découverte (1h) part du village.* La tortue d'Hermann ne survit en France que dans le massif des Maures et en Corse. Menacée de disparition par les incendies, les voitures (qui l'écrasent) et les personnes (qui la ramassent), elle est ici protégée. Dans un cadre naturel de toute beauté, parmi les chênes verts, on emprunte un sentier d'interprétation, on peut voir l'enclos de reproduction, celui des juvéniles et la nurserie.

Asco : ce village d'une austère beauté, à 22 km à l'ouest de Ponte-Leccia, a vécu jusqu'en 1937 (année de la construction de la route) coupé du reste du monde. Maison du mouflon et de la nature à la mairie *(☎ 04-95-47-82-07).*

À la sortie en amont du village, une route goudronnée fort raide descend au torrent franchi par un admirable *pont génois* du XVe s, en partie restauré en 1971 et classé Monument historique. Vasque splendide sous l'arche unique de cet ouvrage. Super endroit pour piquer une tête dans un magnifique cadre. Toujours s'assurer que le niveau d'eau est suffisant. On étend sa serviette et on saute de rocher en rocher. Sur l'autre rive, le sentier remonte la vallée de la Pinara ; c'est par ce chemin ancestral et le col de Serra Piana que communiquait autrefois Asco avec le Niolo. La vallée, désormais beaucoup moins fréquentée, est devenue délicieusement sauvage...

Si vous avez aimé ce vénérable pont, allez voir ses deux cousins, également génois, situés, eux, dans la basse vallée. Rejoindre pour cela la route Bastia-Calvi et prendre la direction de Calvi. À 600 m environ après le franchissement par cette route du torrent de l'Asco, immédiatement après son passage entre deux talus formant un encaissement de la voie, une piste descend jusqu'au torrent de la Tartagine. Un pont génois permet de passer sur l'autre rive et, en s'orientant au mieux pour éviter les épineux, on rejoint le second pont, plus large et tout aussi beau, bâti quant à lui au-dessus de l'Asco.

➢ ***Rando, canyoning, kayak, via ferrata et escalade :*** ***In Terra Corsa,*** *à la sortie de Ponte-Leccia, sur la route territoriale en direction de Calvi.* ☎ *04-95-47-69-48.* • *interracorsa.fr* • Organise toutes sortes d'activités dans la vallée de l'Asco. La via ferrata Dia Manicella est, historiquement, la première aménagée sur l'île.

DANS LES ENVIRONS DE L'ASCO

Moltifao et Castifao : un petit détour en dehors de la D 47 permet de jeter un coup d'œil à ces villages voisins. Entre les deux, au sommet d'un petit col, le couvent franciscain abandonné de Caccia *(cunventu di San Francescu),* où l'on se réunit en 1755 pour élaborer la Constitution voulue par Paoli. L'intérieur de l'église sert de cimetière depuis 1824 ! Il faut dire que l'édifice avait été abandonné après l'effondrement de la voûte de l'église pendant une cérémonie...

ENTRE CORTE ET VIZZAVONA

Au sud de Corte, les montagnes s'élancent vers le ciel. La T 20, qui traverse la Corse en oblique (de Bastia à Ajaccio), passe par quelques beaux villages (Venaco et Vivario), pénètre dans la forêt de Vizzavona, et on monte ainsi sous les pins laricio jusqu'au col de Vizzavona (1 163 m), sorte de charnière naturelle entre les deux départements de la Corse. Là-haut, les sommets culminent à plus de 2 000 m, comme le *monte d'Oro* (2 389 m) ou le *monte Renoso* (2 352 m).
Bien sûr, les randonneurs s'en donneront à cœur joie, tant la région se prête merveilleusement aux aventures pédestres. Comme ce fameux GR 20 (encore lui !), un sentier qui emprunte la ligne des crêtes, qui est également la ligne de partage des eaux. S'il fait beau, pas de problème. S'il pleut et qu'il tombe des cordes, abritez-vous d'abord (les orages peuvent y être très, très violents...), et observez ensuite les filets d'eau ; les uns dégoulinent vers la côte ouest, les autres vers la côte orientale, preuve qu'il s'agit bien là d'une sorte de limite naturelle entre la Haute-Corse et la Corse-du-Sud.

VENACO / VENACU (20231 ; 745 hab.)

Au pied du *monte Cardu* (2 453 m), les maisons de Venaco s'accrochent à la montagne, dominant le vaste paysage de la vallée du Tavignano où coule un torrent impétueux. Pays de bergers et de chasseurs, le Venacais est réputé pour ses truites et ses fromages de brebis, pensez-y à table ! Observez le nombre de terrasses, d'aires à blé *(aghje),* de paillers *(pagliaghji),* d'anciens moulins à châtaignes et à huile. Du village, le sentier des bergeries permet de partir à la découverte du « poudingue » de Venaco (des conglomérats de galets soudés par une sorte de ciment gréseux).
– Chaque année, le 1er week-end de mai, le village accueille *a fiera di u casgiu* (la Foire au fromage corse).

➢ ***Pour y aller :*** de Bastia, d'Ajaccio ou de Calvi, prendre le train qui s'arrête à la gare de Venaco *(☎ 04-95-47-01-32).*

Où dormir ? Où manger à Venaco et dans les environs ?

Prix moyens

Chambres d'hôtes Le Venaco : *route de Lugo (D 340). ☎ 04-95-47-01-38. 06-61-57-36-24. • levenaco@bbox.fr • levenaco.fr • En contrebas du village, à moins de 1 km du centre. Doubles 68-73 €. CB refusées.* 5 chambres confortables et classiques, avec TV, dans la maison des propriétaires mais avec une entrée indépendante. Jolie situation : on a l'impression d'être à la campagne tout en étant dans un village ! Excellent accueil.

Casa Mathea : *rue Saint-Roch, à* ***Poggio-di-Venaco.*** *☎ 04-95-47-05-27. • casamathea@aol.com • auberge-casamathea-corse.com • De la T 20, prendre la D 140 en direction de Casanova ; Poggio se trouve quelques km après. Congés : 15 nov-15 déc. Resto ouv le soir (le midi sur résa 24h à l'avance). Doubles 55-71 € ; studios-apparts (4-5 pers) 68-92 €. ½ pens possible 25 €/pers. Formule déj 15 €, menus 19-32 €. Apéritif offert (pour un repas) et réduc de 10 % sur le prix des loc sur présentation de ce guide.* Ce village situé au cœur de l'île sert souvent de halte aux randonneurs des sentiers découverte nature. C'est pour cela que Jacques Rombaldi et son épouse ont retapé leur vieille maison et l'ont transformée en une moderne auberge rurale. Studios de 4 ou 5 couchages, de 25 à 40 m² (ces derniers avec mezzanine), tout confort, avec cuisine, mobilier moderne et TV ; le tout très propre. Également un F3 de 70 m². Piscine chauffée et balnéo. Excellent accueil.

Gîte d'étape communal : *rue Saint-Roch, à* ***Poggio-di-Venaco.*** *☎ 04-95-47-07-45 (bar) ou 09-61-46-00-40 (mairie). 06-83-18-00-00. • poggiodivenaco@aol.com • En face de la Casa Mathea, au-dessus du bar. Tte l'année. Compter 13 €/pers (prévoir son sac à viande) ; chambres d'hôtes 35-40 € ; petit déj en sus.* L'établissement fait penser à une auberge de jeunesse, il est très bien tenu, propre, et a été récemment rénové. Complémentaire de son voisin la *Casa.* 2 dortoirs de 8 lits et 6 chambres d'hôtes, dont 2 se partagent une salle de bains. Accueil très sympa.

Ferme de Peridundellu : *de Venaco, prendre la D 143 vers la vallée du Tavignano ; c'est 4 km plus bas (belle descente) sur la droite. ☎ 04-95-47-09-89. • campingvenaco@orange.fr • campingvenaco.e-monsite.com • Mai-sept. Compter env 15 € pour 2 avec tente et voiture ; petit déj complet 6 €. Repas ts les soirs en juil-août (sur résa) 14 €.* Petit camping sous les pins (25 emplacements) avec douche chaude, laverie, congélateur et barbecue. Torrent à côté. Maison récente, avec cheminée de pierre dans la salle à manger et jolie vue sur la région.

Chambres d'hôtes chez Antoinette et Charles Hiver *(Gîtes de France)* ***:*** *à* ***Santo-Pietro-di-Venaco.*** *☎ 04-95-47-07-29. • antoinette.hiver@laposte.net • antoinette.charles.free.fr • À 2 km au nord de Venaco. Congés : oct-mars. Ne pas arriver avt 17h. Double 64 €, petit déj inclus. Repas 20 € (vin compris). CB refusées.* Dans une bâtisse de construction traditionnelle, 4 chambres d'hôtes, avec douche et w-c. Torrent tout proche et coins agréables pour paresser sous les arbres. Bonne cuisine traditionnelle corse préparée par Antoinette, et petit déjeuner avec des confitures maison (qui sont d'ailleurs en vente).

Restaurant de la Place : *pl. du Pont, au centre de Venaco. ☎ 04-95-47-01-30. • restaurantdelaplacevenaco@orange.fr • Fermé lun sf juil-août (ouv le soir). Congés : de nov à mi-déc. Menu env 20 € ; carte env 30 €.* En saison, quelques tables dehors. Très bonne cuisine familiale corse : *tianu* d'agneau, agneau au four aux herbes du maquis, tarte sablée aux courgettes et au *brocciu,* et sauté de veau aux olives. Le fils des propriétaires possède l'*Hôtel Frascone,* à la sortie sud du village *(doubles 60-73 €).*

Bar Central : *à côté du Restaurant de la Place. ☎ 04-95-47-00-84.* Bons et copieux paninis, et accueil bien sympa.

Randonnées pédestres dans le Venacais

Le parc régional a balisé en orange six sentiers de pays formant des boucles à la journée autour de Venaco.

➢ La balade la plus sportive, au départ de Santo-Pietro-di-Venaco, gagne à 1 555 m la ***chapelle Sant Eliseu*** (le patron des bergers auquel est dédié chaque été sur ces hauteurs le plus haut pèlerinage de Corse) et fait une boucle grâce à un second sentier passant à des bergeries situées à la tête du vallon de Misongno.

➢ D'autres balades plus faciles vont de Venaco au ***pont de Noceta*** *(4h A/R)* avec possibilité de se baigner dans le Vecchio (très chouette, mais eau fraîche !).

VIVARIO / VIVARIU (20219 ; 505 hab.)

Les Alpes mais en plus élancé, avec le grand ciel bleu au-dessus des pins. À 22 km au sud de Corte, à 12 km du col de Vizzavona, on découvre des torrents, des pics rocheux, des forêts à perte de vue (celles de Rospa-Sorba et Vizzavona). Nombreuses randonnées à faire. Pour toutes ces raisons, Vivario reste un point de chute formidable pour les randonneurs, les chasseurs (sangliers, bécasses) et les pêcheurs (truites). Pour ceux qui suivent le GR 20, mais aussi pour ceux qui veulent faire des boucles à la journée, rentrer au camping ou à l'hôtel le soir, puis repartir à l'aventure le lendemain, et ainsi de suite...
À la sortie du village, sur la route de Corte, au-dessus de la gare, les ruines visibles sont celles de l'ancien fort de Parciola construit en 1770 par les Français pour contrôler la vallée du Vecchio.

Adresse utile

Gare de Vivario : *☎ 04-95-47-20-13.*

Où dormir ? Où manger ?

Ferme-auberge E Valle : *pl. Diane. 06-83-90-06-91. • simon.muracciole@orange.fr • En plein centre. En saison, tlj midi et soir. Plats 13-22 €.* On s'installe en bord de route, au beau milieu du village, sous le platane, là où le trottoir s'élargit et forme comme une placette. Simon Muracciole élève ses cochons dans un tout petit village, 1 km plus bas ; autant dire que l'on peut parler de circuit court. On choisira par exemple un filet mignon en croûte d'amande, ou un cabri de lait qui ne vient pas de bien loin non plus, ou toute autre proposition de la courte carte. Vente directe de charcuterie également.

Camping de Savaggio : *sur la T 20, à 4 km au nord de Vizzavona (route de Vivario). 06-81-96-08-98. • breuneval.veronique@orange.fr • C'est au bout du chemin qui descend. De mi-avr à fin sept. Compter env 17 € pour 2 avec tente et voiture ; en dortoir, 10 €/pers ; petit déj 5 €. Plat du jour 12 €. CB refusées.* 30 emplacements ombragés pour camper et un gîte d'étape avec 22 lits et une petite cuisine. Terrain en pente ne pouvant accueillir des caravanes. Terrasse avec table et chaises à la disposition des campeurs pour leur repas ; fait aussi petite restauration. Présence d'une supérette. Accueil bien sympathique.

⛺ 🍽 ***Camping Le Soleil :*** *à* ***Tattone.*** *☎ 04-95-47-21-16. • camping-lesoleil@orange.fr • camping-lesoleil.com • À 3 km au sud de Vivario, sur la gauche. Mai-fin sept. Compter 18 € pour 2 avec tente et voiture. Café offert sur présentation de ce guide.* Camping sous les cerisiers, les pommiers et les pins. Gare de Tattone à 50 m, et monte d'Oro juste en face. Bar et point de ravitaillement pour les randonneurs. Petite restauration le soir (pizzas au feu de bois). Gentils proprios. Transport de Tattone à Vizzavona et l'inverse.

VIZZAVONA (20219) 50 hab.

Quelques maisons, des ruines (celles du *Grand Hôtel de la Forêt,* ouvert en 1893) et une petite gare, le tout perdu dans un vallon écrasé par des montagnes de plus de 2 000 m et enrobé d'une fabuleuse forêt de pins laricio, où l'on peut vagabonder des journées entières sous les arbres ! Voilà Vizzavona. Cinquante habitants, mais un nom sur la carte de la Corse connu de tous les abonnés du GR 20 qui y font étape et autres mordus de randonnée pédestre.

Adresse utile

🚂 ***Gare de Vizzavona :*** *☎ 04-95-47-21-02. 2-4 trains/j.* D'Ajaccio, compter env 1h10 ; de Bastia, env 2h30. Pour le camping de *Savaggio* (voir plus haut), arrêt facultatif juste devant : demandez-le au contrôleur.

Où dormir ? Où manger ?

Prix moyens

🍽 ***Restaurant du Chef de Gare*** *(L'Altagna)* ***:*** *☎ 04-95-47-24-41. • chefdegarevizzavona@gmail.com • Ouv 1er avr-15 oct tlj ; en hiver, slt en période de vac. Menu 20 € ; formule « Presto » 15 €.* Marie-Ange, la fille des chefs de gare Rosy et Jean-Baptiste, a pris la relève. Aux fourneaux, elle se débrouille... comme un chef, évidemment. Bon (ah... les desserts maison !), copieux, bon marché et très sympathique.

🏠 ***Hôtel I Laricci :*** *gare de Vizzavona. ☎ 04-95-47-21-12. • hotelvizzavona@gmail.com • hotel-vizzavona.com • Congés : 15 oct-15 mai. Doubles 90-105€ selon confort (les moins chères ont douche et w-c sur le palier), petit déj compris ; lit en dortoir 25-30 €. ½ pens 71-76 €. Menu 18 €. Digestif offert sur présentation de ce guide.* Grande maison typique sur 3 niveaux, au confort rustique. Chambres simples et spacieuses. Ambiance reposante et décontractée. Beaucoup de randonneurs (en plus de l'hôtel, 22 places en dortoir de 5 lits).

🏠 🍽 ***Le Relais du Monte d'Oro :*** *au* ***col de Vizzavona,*** *en bord de route. ☎ 04-95-47-21-06. Sur simple appel téléphonique, on vient vous chercher à la gare, distante de 3 km. Mai-fin sept. Compter 14 €/pers en refuge, 19 €/pers en chambre de 4 lits en gîte (loc possible de draps en plus). En ½ pens, 39 € en refuge et 45 € en gîte. Resto à la carte.* Une étape sur le GR 20 avec 7 dortoirs de 4 couchages façon refuge de haute montagne. Cuisine à disposition.

🍽 ***U Muntagnera :*** *au* ***col de Vizzavona.*** *☎ 04-95-46-31-02. • lahalteduprince.com • Mai-oct. Plats 13-21 € ; grande assiette charcuterie et fromage 17 €.* Halte plaisante dans cette vieille maison en pierre, ancien relais de diligence, que fréquenta le prince Roland Bonaparte, grand voyageur (il vint y prendre des forces avant l'ascension du monte d'Oro). Cuisine simple et généreuse à la fois : on fera honneur en particulier à la charcuterie, aux grillades ou aux truites du vivier. Également des chalets qui se déclinent en deux formules : chambre d'hôtes et gîte d'étape (4-6 couchages) ainsi qu'un bivouac (possibilité de louer des tentes). Boutique de produits.

Chic

Chambres d'hôtes Casa Alta : *à 500 m de Vizzavona, en direction d'Ajaccio. ☎ 04-95-47-21-09. 06-72-28-31-46. • info@casa-alta.fr • casa-alta.fr • Congés : 15 déc-31 janv. Selon période, doubles env 70-110 €, quadruples 110-165 €, petit déj compris.* Au milieu des pins laricio, sur le chemin du GR 20, cette maison en pierre est la récompense du randonneur ou du touriste épris de l'arrière-pays. Car, en plus d'une tranquillité garantie, on trouve ici le confort des chambres joliment rénovées (double vitrage, belles salles de bains...) et l'accueil chaleureux de Vincent. Très convivial, à l'image du bon petit déjeuner servi sur une grande table commune ou en terrasse.

Hôtel-restaurant du Monte d'Oro : *au* **col de Vizzavona,** *à l'écart de la route. ☎ 04-95-47-21-06. • monte.oro@vizzavona.fr • monte-oro.com • Si vous êtes à la gare (à 3 km), on vient vous chercher sur simple appel téléphonique. Mai-sept. Doubles 53-96 € selon confort (lavabo, bains ou douche) et saison ; petit déj 15 €. ½ pens possible. Menu (midi slt) 27 € ; plats env 19-30 €. Apéritif offert sur présentation de ce guide.* Dans cette grosse maison du XIXe s, restée très rustique (un peu « hors du temps », comme le dit un texte que l'on peut lire à l'entrée), avec une grande terrasse ombragée, le lierre qui court des murs au plafond dans la salle de restaurant (et qui lui donne son nom : Eddera), des chambres rétro mais calmes et spacieuses, donnant sur la forêt. Cuisine traditionnelle corse. Les chambres dans le chalet (annexe) ont été rénovées.

Randonnées pédestres

➢ ***La Madonnuccia :*** 2h aller et retour au départ de La Foce di Vizzavona (le col, près de l'*Hôtel-restaurant du Monte d'Oro*). Superbe vue sur les montagnes et la vallée de la Gravona.

➢ ***La cascade des Anglais :*** 1h aller et retour de La Foce. Prendre un chemin carrossable qui descend dans les gorges de l'Agnone (au nord-ouest de Vizzavona) et rejoint en bas le GR 20. Le suivre jusqu'à cette belle cascade située dans un coin sauvage. Aller un peu au-delà pour trouver des coins tranquilles. On peut se baigner dans des piscines naturelles. Mais vous ne serez pas seul.

➢ Superbe balade vers ***bocca Palmente*** et les ***bergeries d'Alzeta*** : du tournant après la maison forestière de Vizzavona, emprunter le sentier balisé en rouge et blanc en direction du GR 20 Sud. Longer le chemin forestier qui s'étire en lacet jusqu'à bocca Palmente (une source se trouve dans l'avant-dernier lacet avant d'accéder au col). Franchir le col et suivre le chemin de ronde en courbe de niveau sur le versant est. Atteindre les bergeries d'Alzeta. Compter 5h aller et retour.

➢ ***L'ascension du monte d'Oro*** *(monte d'Oru)* **:** une randonnée magnifique, pour randonneurs chevronnés. Attention : pas d'eau sur le parcours. Compter, au départ de Vizzavona, 5h pour la montée, 3h30 pour la descente. Sentier balisé en partie, puis cairné. Les deux itinéraires sont rapidement décrits sur un panneau situé en face de la gare de Vizzavona. Du sommet (2 389 m), on voit Ajaccio au loin, le monte Cinto et la côte italienne ! Mais ATTENTION, on vous le répète : randonneurs du dimanche, abstenez-vous. Dans tous les cas, se procurer l'itinéraire exact de cette randonnée et se renseigner sur la météo.

➢ ***Les gorges du Manganellu :*** une randonnée facilement réalisable et accessible à tous. De Vizzavona, aller jusqu'au hameau de *Tattone* qui se trouve sur la route de Vivario (T20). De là, descendre par une route carrossable jusqu'au hameau de *Canaglia,* environ 4 km plus loin. Un chemin forestier remonte (en le surplombant) le torrent du Manganellu pendant 4 km avant de rejoindre le GR 20 (balises rouge et blanc). Nombreuses possibilités de baignade dans des vasques naturelles. On peut pousser jusqu'à la *bergerie de Tolla* (abri possible).
Les plus sportifs suivront le GR 20 jusqu'au *refuge de Petra Piana* (ou *Michel-Fabrikant,* en l'honneur du plus célèbre explorateur des montagnes de Corse), situé à 3h30 de Canaglia et où l'on est à pied d'œuvre pour accéder au *lac du Rotondo* (ou de Bellebone, à 1h30 du refuge) puis au sommet du *Rotondo* (2 622 m, 3h de montée de Petra Piana).
Attention : la partie facile du Manganellu se situe au départ du chemin, entre Canaglia et la bergerie de Tolla. Après, ça monte sec !

– ***Vizzavona Parc Aventure :*** *au* ***col de Vizzavona.*** *☎ 04-95-37-28-41. 📱 06-03-56-24-33. • corsicanatura.fr • Au pied du monte d'Oro, à 1 100 m d'altitude, sur 2,5 ha de forêt. 15 juin-15 sept, tlj 9h-19h. Compter 25 € pour 4h (jeunes enfants 15 €). À partir de 4 ans pour les parcours les plus simples.* Une centaine d'ateliers, 12 parcours indépendants, du « vert » au « noir », dont un d'escalade de 25 m de haut (unique en Corse). Cadre magnifique (la cascade des Anglais est au bout du parcours).

LA CÔTE ORIENTALE (COSTA SERENA)

La côte orientale n'est pas la plus belle de Corse. Néanmoins, elle dispose d'un atout non négligeable : une centaine de kilomètres d'une plage de sable fin. Mais il suffit de s'éloigner de quelques kilomètres dans les terres pour vite retrouver les reliefs de la Corse montagneuse, que ce soit depuis la Côte des Nacres, la Costa Serena ou l'Oriente. Cette côte fut jadis une zone de marécages infestée de moustiques, assainie (si l'on peut dire) en 1944 par l'armée américaine qui pulvérisa massivement de DDT tout le secteur.
Du point de vue économique, cette côte orientale est aussi une région importante, vaste plaine agricole qui va de Solenzara à Moriani, soit environ 60 km, et s'arrête à l'ouest au pied du massif montagneux. Vignoble et cultures maraîchères et fruitières y produisent une bonne part des richesses de l'île, dont les délicieuses clémentines.

SOLENZARA / SULINZARA (20145) 1 190 hab.

Le village, sans charme particulier, s'étire nonchalamment le long de la T 10, où des voies perpendiculaires mènent à la plage, belle, et au port de plaisance (l'un des plus importants de cette côte) et de pêche (quelques chalutiers). À 5 km au sud, la *plage de Canella,* plus belle que celle du village car blottie dans une anse, mais sans parking. Et, à 5 km au nord, une base militaire importante abrite quelques escadrilles ainsi que des nageurs de combat.

Arriver - Quitter

En bus

➢ ***De/vers Bastia et Porto-Vecchio :*** 2 bus/j., tlj 15 juin-15 sept (le reste de l'année, 2 bus/j. lun-sam) avec les *Rapides bleus (☎ 04-95-20-20-20).* Également 1 bus/j. lun-ven de/vers Bastia avec les *Autocars Tiberi (☎ 04-95-57-81-73).*

Adresses utiles

🛈 ***Office de tourisme de la Côte des Nacres :*** *à l'entrée nord du village.* *☎ 04-95-57-43-75. • cotedesnacres.com • Juil-août, lun-ven 9h-20h ;*

w-e 9h-13h, 16h-19h. Juin-sept, lun-sam 9h-12h, 14h (15h sam)-19h ; dim 9h-13h. Hors saison, lun-ven 9h-12h, 14h-18h. Beaucoup de documentation sur la microrégion et sur la Corse.

✉ **Poste :** *rue Principale.* Distributeur automatique de billets.

■ ***Club de plongée de la Côte des Nacres :*** *sur le port.* ☎ *04-95-57-44-19.* • *sccn.solenzara.org* •

Où dormir ?

Camping

⛺ ***Camping U Rosumarinu :*** *à 6 km à l'ouest du village, sur la route de Bavella.* ☎ *04-95-57-47-66.* • *urosumarinu@gmail.com* • *urosumarinu.fr* • ♿ *De mai à mi-oct. Pas de résa. Compter env 20-23,50 € pour 2 avec tente et voiture.* 📶 *(payant).* Belle situation en bord de rivière, dans un coin sauvage. Bonne ambiance, camping calme, bien entretenu. Restauration très correcte (le soir, 18h-21h30). Laverie. Via ferrata juste à côté et piscine naturelle dans la rivière.

De prix moyens à chic

🏠 🍽 ***Hôtel Orsoni :*** *rue Principale, sur la gauche quand on vient du sud.* ☎ *04-95-57-40-25.* • *hotel-orsoni@orange.fr* • *hotelorsoni.com* • *Avr-sept. Doubles avec douche 68-100 € selon confort, petit déj compris. Menus 18-20 €.* 💻 📶 C'est la maison blanche aux volets bleus avec une terrasse couverte devant, reprise par Alexandra, la fille de Mylène, qui a rénové les chambres. Déco personnalisée, dans une harmonie de blanc et de bleu, fleurs, lits confortables. Excellent accueil.

🏠 🍽 🍷 ***Les Trois Terrasses :*** *rue Principale.* ☎ *04-95-57-40-44.* • *les3terrasses@gmail.com* • *hotel-les3terrasses.com* • *Tte l'année (resto fin avr-début oct). Selon saison (sf août), doubles standard 56-108 €. ½ pens possible. Menu 17,90 €.* 💻 📶 *Réduc de 10 % sur le prix de la chambre sur présentation de ce guide.* Des chambres simples assez spacieuses, récemment rénovées avec douche (ou bains), w-c et TV, donnant, au choix, sur la rue ou côté port. Également des chambres supérieures, bien plus chères. Bar-resto en bas, assez animé, ambiance bar-tabac-PMU, et accueil dans le même style. À table, raviolis maison, beignets, soupe de poisson... Terrasse (ou plutôt terrasses, car une nouvelle terrasse « suspendue » a été ajoutée), avec vue sur mer plutôt chouette.

De chic à plus chic

🏠 ***Maison Rocca-Serra (chambres d'hôtes chez Sébastien et Francine Rocca Serra de Peretti ; Gîtes de France) :*** *Scaffa Rossa, 20240* ***Solaro,*** *à 1 km au nord de Solenzara.* ☎ *04-95-57-44-41.* • *sebastien.roccaserradeperetti@gmail.com* • *Tte l'année. Compter 100 € pour 2, petit déj compris.* 📶 À quelques centaines de mètres de Solenzara, on est déjà sur la commune (bien nommée) de Solaro. La maison de Francine et Sébastien fait face à la Grande Bleue et propose 3 belles chambres, dont une suite familiale. Le plus, ici, c'est grâce à l'emplacement unique de la maison, son grand jardin clos et la possibilité de disposer de criques privées, à la pointe de Scaffa Rossa. Pour manger, *A Mandria* (voir « Où manger ? ») n'est qu'à 300 m, et, restant en famille, vous y serez bien accueilli.

🏠 ***Hôtel La Solenzara :*** *quartier du Palais, rue Principale.* ☎ *04-95-57-42-18.* • *info@lasolenzara.com* • *lasolenzara.com* • ♿ *À la sortie du village en direction de Bastia. Congés : nov-25 mars. Doubles avec vue mer 85-155 € selon saison. Petit déj 14 €.* 💻 📶 Il s'agit tout simplement de l'ancienne demeure du maître de Solenzara, construite au XVIIIe s. Pièces immenses et hautes de plafond, décorées simplement mais avec goût. Chambres fraîches en été (elles sont néanmoins climatisées), toutes avec sanitaires récents, TV et téléphone. Chambres plus classiques dans la nouvelle maison. Les plus chères ont vue sur mer ou sur la piscine. Grand jardin orné de palmiers, avec une magnifique piscine à débordement. On peut y venir à la journée (forfait piscine, jacuzzi, hammam).

Où manger ?

A Mandria : *pont de Solenzara, sur la route de Bastia (commune de Solaro).* ☎ *04-95-57-41-95.* ♿ *À 1 km du centre, à gauche après le pont. Fermé lun midi en hte saison et lun tte la journée hors saison. Congés : déc-fév. Formule 26 € ; carte env 35 €. Digestif offert sur présentation de ce guide.* Une ancienne bergerie avec pergola fleurie, joliment restaurée. Le maître des lieux a décoré les murs de la salle à manger avec des outils anciens en bois et métal patiné. Bonne cuisine régionale servie copieusement, où l'on trouve charcuterie, tripettes, aubergines farcies et viande de cochon grillée au four à bois.

La Fonderie : *tt au bout du port de plaisance.* ☎ *04-95-57-42-47.* • *afundaria@orange.fr* • ♿ *D'avr à mi-oct. Menu découverte 19,90 €, menu A Fundaria 34,90 €.* L'adresse, déjà bien établie à Solenzara, a changé de mains en 2016 : Sébastien et Karine lui ont donné un nouveau souffle. Produits de qualité, travaillés avec sincérité par Karine, une inventivité qui s'appuie sur la tradition et les « recettes de grand-mère », expliquées dans le détail. On citera, entre autres, la farandole de beignets, les saucisses de veau tigre d'Abbatucci et des desserts dans lesquels on retrouve parfois des glaces Géronimi. Accueil chaleureux et, délicate attention, même un coin pour les enfants ! Un sans-faute !

Où manger dans les environs ?

Ferme-auberge A Pinzutella : *route de Bavella (à 5 km de Solenzara).* ☎ *04-95-57-41-18.* • *christiane.lucchini@wanadoo.fr* • ♿ *Prendre une piste sur la droite de la route de Bavella, qui pénètre dans la propriété. De mi-mai au 25 sept, tlj sf lun ; le reste de l'année, sur résa. Résa recommandée. Formule 19 € ; menu 24 €. CB refusées.* Les Lucchini élèvent chèvres et vaches, qu'on peut retrouver à la table de la ferme-auberge : porcelet, cabri ou veau en sauce ou au four, qui sont un régal, et d'autres produits de la ferme encore, volailles, fromages et légumes... Excellent feuilleté aux herbes du jardin et savoureuse salade *Pinzutella* (abats au vinaigre de miel). De bons produits, donc, et l'atmosphère plaisante d'une ferme corse. En terrasse, vue sur les aiguilles de Bavella. Extra !

À voir. À faire

➢ Monter au ***col de Bavella,*** à 30 km, par une route assez ardue mais belle, qui longe la Solenzara ; nombreux points de baignade (voir la rubrique « À voir. À faire. La route de Bavella à Solenzara » dans « Le col et les aiguilles de Bavella »). ATTENTION : sur cette route étroite, de sérieux embouteillages sont à prévoir en été. Sur le parcours, un peu plus haut que le camping *U Rosumarinu,* une ***via ferrata*** a été aménagée. Compter environ 2h30 aller-retour.

➢ Partir à la recherche de grands frissons en escaladant la ***via ferrata d'U Calanconi*** à ***Chisa,*** dans la vallée de Travo, entre Solenzara et Ghisonaccia. De Travo, prendre la D 645 jusqu'à Chisa (une quinzaine de kilomètres) et laisser la voiture au gîte d'étape *Bocca Bè* *(25 € pour l'accès et la loc de matériel).* Escalade vraiment sensationnelle, sur de grandes dalles de granit. Deux ponts de singe, trois ponts himalayens, quatre tyroliennes... La partie supérieure passe au milieu de gros blocs de pierre percés. Attention, elle est classée D (difficile). D'ailleurs, c'est interdit aux moins de 12 ans. Compter 4h. *Rens :* ☎ *04-95-57-84-24.* • *viaferratachisa.fr* • *Mai-sept, tlj ; le reste de l'année, sur résa. On peut aussi se renseigner au gîte :* ☎ *04-95-56-36-61 ou 04-95-57-31-11 (mairie lun-ven 9h-17h). Au gîte, compter 45 €/pers en ½ pens. CB refusées.*

– ***Randonnées en pirogue :*** *avec* ***Acqua Vanua.*** *Juin-sept, paillote sur la plage de Favone, à 5 km au sud de Solenzara (le reste de l'année, tél pour prendre rdv). 06-12-85-66-39 ou 06-03-60-87-29. • acquavanua.com • Compter 22 €/adulte pour 1h30, 38 € la ½ journée et 45 € pour la nocturne avec apéritif ; réduc enfants.* Pirogues à balancier made in Corse *(of course !)* qui peuvent accueillir jusqu'à 4 personnes. Un moyen original de découvrir le littoral de cette partie de la Corse. Également des pirogues en plastique. *Acqua Vanua* propose aussi du rafting sur le Tavignanu (au printemps), ainsi que des randos aquatiques.

Le couvent de Sari-Solenzara : *à la sortie du village, sur la gauche, une route y grimpe ; c'est à 8 km (piste de 2 km sur la fin). ☎ 04-95-57-43-41. Magasin ouv mar-sam sf j. fériés 9h-16h45.* À l'intérieur, chapelle ouverte à tous, en permanence, belle et dépouillée, et boutique de statuettes (et statues) souvent d'inspiration romane, fabriquées par les sœurs. Plutôt joli, surtout pour les amateurs d'images sacrées. Des belles faïences également.

GHISONACCIA / Ghisunaccia (20240) 3 170 hab.

De la transhumance des bergers d'autrefois à la transhumance des troupeaux d'estivants en route vers le grand sud, la « capitale » de la plaine orientale n'a pas perdu sa vocation de carrefour. Le village est une bonne base pour découvrir un arrière-pays intéressant. Si l'on préfère la mer, grandes plages de Vignale et Pinia, plutôt sympathiques au nord-est de Ghisonaccia (accès par la D 144 bis, doublée par une piste cyclable).

Adresse utile

Office de tourisme : *au début de la route de Ghisoni, sur la gauche, dans la maison des services publics. ☎ 04-95-56-12-38. • corsica-costaserena.com • Juil-sept, lun-sam 9h-12h30, 14h-20h ; dim 9h30-12h. Hors saison, lun-sam 8h30-12h30, 14h-17h30 ; fermé le w-e.* Efficace et bien documenté sur la région. Renseigne, en particulier, sur les disponibilités des meublés et propose, 1 fois par semaine en été, un circuit touristique en minibus pour découvrir la région du Prunelli.

Où dormir à Ghisonaccia et dans les environs ?

Campings

Camping Arinella Bianca : *à Ghisonaccia, prendre la route de la Mer ; à env 4 km, au rond-point du Spar, un panneau indique le camping, tourner à droite. ☎ 04-95-56-04-78. • arinella@arinellabianca.com • camping-corse.fr • De mi-avr à début oct. Forfaits 24-47 € pour 2 avec tente et voiture ; mobile homes et chalets (4-6 pers) 285-1 900 €/sem, selon catégorie et saison.* Piscine. Bien ombragé sous les eucalyptus. Très bien équipé : une vraie petite ville pour tentes et camping-cars avec bar, resto *(de mi-mai au 20 sept)*, épicerie, laverie et soirées spectacles et activités pour enfants.

Camping Campu Serenu : *au lieu-dit Quercetta, 20243* ***Casamozza-di-Fium'Orbu.*** *☎ 04-95-56-12-10. • maria72@free.fr • À 3 km au sud de Ghisonaccia, puis à gauche ; c'est indiqué. Avr-oct. Resto ouv le soir slt, mar-dim (jeu-dim en mi-saison). Compter env 20 € pour 2. Au resto, compter 25-32 €.* Petit camping installé à l'ombre des bouleaux et des eucalyptus. Lave-linge et frigos. La plage n'est pas loin. Au resto, de bonne tenue, spécialités et plats originaux corses. Également des pizzas maison, des grillades et du poisson au four.

Village de vacances

Perla di Mare : *plage de* ***Vignale,*** *à 5 km de Ghisonaccia. ☎ 04-95-56-53-10. • perla.di.mare@wanadoo.fr • perla-di-mare.fr • Sur la D 144, tourner à gauche un peu avt d'arriver au bout de la route du bord de mer. Avr-oct. Studios, minivillas et mobile homes de luxe climatisés pour 2-9 pers 833-2 030 €/sem en juil-août ; hors saison, loc possible à la nuitée : dans ce cas, compter 40-272 €/j. selon taille et période. Possibilité de ½ pens (juin-début oct).* Village de vacances situé en bord de mer, composé d'une centaine de mobile homes et d'une cinquantaine de villas, du studio au 3-pièces) dans un coin de verdure, sous les pins. Beaucoup d'espaces verts, un resto correct *(de mi-mai à début oct)* et une magnifique piscine. Activités sportives telles que tir à l'arc, canoë-kayak, planche à voile, etc. Prix intéressants hors juillet-août, mais qui montent vite en haute saison.

Gîtes ruraux

Gîtes de M. François Gelormini *(Gîtes de France) : à Quarcetta, 20243* ***Prunelli-di-Fium'Orbu.*** *Résas auprès des Gîtes de France : ☎ 04-95-10-54-30/31. Fax : 04-95-10-54-38. À 3 km à l'ouest de Ghisonaccia. Avr-oct. Compter 339-588 €/sem selon saison. Corbeille de spécialités corses offerte sur présentation de ce guide.* 2 gîtes de 48 m² dans une maison indépendante récente, de plain-pied, isolée dans la plaine agricole (vigne). Les propriétaires habitent à une centaine de mètres à peine. Séjour-cuisine, une chambre avec lit double, une autre chambre avec lit double et lit simple, douche et w-c, congélateur, micro-ondes, TV, lave-vaisselle, cheminée. Lave-linge commun. Gros plus, le superbe parc arboré. Salon de jardin, barbecue, portique, ping-pong.

Hôtel

Hôtel Casa di Maria Cicilia : *60, route de Ghisoni. ☎ 04-95-56-00-41. • hotel@casamariacicilia.com • casamariacicilia.com • Tte l'année (resto ouv le soir slt, fermé dim en basse saison). Doubles 70-135 €. Un peu moins cher dans l'annexe : 60-115 €. ½ pens possible. Également des apparts (2 chambres indépendantes). Menu du jour lun-jeu 22 €.* L'ancien *Hôtel de la Poste* a fait peau neuve, mais il est resté dans la même famille, et entre de bonnes mains. Les chambres sont classiques (AC, TV) et confortables, avec une bonne literie. La clientèle de passage peut aussi y manger : une fois passé la réception, on a l'agréable surprise de découvrir une cour-terrasse intérieure joliment aménagée. Cuisine généreuse.

Où manger à Ghisonaccia et dans les environs ?

Le Cintra : *juste à la sortie de Ghisonaccia, direction Solenzara, sur la gauche du rond-point (parking en face). ☎ 04-95-56-13-44. • lecintrarestaurant@orange.fr • ♿ Formule déj 14,50 €, menus 18,50-25 €.* La route passe juste devant, mais ce resto, polyvalent, propose pizzas, poisson, viande et salades à prix abordables. Le service est rapide, et c'est copieux. Parfait pour une halte.

Ferme d'Urbino : *étang d'Urbino, 20240 Ghisonaccia. ☎ 04-95-57-30-89. • bronzini@wanadoo.fr • À 7 km au nord de Ghisonaccia. Juin-août, tlj midi et soir ; en moyenne saison, midi slt. Congés : 1er oct-15 avr. Plat du jour 13 € ; menus env 19,90-24,90 €.* Resto ou radeau ? Les deux à la fois... Près d'un hangar à coquillages, un petit ponton mène au resto flottant. Cadre très agréable, donc. Excellentes huîtres, tout comme « l'assiette spéciale Urbino » (poisson grillé, calamars et langoustines). Présentation littéraire et personnalisée des vins. Possibilité de balades digestives sur l'étang (location de bateaux à moteur ou à rames).

Auberge de l'Inzecca : *lieu-dit* ***Pinzalone,*** *à 15 km au nord-ouest de*

Ghisonaccia, sur la D 344 direction Ghisoni, juste avt le défilé de l'Inzecca. ☎ 04-95-56-62-62. 📱 06-14-54-16-46. Avr-sept, tlj midi et soir (réserver) ; hors saison, slt le soir ven-sam. Menu corse 30 € ; plats 14-21 €. Les gros mangeurs seront à la fête dans cette ferme-auberge isolée, où sont servis des produits de la ferme (viande de bœuf, de porc, volailles) bien préparés. On a aussi aimé les beignets de poireau, les cannellonis au *brocciu,* les fromages ne sont pas mal non plus ainsi que les desserts maison. Rapport qualité-prix excellent, et accueil familial qui ne l'est pas moins.

Ferme-auberge U Sampolu : *à Sampolo, 20227* ***Ghisoni.*** *☎ 04-95-57-60-18. ♿ À 19 km au nord-ouest de Ghisonaccia, par la D 344, plus haut que le défilé de l'Inzecca, sur la gauche (bien indiqué). Mai-sept (sur résa juil-août). Fermé le soir lun-mar sf juil-août. Formule 16 € ; menus 18-25 €. Digestif offert sur présentation de ce guide.* Bonne adresse dans le genre rustique et copieux. Des spécialités comme la soupe de légumes, l'aubergine paysanne, l'agneau grillé, le veau et le bœuf (qui viennent de la ferme et qu'on déguste sur une agréable terrasse).

Où acheter de bons produits dans les environs ?

Fromagerie Xavier Baldovini : *dans le village de* ***Salastraco-Pietroso*** *(20227 Ghisoni), à 15 km de Ghisonaccia (direction Ghisoni, puis tourner à droite vers Vezzani). ☎ 04-95-56-63-32. • fiore-di-muntagna.com • Lun-sam 8h-13h, plus lun-mar et jeu-ven 16h-19h. Congés : oct.* Une fromagerie traditionnelle et moderne à la fois, qui transforme le lait de chèvre et de brebis depuis plusieurs générations. *Brocciu,* corsetin, tommette... belle diversité de produits et de saveurs.

DANS LES ENVIRONS DE GHISONACCIA

À voir

Le Fium'Orbu : une région montagneuse et enclavée (réputée naguère pour son esprit d'indépendance et ses bandits), avec quelques villages en nid d'aigle. Autre curiosité de ce terroir : les *thermes de Pietrapola,* qui sont situés au sous-sol de l'hôtel lui-même, au-dessus de la rivière Abatescu. Les baignoires ont un côté très rétro, amusant !

L'étang d'Urbino : *à 7 km de Ghisonaccia, en direction d'Aléria, une route part sur la droite pour traverser une petite mer intérieure.* Une étendue aquatique de 3 km sur 3 km (zone Ramsar), reliée à la vraie mer par un étroit passage, superbe, mi-marin, mi-terrien, des pinèdes secrètes, une île de promeneur solitaire et, à proximité, un pénitencier agricole *(Casabianda)* unique en France, où les détenus peuvent aller à la plage une fois terminé leur travail de la journée. 500 000 alevins poussent dans 750 ha d'eau salée, des kyrielles d'huîtres et de moules, des histoires de Romains et de malaria, une dynastie

UNE PRISON MODÈLE

Sur la commune d'Aléria, la prison de Casabianda n'a pas de barreaux. Ici, il ne s'agit pas de punir mais de réinsérer. Tous les prisonniers doivent travailler. Le règlement est strict sur les horaires, et toute tentative d'évasion mène aussitôt à une prison traditionnelle. Jamais aucun prisonnier ne s'y est risqué...

d'aristocrates bastiais passionnés par l'aquaculture... Non, ce n'est pas un roman, mais un étang, celui d'Urbino. S'y trouve une ferme ostréicole, qui fait aussi resto (voir plus haut « Où manger à Ghisonaccia et dans les environs ? »).

Les défilés des Strette et de l'Inzecca : *à une vingtaine de km au nord-ouest de Ghisonaccia, direction Ghisoni.* Intéressant surtout pour la couleur de la serpentine verte, cette roche caractéristique par son aspect brillant, que l'on trouve surtout dans le défilé de l'Inzecca. De Ghisoni, gros village entouré de montagnes boisées, une route sinueuse et étroite rejoint la route Ajaccio-Corte par le col de Sorba (1 311 m).

À faire

– De nombreux ***sentiers de village à village*** ont été balisés dans le Fium'Orbu par le parc naturel régional. La nature est superbe et les villages tout autant. On y a souvent l'impression de naviguer dans un océan de verdure, un musée naturel où les arbres sont rois et les curiosités cachées innombrables...

➢ Quelques exemples de parcours à faire sans l'ombre d'une hésitation : rejoindre, à partir de Solaro, le hameau perdu de Ruvoli. Aller dominer les gorges du Travo (parcours vedette du kayak héroïque en Corse) par le chemin qui vagabonde entre Chisa et Ventiseri. Gagner les crêtes et les cols de Prati, de Laparo, de Juva ou d'Usciolu à partir de San-Gavino, d'Ania ou d'Isolaccio-di-Fium'Orbu, et profiter de leur vue admirable sur l'étang de Palo, le moins connu des étangs de la côte orientale, sur les rivages orientaux ou bien, à l'opposé, en direction de l'Incudine et du Renoso... Et puis, du Poggio à la Luvana, du Cipitosa à l'Arinella, il n'est aucun torrent dans ces parages sans vasque, gorge ou cascade paradisiaques...

➢ ***Randonnées en haute vallée du Fium'Orbu :*** aller et retour en 4h. Le village de ***Ghisoni*** est l'une des capitales de la montagne corse, au pied du massif du Renoso et de ses nombreux lacs d'altitude.
Plein de choses à faire autour, donc : aller se baigner sous le village dans les piscines naturelles du Fium'Orbu, monter au lac de Bastani et au Renoso de la « station de ski » fantomatique de Capannelle (3h d'ascension facile et balisée pour ce sommet débonnaire, le moins accidenté des « géants » de Corse) ou encore visiter la sapinière de Marmano et le fameux site des Pozzi. Ce terme (en français, pozzines), qui signifie « puits », s'applique à ces anciens lacs comblés partiellement où l'eau divague désormais en ruisselets et en une succession de petites mares où prospère un milieu naturel riche et très particulier.
On atteint ce site curieux et tout à fait charmant à partir du col de Verde, en suivant vers l'ouest les balises rouge et blanc du GR 20 jusqu'au col de la Flasca. Sur l'autre versant, le sentier bascule dans le vallon de Marmano (au passage, d'immenses sapins). Plus loin, dans la clairière de Gialgone (1h30 col de Verde), on quitte le GR 20 pour emprunter sur la gauche le sentier menant aux bergeries des Pozzi (abri rudimentaire possible), puis, une fois un ultime verrou franchi, on débouche sur les étendues marécageuses du même nom, installées sur différents niveaux (2h30 de marche de Verde). Enfin, pour ceux qui sont là en hiver, il n'est pas inutile de savoir que, à 4 km du col de Verde, se trouve l'une des deux stations de ski de Corse (Campu di Neve).

PRUNELLI-DI-FIUM'ORBU (20243)

Magnifique village perché, à 18 km de Ghisonaccia. Ce village-belvédère offre une magnifique vue panoramique. On peut en faire le tour complet par la rue qui le ceinture.

Où manger ?

Caffè Buttéa : *en plein centre. ☎ 04-95-56-74-75. En saison, tlj midi et soir ; oct-avr, fermé dim et lun soir. Menu du jour 16 € ; plats env 10-15 €.* Halte bien sympathique que ce café-resto-épicerie dont la petite terrasse est située sur la place du village, à deux pas du musée Mnemosina. Petite carte de 4 ou 5 plats sur l'ardoise, pas de grande gastronomie mais une cuisine préparée avec cœur, comme les *sacottini* au *figatellu* ou les lasagnes. Soirées musicales parfois.

À voir

Le musée Mnemosina : *pl. de la Résistance. ☎ 04-95-56-73-67 ; en cas de besoin, s'adresser au Café Buttéa à côté. Sam 15h-18h et sur rdv. Entrée : 2 € ; réduc.* Musée associatif, créé par deux passionnés, qui retrace, dans une petite dizaine de salles, la vie traditionnelle dans le Fium'Orbu, ainsi que l'histoire de la microrégion. On y apprend ainsi, entre autres, que Mussolini avait décidé la réquisition du village de Prunelli comme camp d'internement ! Visite fort intéressante et accueil très gentil.

Randonnée pédestre Mare a Mare Centre

➢ Traversée ***de Ghisonaccia à Porticcio*** en six étapes. L'itinéraire est balisé en orange. Départ sur la T 10. Si vous arrivez en bus à Ghisonaccia, demandez au chauffeur de vous arrêter au pont de l'*Abatescu* (début du sentier) et non à Ghisonaccia même (à moins que vous n'y fassiez votre ravitaillement), ce qui vous évitera de longer la nationale pendant 30 mn pour arriver au départ du sentier.
Plaine du Fium'Orbu, puis zone montagneuse granitique du haut Taravo, on serpente à travers les forêts de châtaigniers ou de pins, jusqu'à de larges percées découvrant un vaste horizon, avec parfois la mer au fond. Les étapes sont d'intérêt inégal, mais la variété et la beauté des paysages caractérisent la plupart d'entre elles. Arbousiers, yeuses, maquis arborescent, chênes-lièges ou immortelles, c'est aussi l'occasion de rencontrer une fleur qui ne fait pas partie de notre quotidien. Aucune difficulté particulière. Le sentier commence en douceur par l'étape la plus courte, histoire de se mettre en jambes. À vous maintenant de nous faire partager vos impressions !

➢ Le premier gîte (à 3h-3h30 de marche seulement de Ghisonaccia) se trouve à *Serra-di-Fium'Orbu.*

Gîte de Serra-di-Fium'Orbu *(20240) : 06-81-04-69-49. • brunaguidicelli@gmail.com • Avr-fin oct. Sur résa. Compter 20 € en dortoir et 43 € en ½ pens. Café offert sur présentation de ce guide.* Gîte communal tenu par Mme Guidicelli, une dame volubile et sympathique. Une vingtaine de places ; bien entretenu, sans plus. Cuisine américaine où l'on peut se faire la popote. Attention, il y a bien une épicerie (sans dépôt de pain) au village, mais ses horaires d'ouverture étant assez fantasques, mieux vaut ne pas trop compter dessus ! Sandwichs sur demande pour le lendemain *(5,50 €).* Si le gîte est complet, pas de panique ! Mme Giudicelli vous installera dans la salle des fêtes qui le jouxte.

➢ Puis 4h de marche jusqu'au gîte de *Catastaghju*, à *San-Gavino-di-Fium'Orbu.* Se renseigner auprès de la mairie de la commune *(☎ 04-95-56-70-53 ; lun-ven 9h-12h)* pour savoir si le gîte a rouvert.

➢ Les autres étapes du parcours conduisent dans le haut Taravo : d'abord à *Cozzano* (6h de marche), puis à *Guitera* (4h), à *Quasquara* (3h30) et au col *Saint-Georges* (4h de marche). Pour ces gîtes, voir « Randonnée pédestre » à Zicavo. Après quoi il ne reste qu'à rallier Porticcio et, de là, Ajaccio.

ALÉRIA / ALERIA (20270) 2 010 hab.

Le village moderne, *Cateraggio,* à l'intersection de la T 10 (route Bastia/Porto-Vecchio) et de la T 50 pour Corte, à 48 km, n'a franchement rien de bien attractif. Mais le vieux village d'Aléria, situé sur une colline un peu au sud de Cateraggio, est connu pour les ruines de la cité antique. N'imaginez pas trouver Pompéi. Vaut néanmoins le détour pour la puissance d'évocation du site et surtout le *musée Jérôme-Carcopino* (parking à l'entrée). Chouette *plage de Padulone,* à 2 km de Cateraggio.

Arriver – Quitter

➢ Aléria est desservie par les bus ***Bastia/Porto-Vecchio*** (voir « Arriver – Quitter » à ces 2 villes).

Adresse utile

Office de tourisme intercommunal de l'Oriente : *80, av. Saint-Alexandre-Sauli (le long de la nationale, juste après le pont sur la droite quand on vient du sud). ☎ 04-95-57-01-51. • oriente-corsica.com • En été, tlj 8h30-19h (18h sam, 13h dim) ; hors saison, lun-ven 9h-12h, 13h30-17h.* Pas mal de doc et bon accueil.

Où dormir ? Où manger à Aléria et sur la côte ?

Camping

Camping-bungalows Marina d'Aléria : *plage de **Padulone,** à 3 km de Cateraggio en direction de la mer. ☎ 04-95-57-01-42. • info@marina-aleria.com • marina-aleria.com • De fin avr à mi-oct. Selon période, forfaits (pour un petit emplacement) env 20-42 € pour 2 ; chalets env 230-910 €/sem et mobile homes pour 4 pers 280-1 180 €/sem selon saison.* Au bord d'une longue plage (1 km) de sable fin et à proximité d'une petite rivière. Site ombragé sous les oliviers, les pins et les eucalyptus. 2 blocs sanitaires, eau chaude, machines à laver, resto *(de mi-mai à fin sept),* pizzeria, 6 courts de tennis et un minimarket. Activités sportives : canoë-kayak et embarcation à pédales. Pas de piscine. Miniclub pour les petits *(15 juin-15 sept).*

Bon marché

Hôtel Les Orangers : *à 50 m du carrefour de Cateraggio. ☎ 04-95-57-00-31. • info@hotel-corse-lesorangers.com • hotel-aleria-lesorangers.com • Tte l'année. Doubles 52-75 € selon confort et saison ; petit déj 7 €.* M. Giudicelli tient avec bonhomie cet hôtel à l'ambiance familiale. Les chambres, simples mais plutôt agréables, avec TV et téléphone, sont d'une propreté impeccable. Une adresse que nos lecteurs apprécient.

Bed & Breakfast et salon de thé La Tour : *☎ 04-95-38-81-54. • latour@latourbravone.com • latourbravone.com • À 12 km au nord d'Aléria, au niveau de la marine de Bravone (20230, commune de Linguizetta). Panneau sur la droite indiquant « La Tour ». De mi-mai à mi-oct. Studios 68-78 €, petit déj inclus ; apparts 4 pers 530-580 €/sem. CB refusées. (terrasse).*

LA COSTA SERENA

Apéritif ou digestif offert sur présentation de ce guide. Bonne surprise que ce petit endroit enfoui dans la végétation. Salon de thé la journée (bonnes tartes maison, gâteaux itou) et, en été, pizzas le soir *(fermé mer sf juil-août).* Ambiance très cool. Juste à côté, quelques chambres en rez-de-jardin, pas trop mal même si ce n'est pas tout neuf, et très propres, avec douche et w-c, hyper calmes et, là encore, dans un cadre de verdure. La mer n'est qu'à 300 m. Également des appartements. Une adresse d'habitués qui reviennent chaque été.

De chic à plus chic

Hôtel L'Atrachjata : *100, av. Saint-Alexandre-Sauli, en plein centre de* **Cateraggio.** *☎ 04-95-57-03-93. • info@hotel-atrachjata.net • hotel-atrachjata.net • Tte l'année sf de mi-déc à fin janv. Env 59-89 € en chambre standard et 69-119 € en chambre confort. Parking.* En bord de route (mais bien insonorisé), l'hôtel qui offre les chambres les plus confortables d'Aléria, plus ou moins grandes selon le standing (5 catégories, de standard à grand luxe et suite). Restaurant.

L'Écurie : *un peu en retrait de la plage de* **Padulone,** *à 3 km de Cateraggio. ☎ 04-95-57-94-26. • lecurie@domainedepadulone.com • De mi-mars à déc, tlj sf dim soir et lun. Plats 11-25 € à midi ; menu 35 € le soir et w-e.* Sur une petite éminence dominant la mer, entre plage à 100 m et bâtiments agricoles, cette adresse est la bienvenue sur la côte orientale, car elle offre tout autre chose que les établissements de plage, tout en n'étant qu'à deux pas de la Grande Bleue. Produits d'excellente qualité (les producteurs, locaux pour la plupart, sont annoncés sur l'ardoise). Tripettes de veau, bœuf bio, cochon de lait, moules, spaghettis aux huîtres... Belle terrasse ou, si le temps ne le permet pas, grande salle, tout à l'honneur du cheval, rappelant l'ancienne fonction des bâtiments.

Où dormir ? Où manger entre Aléria et Corte ?

Camping L'Ernella : *sur la T 50, au lieu-dit* **L'Ernella.** *06-28-60-53-87. • francoise.mariani@nordnet.fr • ernella.fr • À env 20 km d'Aléria sur la route de Corte, à mi-chemin entre les 2. Début mars-fin sept. Résa conseillée. Compter env 14 € pour 2 avec tente et voiture ; chambres 4-6 pers (genre dortoir) 15 €/pers ; bungalow 4-6 pers 400 €/sem. Restauration sur résa. CB refusées. Digestif offert sur présentation de ce guide.* Aire naturelle de camping plutôt sympathique, simple, ombragée, bien située au bord du Tavignano sur lequel on pratique le canoë-kayak. Accès à la cuisine commune *(supplément de 4 €).* Vente de produits de la ferme.

Ferme-auberge U Sortipiani *(chez Xavier Corazzini) : pont de Piedicorte, T 50, 20270* **Piedicorte-di-Gaggio.** *06-45-22-54-50. • xaviercorsu@aol.com • sortipiani.com • À env 22 km à l'ouest d'Aléria, sur la route de Corte. Congés : janv. Résa 24h avt. En camping, env 20 € pour 2 avec tente et voiture ; doubles 50-70 €. ½ pens possible. Menu 22 €.* En pleine nature, à côté du Tavignano, où l'on peut se baigner en été, dans une maison récente et isolée (quel calme !). En outre, on y trouve des chambres à prix raisonnables, avec douche et w-c, et quelques emplacements de camping (ombragé et douches chaudes), ainsi que des mobile homes, des bungalows et un gîte. Bonne cuisine à base des produits de la ferme (charcuterie maison). Sentier de randonnée autour de la propriété, passant par un site préhistorique que fouille Xavier (excursion archéo possible). Documentation sur place.

Auberge du Corsigliese *(Le Banana's) : Casaperta, 20270 Aléria (à 10 mn d'Aléria sur la route de Corte). ☎ 04-95-57-04-87. • le-bananas@orange.fr • hotel-aleria.fr • Fermé dim nov-mars. Congés : fév. Doubles env 65-90 €. ½ pens possible. Menu env 25 € ; carte env 30 €.* Une adresse sans prétention dans l'arrière-pays. Chambres doubles avec salle de bains et TV. Au resto, grillades, spécialités corses. Piscine (couverte et chauffée en hiver), jeux pour enfants, environnement très arboré et déco « cocotiers ». Et bar où trône le Che !

|●| ***U Mulinu*** *(Clos d'Orléa) : route de Tox, 20270* ***Tallone.*** *☎ 04-95-32-69-11. ● le-clos-lea@wanadoo.fr ● À 2,5 km au nord d'Aléria, prendre la D 16 et continuer sur 8 bons km (indiqué). 1er mai-fin sept, tlj. Plats 15-22 €. CB refusées.* En bordure de rivière, autour d'un vénérable moulin de pierres sèches, 2 terrasses, l'une ombragée par un énorme platane, l'autre surplombant la Bravona. Cuisine de terroir simple mais réalisée avec bon cœur : cannellonis au *brocciu, piatu corsu* (charcuterie, *migliacci,* beignets, fromage et sa confiture). Vins du domaine (Clos d'Orléa).

À voir

Le musée départemental d'Aléria Jérôme-Carcopino : *installé dans le magnifique fort de Matra. ☎ 04-95-57-00-92. De mi-mai à sept, tlj 9h-12h, 13h-18h ; le reste de l'année, tlj sf dim 8h-12h, 14h-17h. Entrée : 2 € ; réduc.* On y voit de magnifiques vestiges grecs et surtout romains ou étrusques retrouvés sur le site, la plupart dans des « tombes à chambre », et remarquablement conservés. Très belles céramiques (certaines « surpeintes »), quelques-unes d'un érotisme intéressant, superbes rhytons à tête de mulet et de chien, et beau *pempobolon* (vous aimeriez bien savoir ce que c'est, hein ? Eh bien, venez voir !), très beaux cratères à colonnette (pour le vin), bijoux, casques, glaives... Belle présentation qui rappelle qu'Aléria était une plaque tournante du commerce grec, étrusque (beaucoup de céramiques) et romain. Sans conteste le meilleur musée d'archéologie antique de Corse.

Le site : *à 200 m du musée. Billet commun avec celui du musée. De mi-mai à mi-sept, tlj 9h30-12h30, 13h30-18h30 ; le reste de l'année, mêmes horaires que le musée.* Une partie seulement de la ville antique se visite : vestiges du forum, du temple, du capitole, ainsi que du *balneum.* Le site continue d'être fouillé et de nombreuses découvertes restent à faire.

DANS LES ENVIRONS D'ALÉRIA

L'étang de Diane : à 2 km au nord d'Aléria. Quel beau nom ! Les Romains y élevaient déjà des huîtres. Une petite île leur servait de dépotoir ; elle est recouverte d'une épaisse couche de ces coquillages formant une véritable strate calcaire. Aujourd'hui, la tradition se perpétue grâce à une *ferme aquatique* présente sur le site, où l'on peut acheter des huîtres (bonnes), des moules (délicieuses) et autres clams et praires. Essayez aussi la *poutargue,* en principe ils en ont (œufs de mulet séchés, forts en goût). Comme l'étang d'Urbino, l'étang de Diane est relié à la mer. Au sud de ce passage, une tour (restaurée).

LE GOÛT DU PAYS

Pendant son exil sur l'île d'Elbe, Napoléon envoyait en Corse, deux fois par semaine, un militaire chargé de rapporter des huîtres de l'étang de Diane. Heureusement, l'île d'Elbe est juste en face de la Corse. Il n'a pas demandé le même service quand il était à Sainte-Hélène !

Le domaine Mavela : *lieu-dit* ***U Licettu.*** *☎ 04-95-56-60-30. ● domaine-mavela.com ● Tourner sur la droite à env 5 km au sud d'Aléria sur la T 10, et continuer sur la D 343, direction Ghisoni, c'est à env 2,5 km. En été, tlj 9h-20h ; en mi-saison, lun-sam 9h-18h, dim 14h-18h ; en hiver, lun-ven 10h-12h, 14h-17h.* Une distillerie artisanale avec une grande salle d'expo-vente. Production de liqueurs (celle, entre autres, de cédrat et framboise atteint des sommets), d'eaux-de-vie et de fruits à l'eau-de-vie. Associée à la société *Pietra,* Mavela a commercialisé le premier whisky 100 % corse, *P & M.*

Pancheraccia : à une bonne vingtaine de km au nord-ouest d'Aléria. Un village qui ne laisse pas un grand souvenir architectural mais la chapelle *A Madonna,* perchée à 500 m du village, à l'écart de la D 14, est le seul lieu d'apparition de la Vierge en Corse ! Une fillette, égarée dans le coin, aurait reçu l'aide de la Vierge, qui aurait demandé aux habitants du village d'édifier une chapelle là où elle avait fait jaillir une source pour désaltérer l'enfant. L'eau coule toujours, et la vue est magnifique. Le 7 septembre au soir, procession aux flambeaux (statue de la Vierge portée par des femmes). Suite des festivités le lendemain. Si l'on vient d'Aléria, possibilité de continuer la route et de rejoindre Corte par le chemin des écoliers via le Bozio.

LA COSTA VERDE, LA CASTAGNICCIA ET LA CASINCA

• Carte *p. 366-367*

Trois microrégions formant un ensemble, intéressantes en premier lieu pour les possibilités de balades et de randonnées dans une nature généreuse, soit très près de la mer (Costa Verde et Casinca), soit plus loin dans les terres (Castagniccia).

LA COSTA VERDE

Regroupant 14 communes, appartenant elles-mêmes à trois anciennes *pieve* (Campoloro, Murianincu et Tavagna), auxquelles sont venues s'ajouter les 9 communes de l'ancienne *pieve* de l'Alisgiani (que nous traitons dans la partie Castagniccia), et coincée entre d'autres régions mieux connues et identifiées, la Costa Verde se fait petit à petit connaître. Ne surtout pas se limiter à sa façade maritime, l'arrière-pays propose de belles surprises.

MORIANI-PLAGE

(20230 ; commune de San-Nicolao)

Très animée en été, la station de Moriani-Plage, desservie par les bus Bastia/Porto-Vecchio, est au centre de la Costa Verde. C'est d'ici que Hyacinthe Paoli partit en exil à Naples, avec son fils Pasquale âgé de 14 ans (une plaque le rappelle). Les excursions dans cet arrière-pays splendide et bien trop méconnu sont d'ailleurs l'atout principal de Moriani-Plage. À part la bronzette, bien sûr.

Adresses utiles

*ℹ **Office de tourisme de la Costa Verde :** en plein centre. ☎ 04-95-38-41-73. • castagniccia-maremonti.com • Juil-août, lun-sam 9h-20h, dim 10h-19h ; juin et sept, lun-sam 9h-13h, 14h-19h et dim 9h-13h ; avr-mai et* *oct, lun-ven 9h-13h, 14h-18h et sam 9h-13h ; en hiver, lun-ven 9h-12h, 14h-18h.* Beaucoup de doc sur la microrégion et les randos possibles.

En saison, une navette desservant les plages part de l'office *(tlj sf dim).*

■ ***Distributeurs automatiques de billets :*** *sur la nationale.*

Où dormir ? Où manger à Moriani et dans les proches environs ?

Plusieurs adresses que nous recommandons se trouvent sur la côte, faciles d'accès depuis Moriani-Plage ; certaines, à Prunete (6 km au sud de Moriani-Plage), dépendent administrativement de la commune de Cervione.

Camping

Camping Merendella : *Moriani-Plage, 20230* ***San-Nicolao.*** *☎ 04-95-38-53-47. • contact@merendella.com • merendella.com • Avr-oct. Compter env 28 € pour 2 avec tente et voiture en été ; bungalows 330-530 €/sem pour 4 et chalets en bois 260-840 €/sem.* Vaste camping bien équipé, très ombragé. Sanitaires bien entretenus. Accès direct à la plage. Piscine chauffée. Nombreuses activités. Restaurant-pizzeria à l'entrée *(U Catagnu).*

De prix moyens à plus chic

Hôtel Costa Verde : *à 500 m au sud du centre de Moriani-Plage. ☎ 04-95-38-50-41. • contact@hotel-costaverde.fr • hotel-costaverde.fr • Avr-oct. Doubles 60-88 € selon saison. Resto le soir (possibilité de ½ pens). Parking fermé. Apéritif offert sur présentation de ce guide.* Chambres assez simples (avec TV) et propres. Clientèle composée en partie de randonneurs. Resto très correct où l'on est sûr de manger de la bonne charcuterie (le patron la fait lui-même en hiver en Castagniccia).

A Pota Marina : *sur la plage de Moriani. ☎ 04-95-38-53-13. • rorodelapota@wanadoo.fr • Mars-fin oct, tlj. Menus 14,90-19,90 € ; carte env 20 €.* Un patron jovial qui connaît bien la région car il a répertorié avec son fils toutes les églises et les trésors de la Castagniccia. Menu honnête et, à la carte, fruits de mer (moules farcies, *fritto misto*), viande, pizzas et pâtes.

Où dormir ? Où manger dans les environs ?

A Torra : *hameau de Velone, 20230* ***Velone-Orneto,*** *sur les hauteurs, à une douzaine de km de Moriani-Plage. ☎ 04-95-44-07-79. • georges.boulu@orange.fr • atorra-velone.pagesperso-orange.fr • De Moriani-Plage, direction nord par la T 10 puis suivre la D 9 jusqu'à Poggio-Mezzana, ensuite Talasani et suivre direction Velone. Tte l'année. Double 90 € ; triple 105 €. Table d'hôtes pour les résidents (sur résa) 28 €. CB refusées. Apéritif offert sur présentation de ce guide.* Dans une belle maison de caractère, tout en coins, recoins et escaliers, 2 chambres avec vue sur mer, dont une a un petit salon attenant qui permet, le cas échéant, de la transformer en familiale (très bien avec deux enfants). Idéal pour une famille. Petite terrasse pour le petit déj. Salle à manger qui a conservé le *fucone* traditionnel. Bon petit déj. Une belle adresse.

U Tavanincu : *hameau d'Orneto, 20230* ***Velone-Orneto.*** *☎ 04-95-36-87-16. • tavanincu.orneto@gmail.com • À 7 km de la côte : accès par la D 9 depuis Figaretto et par la D 109 depuis Moriani-Plage. Tte l'année : juin-sept, tlj midi et soir ; hors saison, le soir jeu-dim et à midi le w-e. Menus 20-28 €. CB refusées.* Le jeune chef, Alessandro, travaille les produits locaux en priorité et en tire le meilleur. Sur la terrasse panoramique, à l'ombre des

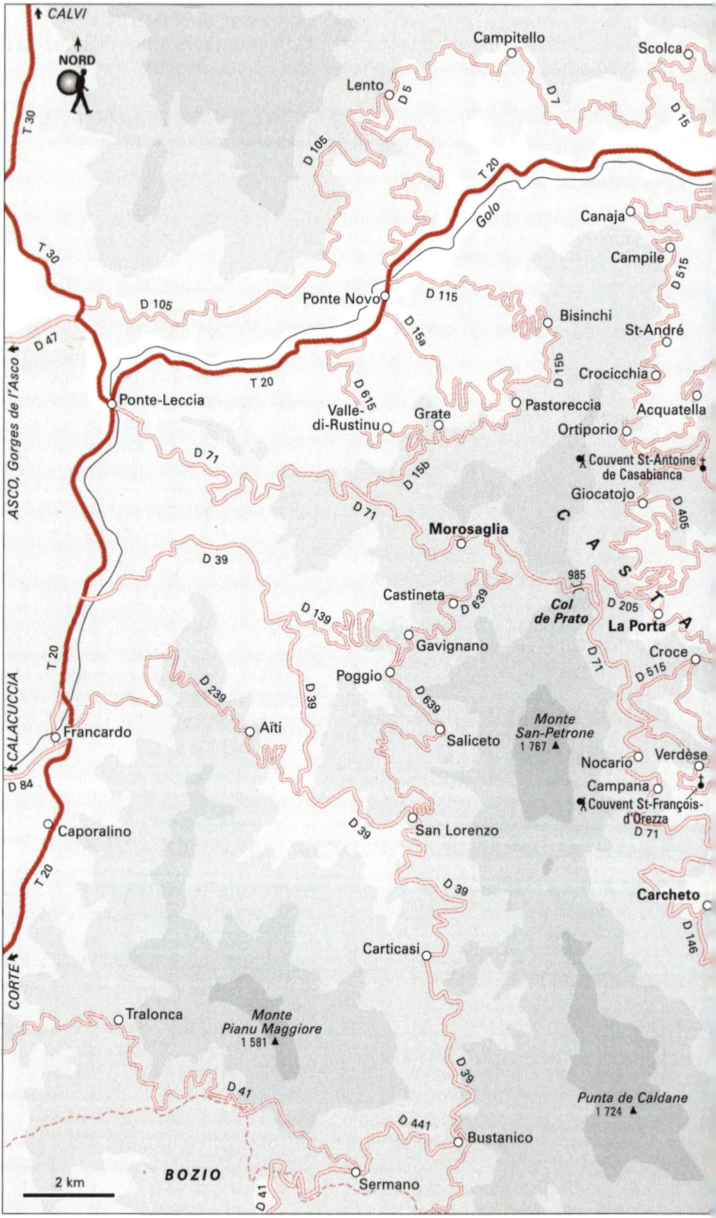

CALVI
NORD
Campitello
Scolca
Lento
D 5
D 7
D 15
T 30
D 105
T 20
Golo
Canaja
Campile
D 515
Ponte Novo
D 115
D 105
Bisinchi
St-André
D 47
D 15a
D 15b
Crocicchia
ASCO, Gorges de l'Asco
T 20
Ponte-Leccia
D 615
Pastoreccia
Acquatella
Valle-di-Rustinu
Grate
Ortiporio
D 71
Couvent St-Antoine de Casabianca
D 15b
Giocatojo
D 405
D 71
Morosaglia
C A S T A
D 39
985
Castineta
D 639
Col de Prato
D 205
La Porta
D 139
Gavignano
Croce
T 20
D 71
D 515
Poggio
D 239
D 39
D 639
CALACUCCIA
Francardo
Aïti
Monte San-Petrone
1 767
Saliceto
Nocario
Verdèse
D 84
Campana
Couvent St-François-d'Orezza
Caporalino
D 39
San Lorenzo
D 71
T 20
D 39
Carcheto
D 146
Carticasi
CORTE
Tralonca
Monte Pianu Maggiore
1 581
D 39
Punta de Caldane
1 724
D 41
D 441
Bustanico
BOZIO
2 km
Sermano
D 41

LA COSTA VERDE, LA CASTAGNICCIA ET LA CASINCA

oliviers, on déguste beignets de fromage de chèvre *(buglidicce)*, pâtes fraîches maison (« côté terre » ou « côté mer »), pizzas, viandes (escalope de veau Tavanincu) ou encore grillades au feu de bois. Excellent accueil.

Auberge Bella Vista : *à l'entrée du hameau Piazza,* **Santa-Lucia-di-Moriani,** *à 6 km de Moriani-Plage. ☎ 04-95-38-58-12. Tte l'année (hors saison, tél). Menu unique 26 € (vin compris).* De la terrasse, on domine tout le nord de la plaine orientale : tranquillité absolue pour déguster un repas qui récompense la montée jusqu'ici. Dans l'assiette, une généreuse cuisine de ferme-auberge servie avec gentillesse par la fille de la maison. Prévoir d'arriver le ventre vide, le menu est copieux ! Bon, on ne vous en voudra pas trop si vous faites une (petite) impasse, gardez un peu de place pour le dessert !

Auberge A Mandria : *Fiume-d'Olmu, 20230* **Talasani.** *☎ 04-95-38-04-82. À 9 km au nord de Moriani. Prendre la T 10 direction Bastia, puis à gauche (panneau) ; l'auberge se trouve à 1,5 km de là, en haut d'une petite piste. En basse saison, le soir ven-sam et dim midi ; en hte saison, ouv ts les soirs. Congés : nov-mars. Résa souhaitée. Menu 25 €.* Une adresse qu'une aimable Corse nous a indiquée et qui s'est avérée plaisante. Jolie vue sur la mer en contrebas et copieuse cuisine corse artisanale : beignets au fromage, veau aux olives, lasagnes au sanglier... Et bain corse assuré : les gens du coin fréquentent volontiers l'endroit.

Gîtes ruraux

Gîtes de Reghetto *(chez M. Maldonado ; Gîtes de France)* **:** *à* **San-Giovanni-di-Moriani,** *hameau de Reghetto. Résas auprès des Gîtes de France : ☎ 04-95-10-54-30/31. Fax : 04-95-10-54-38. À 10 km à l'ouest de Moriani, mais accès plus rapide par Sainte-Lucie-de-Moriani, un peu au nord de la station. Tte l'année. Gîtes pour 6 pers 380-700 €/sem et 380-780 €/sem selon superficie et saison.* Dans un village typique, superbement situé sur la corniche de la Castagniccia. Dans une maison de village du XVIIe s, 2 gîtes hyper spacieux, l'un au rez-de-chaussée (92 m²), l'autre à l'étage (118 m²). Chaque gîte possède salon, cuisine et 3 chambres, salle de bains et w-c (douche en plus pour le grand gîte), lave-linge, micro-ondes. Pièces voûtées et poutres apparentes pour le gîte en rez-de-chaussée. Terrasse fleurie de 50 m² et avec barbecue pour le gîte à l'étage, terrasse plus petite au rez-de-chaussée (12 m² sans barbecue). Vue sur mer et montagne des 2 gîtes. Accueil très chaleureux. On est à 15-20 mn de la plage et des commerces. Animaux acceptés.

Où se baigner ?

Entre Aléria et Moriani-Plage, la côte orientale forme une interminable plage de sable, quasi rectiligne. Nous conseillons, par exemple, la plage (immense) qui se situe au bout d'une petite route que l'on prend à la hauteur du ***phare d'Alistro,*** au bord de la T 10, à 14 km au sud de Moriani. C'est un coin relativement tranquille en été. En marchant, on peut faire des kilomètres le long de la plage, sans rencontrer trop de monde (plutôt vers le nord que vers le sud d'Alistro, où commencent les villages de vacances naturistes...).

Festival

– ***Festival U Settembrinu di Tavagna :*** *1 petite sem, fin août ou début sept. Rens : ☎ 04-95-36-91-94. • tavagna.com •* Ce festival s'est tranquillement fait sa place et permet de découvrir une microrégion méconnue, la Tavagna, située entre Moriani et la Casinca. Programme éclectique mariant modernité et tradition.

Des musicos du monde entier se produisent dans les villages de Peru-Casavechje, Velone-Orneto, Isolaccio, Poggio-Mezzana et Talasani. Le village de Taglio-Isolaccio est le berceau de la famille Bernardini *(I Muvrini).* Une référence.

Randonnée pédestre Mare a Mare Nord

➢ Une petite merveille que cette balade permettant de relier à pied et en 7 jours (itinéraire principal) ou 10 jours (avec une variante) la côte orientale à la côte ouest. Soit ***Moriani-Sermano-Corte-Cargèse.*** Se munir évidemment du topoguide spécialement édité par le parc régional. Balisé en orange, l'itinéraire est jalonné de gîtes d'étape que nous signalons plus haut (voir « Dans les environs de Corte. Randonnées pédestres »).
Il est conseillé de téléphoner auparavant pour réserver sa place dans les gîtes (surtout en août). Période idéale : juin et septembre.

DANS LES ENVIRONS DE MORIANI-PLAGE

La microrégion permet de faire pas mal de petites balades. Demander à l'office de tourisme le dépliant « Balades entre mer et montagne », qui propose 20 boucles de 3 à 15 km. Si l'on parcourt la région en voiture (attention, routes très étroites), il est possible de faire un circuit sympa sur une demi-journée. À ***San-Giovanni-di-Moriani,*** village constitué de six hameaux, *église paroissiale de Saint-Jean-l'Évangéliste,* avec son campanile baroque élancé (33 m de hauteur, l'un des plus hauts de l'île). Une merveille. Baroque également, celle de ***San-Nicolao,*** consacrée elle aussi à saint Jean et récemment restaurée, vaut le détour, notamment pour son haut-relief où la légende de saint Nicolas est représentée. Pas mal de sentiers de randonnée dans le coin également (une vingtaine de boucles, dépliant à l'office de tourisme) et un sentier botanique *(chjassu botanicu)* à San-Giovanni-di-Moriani : départ de l'église paroissiale pour un circuit de 3h30 environ permettant de découvrir plus de 230 plantes. Le parcours croise la chapelle de *San Mamilianu* (X^{e} s), son point culminant, où l'on faisait, le 15 septembre, un feu visible sur les îles d'Elbe et de Monte-Cristo, d'où l'on répondait par le même moyen. Entre San-Nicolao et Santa-Maria-Poggio, entre les deux tunnels de Bucatoghju, s'arrêter voir la très belle ***cascade de l'Uccelluline*** (le sentier de randonnée San-Nicolao/Santa-Maria y passe).

En remontant vers le nord, à la limite entre Costa Verde et Casinca, un parc récemment ouvert mérite le déplacement :

Parc Galea : *à* ***Taglio-Isolaccio,*** *route de l'ex-CNRO, 1,5 km au sud de Folelli. 07-78-13-56-70. • parcgalea.com • Ouv de mi-avr à fin juin, tlj 14h-18h ; juil-août, tlj 10h-20h ; sept, tlj 14h-18h ; mars et oct, ouv dim (tél pour les horaires). Nocturnes en été (ven, visite guidée des jardins à 18h, pique-nique/concert à 20h, observation astronomique à 21h30). Visite botanique dim ap-m. Entrée : 8 € ; ½ tarif 6-18 ans. ½ tarif pour ts avt le 15 juin et après le 30 sept.*
Une heureuse initiative privée qui donne l'occasion, sur cette côte est un peu pauvre en visites, en dehors d'Aléria, d'aborder la Corse sous un angle résolument moderne, avec de nombreuses ressources numériques mobilisées. L'espace se décline en différents pavillons, fermés (et climatisés) ou semi-ouverts. *Memoria,* la première salle, dispose d'une dizaine d'écrans présentant de nombreuses photos anciennes. *Ethnografia,* après une parlante présentation de la formation de la Corse et de la Sardaigne, aborde un certain nombre de coutumes insulaires, avec, notamment, des films de l'INA plus ou moins longs (par exemple, *Mon village à l'accent corse*). L'espace *Naviga,* plus classique, s'intéresse à la Corse dans son contexte historique et géographique. La visite se termine par les unités *Cinema, Energia* et *Galeria,* mais il ne faudrait pas oublier les espaces extérieurs, soignés

(9 ha de jardins aménagés), qui donnent une autre dimension à ce parc. Visite très agréable en famille.

CERVIONE / CERVIONI (20221) 1665 hab.

Gros bourg surplombant la plaine orientale, très dense, aux maisons serrées de part et d'autre de rues étroites. C'est la capitale de la noisette corse : au *Cybercafé de l'Avenue,* les noisettes vous attendent sur chaque table, le casse-noisettes aussi ! Il est agréable de se balader dans les ruelles du petit centre-bourg, autour de la cathédrale *Saint-Érasme.* Elle possède un riche décor baroque et un bel orgue du XVIIIe s. Placette typique juste en face, avec son bar corse immuable.
Le roi Théodore (voir « Histoire » dans le chapitre « Hommes, culture, environnement » en fin de guide) traîna ses guêtres à Cervione, où il fut en « résidence ».

Où dormir dans les environs proches de Cervione ?

Camping-Village Vacances Le Campoloro : *Prunete, 20221 Cervione. ☎ 04-95-38-00-20. • contact@lecampoloro.com • lecampoloro.com • Un peu au sud de Prunete, en bordure de mer. 23 mai-21 sept. Selon saison, compter env 17-32 € pour 2 avec tente et voiture ; bungalows (2-6 pers) 300-1 390 €/sem.* Emplacements spacieux, sanitaires propres. Bar, restaurant-pizzeria. 2 piscines, espace de remise en forme. Bon accueil.

Camping Calamar : *Prunete, 20221 Cervione. ☎ 04-95-38-03-54 ou 04-95-34-08-44 (hors saison). • contact@campingcalamar.eu • campingcalamar.eu • À 500 m plus au nord que Le Campoloro. D'avr à mi-oct. Compter env 14,20 € pour 2 ; bungalows 280-580 €/sem selon saison. (payant).* Camping tout simple, sous les oliviers, avec accès direct à la plage. Pas de piscine, donc, mais il y a la Grande Bleue, et ce n'est pas rien. On est un peu les uns sur les autres (pas d'emplacements délimités) mais bonne ambiance. Accueil souriant. En revanche, épicerie à 1,5 km...

A Casa Corsa, chez Anne-Marie Doumens : *Aqua Nera,* ***Prunete.*** *☎ 04-95-38-01-40. • casa-corsa1@orange.fr • casacorsa.com • À 6 km au sud de Moriani, en face du moulin de Prunete, prendre le chemin à droite (en venant de Bastia). Mai-sept (tél hors saison). Compter env 73 € pour 2, petit déj compris. CB refusées.* En retrait de la nationale, maison récente proposant 5 chambres d'hôtes climatisées, vastes, agréables et claires. Sanitaires privés. 2 chambres sont à l'étage, avec accès indépendant, la 3e étant une suite pour famille, en fait composée de 2 chambres. Également une annexe avec 2 autres chambres. Terrasse où le petit déj est servi, cuisine d'été. Plage à proximité. Accueil convivial.

Où manger ?

Le San Carlu : *à Prunete, 20221 Cervione. ☎ 04-95-38-01-65. • reservation@sancarlu.com • À 100 m de la mer, presque en face du camping Calamar. Mai-oct, tlj ; hors saison, le w-e. Menus 14,50-27 € ; couscous mar soir, paella jeu soir. Café offert sur présentation de ce guide.* Cuisine sans chichis mais généreuse qui fait de ce restaurant une adresse appréciée de cette partie de la côte est. Les menus font déjà l'affaire, ou bien, à la carte, on se régalera d'un *fritto misto,* de moules ou de poisson de la pêche du jour avec, par exemple, un *pastizzu* pour terminer. Accueil prévenant.

I●I ***U Casone :*** *dans le centre du village.* ☎ *04-95-38-10-47.* • *marie-pierre.o@hotmail.com* • *Tte l'année. Menu du jour 15 €, menu corse 22 €.* Cuisine familiale (lasagne, *stuffatu* de veau, beignets de fromage), mais aussi des minipizzas, terrines, salades. On mange sur la terrasse au pied de la grande demeure typique *(casone).*

À voir. À faire

Le musée Anton Dumenicu Monti : *dans le village, accès par la rue qui monte à droite de la cathédrale.* ☎ *04-95-38-12-83.* • *adecec.net* • *Tlj sf dim et j. fériés 9h-12h, 14h-18h. Entrée : 3 € ; réduc ; avec audioguide 5 €.*
Musée ethnographique géré par l'ADECEC, autrement dit l'« Association pour le développement des études archéologiques, historiques, linguistiques et naturalistes du Centre-Est de la Corse ». Ouf !
Installé dans l'ancien séminaire des évêques d'Aléria, ce musée renferme, sur trois niveaux, quantité de raretés diverses, joliment présentées. Tous les métiers traditionnels sont représentés par de belles pièces (nombreux dessins explicatifs). Plus loin, les statues de santu Lisandru et santu Eramu, qui ornaient la cathédrale et devaient terroriser les pécheurs, et même les innocents. Pièce rare, la serrure du moulin à poudre de Paoli (1760). Mais on n'est pas certain de son origine... Beaux rabots et araires du tonnerre. Bref, un tas d'objets, outils ou œuvres d'art, et documents, qu'on prend le temps de regarder. Très intéressant. Si l'on peut se faire accompagner d'un membre de l'association pour avoir des commentaires, c'est encore mieux.

➢ Grimpez à la ***chapelle Notre-Dame-de-la-Scupiccia*** (accès en 1h de marche ou 15 mn en voiture, bien indiqué). On peut y voir une statue en marbre blanc de la Vierge, sculptée à Florence : le bateau qui l'emportait à Cordoue fit naufrage dans le coin, elle fut récupérée par des pêcheurs...

Fête

– ***Destination Noisette*** *(a Fiera di a nuciola)* **:** *vers le dernier w-e d'août.* Nombreuses animations pour tous les âges.

LA CASTAGNICCIA

Que Paoli fût natif de la Castagniccia n'est pas étonnant. Car la voici, l'âme corse. Ces vallées vertes et abruptes où serpente une étroite départementale, ces villages ou hameaux serrés, fermés, hérissés de campaniles comme des flèches vers le ciel, aux maisons couvertes de lauzes (on est en pleine Corse schisteuse), ces vaches, chèvres, porcs à demi sauvages, ces châtaigniers épais et tors, ces torrents... La Castagniccia (ou « Castagnitch' », comme le prononcent les Corses), belle toujours, riche, moins sans doute qu'autrefois mais riche quand même, riche d'elle-même, si corse Castagniccia.
Ce massif connut son âge d'or au XVIIe s : composée de trois principales *pieve* (Alesani, Ampugnani et Orezza), c'était alors la région la plus peuplée de l'île, notamment grâce au châtaignier, l'« arbre à pain », qui lui a donné son nom. C'est à cette époque que la plupart des églises baroques et des

campaniles furent édifiés. Aussi ressent-on – avec les Corses – une sorte de nostalgie, du moins comprend-on la leur, leur peine à voir ces châtaigneraies malades ou abandonnées, et ces terrasses aujourd'hui en friche...
Mais la région reste magnifique, et s'est ouverte au tourisme vert. Et ceux qui ont choisi d'y vivre et de poursuivre ou de reprendre les activités anciennes – culture du châtaignier, élevage, ébénisterie –, ou d'en créer de nouvelles, généralement liées au tourisme, forment une population tout aussi attachante. Alors, si vous terminez votre tour de Corse à Bastia, essayez de passer au moins une nuit là-haut sous les châtaigniers (ou plus, car la Castagniccia n'est pas faite pour les gens pressés...).

LES SENTIERS DE PAYS DE LA CASTAGNICCIA

À l'initiative du parc régional, une quinzaine de sentiers de pays (boucles de 1h30 à 5h de marche) ont été ouverts en Castagniccia : ils couvrent la majeure partie de la région, principalement dans l'ancienne *pieve* d'Orezza, autour de Piedicroce. On peut se procurer la brochure au syndicat d'initiative (voir plus loin), ce qui n'empêche pas de partir avec les cartes IGN de secteur (4349 OT Vescovato et 4351 OT Cervione). Très sympas, bien entretenus et accessibles à tous. On découvre alors la beauté puissante de cette région de châtaigniers, de schiste et de sites spectaculaires.
Possibilité de randos accompagnées avec Xavier Santucci : *06-87-41-81-26.*

Comment y aller ?

➢ ***Par Ponte-Leccia,*** sur la route Corte-Bastia : dans ce cas, on entre en Castagniccia par l'ouest, ou bien par la D 71, au départ de ***Cervione (Costa Verde),*** 1er village au-dessus de la plaine orientale. On peut également monter en Castagniccia en quittant la T 10, à Folelli, par la D 506 qui mène à Piedicroce (bonne route, moins étroite avec un bon revêtement) : au bout de 11 km, 2 routes, cette fois très étroites, montent l'une à La Porta, l'autre à Piedicroce. Attention, ces routes étroites, sinueuses, sont dangereuses. Alors on roule peinard. C'est la meilleure façon de découvrir le pays. Pas de station-service, prenez vos précautions.

Adresse utile

Syndicat d'initiative intercommunal de la Castagniccia : *Maison des entreprises,* ***Piedicroce*** *(20229).* ☎ *04-95-33-38-21.* • *castagniccia.fr* • *Tte l'année : avr-oct, tlj 9h-18h (16h w-e) ; en mi-saison, lun-sam 9h-16h ; hors saison, lun-ven 9h-16h, sam 9h-12h.* Bonne source d'infos, beaucoup de brochures. Le site internet offre également une très bonne présentation de la région.

L'ALESANI / ALISGIANI

Quand on vient de Cervione, la « frontière » entre Costa Verde et Castagniccia se traverse un peu avant Ortale. Pendant quelques kilomètres, les paysages semblent presque austères, puis c'est le grand jeu ! On entre alors dans la microrégion de l'Alesani (Alisgiani), célèbre pour son couvent, où fut couronné le seul roi (éphémère) que la Corse ait jamais connu.

Où manger dans les environs ?

*Restaurant U San Petru : à Castagneto, 20234 **Valle-d'Alesani.** ☎ 04-95-35-94-74. À 16 km de Cervione en direction de Piedicroce, le long de la D 71. De mai à mi-oct. Fermé mer en basse saison. (Tél hors saison.) Compter env 25 €. CB refusées.* Dans la grande salle typiquement corse et bien propre, ou en terrasse, on vous sert une cuisine saine et goûteuse. Du bon usage des herbes du maquis... Civet de sanglier, lasagnes à la viande. Cabri rôti ou en sauce sur commande. Service aimable et simple.

À voir

***Le couvent d'Alesani :** à 5 km de Valle-d'Alesani et à 500 m du village de Piazzali. Totalement isolé mais bien indiqué. Le couvent ne se visite qu'en juil-août (mar, jeu et sam 14h30-18h), mais si vous ne trouvez pas portail clos (ce qui est malheureusement souvent le cas), l'église est en principe ouv.* C'est ici que Théodore de Neuhoff, basé à Cervione, fut couronné roi le 15 avril 1736. La *Vierge à la cerise,* sorte d'icône qu'on peut voir dans l'église, sur la droite, est portée en procession le 8 septembre de chaque année.

CARCHETO / Carchetu (20229) 20 hab.

Une enfilade de maisons étire son échine de toits gris. À 400 m en contrebas de la route se trouve l'église Sainte-Marguerite, l'une des rares en France où, par manque de moyens, les peintures n'ont pas été modifiées ; depuis la fin du XVIIe s, le temps s'est arrêté. Le village a servi de cadre au roman *Mal'Concilio* : sur la dentelle de pierre du fronton de l'église, au pied de la cascade ou entre les tours de Tevola, on s'attend à voir passer l'ombre légère de Lesia, héroïne dudit roman (voir « Livres de route » dans le chapitre « Bon à savoir avant le départ » en début de guide). D'ailleurs, son auteur, Jean-Claude Rogliano, tient des gîtes ruraux bien sympas (voir ci-après).

Où dormir ?

Gîtes ruraux

***Gîtes des Tours de Tevola** (Gîtes de France) **:** à 500 m en contrebas de la départementale. Résas auprès des Gîtes de France : ☎ 04-95-10-54-30/31. Sur place : ☎ 04-95-31-29-89. • jean-claude.rogliano@neuf.fr • tevola.com • Tte l'année. Gîtes pour 4-6 pers 230-560 € selon saison et taille. Apéritif ou café offert sur présentation de ce guide.* Dans le cadre superbe de ce hameau fortifié, construction austère et sans âge (enfin, presque : XIIIe s)... L'âme de la Corse y dort peut-être, d'un œil. L'autre contemple la vallée verte, la nature somptueuse de cette Castagniccia qui s'ouvre face à la terrasse. Dans la plus ancienne tour, 4 gîtes de 40 m², 2 à chaque étage. Séjour-cuisine (avec convertible s'il n'y a que 1 chambre) et 1 ou 2 chambres (lit double et lits superposés), douche et w-c. Bon, c'est de l'ancienne bâtisse, à murs épais et fenêtres étroites, et les pièces ne sont pas bien grandes. Également un gîte plus grand (54 m²), dans une maison indépendante à côté des tours. Jean-Claude Rogliano, votre hôte, auteur, entre autres, de *Mal'Concilio,* est une personnalité. Érudit et intarissable quant à la culture et l'histoire insulaires,

« militant culturel » comme il aime à dire ; il est tout simplement amoureux de son île. Son épouse reçoit tout aussi chaleureusement. Les soirées tournent donc facilement à la fête et l'on discute jusqu'à une heure tardive de Paoli, d'A Filetta ou de Jean-Paul Poletti (soirées musicales en été). Bref, une adresse de haute corsitude, exceptionnelle – mais dont le caractère peut ne pas convenir à tout le monde. Très agréable petite piscine en prime, avec vue plongeante sur la vallée. Animaux bienvenus.

Où acheter de bons produits dans le coin ?

Marché du col d'Arcarotta : *au col d'Arcarotta, à 3 km avt Carcheto en venant de Cervione. Juil-août, dim 10h-14h.* Un petit marché de produits locaux. Y aller tôt, les bons produits partent vite !

PIEDICROCE

(20229) 125 hab.

À 5 km de Carcheto. Un village à flanc de montagne, sorte de balcon dominant une région préservée, couverte de châtaigniers, qui s'ouvre aux randonnées pédestres et équestres. Superbe *église Saint-Pierre-et-Saint-Paul* avec une façade baroque datant du XVIIIe s et les plus belles orgues de Corse.

Où dormir ? Où manger ?

Hôtel-restaurant Le Refuge : *au bourg. ☎ 04-95-35-82-65. • hotel.lerefuge@wanadoo.fr • hotel-restaurant-corse.fr • D'avr à mi-oct (hôtel) ; resto fermé de mi-oct à fin nov. Doubles 52-66 € ; petit déj 7 €. ½ pens possible. Menu 20 €.* L'auberge est agrippée, comme les autres maisons du village, au versant sud de la montagne. Les chambres côté vallée offrent une très belle vue sur les monts boisés et les hameaux perchés. Restaurant.

Où dormir dans les environs ?

Campings

Camping Les Cascades : *lieu-dit Casette, 20213 **Pruno.** ☎ 04-95-36-91-91. • cascades@wanadoo.fr • campinglescascades.fr • Sur la D 506 en direction de la Castagniccia, à env 7 km de Folelli. De mi-juin à mi-sept. Compter 16 € pour 2 avec tente et voiture ; mobile homes 5-6 pers 230-470 €/sem. Café offert sur présentation de ce guide.* On n'est pas encore vraiment en Castagniccia, seulement sur l'une des routes qui y montent (ou qui en descendent), mais le terrain, en contrebas de la route, est bien plat, pas loin d'une rivière, et ça, c'est très appréciable avant d'aller par monts et par vaux. Sanitaires modestes. Quelques caravanes et mobile homes à louer, ainsi que des chambres bon marché. Petit déj. Piscine.

Camping à la ferme Les Prairies *(chez Mme Marie Fontana)* ***:*** *villa Les Prairies, Rumitoriu, 20213 **Scata.** ☎ 04-95-36-95-90. Sur la D 506, entre Piedicroce et Folelli, au lieu-dit Rumitoriu. Juin-sept. Résa vivement conseillée car peu d'emplacements. Compter 16 € pour 2.* Un minicamping sympa comme tout (ne convient pas aux camping-cars). Eau chaude (douche et vaisselle) et site très agréable sous les châtaigniers. Confort minimal, mais un bien bon accueil.

Gîtes ruraux

Gîte de M. Timothée Dainesi *(Gîtes de France)* ***:*** *à **Scata.** Résas auprès des Gîtes de France : ☎ 04-95-10-54-30/31. Fax : 04-95-10-54-38. Presque à 20 km de Piedicroce, par la D 506 qui s'enfonce à l'est dans la*

Castagniccia, puis à droite vers San-Gavino-d'Ampugnani, où l'on tourne à droite vers Scata. Fin mars-début nov. Compter 290 €/sem en basse saison, 410 €/sem juin et sept, 570 €/sem juil-août. Apéritif ou café offert sur présentation de ce guide. Dans le village, dans une maison mitoyenne typique et rénovée. Gîte de 62 m² sur 2 niveaux, séjour (avec lit convertible), cuisine, 2 chambres avec lit double, salle de bains, w-c. Mobilier rustique et bon équipement (TV, lave-linge, lave-vaisselle, téléphone). Location de draps. De la grande terrasse, vue imprenable sur la vallée d'Orezza. Cadre champêtre et boisé : châtaigneraie, bestiaux... Très bon contact avec les propriétaires, qui habitent à côté. Commerces et mer à 20 bonnes minutes.

Gîtes de Mme Colette Routa *(Gîtes de France)* **:** *hameau de* ***Fornoli,*** *à 4 km d'Ortiporio. Résas (Mme Routa) : ☎ 04-95-28-91-87 ou auprès des Gîtes de France : ☎ 04-95-10-54-30/31. Fax : 04-95-10-54-38. • colette.routa@wanadoo.fr • vecchju-mulinu.fr • 15 mars-15 nov. Selon saison, compter 280-460 €/sem pour le gîte 2 pers et 640-1 190 €/sem pour le gîte de charme 4 pers.* Dans un très bel environnement, 3 gîtes dont l'un est labellisé « Gîte de charme ». Aménagé dans un moulin vieux de 200 ans, sur 3 niveaux (51 m²), ce dernier est constitué d'une chambre en sous-sol, d'un séjour-cuisine avec cheminée au rez-de-chaussée et d'une mezzanine avec 2 petits lits. Bon équipement : lave-vaisselle, congélateur, four micro-ondes. TV, lecteur DVD ; terrasses avec salon de jardin. Le 2ᵉ gîte (environ 30 m²) est situé à l'étage de la maison des propriétaires et partage sa terrasse avec un 3ᵉ gîte. Piscine. Excellent accueil.

Chambres d'hôtes

Chambres d'hôtes La Diligence : *chez Anik Lahure, 20229* ***Verdèse.*** *☎ 04-95-34-26-33. 06-13-21-50-07. • ladiligence.verdese@hotmail.fr • la-diligence.net • À 9 km de Piedicroce, au centre du village. Congés : 15 nov-fin janv. Compter, en ½ pens, 60-80 €/pers selon chambre (plus cher pour une seule nuit). Pas de repas dim. CB refusées. Apéritif ou digestif offert sur présentation de ce guide.* Cette grande bâtisse, relais de diligence au XVIIIᵉ s, a été joliment retapée. Anik et Raymond proposent 5 chambres très belles, 2 sous les combles (plus petites et basses de plafond) et 3 plus spacieuses. Chacune a conservé son cachet rustique (bois de châtaignier, marches en lauzes). Belle terrasse avec vue sur le San Petrone. La conviviale table d'hôtes, avec vin et apéro, prolonge le plaisir. Une bonne adresse.

Casa Orsu Maria *(Gîtes de France)* **:** ***Campana.*** *06-08-55-07-13. • contact@casaorsumaria.com • casaorsumaria.com • Avr-oct. Selon saison, doubles 125-180 €, suite 220-280 €. Plateau repas (très complet) 33 €.* C'était un pari plutôt audacieux que d'ouvrir une maison d'hôtes avec des services dignes de ceux d'un hôtel dans un village de 30 habitants en plein cœur de la Castagniccia. Et il faut dire que l'entreprise paraît réussie. La maison est immense et dispose de 4 grandes chambres dans les étages inférieurs ainsi que d'une suite. Piscine, jacuzzi, sauna, et même ascenseur... tout a été bien pensé par le propriétaire de la demeure, attentionné, qui s'assure du bien-être de ses hôtes. Plateaux repas (sur résa) si vous ne souhaitez pas repartir pour dîner.

DANS LES ENVIRONS DE PIEDICROCE

Le couvent Saint-François d'Orezza *(cunventu San Francescu d'Orezza)* **:** *sur la route de Campana (D 71), à 1 km de Piedicroce.* Il n'y a plus que les ruines de ce couvent fondé en 1485, dans lequel Bonaparte a rencontré, en 1790, Pasquale Paoli à l'occasion d'une *consulte* qui réunit tous les chefs corses. En 1731, des théologiens corses y avaient décrété légitime la révolte contre Gênes. Les Allemands le firent sauter en 1943 et aujourd'hui le délabrement continue. On parle de réhabilitation… mais il faut d'abord réunir des fonds (le couvent n'est même pas classé !).

Campodonico : *prendre la D 71 vers Campana ; au couvent d'Orezza, une route monte sur la gauche jusqu'à Campodonico, env 2 km plus loin.* Un hameau haut perché, constitué de quelques vieilles maisons en grosse pierre de schiste. Les femmes s'y réfugiaient avec les enfants en cas de coup dur. Au pied du *monte San Petrone* (1 767 m), environné de montagnes, il offre une vue étendue sur toute la Castagniccia. C'est aussi, pour les randonneurs, le point de départ d'un sentier qui monte jusqu'à la ligne de crête et au San Petrone *(4h A/R).*

Les sources d'Orezza : *à 6 km de Piedicroce (par la D 506 puis la D 46), bien indiqué. ☎ 04-95-39-10-00. • orezza.com •* Ancien établissement thermal, où l'on soignait, entre autres, les troubles du système nerveux, les affections du foie… On connaît ces sources depuis la fin du XVIIIe s. C'est une eau très appréciée, qu'on retrouve, dans sa gamme verre, sur de grandes tables. Visite guidée de l'usine possible *(lun-ven ; groupes 10 pers min slt).*

MÊME L'EAU, ÇA SE TRAVAILLE !

L'eau d'Orezza est l'une des plus riches en fer au monde. Pour la rendre buvable, il faut la « defferiser », après l'avoir dégazéifiée en mettant de côté le CO_2 qu'on lui restitue à la fin du processus. Pour voir la différence, faites le test : sous le kiosque devant l'usine, on peut goûter l'eau d'Orezza naturelle, non « travaillée ». Attention : en toutes petites quantités seulement, ça coule de source !

LA PORTA / A PORTA D'AMPUGNANI

(20237) 250 hab.

Noyé dans la verdure, sur les flancs du monte San Petrone, un somptueux *campanile* baroque de 45 m de haut émerge : on ne voit que lui ! Entièrement enduit et peint lors d'une dernière restauration, il n'a pas conservé son aspect initial de belle pierre nue. L'orgue (1780) a une drôle d'histoire : pendant la Révolution, le conventionnel Saliceti le déménagea du couvent de Rogliano, qui allait être détruit, et en fit don, pour le sauver, à La Porta, d'où était originaire sa femme. La petite place semble sortir d'un décor de théâtre. En bas du village, petite église de Saint-Sébastien, datant de 1450, joliment restaurée par un particulier. Si vous y passez le 16 août, vous verrez que l'on y distribue et bénit les « petits pains de la Saint-Roch », du nom du saint protecteur des boulangers.

– *Fête patronale : 29 août.*

Où manger ?

Restaurant L'Ampugnani : *rue Principale. ☎ 04-95-39-22-00. • info@ampugnani.com • Juin-oct, tlj ; le reste de l'année, fermé le soir (sf ven-sam) et lun. Congés : de janv à mi-fév. Formule déj 13 € ; menus 17,50-26 €.* Grande salle avec vue sur la vallée, les jardins et les maisons de La Porta. Produits frais et cuisine de saison copieuse. Plein de bonnes choses : sauté de sanglier ou de veau, délicieuses truites, viande aux herbes du maquis, beignets au fromage corse ou à la farine de châtaigne et *figatellu.*

Où dormir ? Où manger dans les environs ?

Stoppia Nova : *20237* ***Quercitellu.*** *☎ 04-95-39-23-91. • info@casadicornu.com • casadicornu.com • À 5 km de La Porta. Tte l'année. Compter 500-650 €/sem selon saison.* Félix, qui exploite une châtaigneraie, et Anita Tomasi ont décidé, il y a déjà pas mal d'années, de faire revivre ce hameau qui ne compte pas plus de 20 habitants l'hiver. Dans de solides maisons de pierre, ils proposent 2 gîtes de caractère pour 4 personnes avec cuisine équipée et coin salon : l'un, la *Casa Guidici,* se réserve auprès des *Gîtes de France (☎ 04-95-10-54-30/31),* l'autre, la *Casa Valentini,* se loue directement en contactant les propriétaires. Une adresse pour amateurs de nature.

A Vigna, chambres d'hôtes chez M. et Mme Lavore (Gîtes de France) **:** *lieu-dit Crebuli, 20237* ***Poggio-Marinaccio,*** *à 1 km de Giocatojo, sur la D 515 (bien indiqué). ☎ 04-95-39-14-01. • avigna@orange.fr • Congés : nov. Double 65 €. Table d'hôtes 25 €. CB refusées. Apéritif offert sur présentation de ce guide.* 3 chambres confortables dans une maison moderne, située dans un site remarquable, à la tranquillité absolue. Très bon accueil de M. et Mme Lavore, qui cuisinent fort bien, par ailleurs.

U Penta Rossa : *à* ***Ortiporio,*** *lieu-dit Salimacci. ☎ 04-95-38-21-32. À une dizaine de km au nord de La Porta. Tte l'année, tlj (téléphoner avt pour s'en assurer). Menus 17,50-25 €.* Connu sous le nom de *Chez Lucienne,* l'établissement a été repris par la nièce de Lucienne, qui perpétue la tradition. Très classique (et copieux) : charcuterie, *buglidicce,* veau corse, daube de sanglier sont au programme. Bon accueil.

DANS LES ENVIRONS DE LA PORTA

Le couvent Saint-Antoine de Casabianca *(cunventu Sant'Antone di a Casabianca)* **:** à 8 km au nord de La Porta, sur la route d'Ortiporio, au col de Saint-Antoine, carrefour des D 15 et D 515, c'est ici que se tint l'importante *consulte* du 15 juillet 1755, où l'élection de Pasquale Paoli comme général en chef de la nation corse fut confirmée. Cet édifice, dont il reste le clocher et l'ossature, est en passe de tomber complètement en ruine...

MOROSAGLIA / MERUSAGLIA (20218) 1 010 hab.

Ne quittez pas cette belle région sans avoir vu le village natal de Pasquale Paoli (1725-1804), s'étirant le long de la départementale, avec de curieux hameaux satellites sur des arêtes rocheuses. Un peu à l'écart, statue du grand homme, « père de la nation », et, à droite en arrivant de La Porta, sa maison natale transformée aujourd'hui en musée.

Pour des nourritures moins spirituelles, d'excellents fromages à vendre chez Dominique et Françoise Rini, dans le centre du village.

Où dormir dans les environs ?

Gîte de M. Tomasi Nonce (Gîtes de France) **:** *hameau d'Olmi, commune de* ***Gavignano*** *(20218). Résas auprès des Gîtes de France : ☎ 04-95-10-54-30/31. Fax : 04-95-10-54-38. De Morosaglia, direction Piedicroce et à droite* *au hameau de Stretta vers Gavignano (env 5 km). Tte l'année. Compter 181-388 €/sem selon saison. Apéritif et café offerts sur présentation de ce guide.* Au village, gîte de 40 m² pour 4 personnes à l'étage d'une maison indépendante. Séjour, cuisine, salle d'eau, w-c, 3 chambres doubles, bon niveau d'équipement : TV, lave-linge, congélateur, micro-ondes... Draps fournis. Terrasse en rez-de-chaussée de 18 m², avec salon de jardin. Très joli cadre de hameau perdu et de monts verdoyants.

☗ ***Gîte de Mme Paulette Petri-Santori*** *(Gîtes de France)* **:** *hameau de Borgo, commune de* ***Gavignano*** *(20218). Résas auprès de Mme Petri : ☎ 04-95-48-43-27 ou auprès des Gîtes de France : ☎ 04-95-10-54-30/31. • corsica-paolina.com • De Morosaglia, prendre la D 639 ; c'est à env 5 km. Tte l'année. Compter 340-590 €/sem.* Le gîte de 65 m² est situé au 1er étage d'une maison traditionnelle, mais il offre l'avantage de disposer aussi au rez-de-chaussée d'un grand hall, d'une buanderie avec lave-linge, d'une salle d'eau avec douche et w-c, et d'une cuisine d'été intégrée avec lave-vaisselle, donnant sur une grande terrasse couverte avec salon de jardin et barbecue, elle-même donnant sur un terrain clos de 100 m² avec arbres fruitiers et chaises longues (le rêve...). Le gîte en lui-même est composé d'un séjour, d'une cuisine, de 2 chambres, d'une salle d'eau et de w-c. Très bon équipement : lave-linge, lave-vaisselle, TV, téléphone, cheminée ; lit et chaise bébé à la demande. Location de draps. Propriétaires aux petits soins.

À voir

Le musée Pasquale-Paoli : *☎ 04-95-61-04-97. De mi-mai à fin sept, tlj 9h-12h, 13h-18h ; hors saison, lun-sam 8h-12h, 13h-17h. Entrée : 2 € ; réduc.* Visite agréable de cette grande bâtisse au beau plancher et poutres en châtaignier, où le père de Pasquale Paoli exerçait son métier de médecin et où vivait la famille. Une maison bourgeoise, mais de cette bourgeoisie corse éclairée. Petite vidéo de 10 mn qui retrace la vie de Paoli. Documents écrits et imprimés divers, quelques lettres autographes, portraits, témoignages permettant de comprendre à quel point cet homme a compté au XVIIIe s... En bas, la chapelle familiale abrite ses cendres amenées de Londres en 1889.

LA CASINCA

Un terroir corse (à 25 km au sud de Bastia), quasiment encastré dans le socle montagneux qui prolonge la Castagniccia au nord-est, mais distinct de celle-ci. C'est l'un des plus beaux jardins de la Corse : des terrasses ensoleillées plantées de vignes, d'oliviers et de châtaigniers, des villages en balcon dominant la côte orientale du haut de leurs perchoirs rocheux. Un coin facile d'accès, qui mérite un petit détour. Sympathique d'y monter en fin d'après-midi, à cause de la belle lumière à cette heure-là et des points de vue époustouflants sur la côte orientale.

VESCOVATO / VESCOVATU (20215) 2 315 hab.

À flanc de montagne, orienté vers la côte orientale, Vescovato est environné de forêts d'oliviers et de châtaigniers. L'approche de ce village est

impressionnante : on arrive en contrebas des très hautes façades, avec l'impression de se trouver face à une forteresse. Les lauzes et le schiste accentuent l'impression de sévérité. Au centre, la place corse typique, avec ici une fontaine ornée d'un aiglon, et juste en face un bar : *L'Aiglon,* normal... Voir l'*église* baroque *San Martinu* (clés à la mairie), presque cachée par les autres maisons tellement elles sont hautes ! Dans le bourg, trois autres églises éparpillées au hasard des ruelles et des escaliers du village.
La route pour Venzolasca traverse une zone funéraire là encore typiquement insulaire : les caveaux se succèdent, familles réunies là dans la mort comme elles l'étaient dans la vie ; c'est leur maison.

Où manger ?

|●| ***L'Ortu :*** *route de Venzolasca, à mi-chemin entre Vescovato et Venzolasca. ☎ 04-95-36-64-69. • ortubio@yahoo.fr • En contrebas de la route, un grand chalet en bois avec quelques tables en terrasse. Pâques-sept sur résa, tlj midi et soir. Menu bio-végétarien 24 € ; carte 25-30 €. CB refusées. Café (bio, bien entendu) offert sur présentation de ce guide.* *L'Ortu* (« Le Jardin » en corse) a en effet été la première table bio à la ferme de l'île et propose toujours une table différente. Ici, tout est bio (légumes, céréales, fromages...), sauf quelques grillades de porc (corse et bien nourri). Une bonne idée, déclinée dans un havre de paix. Bon accueil. Également un gîte *(450-550 €/sem pour 2 ou 75 € la nuit pour 2 et 120 € pour 4).*

VENZOLASCA / VENZULASCA (20215) 1 335 hab.

À 2 km de la T 10, le village est construit sur une crête au-dessus de deux vallons. Une unique rue, bordée de hautes maisons de caractère. Superbe vue sur la plaine orientale. Au-dessus du village, facile d'accès (prendre, sur la route de Vescovato, le chemin qui se trouve à hauteur de la *Ferme-auberge U Fragnu*), le couvent Saint-François, en ruine, dont la tradition dit qu'il aurait été fondé par saint François d'Assise lui-même.

Où dormir dans les environs ?

■ ***Chambres d'hôtes Domaine de Valle :*** *à* ***Querciolo*** *(20213). ☎ 04-95-38-93-03. • domaine.valle@wanadoo.fr • domainedevalle.fr • À la sortie sud du village, sur la T10, à 3 km de Venzolasca. Tte l'année (sur résa d'oct à mi-avr) sf vac de Noël. Doubles 75-80 €, triples 90-95 € (réduc à partir de 3 nuits). CB refusées. Apéritif offert sur présentation de ce guide.* Dans un parc agréable, au milieu des oliviers et des clémentiniers, le charme d'une exploitation agricole qui propose 4 belles chambres spacieuses et climatisées. Idéalement placé pour partir à la découverte de la Castagniccia et de la Casinca.

Où manger ?

|●| ***Ferme-auberge U Fragnu :*** *chez Ninou et François Garelli, hameau U Campu. ☎ 04-95-36-62-33. À 300 m du centre, route de Vescovato. Slt sur résa ; en saison, ts les soirs ; hors saison, slt le soir jeu-sam et dim midi. Congés : oct-nov. Compter 42 € tt compris.* Belle terrasse panoramique avec vue sur les pentes et la vallée, et vieille salle à manger aux murs de

pierre décorés d'anciens outils agricoles, avec, pendues au plafond, d'énormes pièces de charcuterie. Au milieu de la pièce, un pressoir à olives. Repas pantagruélique avec, en hiver, de la soupe de *bergus* (cubes de fromage frais et herbes du maquis), beignets de fromage et de poireaux, veau aux olives, flan à la farine de châtaigne... Cher mais de qualité. Tous les produits ou presque proviennent de la ferme ou des environs. Bon accueil.

LORETO-DI-CASINCA

(20215) 235 hab.

Notre village préféré en Casinca. Une route étroite et sinueuse, au départ de Venzolasca, grimpe sur 9 km jusqu'à ce promontoire au pied du mont Sant'Angelo (1 218 m).

De la place du village, l'une des plus grandes places rurales en Corse, une rue traverse le bourg et mène tout au bout à un petit belvédère, un balcon où se donnent rendez-vous les jeunes de Loreto. On risque de les déranger, mais quelle vue vraiment extraordinaire sur la Casinca et, au loin, la plaine orientale et la mer !

Où manger ?

– 2 charcuteries dans le village, l'une sur la Grand-Place (*U Porcu Cappusgiu,* M. Albertini), l'autre (boucherie-charcuterie *Fieschi*) est sur la droite quand on se dirige vers le belvédère (et l'église).

|●| *Restaurant U Rataghju* *(Le Séchoir aux Châtaignes)* **:** *lieu-dit Pielaterra. ☎ 04-95-36-30-66. Dans la partie basse du village. Tte l'année sur résa, midi et soir. Menu unique 30 €, vin et café compris. CB refusées.* La famille Albertini sait recevoir, et l'on mange ici plus comme chez des amis qu'au resto. Cuisine familiale succulente et copieuse. Charcuterie, pâtes au sanglier, fromages locaux, pichet de vin.

HOMMES, CULTURE, ENVIRONNEMENT

ARCHITECTURE

L'un des aspects les plus immédiatement séduisants de la Corse est son architecture, riche et variée, et qui contribue largement à son identité.

Les constructions corses les plus anciennes dont nous ayons connaissance ont été bâties vers 2000 av. J.-C., surtout dans le sud de l'île. Les magnifiques ***sites archéologiques*** de *Cucurruzu* ou de *Tappa* en témoignent, avec des fortifications circulaires impressionnantes, faites de rocs grossièrement taillés (appareil « cyclopéen »).

Bien plus tard, au XVIe s, l'occupation génoise apporte un patrimoine bâti remarquable, à usage militaire. D'abord les ***tours génoises*** qui gardaient l'île, dressées sur chaque cap, chaque pointe côtière. Il en reste 67 (sur 85 dénombrées au XVIIIe s), plus ou moins bien conservées. On peut en visiter quelques-unes, à *Porto* ou à *Campomoro* par exemple. Puis, ce sont les premières ***citadelles,*** couronnant les villes hautes, à *Bastia, Calvi, Bonifacio...* et bien conservées pour la plupart.

TOURS DE GARDE

Les tours génoises permettaient d'assurer, autant que possible, la sécurité de l'île. En cas d'alerte, par exemple quand un navire hostile était repéré, la garnison, composée de villageois, allumait un feu, et chaque tour pouvait communiquer visuellement avec ses voisines et faire ainsi circuler toute information d'un bout à l'autre de la Corse en peu de temps. Mais les Génois n'ont été que les initiateurs et les constructeurs de ce cordon de tours littorales : les tours, une fois construites, étaient à la charge des habitants !

L'architecture religieuse est un autre aspect majeur du patrimoine insulaire. C'est d'Italie que vient le style, ou plutôt les styles : d'abord pisan avec, du XIe au XIIIe s, une floraison d'***églises romanes,*** parfois de pierre polychrome : magnifique petite cathédrale de la *Canonica,* près de Bastia, mais aussi d'autres moins connues, des petites chapelles rurales perdues, dans le Bozio par exemple, ou la si belle église préromane de *Sainte-Lucie-di-Moriani,* de pierre nue, superbement isolée dans son site de verdure... L'***art baroque,*** plus tardif, marque ensuite l'architecture religieuse corse : cathédrales et églises, à *Bastia* par exemple, et tous ces campaniles dressés d'un bout à l'autre de l'île, en *Balagne,* en *Castagniccia,* dans le *Nebbio...*

Et puis il y a l'***habitat corse.*** Ah ! le caractère unique de ces villages, de ces maisons de granit d'une exquise sobriété, hautes, austères, aux fenêtres étroites et rares, de crainte du soleil comme de l'ennemi – en temps de vendetta, c'étaient des meurtrières... Selon la classe sociale des propriétaires, on distingue trois grands types de maison : la maison paysanne, basse, la maison de notable *(casone),* souvent haute comme une tour ou massive, et enfin les *palazzi,* à la manière italienne, entourés d'un jardin, qu'on rencontre surtout en Balagne ou au Cap. Et ces couleurs, toute la gamme des ocres, et des gris plus durs sous le grand ciel bleu, et ce fond permanent de montagne, de maquis, cet arrière-fond de mer : comment voulez-vous ne pas aimer la Corse ?

CORSES

Voici donc une île. Avec des « îliens » dessus. Autrefois, tout semblait éloigner les Corses de leur littoral. Repliés dans leurs nids d'aigle, ils avaient des côtes une conception particulière. Le littoral, c'était l'ennemi, l'envahisseur et la malaria. Toutefois, les villageois descendaient y passer une partie de l'année, avec famille et troupeaux. Puis ils retournaient dans leurs perchoirs dès les premières chaleurs. Certains villages de montagne, d'à peine 100 ou 200 âmes aujourd'hui, comptaient jusqu'à 3 000 habitants. Entre les Corses et la mer persiste aujourd'hui une relation d'amour et de crainte. Ce n'est certes pas un peuple de marins, à l'exception des Cap-Corsins. Et pourtant, aujourd'hui, près de 80 % de la population corse se concentre sur le littoral, activité économique oblige...

Les Corses inaccessibles, renfermés, farouches ? Non, plutôt les gardiens de la terre des ancêtres, devenus prudents et réservés après des siècles d'invasions. On les dit fiers et orgueilleux. Allons donc ! Vous n'avez rien compris. Ce sont, depuis toujours, à la fois des insulaires et des montagnards. Ombrageux et susceptibles ? Pas plus que d'autres peuples de la Méditerranée.

Alors, corsés les Corses ? Est corse bien souvent, en réalité, qui a un ancêtre ayant connu les Barbaresques, une arrière-grand-mère génoise et un cousin fonctionnaire à Paris. Car, ne l'oubliez pas, les Corses s'expatrient. Aujourd'hui, 600 000 Corses vivent sur le continent et ils seraient 2 millions à être disséminés un peu partout dans le monde... En Amérique du Sud notamment (un ancien président du Venezuela était d'origine corse), ainsi que dans les Caraïbes (Porto-Rico, première destination des émigrants cap-corsins au XIXe s, compterait aujourd'hui plus de 350 000 descendants de Corses qui ont fait souche là-bas, soit près de 10 % de la population totale !). D'autres s'expatrient mais reviennent couler une retraite tranquille sur l'île (la part des plus de 60 ans est de 25 %, soit 4 % plus élevée que dans le reste de la France métropolitaine).

La Corse n'est pas qu'une terre d'émigration : elle accueille également, puisque environ 26 000 étrangers, dont de nombreux Marocains, vivent aujourd'hui sur l'île. Sur les murs, il n'est pas rare de lire « Arabi Fora » (« Arabes dehors »), inscription concurrençant d'ailleurs « IFF » (« I Francesi Fora » : « Français dehors »), et les dernières années ont été marquées par une augmentation significative, en nombre et en intensité, des agressions envers la minorité maghrébine, accusée de nombreux maux. Le rejet, qui est essentiellement le fait d'une autre minorité « ultra », ne doit pas faire oublier la traditionnelle hospitalité insulaire.

EN CORSE, ON NE DÉNONCE PAS !

On a souvent critiqué l'omerta corse dans les affaires de terrorisme. En revanche, on a oublié que ce mutisme a aussi fonctionné à plein pendant la dernière guerre. Aucun juif n'a été dénoncé quand l'île fut occupée par les fascistes italiens et les nazis. Le préfet de Corse Balley, bien que très pétainiste, fut un des seuls de France à cacher les juifs, notamment à Canari. Le consul de Turquie à Marseille leur donna des cartes d'identité... turques ; la Turquie étant restée neutre pendant la guerre, leurs ressortissants ne furent jamais inquiétés.

Bref, on les dessine en noir, méfiants. Et alors, pourquoi sauteraient-ils au cou de gens qu'ils ne connaissent pas ? Ici, le fromage est corse, le vin est corse et la charcuterie est corse. Bref, ils sont corses et prétendent le rester. Comment leur en vouloir ?

CUISINE

En vérité, la cuisine corse à elle seule justifie la venue dans l'île.
Un soir, on arrive dans une ferme-auberge comme l'île en compte tant, une jeune femme vous accueille, vous installe et vous sert. Jamais vous n'avez consommé meilleure soupe, jamais ! Les cannellonis aux herbes et au *brocciu* sont énormes, vous doutez de pouvoir les finir, mais déjà vous en êtes à saucer le plat... Et voici le cabri rôti, tout fumant, sentant la sauge et l'origan... Cela vous comble et vous enivre, le vin avec. Puis il faut saluer les fromages, chèvre et brebis, qu'on déguste avec la confiture de figues – quelle union parfaite ! Le flan à la châtaigne, quant à lui, vous paraît divin. Enfin, comme la jeune fée vous offre une liqueur de myrte et que vous êtes au ciel, vous lui demandez qui cuisine ainsi : « Ma mère »... Paraît alors une femme vêtue de noir, au regard et aux cheveux noirs aussi, belle comme une héroïne de tragédie antique. Telle est la cuisine corse, certes mythifiée ici pour les besoins de la cause, mais dans plus d'une ferme-auberge vous sentirez passer le frisson...

Les herbes

Il faut commencer par elles, car elles donnent son caractère à la cuisine corse, du moins y sont-elles pour beaucoup. Trois herbes aromatiques dominent la cuisine corse : l'origan, la marjolaine et la menthe. On retrouve ensuite toutes les plantes méditerranéennes habituelles : thym, laurier, sauge, etc.

La charcuterie

Il faut absolument goûter la charcuterie corse, au goût subtil et parfumé. Les éleveurs de l'intérieur du pays produisent le *prisuttu,* la coppa, le *lonzu* et le fameux *figatellu,* succulente saucisse de foie.

Avertissement

La quantité de charcuterie artisanale produite en Corse ne peut en aucun cas satisfaire à l'énorme demande estivale. En fin de saison, et même avant, bien des magasins n'ont plus de véritable charcuterie corse, car tout a été réservé très tôt. Quant aux restaurants, seules les meilleures tables en proposent. Les autres charcuteries vendues ou servies sont industrielles ou semi-industrielles (on joue sur les mots), c'est-à-dire produites à partir de porcs bon marché importés, puis abattus ici, ce qui met en colère les éleveurs qui se décarcassent pour proposer des produits de qualité. Les charcuteries des salaisonniers corses représentent 75-80 % de la production de l'île.

Le mythe des cochons sauvages

Sous prétexte qu'ils se promènent en liberté dans les montagnes et se baladent parfois en bord de route, pour le plus grand plaisir des enfants et des photographes amateurs, on qualifie les cochons de sauvages. En réalité, ils ne le sont nullement et ont un propriétaire qui sait parfaitement où ils se trouvent. Ces porcs de race *Nustrale,* rustiques, solides, de gabarit réduit, à dominante noire, parfois tachetés de blanc sur la tête et/ou aux pieds ont les oreilles tombantes. Leur croissance lente et le persillé de leur viande sont également des critères dominants.

Le long chemin vers une AOC

La race porcine corse a été reconnue en 2006 par le ministère de l'Agriculture, et l'AOC si longtemps attendue a été mise en place très officiellement en 2012, avec les premières ventes en 2013. Elle concerne la coppa, le *prisuttu* et le *lonzu.* Dans la foulée, en 2014, les mêmes se sont vu décerner l'AOP (équivalent européen de l'AOC). Pour le *figatellu* et le *saucisson,* il faudra encore attendre. Pour info, la

charcuterie industrielle coûte environ 16 € le kg ; l'artisanale double ou triple le prix pour la meilleure. Quelques chiffres encore : pour la campagne 2012-2013, la production s'est élevée à 9 000 kg pour le *prisuttu,* 1 380 kg pour le *lonzu* et 1 080 kg pour la coppa. C'est peu...
Voici quelques infos pour faire la différence et savoir ce que vous achetez. Pour cela, des éleveurs (moins d'une centaine) se sont regroupés au sein d'une association régionale afin d'obtenir cette fameuse AOC.

Élevage traditionnel

C'est en plein air et durant au moins 12 mois (souvent 2 ans) que les porcs sont élevés, parcourant les forêts de chênes, les châtaigneraies et le maquis, étapes complétées par une phase d'alimentation d'origine végétale avant abattage (soit châtaignes et glands, soit orge). Certains pèsent alors 70 ou 80 kg. Après l'abattage, les produits sont transformés par enfouissement dans le sel de mer, sans aucun additif ni conservateur. Les trois produits phares de la charcuterie corse, les premiers à avoir obtenu l'AOC, sont le *prisuttu,* la *coppa* et le *lonzu.* Pas étonnant que leur chair soit à ce point un régal !

SAUCISSON D'ÂNE

On en parle beaucoup, on en voit peu. Les Corses respectent bien trop leurs ânes pour les manger. On peut en trouver dans quelques boutiques pour touristes, histoire d'entretenir la légende, inventée par... Goscinny dans Astérix en Corse en 1973 ! Dans ce cas, l'animal vient... d'Amérique du Sud !

– ***Le prisuttu :*** jambon maigre traditionnel séché 8 mois au minimum et affiné 4 mois. Son gras doit être supérieur à 3 cm d'épaisseur. À manger cru ou grillé, c'est un régal. Certaines pièces pèsent entre 8 et 10 kg et on peut les conserver jusqu'à 2 ou 3 ans. Ils acquièrent alors un subtil goût de noisette.
– ***La coppa :*** échine de porc taillée dans la poitrine et entrelardée, salée et séchée dans un boyau naturel. Il est poivré en surface après salage. À la coupe, on découvre un beau veinage de gras. Son goût est subtil.
– ***Le lonzu :*** filet de porc qui conserve sa couche de gras tout autour. 2 mois de séchage et 1 mois d'affinage. C'est un cylindre moelleux pesant entre 600 g et 1,2 kg.
– ***Le figatellu :*** c'est une saucisse à base de foie de porc (et autres abats), que l'on peut manger crue ou que l'on sert généralement grillée, accompagnée de *pulenta* (de châtaignes, tant qu'à faire). Attention : les *figatelli* doivent être consommés peu de temps après leur fabrication, comme le boudin *(i sangui),* le fromage de porc *(u casgiu di porcu)* et la poitrine de porc *(a panzetta).* Si on vous en sert en été, ce sera obligatoirement du congelé, car on n'en produit pas après avril ou mai !
– Et encore le ***salamu*** (saucisse fumée) et le ***salsiccia*** (saucisson épicé).

Le gibier

Maquis et forêts de l'île en recèlent en abondance, principalement du sanglier, comme vous l'avez appris dans *Astérix en Corse* (« Groink Groink »)... Vous aurez plus de chances d'en manger en automne et en hiver, bien que tout le monde en ait dans son congélateur (mais il est moins bon en dehors de cette période). Délicieux en daube, mais aussi en pâté. Pas mal d'oisillons parmi le gibier : pigeons, grives, perdrix... En principe, plus de merles rôtis ni de pâté de merle (remplacé par le pâté de sansonnet), puisqu'on ne peut plus les chasser (heureusement).

Les viandes

Outre celles déjà citées, quelques préparations traditionnelles : le cabri *(cabrettu)* au four ou en rôti, le ragoût de porc ou autre *(tianu),* l'agneau ou le chevreau rôti ou

en daube *(stuffatu),* les tripettes à la sartenaise, etc. On accompagne ces plats de pâtes ou de *pulenta* (farine de châtaigne).
Vous verrez aussi partout du « veau corse ». Car il existe une vache corse, bien typée, rustique et petite, sèche, généralement marron clair ou foncé. Mais cette vache n'a qu'un faible rendement de boucherie, et les éleveurs l'abandonnent de plus en plus pour la charolaise, la limousine ou la salers. Ces dernières sont parquées, tandis qu'on rencontre la vache corse le long des routes, en divagation. Donc, vous avez peu de chances de manger du veau de race corse. Cela dit, les races d'importation sont les meilleures qui soient, et donc le « veau corse » reste goûteux.
À Serra-di-Ferro (aux environs de Porto-Pollo), peut-être verrez-vous le troupeau, unique en Corse, de *vache tigre,* à la robe rayée, une authentique vache corse.

DIVAGATION ANIMALE

Tous ces animaux qui se baladent en liberté sur les routes corses font partie du folklore pour les touristes. En réalité, les voitures embouties par des cochons ou, pire, des vaches prouvent un réel danger. En liberté, les animaux dévorent les cultures, abîment les clôtures. Sans compter les coups de fusil entre éleveurs et agriculteurs. Bien que ce soit illégal, les politiques laissent faire.

Les soupes

Autre plat traditionnel servi en entrée. On en trouve de toutes sortes : aux légumes (soupe paysanne), à l'ail, aux oignons, etc. Mais la soupe corse traditionnelle est celle aux gros haricots blancs (soissons) et aux herbes, épaisse, et qui a longtemps mijoté avec du lard et des morceaux de viande (porc ou veau, os à moelle), qui en relèvent le goût. Elle est rustique et, bien préparée, contente son homme.

Les pâtes

Héritage évident de la présence italienne, la *pasta* est un autre élément indissociable de la cuisine corse. Servie sous toutes ses formes et à toutes les sauces : raviolis (au *brocciu*), cannellonis (aussi au *brocciu*), lasagnes (au sanglier), *pasta sciutta* (à la langouste), etc. Le tout relevé d'huile d'olive et de tomates.

Les poissons et fruits de mer

Sur la côte, on conseille évidemment le poisson et les fruits de mer : quelques bons souvenirs, surtout quand le patron du resto est aussi pêcheur. Rougets grillés, loups (bars) au fenouil, sardines farcies, mais aussi plein de poissons des différents golfes, si méditerranéens (le sar et le denti, des cousins de la daurade, la mustelle), à la chair évoquant celle de la lotte), sans oublier l'*aziminu* (bouillabaisse corse).
La Corse produit de bonnes huîtres et des moules succulentes, dans les étangs d'Urbino et de Diane, sur la côte orientale. Mention spéciale pour les moules. Car, si l'on trouve ailleurs des huîtres aussi bonnes et peut-être meilleures, les moules font partie du gratin mytilicole. Charnues, d'un orange assez soutenu, elles sont délicieuses. Mais attention, à certaines saisons, à partir de mi-juillet environ, la moule corse perd en volume et en goût.
Pour ceux qui ont les moyens, les langoustes sont souvent proposées sur la côte : en bouillabaisse, mais aussi avec des spaghettis. Mais la langouste se raréfie : sa pêche a été interdite de septembre à mars, puis l'interdiction levée en 2005, mais la profession est inquiète devant la baisse des prises.
En montagne, la truite est souvent inscrite au menu des restos, mais comme la vente de truites de rivière pêchées est interdite, celles que l'on trouve sont d'élevage.

Les fromages

Une fameuse réputation, surtout depuis que celui oublié par Ocatarinetabelatchitchix a fait sauter un bateau ! On trouve des fromages de chèvre ou de brebis partout en Corse, avec cinq types principaux qui sont les fleurons des fromages fermiers. Parmi les plus connus, citons le chèvre de Sartène, à pâte dure, et les brebis à pâte plus ou moins molle – question d'affinage – du Niolo ou de l'Alta Rocca, mais il serait injuste d'oublier le venachese, le calinzana ou le bastilicacciu. Petite, rustique, à laine fournie et colorée, et assez cornue, la brebis corse produit peu de lait (moins de 1 l par jour), mais quel lait !
Pour en revenir aux fromages, ils sont conservés parfois 6 ou 8 mois, voire plus, et certains Corses les aimaient véreux. On parlait alors de « fromage qui marche ». Les fromages fermiers ont leur fête annuelle *(a fiera di u casgiu)* début mai à Venaco.

Le *brocciu* (ou *brucciu*)

Le *brocciu* (prononcez « broutch » avec un « ou » à peine audible en finale), on en voit partout, les Corses en mettent dans presque tous les plats ! Mais « le roi des fromages corses » n'est pas un vrai fromage ! Il s'agit en réalité d'un fromage blanc frais, très onctueux, préparé avec du petit-lait de brebis et/ou de chèvre (c'est le « lactosérum de lait », ce que l'on récupère lors de la fabrication du fromage après avoir retiré celui-ci), additionné de lait entier. Il se mange frais hors saison (de l'automne au printemps), comme un dessert. Sinon, on le conserve avec du sel pour en farcir ensuite toutes sortes de plats : omelettes, raviolis, beignets, tartes, artichauts, poissons, etc.

HALTE AUX FAUSSAIRES !

La saison du brocciu *s'arrête généralement autour de fin juin (même si certaines techniques de conservation sous vide permettent de gagner quelques semaines) et ne reprend qu'en octobre ou novembre. Pour l'AOC, les troupeaux de brebis ou de chèvres doivent être de race corse. En été, il est remplacé par de la brousse, qui est exactement la même chose – du petit-lait mêlé à du lait –, mais ce n'est plus le lait des bêtes locales. Provenant du continent, n'importe quel animal l'aura produit (y compris et surtout des vaches laitières). Et ça n'a pas du tout le même goût !*

Les desserts

En Corse, le repas se termine généralement par un fruit. Ceux de l'île sont souvent excellents, notamment les oranges et les clémentines. Sinon, pas mal de pâtisseries : délicieux beignets *(fritelli)*, gâteaux secs *(canistrelli)*. Les gâteaux à la farine de châtaigne sont un véritable régal (on attend l'AOC pour la châtaigne corse). Le *pastizzu*, parfumé au citron, est un petit gâteau de semoule (à l'origine, on le faisait avec du pain rassis). Mais, en matière de desserts, la grande spécialité corse reste le *fiadone*, sorte de tarte au *brocciu* et au citron, parfois imbibée d'alcool.

Les miels

Depuis l'Antiquité, le miel corse est reconnu pour ses qualités gustatives. Est-ce un hasard ? Napoléon Ier choisit l'abeille comme un symbole (parmi d'autres) de l'Empire, des abeilles d'or figurant sur le manteau de son couronnement en 1804. Et la production de miel a toujours été importante en Corse, où autrefois, dans les campagnes, chacun possédait sa ruche, ses ruches. C'est que, avec son extraordinaire richesse botanique (2 800 espèces de plantes, dont 127 exclusivement corses) et son climat, la Corse possède les conditions idéales à l'apiculture. S'étant adaptée à la faune locale, l'abeille corse a le corps plus petit mais la trompe plus grande que l'abeille continentale. On peut en sourire, mais l'importation d'abeilles en Corse est interdite ! Il existe six variétés de miels corses : le *miel de printemps,* doux et délicat, récolté à partir de mai dans les basses vallées, où prédominent le clémentinier et l'asphodèle ; le *miel de maquis d'été* et le *miel de maquis d'automne,* le premier aromatique et fruité, récolté en août dans les hautes vallées et marqué par le thym, l'immortelle et le genêt, le second beaucoup plus amer, long en bouche, notamment grâce à l'arbousier. Ne pas oublier le *miel de maquis* de printemps, très ambré. Citons aussi le *miel de la châtaigneraie,* très fort, donc goûteux (on adore !), qui se récolte de juillet à septembre. Notons, enfin, que le miel corse bénéficie d'une AOC/AOP « Mele di Corsica ». Pour en savoir plus : • *mieldecorse.com* •

LE MIEL ? GROS BOULOT

L'apiculteur récupère dans les ruches la provision des abeilles pour l'hiver. Pour transformer le nectar sucré des fleurs en 500 g de miel, elles doivent travailler 3 500 heures. Elles butinent 4 300 000 fleurs, ce qui correspond à 8 000 voyages. Heureusement que, pour l'instant, les abeilles ne sont pas payées.

Les olives

Depuis 2004, l'huile d'olive corse *(oliu di Corsica)* a son AOC/AOP. En réalité, l'île possède un grand nombre de variétés différentes d'olives, en raison des nombreuses occupations de l'île : la *ghjermana* remonte aux Génois, alors que la *picholine* (la variété la plus commune en Provence) n'est arrivée qu'à la fin des années 1950. Leur point commun : leur récolte se fait à maturité avancée. Si la *curtinese* ou la *zinzala* (dans le Sud) se récoltent à partir de novembre ou décembre, la *sabina* peut être récoltée jusqu'au printemps ! Pour en savoir plus : • *oliudicorsica.fr* •

Depuis 2014, les oliviers corses étaient sous la menace de la bactérie *xylella fastidiosa,* qui a déjà fait des ravages dans les vignes et oliveraies des Pouilles (sud de l'Italie). Malgré les mesures prises par le ministère de l'Agriculture pour limiter les importations de végétaux pouvant véhiculer la bactérie, les oléiculteurs ont vu celle-ci prendre pied sur l'île en juillet 2015. On déplore de nombreux foyers d'infection, même si la bactérie n'a pas encore attaqué les oliviers. Question de mois sans doute. En tout cas, une très mauvaise nouvelle pour les petits producteurs.

OLIVES. VERTES OU NOIRES ?

D'abord, sachez que c'est le même fruit qui vient du même arbre. La verte est cueillie avant sa maturité (mais c'est bien sûr !) en novembre et conservée dans la saumure. La noire, en revanche, est récoltée plus tard et donc parfaitement mûre. Alors, on la sèche et on la met dans l'huile. Le reste est une question de goût.

La clémentine

La quasi-totalité des clémentines françaises (environ 20 000) vient de Corse, essentiellement de la plaine orientale, où l'on dénombre 130 producteurs : le petit village d'Antisanti, au nord-ouest d'Aléria, produit à lui seul 40 % des clémentines corses ! On les trouve sur les étals (insulaires et continentaux) en novembre-décembre. Depuis 2007, le fruit dispose de son IGP (indication géographie protégée).

Les eaux

Trois eaux corses sont vendues en bouteilles. En eaux plates, la *Saint-Georges* et la *Zilia.* L'eau gazeuse d'*Orezza,* produite en Castagniccia, est une grande eau de table, dont la réputation a franchi les frontières de l'île.

LA CLÉMENTINE CORSE

Elle est née en 1902, en Algérie, du croisement naturel entre l'orange et la mandarine, grâce au frère Clément, d'où son nom. Très vite, elle s'acclimata parfaitement à la Corse, du fait de la température exceptionnelle et des pluies régulières en altitude. Un fruit idéal pour les enfants et les personnes âgées, car il ne possède pas de pépins et s'épluche facilement. La mandarine est plus grosse et d'origine chinoise, comme son nom l'indique.

ÉCONOMIE

Dans son livre *Comprendre la Corse* (Gallimard, coll. « Folio Actuel »), Jean-Louis Andreani intitule l'un de ses chapitres « L'introuvable économie corse ». Cette formule vaut ce qu'elle vaut, mais il est vrai que la région se distingue de la plupart des autres régions françaises par son économie. Il suffit de citer quelques données : un PIB par habitant inférieur d'environ 20 % à la moyenne nationale, un pourcentage d'emplois publics élevé (31 %, bien plus que la moyenne nationale), soulignant la faiblesse de l'emploi industriel, par exemple.

Dans les années 2000, des élus souhaitaient qu'on leur donne les moyens de créer des emplois, déplorant la volonté de l'État de « sanctuariser » le littoral qui les privait de juteuses retombées. Là, on s'aperçoit évidemment combien économie et environnement sont liés : la Corse possède, avec sa nature généreuse, un capital inestimable. Rien d'étonnant à ce que certains veuillent le faire fructifier.

D'un autre côté, si la Corse est toujours ce paradis naturel si recherché, c'est aussi parce que la Corse a « raté » son développement industriel à la fin du XIXe s (les fonderies qu'on avait installées à la hâte ont vite périclité). Ici, l'unité de production la plus importante de l'île, une société aéronautique des environs d'Ajaccio, compte environ 180 employés. Le secteur industriel progresse, mais il n'emploie guère plus de 7 % de la population active (contre 18,5 % sur le reste du territoire). Il n'y a évidemment pas à s'en réjouir trop non plus : si tant de Corses ont dû quitter leur île, c'est bien qu'ils n'y trouvaient pas de travail.

Il existe des perspectives dans l'agriculture : on produit certes moins d'huile d'olive en Balagne aujourd'hui qu'au XIXe s, mais le marché est bien là, et il est possible d'allier qualité et quantité. Justement, les quantités sont souvent trop justes pour permettre une large diffusion. Et encore faut-il faire savoir que l'huile d'olive corse est meilleure que son homologue espagnole, de même pour la clémentine corse, qui n'est pas suffisamment diffusée sur le marché continental. Il est vrai que les coûts de transport sont élevés. L'attribution des AOC aux produits phares des filières corses est un élément fondamental, mais les productions insulaires n'en restent pas moins limitées en quantité... d'où le problème des débouchés.

Les touristes sont évidemment vus comme « l'or bleu », mais encore faudrait-il qu'ils se répartissent un peu mieux, afin de faire vivre aussi l'arrière-pays et pas seulement la frange littorale, car ils risquent de constituer un autre facteur de déséquilibre. Problème insoluble ? Pas forcément. Des villages de l'arrière-pays revivent, les écoles parfois menacées accueillent davantage d'enfants aujourd'hui, signe d'une revitalisation certaine. Mais tout cela reste fragile.

Des secteurs d'activité dynamiques existent : l'aquaculture marine, la nouvelle économie (par exemple, le parc Futura Corse Technopole, créé à Bastia, avec une dizaine de sociétés high-tech) ; mais pour toute création d'entreprise, les

handicaps sont nombreux, notamment l'insuffisance des sources de financement non dépendantes de l'État ou de Bruxelles. Reste aussi à voir si les politiques sont prêts à accompagner les initiatives intéressantes...
Quant à l'instrument miraculeux qui allait sortir la Corse de son sous-développement chronique, le PEI (Programme exceptionnel d'investissement), commencé en 2002, le scepticisme à son sujet a longtemps été de mise. Le démarrage a été laborieux : en 2007, après 6 années de mise en œuvre, seuls 10 % de la somme allouée avaient été dépensés sous forme de grands travaux. Pour la seconde convention (années 2007-2013), on a mis un coup d'accélérateur. La troisième et dernière convention a été signée en juin 2013 : 536 millions d'euros financeront des projets qui seront exécutés jusqu'en 2022.

ENVIRONNEMENT

La Corse est la région française la mieux préservée écologiquement. Rien d'étonnant : l'absence quasi totale d'industries lui a permis de conserver une atmosphère et des eaux incroyablement saines. C'est aussi la région qui investit financièrement le plus dans la protection de l'environnement : la faune est protégée, de nombreuses essences sont préservées, des dizaines de sites sont classés, sans parler des réserves naturelles (les deux départements qui constituent la Corse comptent 99 sites classés Natura 2000). Bravo ! La Corse est restée vierge, enfin presque ! Car on ne peut passer sous silence l'existence de décharges sauvages (il en resterait encore une cinquantaine), même si de gros efforts ont été faits en la matière (il en existait environ 800 en 2003 !). Un effort à poursuivre.
Enfin, même si la plupart des plages sont globalement propres, quand les touristes cesseront-ils de prendre le domaine public pour un cendrier ? Est-ce que l'on écrase sa clope sur le parquet ?
Dans l'ensemble, cependant, ***le bilan est très largement positif,*** renforcé par de bonnes initiatives : restauration du patrimoine bâti, nettoyage des plages par les habitants... Des actions bien souvent bénévoles, que l'on salue. Signalons aussi que les Corses ont été les tout premiers en France à ***bannir les sacs plastique*** des supermarchés, par référendum, pour les remplacer par des cabas ou des sacs biodégradables en papier kraft. La preuve que la Corse peut montrer la voie au reste du pays (l'interdiction a depuis été votée au niveau national).

Les énergies renouvelables

Avec le parc d'éoliennes d'Ersa et de Rogliano, les énergies propres pointent le bout de leur nez. D'autres parcs ont été construits plus récemment (comme celui de Calenzana, intelligemment installé dans un site non urbanisé). Le cap Corse a doublé la mise avec une ferme solaire et éolienne à Méria, huit éoliennes venant donner un coup de main aux panneaux photovoltaïques les jours où le soleil manque. L'objectif, pour 2023, est d'atteindre 22 % de la consommation totale d'énergie en énergies renouvelables (dont, il faut le reconnaître, le solaire ne constitue qu'une petite part).

Constructions sauvages, privatisations rampantes...

Ce littoral si beau est l'objet de nombreuses convoitises, notamment de la part de promoteurs peu scrupuleux. Ces dernières décennies, les constructions illégales se sont multipliées. Nous ne parlons pas des paillotes, dans l'ensemble pas si vilaines, et utiles (on y trouve des toilettes, et parfois les proprios entretiennent la plage, sans parler du plaisir d'y prendre un verre ou d'y déguster une grillade). Non, nous parlons de ces résidences privées qui fleurissent dans des sites remarquables, en principe interdits à la construction : selon le Collectif pour la loi Littoral, il y en aurait 340. Et nous parlons de ce droit que s'arrogent certains propriétaires de privatiser une plage sous prétexte qu'elle est devant chez eux, en fermant la baie par un filin métallique (qui empêche les bateaux d'accoster), de ces permis de construire contraires à la loi Littoral et accordés aux milliardaires... Scandaleux !

Un littoral toujours plus convoité

Nouvelle menace qui a pointé le bout de son nez : le Padduc, « Plan d'aménagement et de développement durable de la Corse », et les « plans locaux d'urbanisme » qui découlent de ce Padduc. En clair, on peut craindre que les maires aient la possibilité de « contourner » la loi Littoral et de disposer de terrains jusqu'alors décrétés inconstructibles, car classés comme « espaces remarquables ». Dans le Grand Sud en particulier, les promoteurs sont sur les rangs, et on parle déjà de grands projets immobiliers tout autour de Bonifacio, au grand désespoir des associations de défense de l'environnement. Parfois, ce sont des personnalités qui, relations aidant, réussissent à obtenir leur permis de construire là où, en principe, c'est impossible... Même si, finalement, la justice a fait respecter la loi (ce qui semble être un truisme...) dans le cas du permis de construire, on ne peut s'empêcher de penser qu'à force d'essayer certains réussiront...
Le livre de la journaliste (corse) Hélène Constanty *Razzia sur la Corse* (Fayard, 2012) n'est pas pour rassurer... La menace de suppression de protection de certains sites remarquables a mobilisé les associations au printemps 2013. Un an plus tard, les inquiétudes n'étaient toujours pas levées autour de la définition des Znieff (« Zones naturelles d'intérêt écologique faunistique et floristique ») de type 1, dont l'inconstructibilité était apparemment menacée. Et, fin 2014, le flou entretenu autour de la délimitation de certains « espaces remarquables » laissait craindre de belles empoignades à venir entre investisseurs et défenseurs de l'environnement. En Corse, développement touristique et beauté de l'île sont intimement liés. C'est précisément parce qu'elle est préservée que la Corse plaît autant. Qu'on ne l'oublie pas ! Et que l'on n'oublie pas non plus le travail obstiné du Conservatoire du littoral en Corse qui, année après année, se porte acquéreur de parts importantes du littoral : à ce jour, environ 25 % des 1 034 km de linéaire côtier sont en zone protégée. D'ici à 2050, le conservatoire espère bien avoir acquis 40 % du linéaire côtier !

La crise des déchets

Au fil des ans, la Corse a pris un gros retard dans le tri sélectif. De plus, les capacités de traitement des déchets sont notoirement insuffisantes sur l'île. Résultat, on ne sait plus quoi faire des tonnes de déchets accumulées, les centres d'enfouissement sont débordés. En 2015, après la fermeture de l'un des 4 centres d'enfouissement de l'île, arrivé à saturation, les centres restants se sont retrouvés sous tension, au point d'entraîner des manifestations...
Celui de Vico, en particulier, s'est retrouvé, en raison de sa situation géographique, à devoir accueillir les déchets d'Ajaccio et de Bastia. La mobilisation, d'un collectif de riverains a empêché, au printemps 2016, son fonctionnement. L'éducation au tri sélectif a donc commencé, relayée par les médias, mais bien tardivement et en accéléré. On ne rattrape pas aussi facilement le temps perdu...
Et c'est sans parler des décharges sauvages qui existent ici et là sur l'île (certaines étant même considérées comme officielles), ce qui complique encore la situation...

Pour plus d'infos, quelques sites : celui, très riche, de l'Observatoire de l'environnement de la Corse • *oec.fr* •, celui de l'Observatoire du développement durable de la Corse • *observatoire.oec.fr* •, celui du Conservatoire du littoral • *conservatoire-du-littoral.fr* • et celui d'une association militante très active et pas toujours d'accord avec le conservatoire (U Levante) • *levante.fr* • Voir aussi • *cen-corse.org* •, le site du Conservatoire des espaces naturels, ou encore • *corseornitho.canalblog.com* • pour les passionnés d'ornithologie.

FAUNE ET FLORE

La faune

La Corse conserve une faune intéressante mais finalement pas très riche (du moins pour le profane, car les spécialistes savent, par exemple, l'importance de deux espèces endémiques à la Corse, la sittelle et l'euprocte corses, respectivement un petit oiseau et une salamandre d'eau, cette dernière respirant avec la peau, n'ayant pas de poumons).

UN PIAF RENVERSANT !

La sittelle corse, un passereau de petite taille, endémique à la Corse (on ne le trouve nulle part ailleurs en France), qui vit dans les forêts de pins laricio, présente cette capacité particulière de se promener sur les troncs d'arbres morts la tête en bas ! Bien sûr, ce n'est pas pour cela qu'elle est une espèce menacée, mais parce que l'exploitation forestière réduit son territoire.

– ***En montagne,*** l'aigle royal règne dans les cieux. Le gypaète barbu (en corse : l'*altore,* guère plus d'une douzaine d'individus), l'épervier et le faucon pèlerin se rencontrent aussi. Près des côtes, dans la réserve de Scandola, un autre rapace a été réintroduit dans les années 1970, le balbuzard pêcheur ou l'*alpana* en corse (une trentaine d'individus aujourd'hui).

– ***Parmi les mammifères,*** le mouflon fait figure d'emblème de la Corse intérieure. Les deux tiers du cheptel sont dans le massif du Cinto (le reste dans la région de Bavella). Mais le sanglier est bien plus présent, parfois même en surnombre (il dévaste les cultures). Récemment, dans les années 1980, le cerf de Corse, disparu dans les années 1960, a été réintroduit à partir de bêtes sardes, qui sont de la même espèce. Ce cerf est plus petit que les cerfs du continent. Il en va de même pour les vaches et les moutons de race corse, assez secs, petits et résistants. Les « cochons sauvages », des porcs élevés en semi-liberté, sont également de gabarit réduit par rapports à ceux du continent.

– ***Tortue d'Hermann*** (qui n'existe plus guère qu'en Provence, dans le Var et en Corse), ***cistude*** (tortue d'eau douce) et ***couleuvre*** sont les principaux reptiles corses. Rien de bien méchant, donc (pas de vipères en Corse).

– La ***faune aquatique*** est celle habituelle de la Méditerranée (rascasse, loup, rouget, sardine...), mais les plongeurs ont la chance de pouvoir observer des espèces plus rares : mérous, dentis, murènes et liches. Aux dernières nouvelles, on commence même à voir des barracudas, à cause du réchauffement des eaux de surface en Méditerranée, ou des balistes (poissons de la mer Rouge), voire des raies mantas ! Notons aussi les anguilles de l'étang de Biguglia, les moules charnues de l'étang de Diana et les huîtres d'Urbino. La langouste passe rapidement de la mer à l'assiette (trop rapidement, d'ailleurs, la ressource se raréfie).

La flore

La Corse est une île extrêmement verdoyante, la plus boisée même du monde méditerranéen : environ 46 % de sa surface couverte de forêts (contre 27 % au niveau national). Après un incendie, le maquis repousse très vite : en 2 ou 3 ans, il renaît de ses cendres. La richesse et la variété de la flore sont étonnantes : 2 835 espèces différentes ont été recensées. Et, conséquence de l'insularité, on compte 121 espèces ou sous-espèces de plantes sauvages que l'on ne trouve qu'en Corse !

Pour comprendre la flore corse, il faut raisonner par étages. Commençons par le rez-de-chaussée et montons.

– ***L'étage méditerranéen maritime*** *(jusqu'à 600 m)* **:** le royaume du maquis, rempli de parfums et de senteurs enivrantes. Arbousier, lentisque, ciste, bruyère, asphodèle, myrte, mais également chêne vert, le seul véritable arbre du maquis, appelé aussi « chêne faux-houx » ou « yeuse ». Il ressemble souvent à un gros buisson au tronc noueux. L'une des deux plantes les plus exotiques du bord de mer est l'agave, doté d'une tige élancée pouvant atteindre 10 m de haut ! L'autre est le figuier de Barbarie.

Enfin, beaucoup d'eucalyptus plantés au bord des routes, le long des rivières, à flanc de colline. Arbre exotique dégageant un parfum délicieux, il éloigne les moustiques.

– ***L'étage méditerranéen supérieur*** *(de 600 à 900 m)* **:** le châtaignier y règne en maître. La châtaigneraie corse couvre environ 25 000 ha, dont une grande partie se trouve en Castagniccia. On l'appelle aussi l'arbre à pain, car à partir de 1550, les Génois l'introduisirent massivement et il servit à nourrir les habitants. Les châtaignes, après avoir été stockées dans la *chjosta* (un enclos de pierre), étaient grillées au feu de bois *(fasgioli)* ou consommées bouillies (*balotte* ou *pilate* selon qu'elles sont avec ou sans leur peau), et le plus souvent broyées pour faire de la farine *(pulenta, falculella...).*

GUERRE LARVÉE

La magnifique châtaigneraie corse est malade depuis qu'en 2010 le cynips, un parasite arrivé de Chine, s'est attaqué aux arbres. La parade est étonnante : on importe massivement de toutes petites guêpes, originaires de... Chine (!), qui sont les seuls prédateurs connus du parasite. Elles pondent des larves qui se nourrissent des larves du cynips. Et il paraît que ça marche !

– ***L'étage montagnard*** *(jusqu'à 1 800 m)* **:** le domaine des pins laricio, rares en dehors de la Corse. On les remarque immédiatement à leurs hauts troncs droits, pouvant dépasser 40 m. Des géants ! Leur écorce craquelée est presque blanche. Leur bois est très recherché en ébénisterie et c'est d'ailleurs la première essence commercialisée en Corse. Plusieurs forêts plantées de pins laricio couvrent les flancs des montagnes, mais les plus majestueuses sont celles d'Aïtone et de Valdo-Niello (entre Porto et Calacuccia), ainsi que Vizzavona (route Ajaccio-Bastia).

– ***L'étage subalpin*** *(de 1 800 à 2 100 m)* **:** quelques plantes intéressantes comme l'aulne odorant, appelé aussi *bassu* en Corse. Cousin de l'aulne vert des Alpes, il apparaît à partir de 1 500 m d'altitude. Il dégage un parfum entêtant, rappelant celui des résineux.

Visites en forêt

Pour mieux connaître la forêt corse, l'Office national des forêts organise en juillet-août des visites en partenariat avec les chemins de fer de la Corse (CFC) et la Compagnie régionale des accompagnateurs de montagne dans les forêts de Bonifatu, Aïtone, Coti-Chiavari, Vizzavona et Bavella. *Rens : ☎ 04-95-32-80-57 (CFC) ou 04-95-23-78-20 (ONF). • onf.fr/corse •* Pour groupes seulement, en juillet et août. Compter, par exemple, 2h à 2h30 de visite guidée au départ de la forêt de Vizzavona, que l'on rejoint en train, le matin (en principe, le mardi ou le jeudi). Après-midi libre.

GÉOGRAPHIE

Avec des paysages pareils, difficile de parler froidement de la Corse. Les férus de géologie vous expliqueront savamment qu'on distingue une Corse occidentale granitique et une Corse nord-orientale schisteuse, plus sombre, la ligne de partage suivant une ligne L'Île-Rousse/Corte/Solenzara. Mais cette distinction ne rend pas compte de l'extraordinaire richesse géologique de l'île (avec le granit rouge de Roccapina, par exemple, ou encore le calcaire à Bonifacio).

La possibilité d'une île

La Corse et sa grande cousine la Sardaigne formaient autrefois un seul ensemble avec les Maures et l'Estérel, autres massifs cousins. Il y a plus de 20 millions d'années s'est créé un phénomène de rift, une fracture, si vous préférez. Et c'est ainsi que, liées par un nouveau destin commun, Corse et Sardaigne sont parties à la dérive. On comprend mieux alors pourquoi, selon le cliché rebattu mais ô combien vrai, la Corse est une « montagne dans la mer », longue de 182 km de la pointe nord à la pointe sud : 19 % de la superficie de l'île dépassent les 1 000 m d'altitude et les sommets franchissant la barre des 2 000 m sont au nombre de 120. Avec ses 568 m d'altitude moyenne (c'est la plus montagneuse des îles de Méditerranée occidentale), la Corse réussit d'ailleurs à avoir davantage d'eau que les autres îles, sa richesse hydrographique constituant un atout important (et ce ne sont pas les amateurs de canyoning qui nous contrediront). L'île compte aussi 40 lacs d'altitude (lacs glaciaires), dont certains se transforment petit à petit en pozzines, ces grandes pelouses spongieuses qui sont une spécificité corse.
Mais l'unité géographique de base, au sens de géographie humaine, c'est bien la « microrégion », héritière de la *pieve* (il y en eut entre 65 et 70 sous l'Ancien Régime, correspondant plus ou moins aux paroisses). Les Corses attachent une grande importance à la microrégion, en tant que repère historique et culturel. Elle permet de comprendre, par exemple, pourquoi telle commune de montagne s'étend jusqu'à la mer en suivant la vallée (les bergers utilisaient la plage ou les terres basses pour les troupeaux, d'octobre à mai). Cela explique aussi les variations de vocabulaire dans la langue corse : pour désigner un même objet, on va par exemple avoir deux termes différents dans deux villages de montagne distants de 15 km à vol d'oiseau mais situés dans deux microrégions différentes...
Pour un peu, on ne parlerait plus de la Corse mais des Corses, tant est grande la variété et la diversité de ces microrégions. Et pourtant, miracle : tout cela tient dans une seule et même île de 182 km de long et, à son maximum, de 84 km de large. Presque rien à l'échelle de la planète, et pourtant, tout un monde...

HISTOIRE

On ne sait pas très bien quand l'homme a posé le pied en Corse : les traces les plus anciennes d'habitat remontent à 8500 av. J.-C. et le vestige humain le plus ancien remonte, lui, à 6570 av. J.-C. (squelette d'Araguina-Sennola, trouvé près de Bonifacio : c'est la « Dame de Bonifacio », jeune grand-mère des Corses puisqu'on estime qu'elle mourut à l'âge de 35 ans...). Certains pensent que l'homme aurait pu arriver à pied (presque) sec par le cap Corse vers 60000 av. J.-C., à une époque où le niveau de la mer était bien plus bas que de nos jours. Mais aujourd'hui, les archéologues penchent plutôt pour une occupation saisonnière, qui aurait commencé au Mésolithique, vers 10000 av. J.-C., par des pêcheurs venant du continent. Lesquels se nourrissaient au début de lapin-rat dont on voit des spécimens au musée de Levie et de coquillages, l'île étant très pauvre en gibier. Pour une occupation permanente, il faudra attendre quelques millénaires encore : sans doute vers 5750 av. J.-C., lorsque les premiers « colons », agriculteurs-éleveurs arrivant de Provence ou d'Italie avec leurs animaux domestiques s'installent sur l'île.

Les outils se façonnent dans l'obsidienne importée de Sardaigne. On célèbre des dieux : le Soleil, sans doute, et l'indispensable déesse mère. Mégalithes et dolmens sont les manifestations de cultes restés assez mystérieux. Avec près de 260 monolithes, l'alignement de Pagliaghju (entre Sartène et Tizzano) est le plus riche de Méditerranée de l'Ouest.

On a pensé que les populations autochtones, qui avaient poussé l'art mégalithique assez loin, pendant 2 000 ans et sans rien demander à personne, avaient dû faire face à des invasions, dont celle des « Torréens » qui seraient venus traîner leurs guêtres au début du IIe millénaire av. J.-C. Aujourd'hui, on en est moins sûr. Ce qui semble certain, c'est qu'une nouvelle civilisation est alors apparue, caractérisée par les *torre* surtout présents dans le Sud (qui ont des équivalents en Sardaigne et aux Baléares) et par des *castelli,* des ensembles fortifiés.

PIERRES LEVÉES EN PAGAILLE

On le sait assez peu, mais la Corse est une région majeure en matière de mégalithes : plus de 800 menhirs, statues-menhirs et autres dolmens y ont été dénombrés. On comprend mieux pourquoi Astérix et Obélix ont fait le voyage !

Au VIe s, les Grecs de Phocée, ville d'Asie Mineure, fondent l'actuelle Marseille, puis Alalia (Aléria). Les Phocéens exploitent les mines et les salines, plantent la vigne et l'olivier. Peu concernés, les Corsi font paître leurs troupeaux dans les montagnes. L'avenir justifiera leur neutralité : en 535, les flottes étrusque et carthaginoise vainquent les Phocéens (bataille navale d'Aléria), et les Phocéens vont voir ailleurs.

Le nom de l'île n'est alors pas encore fixé. Les Grecs l'appellent *Kallistè* (la Belle). On parle des *Corsi* pour désigner ce peuple au langage incompréhensible, qui fuit dans les montagnes pour éviter l'envahisseur.

Viennent ensuite les Romains, vers 225 av. J.-C. Ils mettent près d'un siècle à soumettre la Corse, y réussissant après la bagatelle de 10 expéditions militaires. L'île y perd une partie de sa population, remplacée par des colons romains. L'occupant peut toujours développer Aléria ou Mariana au sud de Bastia, les montagnes restent indomptées. Libres, les Corses tendent des embuscades aux voyageurs. Esclaves, aucun châtiment ne les effraie, pas plus que la mort.

Corses contre Corses

Les Romains restent 700 ans. À l'origine, le christianisme ne perce guère au-delà des côtes, mais il se rattrape vite (la Corse, entre le IVe et le Xe s, devient un haut lieu du christianisme). Les grandes invasions glissent sur l'île. Vandales en 456, grands persécuteurs (huit martyrs à leur actif), Goths un siècle plus tard, suivis par les Byzantins. En 725, les Lombards débarquent... pour être chassés par les Francs. Bref, au VIIIe s et après toute une série de razzias terrifiantes, les Maures, appelés Sarrasins, tentent leur chance. Ugo Colonna (héros sans doute légendaire), envoyé par le pape, conduit la reconquête et chasse les Sarrasins. En 754, Pépin le Bref promet la Corse au Saint-Siège (en échange d'être le premier roi de France sacré par le pape). Son fils Charlemagne tient la promesse, mais les Sarrasins reprennent pied en Corse. La flotte de Pépin d'Italie boutera définitivement les Maures hors de ces eaux. Les seigneurs féodaux, souvent des étrangers de Ligurie ou de Toscane, décident de se partager l'île. C'est contraire aux vieilles coutumes des clans. Le choc des ambitions exaspère les armes. La mêlée est générale. Les insulaires, cette fois, s'offrent au pape. L'île devient fief de l'évêché de Pise. On s'en réjouit : Pise est loin, son administration, paternelle. La Corse peut s'organiser, établir ses paroisses, bâtir des églises – dans le superbe style du roman pisan. Un âge d'or...

Gênes persiste...

En 1284, Gênes détruit la flotte pisane. Ceux qui se sont endormis corses se réveillent génois. Durant 5 siècles, ils chercheront par tous les moyens à retrouver leur indépendance. En 1358, une révolte antinobiliaire marquera les esprits, menée par un simple homme libre, courageux : Sambucuccio d'Alando. Elle aboutit à un système de communautés villageoises autogérées. Une partie de l'île est alors débarrassée des seigneurs féodaux.

En 1453, péripétie curieuse : Gênes loue la Corse à ses créanciers. C'est l'opulente banque de Saint-Georges qui régente alors. Elle ramènera dans l'île la paix et la prospérité. Aux vieilles cités fortifiées (Calvi, Bastia, Bonifacio...) s'ajoutent de nouveaux châteaux, des ponts juchés sur une arche unique. Et, surtout, les fameuses tours génoises (voir plus haut : « Architecture »).

Mais Gênes, alliée de Charles Quint, subira les assauts du principal adversaire de celui-ci, le roi de France Henri II. Soutenues par un corsaire turc, les troupes françaises conquièrent l'île à l'instigation d'un noble corse, Sampiero Corso. Mais Henri II va restituer la Corse dans le cadre d'un marchandage. Sampiero, qui a ses partisans, va contrer les Génois pendant 2 ans. Pour avoir sa peau, il faudra lui tendre une embuscade.

De nouveau puissante sur l'île, Gênes durcit sa poigne. Elle exploite l'île à outrance. Les Corses ne l'oublieront pas. En 1729, une famine conduit la population à prendre les armes. En 1735, les Corses vont jusqu'à proclamer l'indépendance. Gênes répond par le blocus de l'île.

LE SEUL ROI DE CORSE ÉTAIT... ALLEMAND !

Theodor von Neuhoff, un baron allemand aventurier, vola au secours des Corses et en profita, en 1736, pour se faire couronner roi de Corse, sous le nom de Théodore Ier. Mais la France s'allia aux Génois. Théodore ne trouva pas les appuis et les ressources nécessaires pour mener à bien ses projets de royaume ; il dut se réfugier en Angleterre. Gênes rétablit sa domination.

Un leader sans couronne

En 1755, Pasquale Paoli est élu chef de la Résistance. C'est un général talentueux, un progressiste. Ce fils de la Castagniccia rêve d'une île indépendante. De 1755 à 1767, Paoli, « le Père de la Patrie » *(u Babbu di a Patria)*, s'efforcera de faire entrer la Corse dans le concert des nations, mais les grandes puissances ne la reconnaîtront pas.

Au traité de Versailles (1768), Gênes, ruinée, demande au roi de France de rétablir l'ordre en Corse pour son compte. L'île est cédée pour 4 ans, mais Gênes ne reverra jamais son ancienne possession, Louis XV annexant purement et simplement l'île, ce qui explique qu'aujourd'hui encore, plus d'un Corse considère que les Français se sont illégalement approprié l'île. Celle-ci entre en effervescence. La Corse cédée comme une vulgaire marchandise : on allait voir !

LE MAURE DANS L'ÂME

En 1762, Paoli choisit cette fameuse tête de Maure comme emblème officiel de la Corse, remplaçant, sur un même fond blanc, la Sainte Vierge !... La Corse, tout comme la Sardaigne, qui, elle, a quatre têtes de Maures sur son drapeau, avait été l'une des possessions du roi d'Aragon : sur les étendards aragonais, la tête représentait sans doute un chef sarrasin vaincu.

Un an plus tard, l'armée française défait les troupes paolistes à Ponte Novo. Les soldats du roi portent de grands chapeaux pointus, d'où le sobriquet utilisé pour les désigner (*pinzutu* : « pointu », terme toujours utilisé pour désigner les continentaux). Paoli doit fuir en Angleterre. Suite à une amnistie, il reviendra sur l'île en 1791. Scandalisé par les excès antireligieux de la Terreur, il se retourne et proclame un royaume anglo-corse indépendant, sous protection britannique. Mais les Anglais ne le désignent pas comme vice-roi, ils lui préfèrent sir Gilbert Elliott, aidé par Pozzo Di Borgo. Amer, Paoli repart en Angleterre en 1795, pour y mourir en 1807.

Le « Petit Corse »

Un certain Carlo-Maria Buonaparte a lancé un appel aux armes contre « les derniers envahisseurs » venus de France. De noble origine toscane, les Buonaparte étaient corses depuis le XVIe s et faisaient partie de l'élite ! Assez vite, pourtant, le paoliste flamboyant se transforme en « collabo » des Français, contre un titre de noblesse. Puis Charles-Marie cherche à faire financer par le roi l'éducation de ses fils. Notamment son deuxième fils, né en 1769, « Nabulione », dont la grosse tête fait merveille en mathématiques. Ayant décroché sa bourse, l'enfant rejoint le collège d'Autun. Son père l'y conduit : il est député de la noblesse à Versailles. Bientôt, les intrigues paternelles propulseront « Nabulione » à l'École militaire... Le garçon au teint jaune s'y montre irascible, d'une sensibilité à fleur de peau. Et brillant...

ET BONAPARTE CHERCHA UN JOB

À 16 ans, deux pistes avaient attiré son attention. Soit partir à bord d'un bateau de la marine britannique (!), soit embarquer comme astronome pour l'expédition La Pérouse *(navire qui sombra corps et biens au large d'une île lointaine). Deux destinées qui auraient changé l'histoire de l'Europe.*

En 1789, il a 20 ans et il est lieutenant. La Corse est alors partagée entre les paolistes et les « populaires », qui veulent propager la Révolution. Napoleone en est. Sur sa façade, il a inscrit : « Vive la Nation ! Vive Paoli ! Vive Mirabeau ! » Le clan Buonaparte a le vent en poupe. Paoli revenu, « Nabulione » le sert. Mais bientôt, sa fougue patriote les oppose. Il fomente des troubles et le fossé se creuse. En 1793, les ponts sont rompus.

Ensuite, l'histoire est connue. Bonaparte cède la place à Napoléon (en version française, cette fois), et pour ce dernier, même s'il s'entoure de nombreux insulaires, la Corse n'est pas la préoccupation première : l'île sera maintenue sous un régime d'exception pendant plusieurs années, et l'Empereur n'y reviendra qu'une seule fois, pour une semaine !

LE PREMIER GRAND ÉCHEC DE BONAPARTE

En 1793, Bonaparte choisit l'alliance avec la France contre le grand chef corse Pasquale Paoli. Il tenta de prendre la citadelle d'Ajaccio. Sans succès. On brûla sa maison. Il dut quitter la Corse avec toute sa famille pour la France. Humilié, il n'y reviendra qu'une seule fois, au retour d'Égypte.

La Corse française

En regard de sa longue histoire de troubles, la Corse a vécu les 2 derniers siècles dans une paix relative. Après son annexion, la France n'est pas restée inerte. La population s'accroît et l'économie se développe. En 1790, la Corse est organisée sur le modèle des départements français. Les fléaux insulaires (vendetta, divisions, banditisme...) déclinent au début du siècle suivant.

En 1840, la Corse est – déjà ! – à la mode. Avec sa *Colomba,* Prosper Mérimée impose l'image d'une terre ardente et sombre. Avec le décalage de rigueur, l'île profitera des progrès techniques (routes, chemins de fer...), notamment sous Napoléon III, qui fera davantage pour l'île que son illustre oncle.
Mais au tournant du XXe s, la Corse s'essouffle. Les activités traditionnelles – production d'huile d'olive, culture de la châtaigne, chênes-liège – périclitent, mises à mal par la concurrence d'autres îles méditerranéennes. Puis la Grande Guerre décime les Corses, recrutés en masse : 12 000 hommes sont tués sur les 45 000 mobilisés. Or ces hommes sont les dépositaires du savoir-faire agricole et d'une grande part de la culture corse... Cette richesse meurt au champ d'honneur. Et la Corse, économiquement sur la touche, sans aucune industrie, se cherche, n'ayant d'autre choix que l'émigration : vers l'Amérique du Sud (Venezuela, Porto-Rico) et, surtout, la France continentale, d'où de nombreux insulaires partiront vers les colonies (on estime que 20 % de la « coloniale » était d'origine corse au début du XXe s). Ceux qui monteront sur Paris réussiront souvent dans les sphères politiques et... le banditisme : il n'est pas si loin, le temps où Pigalle était « tenu » par les Corses.

La Corse libérée par les Corses !

La Seconde Guerre mondiale plonge la Corse dans la tourmente. Pressé de « rendre » l'île à l'Italie, Mussolini l'occupe sans coup férir, au mépris des accords d'armistice, en y envoyant 85 000 hommes, aidés par 15 000 Allemands. La Résistance corse s'organise. Le sous-marin *Casabianca,* qui a filé à l'anglaise lors du sabordage de la flotte à Toulon, surmontera mille dangers pour maintenir la liaison avec Alger. L'année 1943 sera particulièrement coûteuse pour la Résistance, mais le 24 juillet, enfin, Mussolini chute ! Le 8 septembre, la capitulation de l'Italie donne le signal de l'insurrection, organisée par les résistants corses. 3 000 soldats marocains débarquent à Ajaccio le 23 septembre, suite à l'appel de leur sultan (et futur roi) Mohammed V. Ce soutien des armées d'Afrique est souvent oublié. Ajaccio se libère aussitôt, ce que l'on oublie encore trop souvent sur le continent (jusque dans la plupart des manuels scolaires !), où Bayeux est généralement présentée comme la première ville française libérée, ce qui est faux. Le 4 octobre, Bastia, dévastée par les combats et les bombardements alliés, est également libérée.

USS CORSICA

Après sa libération en 1943, la Corse acquit un surnom : USS Corsica, qui assimilait l'île à un gigantesque porte-avions (USS = United States Ships). En effet, plus de 50 000 soldats américains furent stationnés sur pas moins de 17 bases aériennes pour préparer le débarquement de Provence.

« Le fusil ou la canne à pêche »

L'indépendantisme corse ne date pas d'hier, et nous avons vu avec Sampiero Corso ou Pasquale Paoli qu'il a souvent mené l'histoire insulaire. Dans les années 1960, la Corse s'ouvre, après une longue torpeur, au bouillonnement régionaliste. Un mouvement surtout incarne cette génération qui veut vivre au pays : l'ARC, l'Action régionaliste corse des frères Siméoni, des médecins revenus s'installer à Bastia. Avec le raidissement des années 1970, l'ARC devient franchement autonomiste, et les jeunes poussent le très charismatique Edmond Siméoni à se mouiller davantage. Le 17 août 1975, à Corte, Siméoni se jette à l'eau. Il promet de « se battre à visage découvert », d'offrir, « au service d'une cause sacrée, la liberté et le sang de ses militants ». Stupeur de ses troupes, d'autant que le médecin conclut, martial : « Un révolutionnaire, ou il gagne, ou il meurt. » Il y a du Che là-dedans !

Le tournant d'Aléria

Du coup, le 21 août, un commando s'en va, Edmond en tête, occuper la cave viticole d'un riche rapatrié d'Aléria : les pieds-noirs sont accusés de profiter largement des subventions, des prêts bonifiés des banques, mais aussi de trafiquer le vin dans la plaine orientale, alors que des centaines d'agriculteurs corses sont sur la paille. C'est l'été, Giscard est en vacances, comme tout le monde, et c'est son ministre de l'Intérieur, Michel Poniatowski, qui tient la maison. D'une main très ferme. Il envoie à Aléria 1 200 hommes et quatre automitrailleuses régler le problème : deux gendarmes sont tués. Siméoni s'est constitué prisonnier, et la Corse le soutient comme un seul homme, mais une semaine plus tard, 10 autres militants sont arrêtés. Les affrontements à Bastia tournent au combat de rue, un CRS est tué.

UNE RÉGION UNIQUE

La Corse n'est détachée de la région Provence-Alpes-Côte d'Azur que depuis 1975. Elle bénéficie d'un régime particulier appelé « Collectivité territoriale de Corse » avec une assemblée élue au suffrage universel, siégeant à Ajaccio.

Les nuits bleues du FLNC

Plus rien ne sera comme avant. L'autonomisme est enterré, la lutte est désormais nationaliste. Et les radicaux fondent le FLNC (Front de libération nationale de la Corse) en 1976, après une nuit bleue. Des symboles de l'État, postes, perceptions, gendarmeries, sautent régulièrement. De même que les constructions sauvages du littoral, et sans jamais faire de morts. Beaucoup, sur l'île, analysent ce type d'actions avec bienveillance. Quelques décennies plus tard, on ne peut que voir en ces actes radicaux et illégaux une lutte, certes brutale, mais qui a eu un effet protecteur contre la menace du fait accompli. Les plasticages oscillent entre 400 et 800 par an.

L'hydre à bras armés

Mais sur le plan politique, le « conflit » s'enlise. Les gouvernements successifs échouent dans leurs tentatives de règlement du « problème corse ». La création de la région Corse en 1970, l'ouverture d'une université à Corte, l'élaboration de nouveaux statuts pour l'île en 1982, celle d'une assemblée territoriale, les avantages fiscaux et même les amnisties, rien n'y fait, la surenchère continue, les attentats aussi. Les incarcérations attisent le feu plus qu'elles ne l'éteignent. Pas moins d'une quinzaine de courants nationalistes coexistent ou s'affrontent... Avec tous ces groupuscules incontrôlables, l'État manque d'interlocuteurs sérieux. Luttes intestines, rivalités personnelles, règlements de compte en série, la collusion mafieuse et la levée de « l'impôt révolutionnaire » (un vulgaire racket), tout cela témoigne de méthodes crapuleuses. La dérive atteint des sommets avec l'assassinat du préfet Érignac en 1998. De son côté, l'État accumule les bourdes, un jour « autorisant » une réunion de plusieurs centaines d'hommes armés, sans intervenir, un autre en achetant une paix éphémère à coups de millions de francs ou, par exemple, en ordonnant aux gendarmes d'incendier une paillote *(Chez Francis)*, usant de la violence qu'il combat... Le préfet Bonnet y perd sa place (mai 1999).

Les accords de Matignon

Jospin décide, en 1999, de réunir autour d'une table tous les partis. Le gouvernement, les nationalistes et les élus corses des partis traditionnels, droite ou gauche, tout le monde participe. À l'été 2000, Jospin sort un consensus de son chapeau. Un coup de maître de grand illusionniste, car chacun y voit donc ce qui lui plaît : étendue exacte du pouvoir législatif accordé à la Corse, obligation ou non de l'apprentissage de la langue corse, fiscalité, tout cela est évoqué, mais pas dans le détail. Grand malentendu. La légalité des accords de Matignon est contestée, et Chevènement, ministre de l'Intérieur, démissionne. Dans le camp adverse, c'est la zizanie : les attentats et les assassinats reprennent (une trentaine en 2001).

Les années 2000

Le changement de donne politique, en mai 2002, enterre ces accords. Le gouvernement Raffarin tente de montrer ses bonnes intentions. Mais l'embellie des relations gouvernement/nationalistes ne survit pas à un été 2003 riche en rebondissements : l'arrestation d'Yvan Colonna, la victoire du « non » au référendum sur l'évolution du statut de l'île et le verdict dans le procès de l'assassinat du préfet Érignac conduisent le camp nationaliste à durcir sa position. Et les attentats, qui n'avaient jamais vraiment cessé, reprennent à un rythme accéléré... avant qu'une nouvelle trêve soit annoncée (novembre 2003). Aux régionales de 2004, les nationalistes subissent un revers : seulement 8 sièges sur 51 à l'Assemblée territoriale. Dans la foulée, l'arrivée au ministère de l'Intérieur de Dominique de Villepin, admirateur de Napoléon, ne contribue pas à détendre l'atmosphère. Fin 2004, le camp nationaliste et le gouvernement sont dans une sorte de paix armée, rythmée par les plasticages. Pendant ce temps, l'argent du PEI (Plan exceptionnel d'investissement) voté en 2002 continue à être versé (2 milliards d'euros sur 15 ans) pour rattraper le retard d'infrastructure et d'équipement.
En 2005-2006, les plasticages rythment toujours gentiment la vie insulaire. Corse éternelle... Les rencontres de Corte, en août 2007, marquent une nette fracture entre « indépendantistes » et « autonomistes ». Cela aboutira, en 2014, à l'annonce par le FNLC qu'il dépose les armes. L'organisation est en perte de vitesse face à la nouvelle génération des autonomistes, menés par Gilles Siméoni (fils d'Edmond) et qui refusent la violence des « encagoulés ». Le FNLC, pour ne pas perdre la face, a tenté de faire valoir qu'il avait gagné le combat des « idées », les revendications portées depuis la création du mouvement ayant fait leur chemin dans les esprits, parfois au-delà même des rangs nationalistes. Bilan de 38 années de violence : 10 500 attentats ont été commis sur l'île (moins de la moitié revendiqués). Cela ne signifie pas l'arrêt définitif de toute violence dans l'île, le FLNC n'étant plus qu'une composante du mouvement nationaliste.

L'année 2016 en Corse

En Corse, l'année 2016 a commencé en décembre... 2015 ! La victoire des nationalistes aux élections régionales, que personne ou presque n'avait vu venir, est d'abord le signe de la grosse fatigue des élites politiques corses classiques : les clans Giacobbi, pour les Radicaux en Haute-Corse et Rocca-Serra, pour les Républicains dans le Sud, ne font plus recette.
La liste autonomiste-indépendantiste de 2e tour, sous le nom de *Pè a Corsica* (Pour la Corse) a rassemblé 35,35 % des suffrages, soit le double de ce que la liste *Femu a Corsica* (Faisons la Corse) avait obtenu au 1er tour. L'apport des voix récoltées au 1er tour par la liste indépendantiste *(Corsica Libera)* a été décisif ainsi qu'une dynamique de 2e tour favorable au camp nationaliste. Avec 24 sièges sur 51, *Pè a Corsica,* devançant la liste Giaccobi, n'a manqué que de deux sièges la majorité absolue.
C'est ensuite Jean-Guy Talamoni qui est devenu le président de l'Assemblée de Corse alors que Gilles Siméoni, le maire de Bastia, préside le conseil exécutif. Le discours inaugural prononcé en langue corse par J.-G. Talamoni a choqué la classe politique continentale. De même, sa déclaration affirmant que la France était un « pays ami » a provoqué plus d'un grincement de dents... mais au-delà de ces crispations, le dialogue entre Paris et Ajaccio s'est instauré.
Le gouvernement a réitéré son refus de certaines demandes, dont la reconnaissance officielle de la langue corse et l'amnistie de prisonniers « politiques ». Mais,

à l'horizon 2018, une évolution institutionnelle est acquise : les 2 conseils départementaux seront fusionnés avec la CTC, comme l'a confirmé Manuel Valls lors de sa visite en juillet. De nouvelles élections sont donc annoncées dès 2017. L'occasion de rebattre les cartes ?

En attendant, la crise la plus importante que le nouvel exécutif aura eu à gérer a été celle des déchets ménagers (voir la rubrique « Environnement »).

L'été a de nouveau échauffé les esprits, avec des frictions communautaires, après un incident à Sisco, autour d'un « vrai-faux » burkini (en fait, une rixe entre des jeunes du village et des membres d'une famille de Bastia, d'origine marocaine, ayant voulu privatiser une crique). Contrairement à ce qui s'est passé sur le continent, le tribunal administratif de Bastia a validé l'arrêté anti-burkini pris par le maire.

L'autre affaire qui a fait beaucoup parler en fin d'année est le rapport de la Cour des comptes, publié en septembre, qui demande au gouvernement de supprimer dès 2017 un certain nombre de mesures fiscales dérogatoires s'appliquant à la Corse. Mises bout à bout, elles feraient perdre à l'État près de 80 millions d'euros par an. La classe politique corse, si divisée habituellement, s'est tout à coup retrouvée réunie pour dénoncer un « mauvais coup » de Paris à l'encontre de la Corse.

MAQUIS

La Corse sans son maquis, c'est la Bretagne sans sa lande. C'est l'un de ses signes distinctifs, une parcelle non négligeable de sa physionomie et, disons-le, de son âme. Cette végétation typiquement méditerranéenne, regorgeant de plantes et d'arbustes, forme un grand manteau, le plus souvent vert (à cause de l'eau de pluie qu'il retient) ou tirant sur le jaune dans certains coins arides et surchauffés. Un formidable tapis, plein d'odeurs enivrantes, qui permettait à Napoléon de reconnaître son île les yeux fermés, « grâce à son odeur » justement.

Le maquis ne pousse qu'entre le niveau de la mer et 600 m, dans ce qu'on appelle l'« étage méditerranéen ». Résultat : il prend toute la Corse en écharpe, le long de la mer. On est à peine sorti de l'eau bleue et limpide que l'on entre dans le ***maquis « bas ».*** Là poussent des plantes comme le myrte, dont les fleurs blanches dégagent un parfum sucré et captivant, le ciste de Montpellier et celui de Crète, la bruyère arborescente (la *scopa,* qui fleurit mais ne donne pas de fruits, c'est pour ça que les Corses disent : *bacciardu cume a scopa,* « menteur comme la bruyère »...). Puis on trouve un ***maquis intermédiaire*** plus touffu, plus dense, monde impénétrable, formé par des arbustes et des épineux pouvant atteindre 5, 6, parfois 7 m de haut. C'est le royaume des arbousiers, qui produisent leurs fruits rouges (les arbouses) en automne. Vaches et cochons sauvages s'en régalent. On en fait aussi des liqueurs (pas pour les cochons). L'autre arbuste couramment répandu dans le ***maquis dit « élevé »,*** c'est le chêne vert.

Vert toute l'année, quand il ne brûle pas, le maquis corse se couvre de fleurs au printemps : le moment idéal pour s'y balader. Et il donne ses fruits en hiver.

Prévoir une ou deux randonnées dans le maquis est un must. De nombreux sentiers en boucles et à la journée (comme dans l'Alta Rocca) permettent d'explorer cet univers si particulier. Ne quittez pas ces sentiers balisés. Les accidents arrivent vite. Détail important : pas de vipères dans l'île, mais beaucoup d'insectes virevoltants...

MUSIQUE CORSE

Chants profonds : les archétypes

La musique corse est avant tout une affaire de voix, de chant. De chants profonds, sans âge, transmis de mère en fille, de père en fils. Cette tradition orale se perd dans la nuit des temps, et chaque vallée, chaque village ou presque, a

développé un patrimoine musical propre, ce qui fait de l'île un véritable conservatoire des traditions musicales.
Citons ***u chjam'e rispondi,*** joutes poétiques où deux chanteurs improvisent un duel précisément rimé, sur à peu près n'importe quel thème. Le vainqueur sera celui qui aura le mieux chanté et composé les vers les meilleurs, les plus percutants ; ***u brinchisu,*** couplet pour célébrer un événement heureux ; ***a palatina,*** chant guerrier ; ***a tribbiera,*** chant paysan ; ***a nanna,*** berceuse ; ***u sirinatu*** pour les jeunes mariés ; ***u lamentu*** pour les défunts (***u voceru*** en cas de mort violente, si bien décrit par Mérimée dans *Colomba*). Tous avaient leur place dans la vie sociale, en des circonstances précises. Enfin, les chants polyphoniques lors des fêtes de villages ou des processions religieuses... Ces chants polyphoniques regroupent jusqu'à une dizaine de chanteurs, mais trois voix suffisent : *bassa* (la basse), *seconda* (la seconde) et *terza* (la tierce), la basse donnant la mesure et le ton.

L'HYMNE CORSE

Il a pour particularité d'être d'origine religieuse puisqu'il est dédié à la Vierge. Ce chant, le Salve Regina, *fut créé au XIe s, lors de la première croisade. Il devint l'hymne corse en 1735, lorsque les insulaires se révoltèrent contre la domination génoise. L'île se mit sous la protection de la Vierge Marie. D'ailleurs, à l'époque, le drapeau corse ne représentait pas une tête de Maure mais la Sainte Vierge.*

Les instruments derrière la voix

La *cetera,* instrument à huit cordes doublées à l'unisson, a failli disparaître. Aujourd'hui, l'instrument revit et se porte comme un charme.
Les chants polyphoniques étaient souvent accompagnés. Le mode de vie insulaire ayant été longtemps rustique et autarcique, les instruments étaient produits sur place : flûtes en os ou en corne de chèvre percée de trois à cinq trous *(e pivane, e pirule),* trompes d'appel des troupeaux en écorce ou en corne de vache *(e curnette),* clarinettes rudimentaires, pierres frappées ou plaquettes de bois pour les percussions et, plus élaborés, violons à trois ou quatre cordes et mandoline populaire *(a cetera).* Et tous ces instruments servaient aux sérénades et aux danses lors des mariages, baptêmes et fêtes diverses.
Par la suite, d'autres instruments ont été importés : accordéons, guitares (volontiers jazzy) accompagnent souvent le chant dans la musique corse populaire.

La fin du chant traditionnel

Cependant, la transformation de la société corse, qui a vu son économie et son organisation sociale changer radicalement au cours du XXe s, passant du mode pastoral et autarcique à une émigration massive vers la France continentale (sans toutefois couper le lien), a bien failli en avoir raison du chant corse. Il y avait bien, avant guerre, ***Tino Rossi,*** qui a toujours son fan-club. À sa suite, d'autres chanteurs de charme creuseront la même veine. Un ***Charles Rocchi*** ou un ***Antoine Ciosi*** ont élevé le niveau mais, tout de même, la chanson corse paraissait moribonde quand...

MERCI MAMAN !

Au début de sa carrière, Tino Rossi, sans le sou, enchaînait les petits boulots. À Marseille, il tomba sur une publicité annonçant : « Enregistrez votre disque pour 5 francs. » Il voulait offrir l'enregistrement à sa mère. Dans le studio, par hasard, un technicien de Parlophone *entendit sa voix et lui demanda de monter à Paris. Le contrat fut signé. Ce fut exactement la même histoire, bien plus tard, pour un jeune camionneur qui voulait faire un cadeau à sa mère. Il s'appelait Elvis Presley.*

Renaissance et reconnaissance

Au début des années 1970, parallèlement au mouvement nationaliste, survint ***Canta u Populu Corsu,*** bousculant les idées reçues grâce à ses polyphonies immémoriales et aux chansons de ***Jean-Paul Poletti.*** Ce groupe a rendu au chant l'une des fonctions qui, en Corse, était sienne : faire redécouvrir son histoire, sa culture, son âme à ce peuple.
Au fil d'aventures souvent épiques et de festivals internationaux, « Canta » est donc en grande partie à l'origine du renouveau du chant corse et de son actuel succès. Directement ou non, la plupart des chanteurs et des groupes insulaires qui se produisent aujourd'hui en sont issus. Avant d'obtenir un grand succès au Canada, ***Petru Guelfucci*** fut avec Poletti l'un des fondateurs du groupe (il est aujourd'hui « apiculteur-chanteur », selon ses propos, à Sermano, dans le Bozio). ***I Muvrini,*** qui est certainement aujourd'hui le plus connu des groupes de musique corse, capable de remplir le Zénith à Paris, est également un descendant naturel de « Canta ». La forte personnalité de ***Jean-François Bernardini,*** qui aime communiquer avec le public, y est pour beaucoup. La formation, avec son album *Umani,* s'ouvre d'ailleurs sur le monde, sans renier ses origines (collaration avec MC Solaar, Véronique Sanson, Sting...). Mais il faut d'abord rendre hommage à son père, ***Ghjuliu Bernardini,*** qui avait travaillé au sein de « Canta » et qui est l'un des initiateurs du renouveau musical corse.
Signalons encore ***Madrigale,*** qui refuse de vendre son âme au diable en passant par les fourches caudines du show-biz. Puis, au milieu de groupes merveilleux comme ***I Chjami Aghjalesi, I Surghjenti, Cinqui So*** (plus tendance world music) ou ***I Palatini,*** cinq formations au moins se distinguent, accédant de succès en succès à la place qu'ils méritent :
– ***Caramusa,*** dont les chants, les airs de violon et de cornemuse corse *(caramusa)* restituent les éléments épars d'une mémoire retrouvée ;
– ***Diana di l'Alba,*** qui, avec des instruments d'aujourd'hui ou tirés de la nuit des temps, fait renaître toute la magie de la Corse qui chante et qui danse. Son dernier album, *Indiature,* est sorti en 2013. Ce groupe a créé une école de chant et de musique *(Scola di u populu)* ;
– ***Soledonna,*** le trio féminin des *Nouvelles Polyphonies corses,* trois jeunes femmes qui ont ouvert une brèche dans un monde de la polyphonie réservé aux hommes. Elles chantèrent aux Jeux olympiques d'Albertville, le chant corse a été reconnu dans le monde entier ;
– ***A Filetta,*** la formation de Lumio, pour laquelle nous avons un goût particulier tant l'excellent ***Jean-Claude Acquaviva,*** chanteur et meneur du groupe, est un artiste expressif, d'une grande sensibilité. Leur disque *Una Tarra chi é* est vraiment de premier ordre, tout comme *Medea, Bracana* (2008) et *Mistico mediterraneo* (2011) ;
– ***Jean-Paul Poletti,*** bien sûr, et les ***Chœurs de Sartène,*** qu'il dirige maintenant après avoir animé *Canta u Populu Corsu.* Un vrai poète-musicien dont les textes sont des merveilles. Beaucoup plus tourné aujourd'hui vers le chant polyphonique pur et sacré, Jean-Paul Poletti semble trouver là matière à exprimer son art humble et beau, soucieux de perfection.
Le village de Pigna, investi dans la musique comme on sait, a vu la naissance de trois formations : ***A Cumpagnia, Zamballarana*** et l'ensemble féminin ***Madrigalesca.***
Citons enfin ***Barbara Furtuna,*** groupe polyphonique masculin formé en 2004 autour d'anciens de *Giramondu* et d'*A Filetta.*

Où écouter de la musique corse ?

À la radio, notamment sur Alta ou Bleu RCFM. Pour les concerts, il y a les festivals (*Estivoce* à Pigna, les *Rencontres polyphoniques* de Calvi) ou les tournées estivales. Les fêtes patronales et les cérémonies religieuses sont aussi l'occasion,

parfois, de chants et musiques. C'est à l'occasion de la fête patronale de Sant'Alesiu, à Sermano, que *Canta U Populu Corsu* s'est formé un certain 17 juillet 1973. Certaines salles de concerts (on en indique quelques-unes) sont spécialement dédiées à la musique corse.
Signalons enfin les associations (*E Cetera, Canta u Populu Corsu, E Voce di u Comune,* le *Centre de musiques traditionnelles...*) et autres « ethnomusicologues » acharnés (*Isabelle Casanova, Félix Quilici, Bernard Pazzoni* – que nous remercions au passage – et d'autres...) qui accomplissent un travail remarquable, permettant largement la sauvegarde et la diffusion du patrimoine musical corse.

PERSONNAGES

C'est fou le nombre de personnalités que cette petite île a pu produire, proportionnellement à sa population, au cours de son histoire... Nous en avons sélectionné quelques-unes, de manière totalement subjective, par manque de place. ***Napoléon*** est traité à part, comme il se doit (voir plus haut « Histoire »).
– ***Sampiero Corso :*** né en 1498 à Bastelica, ce redoutable guerrier demeure le premier héros national pour avoir combattu les Génois toute sa vie. Devenu une sorte de chef des généraux de l'infanterie corse, au service de la France, Sampiero débarque dans l'île avec l'expédition franco-turque de 1553. En ralliant à sa cause les chefs de clans, il provoque le premier vrai soulèvement des Corses contre la domination génoise. Mais ses troupes s'enlisent et la Couronne l'abandonne. Revenu en France, il poursuit néanmoins son rêve. Dans un dernier sursaut d'orgueil, il débarque en 1564 dans le golfe du Valinco, soutenu uniquement par une petite troupe de fidèles ! N'ayant plus rien à perdre (il vient de tuer sa femme, soupçonnée de trahison), Sampiero guerroie dans le Nord, assiège Sartène, mais échoue aux portes de Porto-Vecchio. Il est finalement tué dans une embuscade en 1567 par des mercenaires génois... aidés des cousins de sa femme.
– ***Pasquale Paoli :*** ce natif de Morosaglia en Castagniccia (1725) s'est fait piquer la vedette par son grand rival, Napoléon Ier ! Pourtant, Paoli fait bien plus l'unanimité en Corse que l'Empereur : le vrai nationaliste, c'est lui. Fils d'un notable corse en lutte contre les Génois, Pasquale passe son enfance en exil à Naples. Admirateur des philosophes en vogue à l'époque, il rêve d'un grand destin pour la Corse. Les insurrections dans l'île lui permettent de se faire élire général de la nation corse en 1755. Paoli s'attache alors à créer le noyau d'un État indépendant, fondé sur une Constitution qu'il rédige avec l'aide de Jean-Jacques Rousseau. Constitution dont s'inspireront les États-Unis 32 ans plus tard, puis la France révolutionnaire. Imaginez, elle donnait le droit de vote aux femmes, cette Constitution ! Puis Paoli fait de Corte une capitale, crée une armée, une flotte, une monnaie, une université, une imprimerie, un journal... Mais il se bat presque seul contre tout le monde : les Français, les Génois et... le clan bonapartiste (pro-français). Son armée est battue, et il retrouve l'exil en Angleterre. Le « Père de la Patrie », après un bref retour sur son île, mourra en 1807 à Londres.

LA CONSTITUTION AMÉRICAINE INSPIRÉE PAR LA CORSE

On le sait peu, mais la Constitution corse de 1755, fondée sur la séparation des pouvoirs et le suffrage universel, inspira directement les rédacteurs rassemblés autour de Jefferson. En 1776, les insurgés américains montaient à l'assaut en criant « Viva Paoli ! ». Plusieurs villes américaines portent le nom de Paoli ou de Corsica en souvenir de cette Constitution novatrice inspirée du Siècle des lumières.

– ***Le cardinal Fesch :*** oncle de Napoléon Ier, fils d'un Suisse protestant, il exerce d'abord à Ajaccio en tant qu'archidiacre, mais s'enrôle dans l'armée italienne sous la Révolution. Nommé ensuite cardinal de Lyon, Joseph Fesch peut alors retourner en Italie (dont il admire les peintres) comme ambassadeur de France auprès du pape. Avoir un neveu empereur rend bien des services ! Pour remercier ce dernier, il convainc Pie VII de venir sacrer Napoléon à Paris. Il finit tout de même par se brouiller avec son neveu, mais se console de ses soucis en admirant sa collection de quelque 16 000 œuvres d'art réunies au cours de sa vie. Il meurt à Rome en 1839, dans la disgrâce, après avoir légué une (petite) partie de sa fabuleuse collection à la Ville d'Ajaccio.

– ***Ocatarinetabelatchitchix :*** le plus célèbre des Corses pour ceux qui ne connaissent l'île qu'à travers Astérix. Goscinny et Uderzo ont réussi l'exploit d'incarner les vertus (et les petits travers) du caractère corse en un seul portrait : celui de ce chef de clan fier et courageux, susceptible mais généreux. Ce que l'on sait moins, c'est qu'Ocatarinetabelatchitchix a vraiment existé : les papas d'Astérix ont pris pour modèle un certain Mimi Pugliesi, serveur-chanteur-animateur de la région de Bonifacio, décédé en 2004.

– ***Tino Rossi :*** né en 1907 à Ajaccio, le petit Constantin (surnommé Tintin !) exerce déjà sa voix à l'âge de 7 ans en chantant des berceuses à ses sœurs ! Quand il s'éteint en 1983, on compte cette fois-ci ses admiratrices par millions ! Après des débuts difficiles à Marseille, la coqueluche de ces dames explose dans une revue du *Casino de Paris.* Il enchaînera avec une vingtaine de films, quatre opérettes et surtout des dizaines de disques à succès qui ont fait de lui le Français qui en a vendu le plus. On espère d'ailleurs que le Petit Papa Noël touche des royalties : il pourrait transporter les jouets en Rolls. Sacha Guitry lui dédicaça son livre sur Napoléon : « Au plus célèbre des Corses moins un ! »

– ***Danielle Casanova :*** née à Ajaccio en 1909, cette jeune fille déterminée est rapidement à la tête de l'Union des jeunes filles de France (organisation communiste) et, pendant la Seconde Guerre mondiale, se lance activement dans la Résistance. Arrêtée en 1942, elle est déportée et meurt du typhus à Auschwitz. Les résistants corses ont été nombreux à payer de leur vie leur engagement : on peut citer le Bastiais ***Jean Nicoli*** et l'Ajaccien ***Fred Scamaroni,*** tous deux exécutés par les nazis en 1943.

– ***Marie-José Nat :*** cette comédienne discrète est la petite-fille d'un berger de Corse-du-Sud. Sa mère vendait des fruits à Bonifacio. Elle se fait remarquer dans *Élise ou la vraie vie* et obtient un prix à Cannes en 1974. Devenue célèbre, elle n'en renie pas pour autant sa terre natale. Revenue au pays, elle habite à Bonifacio, dans une belle maison perchée sur la falaise.

– ***Laetitia Casta :*** originaire de Lumio (Balagne) par son père, le top model est devenue actrice et même modèle en 2000 pour la très officielle Marianne de la République française (!).

Quelques écrivains

Angelo Rinaldi, Gisèle Poli, Philippe Franchini, Jean-Claude Rogliano, l'auteur de *Mal'Concilio,* le baroudeur-écrivain *Patrice Franceschi,* le routard *Benoît Lucchini* (génial !), le poète *Pascal Bonetti* et *Marie Susini.* Et *Paul Valéry,* sétois mais dont le père était cap-corsin.

On s'en voudrait aussi de ne pas mentionner l'acteur *Robin Renucci,* qui a écrit et réalisé son premier long métrage de cinéma, *Sempre Vivu* (*Qui a dit que nous étions morts !* en v.f.), sorti en 2007.

Parmi les hôtes célèbres

Marina Vlady, Serge Lama, Jacques Dutronc, à Monticello ; *Yves Duteil, Jacques Higelin, Victor Lanoux, Christine Ockrent* et *Bernard Kouchner* passent leurs vacances dans le Sud ; *Michel Fugain,* installé près de L'Île-Rousse ; *Michel*

Sardou, qui s'est offert une p'tite cabane vers Porto-Vecchio ; *Françoise Xenakis,* qui aime se faire le tour de Corse en kayak de mer ; *Nicolas Hulot...*

SITE INSCRIT AU PATRIMOINE MONDIAL DE L'UNESCO

Organisation des Nations Unies pour l'éducation, la science et la culture

En coopération avec le centre du patrimoine mondial de l'UNESCO

Pour figurer sur la liste du Patrimoine mondial, les sites doivent avoir une valeur universelle et satisfaire à au moins un des 10 critères de sélection. La protection, la gestion, l'authenticité et l'intégrité des biens sont également des considérations importantes. Le patrimoine est l'héritage du passé dont nous profitons aujourd'hui et que nous transmettons aux générations à venir. Nos patrimoines naturel et culturel sont deux sources irremplaçables de vie et d'inspiration. Ces sites appartiennent à tous les peuples du monde, sans tenir compte du territoire sur lequel ils sont situés. Pour plus d'informations : ● *whc.unesco.org* ●
En Corse, le ***golfe de Porto*** (*calanche* de Piana, golfe de Girolata et réserve naturelle de Scandola) figure sur la liste du Patrimoine mondial.

SOUVENIRS DE CORSE

- De nombreux ***produits du terroir,*** miels, confitures, charcuteries, fromages, vins, liqueurs, farine de châtaigne, etc., sont vendus au bord des routes et dans les magasins spécialisés. On a parfois de très bonnes surprises. Allez plutôt directement chez les producteurs si vous le pouvez. Les brochures des *Routes des sens authentiques* ou de *Bienvenue à la ferme* donnent beaucoup de bonnes adresses.
- Dans la Castagniccia, autour de Piedicroce, des artisans fabriquent de très beaux ***objets en bois*** d'aulne, d'olivier ou de bruyère.
- On trouve des ***couteaux traditionnels*** corses avec lames en acier et manches en bois de l'île. Tout est fait en Corse, y compris le métal ! Des objets rares, qui ont d'ailleurs un certain prix.
- ***Potiers et verriers*** sont également assez nombreux sur l'île. Ça vaut parfois la peine de s'arrêter chez eux ; ils peuvent proposer de véritables œuvres d'art, notamment les verriers. Dans la poterie, différentes qualités, et certaines pièces sont vraiment belles.

TOURISME EN CORSE

Avec environ 2,5 millions de visiteurs par an, le tourisme constitue l'une des sources de revenus les plus importantes de l'île. La moitié des visiteurs viennent en juillet et août, où les deux tiers du chiffre d'affaires sont réalisés. Environ 70 % de ces touristes sont français, les autres étant surtout des Italiens et des Allemands.
Quelques précisions concernant les rapports qu'entretiennent les Corses avec les touristes... D'abord, contrairement à une idée répandue, la majorité des habitants de l'île sait recevoir les continentaux. Vous serez généralement accueilli cordialement, puis chaleureusement après un certain temps d'adaptation, et non à coups de fusil, à moins d'aller saccager le maquis avec un 4x4 ! Bien sûr, au plus fort du mois d'août, l'afflux touristique peut entraîner quelques crispations. Mais les Corses sont toujours flattés de constater combien leur beau pays peut plaire... La conversation s'engage facilement quand on vante les merveilles de l'île.
Si l'accueil peut paraître plus ouvert sur le littoral, plus habitué au passage de touristes (un visiteur sur cinq seulement séjourne à l'intérieur de l'île), les rapports avec les habitants de l'intérieur sont peut-être plus sincères. Une fois la glace rompue, vous découvrirez des gens vraiment formidables, pour qui l'hospitalité n'est pas un vain mot. Les touristes qui peuvent rencontrer quelque agressivité

– En *vins-de-corse Sartène* : pour les rouges surtout, les domaines Fiumicicoli et Mosconi, ainsi que le vin de Philippe Farinelli, domaine de Saparale.
– En *vins-de-corse Porto-Vecchio* : le domaine de Torracia en rouge.
– En *vins-de-corse Calvi* : en blanc, le clos Culombu et surtout le clos Reginu ; en rouge, le clos Reginu toujours. Le renucci blanc est également très réussi.
– En *vins-de-corse Figari* : le domaine de Tanella en blanc se débrouille fort bien. De même, le clos de Sarcone et le clos Canarelli en rouge.
– En *vins-de-corse Cap Corse* : le clos Nicrosi en blanc.
– En *muscat-du-cap-corse* : le clos Nicrosi, le clos Gioielli et Marfisi.

Les apéritifs et les liqueurs

Comment ne pas citer en premier le vin du Cap au quinquina, connu sous le nom de *Cap Corse,* à base de décoctions de plantes aromatiques, d'oranges macérées et de quinquina ? Aujourd'hui encore, le *Cap Corse* constitue les deux tiers de la production de la maison *Mattei.* Marché qui ne doit pas être saturé puisque la distillerie *Mavela* a lancé, en 2008, le *Cap Mavela,* à base de... quinquina ! On boit aussi beaucoup de pastis en Corse, dont les locaux *Dami* (établissements *Damiani*) et *Mannarini.* Quant au *Casanis,* très présent sur les tables des cafés, s'il est marseillais, son créateur, Emmanuel Casabianca, était bien corse !
Quant aux liqueurs, servies en digestif dans la plupart des restos, elles sont une autre spécialité insulaire, fabriquées à partir de toutes les plantes du maquis : menthe, myrte, châtaigne, noix, anis, mais aussi violette ou orange, ou tout autre fruit. On vous proposera peut-être de la *cédratine,* alcool à base de cédrat, une variété de citron. Il existe même de la Bonapartine !

Les bières

Oui, vous avez bien lu, nous parlons bien de la bière, la mousse traditionnellement nordique, flamande ou teutonne : eh bien, sachez qu'il en est de la corse, et de la meilleure ! La brasserie *Pietra,* créée en 1996 et installée à Furiani, produit des bières à la farine de châtaigne absolument délicieuses. L'une, ambrée, la *Pietra,* est particulièrement traîtresse avec ses 6° qui descendent tout seuls ; l'autre, la *Serena,* est une blonde un peu plus légère (5°), au final légèrement citronné. Et il existe aussi la *Colomba* (5°) et la toute dernière, la *Pietra Rossa* aux fruits rouges. On les trouve un peu partout sur l'île, en bouteilles, et parfois à la pression dans les bars. Une réussite qui s'exporte même ! Bravo ! Face à la *Pietra,* une bière concurrente a tenté de relever le défi : la bière du maquis *Torra,* au myrte ou à l'arbouse. Mais si cette dernière est bien « élaborée » en Corse, elle est brassée à Jenlain.
Pour l'anecdote, la « guerre de la bière » a rebondi avec le *Corsica Cola.* Depuis 2003, on trouve un Coca corse, sur le modèle du Breizh Coca inventé par les Bretons. Comme c'est la société qui brasse la *Pietra* qui l'a lancé, les concurrents (ceux de la *Torra*), qui, eux, détiennent la concession *Coca-Cola* pour la Corse, ont répliqué en affirmant que leur Coca, l'officiel, était, lui aussi, corse depuis 1969 ! Ah ! la Corse...
Pour en terminer avec la bière, sachez aussi qu'on boit de

ATLANTA-CORSE : 1-0

En 1863, un pharmacien corse, Angelo Mariani, eut l'idée, après un voyage en Amérique du Sud, d'ajouter des extraits de feuille de coca à du vin rouge : le « vin de Mariani » connut un véritable succès hexagonal, avant d'être interdit en 1910, en raison de l'accoutumance qu'il produisait. Entre-temps, un docteur américain d'Atlanta (Géorgie), Pemberton, avait repris l'idée du French tonic wine, *mais, prohibition oblige, en lui enlevant l'alcool et en lui ajoutant des extraits de noix de cola et de la caféine, le tout gazéifié. Le Coke était sur les rails. Son origine (méconnue) est donc corse... mais les bénéfices sont américains.*

délicieuses bières artisanales du côté de Ghisonaccia. Elles sont brassées là-bas (*A Tribbiera,* à Casamozza). Ne pas oublier non plus *A Ribella,* autre bière corse, brassée à Patrimonio. Quant à la dernière-née des bières artisanales, la *Lutina,* elle doit son nom au hameau de Castagniccia : brassée à Folelli (sur la T 10), elle se décline sous deux formes : *Ambria* (aux écorces de cédrat) et *Viuletta* (au myrte).

Les alcools

Signalons enfin un whisky du nom d'*Altore,* fruit d'une collaboration corso-écossaise (l'idée en revient à Pierre-François Maestracci, un distillateur de Patrimonio : le pur malt est affiné en fûts de chêne ayant contenu du cap-corse ou du muscat, mais la distillation est faite en Écosse). Le *P & M,* un second whisky (chronologiquement parlant), qui se présente comme le premier à être 100 % corse, est décliné en trois versions (Blend, Blend Supérieur et Pure Malt) et est commercialisé par la distillerie *Mavela* d'Aléria, en collaboration avec la brasserie *Pietra.* Cette dernière fournit le brassage, et *Mavela* distille.

- Roccapina lel Sartène - Bonifacio
  ⊕ plage
  ↳ plage argent

- Sentier côtier lel Sartène - Bonifacio
  ↳ cirque -

rb190687 Booking. - Pierre

105 x 2
+ 195 x 2
+ 430
+

les ROUTARDS sur la FRANCE 2017-2018

(dates de parution sur • **routard.com** •)

Découpage de la FRANCE par le ROUTARD

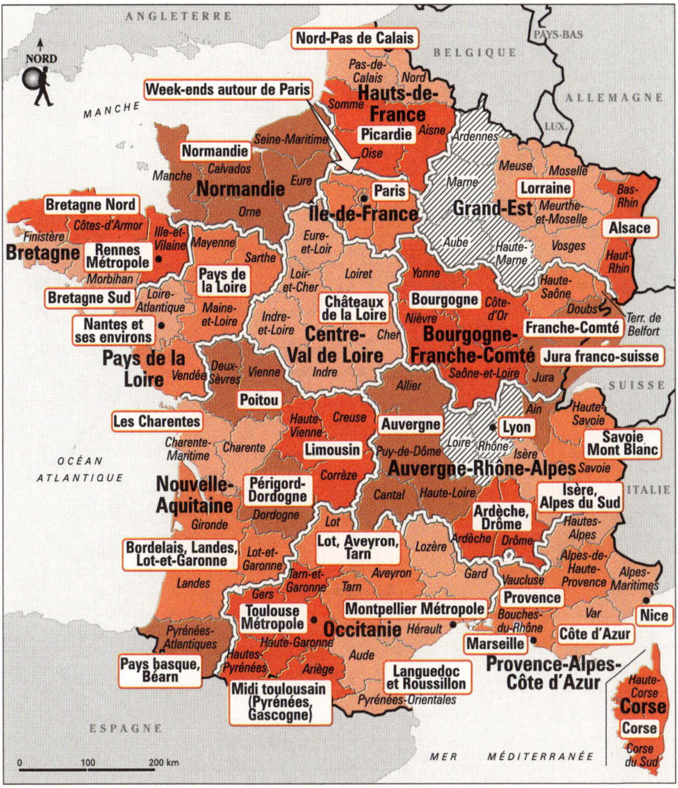

Autres guides nationaux

- Hébergements insolites en France (mars 2017)
- La Loire à Vélo
- La Vélodyssée (Roscoff-Hendaye)
- Nos meilleurs campings en France
- Nos meilleures chambres d'hôtes en France
- Nos meilleurs restos en France
- Les visites d'entreprises

Autres guides sur Paris

- Paris
- Paris balades
- Restos et bistrots de Paris
- Le Routard des amoureux à Paris
- Week-ends autour de Paris

les ROUTARDS sur l'ÉTRANGER 2017-2018

(dates de parution sur • **routard.com** •)

Découpage de l'ESPAGNE par le ROUTARD

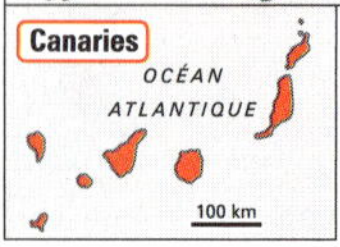

Découpage de l'ITALIE par le ROUTARD

Autres pays européens

- Allemagne
- Angleterre, Pays de Galles
- Autriche
- Belgique
- Budapest, Hongrie
- Capitales baltes (avril 2017)
- Crète
- Croatie
- Danemark, Suède
- Écosse
- Finlande
- Grèce continentale
- Îles grecques et Athènes
- Irlande
- Islande
- Madère
- Malte
- Norvège
- Pologne
- Portugal
- République tchèque, Slovaquie
- Roumanie, Bulgarie
- Suisse

Villes européennes

- Amsterdam et ses environs
- Berlin
- Bruxelles
- Copenhague
- Dublin
- Lisbonne
- Londres
- Moscou
- Prague
- Saint-Pétersbourg
- Stockholm
- Vienne

les ROUTARDS sur l'ÉTRANGER 2017-2018

(dates de parution sur • *routard.com* •)

Découpage des ÉTATS-UNIS par le ROUTARD

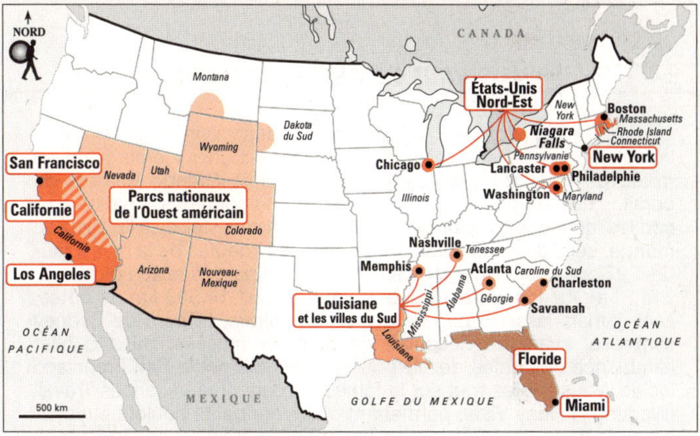

Autres pays d'Amérique

- Argentine
- Brésil
- Canada Ouest
- Chili et île de Pâques
- Costa Rica (nouveauté)
- Équateur et les îles Galápagos
- Guatemala, Yucatán et Chiapas
- Mexique
- Montréal
- Pérou, Bolivie
- Québec, Ontario et Provinces maritimes

Asie et Océanie

- Australie côte est + Red Centre
- Bali, Lombok
- Bangkok
- Birmanie (Myanmar)
- Cambodge, Laos
- Chine
- Hong-Kong, Macao, Canton
- Inde du Nord
- Inde du Sud
- Israël et Palestine
- Istanbul
- Jordanie
- Malaisie, Singapour
- Népal
- Shanghai
- Sri Lanka (Ceylan)
- Thaïlande
- Tokyo, Kyoto et environs
- Turquie
- Vietnam

Afrique

- Afrique du Sud
- Égypte
- Kenya, Tanzanie et Zanzibar
- Maroc
- Marrakech
- Sénégal
- Tunisie

Îles Caraïbes et océan Indien

- Cuba
- Guadeloupe, Saint-Martin, Saint-Barth
- Île Maurice, Rodrigues
- Madagascar
- Martinique
- République dominicaine (Saint-Domingue)
- Réunion

Guides de conversation

- Allemand
- Anglais
- Arabe du Maghreb
- Arabe du Proche-Orient
- Chinois
- Croate
- Espagnol
- Grec
- Italien
- Japonais
- Portugais
- Russe
- G'palémo (conversation par l'image)

Les Routards Express

Amsterdam, Barcelone, Berlin, Bruxelles, Budapest, Dublin, Florence, Istanbul, Lisbonne, Londres, Madrid, Marrakech, New York, Prague, Rome, Venise.

Nos coups de cœur

- Les 50 voyages à faire dans sa vie (nouveauté)
- Nos 52 week-ends dans les plus belles villes d'Europe
- France
- Monde

NOS NOUVEAUTÉS

AUSTRALIE CÔTE EST + AYERS ROCK (paru)

Le pouvoir attractif de l'Australie est évident. Des terres arides à l'emblématique Ayers Rock, cet immense « rocher » émergeant au milieu de rien, des îlots paradisiaques sur la Grande Barrière de corail… Les animaux, parfois cocasses – kangourous, koalas, crocodiles, araignées Redback… –, côtoient la plus vieille civilisation du monde, celle du peuple aborigène. Pour les adeptes de la mer, il faudrait 27 ans pour visiter toutes les plages du pays, à raison d'une par jour ! La plus longue autoroute du monde suit 14 500 km de côtes, sans jamais lasser. Pour les accros de culture, l'Opéra de Sydney s'impose, avant de découvrir de fabuleux musées. Sans oublier l'ambiance des cafés de Melbourne, véritable petite San Francisco locale. Vous saurez tout sur le fameux Programme Vacances Travail (Working Holiday Visa), permettant d'alterner petits boulots et voyage au long cours. Mais le plus important se trouve dans la franche convivialité du peuple australien.

LA VÉLODYSSÉE (ROSCOFF-HENDAYE ; paru)

Suivant la façade Atlantique, la plus longue véloroute de France pénètre de charmants villages sur plus de 1 200 km. À vous de choisir votre parcours parmi les 12 itinéraires d'une centaine de kilomètres, divisés en étapes d'une journée. Un parcours écologique, caractérisé par la diversité des milieux traversés : eau salée de l'Atlantique et eau douce des lacs aquitains, forêts bretonnes de feuillus et pinèdes landaises, marais salants et parcs à huîtres, plages de sable et zones humides où viennent nicher les oiseaux… La Vélodyssée prend racine dans la végétation sauvage du Finistère, suit les berges tranquilles du canal de Nantes à Brest. La piste longe ensuite le littoral atlantique, ses plages à perte de vue et ses stations balnéaires…
Un guide pratique avec, pour chaque étape, une carte en couleurs, sans oublier des adresses utiles pour chaque itinéraire.

- PARCOUREZ -
LA LOIRE
à Vélo
avec le Routard
La Loire à Vélo
Le Routard
14 €
hachette
routard.com
UN GUIDE ILLUSTRÉ TOUT EN COULEURS
800 km de voies cyclables
8 itinéraires
41 étapes
ET TOUS LES BONS PLANS DU ROUTARD

NOS NOUVEAUTÉS

NOS MEILLEURS HÉBERGEMENTS INSOLITES EN FRANCE (mars 2017)

Rien de tel pour retrouver son âme d'enfant que de dormir dans un arbre, ou au milieu d'un lac dans une cabane flottante, ou à six pieds sous terre dans une chambre troglodytique. Il y en a pour tous les goûts avec plus de 200 adresses dénichées en France, les « + » et les « - », mais aussi les activités incontournables à faire en famille ou entre amis à proximité de chaque adresse. Sans oublier la photo de chaque établissement. Le plus dur sera de choisir, entre l'île déserte, la réserve animalière, le phare, la roulotte, le combi VW, la bulle transparente au milieu de la forêt ou le vieux camping-car américain en alu, à deux pas de l'Arc de Triomphe !

CAPITALES BALTES (avril 2017)

Tallinn, Riga, Vilnius, trois capitales si proches et pourtant si surprenantes. Elles mêlent leurs racines entre des mondes disparates : scandinave, slave et germanique. Estonie, Lettonie, Lituanie, on les mélange souvent, mais très vite, on distingue leurs particularismes. Tallinn, secrète et magique, a gardé le charme d'une cité médiévale. La vieille ville, et son lacis de rues dominées par ses clochers, est classée au Patrimoine mondial de l'Unesco. Même reconnaissance pour le centre historique de Riga, où se mêlent un superbe noyau médiéval à un centre-ville Art nouveau. Après les musées, savourez sa vie nocturne, la plus folle des trois pays. À Vilnius, la baroque au coeur de collines boisées, découvrez le labyrinthe de ruelles étroites et la végétation lui donnant des airs de village. Malgré les 50 ans de présence soviétique, vous serez surpris par la modernité et le dynamisme qui anime leurs habitants.

Les plus belles chambres d'hôtes sont dans Le Routard
Nos meilleures chambres d'hôtes en France
+ de 950 adresses à moins de 70 € !
Le Routard
hachette
routard.com
©alle12
Dont 950 adresses à moins de 70 € petit déjeuner compris
et plus de 300 adresses avec piscine

NOS NOUVEAUTÉS

COSTA RICA
(paru)

Costa Rica, littéralement la Côte riche. Ce pays est le royaume de la biodiversité planétaire. Un grand bain de nature, voilà la promesse de cette bande de terre qui s'étend entre la mer des Caraïbes et l'océan Pacifique. Un quart du territoire est classé en parcs nationaux ou zones protégées. Alors ouvrez grand vos yeux pour ne pas en perdre une miette ! De la paisible côte caraïbe aux rouleaux agités du Pacifique, le Costa Rica égrène ses richesses. Plantations de cafés, champs de bananiers, cordillères piquées de volcans, lacs et forêts impénétrables, sans oublier ses plages splendides, Mère Nature dévoile ici toutes ses merveilles. Paresseux, iguanes, oiseaux, tortues ou singes, le pays offre de belles rencontres. Et n'oubliez pas que depuis 1948, le Costa Rica abolit son armée pour investir dans l'éducation et la santé. On adopte vite la maxime locale : *pura vida !*

MADRID
(janvier 2017)

Madrid me mata ! Toujours tuante, Madrid, comme le proclamait l'époque Movida ? Oui, de plaisir, et plus que jamais. Madrid se joue des extrêmes. La capitale de l'Espagne aligne des musées stupéfiants et propose aussi des ambiances de village dans chaque quartier, aux identités bien marquées. On plonge dans l'univers de Picasso au Museo Reina Sofia *(Guernica !)* ou une journée d'éblouissement au Prado (Goya, Velázquez, et l'incroyable Jérôme Bosch) ou au Museo Thyssen-Bornemysza, les bars à tapas, traditionnels ou osés. Et la nuit se prolonge souvent : entre deux placettes autour de la plaza Mayor, au long du barrio de Las Letras, en dévalant La Latina et les ruelles cosmopolites de Lavapiés, de Malasaña la rebelle ou du gay-friendly Chueca… Autant de mondes à savourer ! Plus que jamais capitale et dynamique, la ville prend le tournant durable en développant un vaste réseau de pistes cyclables et en aménageant ses rives de bouffées d'espaces verts. À découvrir entre potes, en famille ou en couple, définitivement.

NOS NOUVEAUTÉS

ESTÉREL-CÔTE D'AZUR (paru)

Rouge comme le lever ou le coucher du soleil qui embrase les roches, bleu comme la mer et le ciel, vert comme les collines sur lesquelles sont posés de jolis villages perchés, voilà les trois couleurs fondamentales qui cimentent les territoires d'Estérel-Côte d'Azur et du Pays de Fayence. Les férus de farniente et d'activités nautiques y trouveront leur bonheur, les amateurs de randonnées de quoi satisfaire leur appétit de sentiers insolites, et ceux qui aiment l'histoire, de quoi assouvir leur curiosité. Le tout dans des paysages étonnants que le *Routard* vous invite à parcourir.

LE PAYS DES PORTES DE GASCOGNE (avril 2016)

Les Portes de Gascogne, un nom évocateur qui respire une vraie douceur, le bon vivre, la bonne chère, le partage et la convivialité. Nous sommes dans le Gers, le décor du *Bonheur est dans le pré.* Ce Pays, à la longue tradition d'hospitalité, ouvre ses portes avec générosité. Voici une terre où les coteaux dorés présentent des rondeurs fécondes, les cours d'eau dessinent des tracés discrets, et les bastides offrent leurs jolies places aux jours de marchés. Un Pays où il faut prendre le temps de se balader pour aller débusquer de véritables trésors cachés et déguster ses délicieux produits du terroir.

Nos meilleurs
campings
en France
+ hébergements de plein air !
Le Routard
Nos meilleurs campings en France
hachette
routard.com

NOS NOUVEAUTÉS

LE PAYS DE LA BAIE DU MONT-SAINT-MICHEL (mai 2016)

Aux confins de la Manche, le Pays de la Baie du Mont-Saint-Michel recèle une multitude d'aspects et autant d'attraits. Si l'emblème de cette région reste, bien sûr, le fameux Mont-Saint-Michel, il serait dommage de réduire ce Pays à cette seule image, tant il a de splendeurs à offrir. Que vous aimiez lézarder sur ses plages, aller à la recherche des coquillages qui composeront votre repas, prendre la mer ou, tout simplement, vous promener dans une très belle campagne. À la découverte des chemins insolites à cheval ou à vélo, le Pays de la Baie du Mont-Saint-Michel provoque bien des émerveillements.

LE PAYS DE RETZ (mai 2016)

Au sud de l'estuaire de la Loire, à une petite cinquantaine de kilomètres de Nantes, le Pays de Retz se parcourt au fil de l'eau. Côté océan, c'est la Côte de Jade qui égrène de jolies stations balnéaires comme Saint-Brevin et Pornic pour les adeptes des sports nautiques. À l'intérieur des terres, on découvre un Pays de rivières et de marais facile et propice aux balades à vélo ou en canoë. Et c'est encore d'eau qu'il s'agit avec le canal maritime de la basse Loire qui encadre le Pays de Retz au nord et le lac de Grandlieu à l'est. Un des plus grands de France en hiver, mais peut-être un des plus méconnus, que ce guide vous invite à découvrir.

PETITS TRUCS ET ASTUCES POUR ÉVITER LES ARNAQUES !

Un routard informé en vaut deux ! Pour éviter les arnaques en tous genres, il est bon de les connaître. Voici un petit vade-mecum destiné à parer aux coûts et aux coups de bambous. À commencer par **l'affichage des prix** : dans les hôtels comme dans les restos, il est **obligatoire** et doit être situé à l'extérieur de l'établissement, de manière visible. Vous ne pouvez donc contester des prix exorbitants que s'ils ne sont pas clairement affichés.

À L'HÔTEL

1 - Arrhes ou acompte ? : au moment de réserver votre chambre par téléphone – par précaution, toujours confirmer par écrit (ou mail) – il n'est pas rare que l'hôtelier vous demande de verser à l'avance une certaine somme, celle-ci faisant office de garantie. Il est d'usage de parler d'arrhes et non d'acompte (en fait, la loi dispose que « sauf stipulation contraire du contrat, les sommes versées d'avance sont des arrhes »). Légalement, aucune règle n'en précise le montant. Toutefois, ne versez que des arrhes raisonnables : 25 à 30 % du prix total, sachant qu'il s'agit d'un engagement définitif sur la réservation de la chambre. Cette somme ne pourra donc pas être remboursée en cas d'annulation de la réservation, sauf cas de force majeure qu'il vous faudra justifier (maladie ou accident) ou en accord avec l'hôtelier si l'annulation est faite dans des délais jugés raisonnables. Si, au contraire, l'annulation est le fait de l'hôtelier, il doit vous rembourser le double des arrhes versées. À l'inverse, l'acompte engage définitivement client et hôtelier.

2 - Subordination de vente : comme les restaurateurs, les hôteliers ont interdiction de pratiquer la subordination de vente. C'est-à-dire qu'ils ne peuvent pas vous obliger à réserver plusieurs nuits d'hôtel si vous n'en souhaitez qu'une. Dans le même ordre d'idées, on ne peut vous obliger à prendre votre petit déjeuner ou vos repas dans l'hôtel ; ce principe, illégal, est néanmoins répandu dans la profession, toléré en pratique, surtout en haute saison... notamment dans les zones touristiques, où la demande est bien plus importante que l'offre ! Bien se renseigner.

« QUI DORT DÎNE ! »

Cet adage, venu du Moyen Âge, signifie que les hôteliers imposaient le couvert aux clients qui prenaient une chambre. Déjà de la vente forcée !

3 - Les réservations en ligne : elles se sont généralisées. Par l'intermédiaire de sites commerciaux ou en direct sur les sites des hôtels, elles sont simples et rapides. Mais voilà, les promesses ne sont pas toujours tenues et l'on constate parfois des dérives, notamment via les centrales de résa telles que promos bidons, descriptifs exagérés, avis d'internautes truqués... Des hôteliers s'estiment étranglés par les commissions abusives. N'hésitez pas à contacter l'hôtel sur son site pour vous faire préciser le type de chambre que l'on vous a réservé (sur rue, sur jardin ?).

4 - Responsabilité en cas de vol : un hôtelier ne peut en aucun cas dégager sa responsabilité pour des objets qui auraient été volés dans la chambre d'un de ses clients, même si ces objets n'ont pas été mis au coffre. En d'autres termes, les éventuels panonceaux dégageant la responsabilité de l'hôtelier n'ont aucun fondement juridique.

5 - En cas d'annulation : si vous avez réservé une chambre (sans avoir rien versé) et que vous avez un empêchement, passez un coup de téléphone pour annuler, c'est la moindre des politesses. Trop peu de gens le font, ce qui rend les hôteliers méfiants.

AU RESTO

1 - Menus : très souvent, les premiers menus (les moins chers) ne sont servis qu'en semaine ou que le midi, et avant certaines heures (12h30 et 20h30 généralement). C'est parfaitement légal, à condition que ce soit clairement indiqué sur le panneau extérieur : à vous d'être vigilant et d'arriver dans les bons créneaux horaires ! Il peut arriver que ce soit écrit en tout petit. Par ailleurs, bien vérifier que le « menu d'appel », le moins cher donc, est toujours présent dans la carte qu'on vous donne une fois installé. Il arrive qu'il disparaisse comme par enchantement. N'hésitez pas à le réclamer si vous êtes entré pour ce menu précis.

2 - Le « fait maison » : cette grande « tendance culinaire » de ces dernières années s'oppose aux plats sous-vide ou congelés achetés par les restaurateurs, réchauffés sur place et « agrémentés » d'une petite touche personnelle pour noyer le poisson (ou la souris d'agneau). Depuis 2013, le label « fait maison » permet de vérifier si les plats sont réellement préparés ou non sur place.

3 - Commande insuffisante : il arrive que certains restos refusent de servir une commande jugée insuffisante. Sachez, toutefois, qu'il est illégal de pousser le client à la consommation. Mais l'on peut également comprendre que commander un seul plat pour 3 personnes peut agacer un tantinet le restaurateur. Tout est une question de juste équilibre.

4 - Eau : une banale carafe d'eau du robinet est gratuite – à condition qu'elle accompagne un repas – sauf si son prix est affiché. On ne peut pas vous la refuser, sauf si elle est jugée impropre à la consommation par décret. La bouteille d'eau minérale quant à elle doit, comme le vin, être ouverte devant vous. L'arnaque dans certains restos « pousse-conso » consiste à proposer d'emblée une eau minérale et de la facturer 7 €, voire plus… À la question du serveur : « …et pour l'eau, Badoit ou Vittel ? » vous êtes en droit de répondre « une carafe ! ».

5 - Vins : les cartes des vins ne sont pas toujours très claires. Exemple : vous commandez un bourgogne à 16 € la bouteille. On vous la facture 32 €. En vérifiant sur la carte, vous découvrez que 16 € correspondent au prix d'une demi-bouteille. Mais c'était écrit en petits caractères illisibles. Attention au prix parfois exorbitant des vins au verre. Abus bien courant, l'année de référence n'est plus disponible : on vous sert un millésime plus récent mais au même tarif ! Vous devez obligatoirement en être informé avant le débouchage de la bouteille.

6 - Couvert enfant : le restaurateur peut tout à fait compter un couvert par enfant, même s'il ne consomme pas, à condition que ce soit spécifié sur la carte. Parfois il est libellé « Enfant ne mangeant pas », tant d'euros ! Cela dit, ce n'est quand même pas courant et ça donne une petite idée de la générosité du restaurateur !

7 - Sous-marin : après le coup de bambou et le coup de fusil, celui du sous-marin. Le procédé consiste à rendre la monnaie en plaçant dans la soucoupe (de bas en haut) : les pièces, l'addition puis les billets. Si l'on est pressé, on récupère les billets en oubliant les pièces cachées sous l'addition. Malin !

N'oublions pas que l'hôtellerie et la restauration sont des métiers de service, qui ne souffrent ni l'approximation, ni les (mauvais) écarts. Nous supprimons de nos guides tous les établissements qui abusent. Mais la réciproque est aussi valable : tout est question de respect mutuel.

Bonne route !

Nous tenons à remercier tout particulièrement Loup-Maëlle Besançon, Thierry Bessou, Gérard Bouchu, François Chauvin, Grégory Dalex, Fabrice Doumergue, Cédric Fischer, Carole Fouque, Michelle Georget, David Giason, Claude Hervé-Bazin, Emmanuel Juste, Dimitri Lefèvre, Fabrice de Lestang, Romain Meynier, Éric Milet, Pierre Mitrano, Jean-Sébastien Petitdemange et Thomas Rivallain pour leur collaboration régulière.

Emmanuelle Bauquis
Jean-Jacques Bordier-Chêne
Michèle Boucher
Sophie Cachard
Lucie Colombo
Agnès Debiage
Émilie Debur
Jérôme Denoix
Flora Descamps
Louise Desmoulins
Tovi et Ahmet Diler
Clélie Dudon
Sophie Duval
Alain Fisch
Roman Fossurier
Bérénice Glanger
Adrien et Clément Gloaguen
Marie Gustot
Bernard Hilaire
Sébastien Jauffret
Jacques Lemoine
Amélie Mikaelian
Caroline Ollion
Martine Partrat
Odile Paugam et Didier Jehanno
Émilie Pujol
Prakit Saiporn
Jean-Luc et Antigone Schilling
Caroline Vallano

Direction : Nathalie Bloch-Pujo
Contrôle de gestion : Jérôme Boulingre et Adeline Cazabat Barrere
Secrétariat : Catherine Maîtrepierre
Direction éditoriale : Catherine Julhe
Édition : Matthieu Devaux, Olga Krokhina, Gia-Quy Tran, Julie Dupré, Emmanuelle Michon, Sarah Favaron, Ludmilla Guillet, Coralie Piron, Flora Sallot, Elvire Tandjaoui, Quentin Tenneson, Clémence Toublanc et Sandra Vavdin
Préparation-lecture : Élizabeth Bernard
Cartographie : Frédéric Clémençon et Aurélie Huot
Fabrication : Nathalie Lautout et Audrey Detournay
Relations presse France : COM'PROD, Fred Papet. ☎ 01-70-69-04-69.
• *info@comprod.fr* •
Illustration : Anne-Sophie de Précourt
Direction marketing : Adrien de Bizemont, Clémence de Boisfleury et Charlotte Brou
Contacts partenariats : André Magniez (EMD). • *andremagniez@gmail.com* •
Édition des partenariats : Élise Ernest
Informatique éditoriale : Lionel Barth
Couverture : Clément Gloaguen et Seenk
Maquette intérieure : le-bureau-des-affaires-graphiques.com, Thibault Reumaux et npeg.fr
Relations presse : Martine Levens (Belgique) et Maureen Browne (Suisse)
Régie publicitaire : Florence Brunel-Jars

INDEX GÉNÉRAL